a Maria Pia

TRIBUNA d'Autore

LEONARDO CARBONE

LE NUOVE PARCELLE FORENSI

AGGIORNATO CON IL D.M. 13 AGOSTO 2022, N. 147

- Il commento operativo
- I fac-simili dei preventivi e delle comunicazioni ai clienti

2ª edizione

LaTribuna

La Tribuna Srl | www.latribuna.it
29121 Piacenza – Via Campo della Fiera 4
Tel. 0523.46311

Prefazione

Completata la procedura prevista dall'art.13, comma 6, della l. n. 247/2012, il decreto ministeriale 13 agosto 2022 n. 147 (in Gazzetta Ufficiale n. 236 del 8.10.2022) ha adeguato i parametri forensi, decreto che per espressa previsione dell'art. 7 entra in vigore dal quindicesimo giorno successivo a quello della sua pubblicazione nella Gazzetta Ufficiale (e quindi a decorrere dal 23.10.2022).

Numerose sono le novità in quanto il decreto non si è limitato ad aggiornare i valori parametrici all'aumento del costo della vita, ma ha rimodulato la struttura parametrica per adeguarla alle nuove attività svolte dal difensore e per colmare carenze della precedente disciplina.

Fra le novità del nuovo decreto parametrico, di cui dà ampiamente conto il volume, è *l'adeguamento dei valori parametrici al costo della vita*. Infatti, vi è stato un incremento dei valori parametrici di circa il 5%, rapportato all'aumento del costo della vita in base agli indici ISTAT a decorrere dal 2014.

Tra le modifiche va evidenziata la *previsione di un'unica percentuale volta a regolare gli aumenti e le diminuzioni dei valori base dei parametri*, individuando la percentuale del 50%, con conseguente modifica della disciplina parametrica nelle parti in cui prevede percentuali di aumenti e diminuzioni diverse da quella del 50%.

Sempre nell'ottica di evitare disparità di trattamento e garantire una uniforme applicazione della disciplina parametrica sul territorio nazionale, ma anche per "frenare" la discrezionalità del giudice nella liquidazione del compenso, il decreto n. 147/2022 prevede l'eliminazione della locuzione *"di regola"* per la liquidazione del compenso ove prevista nel decreto parametrico.

Altra novità è l'intervento per le ipotesi di conciliazione e transazione della lite. Infatti, al fine di incoraggiare la funzione conciliativa dell'avvocato e di remunerare adeguatamente l'attività professionale dell'avvocato per perfezionare la transazione, la "nuova" norma fa chiarezza sull'interpretazione dell'art.4, comma 6, d.m. n. 55/2014, statuendo che *"Nell'ipotesi di conciliazione giudiziale o transazione della controversia, il compenso per tale attività è determinato nella misura pari a quello previsto per la fase decisionale, aumentato di un quarto,, fermo quanto maturato per l'attività precedentemente svolta"* (e non più "fino ad un quarto").

Correttivi sono previsti per i compensi spettanti all'avvocato per l'attività espletata nelle procedure di *mediazione e negoziazione.* Al fine di rendere maggiormente remunerata l'attività impegnativa svolta dall'avvocato e conveniente per la parte che definisce in tempi rapidi con una soluzione concordata la propria controversia, i parametri per la fase di dell'attivazione e di negoziazione previsti per tali attività sono aumentati del 30% rispetto agli attuali importi. Inoltre, al fine di superare l'incertezza applicativa della norma di cui al dm n. 55/2014, è previsto espressamente che *"il compenso per tale attività è determinato nella misura pari a quello previsto per la fase decisionale aumentato di un quarto"* (e non quindi con la ambigua formula "Fino ad un quarto"), fermo comunque quanto maturato per l'attività precedentemente svolta.

Innovativa è poi la *tariffa oraria* introdotta con il D.M. n. 147/2022, con importo orario variabile da € 200,00 ad € 500,00. La tariffa oraria è certamente uno strumento flessibile di remunerazione per l'avvocato in tutti quei casi in cui il tempo dedicato dal professionista al cliente è facilmente quantificato, come la partecipazione a riunioni, assemblee, o altri eventi. L'esigenza della fissazione di un compenso orario è sempre più avvertita dai colleghi, soprattutto in un periodo in cui la consulenza on-line è sempre più massiccia, nonché nei casi in cui l'avvocato riceva incarichi da aziende medio-grandi con base all'estero. Peraltro, la quantificazione di un compenso "orario" è quella maggiormente utilizzata a livello internazionale ed è in linea con le tariffe dinanzi al Tribunale UE ed alla Corte UE (oltre che con la disciplina dei paesi di Common Law).

Il D.M. n. 147/2022 è intervenuto anche sui parametri previsti per i *giudizi amministrativi* (TAR e Consiglio di Stato). Infatti il nuovo decreto prevede:

- un aumento fino al 20% del compenso previsto dai vigenti parametri per la fase introduttiva, qualora venga proposto ricorso incidentale;
- i compensi per la fase cautelare monocratica (previsti dalle tabelle 21 e 22) sono dovuti solo quando vengono svolte attività ulteriore rispetto alla formulazione dell'istanza cautelare;
- nel caso di appello cautelare innanzi al Consiglio di Stato è dovuto il compenso previsto dalla tabella 22 per la fase di studio della contro-

versia e la fase introduttiva del giudizio, nonché il 50% del compenso previsto per la fase decisionale;
- nelle controversie in materia di appalti, la espressa previsione del compenso dell'avvocato parametrato all'utile dell'impresa, che viene ipotizzato pari al 10 per cento del valore dell'appalto.

Con riferimento ai *giudizi innanzi alla Corte di cassazione* il DM n. 147/2022 prevede apposito compenso per la memoria ex art. 378 cpc (quantificato nel 50 per cento di quello previsto per la fase decisionale del giudizio in Cassazione), in quanto sempre più spesso a causa dei continui mutamenti giurisprudenziali e normativi, e la discrasia notevole fra il deposito del ricorso e la fissazione dell'udienza, la memoria è in sostanza un nuovo ricorso o controricorso e non più una mera memoria illustrativa.

Interventi di rilievo sono previsti per l'attività professionale dell'avvocato nelle *procedure concorsuali,* interventi che hanno colmato la carenza parametrica in materia. Infatti, il decreto n. 147/2022 ha introdotto una apposita tabella (20-bis, che si aggiunge alla tabella n. 20 relativa ai procedimenti per la dichiarazione di fallimento) per l'assistenza *nell'accertamento del passivo e dei diritti dei terzi sui beni compresi nella liquidazione giudiziale nel fallimento e nella liquidazione giudiziale,* con 4 fasi (fasi di studio controversia, fase introduttiva, fase istruttoria e/o trattazione e fase decisionale). E ciò in quanto se è vero che in taluni casi la domanda di insinuazione al passivo non comporta particolari difficoltà, è altrettanto vero che in alcuni casi la domanda di insinuazione al passivo comporta una attività complessa sul piano dell'impegno e della responsabilità del professionista (quando la domanda di ammissione al passivo ha ad oggetto crediti di lavoro dipendente i valori di cui alla tabella del Tribunale (tabella 2) possono essere diminuiti del 50 per cento). Per il *reclamo alla Corte di appello contro la sentenza dichiarativa e gli altri provvedimenti del tribunale fallimentare,* la nuova normativa prevede l'applicazione della tabella 12 relativa ai giudizi civili innanzi alla Corte di appello, così come per i reclami in Corte di appello contro i provvedimenti del Tribunale fallimentare.

Il nuovo decreto parametrico interviene anche per il compenso dell'avvocato relativo all'*attività difensiva in materia penale,* in particolare con riferimento alle indagini difensive, al giudizio per direttissima, ai procedimenti avanti il magistrato di sorveglianza e avanti al Gup del Tribunale per i Minorenni e avanti il Tribunale per i Minorenni, e per i processi particolarmente complessi. Infatti, il DM n. 147/2022 prevede che per le *indagini difensive* i compensi previsti dalla tabella parametrica (tabella 15) sono aumentati del 20% allorquando tali indagini siano particolarmente complesse o urgenti. Per il *giudizio direttissimo* vengono definiti i compensi liquidabili nel giudizio direttissimo con riferimento alla fase di convalida dell'arresto che lo precede. Per i procedimenti innanzi il *Magistrato di sorveglianza* viene prevista apposita tabella parametrica (distinta da quella prevista per il Tribunale di Sorveglianza) con tre fasi (fase di studio della controversia, fase introduttiva del giudizio e fase decisionale). In caso di *subentro nell'attività difensiva* è previsto che il giudice può riconoscere se richiesto il compenso previsto per la fase di studio della controversia in favore del professionista che subentra nella difesa del cliente in un momento successivo alla fase introduttiva.

Al fine di contribuire a deflazionare i carichi giudiziari scongiurando la proposizione di cause introdotte con mala fede o colpa grave, il d.m. n. 147/2022. prevede che il compenso dovuto all'avvocato soccombente è ridotto, nel caso di dichiarata responsabilità processuale ai sensi dell'art.96 cpc, del 75 per cento rispetto a quello spettante. Nei casi di *inammissibilità, improponibilità o improcedibilità della domanda*. il compenso è ridotto, ove concorrano gravi ed eccezionali ragioni esplicitamente indicate nella motivazione, nella misura del 50 per cento.

Il volume oltre che dare esaustiva "spiegazione" della struttura parametrica aggiornata al DM n. 147/2022 contiene anche un apposito capitolo sul compenso dell'avvocato in materia di gratuito patrocinio, con una esaustiva rassegna giurisprudenziale e prassi amministrativa.

Il libro contiene, per ogni argomento, una ragionata ed esaustiva rassegna di giurisprudenza, prassi amministrativa e dottrina sul compenso dell'avvocato, e costituisce uno strumento anche per superare ogni difficoltà.

Il volume rende certamente più "comprensibile" la determinazione del compenso, consentendo all'avvocato (ma anche al giudice ed al cliente) di determinare con immediatezza il compenso spettante, anche attraverso la consultazione della esaustiva ed aggiornata giurisprudenza (settembre 2022) di legittimità e di merito, oltre che della prassi amministrativa.

Il volume, riportando un "consistente" formulario di fac simili di parcelle per le prestazioni professionali più ricorrenti, nonché documentazione e fac simili per determinare e recuperare le competenze professionali, costituisce uno strumento per agevolare il recupero delle competenze professionali.

Il dettagliato indice sommario e l'indice analitico-alfabetico, e le "chiose" a margine degli argomenti trattati, consentono all'operatore (avvocato, giudice, cliente) di individuare con immediatezza sia l'argomento che la formula/fac simile che interessa.

Si ringrazia l'Avv. Daniela Carbone per avere curato l'indice analitico-alfabetico e contribuito alla redazione del formulario, e Sofia Stracci per la collaborazione nella correzione delle bozze.

L'Autore

Indice sommario

Capitolo II
Obbligo del cliente

Capitolo III
Giudizi non compiuti

Capitolo IV
Derogabilità dei parametri

Capitolo V
Criteri generali per la liquidazione

Capitolo VI
Determinazione del valore della controversia

Capitolo VII
Pluralità di difensori e società professionali

Capitolo VIII
Praticanti avvocati autorizzati al patrocinio

Capitolo IX
Procedimenti davanti ad organi speciali

Capitolo X
Procedimenti arbitrali rituali e irrituali

Capitolo XI
Cause in materia di rapporti di lavoro

Parte III
Attività giudiziale penale

Compensi ed indennità spettanti agli avvocati per attività penale

Parte IV
Attività stragiudiziale

Compensi ed indennità spettanti agli avvocati per attività stragiudiziale

Parte V
Patrocinio a spese dello Stato

Il compenso dell'avvocato nel patrocinio a spese dello Stato

Parte VI
Determinazione (e recupero) competenze professionali

Documentazione e fac-simili

Parte VII
Formulario: parcelle per prestazioni professionali

Capitolo I
Parcelle in materia civile

Capitolo II
Parcelle in materia penale

Parte I
Normativa sui compensi dell'avvocato

1.

D.M. Ministero della Giustizia 13 agosto 2022, n. 147. Regolamento recante modifiche al decreto 10 marzo 2014, n. 55, concernente la determinazione dei parametri per la liquidazione dei compensi per la professione forense, ai sensi dell'articolo 13, comma 6, della legge 31 dicembre 2012, n. 247 (*Gazzetta Ufficiale* Serie gen. - n. 236 del 8 ottobre 2022).

1. Modifiche alle disposizioni generali in tema di compensi e spese. – 1. All'articolo 2, comma 2, del decreto del Ministro della giustizia 10 marzo 2014, n. 55, le parole «di regola» sono soppresse.

2. Modifiche alla disciplina dei parametri generali per la determinazione dei compensi relativi all'attività civile e amministrativa. – 1. All'articolo 4 del decreto del Ministro della giustizia 10 marzo 2014, n. 55, sono apportate le seguenti modificazioni:

a) al comma 1, le parole: «di regola sino all'80 per cento» sono sostituite dalle seguenti: «fino al 50 per cento», e l'ultimo periodo è soppresso;

b) al comma 1 *bis*, le parole: «è di regola ulteriormente aumentato del 30 per cento» sono sostituite dalle seguenti: «è ulteriormente aumentato fino al 30 per cento»;

c) al comma 2, le parole: «di regola» sono soppresse;

d) al comma 3, le parole: «di regola» sono soppresse;

e) dopo il comma 4, è aggiunto il seguente: «4 *bis*. I parametri previsti dalla allegata tabella n. 7 per i procedimenti di volontaria giurisdizione si applicano esclusivamente a quelli aventi natura non contenziosa.»;

f) dopo il comma 5, è aggiunto il seguente: «5 *bis*. Il giudice può riconoscere, se richiesto, il compenso previsto per la fase di studio della controversia in favore del professionista che subentra nella difesa del cliente in un momento successivo alla fase introduttiva.»

g) al comma 6, le parole: «la liquidazione del compenso è di regola aumentato fino a un quarto rispetto a quello altrimenti liquidabile per la fase decisionale» sono sostituite dalle seguenti: «il compenso per tale attività è determinato nella misura pari a quello previsto per la fase decisionale, aumentato di un quarto,»;

h) il comma 9 è sostituito dal seguente: «9. Nel caso di dichiarata responsabilità processuale ai sensi dell'articolo 96 del codice di procedura civile, il compenso dovuto all'avvocato del soccombente è ridotto del 75 per cento rispetto a quello altrimenti spettante. Nei casi d'inammissibilità, improponibilità o improcedibilità della domanda il compenso è ridotto, ove concorrano gravi ed eccezionali ragioni esplicitamente indicate nella motivazione, nella misura del 50 per cento.»;

i) al comma 10 *bis* le parole: «di regola» sono soppresse, ed è aggiunto, in fine, il seguente periodo: «Quando è proposto ricorso incidentale, il compenso per la fase introduttiva è aumentato fino al 20 per cento. I compensi per la fase cautelare monocratica previsti dalle tabelle 21 e 22 sono dovuti solo quando vengono svolte attività ulteriori rispetto alla formulazione dell'istanza cautelare.»;

l) dopo il comma 10 *bis* sono aggiunti i seguenti:

«10 *ter*. Nel caso di appello cautelare davanti al Consiglio di Stato è dovuto il compenso previsto dalla allegata tabella n. 22 per la fase di studio della controversia e per la fase introduttiva del giudizio, nonché il 50 per cento del compenso relativo alla fase decisionale.

10 *quater*. Nei giudizi davanti alla Corte di cassazione, il compenso relativo alla fase decisionale del giudizio può essere aumentato fino al 50 per cento quando è depositata memoria ai sensi dell'articolo 378 del codice di procedura civile.

10 *quinquies*. Nei procedimenti di ammissione al passivo e di impugnazione dello stato passivo aventi ad oggetto crediti di lavoro dipendente, i parametri previsti dalla allegata tabella n. 20 *bis* possono essere ridotti fino al 50 per cento.

10 *sexies*. Nel caso di reclamo in corte di appello avverso la sentenza dichiarativa del fallimento e gli altri provvedimenti del tribunale fallimentare, si applicano i parametri previsti dalla allegata tabella n. 12.

10 *septies*. Per le attività difensive svolte dall'avvocato in qualità di curatore del minore, il compenso è liquidato applicando i parametri previsti dalle tabelle allegate al presente decreto relative alle procedure e ai giudizi in cui è di volta in volta nominato.».

2. All'articolo 5 del decreto del Ministro della giustizia 10 marzo 2014, n. 55, sono apportate le seguenti modificazioni:

a) al comma 3 è aggiunto, in fine, il seguente periodo: «L'utile effettivo e i profitti attesi si intendono di regola non inferiori al 10 per cento del valore dell'appalto, salvo che non siano ricavabili dagli atti di gara.»;

b) al comma 6 le parole «di regola e», ovunque ricorrono, sono soppresse.

3. All'articolo 6, comma 1, del decreto del Ministro della giustizia 10 marzo 2014, n. 55, le parole: «di regola» sono soppresse.

4. All'articolo 8, comma 2, del decreto del Ministro della giustizia 10 marzo 2014, n. 55, le parole: «di regola» sono soppresse.

5. All'articolo 9, comma 1, del decreto del Ministro della giustizia 10 marzo 2014, n. 55, le parole: «di regola» sono soppresse.

6. All'articolo 10 del decreto del Ministro della giustizia 10 marzo 2014, n. 55, le parole: «di regola», ovunque ricorrono, sono soppresse.

7. All'articolo 11, comma 1, del decreto del Ministro della giustizia 10 marzo 2014, n. 55, le parole: «di regola» sono soppresse.

a) al comma 1, le parole: «di regola fino al'80 per cento» sono sostituite dalle seguenti: «fino al 50 per cento»;

b) al comma 2, le parole: «di regola» sono soppresse;

c) dopo il comma 3 sono aggiunti i seguenti:

«3 *bis*. I compensi previsti per le indagini difensive sono aumentati del 20 per cento quando tali indagini siano particolarmente complesse o urgenti.

3 *ter*. Per le attività difensive svolte davanti al Tribunale per i minorenni, i compensi sono liquidati applicando i parametri previsti dalla allegata tabella n. 15, con riferimento all'autorità giudiziaria che sarebbe stata competente qualora al momento del fatto l'imputato fosse stato maggiorenne.».

2. All'articolo 17 del decreto del Ministro della giustizia 10 marzo 2014, n. 55, le parole: «di regola» sono soppresse.

4. Modifiche alla disciplina dei parametri generali per la determinazione dei compensi relativi all'attività stragiudiziale. – 1. All'articolo 18, comma 1, del decreto del Ministro della giustizia 10 marzo 2014, n. 55, è aggiunto, in fine, il seguente periodo: «Quando, tuttavia, l'affare si compone di fasi o di parti autonome in ragione della materia trattata, i compensi sono liquidati per ciascuna fase o parte.».

2. All'articolo 19, comma 1, del decreto del Ministro della giustizia 10 marzo 2014, n. 55, le parole: «di regola sino all'80 per cento» sono sostituite dalle seguenti: «fino al 50 per cento».

3. All'articolo 20 del decreto del Ministro della giustizia 10 marzo 2014, n. 55, sono apportate le seguenti modificazioni:

a) le parole «di regola», ovunque ricorrono, sono soppresse;

b) al comma 1 *bis* è aggiunto, in fine, il seguente periodo: «Nel caso in cui il procedimento di mediazione o la procedura di negoziazione assistita si concludano con un accordo tra le parti, fermo il compenso per la fase di conciliazione, i compensi per le fasi dell'attivazione e di negoziazione sono aumentati del 30 per cento.».

4. All'articolo 21, comma 7, del decreto del Ministro della giustizia 10 marzo 2014, n. 55, le parole: «di regola e», ovunque ricorrono, sono soppresse.

5. L'articolo 22 del decreto del Ministro della giustizia 10 marzo 2014, n. 55, è sostituito dal seguente:

«Art. 22 (*Affari di valore superiore a euro 520.000,00*). – 1. Per le prestazioni stragiudiziali in relazione ad affari di valore superiore a euro 520.000,00 il compenso è liquidato sulla base di una percentuale progressivamente decrescente del valore dell'affare, secondo quanto previsto dalla allegata tabella n. 25.».

6. Dopo l'articolo 22 del decreto del Ministro della giustizia 10 marzo 2014, n. 55, è aggiunto il seguente:

«Art. 22 *bis* (*Compensi a tempo*). – 1. Nel caso di pattuizione dei compensi a tempo, si tiene conto di un parametro indicativo da un minimo di euro 200,00 ad un massimo di euro 500,00 per ciascuna ora o frazione di ora superiore a trenta minuti.».

7. All'articolo 24, comma 1, del decreto del Ministro della giustizia 10 marzo 2014, n. 55, le parole «di regola» sono soppresse;

8. All'articolo 26, comma 1, del decreto del Ministro della giustizia 10 marzo 2014, n. 55, le parole «di regola» sono soppresse.

9. All'articolo 27, comma 1, del decreto del Ministro della giustizia 10 marzo 2014, n. 55, le parole «, di regola,» e le parole «di regola» sono soppresse.

5. Revisione delle tabelle dei parametri forensi allegate al decreto di cui al Ministro della giustizia 10 marzo 2014, n. 55. – 1. Le tabelle allegate al regolamento di cui al decreto del Ministro della giustizia 10 marzo 2014, n. 55 sono sostituite da quelle allegate al presente regolamento.

6. Disposizione temporale. – 1. Le disposizioni di cui al presente regolamento si applicano alle prestazioni professionali esaurite successivamente alla sua entrata in vigore.

7. Entrata in vigore. – 1. Il presente decreto entra in vigore il quindicesimo giorno successivo a quello della sua pubblicazione nella *Gazzetta Ufficiale* della Repubblica italiana.

Allegato: Nuove tabelle parametri forensi

1. GIUDICE DI PACE

Valore	da € 0,01 a € 1.100,00	da € 1.100,01 a € 5.200,00	da € 5.200,01 a € 26.000,00
1. Fase di studio della controversia	68,00	236,00	425,00
2. Fase introduttiva del giudizio	68,00	252,00	352,00
3. Fase istruttoria e/o di trattazione	68,00	352,00	567,00
4. Fase decisionale	142,00	425,00	746,00

2. GIUDIZI ORDINARI E SOMMARI DI COGNIZIONE INNANZI AL TRIBUNALE

Valore	da € 0,01 a € 1.100,00	da € 1.100,01 a € 5.200,00	da € 5.200,01 a € 26.000,00	da € 26.000,01 a € 52.000,00	da € 52.000,01 a € 260.000,00	da € 260.000,01 a € 520.000,00
1. Fase di studio della controversia	131,00	425,00	919,00	1.701,00	2.552,00	3.544,00
2. Fase introduttiva del giudizio	131,00	425,00	777,00	1.204,00	1.628,00	2.338,00
3. Fase istruttoria e/o di trattazione	200,00	851,00	1.680,00	1.806,00	5.670,00	10.411,00
4. Fase decisionale	200,00	851,00	1.701,00	2.905,00	4.253,00	6.164,00

3. CAUSE DI LAVORO

Valore	da € 0,01 a € 1.100,00	da € 1.100,01 a € 5.200,00	da € 5.200,01 a € 26.000,00	da € 26.000,01 a € 52.000,00	da € 52.000,01 a € 260.000,00	da € 260.000,01 a € 520.000,00
1. Fase di studio della controversia	210,00	888,00	1.822,00	3.245,00	4.763,00	6.668,00
2. Fase introduttiva del giudizio	126,00	425,00	777,00	1.202,00	1.701,00	2.336,00
3. Fase istruttoria e/o di trattazione	126,00	567,00	1.172,00	1.880,00	2.678,00	3.623,00
4. Fase decisionale	179,00	746,00	1.617,00	2.930,00	4.253,00	6.290,00

4. CAUSE DI PREVIDENZA

Valore	da € 0,01 a € 1.100,00	da € 1.100,01 a € 5.200,00	da € 5.200,01 a € 26.000,00	da € 26.000,01 a € 52.000,00	da € 52.000,01 a € 260.000,00	da € 260.000,01 a € 520.000,00
1. Fase di studio della controversia	131,00	425,00	929,00	1.701,00	2.552,00	3.544,00
2. Fase introduttiva del giudizio	121,00	425,00	777,00	1.204,00	1.701,00	2.336,00
3. Fase istruttoria e/o di trattazione	179,00	851,00	1664,00	2.693,00	3.827,00	5.171,00
4. Fase decisionale	247,00	919,00	2021,00	3.675,00	4.148,00	7.865,00

5. PROCEDIMENTI PER CONVALIDA LOCATIZIA

Valore	da € 0,01 a € 1.100,00	da € 1.100,01 a € 5.200,00	da € 5.200,01 a € 26.000,00	da € 26.000,01 a € 52.000,00	da € 52.000,01 a € 260.000,00	da € 260.000,01 a € 520.000,00
1. Fase di studio della controversia	179,00	530,00	919,00	1.701,00	2.478,00	3.544,00
2. Fase introduttiva del giudizio	179,00	494,00	709,00	1.061,00	1.418,00	1.559,00
3. Fase istruttoria e/o di trattazione	42,00	142,00	210,00	352,00	494,00	709,00
4. Fase decisionale	142,00	425,00	746,00	1.344,00	1.911,00	2.835,00

6. ATTO DI PRECETTO

Valore	da € 0 a € 5.200,00	da € 5.200,01 a € 26.000,00	da € 26.000,01 a € 52,000,00	da € 52.000,01 a € 260.000,00	da € 260.000,01 a € 520.000,00
Compenso	142,00	236,00	331,00	425,00	567,00

7. PROCEDIMENTI DI VOLONTARIA GIURISDIZIONE

Valore	da € 0 a € 5.200,00	da € 5.200,01 a € 26.000,00	da € 26.000,01 a € 52,000,00	da € 52.000,01 a € 260.000,00	da € 260.000,01 a € 520.000,00
Compenso	425,00	1.418,00	2.336,00	3.329,00	4.536,00

8. PROCEDIMENTI MONITORI

Valore	da € 0 a € 5.200,00	da € 5.200,01 a € 26.000,00	da € 26.000,01 a € 52,000,00	da € 52.000,01 a € 260.000,00	da € 260.000,01 a € 520.000,00
Fase di studio, istruttoria, conclusiva	473,00	567,00	1.370,00	2.242,00	4.394,00

9. PROCEDIMENTI DI ISTRUZIONE PREVENTIVA

Valore	da € 0 a € 5.200,00	da € 5.200,01 a € 26.000,00	da € 26.000,01 a € 52.000,00	da € 52.000,01 a € 260.000,00	da € 260.000,01 a € 520.000,00
1. Fase di studio della controversia	210,00	567,00	992,00	1.134,00	2.126,00
2. Fase introduttiva del giudizio	284,00	709,00	788,00	992,00	1.454,00
3. Fase istruttoria	352,00	1.061,00	1.276,00	1.701,00	2.336,00

10. PROCEDIMENTI CAUTELARI

Valore	da € 0,01 a € 1.100,00	da € 1.100,01 a € 5.200,00	da € 5.200,01 a € 26.000,00	da € 26.000,01 a € 52.000,00	da € 52.000,01 a € 260.000,00	da € 260.000,01 a € 520.000,00
1. Fase di studio della controversia	210,00	567,00	992,00	1.175,00	2.251,00	3.686,00
2. Fase introduttiva del giudizio	142,00	352,00	672,00	851,00	1.202,00	1.559,00
3. Fase istruttoria e/o di trattazione	210,00	851,00	1.204,00	1.985,00	2.835,00	3.969,00
4. Fase decisionale	105,00	389,00	635,00	1.202,00	1.771,00	2.552,00

11. GIUDIZI INNANZI ALLA CORTE DEI CONTI

Valore	da € 0,01 a € 1.100,00	da € 1.100,01 a € 5.200,00	da € 5.200,01 a € 26.000,00	da € 26.000,01 a € 52.000,00	da € 52.000,01 a € 260.000,00	da € 260.000,01 a € 520.000,00
1. Fase di studio della controversia	179,00	536,00	919,00	1.775,00	2.478,00	3.686,00
2. Fase introduttiva del giudizio	105,00	320,00	494,00	709,00	1.061,00	1.418,00
3. Fase istruttoria e/o di trattazione	105,00	352,00	567,00	919,00	1.276,00	1.775,00
4. Fase decisionale	179,00	604,00	1.06[illegible],00	1.911,00	2.762,00	4.043,00

12. GIUDIZI INNANZI ALLA CORTE DI APPELLO

Valore	da € 0,01 a € 1.100,00	da € 1.100,01 a € 5.200,00	da € 5.200,01 a € 26.000,00	da € 26.000,01 a € 52.000,00	da € 52.000,01 a € 260.000,00	da € 260.000,01 a € 520.000,00
1. Fase di studio della controversia	142,00	536,00	1.134,00	2.058,00	2.977,00	4.389,00
2. Fase introduttiva del giudizio	142,00	536,00	921,00	1.418,00	1.911,00	2.552,00
3. Fase istruttoria e/o di trattazione	179,00	992,00	1.843,00	3.045,00	4.326,00	5.880,00
4. Fase decisionale	210,00	851,00	1.911,00	3.470,00	5.103,00	7.298,00

13. GIUDIZI INNANZI ALLA CORTE DI CASSAZIONE E ALLE GIURISDIZIONI SUPERIORI

Valore	da € 0,01 a € 1.100,00	da € 1.100,01 a € 5.200,00	da € 5.200,01 a € 26.000,00	da € 26.000,01 a € 52.000,00	da € 52.000,01 a € 260.000,00	da € 260.000,01 a € 520.000,00
1. Fase di studio della controversia	252,00	709,00	1.276,00	2.336,00	3.402,00	4.961,00
2. Fase introduttiva del giudizio	284,00	777,00	1.134,00	1.969,00	2.478,00	3.260,00
3. Fase decisionale	142,00	389,00	672,00	1.208,00	1.775,00	2.552,00

14. GIUDIZI INNANZI ALLA CORTE COSTITUZIONALE, ALLA CORTE EUROPEA, ALLA CORTE DI GIUSTIZIA UE

Valore	da € 0,01 a € 1.100,00	da € 1.100,01 a € 5.200,00	da € 5.200,01 a € 26.000,00	da € 26.000,01 a € 52.000,00	da € 52.000,01 a € 260.000,00	da € 260.000,01 a € 520.000,00
1. Fase di studio della controversia	252,00	919,00	1.985,00	3.686,00	5.387,00	7.796,00
2. Fase introduttiva del giudizio	210,00	777,00	1.344,00	2.058,00	2.905,00	3.885,00
3. Fase istruttoria e/o di trattazione	142,00	709,00	1.344,00	2.195,00	3.119,00	4.253,00
4. Fase decisionale	142,00	777,00	1.344,00	2.478,00	3.612,00	5.177,00

15. GIUDIZI PENALI

Valore	Giudice di Pace	Indagini preliminari	Indagini difensive	Convalida dell'arresto	Cautelari personali	Cautelari reali	GIP e GUP
1. Studio della controversia	378,00	851,00	851,00	378,00	378,00	378,00	851,00
2. Fase introduttiva del giudizio	473,00	662,00			1.229,00	1.229,00	756,00
3. Fase istruttoria e/o dibattimentale	756,00	1.040,00	1.418,00	473,00			1.040,00
4. Fase decisionale	662,00	1.229,00		709,00	1.418,00	1.418,00	1.418,00

Valore	Tribunale monocratico	Tribunale collegiale	Corte di Assise	Tribunale di Sorveglianza	Magistrato di Sorveglianza	Corte di Appello	Corte di Assise di Appello	Corte di Cass. e Giur. Sup.
1. Studio della controversia	473,00	473,00	756,00	473,00	315,00	473,00	756,00	945,00
2. Fase introduttiva del giudizio	567,00	756,00	1.418,00	945,00	378,00	945,00	1.985,00	2.646,00
3. Fase istruttoria e/o dibattimentale	1.134,00	1.418,00	2.363,00	1.418,00		1.418,00	2.268,00	
4. Fase decisionale	1.418,00	1.418,00	2.835,00	1.418,00	945,00	1.418,00	2.336,00	2.741,00

16. PROCEDURE ESECUTIVE MOBILIARI

Valore	da € 0,01 a € 1.100,00	da € 1.100,01 a € 5.200,00	da € 5.200,01 a € 26.000,00	da € 26.000,01 a € 52.000,00	da € 52.000,01 a € 260.000,00	da € 260.000,01 a € 520.000,00
1. Fase di studio della controversia	126,00	368,00	552,00	861,00	1.166,00	1.533,00
3. Fase istruttoria e/o di trattazione	63,00	184,00	305,00	494,00	735,00	982,00

17. PROCEDURE ESECUTIVE PRESSO TERZI, PER CONSEGNA E RILASCIO, IN FORMA SPECIFICA

Valore	da € 0,01 a € 1.100,00	da € 1.100,01 a € 5.200,00	da € 5.200,01 a € 26.000,00	da € 26.000,01 a € 52.000,00	da € 52.000,01 a € 260.000,00	da € 260.000,01 a € 520.000,00
1. Fase introduttiva	110,00	331,00	552,00	861,00	1.166,00	1.533,00
3. Fase di trattazione e conclusiva	236,00	567,00	851,00	1.360,00	1.927,00	2.604,00

18. PROCEDURE ESECUTIVE IMMOBILIARI

Valore	da € 0,01 a € 1.100,00	da € 1.100,01 a € 5.200,00	da € 5.200,01 a € 26.000,00	da € 26.000,01 a € 52.000,00	da € 52.000,01 a € 260.000,00	da € 260.000,01 a € 520.000,00
1. Fase di studio della controversia	147,00	452,00	683,00	1.050,00	1.433,00	1.890,00
3. Fase istruttoria e/o di trattazione	76,00	299,00	452,00	677,00	982,00	1.281,00

19. ISCRIZIONE IPOTECARIA / AFFARI TAVOLARI

Valore	da € 0,01 a € 1.100,00	da € 1.100,01 a € 5.200,0	da € 5.200,01 a € 26.000,00	da € 26.000,01 a € 52.000,00	da € 52.000,01 a € 260.000,00	da € 260.000,01 a € 520.000,00
Compenso	68,00	284,00	425,00	709,00	992,00	1.344,00

20. PROCEDIMENTI PER DICHIARAZIONE DI FALLIMENTO

Valore	da € 0,01 a € 1.100,00	da € 1.100,01 a € 5.200,0	da € 5.200,01 a € 26.000,00	da € 26.000,01 a € 52.000,00	da € 52.000,01 a € 260.000,00	da € 260.000,01 a € 520.000,00
Compenso	168,00	620,00	903,00	1.470,00	2.095,00	2.888,00

20-BIS. ACCERTAMENTO DEL PASSIVO NEL FALLIMENTO E NELLA LIQUIDAZIONE GIUDIZIALE

Valore	da € 0,01 a € 1.100,00	da € 1.100,01 a € 5.200,00	da € 5.200,01 a € 26.000,00	da € 26.000,01 a € 52.000,00	da € 52.000,01 a € 260.000,00	da € 260.000,01 a € 520.000,00
1. Fase di studio della controversia	168,00	341,00	735,00	1.344,00	2.042,00	2.835,00
2. Fase introduttiva del giudizio	105,00	341,00	620,00	966,00	1.302,00	1.869,00
3. Fase istruttoria e/o di trattazione	158,00	683,00	1.344,00	1.444,00	4.536,00	8.327,00
4. Fase decisionale	158,00	683,00	1.344,00	2.326,00	3.402,00	4.930,00

21. GIUDIZI INNANZI AL TRIBUNALE AMMINISTRATIVO REGIONALE

Valore	da € 0,01 a € 1.100,00	da € 1.100,01 a € 5.200,00	da € 5.200,01 a € 26.000,00	da € 26.000,01 a € 52.000,00	da € 52.000,01 a € 260.000,00	da € 260.000,01 a € 520.000,00
1. Fase di studio della controversia	179,00	635,00	1.134,00	2.053,00	3.402,00	4.394,00
2. Fase introduttiva del giudizio	214,00	680,00	1.103,00	1.701,00	2.293,00	3.062,00
3. Fase istruttoria e/o di trattazione	105,00	635,00	992,00	1.628,00	2.268,00	3.119,00
4. Fase decisionale	284,00	1061,00	1.911,00	3.470,00	5.030,00	7.298,00
5. Fase cautelare collegiale	210,00	567,00	1.061,00	1.911,00	2.762,00	3.969,00
6. Fase cautelare monocratica	105,00	284,00	530,00	956,00	1.381,00	1.985,00

22. GIUDIZI INNANZI AL CONSIGLIO DI STATO

Valore	da € 0,01 a € 1.100,00	da € 1.100,01 a € 5.200,00	da € 5.200,01 a € 26.000,00	da € 26.000,01 a € 52.000,00	da € 52.000,01 a € 260.000,00	da € 260.000,01 a € 520.000,00
1. Fase di studio della controversia	179,00	635,00	1.276,00	2.268,00	3.402,00	4.961,00
2. Fase introduttiva del giudizio	126,00	428,00	851,00	1.273,00	1.871,00	2.552,00
3. Fase istruttoria e/o di trattazione	105,00	357,00	709,00	1.061,00	1.559,00	2.126,00
4. Fase decisionale	284,00	1.061,00	1.911,00	3.470,00	5.030,00	7.298,00
5. Fase cautelare collegiale	210,00	635,00	1.061,00	1.890,00	2.410,00	4.111,00
6. Fase cautelare monocratica	105,00	318,00	530,00	945,00	1.205,00	2.056,00

23. GIUDIZI INNANZI ALLA COMMISSIONE TRIBUTARIA PROVINCIALE

Valore	da € 0,01 a € 1.100,00	da € 1.100,01 a € 5.200,00	da € 5.200,01 a € 26.000,00	da € 26.000,01 a € 52.000,00	da € 52.000,01 a € 260.000,00	da € 260.000,01 a € 520.000,00
1. Fase di studio della controversia	179,00	567,00	992,00	1.769,00	2.552,00	3.686,00
2. Fase introduttiva del giudizio	105,00	357,00	567,00	851,00	1.202,00	1.559,00
3. Fase istruttoria e/o di trattazione	89,00	284,00	494,00	992,00	1.418,00	2.053,00
4. Fase decisionale	179,00	919,00	1.418,00	2.195,00	4.169,00	4.321,00
5. Fase cautelare	142,00	425,00	709,00	1.344,00	1.911,00	2.762,00

24. GIUDIZI INNANZI ALLA COMMISSIONE TRIBUTARIA REGIONALE

Valore	da € 0,01 a € 1.100,00	da € 1.100,01 a € 5.200,00	da € 5.200,01 a € 26.000,00	da € 26.000,01 a € 52.000,00	da € 52.000,01 a € 260.000,00	da € 260.000,01 a € 520.000,00
1. Fase di studio della controversia	179,00	635,00	1.134,00	2.053,00	3.045,00	4.394,00
2. Fase introduttiva del giudizio	105,00	425,00	635,00	1.061,00	1.418,00	1.911,00
3. Fase istruttoria e/o di trattazione	105,00	425,00	777,00	1.418,00	2.053,00	3.045,00
4. Fase decisionale	179,00	919,00	1.418,00	2.478,00	3.260,00	4.536,00
5. Fase cautelare	142,00	494,00	851,00	1.559,00	2.268,00	3.329,00

25. PRESTAZIONI DI ASSISTENZA STRAGIUDIZIALE

Valore	da € 0,01 a € 1.100,00	da € 1.100,01 a € 5.200,00	da € 5.200,01 a € 26.000,00	da € 26.000,01 a € 52.000,00	da € 52.000,01 a € 260.000,00	da € 260.000,01 a € 520.000,00
Compenso	284,00	1.276,00	1.985,00	2.410,00	4.536,00	6.164,00

Valore	da Euro 520.000,01 a Euro 2.000.000,00	da Euro 2.000.000,01 a Euro 4.000.000,00	da Euro 4.000.000,01 a Euro 6.000.000,00	da Euro 6.000.000,01 a Euro 8.000.000,00	da Euro 8.000.000,01 a Euro 10.000.000,00	da Euro 10.000.000,01 a Euro 12.000.000,00
percentuale	3,00%	2,75%	2,50%	2,25%	2,00%	1,75%

Valore	da Euro 12.000.000,01 a Euro 14.000.000,00	da Euro 14.000.000,01 a Euro 16.000.000,00	da Euro 16.000.000,01 a Euro 18.000.000,00	da Euro 18.000.000,01 a Euro 20.000.000,00	da Euro 20.000.000,01 a Euro 22.000.000,00	da Euro 22.000.000,01
percentuale	1,50%	1,25%	1,00%	0,75%	0,50%	0,25%

25-bis. PROCEDIMENTO DI MEDIAZIONE E PROCEDURA DI NEGOZIAZIONE ASSISTITA

Valore	da € 0,01 a € 1.100,00	da € 1.100,01 a € 5.200,00	da € 5.200,01 a € 26.000,00	da € 26.000,01 a € 52.000,00	da € 52.000,01 a € 260.000,00	da € 260.000,01 a € 520.000,00
fase della attivazione	63,00	284,00	441,00	536 00	1.008,00	1.370,00
fase di negoziazione	126,00	567,00	882,00	1.071,00	2.016,00	2.741,00
conciliazione	246,00	1.106,00	1.720,00	2.088,00	3.931,00	5.343,00

26. ARBITRATO

Valore	da € 0,01 a € 26.000,00	da € 26.000,01 a 52.000,00	da € 52,000,01 a € 260.000,00	da € € 260.000,01 a €. 520.000,00
Compenso	1.701,00	4.253,00	7.439,00	17.010,00

2.

D.M. Ministero della Giustizia 8 marzo 2018, n. 37. Regolamento recante modifiche al decreto 10 marzo 2014, n. 55, concernente la determinazione dei parametri per la liquidazione dei compensi per la professione forense, ai sensi dell'articolo 13, comma 6, della legge 31 dicembre 2012, n. 247 (*Gazzetta Ufficiale* Serie gen. - n. 96 del 26 aprile 2018).

1. Modifiche alla disciplina dei parametri generali per la determinazione dei compensi in sede giudiziale. – 1. All'articolo 4 del decreto del Ministro della giustizia 10 marzo 2014, n. 55 sono apportate le seguenti modificazioni:

a) al comma 1 sono apportate le seguenti modificazioni:

1) al terzo periodo le parole «possono essere aumentati, di regola, sino all'80 per cento, o diminuiti fino al 50 per cento» sono sostituite dalle seguenti: «possono essere aumentati di regola sino all'80 per cento, ovvero possono essere diminuiti in ogni caso non oltre il 50 per cento»;

2) al quarto periodo le parole «diminuzione di regola fino al 70 per cento» sono sostituite dalle seguenti: «diminuzione in ogni caso non oltre il 70 per cento»;

b) dopo il comma 1 è inserito il seguente:

«1 *bis*. Il compenso determinato tenuto conto dei parametri generali di cui al comma 1 è di regola ulteriormente aumentato del 30 per cento quando gli atti depositati con modalità telematiche sono redatti con tecniche informatiche idonee ad agevolarne la consultazione o la fruizione e, in particolare, quando esse consentono la ricerca testuale all'interno dell'atto e dei documenti allegati, nonché la navigazione all'interno dell'atto»;

c) al comma 2, primo periodo le parole «20 per cento» e «5 per cento» sono sostituite rispettivamente da «30 per cento» e «10 per cento» e le parole «fino a un massimo di venti» sono sostituite dalle seguenti: «fino a un massimo di trenta»;

d) al comma 4 le parole «è di regola ridotto del 30 per cento» sono sostituite dalle seguenti: «è ridotto in misura non superiore al 30 per cento»;

e) dopo il comma 10 è aggiunto il seguente:

«10 *bis*. Nel caso di giudizi innanzi al Tribunale amministrativo regionale e al Consiglio di Stato il compenso relativo alla fase introduttiva del giudizio è di regola aumentato sino al 50 per cento quando sono proposti motivi aggiunti.».

2. Modifiche alla disciplina dei parametri concernente i procedimenti arbitrali rituali e irrituali. – 1. All'articolo 10, comma 1, del decreto del Ministro della giustizia 10 marzo 2014, n. 55 le parole «agli arbitri sono» sono sostituite dalle parole «a ciascun arbitro è» e le parole «dovuti i compensi previsti» sono sostituite con le parole «dovuto il compenso previsto».

3. Modifiche alla disciplina dei parametri generali per la determinazione dei compensi relativi all'attività penale. – 1. All'articolo 12 del decreto del Ministro della giustizia 10 marzo 2014, n. 55 sono apportate le seguenti modificazioni:

a) al comma 1 sono apportate le seguenti modificazioni:

1) al primo periodo dopo le parole «numero dei documenti» sono inserite le seguenti «e degli atti»;

2) al terzo periodo le parole «possono, di regola, essere aumentati fino all'80 per cento, o diminuiti fino al 50 per cento» sono sostituite dalle seguenti: «possono essere aumentati di regola fino all'80 per cento, ovvero possono essere diminuiti in ogni caso non oltre il 50 per cento»;

b) al comma 2 sono apportate le seguenti modificazioni:

1) al primo periodo: dopo le parole «la stessa posizione» sono aggiunte le parole «procedimentale o»; le parole «20 per cento» e «5 per cento» sono sostituite rispettivamente da: «30 per cento» e «10 per cento»; le parole «fino a un massimo di venti» sono sostituite dalle seguenti «fino a un massimo di trenta»;

2) al secondo periodo le parole «il numero delle parti» è sostituito dalle seguenti «il numero dei soggetti» e le parole «una parte contro più parti» sono sostituite con le seguenti: «un singolo soggetto contro più soggetti»;

3) al terzo periodo: dopo le parole «l'identità di posizione» sono inserite le parole «procedimentale o»; la parola «imputati» è sostituita dalla parola «soggetti»; le parole «è di regola ridotto del 30 per cento» sono sostituite dalle seguenti: «è ridotto in misura non superiore al 30 per cento».

4. Modifiche alla disciplina dei parametri generali per la determinazione dei compensi relativi all'attività stragiudiziale. – 1. All'articolo 19, comma 1, terzo periodo, del decreto del Ministro della giustizia 10 marzo 2014, n. 55 le parole «possono, di regola, essere aumentati sino all'80 per cento, o diminuiti fino al 50 per cento» sono sostituite con le seguenti: «possono essere aumentati di regola sino all'80 per cento, ovvero possono essere diminuiti in ogni caso in misura non superiore al 50 per cento».

5. Disciplina dei parametri nei procedimenti di mediazione e nella procedura di negoziazione assistita nonché modifiche ai parametri tabellari per i giudizi innanzi al Consiglio di Stato. – 1. All'articolo 20 del decreto del

Ministro della giustizia 10 marzo 2014, n. 55, dopo il comma 1, è aggiunto il seguente:

«1 *bis*. L'attività svolta dall'avvocato nel procedimento di mediazione e nella procedura di negoziazione assistita è di regola liquidata in base ai parametri numerici di cui alla allegata tabella.».

2. La tabella n. 22. allegata al decreto del Ministro della giustizia 10 marzo 2014, n. 55 è sostituita dalla tabella A allegata al presente decreto.

3. Dopo la tabella n. 25. allegata al decreto del Ministro della giustizia 10 marzo 2014, n. 55 è aggiunta la tabella n. 25 *bis*. Procedimento di mediazione e nella procedura di negoziazione assistita, allegata come tabella B al presente decreto.

6. Disposizione temporale. – 1. Le disposizioni di cui al presente decreto si applicano alle liquidazioni successive alla sua entrata in vigore.

7. Entrata in vigore. – 1. Il presente decreto entra in vigore il giorno successivo a quello della sua pubblicazione nella *Gazzetta Ufficiale* della Repubblica italiana.

TABELLE

TABELLA *A*
[articolo 5, comma 2]

22. GIUDIZI INNANZI AL CONSIGLIO DI STATO

Valore	da € 0,01 a € 1.100,00	€ 1.100,01 a € 5.200,00	€ 5.200,01 a € 26.000,00	€ 26.000,01 a € 52.000,00	€ 52.000,01 a € 260.000,00	€ 260.000,01 a € 520.000,00
1. Fase di studio della controversia	170,00	605,00	1.215,00	2.160,00	3.240,00	4.725,00
2. Fase introduttiva del giudizio	170,00	605,00	1.010,00	1.550,00	2.160,00	2.900,00
3. Fase istruttoria e/o di trattazione	100,00	340,00	675,00	1.010,00	1.485,00	2.025,00
4. Fase decisionale	270,00	1.010,00	1.820,00	3.305,00	4.790,00	6.950,00
5. Fase cautelare	200,00	605,00	1.010,00	1.800,00	2.295,00	3.915,00

TABELLA *B*
[articolo 5, comma 3]

25 *bis*. PROCEDIMENTO DI MEDIAZIONE E PROCEDURA DI NEGOZIAZIONE ASSISTITA

Valore	da € 0,01 a € 1.100,00	€ 1.100,01 a € 5.200,00	€ 5.200,01 a € 26.000,00	€ 26.000,01 a € 52.000,00	€ 52.000,01 a € 260.000,00	€ 260.000,01 a € 520.000,00
fase della attivazione	60	270	420	510	960	1305
fase di negoziazione	120	540	840	1020	1920	2610
conciliazione	180	810	1260	1530	2880	3915

3.

D.M. 10 marzo 2014, n. 55. Regolamento recante la determinazione dei parametri per la liquidazione dei compensi per la professione forense, ai sensi dell'articolo 13, comma 6, della legge 31 dicembre 2012, n. 247 (*Gazzetta Ufficiale* Serie gen. - n. 77 del 2 aprile 2014).

Capo I
Disposizioni generali

1. Ambito applicativo. – 1. Il presente regolamento disciplina per le prestazioni professionali i parametri dei compensi all'avvocato quando all'atto dell'incarico o successivamente il compenso non sia stato determinato in forma scritta, in ogni caso di mancata determinazione consensuale degli stessi, comprese le ipotesi di liquidazione nonché di prestazione nell'interesse di terzi o prestazioni officiose previste dalla legge, ferma restando – anche in caso di determinazione contrattuale del compenso – la disciplina del rimborso spese di cui al successivo articolo 2.

2. Compensi e spese. – 1. Il compenso dell'avvocato è proporzionato all'importanza dell'opera.

2. Oltre al compenso e al rimborso delle spese documentate in relazione alle singole prestazioni, all'avvocato è dovuta – in ogni caso ed anche in caso di determinazione contrattuale – una somma per rimborso spese forfettarie [di regola] (1) nella misura del 15 per cento del compenso totale per la prestazione, fermo restando quanto previsto dai successivi articoli 5, 11 e 27 in materia di rimborso spese per trasferta.

(1) *Le parole tra parentesi quadrate sono state soppresse dall'art. 1, comma 1, del D.M. 13 agosto 2022, n. 147.*

3. Applicazione analogica. – 1. Nell'ambito dell'applicazione dei precedenti articoli 1 e 2, per i compensi ed i rimborsi non regolati da specifica previsione si ha riguardo alle disposizioni del presente decreto che regolano fattispecie analoghe.

Capo II
Disposizioni concernenti l'attività giudiziale

4. Parametri generali per la determinazione dei compensi in sede giudiziale. – 1. Ai fini della liquidazione del compenso si tiene conto delle caratteristiche, dell'urgenza e del pregio dell'attività prestata, dell'importanza, della natura, della difficoltà e del valore dell'affare, delle condizioni soggettive del cliente, dei risultati conseguiti, del numero e della complessità delle questioni giuridiche e di fatto trattate. In ordine alla difficoltà dell'affare si tiene particolare conto dei contrasti giurisprudenziali, e della quantità e del contenuto della corrispondenza che risulta essere stato necessario intrattenere con il cliente e con altri soggetti. Il giudice tiene conto dei valori medi di cui alle tabelle allegate, che, in applicazione dei parametri generali, possono essere aumentati fino al 50 per cento ([1]), ovvero possono essere diminuiti in ogni caso non oltre il 50 per cento ([2]). [Per la fase istruttoria l'aumento è di regola fino al 100 per cento e la diminuzione in ogni caso non oltre il 70 per cento] ([3]) ([4]).

1 *bis*. Il compenso determinato tenuto conto dei parametri generali di cui al comma 1 è ulteriormente aumentato fino al 30 per cento ([5]) quando gli atti depositati con modalità telematiche sono redatti con tecniche informatiche idonee ad agevolarne la consultazione o la fruizione e, in particolare, quando esse consentono la ricerca testuale all'interno dell'atto e dei documenti allegati, nonché la navigazione all'interno dell'atto ([6]).

2. Quando in una causa l'avvocato assiste più soggetti aventi la stessa posizione processuale, il compenso unico può [di regola] ([7]) essere aumentato per ogni soggetto oltre il primo nella misura del 30 per cento ([8]), fino a un massimo di dieci soggetti, e del 10 per cento ([9]) per ogni soggetto oltre i primi dieci, fino a un massimo di trenta ([10]). La disposizione di cui al periodo precedente si applica quando più cause vengono riunite, dal momento dell'avvenuta riunione e nel caso in cui l'avvocato assiste un solo soggetto contro più soggetti.

3. Quando l'avvocato assiste ambedue i coniugi nel procedimento per separazione consensuale e nel divorzio a istanza congiunta, il compenso è liquidato [di regola] ([11]) con una maggiorazione del 20 per cento su quello altrimenti liquidabile per l'assistenza di un solo soggetto.

4. Nell'ipotesi in cui, ferma l'identità di posizione processuale dei vari soggetti, la prestazione professionale nei confronti di questi non comporta l'esame di specifiche e distinte questioni di fatto e di diritto, il compenso altrimenti

liquidabile per l'assistenza di un solo soggetto è ridotto in misura non superiore al 30 per cento ([12]).

4 *bis*. I parametri previsti dalla allegata tabella n. 7 per i procedimenti di volontaria giurisdizione si applicano esclusivamente a quelli aventi natura non contenziosa ([13]).

5. Il compenso è liquidato per fasi. Con riferimento alle diverse fasi del giudizio si intende esemplificativamente:

a) per fase di studio della controversia: l'esame e lo studio degli atti a seguito della consultazione con il cliente, le ispezioni dei luoghi, la ricerca dei documenti e la conseguente relazione o parere, scritti oppure orali, al cliente, precedenti la costituzione in giudizio;

b) per fase introduttiva del giudizio: gli atti introduttivi del giudizio e di costituzione in giudizio, e il relativo esame incluso quello degli allegati, quali ricorsi, controricorsi, citazioni, comparse, chiamate di terzo ed esame delle relative autorizzazioni giudiziali, l'esame di provvedimenti giudiziali di fissazione della prima udienza, memorie iniziali, interventi, istanze, impugnazioni, le relative notificazioni, l'esame delle corrispondenti relate, l'iscrizione a ruolo, il versamento del contributo unificato, le rinnovazioni o riassunzioni della domanda, le autentiche di firma o l'esame della procura notarile, la formazione del fascicolo e della posizione della pratica in studio, le ulteriori consultazioni con il cliente;

c) per fase istruttoria: le richieste di prova, le memorie illustrative o di precisazione o integrazione delle domande o dei motivi d'impugnazione, eccezioni e conclusioni, l'esame degli scritti o documenti delle altre parti o dei provvedimenti giudiziali pronunciati nel corso e in funzione dell'istruzione, gli adempimenti o le prestazioni connesse ai suddetti provvedimenti giudiziali, le partecipazioni e assistenze relative ad attività istruttorie, gli atti necessari per la formazione della prova o del mezzo istruttorio anche quando disposto d'ufficio, la designazione di consulenti di parte, l'esame delle corrispondenti attività e designazioni delle altre parti, l'esame delle deduzioni dei consulenti d'ufficio o delle altre parti, la notificazione delle domande nuove o di altri atti nel corso del giudizio compresi quelli al contumace, le relative richieste di copie al cancelliere, le istanze al giudice in qualsiasi forma, le dichiarazioni rese nei casi previsti dalla legge, le deduzioni a verbale, le intimazioni dei testimoni, comprese le notificazioni e l'esame delle relative relate, i procedimenti comunque incidentali comprese le querele di falso e quelli inerenti alla verificazione delle scritture private. Al fine di valutare il grado di complessità della fase rilevano, in particolare, le plurime memorie per parte, necessarie o autorizzate dal giudice, comunque denominate ma non meramente illustrative, ovvero le plurime richieste istruttorie ammesse per ciascuna parte e le plurime prove assunte per ciascuna parte. La fase rileva ai fini della liquidazione del compenso quando effettivamente svolta;

d) per fase decisionale: le precisazioni delle conclusioni e l'esame di quelle delle altre parti, le memorie, illustrative o conclusionali anche in replica, compreso il loro deposito ed esame, la discussione orale, sia in camera di consiglio che in udienza pubblica, le note illustrative accessorie a quest'ultima, la redazione e il deposito delle note spese, l'esame e la registrazione o pubblicazione del provvedimento conclusivo del giudizio, comprese le richieste di copie al cancelliere, il ritiro del fascicolo, l'iscrizione di ipoteca giudiziale del provvedimento conclusivo stesso; il giudice, nella liquidazione della fase, tiene conto, in ogni caso, di tutte le attività successive alla decisione e che non rientrano, in particolare, nella fase di cui alla lettera *e*);

e) per fase di studio e introduttiva del procedimento esecutivo: la disamina del titolo esecutivo, la notificazione dello stesso unitamente al precetto, l'esame delle relative relate, il pignoramento e l'esame del relativo verbale, le iscrizioni, trascrizioni e annotazioni, gli atti d'intervento, le ispezioni ipotecarie, catastali, l'esame dei relativi atti;

f) per fase istruttoria e di trattazione del procedimento esecutivo: ogni attività del procedimento stesso non compresa nella lettera *e*), quali le assistenze all'udienza o agli atti esecutivi di qualsiasi tipo.

5 *bis*. Il giudice può riconoscere, se richiesto, il compenso previsto per la fase di studio della controversia in favore del professionista che subentra nella difesa del cliente in un momento successivo alla fase introduttiva ([14]).

6. Nell'ipotesi di conciliazione giudiziale o transazione della controversia, il compenso per tale attività è determinato nella misura pari a quello previsto per la fase decisionale, aumentato di un quarto. ([15]) fermo quanto maturato per l'attività precedentemente svolta.

7. Costituisce elemento di valutazione negativa, in sede di liquidazione giudiziale del compenso, l'adozione di condotte abusive tali da ostacolare la definizione dei procedimenti in tempi ragionevoli.

8. Il compenso da liquidare giudizialmente a carico del soccombente costituito può essere aumentato fino a un terzo rispetto a quello altrimenti liquidabile quando le difese della parte vittoriosa sono risultate manifestamente fondate.

9. Nel caso di dichiarata responsabilità processuale ai sensi dell'articolo 96 del codice di procedura civile, il compenso dovuto all'avvocato del soccombente è ridotto del 75 per cento rispetto a quello altrimenti spettante. Nei casi d'inammissibilità, improponibilità o improcedibilità della domanda il com-

penso è ridotto, ove concorrano gravi ed eccezionali ragioni esplicitamente indicate nella motivazione, nella misura del 50 per cento ([16]).

10. Nel caso di controversie a norma dell'articolo 140 *bis* del decreto legislativo 6 settembre 2005, n. 206, il compenso può essere aumentato fino al triplo rispetto a quello altrimenti liquidabile.

10 *bis*. Nel caso di giudizi innanzi al Tribunale amministrativo regionale e al Consiglio di Stato il compenso relativo alla fase introduttiva del giudizio è [di regola] ([17]) aumentato sino al 50 per cento quando sono proposti motivi aggiunti ([18]). Quando è proposto ricorso incidentale, il compenso per la fase introduttiva è aumentato fino al 20 per cento. I compensi per la fase cautelare monocratica previsti dalle tabelle 21 e 22 sono dovuti solo quando vengono svolte attività ulteriori rispetto alla formulazione dell'istanza cautelare ([19]).

10 *ter*. Nel caso di appello cautelare davanti al Consiglio di Stato è dovuto il compenso previsto dalla allegata tabella n. 22 per la fase di studio della controversia e per la fase introduttiva del giudizio, nonché il 50 per cento del compenso relativo alla fase decisionale ([20]).

10 *quater*. Nei giudizi davanti alla Corte di cassazione, il compenso relativo alla fase decisionale del giudizio può essere aumentato fino al 50 per cento quando è depositata memoria ai sensi dell'articolo 378 del codice di procedura civile ([20]).

10 *quinquies*. Nei procedimenti di ammissione al passivo e di impugnazione dello stato passivo aventi ad oggetto crediti di lavoro dipendente, i parametri previsti dalla allegata tabella n. 20 *bis* possono essere ridotti fino al 50 per cento ([20]).

10 *sexies*. Nel caso di reclamo in corte di appello avverso la sentenza dichiarativa del fallimento e gli altri provvedimenti del tribunale fallimentare, si applicano i parametri previsti dalla allegata tabella n. 12 ([20]).

10 *septies*. Per le attività difensive svolte dall'avvocato in qualità di curatore del minore, il compenso è liquidato applicando i parametri previsti dalle tabelle allegate al presente decreto relative alle procedure e ai giudizi in cui è di volta in volta nominato ([20]).

([1]) *Le parole: «di regola sino all'80 per cento» sono state così sostituite dalle attuali: «fino al 50 per cento» dall'art. 2, comma 1, lett.* a)*, del D.M. 13 agosto 2022, n. 147.*

([2]) *Le parole: «possono essere aumentati, di regola, sino all'80 per cento, o diminuiti fino al 50 per cento» sono state così sostituite dalle attuali: «possono essere aumentati di regola sino all'80 per cento, ovvero possono essere diminuiti in ogni caso non oltre il 50 per cento» dall'art. 1, comma 1, lett.* a)*, n. 1, del D.M. 8 marzo 2018, n. 37.*

([3]) *Le parole: «diminuzione di regola fino al 70 per cento» sono state così sostituite dalle attuali: «diminuzione in ogni caso non oltre il 70 per cento» dall'art. 1, comma 1, lett.* a), *n. 2, del D.M. 8 marzo 2018, n. 37.*

([4]) *Questo periodo è stato soppresso dall'art. 2, comma 1, lett.* a), *del D.M. 13 agosto 2022, n. 147.*

([5]) *Le parole: «è di regola ulteriormente aumentato del 30 per cento» sono state così sostituite dalle attuali: «è ulteriormente aumentato fino al 30 per cento» dall'art. 2, comma 1, lett.* b), *del D.M. 13 agosto 2022, n. 147.*

([6]) *Questo comma è stato inserito dall'art. 1, comma 1, lett.* b), *del D.M. 8 marzo 2018, n. 37.*

([7]) *Le parole tra parentesi quadrate sono state soppresse dall'art. 2, comma 1, lett.* c), *del D.M. 13 agosto 2022, n. 147.*

([8]) *Le parole: «20 per cento» sono state così sostituite dalle attuali: «30 per cento» dall'art. 1, comma 1, lett.* c), *del D.M. 8 marzo 2018, n. 37.*

([9]) *Le parole: «5 per cento» sono state così sostituite dalle attuali: «10 per cento» dall'art. 1, comma 1, lett.* c), *del D.M. 8 marzo 2018, n. 37.*

([10]) *Le parole: «fino a un massimo di venti» sono state così sostituite dalle attuali: «fino a un massimo di trenta» dall'art. 1, comma 1, lett.* c), *del D.M. 8 marzo 2018, n. 37.*

([11]) *Le parole tra parentesi quadrate sono state soppresse dall'art. 2, comma 1, lett.* d), *del D.M. 13 agosto 2022, n. 147.*

([12]) *Le parole: «è di regola ridotto del 30 per cento» sono state così sostituite dalle attuali: «è ridotto in misura non superiore al 30 per cento» dall'art. 1, comma 1, lett.* d), *del D.M. 8 marzo 2018, n. 37.*

([13]) *Questo comma è stato aggiunto dall'art. 2, comma 1, lett.* e), *del D.M. 13 agosto 2022, n. 147.*

([14]) *Questo comma è stato aggiunto dall'art. 2, comma 1, lett.* f), *del D.M. 13 agosto 2022, n. 147.*

([15]) *Le parole: «la liquidazione del compenso è di regola aumentato fino a un quarto rispetto a quello altrimenti liquidabile per la fase decisionale» sono state così sostituite dalle attuali: «il compenso per tale attività è determinato nella misura pari a quello previsto per la fase decisionale, aumentato di un quarto,» dall'art. 2, comma 1, lett.* g), *del D.M. 13 agosto 2022, n. 147.*

([16]) *Questo comma è stato così sostituito dall'art. 2, comma 1, lett.* h), *del D.M. 13 agosto 2022, n. 147.*

([17]) *Le parole tra parentesi quadrate sono state soppresse dall'art. 2, comma 1, lett.* i), *del D.M. 13 agosto 2022, n. 147.*

([18]) *Questo comma è stato aggiunto dall'art. 1, comma 1, lett.* e), *del D.M. 8 marzo 2018, n. 37.*

([19]) *Questo periodo è stato aggiunto dall'art. 2, comma 1, lett.* i), *del D.M. 13 agosto 2022, n. 147.*

([20]) *Questo comma è stato aggiunto dall'art. 2, comma 1, lett.* l), *del D.M. 13 agosto 2022, n. 147.*

5. Determinazione del valore della controversia. – 1. Nella liquidazione dei compensi a carico del soccombente, il valore della causa – salvo quanto diversamente disposto dal presente comma – è determinato a norma del codice di procedura civile. Nei giudizi per azioni surrogatorie e revocatorie, si ha riguardo all'entità economica della ragione di credito alla cui tutela l'azione è diretta, nei giudizi di divisione alla quota o ai supplementi di quota o all'entità dei conguagli in contestazione. Quando nei giudizi di divisione la controversia interessa anche la massa da dividere, si ha riguardo a quest'ultima. Nei giudizi per pagamento di somme o liquidazione di danni, si ha riguardo di norma alla somma attribuita alla parte vincitrice piuttosto che a quella domandata. In ogni caso si ha riguardo al valore effettivo della controversia, anche in relazione agli interessi perseguiti dalle parti, quando risulta manifestamente diverso da quello presunto a norma del codice di procedura civile o alla legislazione speciale.

2. Nella liquidazione dei compensi a carico del cliente si ha riguardo al valore corrispondente all'entità della domanda. Si ha riguardo al valore effettivo della controversia quando risulta manifestamente diverso da quello presunto anche in relazione agli interessi perseguiti dalle parti.

3. Nelle cause davanti agli organi di giustizia, nella liquidazione a carico del cliente si ha riguardo all'entità economica dell'interesse sostanziale che il cliente intende perseguire; nella liquidazione a carico del soccombente si ha riguardo all'entità economica dell'interesse sostanziale che riceve tutela attraverso la decisione. In relazione alle controversie in materia di pubblici contratti, l'interesse sostanziale perseguito dal cliente privato è rapportato all'utile effettivo o ai profitti attesi dal soggetto aggiudicatario o dal soggetto escluso. L'utile effettivo e i profitti attesi si intendono di regola non inferiori al 10 per cento del valore dell'appalto, salvo che non siano ricavabili dagli atti di gara (1).

4. Nelle cause davanti agli organi di giustizia tributaria il valore della controversia è determinato in conformità all'importo delle imposte, tasse, contributi e relativi accessori oggetto di contestazione, con il limite di un quinquennio in caso di oneri poliennali.

5. Qualora il valore effettivo della controversia non risulti determinabile mediante l'applicazione dei criteri sopra enunciati, la stessa si considererà di valore indeterminabile.

6. Le cause di valore indeterminabile si considerano [di regola e] (2) a questi fini di valore non inferiore a euro 26.000,00 e non superiore a euro 260.000,00, tenuto conto dell'oggetto e della complessità della controversia. Qualora la causa di valore indeterminabile risulti di particolare importanza per lo specifico oggetto, il numero e la complessità delle questioni giuridiche trattate, e la rilevanza degli effetti ovvero dei risultati utili, anche di carattere non patrimoniale, il suo valore si considera [di regola e] (2) a questi fini entro lo scaglione fino a euro 520.000,00.

(1) *Questo periodo è stato aggiunto dall'art. 2, comma 2, lett.* a), *del D.M. 13 agosto 2022, n. 147.*

(2) *Le parole tra parentesi quadrate sono state soppresse dall'art. 2, comma 2, lett.* b), *del D.M. 13 agosto 2022, n. 147.*

6. Cause di valore superiore ad euro 520.000,00. – 1. Alla liquidazione dei compensi per le controversie di valore superiore a euro 520.000,00 si applica [di regola] (1) il seguente incremento percentuale: per le controversie da euro 520.000,00 ad euro 1.000.000,00 fino al 30 per cento in più dei parametri numerici previsti per le controversie di valore fino a euro 520.000,00; per le controversie da euro 1.000.000,01 ad euro 2.000.000,00 fino al 30 per cento in più dei parametri numerici previsti per le controversie di valore sino ad euro 1.000.000,00; per le controversie da euro 2.000.000,01 ad euro 4.000.000,00 fino al 30 per cento in più dei parametri numerici previsti per le controversie di valore sino ad euro 2.000.000,00; per le controversie da euro 4.000.000,01 ad euro 8.000.000,00 fino al 30 per cento in più dei parametri numerici previsti per le controversie di valore sino ad euro 4.000.000,00; per le controversie di valore superiore ad euro 8.000.000,00 fino al 30 per cento in più dei parametri numerici previsti per le cause di valore sino ad euro 8.000.000,00; tale ultimo criterio può essere utilizzato per ogni successivo raddoppio del valore della controversia.

(1) *Le parole tra parentesi quadrate sono state soppresse dall'art. 2, comma 3, del D.M. 13 agosto 2022, n. 147.*

7. Giudizi non compiuti. – 1. Per l'attività prestata dall'avvocato nei giudizi iniziati ma non compiuti, si liquidano i compensi maturati per l'opera svolta fino alla cessazione, per qualsiasi causa, del rapporto professionale.

8. Pluralità di difensori e società professionali. – 1. Quando incaricati della difesa sono più avvocati, ciascuno di essi ha diritto nei confronti del cliente ai compensi per l'opera prestata, ma nella liquidazione a carico del soccombente sono computati i compensi per un solo avvocato.

2. All'avvocato incaricato di svolgere funzioni di domiciliatario, spetta [di regola] (1) un compenso non inferiore al 20 per cento dell'importo previsto dai parametri di cui alle tabelle allegate per le fasi processuali che lo stesso domiciliatario ha effettivamente seguito e, comunque, rapportato alle prestazioni concretamente svolte.

3. Se l'incarico professionale è conferito a una società di avvocati si applica il compenso spettante a un solo professionista, anche se la prestazione è svolta da più soci.

(1) *Le parole tra parentesi quadrate sono state soppresse dall'art. 2, comma 4, del D.M. 13 agosto 2022, n. 147.*

9. Praticanti avvocati abilitati al patrocinio. – 1. Ai praticanti avvocati abilitati al patrocinio è liquidata [di regola] (1) la metà dei compensi spettanti all'avvocato.

(1) *Le parole tra parentesi quadrate sono state soppresse dall'art. 2, comma 5, del D.M. 13 agosto 2022, n. 147.*

10. Procedimenti arbitrali rituali e irrituali. – 1. Per i procedimenti arbitrali rituali ed irrituali, a ciascun arbitro è (1) [di regola] (2) dovuto il compenso previsto (3) sulla base dei parametri numerici di cui alla tabella allegata.

2. Agli avvocati chiamati a difendere in arbitrati, rituali o irrituali, sono [di regola] (2) liquidati i compensi previsti dai parametri di cui alla tabella n. 2.

(1) *Le parole: «agli arbitri sono» sono state così sostituite dalle attuali: «a ciascun arbitro è» dall'art. 2, comma 1, del D.M. 8 marzo 2018, n. 37.*

(2) *Le parole tra parentesi quadrate sono state soppresse dall'art. 2, comma 6, del D.M. 13 agosto 2022, n. 147.*

(3) *Le parole: «dovuti i compensi previsti» sono state così sostituite dalle attuali: «dovuto il compenso previsto» dall'art. 2, comma 1, del D.M. 8 marzo 2018, n. 37.*

11. Trasferte. – 1. Per gli affari e le cause fuori dal luogo ove svolge la professione in modo prevalente, all'avvocato incaricato della difesa è [di regola] (1) liquidata l'indennità di trasferta e il rimborso delle spese a norma dell'articolo 27 della materia stragiudiziale.

(1) *Le parole tra parentesi quadrate sono state soppresse dall'art. 2, comma 7, del D.M. 13 agosto 2022, n. 147.*

Capo III

Disposizioni concernenti l'attività penale

12. Parametri generali per la determinazione dei compensi. – 1. Ai fini della liquidazione del compenso spettante per l'attività penale si tiene conto delle caratteristiche, dell'urgenza e del pregio dell'attività prestata, dell'importanza, della natura, della complessità del procedimento, della gravità e del numero delle imputazioni, del numero e della complessità delle questioni giuridiche e di fatto trattate, dei contrasti giurisprudenziali, dell'autorità giudiziaria dinanzi cui si svolge la prestazione, della rilevanza patrimoniale, del numero dei documenti e degli atti (1) da esaminare, della continuità dell'impegno anche in relazione alla frequenza di trasferimenti fuori dal luogo ove svolge la professione in modo prevalente, nonché dell'esito ottenuto avuto anche riguardo alle conseguenze civili e alle condizioni finanziarie del cliente. Si tiene altresì conto del numero di udienze, pubbliche o camerali, diverse da quelle di mero rinvio, e del tempo necessario all'espletamento delle attività medesime. Il giudice tiene conto dei valori medi di cui alle tabelle allegate, che, in applicazione dei parametri generali, possono essere aumentati fino al 50 per cento (2), ovvero possono essere diminuiti in ogni caso non oltre il 50 per cento (3).

2. Quando l'avvocato assiste più soggetti aventi la stessa posizione procedimentale o (4) processuale, il compenso unico può [di regola] (5) essere aumentato per ogni soggetto oltre il primo nella misura del 30 per cento (6), fino a un massimo di dieci soggetti, e del 10 per cento (7) per ogni soggetto oltre i primi dieci, fino a un massimo di trenta (8). La disposizione del periodo precedente si applica anche quando il numero dei soggetti (9) ovvero delle imputazioni è incrementato per effetto di riunione di più procedimenti, dal momento della disposta riunione, e anche quando il professionista difende un singolo soggetto contro più soggetti (10), sempre che la prestazione non comporti l'esame di medesime situazioni di fatto o di diritto. Quando, ferma l'identità di posizione procedimentale o (11) processuale, la prestazione professionale non comporta l'esame di specifiche e distinte situazioni di fatto o di diritto in relazione ai diversi soggetti (12) e in rapporto alle contestazioni, il compenso altrimenti liquidabile per l'assistenza di un solo soggetto è ridotto in misura non superiore al 30 per cento (13). Per le liquidazioni delle prestazioni svolte in favore di soggetti ammessi al patrocinio a spese dello Stato a norma del testo unico delle spese di giustizia di cui al decreto del Presidente della Repubblica 30 maggio 2002, n. 115, si tiene specifico conto della concreta incidenza degli atti assunti rispetto alla posizione processuale della persona difesa.

3. Il compenso si liquida per fasi. Con riferimento alle diverse fasi del giudizio si intende esemplificativamente:

a) per fase di studio, ivi compresa l'attività investigativa: l'esame e studio degli atti, le ispezioni dei luoghi, la iniziale ricerca di documenti, le consultazioni con il cliente, i colleghi o i consulenti, le relazioni o i pareri, scritti o orali, che esauriscano l'attività e sono resi in momento antecedente alla fase introduttiva;

b) per fase introduttiva del giudizio: gli atti introduttivi quali esposti, denunce querele, istanze richieste dichiarazioni, opposizioni, ricorsi, impugnazioni, memorie, intervento del responsabile civile e la citazione del responsabile civile;

c) per fase istruttoria o dibattimentale: le richieste, gli scritti, le partecipazioni o assistenze relative ad atti ed attività istruttorie procedimentali o processuali anche preliminari, rese anche in udienze pubbliche o in camera di consiglio, che sono funzionali alla ricerca di mezzi di prova, alla formazione della prova, comprese liste, citazioni e le relative notificazioni, l'esame dei consulenti, testimoni, indagati o imputati di reato connesso o collegato;

d) per fase decisionale: le difese orali o scritte, le repliche, l'assistenza alla discussione delle altre parti processuali sia in camera di consiglio che in udienza pubblica.

3 *bis*. I compensi previsti per le indagini difensive sono aumentati del 20 per cento quando tali indagini siano particolarmente complesse o urgenti ([14]).

3 *ter*. Per le attività difensive svolte davanti al Tribunale per i minorenni, i compensi sono liquidati applicando i parametri previsti dalla allegata tabella n. 15, con riferimento all'autorità giudiziaria che sarebbe stata competente qualora al momento del fatto l'imputato fosse stato maggiorenne ([14]).

([1]) *Le parole: «e degli atti» sono state inserite dall'art. 3, comma 1, lett.* a), *n. 1, del D.M. 8 marzo 2018, n. 37.*

([2]) *Le parole: «di regola fino all'80 per cento» sono state così sostituite dalle attuali: «fino al 50 per cento» dall'art. 3, comma 1, lett.* a), *del D.M. 13 agosto 2022, n. 147.*

([3]) *Le parole: «possono, di regola, essere aumentati fino all'80 per cento, o diminuiti fino al 50 per cento» sono state così sostituite dalle attuali: «possono essere aumentati di regola fino all'80 per cento, ovvero possono essere diminuiti in ogni caso non oltre il 50 per cento» dall'art. 3, comma 1, lett.* a), *n. 2, del D.M. 8 marzo 2018, n. 37.*

([4]) *Le parole: «procedimentale o» sono state aggiunte dall'art. 3, comma 1, lett.* b), *n. 1, del D.M. 8 marzo 2018, n. 37.*

([5]) *Le parole tra parentesi quadrate sono state soppresse dall'art. 3, comma 1, lett.* b), *del D.M. 13 agosto 2022, n. 147.*

([6]) *Le parole: «20 per cento» sono state così sostituite dalle attuali: «30 per cento» dall'art. 3, comma 1, lett.* b), *n. 1, del D.M. 8 marzo 2018, n. 37.*

([7]) *Le parole: «5 per cento» sono state così sostituite dalle attuali: «10 per cento» dall'art. 3, comma 1, lett.* b), *n. 1, del D.M. 8 marzo 2018, n. 37.*

([8]) *Le parole: «fino a un massimo di venti» sono state così sostituite dalle attuali: «fino a un massimo di trenta» dall'art. 3, comma 1, lett.* b), *n. 1, del D.M. 8 marzo 2018, n. 37.*

([9]) *Le parole: «il numero delle parti» sono state così sostituite dalle attuali: «il numero dei soggetti» dall'art. 3, comma 1, lett.* b), *n. 2, del D.M. 8 marzo 2018, n. 37.*

([10]) *Le parole: «una parte contro più parti» sono state così sostituite dalle attuali: «un singolo soggetto contro più soggetti» dall'art. 3, comma 1, lett.* b), *n. 2, del D.M. 8 marzo 2018, n. 37.*

([11]) *Le parole: «procedimentale o» sono state inserite dall'art. 3, comma 1, lett.* b), *n. 3, del D.M. 8 marzo 2018, n. 37.*

([12]) *La parola: «imputati» è stata così sostituita dalla attuale: «soggetti» dall'art. 3, comma 1, lett.* b), *n. 3, del D.M. 8 marzo 2018, n. 37.*

([13]) *Le parole: «è di regola ridotto del 30 per cento» sono state così sostituite dalle attuali: «è ridotto in misura non superiore al 30 per cento» dall'art. 3, comma 1, lett.* b), *n. 3, del D.M. 8 marzo 2018, n. 37.*

([14]) *Questo comma è stato aggiunto dall'art. 3, comma 1, lett.* c), *del D.M. 13 agosto 2022, n. 147.*

13. Giudizi non compiuti. – 1. Se il procedimento o il processo non sono portati a termine per qualsiasi causa o sopravvengono cause estintive del reato, ovvero il cliente o l'avvocato recedono dal mandato, sono liquidati i compensi maturati per l'opera svolta fino alla data di cessazione dell'incarico ovvero a quella di pronunzia della causa estintiva.

14. Incarico conferito a società di avvocati. – 1. Se l'incarico professionale è conferito a una società di avvocati si applica il compenso spettante a un solo professionista, anche se la prestazione è svolta da più soci.

15. Trasferte. – 1. Per gli affari e le cause fuori dal luogo ove svolge la professione in modo prevalente, all'avvocato è liquidata un'indennità di trasferta e un rimborso delle spese, a norma dell'articolo 27 della materia stragiudiziale.

16. Parte civile. – 1. All'avvocato della persona offesa, della parte civile, del responsabile civile e del civilmente obbligato si applicano i parametri numerici previsti dalle tabelle allegate.

17. Praticanti avvocati abilitati al patrocinio. – 1. Ai praticanti avvocati abilitati al patrocinio è liquidata [di regola] ([1]) la metà dei compensi spettanti all'avvocato.

([1]) *Le parole tra parentesi quadrate sono state soppresse dall'art. 3, comma 2, del D.M. 13 agosto 2022, n. 147.*

Capo IV
Disposizioni concernenti l'attività stragiudiziale

18. Compensi per attività stragiudiziale. – 1. I compensi liquidati per prestazioni stragiudiziali sono onnicomprensivi in relazione ad ogni attività inerente l'affare. Quando, tuttavia, l'affare si compone di fasi o di parti autonome in ragione della materia trattata, i compensi sono liquidati per ciascuna fase o parte ([1]).

([1]) *Questo periodo è stato aggiunto dall'art. 4, comma 1, del D.M. 13 agosto 2022, n. 147.*

19. Parametri generali per la determinazione dei compensi. – 1. Ai fini della liquidazione del compenso si tiene conto delle caratteristiche, dell'urgenza, del pregio dell'attività prestata, dell'importanza dell'opera, della natura, della difficoltà e del valore dell'affare, della quantità e qualità delle attività compiute, delle condizioni soggettive del cliente, dei risultati conseguiti, del numero e della complessità delle questioni giuridiche e in fatto trattate. In ordine alla difficoltà dell'affare si tiene particolare conto di contrasti giurisprudenziali rilevanti, della quantità e del contenuto della corrispondenza che risulta essere stato necessario intrattenere con il cliente e con altri soggetti. Il giudice tiene conto dei valori medi di cui alla tabella allegata, che, in applicazione dei parametri generali, possono essere aumentati fino al 50 per cento ([1]), ovvero possono essere diminuiti in ogni caso in misura non superiore al 50 per cento ([2]).

([1]) *Le parole: «di regola sino all'80 per cento» sono state così sostituite dalle attuali: «fino al 50 per cento» dall'art. 4, comma 2, del D.M. 13 agosto 2022, n. 147.*

([2]) *Le parole: «possono, di regola, essere aumentati sino all'80 per cento, o diminuiti fino al 50 per cento» sono state così sostituite dalle attuali: «possono essere aumentati di regola sino all'80 per cento, ovvero possono essere diminuiti in ogni caso in misura non superiore al 50 per cento» dall'art. 4, comma 1, del D.M. 8 marzo 2018, n. 37.*

20. Prestazioni stragiudiziali svolte precedentemente o in concomitanza con attività giudiziali. – 1. L'attività stragiudiziale svolta prima o in concomitanza con l'attività giudiziale, che riveste una autonoma rilevanza rispetto a quest'ultima, è [di regola] ([1]) liquidata in base ai parametri numerici di cui alla allegata tabella.

1 *bis*. L'attività svolta dall'avvocato nel procedimento di mediazione e nella procedura di negoziazione assistita è [di regola] ([1]) liquidata in base ai parametri numerici di cui alla allegata tabella ([2]). Nel caso in cui il procedimento di mediazione o la procedura di negoziazione assistita si concludano con un accordo tra le parti, fermo il compenso per la fase di conciliazione, i compensi per le fasi dell'attivazione e di negoziazione sono aumentati del 30 per cento ([3]).

([1]) *Le parole tra parentesi quadrate sono state soppresse dall'art. 4, comma 3, lett.* a), *del D.M. 13 agosto 2022, n. 147.*

([2]) *Questo comma è stato aggiunto dall'art. 5, comma 1, del D.M. 8 marzo 2018, n. 37.*

([3]) *Questo periodo è stato aggiunto dall'art. 4, comma 3, lett.* b), *del D.M. 13 agosto 2022, n. 147.*

21. Determinazione del valore dell'affare. – 1. Nella liquidazione dei compensi il valore dell'affare è determinato – salvo quanto diversamente disposto dal presente comma – a norma del codice di procedura civile. In ogni caso si ha riguardo al valore effettivo dell'affare, anche in relazione agli interessi perseguiti dalla parte, quando risulta manifestamente diverso da quello presunto a norma del codice di procedura civile o della legislazione speciale.

2. Per l'assistenza in procedure concorsuali giudiziali e stragiudiziali si ha riguardo al valore del credito del cliente creditore o all'entità del passivo del cliente debitore.

3. Per l'assistenza in affari di successioni, divisioni e liquidazioni si ha riguardo al valore della quota attribuita al cliente.

4. Per l'assistenza in affari amministrativi il compenso si determina secondo i criteri previsti nelle norme dettate per le prestazioni giudiziali, tenendo presente l'interesse sostanziale del cliente.

5. Per l'assistenza in affari in materia tributaria si ha riguardo al valore delle imposte, tasse, contributi e relativi accessori oggetto di contestazione, con il limite di un quinquennio in caso di oneri poliennali.

6. Qualora il valore effettivo dell'affare non risulti determinabile mediante l'applicazione dei criteri sopra enunciati lo stesso si considera di valore indeterminabile.

7. Gli affari di valore indeterminabile si considerano [di regola e] (1) a questi fini di valore non inferiore a euro 26.000,00 e non superiore a euro 260.000,00, tenuto conto dell'oggetto e della complessità dell'affare stesso. Qualora il valore effettivo dell'affare risulti di particolare importanza per l'oggetto, per il numero e la complessità delle questioni giuridiche trattate, per la rilevanza degli effetti e dei risultati utili di qualsiasi natura, anche non patrimoniale, il suo valore si considera [di regola e] (1) a questi fini entro lo scaglione fino a euro 520.000,00.

(1) *Le parole tra parentesi quadrate sono state soppresse dall'art. 4, comma 4, del D.M. 13 agosto 2022, n. 147.*

22. (1) **Affari di valore superiore a euro 520.000,00.** – 1. Per le prestazioni stragiudiziali in relazione ad affari di valore superiore a euro 520.000,00 il compenso è liquidato sulla base di una percentuale progressivamente decrescente del valore dell'affare, secondo quanto previsto dalla allegata tabella n. 25.

(1) *Questo articolo è stato così sostituito dall'art. 4, comma 5, del D.M. 13 agosto 2022, n. 147.*

22 ***bis.*** (1) **Compensi a tempo.** – 1. Nel caso di pattuizione dei compensi a tempo, si tiene conto di un parametro indicativo da un minimo di euro 200,00 ad un massimo di euro 500,00 per ciascuna ora o frazione di ora superiore a trenta minuti.

(1) *Questo articolo è stato aggiunto dall'art. 4, comma 6, del D.M. 13 agosto 2022, n. 147.*

23. Pluralità di difensori e società professionali. – 1. Se più avvocati sono stati incaricati di prestare la loro opera nel medesimo affare, a ciascuno di essi si liquidano i compensi per l'opera prestata.

2. Se l'incarico professionale è conferito a una società di avvocati si liquida il compenso spettante a un solo professionista, anche se la prestazione sarà svolta da più soci.

24. Praticanti avvocati abilitati al patrocinio. – 1. Ai praticanti avvocati abilitati al patrocinio è liquidata [di regola] (1) la metà dei compensi spettanti all'avvocato.

(1) *Le parole tra parentesi quadrate sono state soppresse dall'art. 4, comma 7, del D.M. 13 agosto 2022, n. 147.*

25. Incarico non portato a termine. – 1. Per l'attività prestata dall'avvocato negli incarichi iniziati ma non compiuti, si liquidano i compensi maturati per l'opera svolta fino alla cessazione, per qualsiasi causa, del rapporto professionale.

26. Prestazioni con compenso a percentuale. – 1. Per le prestazioni in adempimento di un incarico di gestione amministrativa, giudiziaria o convenzionale, il compenso è [di regola] ([1]) liquidato sulla base di una percentuale, fino a un massimo del 5 per cento, computata sul valore dei beni amministrati, tenendo altresì conto della durata dell'incarico, della sua complessità e dell'impegno profuso.

([1]) *Le parole tra parentesi quadrate sono state soppresse dall'art. 4, comma 8, del D.M. 13 agosto 2022, n. 147.*

27. Trasferte. – 1. All'avvocato, che per l'esecuzione dell'incarico deve trasferirsi fuori dal luogo ove svolge la professione in modo prevalente, è liquidato il rimborso delle spese sostenute e un'indennità di trasferta. Si tiene conto del costo del soggiorno documentato dal professionista, con il limite di un albergo quattro stelle, unitamente [, di regola,] ([1]) a una maggiorazione del 10 per cento quale rimborso delle spese accessorie; per le spese di viaggio, in caso di utilizzo di autoveicolo proprio, è riconosciuta un'indennità chilometrica pari [di regola] ([1]) a un quinto del costo del carburante al litro, oltre alle spese documentate di pedaggio autostradale e parcheggio.

([1]) *Le parole tra parentesi quadrate sono state soppresse dall'art. 4, comma 9, del D.M. 13 agosto 2022, n. 147.*

Capo V
Disciplina transitoria ed entrata in vigore

28. Disposizione temporale. – 1. Le disposizioni di cui al presente decreto si applicano alle liquidazioni successive alla sua entrata in vigore.

29. Entrata in vigore. – 1. Il presente decreto entra in vigore il giorno successivo a quello della sua pubblicazione nella *Gazzetta Ufficiale* della Repubblica italiana.

TABELLE PARAMETRI FORENSI
ELABORATE DALL'AUTORE

1. GIUDICE DI PACE

Valore della controversia	**da € 0,01 a € 1.100,00**	**da € 1.100,01 a € 5.200,00**	**da € 5.200,01 a € 26.000,00**
1. Fase di studio della controversia	€ 33 **€ 65** € 117	€ 113 **€ 225** € 405	€ 203 **€ 405** € 729
2. Fase introduttiva del giudizio	€ 33 **€ 65** € 117	€ 120 **€ 240** € 432	€ 168 **€ 335** € 603
3. Fase istruttoria e/o di trattazione	€ 20 **€ 65** € 130	€ 101 **€ 335** € 670	€ 162 **€ 540** € 1.080
4. Fase decisionale	€ 68 **€ 135** € 243	€ 203 **€ 405** € 729	€ 355 **€ 710** € 1.278

2. GIUDIZI ORDINARI E SOMMARI DI COGNIZIONE INNANZI AL TRIBUNALE

Valore della controversia	**da € 0,01 a € 1.100,00**	**da € 1.100,01 a € 5.200,00**	**da € 5.200,01 a € 26.000,00**	**da € 26.000,01 a € 52.000,00**	**da € 52.000,01 a € 260.000,00**	**da € 260.000,01 a € 520.000,00**	**Valore indeterm.**	**Val. indet. part. imp.**
1. Fase di studio della controversia	€ 63 **€ 125** € 225	€ 203 **€ 405** € 729	€ 438 **€ 875** € 1.575	€ 810 **€ 1.620** € 2.916	€ 1.215 **€ 2.430** € 4.374	€ 1.688 **€ 3.375** € 6.075	€ 1.013 **€ 2.025** € 3.645	€ 1.249 **€ 2.498** € 4.496
2. Fase introduttiva del giudizio	€ 63 **€ 125** € 225	€ 203 **€ 405** € 729	€ 370 **€ 740** € 1.332	€ 574 **€ 1.147** € 2.065	€ 775 **€ 1.550** € 2.790	€ 1.114 **€ 2.227** € 4.009	€ 674 **€ 1.349** € 2.427	€ 844 **€ 1.687** € 3.037
3. Fase istruttoria e/o di trattazione	€ 57 **€ 190** € 380	€ 243 **€ 810** € 1.620	€ 480 **€ 1.600** € 3.200	€ 516 **€ 1.720** € 3.440	€ 1.620 **€ 5.400** € 10.800	€ 2.975 **€ 9.915** € 19.830	€ 1.068 **€ 3.560** € 7.120	€ 1.745 **€ 5.818** € 11.635
4. Fase decisionale	€ 95 **€ 190** € 342	€ 405 **€ 810** € 1.458	€ 810 **€ 1.620** € 2.916	€ 1.384 **€ 2.767** € 4.981	€ 2.025 **€ 4.050** € 7.290	€ 2.935 **€ 5.870** € 10.566	€ 1.704 **€ 3.409** € 6.135	€ 2.159 **€ 4.319** € 7.773

3. CAUSE DI LAVORO

Valore della controversia	da € 0,01 a € 1.100,00	da € 1.100,01 a € 5.200,00	da € 5.200,01 a € 26.000,00	da € 26.000,01 a € 52.000,00	da € 52.000,01 a € 260.000,00	da € 260.000,01 a € 520.000,00	Valore indeterm.	Val. indet. part. imp.
1. Fase di studio della controversia	€ 100 **€ 200** € 360	€ 423 **€ 846** € 1.523	€ 868 **€ 1.735** € 3.123	€ 1.545 **€ 3.090** € 5.562	€ 2.268 **€ 4.536** € 8.165	€ 3.175 **€ 6.350** € 11.430	€ 1.907 **€ 3.813** € 6.863	€ 2.360 **€ 4.720** € 8.496
2. Fase introduttiva del giudizio	€ 60 **€ 120** € 216	€ 203 **€ 405** € 729	€ 370 **€ 740** € 1.332	€ 573 **€ 1.145** € 2.061	€ 810 **€ 1.620** € 2.916	€ 1.113 **€ 2.225** € 4.005	€ 691 **€ 1.383** € 2.489	€ 843 **€ 1.685** € 3.033
3. Fase istruttoria e/o di trattazione	€ 36 **€ 120** € 240	€ 162 **€ 540** € 1.080	€ 335 **€ 1.116** € 2.232	€ 537 **€ 1.790** € 3.580	€ 765 **€ 2.550** € 5.100	€ 1.035 **€ 3.450** € 6.900	€ 651 **€ 2.170** € 4.340	€ 786 **€ 2.620** € 5.240
4. Fase decisionale	€ 85 **€ 170** € 306	€ 355 **€ 710** € 1.278	€ 770 **€ 1.140** € 2.772	€ 1.395 **€ 2.790** € 5.022	€ 2.025 **€ 4.050** € 7.290	€ 2.995 **€ 5.990** € 10.782	€ 1.710 **€ 3.420** € 6.156	€ 2.195 **€ 4.390** € 7.902

4. CAUSE DI PREVIDENZA

Valore della controversia	da € 0,01 a € 1.100,00	da € 1.100,01 a € 5.200,00	da € 5.200,01 a € 26.000,00	da € 26.000,01 a € 52.000,00	da € 52.000,01 a € 260.000,00	da € 260.000,01 a € 520.000,00	Valore indeterm.	Val. indet. part. imp.
1. Fase di studio della controversia	€ 63 **€ 125** € 225	€ 203 **€ 405** € 729	€ 443 **€ 885** € 1.593	€ 810 **€ 1.620** € 2.916	€ 1.215 **€ 2.430** € 4.374	€ 1.688 **€ 3.375** € 6.075	€ 1.013 **€ 2.025** € 3.645	€ 1.249 **€ 2.498** € 4.496
2. Fase introduttiva del giudizio	€ 58 **€ 115** € 207	€ 203 **€ 405** € 729	€ 370 **€ 740** € 1.332	€ 574 **€ 1.147** € 2.065	€ 810 **€ 1.620** € 2.916	€ 1.113 **€ 2.225** € 4.005	€ 692 **€ 1.384** € 2.490	€ 843 **€ 1.686** € 3.035
3. Fase istruttoria e/o di trattazione	€ 51 **€ 170** € 340	€ 243 **€ 810** € 1.620	€ 476 **€ 1.585** € 3.170	€ 770 **€ 2.565** € 5.130	€ 1.094 **€ 3.645** € 7.290	€ 1.478 **€ 4.925** € 9.850	€ 932 **€ 3.105** € 6.210	€ 1.124 **€ 3.745** € 7.490
4. Fase decisionale	€ 118 **€ 235** € 423	€ 438 **€ 875** € 1.575	€ 963 **€ 1.925** € 3.465	€ 1.750 **€ 3.500** € 6.300	€ 1.975 **€ 3.950** € 7.110	€ 3.745 **€ 7.490** € 13.482	€ 1.863 **€ 3.725** € 6.705	€ 2.748 **€ 5.495** € 9.891

5. PROCEDIMENTI PER CONVALIDA LOCATIZIA

Valore della controversia	da € 0,01 a € 1.100,00	da € 1.100,01 a € 5.200,00	da € 5.200,01 a € 26.000,00	da € 26.000,01 a € 52.000,00	da € 52.000,01 a € 260.000,00	da € 260.000,01 a € 520.000,00	Valore indeterm.	Val. indet. part. imp.
1. Fase di studio della controversia	€ 85 **€ 170** € 306	€ 253 **€ 505** € 909	€ 438 **€ 875** € 1.575	€ 810 **€ 1.620** € 2.916	€ 1.180 **€ 2.360** € 4.248	€ 1.688 **€ 3.375** € 6.075	€ 995 **€ 1.990** € 3.582	€ 1.249 **€ 2.498** € 4.496
2. Fase introduttiva del giudizio	€ 85 **€ 170** € 306	€ 235 **€ 470** € 846	€ 338 **€ 675** € 1.215	€ 505 **€ 1.010** € 1.818	€ 675 **€ 1.350** € 2.430	€ 743 **€ 1.485** € 2.673	€ 590 **€ 1.180** € 2.124	€ 624 **€ 1.248** € 2.246
3. Fase istruttoria e/o di trattazione	€ 12 **€ 40** € 80	€ 41 **€ 135** € 270	€ 60 **€ 200** € 400	€ 101 **€ 335** € 670	€ 141 **€ 470** € 940	€ 203 **€ 675** € 1.350	€ 121 **€ 403** € 805	€ 152 **€ 505** € 1.010
4. Fase decisionale	€ 68 **€ 135** € 243	€ 203 **€ 405** € 729	€ 355 **€ 710** € 1.278	€ 640 **€ 1.280** € 2.304	€ 910 **€ 1.820** € 3.276	€ 1.350 **€ 2.700** € 4.860	€ 775 **€ 1.550** € 2.790	€ 995 **€ 1.990** € 3.582

6. ATTO DI PRECETTO

Valore della controversia	da € 0 a € 5.200,00	da € 5.200,01 a € 26.000,00	da € 26.000,01 a € 52.000,00	da € 52.000,01 a € 260.000,00	da € 260.000,01 a € 520.000,00	Valore indeterm.	Val. indet. part. imp.
Compenso	€ 68 **€ 135** € 243	€ 113 **€ 225** € 405	€ 158 **€ 315** € 567	€ 203 **€ 405** € 729	€ 270 **€ 540** € 972	€ 180 **€ 360** € 648	€ 214 **€ 428** € 770

7. PROCEDIMENTI DI VOLONTARIA GIURISDIZIONE

Valore della controversia	da € 0 a € 5.200,00	da € 5.200,01 a € 26.000,00	da € 26.000,01 a € 52.000,00	da € 52.000,01 a € 260.000,00	da € 260.000,01 a € 520.000,00	Valore indeterm.	Val. indet. part. imp.
Compenso	€ 203 **€ 405** € 729	€ 675 **€ 1.350** € 2.430	€ 1.113 **€ 2.225** € 4.005	€ 1.585 **€ 3.170** € 5.706	€ 2.160 **€ 4.320** € 7.776	€ 1.349 **€ 2.698** € 4.856	€ 1.636 **€ 3.273** € 5.891

8. PROCEDIMENTI MONITORI

Valore della controversia	da € 0 a € 5.200,00	da € 5.200,01 a € 26.000,00	da € 26.000,01 a € 52.000,00	da € 52.000,01 a € 260.000,00	da € 260.000,01 a € 520.000,00	Valore indeterm.	Val. indet. part. imp.
Compenso	€ 284 **€ 450** € 810	€ 378 **€ 540** € 1.080	€ 914 **€ 1.305** € 2.610	€ 1.495 **€ 2.135** € 4.270	€ 2.930 **€ 4.185** € 8.370	€ 1.204 **€ 1.720** € 3.440	€ 1.922 **€ 2.745** € 5.490

9. PROCEDIMENTI DI ISTRUZIONE PREVENTIVA

Valore della controversia	da € 0 a € 5.200,00	da € 5.200,01 a € 26.000,00	da € 26.000,01 a € 52.000,00	da € 52.000,01 a € 260.000,00	da € 260.000,01 a € 520.000,00	Valore indeterm.	Val. indet. part. imp.
1. Fase di studio della controversia	€ 100 **€ 200** € 360	€ 270 **€ 540** € 972	€ 473 **€ 945** € 1.701	€ 540 **€ 1.080** € 1.944	€1.013 **€ 2.025** € 3.645	€ 506 **€ 1.013** € 1.823	€ 743 **€ 1.485** € 2.673
2. Fase introduttiva del giudizio	€ 135 **€ 270** € 486	€ 338 **€ 675** € 1.215	€ 375 **€ 750** € 1.350	€ 473 **€ 945** € 1.701	€ 693 **€ 1.385** € 2.493	€ 424 **€ 848** € 1.526	€ 534 **€ 1.068** € 1.922
3. Fase istruttoria e/o di trattazione	€ 101 **€ 335** € 670	€ 303 **€ 1.010** € 2.020	€ 365 **€ 1.215** € 2.430	€ 486 **€ 1.620** € 3.240	€ 668 **€ 2.225** € 4.450	€ 425 **€ 1.418** € 2.835	€ 516 **€ 1.720** € 3.440

10. PROCEDIMENTI CAUTELARI

Valore della controversia	da € 0,01 a € 1.100,00	da € 1.100,01 a € 5.200,00	da € 5.200,01 a € 26.000,00	da € 26.000,01 a € 52.000,00	da € 52.000,01 a € 260.000,00	da € 260.000,01 a € 520.000,00	Valore indeterm.	Val. indet. part. imp.
1. Fase di studio della controversia	€ 100 **€ 200** € 360	€ 270 **€ 540** € 972	€ 473 **€ 945** € 1.701	€ 845 **€ 1.690** € 3.042	€ 1.215 **€ 2.430** € 4.374	€ 1.755 **€ 3.510** € 6.318	€ 1.030 **€ 2.060** € 3.708	€ 1.300 **€ 2.600** € 4.680
2. Fase introduttiva del giudizio	€ 68 **€ 135** € 243	€ 168 **€ 335** € 603	€ 320 **€ 640** € 1.152	€ 405 **€ 810** € 1.458	€ 573 **€ 1.145** € 2.061	€ 743 **€ 1.485** € 2.673	€ 489 **€ 978** € 1.760	€ 574 **€ 1.148** € 2.066
3. Fase istruttoria e/o di trattazione	€ 60 **€ 200** € 400	€ 243 **€ 810** € 1.620	€ 441 **€ 1.147** € 2.940	€ 567 **€ 1.890** € 3.780	€ 810 **€ 2.700** € 5.400	€ 1.134 **€ 3.780** € 7.560	€ 689 **€ 2.295** € 4.590	€ 851 **€ 2.835** € 5.670
4. Fase decisionale	€ 50 **€ 100** € 180	€ 185 **€ 370** € 666	€ 303 **€ 605** € 1.089	€ 573 **€ 1.145** € 2.061	€ 844 **€ 1.687** € 3.037	€ 1.215 **€ 2.430** € 4.374	€ 708 **€ 1.416** € 2.549	€ 894 **€ 1.788** € 3.218

11. GIUDIZI INNANZI ALLA CORTE DEI CONTI

Valore della controversia	**da € 0,01 a € 1.100,00**	**da € 1.100,01 a € 5.200,00**	**da € 5.200,01 a € 26.000,00**	**da € 26.000,01 a € 52.000,00**	**da € 52.000,01 a € 260.000,00**	**da € 260.000,01 a € 520.000,00**	**Valore indeterm.**	**Val. indet. part. imp.**
1. Fase di studio della controversia	€ 85 **€ 170** € 306	€ 255 **€ 510** € 918	€ 438 **€ 875** € 1.575	€ 845 **€ 1.690** € 3.042	€ 1.180 **€ 2.360** € 4.248	€ 1.755 **€ 3.510** € 6.318	€ 1.013 **€ 2.025** € 3.645	€ 1.300 **€ 2.600** € 4.680
2. Fase introduttiva del giudizio	€ 50 **€ 100** € 180	€ 153 **€ 305** € 549	€ 235 **€ 470** € 846	€ 338 **€ 675** € 1.215	€ 505 **€ 1.010** € 1.818	€ 675 **€ 1.350** € 2.430	€ 421 **€ 843** € 1.517	€ 506 **€ 1.013** € 1.823
3. Fase istruttoria e/o di trattazione	€ 30 **€ 100** € 200	€ 101 **€335** € 670	€ 162 **€ 540** € 1.080	€ 263 **€ 875** € 1.750	€ 365 **€ 1.215** € 2.430	€ 507 **€ 1.690** € 3.380	€ 314 **€ 1.045** € 2.090	€ 385 **€ 1.283** € 2.565
4. Fase decisionale	€ 85 **€ 170** € 306	€ 288 **€ 575** € 1.035	€ 505 **€ 1.010** € 1.818	€ 910 **€ 1.820** € 3.276	€ 1.315 **€ 2.630** € 4.734	€ 1.925 **€ 3.850** € 6.930	€ 1.113 **€ 2.225** € 4.005	€ 1.418 **€ 2.835** € 5.103

12. GIUDIZI INNANZI ALLA CORTE DI APPELLO

Valore della controversia	**da € 0,01 a € 1.100,00**	**da € 1.100,01 a € 5.200,00**	**da € 5.200,01 a € 26.000,00**	**da € 26.000,01 a € 52.000,00**	**da € 52.000,01 a € 260.000,00**	**da € 260.000,01 a € 520.000,00**	**Valore indeterm.**	**Val. indet. part. imp.**
1. Fase di studio della controversia	€ 68 **€ 135** € 243	€ 255 **€ 510** € 918	€ 540 **€ 1.080** € 1.944	€ 980 **€ 1.960** € 3.523	€ 1.418 **€ 2.835** € 5.103	€ 2.090 **€ 4.180** € 7.524	€ 1.199 **€ 2.398** € 4.316	€ 1.535 **€ 3.070** € 5.526
2. Fase introduttiva del giudizio	€ 68 **€ 135** € 243	€ 255 **€ 510** € 918	€ 439 **€ 877** € 1.579	€ 675 **€ 1.350** € 2.430	€ 910 **€ 1.820** € 3.276	€ 1.215 **€ 2.430** € 4.374	€ 793 **€ 1.585** € 2.853	€ 945 **€ 1.890** € 3.402
3. Fase istruttoria e/o di trattazione	€ 51 **€ 170** € 340	€ 284 **€ 945** € 1.890	€ 527 **€ 1.755** € 3.510	€ 870 **€ 2.900** € 5.800	€ 1.236 **€ 4.120** € 8.240	€ 1.680 **€ 5.600** € 11.200	€ 1.053 **€ 3.510** € 7.020	€ 1.275 **€ 4.250** € 8.500
4. Fase decisionale	€ 100 **€ 200** € 360	€ 405 **€ 810** € 1.458	€ 910 **€ 1.820** € 3.276	€ 1.653 **€ 3.305** € 5.949	€ 2.430 **€ 4.860** € 8.748	€ 3.475 **€ 6.950** € 12.510	€ 2.041 **€ 4.083** € 7.349	€ 2.564 **€ 5.128** € 9.230

13. GIUDIZI INNANZI ALLA CORTE DI CASSAZIONE E ALLE GIURISDIZIONI SUPERIORI

Valore della controversia	**da € 0,01 a € 1.100,00**	**da € 1.100,01 a € 5.200,00**	**da € 5.200,01 a € 26.000,00**	**da € 26.000,01 a € 52.000,00**	**da € 52.000,01 a € 260.000,00**	**da € 260.000,01 a € 520.000,00**	**Valore indeterm.**	**Val. indet. part. imp.**
1. Fase di studio della controversia	€ 120 **€ 240** € 432	€ 338 **€ 675** € 1.215	€ 608 **€ 1.215** € 2.187	€ 1.113 **€ 2.225** € 4.005	€ 1.620 **€ 3.240** € 5.832	€ 2.363 **€ 4.725** € 8.505	€ 1.366 **€ 2.733** € 4.919	€ 1.738 **€ 3.475** € 6.255
2. Fase introduttiva del giudizio	€ 135 **€ 270** € 486	€ 370 **€ 740** € 1.332	€ 540 **€ 1.080** € 1.944	€ 938 **€ 1.875** € 3.375	€ 1.180 **€ 2.360** € 4.248	€ 1.553 **€ 3.105** € 5.589	€ 1.059 **€ 2.118** € 3.812	€ 1.245 **€ 2.490** € 4.482
4. Fase decisionale	€ 68 **€ 135** € 243	€ 185 **€ 370** € 666	€ 320 **€ 640** € 1.152	€ 575 **€ 1.150** € 2.070	€ 845 **€ 1.690** € 3.042	€ 1.215 **€ 2.430** € 4.374	€ 710 **€ 1.420** € 2.556	€ 895 **€ 1.790** € 3.222

14. GIUDIZI INNANZI ALLA CORTE COSTITUZIONALE, ALLA CORTE EUROPEA, ALLA CORTE DI GIUSTIZIA UE

Valore della controversia	**da € 0,01 a € 1.100,00**	**da € 1.100,01 a € 5.200,00**	**da € 5.200,01 a € 26.000,00**	**da € 26.000,01 a € 52.000,00**	**da € 52.000,01 a € 260.000,00**	**da € 260.000,01 a € 520.000,00**	**Valore indeterm.**	**Val. indet. part. imp.**
1. Fase di studio della controversia	€ 120 **€ 240** € 432	€ 438 **€ 875** € 1.575	€ 945 **€ 1.890** € 3.402	€ 1.755 **€ 3.510** € 6.318	€ 2.565 **€ 5.130** € 9.234	€ 3.713 **€ 7.425** € 13.365	€ 2.160 **€ 4.320** € 7.776	€ 2.734 **€ 5.468** € 9.842
2. Fase introduttiva del giudizio	€ 100 **€ 200** € 360	€ 370 **€ 740** € 1.332	€ 640 **€ 1.280** € 2.304	€ 980 **€ 1.960** € 3.528	€ 1.384 **€ 2.767** € 4.981	€ 1.850 **€ 3.700** € 6.660	€ 1.182 **€ 2.364** € 4.254	€ 1.415 **€ 2.830** € 5.094
3. Fase istruttoria e/o di trattazione	€ 41 **€ 135** € 270	€ 203 **€ 675** € 1.350	€ 384 **€ 1.280** € 2.560	€ 627 **€ 2.090** € 4.180	€ 891 **€ 2.970** € 5.940	€ 1.215 **€ 4.050** € 8.100	€ 759 **€ 2.530** € 5.060	€ 921 **€ 3.070** € 6.140
4. Fase decisionale	€ 68 **€ 135** € 243	€ 370 **€ 740** € 1.332	€ 640 **€ 1.280** € 2.304	€ 1.180 **€ 2.360** € 4.248	€ 1.720 **€ 3.440** € 6.192	€ 2.465 **€ 4.930** € 8.874	€ 1.450 **€ 2.900** € 5.220	€ 1.823 **€ 3.645** € 6.561

15. GIUDIZI PENALI

Fasi del giudizio	Giudice di Pace	Indagini preliminari	Indagini difensive	Cautelari personali	Cautelari reali	GIP e GUP	Tribunale monocratico	Tribunale collegiale	Tribunale di Sorveglianza	Corte di Assise	Corte di Appello	Corte di Assise di Appello	Corte di Cass. e Giur. Sup.
1. Studio della controversia	€ 180 **€ 360** € 648	€ 405 **€ 810** € 1.458	€ 405 **€ 810** € 1.458	€ 180 **€ 360** € 648	€ 180 **€ 360** € 648	€ 405 **€ 810** € 1.458	€ 225 **€ 450** € 810	€ 225 **€ 450** € 810	€ 360 **€ 720** € 1.296	€ 225 **€ 450** € 810	€ 225 **€ 450** € 810	€ 360 **€ 720** € 1.296	€ 450 **€ 900** € 1.620
2. Fase introduttiva del giudizio	€ 225 **€ 450** € 810	€ 315 **€ 630** € 1.134		€ 585 **€ 1.170** € 2.106	€ 585 **€ 1.170** € 2.106	€ 360 **€ 720** € 1.296	€ 270 **€ 540** € 972	€ 360 **€ 720** € 1.296	€ 675 **€ 1.350** € 2.430	€ 450 **€ 900** € 1.620	€ 450 **€ 900** € 1.620	€ 945 **€ 1.890** € 3.402	€ 1.260 **€ 2.520** € 4.536
3. Istruttoria e/o dibattimentale	€ 360 **€ 720** € 1.296	€ 495 **€ 990** € 1.782	€ 675 **€ 1.350** € 2.430			€ 495 **€ 990** € 1.782	€ 540 **€ 1.080** € 1.944	€ 675 **€ 1.350** € 2.430	€ 1.125 **€ 2.250** € 4.050	€ 675 **€ 1.350** € 2.430	€ 675 **€ 1.350** € 2.430	€ 1.080 **€ 2.160** € 3.888	
4. Fase decisionale	€ 315 **€ 630** € 1.134	€ 585 **€ 1.170** € 2.106		€ 675 **€ 1.350** € 2.430	€ 675 **€ 1.350** € 2.430	€ 675 **€ 1.350** € 2.430	€ 675 **€ 1.350** € 2.430	€ 675 **€ 1.350** € 2.430	€ 1.350 **€ 2.700** € 4.860	€ 675 **€ 1.350** € 2.430	€ 675 **€ 1.350** € 2.430	€ 1.113 **€ 2.225** € 4.005	€ 1.305 **€ 2.610** € 4.698

16. PROCEDURE ESECUTIVE MOBILIARI

Valore della controversia	da € 0,01 a € 1.100,00	da € 1.100,01 a € 5.200,00	da € 5.200,01 a € 26.000,00	da € 26.000,01 a € 52.000,00	da € 52.000,01 a € 260.000,00	da € 260.000,01 a € 520.000,00	Valore indeterm.	Val. indet. part. imp.
1. Fase di studio della controversia	€ 60 **€ 120** € 216	€ 175 **€ 350** € 630	€ 263 **€ 526** € 947	€ 410 **€ 820** € 1.476	€ 555 **€ 1.110** € 1.998	€ 730 **€ 1.460** € 2.628	€ 483 **€ 965** € 1.737	€ 570 **€ 1.140** € 2.052
2. Fase istruttoria e/o di trattazione	€ 18 **€ 60** € 120	€ 53 **€ 175** € 350	€ 87 **€ 290** € 580	€ 141 **€ 470** € 940	€ 210 **€ 700** € 1.400	€ 281 **€ 935** € 1.870	€ 176 **€ 585** € 1.170	€ 211 **€ 703** € 1.405

17. PROCEDURE ESECUTIVE PRESSO TERZI, PER CONSEGNA E RILASCIO, IN FORMA SPECIFICA

Valore della controversia	da € 0,01 a € 1.100,00	da € 1.100,01 a € 5.200,00	da € 5.200,01 a € 26.000,00	da € 26.000,01 a € 52.000,00	da € 52.000,01 a € 260.000,00	da € 260.000,01 a € 520.000,00	Valore indeterm.	Val. indet. part. imp.
1. Fase introduttiva	€ 53 **€ 105** € 189	€ 158 **€ 315** € 567	€ 263 **€ 526** € 947	€ 410 **€ 820** € 1.476	€ 555 **€ 1.110** € 1.998	€ 730 **€ 1.460** € 2.628	€ 483 **€ 965** € 1.737	€ 570 **€ 1.140** € 2.052
2. Fase di trattazione e conclusiva	€ 113 **€ 225** € 405	€ 270 **€ 540** € 972	€ 405 **€ 810** € 1.458	€ 648 **€ 1.295** € 2.331	€ 918 **€ 1.835** € 3.303	€ 1.240 **€ 2.480** € 4.464	€ 783 **€ 1.565** € 2.817	€ 944 **€ 1.888** € 3.398

18. PROCEDURE ESECUTIVE IMMOBILIARI

Valore della controversia	da € 0,01 a € 1.100,00	da € 1.100,01 a € 5.200,00	da € 5.200,01 a € 26.000,00	da € 26.000,01 a € 52.000,00	da € 52.000,01 a € 260.000,00	da € 260.000,01 a € 520.000,00	Valore indeterm.	Val. indet. part. imp.
1. Fase introduttiva	€ 70 **€ 140** € 252	€ 215 **€ 430** € 774	€ 325 **€ 650** € 1.170	€ 500 **€ 1.000** € 1.800	€ 683 **€ 1.365** € 2.457	€ 900 **€ 1.800** € 3.240	€ 591 **€ 1.183** € 2.129	€ 700 **€ 1.400** € 2.520
2. Fase istruttoria e/o di trattazione	€ 22 **€ 72** € 144	€ 86 **€ 285** € 570	€ 129 **€ 430** € 860	€ 194 **€ 645** € 1.290	€ 281 **€ 935** € 1.870	€ 366 **€ 1.220** € 2.440	€ 237 **€ 790** € 1.580	€ 280 **€ 933** € 1.865

19. ISCRIZIONE IPOTECARIA / AFFARI TAVOLARI

Valore della controversia	da € 0,01 a € 1.100,00	da € 1.100,01 a € 5.200,00	da € 5.200,01 a € 26.000,00	da € 26.000,01 a € 52.000,00	da € 52.000,01 a € 260.000,00	da € 260.000,01 a € 520.000,00	Valore indeterm.	Val. indet. part. imp.
Compenso	€ 33 **€ 65** € 117	€ 135 **€ 270** € 486	€ 203 **€ 405** € 729	€ 338 **€ 675** € 1.215	€ 473 **€ 945** € 1.701	€ 640 **€ 1.280** € 2.304	€ 405 **€ 810** € 1.458	€ 489 **€ 978** € 1.760

20. PROCEDIMENTI PER DICHIARAZIONE DI FALLIMENTO

Valore della controversia	da € 0.01 a € 1.100,00	da € 1.100,01 a € 5.200,00	da € 5.200,01 a € 26.000,00	da € 26.000,01 a € 52.000,00	da € 52.000,01 a € 260.000,00	da € 260.000,01 a € 520.000,00	Valore indeterm.	Val. indet. part. imp.
Compenso	€ 80 **€ 160** € 288	€ 295 **€ 590** € 1.062	€ 430 **€ 860** € 1.548	€ 700 **€ 1.400** € 2.520	€ 998 **€ 1.995** € 3.591	€ 1.375 **€ 2.750** € 4.950	€ 849 **€ 1.698** € 3.056	€ 1.038 **€ 2.075** € 3.735

21. GIUDIZI INNANZI AL TRIBUNALE AMMINISTRATIVO REGIONALE

Valore della controversia	da € 0,01 a € 1.100,00	da € 1.100,01 a € 5.200,00	da € 5.200,01 a € 26.000,00	da € 26.000,01 a € 52.000,00	da € 52.000,01 a € 260.000,00	da € 260.000,01 a € 520.000,00	Valore indeterm.	Val. indet. part. imp.
1. Fase di studio della controversia	€ 85 **€ 170** € 306	€ 303 **€ 605** € 1.089	€ 540 **€ 1.080** € 1.944	€ 978 **€ 1.955** € 3.519	€ 1.620 **€ 3.240** € 5.832	€ 2.093 **€ 4.185** € 7.533	€ 1.299 **€ 2.598** € 4.676	€ 1.535 **€ 3.070** € 5.526
2. Fase introduttiva del giudizio	€ 85 **€ 170** € 306	€ 270 **€ 540** € 972	€ 438 **€ 875** € 1.575	€ 675 **€ 1.350** € 2.430	€ 910 **€ 1.820** € 3.276	€ 1.215 **€ 2.430** € 4.374	€ 793 **€ 1.585** € 2.853	€ 945 **€ 1.890** € 3.402
3. Fase istruttoria e/o di trattazione	€ 30 **€ 100** € 200	€ 182 **€ 605** € 1.210	€ 284 **€ 945** € 1.890	€ 465 **€ 1.550** € 3.100	€ 648 **€ 2.160** € 4.320	€ 891 **€ 2.970** € 5.940	€ 557 **€ 1.855** € 3.710	€ 678 **€ 2.260** € 4.520
4. Fase decisionale	€ 135 **€ 270** € 486	€ 505 **€ 1.010** € 1.818	€ 910 **€ 1.820** € 3.276	€ 1.653 **€ 3.305** € 5.949	€ 2.395 **€ 4.790** € 8.622	€ 3.475 **€ 6.950** € 12.510	€ 2.024 **€ 4.048** € 7.286	€ 2.564 **€ 5.128** € 9.230
5. Fase cautelare	€ 100 **€ 200** € 360	€ 270 **€ 540** € 972	€ 505 **€ 1.010** € 1.818	€ 910 **€ 1.820** € 3.276	€ 1.315 **€ 2.630** € 4.734	€ 1.890 **€ 3.780** € 6.804	€ 1.113 **€ 2.225** € 4.005	€ 1.400 **€ 2.800** € 5.040

22. GIUDIZI INNANZI AL CONSIGLIO DI STATO

Valore della controversia	**da € 0,01 a € 1.100,00**	**€ 1.100,01 a € 5.200,00**	**€ 5.200,01 a € 26.000,00**	**€ 26.000,01 a € 52.000,00**	**€ 52.000,01 a € 260.000,00**	**€ 260.000,01 a € 520.000,00**	**Valore indeterm.**	**Val. indet. part. imp.**
1. Fase di studio della controversia	€ 85 **€ 170** € 306	€ 303 **€ 605** € 1.089	€ 608 **€ 1.215** € 2.187	€ 1.080 **€ 2.160** € 3.888	€ 1.620 **€ 3.240** € 5.832	€ 2.363 **€ 4.725** € 8.505	€ 1.350 **€ 2.700** € 4.860	€ 1.721 **€ 3.443** € 6.197
2. Fase introduttiva del giudizio	€ 85 **€ 170** € 306	€ 303 **€ 605** € 1.089	€ 505 **€ 1.010** € 1.818	€ 775 **€ 1.550** € 2.790	€ 1.080 **€ 2.160** € 3.888	€ 1.450 **€ 2.900** € 5.220	€ 928 **€ 1.855** € 3.339	€ 1.113 **€ 2.225** € 4.005
3. Fase istruttoria e/o di trattazione	€ 30 **€ 100** € 200	€ 102 **€ 340** € 680	€ 203 **€ 675** € 1.350	€ 303 **€ 1.010** € 2.020	€ 446 **€ 1.485** € 2.970	€ 608 **€ 2.025** € 4.050	€ 374 **€ 1.248** € 2.495	€ 455 **€ 1.518** € 3.035
4. Fase decisionale	€ 135 **€ 270** € 486	€ 505 **€ 1.010** € 1.818	€ 910 **€ 1.820** € 3.276	€ 1.653 **€ 3.305** € 5.949	€ 2.395 **€ 4.790** € 8.622	€ 3.475 **€ 6.950** € 12.510	€ 2.024 **€ 4.048** € 7.286	€ 2.564 **€ 5.128** € 9.230
5. Fase cautelare	€ 100 **€ 200** € 360	€ 303 **€ 605** € 1.089	€ 505 **€ 1.010** € 1.818	€ 900 **€ 1.800** € 3.240	€ 1.148 **€ 2.295** € 4.131	€ 1.958 **€ 3.915** € 7.047	€ 1.024 **€ 2.048** € 3.686	€ 1.429 **€ 2.858** € 5.144

23. GIUDIZI INNANZI ALLA COMMISSIONE TRIBUTARIA PROVINCIALE

Valore della controversia	**da € 0,01 a € 1.100,00**	**da € 1.100,01 a € 5.200,00**	**da € 5.200,01 a € 26.000,00**	**da € 26.000,01 a € 52.000,00**	**da € 52.000,01 a € 260.000,00**	**da € 260.000,01 a € 520.000,00**	**Valore indeterm.**	**Val. indet. part. imp.**
1. Fase di studio della controversia	€ 85 **€ 170** € 306	€ 270 **€ 540** € 972	€ 473 **€ 945** € 1.701	€ 843 **€ 1.685** € 3.033	€ 1.215 **€ 2.430** € 4.374	€ 1.755 **€ 3.510** € 6.318	€ 1.029 **€ 2.058** € 3.704	€ 1.299 **€ 2.598** € 4.676
2. Fase introduttiva del giudizio	€ 50 **€ 100** € 180	€ 170 **€ 340** € 612	€ 270 **€ 540** € 972	€ 405 **€ 810** € 1.458	€ 573 **€ 1.145** € 2.061	€ 743 **€ 1.485** € 2.673	€ 489 **€ 978** € 1.760	€ 574 **€ 1.148** € 2.066
3. Fase istruttoria e/o di trattazione	€ 26 **€ 85** € 170	€ 81 **€ 270** € 540	€ 141 **€ 470** € 940	€ 284 **€ 945** € 1.890	€ 405 **€ 1.350** € 2.700	€ 587 **€ 1.955** € 3.910	€ 344 **€ 1.148** € 2.295	€ 435 **€ 1.450** € 2.900
4. Fase decisionale	€ 85 **€ 170** € 306	€ 438 **€ 875** € 1.575	€ 675 **€ 1.350** € 2.430	€ 1.045 **€ 2.090** € 3.762	€ 1.985 **€ 3.970** € 7.146	€ 2.058 **€ 4.115** € 7.407	€ 1.515 **€ 3.030** € 5.454	€ 1.551 **€ 3.103** € 5.585
5. Fase cautelare	€ 68 **€ 135** € 243	€ 203 **€ 405** € 729	€ 338 **€ 675** € 1.215	€ 640 **€ 1.280** € 2.304	€ 910 **€1.820** € 3.276	€ 1.315 **€ 2.630** € 4.734	€ 775 **€ 1.550** € 2.790	€ 978 **€ 1.955** € 3.519

24. GIUDIZI INNANZI ALLA COMMISSIONE TRIBUTARIA REGIONALE

Valore della controversia	da € 0,01 a € 1.100,00	da € 1.100,01 a € 5.200,00	da € 5.200,01 a € 26.000,00	da € 26.000,01 a € 52.000,00	da € 52.000,01 a € 260.000,00	da € 260.000,01 a € 520.000,00	Valore indeterm.	Val. indet. part. imp.
1. Fase di studio della controversia	€ 85 **€ 170** € 306	€ 303 **€ 605** € 1.089	€ 540 **€ 1.080** € 1.944	€ 978 **€ 1.955** € 3.519	€ 1.450 **€ 2.900** € 5.220	€ 2.093 **€ 4.185** € 7.533	€ 1.214 **€ 2.428** € 4.370	€ 1.535 **€ 3.070** € 5.526
2. Fase introduttiva del giudizio	€ 50 **€ 100** € 180	€ 203 **€ 405** € 729	€ 303 **€ 605** € 1.089	€ 505 **€ 1.010** € 1.818	€ 675 **€ 1.350** € 2.430	€ 910 **€ 1.820** € 3.276	€ 590 **€ 1.180** € 2.124	€ 708 **€ 1.415** € 2.547
3. Fase istruttoria e/o di trattazione	€ 30 **€ 100** € 200	€ 122 **€ 405** € 810	€ 222 **€ 740** € 1.480	€ 405 **€ 1.350** € 2.700	€ 587 **€ 1.955** € 3.910	€ 870 **€ 2.900** € 5.800	€ 496 **€ 1.653** € 3.305	€ 638 **€ 2.125** € 4.250
4. Fase decisionale	€ 85 **€ 170** € 306	€ 438 **€ 875** € 1.575	€ 675 **€ 1.350** € 2.430	€ 1.180 **€ 2.360** € 4.248	€ 1.553 **€ 3.105** € 5.589	€ 2.160 **€ 4.320** € 7.776	€ 1.366 **€ 2.733** € 4.919	€ 1.670 **€ 3.340** € 6.012
5. Fase cautelare	€ 68 **€ 135** € 243	€ 235 **€ 470** € 846	€ 405 **€ 810** € 1.458	€ 743 **€ 1.485** € 2.673	€ 1.080 **€ 2.160** € 3.888	€ 1.585 **€ 3.170** € 5.706	€ 911 **€ 1.823** € 3.281	€ 1.164 **€ 2.328** € 4.190

25. PRESTAZIONI DI ASSISTENZA STRAGIUDIZIALE

Valore della controversia	da € 0,01 a € 1.100,00	da € 1.100,01 a € 5.200,00	da € 5.200,01 a € 26.000,00	da € 26.000,01 a € 52.000,00	da € 52.000,01 a € 260.000,00	da € 260.000,01 a € 520.000,00	Valore indeterm.	Val. indet. part. imp.
Compenso	€ 135 **€ 270** € 486	€ 608 **€ 1.215** € 2.187	€ 945 **€ 1.890** € 3.402	€ 1.148 **€ 2.295** € 4.131	€ 2.160 **€ 4.320** € 7.776	€ 2.935 **€ 5.870** € 10.566	€ 1.654 **€ 3.308** € 5.954	€ 2.041 **€ 4.083** € 7.349

25 *bis*. PROCEDIMENTO DI MEDIAZIONE E PROCEDURA DI NEGOZIAZIONE ASSISTITA (1)

Valore della controversia	**da € 0,01 a € 1.100,00**	**€ 1.100,01 a € 5.200,00**	**€ 5.200,01 a € 26.000,00**	**€ 26.000,01 a € 52.000,00**	**€ 52.000,01 a € 260.000,00**	**€ 260.000,01 a € 520.000,00**
1. Fase della attivazione	€ 30 **€ 60** € 108	€ 135 **€ 270** € 486	€ 210 **€ 420** € 756	€ 255 **€ 510** € 918	€ 480 **€ 960** € 1.728	€ 653 **€ 1.305** € 2.349
2. Fase di negoziazione	€ 36 **€ 120** € 240	€ 162 **€ 540** € 1.080	€ 252 **€ 840** € 1.680	306 **€ 1.020** € 2.040	€ 576 **€ 1.920** € 3.840	€ 783 **€ 2.610** € 5.220
3. Conciliazione	€ 90 **€ 180** € 324	€ 405 **€ 810** € 1.458	€ 630 **€ 1.260** € 2.268	€ 765 **€ 1.530** € 2.754	€ 1.440 **€ 2.880** € 5.184	€ 1.958 **€ 3.915** € 7.047

(1) *Questa tabella è stata aggiunta dall'art. 5, comma 3, del D.M. 8 marzo 2018, n. 37.*

26. ARBITRATO

Valore della controversia	**da € 0,01 a € 26.000,00**	**da € 26.000,01 a € 52.000,00**	**da € 52.000,01 a € 260.000,00**	**da € 260.000,01 a € 520.000,00**	**Valore indeterm.**	**Val. indet. part. imp.**
Compenso	€ 810 **€ 1.620** € 2.916	€ 2.025 **€ 4.050** € 7.290	€ 3.543 **€ 7.085** € 12.753	€ 8.100 **€ 16.200** € 29.160	€ 2.784 **€ 5.568** € 10.022	€ 5.063 **€ 10.125** € 18.225

Parte II
Compensi per attività civile, amministrativa e tributaria nella giurisprudenza e prassi amministrativa

Capitolo I

Il compenso dell'avvocato dalle tariffe ai parametri

1. Le "vicende" del compenso dell'avvocato

La determinazione del compenso professionale dell'avvocato è stata oggetto, negli ultimi anni, di significativi interventi da parte del legislatore (D.L. 4 luglio 2006, n. 223, conv. in Legge 4 agosto 2006, n. 248; art. 3, D.L. 13 agosto 2011, n. 138, conv. in Legge 14 settembre 2011, n. 148; art. 10, comma

12, Legge 12 novembre 2011, n. 183; art. 9, D.L. 24 gennaio 2012, n. 1, conv. in Legge 24 marzo 2012, n. 27; art. 13, Legge 31 dicembre 2012, n. 247; d.l. n. 148 del 2017, conv. in L. n. 172/2017, e legge bilancio 2018).

2. La tariffa forense prima della sua abrogazione

In base all'articolo unico della Legge 7 novembre 1957, n. 1051, **i criteri della misura dei compensi per gli avvocati venivano stabiliti dal Consiglio nazionale forense, per mezzo di atti di natura regolamentare recepiti in decreti ministeriali**; la Corte Costituzionale (16 giugno 1983, n. 180) aveva dichiarato infondata la questione di legittimità costituzionale della norma che attribuiva tali specifici poteri al Consiglio nazionale forense.

Compenso e tariffa forense

L'atto con il quale il Consiglio nazionale forense stabiliva i criteri per la determinazione degli onorari degli avvocati (in virtù della competenza attribuitagli dalla Legge n. 1051/1957), era un atto normativo, emanato dal Cons. Naz. Forense, organo comune dei vari collegi professionali, nell'esercizio dell'autonomia degli ordini forensi (Cass. 19 giugno 1985, n. 3701; Cass. 5 agosto 1975, n. 2981). Esso costituiva un regolamento emanato da una autorità non statale, in forza di un autonomo potere normativo (potere regolamentare), che ripeteva la sua disciplina da leggi speciali; né tale regolamento veniva trasformato in regolamento governativo dal decreto ministeriale di approvazione, essendo emanato nell'esercizio di un potere di controllo (Cass. 2 aprile 2001, n. 4788; Cass. 27 marzo 1993, n. 3690).

La tariffa forense, deliberata dal Consiglio nazionale forense, e approvata con decreto del Ministro della Giustizia, era, quindi, atto di natura regolamentare (Cass. 7 luglio 2011, n. 15061; Cass. 20 novembre 1998, n. 11736; Cass. 28 novembre 1987, n. 8865), **espressione di una potestà normativa secondaria** finalizzata a disciplinare, con precetti aventi portata generale e astratta, determinati rapporti mediante una regolazione attuativa e integrativa della legge (art. 64, R.D.L. n. 1578/1933); tale atto, quindi, per la sua natura, era assoggettato al controllo giurisdizionale di legittimità da parte del giudice amministrativo.

L'atto normativo che approvava la tariffa forense era, però, per intero imputabile alla volontà e alla responsabilità politica del Ministro della Giustizia, rispetto al quale la proposta del Consiglio nazionale forense assumeva la valenza di un mero progetto che dava impulso al procedimento (sent. Arduino, Corte giustizia 19 febbraio 2002 in causa C-35/99): iniziativa, quindi, dell'ente esponenziale della categoria, ma fase costitutiva rimessa al Ministro, che secondo la discrezione politica che gli è propria, poteva anche tenere conto solo in parte della proposta iniziale; in ogni caso era la sua volontà che sorreggeva l'atto normativo.

Natura giuridica tariffa forense

La tariffa professionale, era, quindi, quel complesso di norme con cui si fissava autoritativamente e in via preventiva la misura degli onorari, nonché delle spese e indennità, spettanti al professionista per le prestazioni da lui effettuate in favore del cliente, misura del compenso (e non del corrispettivo) che doveva (e deve) essere adeguata alla importanza dell'opera e al decoro della professione (Cass. 23 maggio 1992, n. 6214).

Il credito relativo a prestazioni effettuate dal professionista costituisce (anche dopo l'abrogazione delle tariffe), per la sua essenza, **un reddito di lavoro autonomo**, in quanto deriva dall'esercizio di un'attività professionale, **e conserva detta natura anche se, a seguito della morte del professionista, la relativa somma venga corrisposta all'erede**, il quale è dunque soggetto alla ritenuta d'acconto prevista dall'art. 25, D.P.R. n. 600/1973 (Cass. 27 febbraio 2009, n. 4785).

Tipicità voci della tariffa

La tipicità delle voci della tariffa comportava che **non erano ipotizzabili voci diverse da quelle riportate in tariffa, con la conseguenza che non erano liquidabili onorari (e diritti di procuratore) in relazione a voci non contemplate in tariffa.** Né era possibile operare **commistioni tra tariffa giudiziale civile, amministrativa e tariffe diverse, come quella penale e stragiudiziale**.

La tariffa forense, così come era strutturata era poco "comprensibile" sia per gli avvocati che per i clienti; **tutti auspicavano una semplificazione, con accorpamento delle singole voci** e con la giusta valorizzazione della qualificata opera professionale nel suo complesso, a prescindere dalle singole attività.

La tariffa professionale è (anzi era) applicabile solo per le attività della professione legale (Cass. 19 agosto 1994, n. 7483); la tariffa professionale forense riguardava, infatti, esclusivamente prestazioni di carattere professionale **e non poteva trovare applicazione rispetto ad altre diverse prestazioni**, come per esempio le attività didattiche (del. Cons. Ordine Bologna 17 dicembre 2001).

3. "Gerarchia" delle fonti nella determinazione delle competenze professionali

Il sistema dei compensi dell'attività professionale svolta dai professionisti iscritti (obbligatoriamente) in un albo professionale per l'esercizio dell'attività professionale, **è regolato dal combinato disposto dell'art. 2233 c.c.** e dalla tariffa professionale di categoria.

L'**art. 2233 c.c. prevede che "il compenso se non è convenuto dalle parti e non può essere determinato secondo le tariffe o gli usi, è determinato dal giudice, sentito il parere dell'associazione professionale a cui il professionista appartiene**".

Tra le fonti contemplate dall'art. 2233 c.c., **ai fini della determinazione del compenso professionale, esiste una gerarchia**: la convenzione tra le parti, le tariffe, ma ora i parametri, gli usi, il giudice.

Gerarchia delle fonti

Sulla gerarchia delle fonti di determinazione dei compensi professionali di cui all'art. 2233 c.c., **la Corte Costituzionale** (sent. 13 febbraio 1974, n. 32) **ha riconosciuto la norma non in contrasto con i principi costituzionali.**

Ai sensi dell'art. 2233 c.c., quindi, il **compenso** del professionista iscritto obbligatoriamente ad un albo (per l'esercizio dell'attività professionale), **viene determinato** rispettivamente:

- dall'accordo intercorso tra le parti (proposta e accettazione, per la validità dell'accordo, devono essere redatte in forma scritta: Cass. 16 maggio 2022, n.15563);
- dalle tariffe professionali (in mancanza di convenzione con il cliente);
- dagli usi (in mancanza di convenzione e tariffe);
- dal giudice (in mancanza di convenzione, tariffe e usi).

Convenzione cliente/avvocato

Nella disciplina delle professioni intellettuali, il **contratto costituisce la fonte principale per la determinazione del compenso, mentre la relativa tariffa (ora parametri) rappresenta una fonte sussidiaria e suppletiva**, alla quale è dato ricorrere, ai sensi dell'art. 2233 c.c., **soltanto in assenza di pattuizioni al riguardo** (Cass. 14 maggio 2013, n. 11525). Il primato della fonte contrattuale impone di ritenere che il compenso spettante al professionista, ancorché elemento naturale del contratto di prestazione d'opera intellettuale, sia liberamente determinabile dalle parti.

In ordine **al rapporto tra la eventuale convenzione fra le parti e la tariffa** professionale, la **giurisprudenza** (fra le tante, Cass. 5 luglio 1990, n. 7051; Cass. 16 gennaio 1986, n. 224, in *Foro it.*, 1986, I, 1575) **ha affermato che il compenso spettante al professionista va determinato in base alla tariffa solo nel caso in cui esso non sia stato liberamente pattuito**, in quanto l'art. 2233 c.c. pone una gerarchia di carattere professionale tra i vari criteri di determinazione di tale compenso, attribuendo rilevanza in primo luogo, alla convenzione che sia intervenuta tra le parti e solo in mancanza di quest'ultima alla tariffa, agli usi e da ultimo alla valutazione del giudice.

Il riportato principio "relazionale" tra convenzione tra le parti e la tariffa professionale, **è da ritenersi applicabile**, dopo l'abrogazione delle tariffe, **anche nel rapporto parametri/convenzione tra le parti**.

Tariffa come fonte sussidiaria

L'autonomia negoziale delle parti nella determinazione del compenso non incontrava – né incontra -, quindi, alcun limite; ne consegue che, anche dopo l'abrogazione della tariffa (ed il "subentro" dei parametri) **deve escludersi la possibilità, per il giudice, di ricorrere ad una liquidazione del compenso stesso in misura diversa da quella pattuita, a norma dell'art. 2233 c.c., a prescindere da ogni indagine sulla congruità del *quantum* convenuto** rispetto all'importanza dell'opera e al decoro della professione (Cass. 28 aprile 2011, n. 9488; Cass. 5 ottobre 2009, n. 21235; Cass. 16 gennaio 1986, n. 224; Cass. 3 novembre 1981, n. 5773).

Compensi superiori ai massimi parametrici

L'autonomia negoziale delle parti nella determinazione del compenso non incontra, quindi, alcun limite. Infatti, deve ritenersi valida la convenzione tra professionista e cliente che stabilisce la misura degli stessi in misura superiore ai massimi tariffari (Cass. 10 ottobre 2018 n. 25054).

È da ritenersi ormai consolidato l'orientamento giurisprudenziale nel senso che per la determinazione del compenso dell'avvocato, anche dopo l'abrogazione delle tariffe, il riferimento primario è costituito ancora dall'art. 2233 c.c., che disciplina la materia del compenso del professionista. E con un accordo scritto (proposta e accettazione, per la validità dell'accordo, devono essere redatte in forma scritta: Cass. 16 maggio 2022 n.15563) le parti possono stabilire per le prestazioni professionali, un compenso eccedente i massimi della tariffa professionale.

La possibilità di pattuire il compenso in misura superiore al massimo tariffario è stata affermata dalla giurisprudenza della Suprema Corte. Si è infatti affermato (Cass.4 febbraio 2021 n.2631; Cass. 10 ottobre 2018 n.25054; Cass. 23 maggio 2000 n.6732; Cass., sez. un., 26 febbraio 1999 n.103; Cass. 5 luglio 1990 n.7051) che in materia di onorari di avvocato deve ritenersi valida la convenzione tra professionista e cliente che stabilisce la misura degli stessi in misura superiore ai massimi tariffari, posto che l'art.2233 cod. civ. pone una gerarchia di carattere preferenziale, indicando in primo luogo l'accordo delle parti ed in via soltanto subordinata le tariffe professionali, ovvero gli usi.

In caso di richiesta di compensi al di sopra dei massimi, il professionista deve fornire, a norma dell'art. 2697 c.c., la prova degli elementi costitutivi del diritto fatto valere, cioè delle circostanze che nel caso concreto giustifichino detto maggior compenso, restando in difetto applicabile il parametro medio (Cass. 22 gennaio 2016 n. 1202).

Massimi tariffari ed illecito deontologico

In ordine al superamento dei massimi tariffari/parametrici occorre, però, una particolare "attenzione" da parte dell'avvocato, in quanto non bisogna "esagerare" per non incorrere in illecito deontologico. L'avvocato, infatti, non deve richiedere compensi o acconti manifestamente sproporzionati all'attività svolta o da svolgere; pur essendo libera la pattuizione del compenso avvocato-cliente, il compenso deve essere sempre rapportato alla «entità» della prestazione svolta, non essendo giustificabile la richiesta da parte dell'avvocato di un compenso «eccessivo» rispetto al lavoro svolto.

In ordine al rapporto parcella concordata con il cliente ed illecito deontologico, occorre evidenziare che l'art. 29, 4° comma, del vigente codice deontologico forense stabilisce che l'avvocato non deve richiedere compensi o acconti manifestamente sproporzionati all'attività svolta; sussiste, quindi, la responsabilità deontologica dell'avvocato anche quando i compensi siano stati concordati con il cliente (Cons. naz. forense 2 marzo 2014, n. 181; Cons. naz. forense 25 febbraio 2013, n. 9; Cons. naz. Forense 28 dicembre 2012, n. 293; Cons. naz. forense 27 maggio 2013, n. 78). È ininfluente l'eventuale preventiva pattuizione dei compensi con il cliente, dovendosi comunque valutare se, nel caso concreto, quelli pattuiti siano sproporzionati rispetto all'attività effettivamente svolta.

La valutazione del rispetto del principio di proporzionalità nella richiesta dei compensi deve essere effettuata con esclusivo riferimento all'attività concretamente svolta, anche a prescindere da eventuali pattuizioni con il cliente. I patti relativi alla predeterminazione dei compensi dell'avvocato, pur se di per sé validi, non possono quindi prevedere compensi sproporzionati all'attività concordata o, in ogni caso, all'attività concretamente svolta.

Preventivo e costi della prestazione

Con riferimento alla pattuizione del compenso avvocato-cliente, è opportuno evidenziare che l'art. 1, comma 141, lett. d), l. 4 agosto 2017 n. 124 ha modificato l'art. 13, 5° comma, l. n. 247 del 2012, rendendo per l'avvocato obbligatorio il preventivo in forma scritta dei costi della prestazione professionale e trasparente la fase di avvio dei rapporti con i propri clienti. In base alla citata normativa, l'avvocato ha l'obbligo, al momento del conferimento dell'incarico, di fornire al cliente un preventivo scritto sulla prevedibile misura del costo della prestazione, e cioè rendere nota al cliente la misura del compenso per l'attività da svolgere, distinguendo tra oneri, spese, anche forfetarie, e compenso professionale (per tale inadempienza l'art. 27, 2° comma, cod. deontologico forense prevede la sanzione disciplinare dell'avvertimento); in mancanza di "preventivo" si applicano le tabelle parametriche.

4. Il c.d. decreto Bersani e gli effetti sui compensi dell'avvocato

Il D.L. 4 luglio 2006, n. 223, convertito in Legge 4 agosto 2006, n. 248, all'art. 2, commi 1, 2, 2 *bis*, **ha abrogato le disposizioni legislative e regolamentari che prevedono con riferimento alle attività libero professionali e intellettuali, l'obbligatorietà di tariffe fisse o minime**. E ciò in conformità al principio comunitario di libera concorrenza e a quello di libertà di circolazione delle persone e dei servizi, nonché al fine di assicurare agli utenti un'effettiva facoltà di scelta nell'esercizio dei propri diritti e di comparazione delle prestazioni offerte sul mercato.

Abrogazione minimi tariffari

A norma dell'art. 2, commi 1 e 2, D.L. n. 223/2006, conv. in Legge n. 248/2006, **l'abolizione dei minimi tariffari poteva operare nei rapporti tra professionisti e cliente**, ma l'esistenza della tariffa manteneva la propria efficacia quando il giudice doveva procedere alla regolamentazione delle spese di giudizio in applicazione del criterio della soccombenza (Cass. 21 ottobre 2019 n. 26706; Cass. 30 marzo 2011, n. 7293).

Tariffa dopo il decreto Bersani

Anche dopo il decreto Bersani (D.L. n. 223/2006, conv. in Legge n. 248/2006) il cliente aveva la possibilità di concordare con il professionista il compenso professionale, sia concordando un prezzo inferiore a quello previsto dalla tariffa, sia concordando un compenso legato al risultato professionale, ovvero stabilendo un compenso rapportato al risultato conseguito.

Minimi tariffari e deontologia

A partire dal 1° gennaio 2007, quindi, tra il professionista e il cliente, era stato possibile concordare l'ammontare del compenso per la prestazione professionale senza tenere conto dei minimi tariffari; dalla stessa data (1° gennaio 2007) erano invece considerate nulle tutte le disposizioni deontologiche, pattizie e codici di autodisciplina in contrasto con il comma 3 dell'art. 2 della Legge n. 248/2006.

Contratto per iscritto

Il d.l. 4 luglio 2006, n. 223, convertito in legge 4 agosto 2006, n. 248, all'art. 2, commi 1, 2, 2 *bis*, statuisce l'abrogazione delle disposizioni legislative e regolamentari che prevedono, con riferimento alle attività libero professionali e intellettuali, l'**obbligatorietà di tariffe fisse o minime, con la conseguenza che le disposizioni precedenti conservano piena efficacia in relazione a fatti veri-**

ficatesi prima: Cass. 27 settembre 2010, n. 20269; Cass. 15 aprile 2008, n. 9878).

La riforma Bersani nel rimuovere la inderogabilità dei minimi delle tariffe professionali, aveva rafforzato il ruolo dell'accordo delle parti nella determinazione del compenso professionale.

Minimi tariffari e Corte costituzionale

La questione di legittimità costituzionale della lett. *a*) del comma 1 dell'art. 2, D.L. n. 233/2006, nel testo originario e in quello modificato dalla Legge di conversione n. 248/2006, **è stata ritenuta infondata da Corte cost. 21 dicembre 2007, n. 443**, in cui si afferma che la norma nell'abrogare le disposizioni che prevedono l'obbligatorietà di tariffe fisse o minime ovvero il divieto di pattuire compensi parametrati al raggiungimento degli obiettivi perseguiti, **tende a stimolare una maggiore concorrenzialità nell'ambito delle attività libero professionali e intellettuali, offrendo all'utente una più ampia possibilità di scelta tra le diverse offerte, maggiormente differenziate tra loro, con la nuova normativa, sia per i costi che per le modalità di determinazione dei compensi.**

In tema di inderogabilità della tariffa forense, occorre evidenziare Corte di Giustizia delle Comunità Europee, grande sezione, 5 dicembre 2006, cause riunite C-94/04 e C-202/04, in cui si afferma che gli artt. 10, 81 e 82 del Trattato Ce **non ostano all'adozione, da parte di uno Stato membro, di un provvedimento normativo che approvi sulla base di un progetto elaborato da un ordine professionale forense quale il Consiglio nazionale forense**, una tariffa che fissi un limite minimo per gli onorari degli avvocati e a cui, in linea di principio, non sia possibile derogare né per le prestazioni riservate agli avvocati né per quelle, come le prestazioni di servizi stragiudiziali, che possono essere svolte anche da qualsiasi altro operatore economico non vincolato da tale tariffa.

***Ratio* inderogabilità minimi tariffari**

La *ratio* dell'inderogabilità dei minimi tariffari era quella di evitare l'accaparramento della clientela e assicurare la dignità e il decoro della professione (Cass. 12 febbraio 1988, n. 1519). Del resto occorre evidenziare che, pur non essendo una garanzia della qualità dei servizi, non si può di certo escludere –

anzi deve affermarsi – che nel contesto italiano, caratterizzato da una elevata presenza di professionisti, le tariffe che fissano onorari minimi consentano di evitare una concorrenza che si traduce nell'offerta di prestazioni "al ribasso", tali da poter determinare un peggioramento della qualità del servizio (Cass. 27 settembre 2010, n. 20269).

5. La legge di "stabilizzazione finanziaria" e di "stabilità 2012" e riflessi sul compenso dell'avvocato

L'art. 3, comma 5, lett. *d*), D.L. 13 agosto 2011, n. 138, convertito in Legge 14 settembre 2011, n. 148, con le modifiche introdotte dall'art. 10, L. 12 novembre 2011, n. 183, **ha ulteriormente "rafforzato" la volontà del cliente e del professionista nella determinazione del compenso spettante (al professionista)** per la prestazione professionale.

Infatti, tale norma prevede espressamente che "Il compenso spettante al professionista è pattuito per iscritto all'atto del conferimento dell'incarico professionale". L'art. 10, comma 12, Legge n. 183/2011 ha abrogato, poi, il "seguito" del riportato articolato che prevedeva "prendendo come riferimento le tariffe professionali. È ammessa la pattuizione dei compensi anche in deroga alle tariffe".

La manovra di agosto 2011 (D.L. n. 138/2011, conv. in Legge n. 148/2011) aveva reso, infatti, **totalmente indicative le tariffe sia minime che massime, rimettendo all'accordo tra le parti la definizione del compenso.**

La legge di stabilità 2012 (Legge n. 183/2011), a decorrere dal 1° gennaio 2012, **ha poi eliminato anche il riferimento alle tariffe professionali come valore indicativo**, privando così il cliente del professionista, di un parametro, liberamente derogabile, di valutazione della prestazione richiesta.

6. L'abrogazione della tariffa forense ed il "passaggio" ai parametri

Il D.L. n. 1/2012, conv. in Legge 24 marzo 2012, n. 27 (c.d. "Cresci Italia" o "pacchetto liberalizzazioni") **con l'art. 9 ha abrogato le ta-**

riffe professionali, prevedendo l'adozione di parametri ministeriali come ausilio al giudice per la liquidazione dei compensi.

Abrogazione tariffe forensi

Il comma 5 del medesimo art. 9 prevede espressamente – per fugare ogni dubbio – che "**sono abrogate le diposizioni vigenti che per la determinazione del compenso del professionista, rinviano alle tariffe**". In pratica, le tariffe professionali sono soppresse anche come semplice riferimento, disposizione che conferma il profilo simbolico dell'intervento del legislatore sulla "abrogazione" delle tariffe professionali.

La Corte costituzionale (ordinanza 15 novembre 2018 n. 204) ha respinto la sollevata questione di legittimità costituzionale dell'art.9, comma 1, del d.l. 24.1.2012 n.1, conv. in l. 24.3.2012 n.27, atteso che nel caso di liquidazione da parte di un organo giurisdizionale, il *quantum* del compenso è sottratto alla logica della liberalizzazione, poiché va determinato con riferimento a parametri stabiliti con decreto del Ministro vigilante.

Cause di valore inferiore ad € 1.000,00

In tema di compenso dell'avvocato occorre evidenziare che in base all'art. 91 c.p.c. ultimo comma, in relazione all'art. 82 c.p.c., come modificato dalla Legge n. 10/2012, di conversione del D.L. n. 212/2011, **nelle cause di valore inferiore a euro 1.100,00, la somma da liquidare per compenso all'avvocato non può essere superiore al valore della causa.**

La Cassazione, con sentenza 30 aprile 2014, n. 9556 ha precisato che il **limite** stabilito dal comma 4 dell'art. 91 c.p.c., come aggiunto dal D.L. n. 212/2011, conv. in Legge n. 10/2012, opera **solo per le liti devolute alla giurisdizione equitativa del giudice di pace (ed in cui le parti possono stare in giudizio personalmente ed il cui valore sia contenuto entro i mille euro: Cass. 5 luglio 2019 n.17797),** e **non** si applica **per le controversie d'opposizione a verbale di accertamento per violazioni del codice della strada, essendo tali controversie definite con giudizio secondo diritto**. La limitazione riferita opera, quindi, solo per le liti devolute alla giurisdizione equitativa del giudice di pace ma non alle liti che siano definite con un giudizio secondo diritto. Tale principio è stato ribadito da Cass. 5 maggio 2016 n. 8961, in cui si precisa, tra l'altro, che l'art. 91 c.p.c., comma 4, a tenore del quale, **nelle cause previste dall'art. 82, comma 1, le spese competenze ed onorari liquidati dal giudice non**

possono superare il valore della domanda, opera esclusivamente nelle controversie devolute alla giurisdizione equitativa del giudice di pace e quindi non si applica alle controversie di opposizione ad ordinanza ingiunzione e di opposizione a verbale di accertamento di violazione del codice della strada, né a quelle di opposizione a cartella di pagamento quando venga denunciata la mancata notifica del verbale di contestazione della violazione. E ciò in quanto in tali giudizi, pur essendo prevista la possibilità sia dell'opponente che dell'amministrazione di stare in giudizio di persona (L. n. 689 del 1981, art. 23, comma 4; d.lgs. n. 150 del 2011, art. 6, comma 9 e art. 7 comma 8) la difesa tecnica appare in ogni caso giustificata se non indispensabile, tenuto conto della complessità delle questioni che possono essere prospettate anche da provvedimenti sanzionatori di importo inferiore a 1,100,00 euro.

La **Corte costituzionale**, con sentenza 4 giugno 2014, n. 157, **ha confermato la legittimità** della normativa in questione proprio "identificando" l'ambito di applicazione della norma, limitata alle sole controversie attribuite alla giurisdizione equitativa del giudice di pace e non anche ai giudizi di opposizione a sanzioni amministrative per violazione del codice della strada.

Si è, poi, precisato (Trib. Milano 27 febbraio 2014, n. 1882) che le decisioni del giudice di pace rese in **controversia di valore non superiore ad € 1.100,00, devono sempre considerarsi pronunciate secondo equità**, come previsto dall'art. 113, comma 2, c.p.c., a prescindere dal fatto che il giudice abbia applicato norme di legge relative all'equità, oppure non abbia fatto riferimento alcuno all'equità.

Le causa di valore inferiori ad € 1.033 sono esenti dall'imposta di registro a prescindere dal grado e dal giudice. L'esenzione si applica quindi a tutti gli atti e provvedimenti relativi a controversie con un tetto inferiore ad euro 1.033, indipendentemente dal grado di giudizio e dal giudice che li ha emessi (Circolare Agenzia delle Entrate n.30/E del 2022).

7. La "base" normativa dei parametri

Dalla tariffa ai parametri

L'art. 9, D.L. n. 1/2012, convertito con modificazioni in Legge n. 27/2012, **dopo avere abrogato al comma 1 le tariffe** delle professioni regolamentate nel sistema ordinistico (e quindi anche la tariffa forense di cui al D.M. n. 127/2004), **al comma 2 statuisce che nel caso di liquidazione da parte di un organo giurisdizionale, il compenso del professionista è determinato con riferimento a parametri stabiliti con decreto del ministro vigilante.**

I "primi" parametri sono stati approvati con decreto 20 luglio 2012, n. 140 (in G.U. 22 agosto 2012, n. 195), e in vigore dal 23 agosto 2012, parametri che consentono la determinazione e il calcolo del costo della prestazione professionale dell'avvocato.

La ratio dei parametri

Con la riferita normativa sui parametri, **si è superato il previgente rigido modello tariffario**, foriero tra l'altro di complesse controversie giudiziarie, **con un elastico criterio di determinazione dei compensi**, e incentivando la libera negoziazione preventiva del compenso.

Le **«accuse» al previgente sistema tariffario**, erano del resto l'eccessiva complessità (troppe voci), la difficile comprensione per il cliente, l'impossibilità di determinare i costi della prestazione professionale.

L'attuale disciplina consente, invece, un rapido svolgimento dell'attività giudiziale di liquidazione del compenso del professionista, a tutela sia del consumatore che si rivolge al professionista, che del professionista medesimo nell'esercizio dell'attività professionale.

La disciplina parametrica ha introdotto un sistema di "costi prevedibili" e corrisponde a principi di semplificazione ed equità. È uno strumento di facile e immediata consultazione per gli operatori del diritto e per i cittadini che potranno avere a disposizione uno strumento di immediato orientamento.

Il successivo D.M. 10 marzo 2014, n. 55 (che ha in parte sostituito il D.M. 140/2012), il D.M. n. 37/2018, ed ora il d.m. n.147/2022, hanno dettato una nuova disciplina dei parametri in attuazione della previsione di cui all'art. 13, comma 6, Legge 31 dicembre 2012, n. 247, in forza del quale "i parametri indicati nel decreto emanato dal Ministro della Giustizia, su proposta del Consiglio nazionale forense, ogni due anni, si applica ...".

8. I parametri del D.M. 10 marzo 2014, n. 55 con le modifiche del D.M. 8 marzo 2018, n. 37 e del D.M 13 agosto 2022 n. 147.

Legge professionale e parametri

La l. 31 dicembre 2012, n. 247 "Nuova disciplina dell'ordinamento della professione forense" ha modificato la procedura di aggiornamento dei parametri; infatti rimette la indicazione dei parametri per la determinazione del compenso all'avvocato ad un decreto emesso dal Ministro della Giustizia su proposta del Consiglio nazionale forense.

In base all'art. 13, comma 6, L. n. 247/2012, norma che ha riconosciuto al Consiglio nazionale forense il potere/dovere di formulare una proposta di parametri da sottoporre al Ministro della Giustizia per l'emanazione del successivo decreto, il Consiglio nazionale forense **in data 24 maggio 2013 ha trasmesso al Ministro della Giustizia il relativo progetto,** dopo che lo stesso era stato inviato agli ordini e alle associazioni indicate nella legge, progetto che poi è "sfociato" nel D.M. 10 marzo 2014, n. 55. Stessa procedura è stata seguita per l'approvazione del D.M. 8 marzo 2018, n. 37, e del d.m. n.147/2022.

Il D.M. 13 agosto 2022, n.147 ha confermato i parametri del D.M. n. 55/2014 (e n. 37/2018), **con l'aggiunta di nuove tabelle relative ai compensi spettanti all'avvocato per le procedure concorsuali, per il compenso a tempo, una nuova rimodulazione del compenso per le cause innanzi al TAR e Consiglio di Stato, un aumento del compenso per l'avvocato che definisce transattivamente una mediazione o negoziazione assistita, ed introducendo limiti al "potere" del giudice nella liquidazione del compenso giudiziale impedendogli di scendere sotto i minimi parametrici, oltre ad importanti interventi sui parametri relativi ai giudizi penali.**

Carattere residuale dei parametri

L'art. 1 del D.M. 140/2014, in particolare, disciplina l'ambito applicativo del regolamento, mentre il comma 1 dell'art. 2 **ribadisce il principio di proporzionalità della determinazione del compenso all'importanza dell'opera, argomento ripreso nell'art. 4, comma 1, che fissa i parametri generali per la determinazione dei compensi in sede giudiziale**.

Occorre evidenziare che, fermo il principio dell'accordo tra le parti, **in tutti i casi di difetto di accordo**, inclusi i casi di liquidazione da parte di un organo giurisdizionale, di prestazione nei confronti dei terzi o prestazione officiosa, **il compenso è determinato facendo ricorso ai parametri,** ***di cui va sottolineata e ribadita la natura meramente orientativa e mai vincolante*** **(Cass. 5 settembre 2017 n. 20790).**

Il D.M. n.147/2022, nel rimodulare la disciplina dei nuovi parametri, non si discosta dalla struttura del previgente D.M. n. 55/2014.

Infatti, con la struttura parametrica del previgente D.M. n. 140/2012 e del vigente D.M. n. 55/2014 (nonchè del D.M. 8 marzo 2018, n. 37, e n. 147/2022), **si è superata la criticità del previgente sistema delle tariffe forensi** in ordine alla difficoltà e imprevedibilità di determinazione del compenso dell'avvocato e dei costi del servizio legale, **criticità superata operando una valutazione della quantità media di attività necessaria per la definizione di un giudizio e stabilendo in relazione alla intensità del lavoro un equo compenso.**

Costi legali prevedibili

Con la sostituzione del previgente sistema tariffario con i parametri, **è stato introdotto un sistema con costi prevedibili, che consente al cliente di determinare**, anche se in via orientativa, **sia la somma che il cliente deve pagare** al suo avvocato, **sia la somma che la parte vittoriosa potrebbe recuperare dalla parte rimasta soccombente** in seguito a liquidazione da parte del giudice.

Svincolo del compenso dagli atti difensivi

Con la nuova struttura parametrica nella determinazione del compenso professionale, **si è semplificato il sistema rendendo lo strumento dei parametri immediatamente intellegibile a chiunque**, in quanto consente all'utente una immediata valutazione economica dei costi/benefici dell'azione legale che intende intraprendere, utente che non è solo il soggetto qualificato (e cioè il magistrato – avvocato) ma anche il fruitore dei servizi legali. **Ciò è stato possibile anche svincolando la determinazione del compenso da criteri quantitativi connessi al numero di atti difensivi redatti ovvero di udienze partecipate.** Nella determinazione del compenso i decreti parametrici fanno riferimento, per ogni singola tipologia di causa, ad una tipologia standard di attività, determinando numericamente e quantitativamente il compenso "equo" per ogni singola fase.

Semplificazione del sistema

L'effetto di semplificazione del sistema di determinazione del compenso dell'avvocato, tale da consentire la determinazione *ex ante* dei costi, **è stato ottenuto**, prima con il D.M. n. 140/2012 ed ora perfezionato con il D.M. n. 55/2014 (confermato dal D.M. 8 marzo 2018, n. 37 e dal D.M. n.147/2022), **con la creazione di semplici tabelle differenziate per tipologie di procedimento**, individuate fra quelle più frequenti e contraddistinte da profili di omogeneità, **all'interno delle quali sono riportati i costi medi di ogni singola fase** che caratterizza il giudizio che la parte intende intraprendere. Poiché non si potevano creare specifiche tabelle per ogni tipo di giudizio previsto dalla vigente normativa, il decreto parametrico ha proceduto ad una sorta di accorpamento "analogico" dei diversi tipi di procedimenti.

Compenso per fasi giudiziarie

Per ogni tabella si sono inserite le **fasi previste per il giudizio, fasi che sono diverse da giudizio a giudizio**, in quanto vi sono giudizi in cui l'attività difensiva si risolve in un'unica fase.

Le **tabelle, peraltro, consentono all'avvocato di adempiere all'obbligo di informare il cliente sulla complessità dell'incarico e gli oneri ipotizzabili**.

Il D.M. n. 55/2014 (con le integrazioni del dm n.37/2018 e n.147/2022) si **compone di una prima parte (tre articoli**) che concerne la normativa di carattere generale applicabile a tutte le controversie, a prescindere dalla materia di cui si occupano, e **una seconda parte che contiene normative differenziate in relazione alle materie** (giudiziale civile – amministrativa – tributaria; giudiziale penale; stragiudiziale); **in appendice sono riportate le tabelle**, differenziate per tipologia di attività (con indicati i costi di ogni singola fase).

La parte normativa, dopo le disposizioni generali dei primi tre articoli, si distingue in relazione alle materie: a) giudiziale civile – amministrativa – tributaria; b) giudiziale penale; c) attività stragiudiziale.

Valore della causa e scaglioni contributo unificato

Il valore della causa è suddiviso in scaglioni progressivi, riferiti ai valori del contributo unificato (differenziandosi in ciò dai precedenti scaglioni del D.M. n. 140/2012).

Per ogni scaglione è indicato, per ogni fase della attività difensiva, il costo medio, rispetto al quale sono previsti aumenti e/o riduzioni.

Occorre evidenziare che la struttura parametrica (a differenza del previgente sistema tariffario), prevede **una determinazione del compenso svincolata da criteri quantitativi connessi al numero di atti difensivi redatti o di udienze** cui il difensore ha partecipato (stimolando così la celerità dei giudizi). In ordine all'articolato del D.M. n. 55/2014, la disciplina specifica delle tre parti (civile, penale, stragiudiziale), è **preceduta da un capo avente ad oggetto "disposizioni generali"**, disposizioni generali che si applicano a tutte le controversie, a prescindere dalla materia di cui si occupano.

Sono state introdotte **disposizioni volte ad incentivare la soluzione transattiva** (ulteriormente "rafforzate" dal d.m. n.147/2022), prevedendo (art. 4, comma 6) che "nelle ipotesi di conciliazione giudiziale o transazione della controversia, che il compenso per tale attività è "determinato nella misura pari a quello previsto per la fase decisionale, aumentato di un quarto".

Sono state, però, introdotte anche **norme che sanzionano il ricorso alla giurisdizione effettuato nella consapevolezza della infondatezza delle ragioni tutelate**. E infatti l'art. 4, commi 7 e 8, d.m. n. 55/2014 (ed ora d.m. n. 147/2022), prevede una consistente riduzione del compenso liquidabile all'avvocato in caso di adozione di condotte abusive tali da ostacolare la definizione dei procedimenti in tempi ragionevoli; la norma citata prevede (comma 8) che il compenso da liquidare giudizialmente a carico del soccombente costituito può essere aumentato fino a un terzo rispetto a quello altrimenti liquidabile quando le difese della parte vittoriosa sono risultate manifestamente fondate. Il sistema di riduzione del compenso o la previsione della premialità, sono certamente strumenti che spingeranno l'avvocato ad una rapida soluzione processuale.

In ordine alle **tabelle** (che sono parte integrante del decreto), si evidenzia che le stesse **si distinguono per tipologia del giudizio** (una per ogni tipo di giudizio).

Ogni tabella espone il valore della controversia suddiviso in scaglioni, di norma sei, secondo la modulazione prevista per il contributo unificato, e le fasi.

Per ogni scaglione è indicato il compenso medio della fase; le oscillazioni in diminuzione o in aumento, sono previste invece nell'articolato normativo.

La tabella penale riporta nelle colonne gli organi giudicanti o specifiche tipologie di giudizio/attività.

La tabella relativa alla attività stragiudiziale contiene solo la suddivisione del valore degli scaglioni, tenuto conto che la natura dell'attività svolta è incompatibile con la individuazione di specifiche fasi.

9. Natura giuridica dei parametri e rapporto con la tariffa forense.

I poteri del giudice nella liquidazione del compenso

I parametri costituiscono degli **indicatori di valore economico medio della prestazione professionale**; **non** sono **vincolanti** ed hanno una funzione sussidiaria nei casi in cui il compenso cliente/avvocato non è stato concordato. I parametri di determinazione del compenso per la prestazione defensionale in giudizio e le soglie numeriche di riferimento costituiscono criteri di orientamento e individuano la misura *standard* del valore della prestazione professionale; ne consegue che il giudice è tenuto a specificare i criteri di liquidazione del compenso in caso di scostamento apprezzabile dai parametri medi (Cass.3 febbraio 2022 n. 3357). L'esigenza di fornire un'adeguata motivazione a sostegno della determinazione degli importi riconosciuti alla parte vittoriosa sorge soltanto a fronte del deposito, ad opera di quest'ultima, di una nota specifica recante l'indicazione delle attività svolte e delle somme richieste, dovendo il giudice spiegare le ragioni dell'eliminazione o della riduzione di alcune di esse al fine di rendere possibile la verifica della conformità della liquidazione alle risultanze degli atti ed ai parametri ministeriali (Cass. 21 gennaio 2021 n.1076), mentre nel caso in cui non sia stata prodotta, deve ritenersi sufficiente la distinta indicazione della somma complessivamente spettante a titolo di compenso (Cass. 21 febbraio 2017 n. 30716).

I parametri per la determinazione del compenso degli avvocati sono, "di regola", quelli di cui alle tabelle, ma il giudice può sempre diminuire o aumentare ulteriormente il compenso in considerazione delle circostanze concrete, ferma l'applicazione delle regole e dei criteri generali (Cass. 5 settembre 2017 n. 20790). Occorre evidenziare che il D.M. 8 marzo 2018, n. 37 ha posto limiti stringenti al giudice per la diminuzione del compenso parametrico, limiti "rafforzati" dal d.m. n. 147/2022. E sul tema si è affermato (Cass. 1 giugno 2020 n. 10343; Cass. 4 marzo 2019 n. 6296; Cass. 31 luglio 2018 n. 20183) che, non sussistendo più il vincolo legale della inderogabilità dei minimi tariffari, i parametri di determinazione del compenso per la prestazione defensionale in giudizio e le soglie numeriche di riferimento costituiscono criteri di orientamento e individuano la misura economica standard del valore della prestazione professionale, conseguentemente il giudice è tenuto a specificare i criteri di liquidazione del compenso solo in caso di scostamento apprezzabile dai parametri medi, fermo restando che il superamento dei valori minimi stabiliti in forza delle percentuali di diminuzione incontra il limite dell'art.2233, comma 2, cod. civ., il quale preclude di liquidare somme praticamente simboliche, non consone al decoro della professione (Cass. 10 settembre 2020 n.18794; Cass. 14 maggio 2018 n. 11601). In pratica, il giudice deve quantificare il compenso tra il minimo ed il massimo delle tariffe, a loro volta derogabili con apposita motivazione (Cass. 11 dicembre 2017 n. 29606; Cass. 9 novembre 2017 n. 26608).

Si è affermato (Cass. 16 novembre 2021 n. 34573) tra l'altro che il giudice nella liquidazione del compenso all'avvocato, non può ridurre i compensi al di sotto del limite del 50% dei valori medi tariffari.

Tariffe e parametri: differenze

Dopo l'approvazione dell'art. 13, comma 6, Legge n. 247/2012, si sono attenuate le differenze tra parametri e tariffa forense, permanendo il diverso *nomen juris*.

Infatti, in base all'articolo unico della Legge 7 novembre 1957, n. 1051, **i criteri della misura dei compensi per gli avvocati venivano stabiliti dal Consiglio nazionale forense**, per mezzo di atti di natura regolamentare recepiti in decreti ministeriali.

L'atto con il quale il Consiglio nazionale forense stabiliva i criteri per la determinazione degli onorari degli avvocati (in virtù della competenza attribuitagli dalla Legge n. 1051/1957), era un atto normativo, emanato dal Consiglio nazionale forense, nell'esercizio dell'autonomia degli ordini forensi.

La tariffa forense, deliberata dal Consiglio nazionale forense, e approvata con decreto del Ministro della Giustizia, era, quindi, atto di natura regolamentare (Cass. 7 luglio 2011, n. 15061), espressione di una potestà normativa secondaria finalizzata a disciplinare, con precetti aventi portata generale e astratta, determinati rapporti mediante una regolazione attuativa e integrativa della legge.

L'atto normativo che approvava la tariffa forense era, però, per intero imputabile alla volontà e alla responsabilità politica del Ministro della Giustizia, rispetto al quale la proposta del Consiglio nazionale forense assumeva la valenza di un mero progetto che dava impulso al procedimento (sent. Arduino, Corte giustizia 19 febbraio 2002, in causa C-35/99); iniziativa, quindi, dell'ente esponenziale della categoria, ma fase costitutiva rimessa al Ministro, che secondo la discrezione politica che gli è propria, poteva anche tenere conto solo in parte della proposta iniziale; in ogni caso era la sua volontà che sorreggeva l'atto normativo.

Procedura approvazione parametri

Il **legislatore ha ripristinato, per l'approvazione dei parametri, la stessa procedura a suo tempo in vigore per la tariffa forense. Infatti l'art. 13, comma 6, Legge 31 dicembre 2012, n. 247**, statuisce che "I parametri indicati nel decreto emanato dal Ministro della giustizia, **su proposta del CNF, ogni due anni**, ai sensi dell'art. 1, comma 3, si applicano...". In pratica si ritorna all'antico: ogni due anni, su proposta del Consiglio nazionale forense, il Ministro della Giustizia "rivede" i parametri (occorre evidenziare che le "altre" categorie professionali non partecipano alla elaborazione dei parametri, a differenza degli avvocati per i quali la l.n.247/2012 ha dettato una specifica procedura da seguire).

Ed infatti il D.M. 10 marzo 2014, n. 55, il D.M. 8 marzo 2018, n. 37, ed il D.M. n.147/2022, sono stati approvati dopo che il Consiglio nazionale forense ha trasmesso al Ministro della giustizia le proposte per i parametri.

Anche **il decreto** sui parametri ha, quindi, natura regolamentare stanti i caratteri di generalità e astrattezza delle previsioni ivi riportate.

Occorre evidenziare che **mentre in base alle abrogate tariffe il compenso dell'avvocato veniva corrisposto per ogni attività procuratoria e/o difensiva prevista nella tariffa forense, con i parametri il compenso è unico per ogni fase processuale a prescindere dalla "intensità" dell'attività professionale svolta**.

10. Strutturazione dei parametri

I parametri ministeriali costituiscono uno **strumento semplice e comprensibile**, che consente al giudice la liquidazione giudiziale del compenso all'avvocato, e al cliente/avvocato di conoscere con immediatezza il costo dell'attività professionale. L'art. 13, comma 7, Legge n. 247/2012, **statuisce espressamente** che "i parametri sono formulati in modo da favorire la trasparenza nella determinazione dei compensi dovuti per le prestazioni professionali e l'unitarietà e la semplicità nella determinazione dei compensi".

Strutturazione sistema parametrico

Il decreto sui parametri si compone di una parte normativa che detta i criteri generali per la determinazione dei compensi, e tabelle parametriche, una per ogni tipo di procedimento civile e per il processo penale, con la indicazione del parametro di valore medio. Ciascuna tabella è divisa di norma nelle 4 fasi procedimentali (studio controversia, attività istruttoria, attività dibattimentale, decisione) e per scaglioni di valori che replicano quelli ministeriali per il pagamento del contributo unificato.

Le tabelle parametriche possono essere utilizzate, peraltro, come metro per la determinazione del valore della prestazione da pattuire con il cliente al momento del conferimento dell'incarico.

Il sistema parametrico prevede:

a) tabelle differenziate per tipologia di giudizi/procedimenti;

b) raggruppamento delle attività per fasi;

c) fasce di valore della controversia.

La struttura parametrica è divisa per tipologia di giudizi/procedimenti, e relative distinte tabelle parametriche.

Tipologia giudizi e ricorso all'analogia

Avere individuato tipologie solo per alcuni giudizi, comporterà difficoltà per il giudice, ma anche per il cliente e l'avvocato, nella individuazione della tabella da applicare, dovendo fare ricorso all'analogia.

Fasce di valore controversia

Ogni singola tabella è suddivisa per fasce di valore della controversia, fasce che sono diverse da quelle di cui al D.M. n. 140/2012, essendo state **"agganciate" alle fasce di valore del contributo unificato**, con un rapporto diretto tra la spesa del contributo unificato e le spese legali.

Fasi processuali e compenso

Per ogni giudizio/procedimento sono state individuate:

- **di norma quattro fasi**, nelle quali sono state raggruppate le attività professionali svolte dall'avvocato nella fase; le attività professionali «rientranti» in ogni fase sono state dettagliatamente indicate dal D.M. n. 55/2014, nell'art. 4, comma 5, per l'attività «civilistica» (e nell'art. 12, comma 3, per la materia penale);
- **ad ogni fase processuale** è stato attribuito un valore economico (parametro), rapportato al valore della controversia.

Le fasi processuali, per le quali è previsto un compenso (ed il cui "contenuto" verrà in seguito dettagliatamente illustrato), sono indicate nell'art. 4, comma 5, D.M. n. 55/2014, e sono:

1. Studio della controversia
2. Introduzione del giudizio
3. Fase istruttoria
4. Fase decisoria
5. Fase di studio e introduttiva del procedimento esecutivo
6. Fase istruttoria e di trattazione del procedimento esecutivo.

Criteri calcolo compensi

La struttura parametrica elaborata con il decreto D.M. n. 55/2014 (che è stata "confermata" dal D.M. 8 marzo 2018, n. 37 e dal d.m. n.147/2022) è caratterizzata dalla massima facilità applicativa e da estrema flessibilità, consentendo con immediatezza di determinare il compenso spettante. **Infatti, il giudice, ma anche il cliente e l'avvocato (qualora nella pattuizione fanno riferimento per il compenso ai parametri)**, non devono fare altro che:

a) individuare il giudizio (e quindi l'autorità giudiziaria adita);
b) il valore della controversia e quindi la fascia di valore;
c) le fasi del giudizio;
d) procedere alla somma dei valori parametrici per le varie fasi effettivamente svolte, così determinando il valore complessivo della prestazione resa dal professionista.

Le tabelle parametriche (precedute da una parte normativa contenente una serie di principi da utilizzare per la individuazione del compenso spettante) riguardano l'intero comparto legale, estendendosi alla materia civile, penale, amministrativa, tributaria, stragiudiziale.

Struttura parametrica

La nuova struttura parametrica (che non prevede più i diritti di procuratore e le indennità), nell'ottica di razionalizzazione e di semplificazione del "sistema":

- è divisa per tipologia di giudizi/procedimenti e comprende varie e distinte tabelle parametriche per ogni giudizio;
- all'interno di ogni singola tabella vi è una suddivisione per fasce di valore della controversia, fasce di valore che sono "agganciate" alle fasce del contributo unificato.

Per ogni giudizio/procedimento sono state individuate:

- le fasi che caratterizzano il giudizio/procedimento, nelle quali sono state raggruppate le attività professionali svolte dall'avvocato nella fase;
- ad ogni fase processuale è stato attribuito un valore economico (parametro), rapportato al valore della controversia.

Occorre ribadire, comunque, che la legge assegna ai parametri una funzione residuale rispetto all'accordo cliente/avvocato.

La struttura parametrica svincola la determinazione del compenso da criteri quantitativi collegati al numero di atti difensivi redatti o dal numero di udienze cui il difensore ha partecipato, stabilendo un compenso unitario per ogni fase processuale.

11. Ambito di applicazione dei parametri

L'art. 1 del D.M. 10 marzo 2014, n. 55 statuisce espressamente che "1. Il presente regolamento disciplina per le prestazioni professionali i parametri dei compensi all'avvocato quando all'atto dell'incarico o successivamente il compenso non sia stato determinato in forma scritta, in ogni caso di mancata determinazione consensuale degli stessi, comprese le ipotesi di liquidazione nonché di prestazione nell'interesse di terzi o prestazioni officiose previste dalla legge, ferma restando – anche in caso di determinazione contrattuale del compenso – la disciplina del rimborso spese di cui al successivo articolo 2" (Cass. 13 aprile 2018 n. 9242).

Ambito operatività dei parametri

Dalla formulazione letterale del riportato articolo consegue il carattere residuale dei parametri, atteso che **ai parametri si fa ricorso solo in difetto di accordo tra le parti**, inclusi i casi di liquidazione giudiziale anche officiosa, di prestazione nell'interesse di terzi o di liquidazione prevista dalla legge: va sottolineata e ribadita la natura meramente facoltativa e mai vincolante dei parametri.

La riportata disciplina del D.M. n. 147/2022, del D.M. 8 marzo 2018, n. 37 (e D.M. n. 55/2014) si discosta, quindi, da quella di cui al D.M. n. 140/2012, prevedendo che **il ricorso ai parametri non è più limitato ai casi di liquidazione del compenso da parte di un organo giurisdizionale,** ma è previsto anche in altri casi:

- **quando il compenso non è stato determinato in forma scritta;**
- **in ogni caso di mancanza di accordo;**
- **nei casi in cui la prestazione professionale è resa nell'interesse di terzi;**
- **per prestazioni officiose previste dalla legge**.

I parametri, non sono più destinati solo a soggetti qualificati, ma sono indirizzati anche al soggetto fruitore della prestazione e dei servizi legali.

Posto che la determinazione dei compensi degli avvocati è affidata alla libera pattuizione tra avvocato e cliente, il decreto è destinato quindi ad intervenire:

1) quando il giudice liquida le spese al termine dei giudizi;
2) quando avvocato e cliente non hanno determinato il compenso in forma scritta;
3) quando avvocato e cliente non hanno determinato il compenso consensualmente.

Parametri e determinazione consensuale

Peraltro, l'**art. 13, comma 6**, Legge n. 247/2012, oltre a ripristinare anche per i parametri la "procedura" prevista per l'approvazione della abrogata tariffa forense, **statuisce espressamente che i parametri si applicano quando all'atto o successivamente il compenso non sia stato determinato in forma scritta**, in ogni caso di mancata determinazione consensuale, in caso di liquidazione giudiziale dei compensi e nei casi in cui la prestazione professionale è resa nell'interesse dei terzi o per prestazioni officiose previste dalla legge.

La legge n. 247/2012 precisa (anzi chiarisce meglio), quindi, **che i parametri si applicano**:

- **quando** all'atto del conferimento dell'incarico o successivamente **il compenso non sia stato determinato** in forma scritta;
- in ogni caso di mancata determinazione consensuale;

- in caso di liquidazione giudiziale dei compensi;
- nei casi in cui la prestazione professionale è resa nell'interesse di terzi o per prestazioni officiose previste dalla legge.

Patto avvocato/cliente alla fine della lite

Il patto su compensi tra avvocato e cliente è valido anche se stipulato alla fine della lite, e quindi, nel momento in cui le prestazioni professionali sono state già compiute (Cass. 4 febbraio 2016 n. 2169). Tale accordo è lecito sebbene non sia stato sottoscritto prima dell'inizio della prestazione professionale o della vertenza cliente-avvocato.

Mancanza accordo cliente/avvocato sul compenso

Dalla riferita normativa, consegue che **il regolamento sui parametri trova applicazione in assenza dell'accordo delle parti sul compenso**; il decreto, quindi, non potrà che applicarsi se non quando manchi l'accordo sul compenso medesimo tra professionista e soggetto tenuto al pagamento.

Infatti, in tema di compensi spettanti ai prestatori d'opera intellettuale, l'art. 2233 cc, come già detto, pone una gerarchia di carattere preferenziale, indicando in primo luogo l'accordo delle parti ed in via subordinata le tariffe professionali, ovvero gli usi (Cass. 10 ottobre 2018 n. 25054): le pattuizioni tra le parti risultano dunque preminenti su ogni altro criterio di liquidazione (Cass. 23 maggio 2000 n. 6732) ed il compenso va determinato in base alla tariffa ed adeguato all'importanza dell'opera soltanto in mancanza di convenzione.

In mancanza di convenzione avvocato/cliente, il giudice è tenuto a liquidare a titolo di compenso somme non superiori al massimo e non inferiori al minimo previsto dai parametri (Cass. 5 novembre 2018 n. 28267). La sentenza 28267/2018 ha infatti affermato che nel vigore del dm n.55/2014 (e a differenza del regime del previgente dm n. 140/2012) il giudice è tenuto a liquidare a titolo di compenso somme non superiori al massimo e non inferiori al minimo previsto dai parametri, poiché il citato decreto contiene disposizioni speciali e sopravvenute rispetto a quelle del dm 140/2012 direttamente volte a regolare la materia delle spese processuali e non i rapporti tra l'avvocato ed il cliente.

Quanto all'ambito di operatività dei parametri di cui al decreto n. 55/2014, stante il riportato art. 1 del decreto ed il disposto del comma 6 dell'art. 13 della Legge n. 247/2012, **destinatari sono**, quindi:

- **le parti dei processi nei confronti delle quali vengono liquidati le spese del giudizio;**
- **gli avvocati;**
- **gli organi giurisdizionali chiamati alla liquidazione dei compensi** dell'avvocato;
- **i soggetti pubblici o privati che**, in assenza di predeterminazione negoziale del compenso con l'avvocato, **vedono liquidato in sede giudiziale il corrispettivo spettante al professionista.**

Parametri e rapporto cliente/ avvocato

Da quanto sopra consegue che **mentre nel rapporto cliente/ avvocato**, in caso di stipulazione con il cliente di apposito contratto sul compenso, **il giudice in una causa tra cliente e avvocato** (il quale agisca per il recupero del credito professionale) **è vincolato a quanto pattuito per iscritto**, nel caso diverso del giudice che deve liquidare le spese di soccombenza, **il giudice liquiderà le spese di soccombenza sulla base dei parametri**. In pratica, se l'attore vince la causa il giudice nel condannare il convenuto al pagamento delle spese in suo favore, non può tenere conto dell'accordo avvocato/cliente sul compenso pattuito (il convenuto è parte terza rispetto all'accordo), ma deve procedere alla liquidazione delle spese sulla base dei parametri. **L'accordo intervenuto tra il cliente e il suo avvocato non è opponibile** all'altra parte quando questa dovesse risultare soccombente, essendo quell'accordo una *res inter alios acta*, secondo i principi desumibili dalla teoria generale delle obbligazioni.

Parametri e giudice

Il giudice è tenuto ad effettuare la liquidazione giudiziale dei compensi al difensore nel **rispetto dei parametri** previsti dal D.M. n. 55/2014 (ora del D.M. 8 marzo 2018, n. 37 e D.M. n. 147/2022) (Cass. 19 gennaio 2018 n. 1357), ed a specificare i criteri di liquidazione del compenso (solo) in caso di scostamento apprezzabile dei parametri medi (Cass. 3 febbraio 2022, n. 3357).

In ordine ai **poteri del giudice nella liquidazione del compenso** si è affermato e specificato (Cass. 5 maggio 2022, n. 14198) che:

a) l'esercizio del potere discrezionale del giudice, contenuto tra il minimo e il massimo, non è soggetto a sindacato di legittimità, mentre la motivazione è doverosa allorquando il giudice decide di aumentare o diminuire ulteriormente gli importi da riconoscere.

b) quando la parte presenta la nota delle spese, specificando la somma domandata, il giudice non può attribuire alla parte, a titolo di rimborso delle spese, una somma di entità superiore.

Il giudice è tenuto a liquidare a titolo di compenso somme non superiori al massimo e non inferiori al minimo previsto dai parametri (Cass. 5 novembre 2018 n. 28267). In presenza di una specifica richiesta, il giudice non può limitarsi ad una globale determinazione del compenso in misura inferiore a quelli domandati, ma ha l'onere di dare adeguata motivazione dell'eliminazione e della riduzione di voci da lui operata (Cass. n. 12537 del 2019). Solo l'esercizio del potere discrezionale del giudice contenuto tra i valori minimi e massimi non è soggetto a sindacato in sede di legittimità, attenendo pur sempre a parametri fissati dalle tabelle (Cass. 13 novembre 2020 n. 25788).

Incorre, però, nella violazione dell'art.91 cpc la sentenza che condanna il soccombente al solo rimborso delle spese vive, nulla disponendo, invece, in ordine agli onorari: Cass. 5 dicembre 2018 n. 3135.

La facoltà riconosciuta al giudice dall'art. 9 del D.M. n. 140 del 2012 di **ridurre fino alla metà il compenso** del difensore per l'opera prestata, incontra un limite nell'art. 2233, comma 2, cod. civ., che **preclude di liquidare somme praticamente simboliche, non consone al decoro della professione** (Cass. 16 novembre 2021 n. 34573).

Il giudice nel liquidare le competenze professionali ha il dovere di fornire adeguata motivazione sia sull'individuazione delle voci riferibili effettivamente alle singole attività defensionali dedotte, che sulla congruità delle somme liquidate, avuto riguardo ai parametri normativamente fissati, al numero e all'importanza delle questioni trattate e alla natura ed entità delle singole prestazioni (Cass. pen. 30 settembre 2016 n. 44342). L'eventuale "taglio" delle spese legali da parte del giudice, deve essere quindi "specifico" atteso che il giudice, sia pure sinteticamente, ha l'onere di specificazione allorchè proceda al "taglio" delle competenze legali al momento della liquidazione di esse (Cass. 12 gennaio 2018. n. 657).

Occorre evidenziare comunque, che in nessun caso i parametri, sia minimi che massimi, sono vincolanti in sede di liquidazione del compenso: quando lo ritiene opportuno, il giudice di merito ha sempre la facoltà di distaccarsi discrezionalmente dai predetti valori parametrici, stabilendo la liquidazione di compensi più alti o più bassi (Cass. 12 giugno 2018 n. 15315).

Il D.M. 8 marzo 2018, n. 37 (ed il d.m. n.147/2022) ha **previsto un "freno" alla *discrezionalità del giudice nella liquidazione del compenso.*** Infatti, il decreto n. 37/2018, limita il perimetro di discrezionalità riconosciuto al giudice, individuando delle soglie minime percentuali di riduzione del compenso rispetto al valore parametrico di base al di sotto delle quali non è possibile andare. È "vietato", quindi, al giudice la liquidazione del compenso all'avvocato "scendendo" sotto una soglia minima.

Il D.M. n.147/2022 ha "eliminato" la parola "di regola" dal decreto parametrico, ed uniformato la percentuale di riduzione/aumento al 50%, limitando notevolmente la discrezionalità del giudice nella liquidazione del compenso all'avvocato.

Parametri e nota spese

In caso di intervenuto accordo cliente/avvocato sul compenso, poiché l'avvocato ha diritto ad esigere dal proprio cliente il compenso pattuito indipendentemente dalle statuizioni del giudice sulle spese giudiziali, **è opportuno, per non incorrere in "responsabilità", che l'avvocato produca in giudizio la nota spese (produzione prevista dall'art. 75 disp. att. c.p.c.) unitamente all'accordo sottoscritto dal cliente**, per evitare che il cliente possa addebitare al suo avvocato l'esborso di una somma maggiore che non può recuperare dalla parte soccombente per la mancata produzione in giudizio dell'accordo. Si è precisato (Cass. 5 maggio 2022 n. 14198) che l'art.75, disp. att. cpc non è stato "tacitamente" abrogato da parte dell'art.9, comma 1, del d.l. n.1/2012, in quanto l'art.4, comma 5, del dm 55/2014 menziona espressamente la nota delle spese tra gli atti che può redigere il difensore, in relazione alla quale il giudice è tenuto a fornire una motivazione nel caso in cui da essa si discosti.

Mediazione e negoziazione assistita

Il D.M. 8 marzo 2018, n. 37 ha apportato modifiche al D.M. n. 55/2014 introducendo una tabella specifica (n. 25 *bis*) indicante il **compenso liquidabile all'avvocato per l'attività professiona-**

le svolta nei procedimenti di mediazione e negoziazione assistita, ed il D.M. n. 147/2022 ha "precisato" che "il compenso per tale attività è determinato nella misura pari a quello previsto per la fase decisionale, aumentato di un quarto".

È previsto, infatti, che l'attività svolta dall'avvocato nei procedimenti di mediazione e negoziazione assistita è liquidata in base ai parametri numerici di apposita tabella, parametri che variano a secondo degli scaglioni di valore di riferimento tra i sei previsti ed a secondo della fase della procedura cui l'avvocato ha partecipato (le fasi previste sono tre: fase dell'attivazione; fase di negoziazione; conciliazione).

Il d.m. n. 147/2022 prevede, poi, all'art.4 l'aggiunta al comma 1-bis di un ulteriore periodo che recita "Nel caso in cui il procedimento di mediazione o la procedura di negoziazione assistita si concludano con un accordo tra le parti, fermo il compenso per la fase di conciliazione, i compensi per le fasi di attivazione e di negoziazione sono aumentati del 30 per cento".

Nella tabella parametrica della mediazione/negoziazione assistita sono previsti i valori numerici medi del compenso, variabili a seconda dei soliti sei scaglioni di valore, per ciascuna delle fasi della mediazione e negoziazione assistita.

In ordine al soggetto cui deve essere "addebitato" il costo della mediazione, è evidente che nel rapporto cliente/avvocato il problema non si pone; nel rapporto tra le parti, il "costo" della mediazione/ non può che seguire le regole della soccombenza, atteso che vanno imputate al soccombente le spese di lite, comprensive anche di quelle stragiudiziali. La parte soccombente non può non essere condannata a rimborsare al vincitore anche le spese da queste sostenute per l'esperimento del tentativo obbligatorio, che devono essere qualificate come esborsi, in base e per gli effetti dell'art.91 cpc (Trib. Trieste 11 marzo 2021).

12. Data di entrata in vigore dei parametri

In ordine all'entrata in vigore del D.M. 13 agosto 2022 n. 147, il Consiglio di Stato, sez. atti normativi 19.2.2022 n.413, afferma che la "previsione che il regolamento entri in vigore il giorno successivo alla sua pubblicazione nella Gazzetta Ufficiale deroga inammissibilmente – in mancanza di idonea autorizzazione in tal senso nella disposizione di rango primario – al disposto dell'art.10 delle preleggi, in base a cui le leggi e i regolamenti divengono obbligatori il quindicesimo giorno successivo a quello della loro pubblicazione, salvo che sia altrimenti disposto".

A differenza dei precedenti decreti parametrici (DM n.55/2014; DM n.37/2018) l'art.7 del DM. n.147/2022 prevede espressamente l'entrata in vigore dal quindicesimo giorno successivo a quello della sua pubblicazione nella Gazzetta Ufficiale. Attesa la pubblicazione del decreto ministeriale n.147/2022 in Gazzetta Ufficiale 8 ottobre 2022 n.236, **il decreto n.147 del 2002 è entrato in vigore a decorrere dal 23 ottobre 2022.**

13. Applicazione retroattiva dei parametri

La tariffa di riferimento per la liquidazione degli onorari è quella vigente quando si è esaurita la prestazione professionale.

Retroattività dei parametri

I nuovi parametri (D.M. n. 120/2012; D.M. n..55/2014; D.M. 8 marzo 2018, n. 37; D.M. n. 147/2022) **sono da applicare ogni qualvolta la liquidazione giudiziale intervenga in un momento successivo alla data di entrata in vigore del decreto e si riferisca al compenso di un professionista che, a quella data, non abbia ancora completato la propria prestazione professionale, ancorchè tale prestazione abbia avuto inizio e si sia in parte svolta in epoca precedente, quando ancora erano in vigore le abrogate tariffe professionali** (Cass. 2 febbraio 2017 n. 4949).

E sul punto della retroattività o meno dei parametri, occorre partire dalla norma di cui all'art. 6 del D.M. n.147/2022 (ma già il precedente art. 28 del D.M. n. 55/2014), la quale precisa che le disposizioni del decreto si applicano "alle prestazioni professionali esaurite successivamente alla sua entrata in vigore". Con tale formulazione è da ritenersi ormai superata ogni "discussione" sulla retroattività o meno della disciplina parametrica.

La giurisprudenza ha precisato, peraltro, che **i parametri, devono essere applicati ogni qualvolta la liquidazione giudiziale interviene in un momento successivo alla entrata in vigore del**

decreto e si riferisce ad un compenso spettante al professionista che a quella data non ha ancora completato la propria prestazione professionale, ancorché tale prestazione abbia avuto inizio e si sia in parte svolta quando ancora era in vigore la precedente normativa di cui al D.M. n. 140/2012 o la previgente tariffa forense. Le **spese di lite vanno, quindi, liquidate con applicazione dei parametri in vigore al momento in cui l'attività difensiva è stata condotta a termine.**

È da ritenersi ormai consolidato l'orientamento della Suprema Corte (Cass. 10 maggio 2019 n. 12537; Cass. 27 febbraio 2017 n. 4949; Cass. 5 gennaio 2017 n. 128; Cass. 7 luglio 2015 n. 14084) in base al quale i nuovi sopravvenuti parametri, cui devono essere commisurati i compensi dei professionisti in luogo delle abrogate tariffe professionali, sono da applicare ogni qual volta la liquidazione giudiziale intervenga in un momento successivo alla data di entrata in vigore del decreto ministeriale che li preveda e si riferisca al compenso spettante ad un professionista che, a quella data, non abbia ancora completato la propria prestazione professionale, ancorchè tale prestazione abbia avuto inizio e si sia in parte svolta quando ancora erano in vigore le tariffe abrogate, evocando l'accezione omnicomprensiva di "compenso" la nozione di un corrispettivo unitario per l'opera complessivamente prestata (Cass. 16 dicembre 2020 n. 28830; Cass. 13 novembre 2020 n. 25788).

Ne consegue che le abrogate tariffe possono ancora trovare applicazione qualora la prestazione professionale si sia completamente esaurita sotto il vigore delle precedenti tariffe; sicchè per l'attività conclusa nella vigenza del D.M. n. 127 del 2004, deve applicarsi la tariffa (e cioè antecedentemente all'entrata in vigore del dm 140 del 2012) prevista e non i parametri sopravvenuti di cui al D.M. n. 140 del 2012 (Cass. 31 maggio 2019 n. 14938; Cass. 21 giugno 2016 n. 12741).

Qualora il grado cui devono essere liquidate le spese si sia concluso quando erano ancora vigenti le tariffe professionali di cui al D.M. n. 127/2004, è quest'ultimo che governa la liquidazione (Cass. 20 ottobre 2016 n. 21256).

Disciplina transitoria e Corte costituzionale

Il riferito indirizzo giurisprudenziale ha avuto il "conforto" della Corte Costituzionale che con ord. 7 novembre 2013, n. 261, ha affermato che è legittima l'applicazione dei nuovi parametri forensi anche ai processi in corso e alle attività già svolte prima della loro entrata in vigore, e ciò in quanto, secondo la Consulta, non è esatto quanto presupposto dai giudici rimettenti per dedurre la retroattività della norma, e cioè che al compimento di ogni singolo atto del professionista sorga *ipso facto* il suo diritto al compenso in relazione alle tariffe a quel tempo vigenti. Vero è invece, per i giudici della Consulta, che il compenso dell'avvocato costituisce un corrispettivo unitario che ha riguardo all'opera professionale complessivamente prestata, e di ciò in passato non si è mai dubitato, quando si è trattato di liquidare onorari maturati all'esito di cause durante le quali si erano succedute nel tempo tariffe professionali diverse, giacché sempre in siffatti casi si è fatto riferimento alla tariffa vigente al momento in cui la prestazione professionale si è esaurita.

È in "linea" con tale interpretazione **anche la giurisprudenza amministrativa**: Cons. Stato, sez. V, decreto di pagamento 31 ottobre 2012, n. 05548, in *Foro it.*, 2012; Cons. Stato, sez. V, decreto di pagamento 31 ottobre 2012, n. 05547.

Ricadono, quindi, nella disciplina dei "parametri" (e non delle abrogate tariffe di cui al D.M. n. 127 del 2004), le prestazioni professionali che alla data del 23 agosto 2012 non risultino ancora completate; è irrilevante che una prestazione professionale abbia avuto inizio e si sia in parte svolta quando ancora erano in vigore le abrogate tariffe, in quanto il termine generico di "compenso" richiama la nozione di un corrispettivo unitario per l'opera complessivamente svolta.

Avvocato domiciliatario

L'applicazione retroattiva dei parametri ai processi in corso e all'attività già svolta prima della entrata in vigore del D.M. n. 140/2012, aveva creato difficoltà per l'avvocato soprattutto nei rapporti con l'**avvocato domiciliatario**, atteso che il decreto n. 140/2012 ignora completamente la figura dell'avvocato domiciliatario, e per lo stesso non prevede alcun compenso. Ciò non significa, però, che l'attività dell'avvocato domiciliatario non deve essere retribuita nella "vigenza" del D.M. n. 140/2012, ostandovi a ciò il disposto dell'art. 2233 cod. civ., il quale statuisce che "Il compenso, se non è convenuto dalle parti e non può essere determinato secondo le tariffe o gli usi, è determinato dal giudice, sentito il parere dell'associazione professionale a cui il professionista appartiene.

In ogni caso la misura del compenso deve essere adeguata all'importanza dell'opera e al decoro della professione". In mancanza di accordo preventivo fra le parti, per la quantificazione del compenso relativamente ad attività di "domiciliatario" svoltasi e conclusasi nella vigenza del D.M. n. 140 del 2012 (e conclusa prima dell'entrata in vigore del D.M. n. 55/2014) è più in sintonia con la norma del codice civile il riferimento ai minimi tabellari del D.M. n. 140/2012.

La problematica dell'**avvocato domiciliatario** è stata risolta dall'art. 8, comma 2, D.M. n. 55/2014 che espressamente prevede che "All'avvocato incaricato di svolgere funzioni di domiciliatario, spetta di regola un compenso non inferiore al 20 per cento dell'importo previsto dai parametri di cui alle tabelle allegate per le fasi processuali che lo stesso domiciliatario ha effettivamente eseguito e, comunque, rapportato alle prestazioni concretamente svolte".

Vincolabilità parametri e giudice

Sul potere del giudice di ridurre eccessivamente i compensi, si è affermato (Cass. 30 novembre 2016 n. 24492) che **la facoltà del giudice di liquidare il compenso al difensore anche in misura dimidiata rispetto ai parametri, incontra** il limite dell'art. 2233, comma 2, cod. civ., **che preclude di liquidare somme praticamente simboliche e, come tali, non consone al decoro della professione** (Cass. 30 novembre 2016 n. 24492; Cass. n. 25804 del 2015). Ulteriori limitazioni al giudice nella "riduzione" dei compensi sono previste espressamente dal D.M. 8 marzo 2018, n. 37. E la Cassazione (ordinanza 5 novembre 2018 n.28267) ha affermato che il giudice è tenuto a liquidare a titolo di compenso somme non superiori al massimo e non inferiori al minimo previsto dai parametri.

14. Le spese "liquidabili". Contributo unificato, spese forfettarie e indennità di trasferta

Spese vive liquidabili

In ordine alle spese "liquidabili" è opportuno evidenziare che, quando l'accordo e, ancor prima, la negoziazione, non vi siano stati, **l'organo giurisdizionale liquiderà le spese in base alle prove, e quindi liquiderà quelle documentate, non esistendo alcun parametro che le possa surrogare (incorre, però, nella violazione dell'art.91 cpc la sentenza che condanna il soccom-**

bente al solo rimborso delle spese vive, nulla disponendo, invece, in ordine agli onorari: Cass. 5 dicembre 2018 n. 3135). In ordine alle spese vive liquidabili è stato negato (Trib. Bergamo 4 dicembre 2018) il riconoscimento delle spese per "fotocopie documenti di ctp" trattandosi di spese ex art. 92 cpc nell'ambito del processo civile telematico (il costo della "copia di cortesia" è riconosciuto?).

Al riguardo l'art. 2, comma 2, del D.M. 10 marzo 2014, n. 55 statuisce espressamente che "Oltre al compenso e al rimborso delle spese documentate in relazione alle singole prestazioni, all'avvocato è dovuta – in ogni caso ed anche in caso di determinazione contrattuale – una somma per rimborso spese forfettarie di regola nella misura del 15 per cento del compenso totale per la prestazione, fermo restando quanto previsto dai successivi articoli 5,11, e 27 in materia di rimborso spese per trasferta".

Liquidazione contributo unificato

In ordine alla **liquidazione o meno da parte del giudice anche del contributo unificato**, occorre partire dalla natura di quest'ultimo (Il contributo unificato ha natura di "tributo erariale": Corte cost. 11 febbraio 2005 n. 73; Cass. 1 febbraio 2022 n. 2999; Cass., sez. un., 20 febbraio 2020 n. 4315; Cass. sez. un. 5 maggio 2011 n. 9840), su cui vi sono state espresse pronunce sia della Corte di Cassazione che del Consiglio di Stato.

La Corte di Cassazione, sez. VI, con sentenza 17.9.2013, n. 21207, ha affermato che «**il contributo unificato** per atti giudiziari **costituisce una obbligazione *ex lege* sottratta alla potestà del giudice di liquidarne autonomamente l'ammontare** (poiché quest'ultimo non può che corrispondere all'importo versato); ne discende che il **giudice non è neppure tenuto alla relativa liquidazione, trattandosi di obbligo di rimborso che deriva dalla stessa condanna alle spese della parte soccombente**».

Precisa ancora la sentenza che «la predeterminazione legale dell'importo del contributo unificato e l'assenza di potere del giudice di variarne l'importo, comporta che, ove si voglia intendere ricompresa nella liquidazione delle spese anche quelle del contributo unificato, la liquidazione errata sarebbe emendabile con il procedimento di correzione e non con il rimedio impugnatorio».

Il contributo unificato è compreso nella condanna alle spese anche se non viene enunciato (Cass. 10 luglio 2019 n. 18529); qualora il provvedimento giudiziale rechi la condanna alle spese giudiziali e nell'ambito di essa non faccia alcun riferimento alla somma pagata a titolo di contributo unificato dalla parte vittoriosa, la statuizione di condanna si deve intendere estesa implicitamente, al di là della mancanza formale, anche alla imposizione della restituzione della somma corrisposta per quel titolo, il cui pagamento sarà documentabile anche in sede esecutiva tramite la documentazione relativa al versamento (Cass. n. 18529/2019 cit.).

Sulla stessa problematica, si è pronunciato anche il **Consiglio di Stato**, sez. III, con due sentenze, rispettivamente n. 1160 del 13.3.2014 e n. 4596 del 2.8.2011.

Stante quanto innanzi riportato, **non vi è alcun obbligo del giudice di una specifica pronuncia di condanna del soccombente alla rifusione del contributo unificato pagato dal ricorrente**. E la Suprema Corte (Cass. 10 febbraio 2016 n. 2691; Cass. 23 settembre 2015 n. 18828) ha confermato il **principio che qualora il provvedimento giudiziale rechi la condanna alle spese giudiziali e nell'ambito di essa non faccia alcun riferimento alla somma pagata a titolo di contributo unificato dalla parte vittoriosa, la statuizione di condanna si deve intendere estesa implicitamente, al di là della mancanza formale, anche l'imposizione della restituzione della somma corrisposta per quel titolo, il cui pagamento sarà documentabile anche in sede esecutiva tramite la documentazione relativa al versamento.** E ciò in quanto la natura stessa del contributo unificato e le modalità del suo versamento in correlazione con l'iscrizione a ruolo e della sua definitiva determinazione con poteri riconosciuti all'ufficio di cancelleria, consentono di intendere la decisione che pure formalmente non abbia condannato al pagamento in favore della parte vittoriosa come decisione senz'altro giustificativa, anche sotto il profilo dell'efficacia di titolo esecutivo, di quella condanna, come se si trattasse di una condanna implicita. La citata Cass. 2691/2016 precisa anche che **in caso di omessa pronuncia sul punto, non è necessaria alcuna correzione, per errore materiale del provvedimento giudiziale**.

Si è precisato (Tar Lazio, sez. II ter, 29 aprile 2015) che **nel caso in cui il giudizio venga definito mediante declaratoria di im-**

procedibilità per sopravvenuta carenza di interesse o cessata materia del contendere, il giudice, facendo applicazione del principio di soccombenza virtuale, deve farsi carico di indicare la parte soccombente proprio **ai fini dell'individuazione del soggetto su cui ricade l'obbligo *ex lege* previsto di pagamento del contributo unificato.**

Contributo unificato aggiuntivo

In tema di **contributo unificato per i gradi o i giudizi di impugnazione** ex art. 13, comma 1 *quater* del dPR n. 115/2012, **il giudice dell'impugnazione è vincolato**, pronunciando il provvedimento che la definisce, a dare atto della sussistenza dei presupposti (rigetto integrale ovvero inammissibilità o improcedibilità dell'impugnazione) **per il versamento**, da parte dell'impugnante soccombente, **dell'ulteriore importo a titolo di contributo unificato**, pari a quello dovuto per l'impugnazione da lui proposta (Cass. 24 settembre 2015 n. 18904; Cass. n. 5955/2014). *Contra,* Cass. n. 13636/2015, in cui si afferma che l'obbligo di versare un ulteriore importo a titolo di contributo unificato, va individuata nella finalità di scoraggiare le impugnazioni dilatorie o pretestuose, sicchè tale meccanismo sanzionatorio si applica per l'inammissibilità originaria del gravame ma non per quella sopravvenuta, ad esempio, per difetto di interesse. Comunque sull'obbligo per la parte di versare un ulteriore importo a titolo di contributo unificato pari a quello dovuto per la stessa impugnazione, Corte cost. 30 maggio 2016 n. 120.

Si è specificato (Cass. 30 settembre 2015 n. 19560) che la **declaratoria di estinzione del giudizio esclude l'applicabilità dell'art. 13,** comma 1, *quater* del dpr n. 115/2002, relativo all'obbligo della parte impugnante non vittoriosa di versare una somma pari al contributo unificato già versato all'atto della proposizione dell'impugnazione. Il meccanismo sanzionatorio del raddoppio del contributo unificato di cui all'art.13, comma 1-*quater,* del dPR n.115 del 2002, nel testo introdotto dall'art.1, comma 17, della l. n.228 del 2012, infatti è applicabile solo laddove il procedimento per cassazione si concluda con integrale conferma della statuizione impugnata, ovvero con la "ordinaria" dichiarazione di inammissibilità del ricorso, non anche nell'ipotesi di declaratoria di inammissibilità sopravvenuta di quest'ultimo per cessazione della materia del contendere, determinando essa la caducazione di tutte le pronunce emanate nei precedenti gradi di giudizio e non passate in cosa giudicata, essendo a tali fini irrilevante la successiva valutazione della virtuale fondatezza, o meno, del ricorso, avente esclusivo rilievo in merito alla regolazione delle spese del giudizio di legittimità (Cass. 3 ottobre 2018 n. 24081; Cass. 3542/2017).

Occorre evidenziare, in tema di impugnazioni, che il **presupposto di insorgenza dell'obbligo del versamento di un ulteriore importo a titolo di contributo unificato** ex art. 13, comma 1 quater dpr n. 115/2002, non è collegato alla condanna alle spese, ma al fatto oggettivo del rigetto integrale o della definizione in rito, negativa per l'impugnante, del gravame (Cass. 14 settembre 2015 n. 18904; Cass. n. 10306/2014).

Nei procedimenti in cui l'impugnazione, anche incidentale, è proposta dalla parte ammessa al patrocinio a spese dello Stato, **l'ammissione al gratuito patrocinio determina l'insussistenza dei presupposti per il versamento dell'ulteriore importo** a titolo di contributo unificato (Cass. 2 settembre 2014 n. 18532).

La statuizione concernente **la sussistenza dei presupposti per il versamento dell'ulteriore importo** a titolo di contributo unificato ai sensi dell'art. 13, comma 1, dPR n. 115/2002, è ricorribile in Cassazione (Cass. 5 ottobre 2017 n. 23281). Ne consegue che va riconosciuta la ricorribilità della statuizione concernente la sussistenza dei presupposti per il versamento dell'ulteriore importo a titolo di contributo unificato ex art. 13, comma 1, dPR n. 115/2002, in quanto tale accertamento, pur trattandosi di un atto dovuto collegato al dato oggettivo della definizione del giudizio in senso sfavorevole all'impugnante, **incide in maniera definitiva sul diritto dell'impugnante all'accertamento giurisdizionale del relativo diritto,** non potendosi affermare che l'eventuale sua erroneità possa essere fatta valere in sede di riscossione, risultando altrimenti violati l'art. 6 della CEDU e l'art. 47 della Carta fondamentale dell'Unione Europea.

Contributo unificato ed appalti pubblici

La Corte di Giustizia UE 6 ottobre 2015 n.C-61/14 ha "promosso" il contributo unificato previsto per la presentazione dei ricorsi in materia di appalti pubblici dinanzi ai giudici amministrativi, affermando che **non contrastano con il diritto comunitario né**

la riscossione di tributi giudiziari multipli nei confronti di chi presenti diversi ricorsi giurisdizionali relativi alla medesima aggiudicazione, né l'obbligo di versare tributi giudiziari aggiuntivi per poter dedurre motivi aggiunti sempre relativi alla medesima aggiudicazione, nel contesto di un procedimento giurisdizionale in corso.

Giudizio amministrativo e contributo unificato

Nel giudizio amministrativo l'obbligazione di pagamento del contributo unificato è tale *ex lege* per un importo predeterminato e grava "in ogni caso " sulla parte soccombente anche quando questa non si sia costituita oppure quando essa sia stata esonerata dal corrispondere le spese di lite alla controparte vittoriosa avendo il giudice disposto la compensazione delle spese del giudizio tra le parti (Cass. 7 dicembre 2021 n.38943).

Contributo unificato a debito

Qualora un soggetto risulti essere stato ammesso al patrocinio a spese dello Stato ex art. 11 dpr n. 115/2002, in tale ipotesi il contributo unificato è prenotato a debito. **Nel caso di prenotazione a debito, il contributo unificato non è versato ma prenotato al fine di consentire,** in caso di condanna della controparte alla rifusione delle spese in favore del ricorrente, **il recupero dello stesso in danno della parte soccombente.**

Qualora risulti soccombente una parte ammessa alla prenotazione a debito del contributo unificato per essere stata ammessa al patrocinio a spese dello Stato, non si applica il dpr n. 115/2002, art. 13, comma 1 quater inserito dalla L. n. 228 del 2012, art. 1, comma 17, **e la medesima non può essere condannata, in caso di esito negativo della lite, al pagamento di una somma pari al contributo stesso** (Cass. 9 novembre 2016 n. 22867). E ciò in quanto, il rilevamento della sussistenza o meno dei presupposti per l'applicazione dell'ulteriore contributo unificato è un atto dovuto, poiché l'obbligo di tale pagamento aggiuntivo non è collegato alla condanna alle spese, ma al fatto oggettivo – ed altrettanto oggettivamente insuscettibile di diversa valutazione – del rigetto integrale o della definizione in rito, negativa per l'impugnante, dell'impugnazione, atteggiandosi come un'automatica conseguenza sfavorevole dell'azionamento del diritto di impugnare un provvedimento in materia o per procedimenti assoggettati a contributo unificato.

Il capo della sentenza d'appello che enuncia la sussistenza dei presupposti per l'obbligo di pagamento del contributo unificato non ha natura decisoria e non può, dunque, essere suscettibile di ordinaria impugnazione (Cass. 9 novembre 2016 n. 22867).

Contributo unificato e P.A.

Nei procedimenti giurisdizionali in cui l'impugnazione, anche incidentale, è proposta dalla Pubblica Amministrazione, è principio generale dell'assetto tributario che **lo Stato e le altre Amministrazione parificate non sono tenute a versare imposte e tasse che gravano sul processo** per la evidente ragione che lo Stato verrebbe ad essere al tempo stesso debitore e creditore di sé stesso con la conseguenza che l'obbligo non sorge (Cass. 8 maggio 2014 n. 9938).

Procedimenti esenti e raddoppio cu

Nel caso in cui il **procedimento giurisdizionale è in esenzione dal pagamento del contributo unificato** vi è l'esenzione anche dal pagamento del raddoppio (Cass. 31 marzo 2016 n. 6227).

Soglia reddituale e processo del lavoro

Per le cause in materia di lavoro è stabilita l'esenzione dal pagamento del contributo unificato se la parte ha un reddito irpef inferiore al triplo del reddito previsto per l'ammissione al gratuito patrocinio (art.76 dPR n.115/2002).

Possono, quindi, usufruire dell'esenzione contributo unificato i lavoratori che hanno un reddito inferiore ad € 35.240,04, reddito che viene aumentato di € 1.032,91 per ciascun familiare convivente a carico (tale importo viene annualmente rivalutato).

Contributo unificato, debenza, giurisdizione

Esula dalla giurisdizione del giudice amministrativo, per rientrare in quella del giudice tributario, la domanda di accertamento di non debenza del contributo unificato per gli atti giudiziari in relazione alla presentazione del ricorso, anche per motivi aggiunti (TAR Sicilia Catania, sez. IV, 16 marzo 2016 n. 813).

Prescrizione contributo unificato

Il contributo unificato in quanto tributo erariale è soggetto al termine di prescrizione decennale e non quinquennale (Cass. 1 febbraio 2022 n. 2999).

Spese forfettarie

Quanto alle spese rimborsabili, l'art. 13, comma 10, Legge 31 dicembre 2012, n. 247, **ha ripristinato le "spese generali" di cui alla abrogata tariffa forense**, statuendo che oltre al compenso per la prestazione professionale, all'avvocato è dovuta, sia dal cliente in caso di determinazione contrattuale, sia in sede di liquidazione giudiziale, oltre al rimborso delle spese effettivamente sostenute e di tutti gli oneri e contributi eventualmente anticipati nell'interesse del cliente, una somma per il rimborso delle spese forfettarie, **la cui misura massima è determinata con decreto del Ministro della Giustizia, unitamente ai criteri di determinazione e documentazione delle spese vive. E il D.M. n. 55/2014 ha quantificato le spese forfettarie nella misura (di regola) del 15% del compenso totale per la prestazione.**

All'espressione *"di regola"* la Corte di Cassazione (Cass. 22 gennaio 2021 n.1421; Cass. 5 gugli0 2018 n. 17667) ha attribuito un duplice significato; da un lato, confermativo del potere-dovere del giudice di determinare le spese processuali, all'interno degli ordinari limiti minimo e massimo di aumento o diminuzione previsti dall'art.4 del dm n.55/2014, facendo riferimento ai parametri generali indicati in apertura della disposizione; dall'altro lato, precettivo dell'obbligo di specifica motivazione, nel solo caso in cui il giudice ritenga di superare i predetti limiti ordinari di aumento o diminuzione. Con le parole "di regola" la norma ha inteso individuare un criterio determinativo – del massimo aumento applicabile, ovvero dell'importo "normale" delle spese forfettarie da riconoscere all'avvocato – che, non necessitando di specifica motivazione, sia prestabilito ed automaticamente applicabile.

La locuzione "di regola"

La locuzione "di regola" nella liquidazione giudiziale del compenso, che ha creato spesso notevoli disparità di trattamento, stante l'ampia discrezionalità attribuita al giudice, è stata "eliminata" dal decreto parametrico dal DM 13 agosto 2022 n.147; ne consegue che **la misura del 15% per spese forfettarie è ormai "stabile" con preclusione per il giudice di "intervenire" nella quantificazione**.

L'art.2 del dm n.55/2014 prevede che all'avvocato spetti oltre al compenso, il rimborso delle spese documentate di una somma per rimborso spese forfettarie.

Spese documentate sono tutte quelle rese necessarie dal processo, come il contributo unificato, le marche da bollo necessarie durante il procedimento, i compensi versati al consulente di parte, e tutti gli esborsi per i quali è previsto un documento specifico che ne attesti l'esborso e l'ammontate.

L'avvocato ha, quindi, diritto a vedersi rimborsate, oltre al compenso professionale e le spese effettivamente sostenute e tutti gli oneri e contributi eventualmente anticipati nell'interesse del cliente, una somma per rimborso spese forfettarie, la cui misura è stata determinata dal D.M. n. 55/2014 (di regola) nella misura del 15%.

Le spese c.d. forfettarie attengono a costi di carattere generale, nel senso che non sono strettamente inerenti alla singola pratica ma rientrano nelle spese necessarie per la conduzione dello studio (come stipendi dei dipendenti, assicurazione professionale, utenze, materiale di cancelleria, ecc.). Vi sono poi anche altre spese diverse tanto da quelle generali quanto da quelle documentate, che sfuggono ad una precisa elencazione ma che di fatto sono sostenute dal professionista nello svolgimento del singolo incarico (es., esborsi per spostamenti necessari per raggiungere l'ufficio giudiziario per udienze o adempimenti di cancelleria, costi per fotocopie, invio e-mail, ecc.). Trattasi di spese che, in ragione della loro variabilità e scarsa rilevanza economica, nonché per l'assenza di documenti fiscali che ne attestino l'esborso, sarebbe oltremodo difficile chiedere uno specifico rimborso. L'impossibilità o la rilevante difficoltà di provare il preciso ammontare di tali costi, unita alla considerazione della loro effettiva ricorrenza secondo l'*id quod plerunque accidit*, conduce ad una loro liquidazione equitativa (in termini, Cass. 27 novembre 2019 n.31030).

Spese forfettarie

Le spese forfettarie in questione mirano a ristorare il professionista di quelle voci di spesa (ad esempio, quelle relative alla gestione dello studio) che sono effettive ma non documentabili). Il rimborso forfettario, infatti, è giustificato dalla considerazione che il professionista nello svolgimento quotidiano dei suoi compiti a favore dei clienti sopporta con carattere di continuità – e non in maniera contingente o episodica – spese generali e di organizzazione connesse alla gestione dello studio, comunque necessarie per lo svolgimento della sua opera non meno di quelle riferibili all'adempimento dello specifico mandato conferito dal cliente per il singolo affare, tuttavia non suscettibili, proprio per il loro carattere di generalità e continuità, di essere minutamente e dettagliatamente documentabili in relazione a ciascun incarico ma che, pur attenendo al rapporto tra professionista e cliente, siccome non sono ascrivibili ad una scelta personale di questi, vengono poste a carico del soccombente alla stregua delle spese borsuali (Cass. 5 febbraio 2003 n. 1673).

Le spese forfettarie, quindi, sono quelle di norma sostenute durante una causa, la cui dimostrazione è difficile oppure oltremodo gravosa, sicchè il loro rimborso è dovuto anche senza la prova del relativo sostenimento. Costituisce principio consolidato quello secondo il quale il rimborso c.d. forfettario delle spese generali costituisce una componente delle spese giudiziali, la cui misura è predeterminata dalla legge; ne consegue che spetta automaticamente al professionista difensore, anche in assenza di allegazione specifica e di apposita istanza, dovendosi quest'ultima ritenere implicita nella domanda di condanna al pagamento degli onorari giudiziali che incombe sulla parte soccombente (Cass. 27 novembre 2019 n. 31030; Cass. 4 aprile 2019 n. 9385; Cass. 30 maggio 2018 n. 13693).

Rimborso spese

Il rimborso forfetario per spese generali spetta, quindi, automaticamente all'avvocato anche in assenza di allegazione specifica e di espressa richiesta, dovendosi quest'ultima ritenersi implicita nella domanda di condanna al pagamento del compenso giudiziale (in termini, Cass. 19 febbraio 2018 n. 3970; Cass. 20 agosto 2015 n. 17046; Cass. 22 maggio 2013, n. 12579; Cass. 19 agosto 2009, n. 18424; Cass. 3 aprile 2007, n. 8238; Cass. 10 gennaio 2006, n. 146; Cass. 20 ottobre 2005, n. 20321). Ne consegue che in ipotesi di liquidazione delle spese giudiziali a carico della parte soccombente, **si prescinde da qualsiasi domanda** da parte sia del difensore della parte che della stessa parte suo tramite, essendo la statuizione sulle spese mero ammennicolo del compiuto riconoscimento della tutela attribuita alla parte vittoriosa. (Cass. 27 agosto 2015 n. 17212; Cass. n. 4748/2014; Cass. n. 24081/2010).

Le spese generali spettano, quindi, all'avvocato **anche se nel dispositivo di un provvedimento con natura decisoria non sono state espressamente menzionate**; i giudici che "dimenticano" di liquidare le spese generali, possono, disporre la correzione dell'errore materiale per rimediare alla "svista". Costituisce principio consolidato della Suprema Corte quello secondo cui **il rimborso delle spese generali spetti all'avvocato in via automatica e con determinazione *"ex lege"***, dovendosi ritenere compreso nella liquidazione degli onorari, anche senza espressa menzione nel dispositivo della sentenza (da ultimo, Cass. 19 febbraio 2018 n. 3970).

Si è, però, precisato che l'omessa liquidazione in favore dell'avvocato della parte vittoriosa delle somme dovute per spese forfettarie, costituisce un errore materiale della sentenza, che può essere corretto con il procedimento di cui agli artt. 287 ss. c.p.c. (Cass. 2 agosto 2013, n. 18518).

Se il giudice nulla dispone per le spese forfettarie, come si calcolano? Al riguardo, si è affermato (Cass. 4 aprile 2019 n. 9385) che il provvedimento giudiziale di liquidazione delle spese processuali che non contenga la statuizione circa la debenza o anche solo l'esplicita determinazione della percentuale delle spese forfettarie rimborsabili ai sensi dell'art.13, comma 10, della l. n. 247 del 2012 e dell'art. 2 del d.m. n.55 del 2014, è titolo per il riconoscimento del rimborso stesso nella misura del 15% del compenso totale, quale massimo di regola spettante, potendo tale misura essere soltanto motivatamente diminuita dal giudice. E ciò in quanto, affermare come "dovuta una somma per rimborso spese forfettarie di regola nella misura del 15 per cento del compenso totale per la prestazione" significa, a un tempo, aver fissato il massimo percentuale del rimborso (appunto nel 15%) e aver stabilito che "di regola", e quindi anche quando nulla si dica nel provvedimento di liquidazione, spetti tale massimo, derogabile solo in *pejus* con apposita motivazione.

In difetto di specificazione della debenza, o anche solo della percentuale, delle spese forfetarie, queste devono ritenersi riconosciute nella misura del 15% del compenso totale, quale massimo di regola spettante, potendo tale misura essere soltanto motivatamente diminuita dal giudice (Cass. 22 gennaio 2021 n.1421), **diminuzione ora preclusa al giudice** dalla nuova formulazione del D.M. n.147/2022.

Il DM 13 agosto 2022 n.147, eliminando l'espressione "di regola" dalla tariffa parametrica, ha eliminato ogni dubbio sulla percentuale spettante per "spese generali" al 15%.

Avvocato distrattario e spese forfettarie

L'avvocato distrattario è legittimato a pretendere il pagamento delle spese generali (c.d. spese forfettarie) **in forza della sentenza da cui discende la liquidazione della voce** e nella quale deve ritenersi automaticamente compresa anche quella relativa alle spese generali (Cass. 19 febbraio 2018 n. 3970); la parte rappresentata è, invece, priva di legittimità ad impugnare una sentenza all'interno della quale si ritiene già compresa ex lege la condanna al pagamento della somma a favore dell'avvocato distrattario, a nulla rilevando la sua omessa menzione nel dispositivo della sentenza.

Occorre precisare che **la somma dovuta per spese generali può essere riconosciuta in via esecutiva soltanto laddove la sentenza distingue gli esborsi dai diritti e dagli onorari, venendo altrimenti meno i requisiti della liquidità** che devono contraddistinguere il diritto di credito che costituisce l'oggetto del titolo esecutivo ex art. 474 c.p.c.

Azione del difensore contro il cliente

Allorquando, viceversa, **il difensore proponga azione giudiziale contro il cliente**, intesa ad ottenere l'accertamento del dovuto per le sue prestazioni e la conseguente condanna, è onere del difensore **richiedere il riconoscimento anche del rimborso forfettario previsto dalla legge**. Ne consegue che quando il difensore agisce con domanda proposta in via ordinaria per ottenere il riconoscimento del compenso per la sua prestazione d'opera professionale **il riconoscimento, in sede di liquidazione secondo le tariffe professionali del rimborso forfettario da parte del giudice del rimborso per le spese generali, è possibile solo se il difensore attore abbia proposto apposito capo di domanda** inteso al riguardo (Cass. 27 agosto 2015 n. 17212).

Spese forfettarie e attività stragiudiziale

Il rimborso per spese forfettarie **si applica su ogni compenso dovuto, sia per attività giudiziale che stragiudiziale** (Cass. 3 aprile 2007, n. 8236), sia civile che penale, sia sui compensi richiesti con decreto ingiuntivo che su quelli indicati in precetto.

Criteri calcolo spese forfetarie

L'utilizzo del singolare "compenso" anziché del plurale "compensi" sul quale calcolare la percentuale, vuole fugare ogni dubbio interpretativo sul fatto che le spese forfettarie sono calcolate sul compenso totale e non con riferimento ad ogni singola fase.

Spese vive e spese forfettarie

Occorre precisare che **quanto alle spese vive da rimborsare, le stesse non possono essere ricomprese nella voce spese forfettarie di cui all'art. 2 del D.M. n. 55/2014,** atteso che le spese forfettarie sono relative a spese generali (es., costo segreteria, fitto studio, abbonamenti riviste, acquisto libri) che **non possono essere riferite e "imputate" ad una singola pratica**; invece le spese effettuate specificamente per un singolo atto processuale o atto in genere (es., raccomandata) non ricadono nelle spese forfettarie, essendo il singolo atto posto in essere riferito ad una specifica pratica.

Spese di trasferta

In ordine alle spese di trasferta, l'art. 11 del D.M. n. 55/2014, prevede che "per gli affari e le cause fuori dal luogo ove svolge la professione in modo prevalente, all'avvocato incaricato della difesa è di regola liquidata l'indennità di trasferta e il rimborso delle spese a norma dell'art. 27 della materia stragiudiziale". E l'art. 27 del D.M. n. 55/2014 espressamente prevede che "All'avvocato, che per l'esecuzione dell'incarico deve trasferirsi fuori dal luogo ove svolge la professione in modo prevalente, è liquidato il rimborso delle spese sostenute e un'indennità di trasferta. Si tiene conto del costo del soggiorno documentato dal professionista, con il limite di un albergo quattro stelle, unitamente, di regola, a una maggiorazione del 10 per cento quale rimborso delle spese accessorie; per le spese di viaggio, in caso di utilizzo di autoveicolo proprio, è riconosciuta un'indennità chilometrica pari di regola a un quinto del costo del carburante al litro, oltre alle spese documentate di pedaggio autostradale e parcheggio".

L'indennità di trasferta è riconosciuta, quindi, unicamente per le attività espletate in circondari e/o distretti diversi da quelli dove il professionista svolge la propria attività professionale. Naturalmente, nulla vieta alle parti prevedere con l'accordo consensuale, il riconoscimento al professionista che abbia studio in un Comune diverso da quello in cui ha sede il tribunale, ma pur sempre ricadente nella circoscrizione, un rimborso a copertura delle spese di trasferta dal luogo di domicilio a quello ove ha sede il tribunale.

15. Equo compenso e libertà negoziale nella pattuizione del compenso professionale.

Libera pattuizione del compenso

A seguito dell'abrogazione delle tariffe (ma anche prima in base all'art. 2233 c.c.), **l'avvocato ha "piena" libertà di pattuire con il cliente il suo compenso, atteso che sono venuti meno i riferimenti per il calcolo del suo compenso.**

Convenzione cliente/avvocato e tariffa forense

Per la determinazione del compenso dell'avvocato, anche dopo l'abrogazione delle tariffe, **il riferimento primario è costituito ancora dall'art. 2233 c.c.**, che disciplina la materia del compenso del professionista. Tale articolo prevede espressamente, per la determinazione del compenso, l'accordo delle parti, le tariffe, gli usi e in via sussidiaria l'autorità giudiziaria. **L'art. 9 del D.L. n. 1/2012 ha abrogato, nell'ambito dell'art. 2233 c.c., soltanto il riferimento alle tariffe contenute nel comma 1 dell'art. 9.**

Infatti, in tema di compensi spettanti ai prestatori d'opera intellettuale, l'art. 2233 c.c., come già illustrato, pone una gerarchia di carattere preferenziale, indicando in primo luogo l'accordo delle parti ed in via subordinata le tariffe professionali, ovvero gli usi (Cass. 10 ottobre 2018 n. 25054): le pattuizioni tra le parti risultano dunque preminenti su ogni altro criterio di liquidazione (Cass. 23 maggio 2000 n. 6732) ed il compenso va determinato in base alla tariffa/parametri ed adeguato all'importanza dell'opera soltanto in mancanza di convenzione.

Si è anche affermato però, che la buona fede integrativa permette al giudice di ridurre d'ufficio il compenso professionale dell'avvocato pattuito con il cliente, quando risulti manifestamente eccessivo, facoltà che trova il suo fondamento nella tutela dell'interesse generale dell'ordinamento all'equità contrattuale, al fine di ricondurre l'autonomia negoziale nei limiti in cui essa appaia meritevole di tutela (Trib. Treviso 8 ottobre 2018).

Parcella concordata ed illecito deontologico

Sussiste la **responsabilità deontologica** dell'avvocato **che richieda al proprio cliente compensi sproporzionati** rispetto all'attività svolta, **anche quando i compensi siano stati concordati con il cliente** (Cons. naz. forense 27 marzo 2014 n. 181). E ciò in quanto è ininfluente l'eventuale preventiva pattuizione dei compensi con il cliente, dovendosi comunque valutare se, nel caso concreto, i compensi pattuiti siano sproporzionati rispetto all'attività effettivamente svolta. La valutazione del rispetto del principio di proporzionalità nella richiesta dei compensi deve essere effettuata con esclusivo riferimento all'attività concretamente svolta, anche a prescindere da eventuali pattuizioni con il cliente.

I patti relativi alla predeterminazione dei **compensi** dell'avvocato, pur se di per sé validi, non possono comunque prevedere compensi sproporzionati all'attività concordata o, in ogni caso, all'attività concretamente svolta.

Forma convenzione

Quanto alla "forma" della convenzione cliente/avvocato, non vi sono limitazioni particolari, stante il **principio di libertà di forma**; tale "libertà" è stata confermata dall'art. 13, comma 3, Legge n. 247/2012, in cui si afferma che "Il compenso spettante al professionista è pattuito di regola per iscritto all'atto del conferimento dell'incarico professionale", e il successivo comma 5 precisa che l'avvocato "a richiesta è altresì tenuto a comunicare in forma scritta a colui che conferisce l'incarico professionale la prevedibile misura del costo **della** prestazione, distinguendo fra oneri, spese, anche forfettarie, e compenso professionale".

Sulla "forma" della convenzione cliente/avvocato sul compenso professionale, occorre evidenziare che l'art. 1, comma 141, sub 6, lettera d), della legge 4.8.2017 n. 124 ha modificato l'art. 13, comma 5, della legge 13.12.2012 n. 247 rendendo per l'avvocato obbligatorio il preventivo in forma scritta dei costi della prestazione, e trasparente la fase di avvio dei rapporti con i propri clienti. A decorrere dal 29 agosto 2017 (data di entrata in vigore della L. n. 124/2017), l'avvocato ha l'**obbligo, al momento del conferimento dell'incarico, di fornire al cliente un preventivo scritto sulla prevedibile misura del costo della prestazione**, a prescindere da una esplicita richiesta del cliente; e cioè l'avvocato, anche in assenza di esplicita richiesta del cliente, in via preventiva, deve rendere noto "obbligatoriamente", in forma scritta o digitale, al cliente la misura del compenso per l'attività da svolgere, distinguendo tra oneri, spese, anche forfettarie, e compenso professionale (si rinvia, sul punto, al successive paragrafo 21).

Equo compenso

Un limite alla "libertà" nella pattuizione del compenso è stato posto dalla introduzione nel nostro ordinamento dell'equo compenso. **Una "nuova" disciplina dell'equo compenso è stata approvata dalle commissioni parlamentari ma la fine anticipata della legislatura non ha consentito la definitiva approvazione dall'Aula del Parlamento**.

Sempre più spesso le convenzioni, soprattutto con le grandi committenze pubbliche e private, prevedono condizioni che non rispettano i valori, in termini di quantità e qualità, del lavoro svolto. Nei rapporti contrattuali avvocati/clienti forti vengono inserite clausole vessatorie che prevedono un compenso non equo, con conseguente eccessivo squilibrio fra le parti; non viene tutelato il diritto del professionista di ottenere un giusto ed equo compenso nei rapporti contrattuali che lo riguardano.

Il Consiglio Nazionale Forense, partendo dal dato costituzionale dell'art. 36 cost. (che riconosce il diritto del lavoratore all'equa retribuzione) ha condotto un lungo lavoro di analisi che ha riguardato i testi di numerose convenzioni clienti/avvocati. La verifica dei contenuti delle convenzioni ha evidenziato che i "grandi committenti", c.d. "clienti forti" (clienti forti sono i "grandi committenti" come banche, grandi imprese e assicurazioni, in grado di fare valere la loro posizione) propongono ai professionisti legali per lo svolgimento di attività di consulenza e/o di rappresentanza in giudizio, convenzioni con clausole capestro che non rispettano la proporzione tra il compenso previsto e la quantità e qualità del lavoro svolto dal legale su mandato della impresa (clienti forti sono imprese bancarie ed assicurative, nonché imprese non rientranti nelle categorie delle micro imprese o delle piccole o medie imprese, come definite nella raccomandazione 2003/361/E del 6.5.2003).

L'azione del Consiglio Nazionale Forense – e dell'Avvocatura – ha portato alla introduzione dell'equo compenso per gli avvocati (ma anche per tutti i professionisti). Infatti, l'art. 19-quaterdecies del d.l. 16.10.2017 n. 148, conv. dalla L. n. 172/2017, come modificato dalla legge di bilancio 2018, ripristina condizioni di dignità per l'avvocato, riconoscendo il diritto di pretendere nei confronti dei c.d. "clienti forti" un compenso equo, cioè proporzionato alla quantità e alla qualità del lavoro svolto, al contenuto e alle caratteristiche delle prestazioni legali: senza un'equa e giusta retribuzione non c'è dignità per chi lavora.

La norma rappresenta l'attuazione dell'art. 36 Cost., prevedendo per i professionisti – anche se limitatamente alle convenzioni con i clienti forti e non anche agli incarichi singoli – un compenso proporzionale alla quantità e qualità del lavoro svolto. L'equo compenso risponde, infatti, anche ai principi costituzionali di dignità della persona, di dignità della retribuzione e di compenso adeguato. Peraltro il cittadino-consumatore ha diritto di ottenere una prestazione di qualità, impossibile da garantire al di sotto dei livelli minimi di compenso previsti dai parametri ministeriali.

Nozione equo compenso

Per equo compenso la legge (art. 13-bis L. 247/2012) **statuisce che si considera equo il compenso *"quando risulta proporzionato alla quantità e alla qualità del lavoro svolto, nonché al contenuto e alle caratteristiche della prestazione legale, e conforme ai parametri previsti dal regolamento di cui al decreto del Ministro della giustizia adottato ai sensi dell'art. 13, comma 6, della L. n. 247/12"*.**

Il testo innanzi riportato è quello risultante dopo le modifiche apportate dall'art. 1, comma 487, della legge 27.12.2017 n. 205 (legge di bilancio 2018).

Perchè sia equo, il compenso deve rispondere a due requisiti: essere proporzionato alla quantità e alla qualità del lavoro svolto ed al contenuto e alle caratteristiche della prestazione, nonchè conforme ai parametri; se manca uno dei due requisiti il compenso non è equo.

Dalla formulazione della riportata normativa risulta evidente come l'equo compenso deve essere "conforme" ai parametri, mentre in precedenza era sufficiente che ne "tenesse conto": in pratica si ha un ritorno alle tariffe minime, che sono legittime anche per la normativa comunitaria, come confermato dalla sentenza n. 427 del 23.11.2017 della Corte di Giustizia dell'Unione Europea.

Con la legge in questione viene ripristinato, nei confronti dei c.d. "clienti forti" in deroga al decreto Bersani sulle liberalizzazioni dei compensi agli avvocati, un compenso equo rapportato alle tabelle parametriche.

La *ratio* della legge sull'equo compenso è di tutelare l'avvocato (nei confronti dei clienti c.d. "forti"), affinché ottenga il giusto compenso nel rispetto del principio già contenuto nell'art. 2233 cod. civ., secondo il quale la misura del compenso deve essere adeguata all'importanza dell'opera e al decoro della professione e comunque "conforme" ai parametri, e senza un equo compenso non c'è dignità per l'avvocato.

Ambito operatività equo compenso

Per la individuazione dell'ambito di operatività della disciplina dell'equo compenso, occorre fare riferimento sia ai professionisti tutelati, che ai committenti delle prestazioni professionali.

Professionisti tutelati

La disciplina sull'equo compenso originariamente prevista solo per gli avvocati, è stata estesa a tutti i liberi professionisti (anzi a tutti gli altri lavoratori autonomi). Infatti il comma 2 dell'art. 19-quaterdecies del d.l. n. 148/2017 conv. in L. 172/2917, statuisce che "*Le disposizioni di cui all'articolo 13-bis della legge 31.12.2012 n. 247 si applicano, in quanto compatibili, anche alle prestazioni rese dai professionisti di cui all'art. 1 della legge 22 maggio 2017 n. 81, anche iscritti agli ordini e collegi, i cui parametri, ai fini di cui al comma 10 del predetto articolo 13-bis, sono definiti da decreti ministeriali adottati ai sensi dell'art. 9 del d.l. 24.1.2012 n. 1, convertito con modificazioni dalla L. 24.3.2012 n. 27*".

Per l'applicazione della disciplina in questione è necessaria l'iscrizione del professionista all'albo professionale (il comma 1 dell'art. 13 bis recita "Il compenso degli avvocati iscritti all'albo"). Ne consegue che l'avvocato (o altro professionista) non iscritto all'albo che svolge ad esempio, attività stragiudiziale (ammissibile anche senza iscrizione all'albo), non beneficia della tutela dell'equo compenso.

Committenti delle prestazioni professionali: clienti c.d. forti

La disciplina sull'equo compenso si applica nei rapporti professionali regolati da convenzioni unilateralmente predisposte dai c.d. clienti forti, aventi ad oggetto lo svolgimento, anche in forma individuale e/o societaria, dell'attività professionale in favore dei c.d. clienti forti; clienti forti sono le imprese bancarie, assicuratrice, le imprese non rientranti nelle categorie delle micro imprese o delle micro o medie imprese.

La disciplina si applica anche alla *Pubblica Amministrazione*, ma in "forma attenuata", prevedendo la norma che la P.A. "garantisce il principio dell'equo compenso in relazione alle prestazioni rese dai professionisti in esecuzione di incarichi conferiti dopo l'entrata in vigore della presente legge".

Sono fuori dall'ambito di operatività della disciplina dell'equo compenso, stante l'espressa previsione dell'art. 4-bis introdotto dall'art. 1, comma 488, della L. 27.12.2017 n. 205, ***gli agenti della riscossione***. Tale norma statuisce, infatti, che le disposizioni sull'equo compenso non si applicano agli agenti della riscossione, che garantiscono, comunque, al momento del conferimento dell'incarico professionale, la pattuizione di compensi adeguati all'importanza dell'opera, tenendo conto, in ogni caso, dell'eventuale ripetitività delle prestazioni richieste.

La legge sull'**equo compenso non si applica ai rapporti professionista/cittadino "normale"**, ossia allorché il cliente è persona fisica e consumatore che chieda al professionista di tutelare i propri diritti. La platea cui si applica l'equo compenso è, quindi, ridotta, in quanto non include i privati e le piccole e medie imprese.

Contratti in corso

Occorre evidenziare che la tutela dell'**equo compenso si applica anche ai contratti in essere**, ad eccezione di quelli sottoscritti con la P.A., atteso il preciso disposto del d.l. n. 148/2017, conv. in L. n. 172/2017, in cui si precisa espressamente che la disciplina dell'equo compenso si applica "agli incarichi conferiti dopo l'entrata in vigore della presente legge".

Premesso che la disciplina sull'equo compenso nulla prevede a proposito dei contratti in corso, la problematica non può che essere risolta in base ai principi di diritto intertemporale. Innanzitutto occorre evidenziare che la nullità sopravvenuta non può spiegare effetti per i contratti non perfezionati o esauriti, atteso che la nullità sopravvenuta incide sugli effetti e non sull'atto, ed il contratto "esaurito" non produce più alcun effetto. Nel caso di contratti in corso è possibile fare valere la nullità delle clausole di cui è sopraggiunta la nullità.

La norma di cui all'art. 13 bis della L. n. 247/2012 prevede la **nullità di tutte le clausole** presenti nei contratti avvocato/professionista e cliente forte, **che prevedono un compenso non equo** (con presunzione *iuris tantum*), e la **nullità di una serie specifica di clausole** (con presunzione *iuris et de iure*).

Dalla definizione di equo compenso prima riportata, risulta evidente che il compenso pattuito, per essere equo deve essere non solo proporzionato alla quantità e alla qualità del lavoro svolto, nonché al contenuto e alle caratteristiche della prestazione legale, ma deve essere *conforme* ai parametri previsti dal regolamento di cui al decreto del Ministro della giustizia adottato ai sensi dell'articolo 13, comma 6, della L. n. 247/2012.

Essendo la legge sull'equo compenso applicabile ai compensi dell'avvocato, ma anche degli altri liberi professionisti, e facendo riferimento la legge (art. 13-bis, comma 2) ai parametri forensi, per il compenso equo dell'avvocato non ci sono problemi in quanto i parametri forensi consentono di stabilire se il compenso pattuito sia conforme o meno ai parametri forensi. Nel caso invece di altri professionisti, soprattutto per quelli per i quali non sono previsti parametri, si pone il problema a quale "punto" fare riferimento per stabilire se il compenso sia equo o meno: occorre aspettare gli emanandi decreti ministeriali come prevede espressamente il comma 2 del d.l. n. 148/2017.

Clausole vessatorie

Tra le clausole vessatorie rientrano non solo i compensi non equi (perché eccessivamente bassi e non commisurati al lavoro svolto e non "conformi" ai parametri), **ma anche una serie di clausole "elencate"** nell'art. 13-bis, comma 4 e 5, della L. n. 247/2012.

Ed infatti, l'art. 13-bis, comma 4, statuisce che "S*i considerano vessatorie le clausole contenute nelle convenzioni di cui al comma 1 che determinano, anche in ragione della non equità del compenso pattuito, un significativo squilibrio contestuale a carico dell'avvocato*", che comportano un compenso non equo. **Per tali clausole vi è una presunzione *iuris tantum* di illegittimità**, che va accertata caso per caso dal giudice, a **differenza di specifiche clausole riportate nella legge per le quali vi è una presunzione *iuris et de iure* di illegittimità**.

La norma (comma 5) prevede, infatti, che **si considerano vessatorie le clausole** (a prescindere dalla circostanza che siano state oggetto di specifica trattativa e approvazione, **con presunzione, quindi, *iuris et de iure***) che consistono:

a) nella riserva al cliente della facoltà di modificare unilateralmente le condizioni del contratto;
b) nell'attribuzione al cliente della facoltà di rifiutare la stipulazione in forma scritta degli elementi essenziali del contratto;
c) nell'attribuzione al cliente della facoltà di pretendere prestazioni aggiuntive che l'avvocato deve eseguire a titolo gratuito;
d) nell'anticipazione delle spese della controversia a carico dell'avvocato;
e) nella previsione di clausole che impongano all'avvocato la rinuncia al rimborso delle spese direttamente connesse alla prestazione dell'attività professionale oggetto della convenzione;

f) nella previsione di termini di pagamento superiori ai sessanta giorni dalla data di ricevimento da parte del cliente della fattura o di una richiesta di pagamento di contenuto equivalente;
g) nella previsione che, in ipotesi di liquidazione delle spese di lite in favore del cliente, all'avvocato sia riconosciuto solo il minore importo previsto nella convenzione, anche nel caso in cui le spese liquidate siano state interamente o parzialmente corrisposte o recuperate dalla parte;
h) nella previsione che, in ipotesi di nuova convenzione sostitutiva di altra precedentemente stipulata col medesimo cliente, la nuova disciplina sui compensi si applichi, se comporta compensi inferiori a quelli previsti nella precedente convenzione, anche agli incarichi pendenti o, comunque, non ancora definiti e/o fatturati;
i) nella previsione che il compenso pattuito per l'assistenza e la consulenza in materia contrattuale spetti soltanto in caso di sottoscrizione del contratto.

È previsto (comma 6) che le clausole di cui alle lettere a), b), c), d), e), g), h), e i) si considerano vessatorie, a prescindere dalla circostanza che le clausole siano state oggetto o meno di trattativa o approvazione; vi è, quindi, una presunzione assoluta (*iuris et de iure*) di vessatorietà delle riportate clausole, che mantengono tale natura anche quando siano state oggetto di specifica trattativa e approvazione.

Clausole vessatorie nulle

Clausole vessatorie, quindi, sono non solo quelle che prevedono compensi bassi e non commisurati al lavoro svolto, ma anche le clausole (a-i) innanzi riportate con presunzione di vessatorietà "*iuris et de iure*".

Le clausole considerate vessatorie sono nulle, mentre **il contratto rimane valido per il resto** (art. 13-bis, comma 8).

La nullità opera soltanto a vantaggio dell'avvocato/professionista (la legittimazione ad agire è solo in capo all'avvocato), e può essere rilevata anche d'ufficio dal giudice in base all'art.1421 cod.

Il legale che abbia fornito la prestazione alla grande impresa, sulla base di una convenzione con clausole vessatorie, potrà fare **ricorso al giudice per accertare la illegittimità della pattu-**

izione, sostituendo l'entità del compenso concordato con quello determinato sulla base del decreto ministeriale sui parametri. Nel caso in cui la clausola "vessatoria" riguarda altri profili del rapporto professionale regolato dalla convenzione, il giudice non può che limitarsi a dichiarare la nullità della clausola vessatoria, senza che operi alcuna inserzione automatica di clausole ex art.1339 cod. civ.

L'azione diretta alla dichiarazione della nullità di una o più clausole della convenzione **può essere proposta senza alcuna decadenza temporale**, avendo la L. 27.12.2017 n. 205, comma 487, abrogata la disposizione che prevedeva un termine di decadenza di 24 mesi a decorrere dalla data di sottoscrizione della convenzione; occorre comunque tenere presente la prescrizione presuntiva – triennale – e prescrizione ordinaria -decennale- relativa al compenso del professionista.

Il giudice, in base al comma 10 dell'art. 13-bis L. n. 247/2012, accertata la non equità del compenso e/o la vessatorietà di una clausola, **dichiara la nullità della clausola e determina il compenso** dell'avvocato tenendo conto dei parametri previsti dal regolamento sui parametri emanato dal Ministro della giustizia. Nel caso di compenso non equo il giudice deve dichiarare la non equità del compenso e poi stabilire il compenso equo (il compenso è equo se è proporzionato alla qualità e quantità del lavoro svolto ed è conforme ai parametri).

Accertata la nullità della clausola vessatoria, spetta al giudice determinare l'equo compenso tenendo conto dei parametri, oltre che della quantità e della qualità del lavoro svolto, del contenuto e delle caratteristiche della prestazione legale prestata in concreto.

Equo compenso e richiesta decreto ingiuntivo

Dalla riportata procedura per accertare l'equo compenso ne consegue che il procedimento monitorio non è ammissibile quando l'avvocato chieda sostanzialmente che, appurata, sia pure *incidenter tantum*, la vessatorietà della clausola determinativa del compenso contrattualmente previsto (e quindi la nullità relativa) venga operata una rideterminazione giudiziale del compenso professionale (decreto Tribunale di Verona 26 giugno 2020 n.6618/2020). E ciò in quanto il procedimento monitorio è utilizzabile laddove si tratti di credito tutelabile direttamente, cioè senza la necessità di un ulteriore e pregiudiziale accertamento giudiziale (com'è nel caso di nullità della clausola vessatoria).

La nullità della clausola vessatoria è parziale in quanto come prevede espressamente la norma, il "restante" contratto è valido, e garantisce e tutela comunque il professionista: è inefficace la sola parte della clausola ***contra legem***, mentre rimane in piedi il resto della convenzione.

La nullità della clausola vessatoria è, quindi, parziale in quanto, come prevede espressamente la norma, il "restante" contratto è valido, e garantisce e tutela comunque il professionista: è inefficace la sola parte della clausola *contra legem*, mentre rimane in piedi il resto della convenzione.

Clausole vessatorie e termine decadenza

Il legale che abbia fornito la prestazione alla grande impresa, sulla base di una convenzione con clausole vessatorie, **potrà fare ricorso al giudice senza alcuna limitazione temporale, avendo l'art. 1, comma 487 L. 27.12.2017 n. 205 (la legge di bilancio 2018) abolito il termine di decadenza di 24 mesi** previsto dall'art. 19-quaterdecies, comma 1, d.l. n. 148/2017, conv. in L. n. 172/2017.

Equo compenso e P.A.

La disciplina sull'equo compenso "interessa" anche la Pubblica amministrazione, anche se in forma più blanda, limitandosi la norma a statuire che la Pubblica Amministrazione deve garantire il principio dell'equo compenso in relazione alle prestazioni rese dai professionisti in esecuzione di incarichi conferiti. La legge sull'equo compenso si applica, quindi, anche alla pubblica amministrazione, imponendo alla PA di garantire il principio dell'equo compenso in relazione alle prestazioni rese dai professionisti (Cons. di Stato, sez. V, 3 ottobre 2017 n. 4614).

È stata ritenuta illegittima (Tar Campania, ordinanza 24 ottobre 2018 n. 1541) la fissazione di compensi in contrasto con il principio dell'equo compenso fatta da un Comune nell'avviso di costituzione di un elenco di professionisti per il conferimento di incarichi di difesa. E ciò in quanto le esigenze di riequilibrio finanziario devono armonizzarsi con altri principi fondamentali dell'azione amministrativa, tra cui quelli di ragionevolezza e di proporzionalità nonché quello dell'equo compenso per le prestazioni professionali.

In ordine all'applicabilità dell'equo compenso alla Pubblica Amministrazione il Tar Lazio, sezione 3 *quater*, con sentenza 27 agosto 2021 n. 9404 ha affermato che per la pubblica amministrazione, il concetto di equo compenso trova applicazione, ma non entro i ristretti parametri del dm n.55 del 2014, ma deve ancorarsi a parametri di maggiore flessibilità legati, da un lato, ad esigenze di contenimento della spesa pubblica e, dall'altro lato, alla natura ed alla complessità delle attività da svolgere in concreto (TAR Campania 18 febbraio 2022 n. 1114).

Nuova disciplina dell'equo compenso

La Commissione Giustizia del Senato ha approvato in via definitiva il disegno di legge sull'equo compenso per le prestazioni professionali dei liberi professionisti, disegno di legge passato all'Aula del Senato per la definitiva approvazione. Tale disegno di legge sull'equo compenso non è stato, purtroppo, approvato per la fine anticipata della legislatura.

16. I "modelli" ed i "criteri" di determinazione del compenso. Compenso orario.

La libertà concessa all'avvocato nel pattuire il compenso "professionale", comporta che **le parti (avvocato-cliente) sono libere di determinare il compenso professionale in base ai criteri che preferiscono (con le segnalate limitazioni per i clienti c.d. forti).**

Libertà negoziale pattuizione compenso

Vi è libertà negoziale nella pattuizione del compenso professionale.

L'art. 13, comma 3, Legge n. 247/2012, prevede espressamente che per l'avvocato la pattuizione dei compensi è libera: è ammessa la pattuizione a tempo, in misura forfettaria, per convenzione avente ad oggetto uno o più affari, in base all'assolvimento e ai tempi di erogazione della prestazione, per singole fasi o prestazioni o per l'intera attività, a percentuale sul valore dell'affare o su quanto si prevede possa giovarsene, non soltanto a livello strettamente patrimoniale, il destinatario della prestazione.

A seguito dell'abrogazione delle tariffe, e del riportato art. 13, comma 3, Legge n. 247/2012, l'avvocato ha, quindi, "piena" libertà di pattuire con il cliente il suo compenso.

Forma convenzione cliente/avvocato

Quanto alla "forma" della convenzione cliente/avvocato, non vi sono limitazioni particolari, stante il principio di libertà di forma (la legge di riforma forense ha degradato il precedente "dovere" della forma scritta in una mera facoltà, facoltà che è venuta meno a seguito della L. n. 124 del 2017: si rinvia al successivo par.21). Del resto il comma 4 dell'art. 9 del D.L. n. 1/2012 prevede espressamente che "Il compenso per le prestazioni professionali è pattuito, nelle forme previste dall'ordinamento, al momento del conferimento dell'incarico professionale".

La libertà concessa all'avvocato nel pattuire il compenso "professionale", comporta che le parti (avvocato – cliente) sono libere di determinare il compenso professionale in base ai criteri che preferiscono, come riconfermato dall'art. 13, comma 3, Legge n. 247/2012.

Criteri determinazione compenso

Per la determinazione del compenso, **avvocato e cliente possono "scegliere" tra diversi modelli ricorrendo a qualsivoglia criterio** (a titolo esemplificativo, ma non esaustivo):

- **compenso "modulare" e analitico, con la previsione di un costo per ogni singola prestazione**. In tal caso l'avvocato deve elencare le varie prestazioni, indicando per ogni prestazione il relativo costo: ad esempio, per ogni udienza, per ogni memoria, per la partecipazione alla prova testi, per la comparsa conclusionale;
- **compenso "orario"** con la previsione del pagamento della prestazione in base all'orario e quindi per le ore effettivamente impiegate per lo svolgimento della prestazione;
- **compenso forfettario**, e cioè un importo complessivo per tutta l'attività professionale espletata, oppure per ogni fase del procedimento. Un sistema che preveda tariffe forfettarie per rimborsare le spese di assistenza legale a carico di parte soccombente è conforme al diritto UE (Corte Giustizia UE 28 luglio 2016 causa C-57/15);
- **compenso in misura percentuale** al valore della controversia oppure a quanto incasserà la parte;
- **un sistema misto** (un mix dei criteri indicati);
- **le parti possono prevedere in aggiunta al compenso un palmario**, e cioè un compenso ulteriore in caso di raggiungimento di un certo risultato.

Compenso orario

Il D.M. n.147/2022 ha introdotto all'art.22 del dm n.55/2014 l'art. 22 – *bis*, con la disciplina del ***compenso a tempo,*** statuendo che "nel caso di pattuizione dei compensi a tempo, si tiene conto di un parametro indicativo da un minimo di euro 200,00 ad un massimo di euro 500,00 per ciascuna ora o frazione di ora superiore a trenta minuti".

Al riguardo, occorre evidenziare che per la determinazione del compenso, in base alla n.247 del 2012, **avvocato e cliente possono pattuire un compenso orario** (*"La pattuizione dei compensi è libera: è ammessa la pattuizione a tempo")*, **da commisurare alla durata della prestazione** e dell'attività da compiersi in adempimento dell'incarico ricevuto. Il compenso per la prestazione è quindi in base all'orario e per le ore effettivamente impiegate per lo svolgimento della prestazione.

Disciplina previgente

La previgente tariffa forense (l'ultima è quella del dm 127 del 2004) prevedeva un compenso orario commisurato alla durata della prestazione e delle attività accessorie, e comunque non inferiore ad € 65,00 all'ora. Qualora tra la prestazione resa e il compenso orario convenuto fosse apparsa una manifesta sproporzione, per le particolari circostanze del caso, l'urgenza, il valore e la natura della pratica, l'importanza della prestazione, il compenso poteva essere congruamente aumentato previo parere del Consiglio dell'Ordine.

Le tabelle parametriche di cui ai d.m. nn. 140/2012, 55/2014 e 37 del 2018, non prevedono alcuna "quantificazione" per il compenso orario, anche se tale quantificazione potrebbe sembrare superflua in quanto l'avvocato ed il cliente possono pattuire liberamente il compenso.

L'esigenza della fissazione di un compenso orario è sempre più avvertita dagli avvocati, soprattutto in un periodo in cui la consulenza on-line è sempre più massiccia, nonché nei casi in cui l'avvocato riceva incarichi da aziende medio-grandi con base all'estero. Peraltro, la quantificazione di un compenso "orario" è quella maggiormente utilizzata a livello internazionale ed è in linea con le tariffe dinanzi al Tribunale UE ed alla Corte UE (oltre che con la disciplina dei paesi di Common Law).

Il D.M. n. 147/2022 quantifica il compenso orario in una forbice di valori compresa tra un minimo di euro 200,00 ed un massimo di euro 500,00 per ciascuna ora o frazione di ora su-

periore a trenta minuti, da determinarsi, comunque, tra le parti in base alla loro autonomia negoziale. Occorre evidenziare, infatti, che **occorre una espressa manifestazione di volontà delle parti** ("pattuizione"), per cui i valori monetari indicati possono essere applicati solo con un espresso consenso delle parti stesse, che potrebbero trovare conveniente e/o utile avvalersi della tariffa oraria, che resta quindi una opzione e non un obbligo ed andrà sempre concordata tra le parti.

Con l'introduzione del compenso orario sono state colmate lacune della previgente disciplina parametrica. Infatti per la partecipazione, ad esempio, dell'avvocato con il cliente ad una assemblea di una società, alla riunione di un condominio, alla stipula davanti al notaio insieme al cliente di un atto, la previgente disciplina parametrica non prevedeva alcun parametro di riferimento non svolgendosi alcuna attività giudiziale.

17. I parametri e le "fasi processuali" per la determinazione del compenso

Il sistema parametrico prevede, in linea generale:

- tabelle differenziate per tipologia di giudizi/procedimenti;
- raggruppamento delle attività per fasi;
- fasce di valore della controversia.

Le tabelle parametriche (precedute da una parte normativa contenente una serie di principi da utilizzare per la individuazione del compenso spettante) riguardano l'intero comparto legale, estendendosi alla materia civile, penale, amministrativa, tributaria, stragiudiziale.

Struttura parametrica

La nuova struttura parametrica, nell'ottica di razionalizzazione e di semplificazione del "sistema":

- **è divisa per tipologia** di giudizi/procedimenti e comprende varie e distinte tabelle parametriche per ogni giudizio;
- **all'interno di ogni singola tabella** vi è una suddivisione per fasce di valore della controversia, fasce di valore che sono diverse di quelle delle precedenti tariffe e del D.M. n. 140/2012, essendo le fasce "agganciate" alle fasce di valore del contributo unificato.

Per ogni giudizio/procedimento sono state individuate:

- **le fasi** che caratterizzano il giudizio/procedimento, nelle quali sono state raggruppate le attività professionali svolte dall'avvocato nella fase;
- **ad ogni fase processuale** è stato attribuito un valore economico (parametro), rapportato al valore della controversia.
- Il D.M. n. 55/2014 (ed il previgente decreto 20 luglio 2012, n. 140) ha **stabilito dei parametri generali (quali ad esempio, la complessità, l'importanza, il pregio o l'urgenza dell'opera), e dei parametri specifici, numerici e rapportati all'attività forense davanti ai vari organi giurisdizionali e in funzione del valore della causa, in interrelazione tra loro.**
- Come si legge nella relazione illustrativa del regolamento sui parametri di cui al D.M. n. 140/2012 "per un verso i **parametri numerici** – che lasciano marcato spazio all'attività di concreta determinazione giudiziale, con pochi scaglioni e larghe forbici – **orientano i parametri generali** traducendosi in segnalazione del grado di complessità della prestazione, e, non trattandosi di tariffari, **sono aggiornabili giudizialmente nel tempo**, tipicamente secondo gli indici Istat rilevanti. Per altro verso i parametri generali, che segnano il connotato specifico della liquidazione non tariffaria, possono sempre e motivatamente prevalere sul risultato della determinazione per parametro numerico, appunto non vincolante".
- Occorre ribadire, comunque, che la legge **assegna ai parametri una funzione residuale** rispetto all'accordo cliente/avvocato.

Parametri generali e specifici

Liquidazione compenso per fasi giudiziali

Ai fini della determinazione del compenso dell'avvocato per l'attività giudiziale civile, amministrativa e tributaria, l'art. 4, comma 5, del decreto n. 55/2014 sui parametri, statuisce che "**Il compenso è liquidato per fasi**". E ciò anche per contenere possibili incentivazioni delle lungaggini processuali e favorire un contenimento dei tempi processuali, correlato al valore costituzionale della ragionevole durata del processo.

Unicità del compenso

La suddivisione in fasi, correlata alla parametrazione in funzione di un compenso unitario, supera così l'idea di un diritto distinto per ogni frazione di attività; **l'unicità del compenso** mira a dare spessore alla semplificazione insita nell'abrogazione delle tariffe.

La parcellizzazione dell'attività professionale dell'avvocato, articolata in distinte fasi, costituisce però solo una regola per la determinazione del compenso, la quale conserva, comunque, il suo carattere unitario al pari della stessa attività, carattere unitario ed inscindibile della prestazione dal quale consegue la mancanza di liquidità e di esigibilità del diritto al compenso, l'impossibilità di determinarlo prima del completo completamento del mandato professionale o della sua definizione per altre ragioni (Trib. Monza 27 ottobre 2015).

Lo stesso art. 4, comma 5, D.M. n. 55/2014 specifica il "contenuto processuale" delle varie fasi, statuendo, con riferimento alle diverse fasi del giudizio, che si intende esemplificativamente:

Fase studio controversia

Per fase di studio della controversia: l'esame e lo studio degli atti a seguito della consultazione con il cliente, le ispezioni dei luoghi, la ricerca dei documenti e la conseguente relazione o parere, scritti oppure orali, al cliente, precedenti la costituzione in giudizio;

Fase introduttiva giudizio

Per fase introduttiva del giudizio: gli atti introduttivi del giudizio e di costituzione in giudizio, e il relativo esame incluso quello degli allegati, quali ricorsi, controricorsi, citazioni, comparse, chiamate di terzo ed esame delle relative autorizzazioni giudiziali, l'esame di provvedimenti giudiziali di fissazione della prima udienza, memorie iniziali, interventi, istanze, impugnazioni, le relative notificazioni, l'esame delle corrispondenti relate, l'iscrizione a ruolo, il versamento del contributo unificato, le rinnovazioni o riassunzioni della domanda, le autentiche di firma o l'esame della procura notarile, la formazione del fascicolo e della posizione della pratica in studio, le ulteriori consultazioni con il cliente;

Fase istruttoria

Per fase istruttoria: le richieste di prova, le memorie illustrative o di precisazione o integrazione delle domande o dei motivi d'impugnazione, eccezioni e conclusioni, l'esame degli scritti o documenti delle altre parti o dei provvedimenti giudiziali pronunciati nel corso e in funzione dell'istruzione, gli adempimenti o le prestazioni connesse ai suddetti provvedimenti giudiziali, le partecipazioni e assistenze relative ad attività istruttorie, gli atti necessari per la formazione della prova o del mezzo istruttorio anche quando disposto d'ufficio, la designazione di consulenti di parte, l'esame delle corrispondenti attività e designazioni delle altre parti, l'esame delle deduzioni dei consulenti d'ufficio o delle altre parti, la notificazione delle domande nuove o di altri atti nel corso del giudizio compresi quelli al contumace, le relative richieste di copie al cancelliere, le istanze al giudice in qualsiasi forma, le dichiarazioni rese nei casi previsti dalla legge, le deduzioni a verbale, le intimazioni dei testimoni, comprese le notificazioni e l'esame delle relative relate, i procedimenti comunque incidentali comprese le querele di falso e quelli inerenti alla verificazione delle scritture private. Al fine di valutare il grado di complessità della fase rilevano, in particolare, le plurime memorie per parte, necessarie o autorizzate dal giudice, comunque denominate ma non meramente illustrative, ovvero le plurime richieste istruttorie ammesse per ciascuna parte e le plurime prove assunte per ciascuna parte. La fase rileva ai fini della liquidazione del compenso quando effettivamente svolta;

Fase decisionale

Per fase decisionale: le precisazioni delle conclusioni e l'esame di quelle delle altre parti, le memorie, illustrative o conclusionali anche in replica, compreso il loro deposito ed esame, la discussione orale, sia in camera di consiglio che in udienza pubblica, le note illustrative accessorie a quest'ultima, la redazione e il deposito delle note spese, l'esame e la registrazione o pubblicazione del provvedimento conclusivo del giudizio, comprese le richieste di copie al cancelliere, il ritiro del fascicolo, l'iscrizione di ipoteca giudiziale del provvedimento conclusivo stesso;

Fasi procedimento esecutivo

Per fase di studio e introduttiva del procedimento esecutivo: la disamina del titolo esecutivo, la notificazione dello stesso unitamente al precetto, l'esame delle relative relate, il pignoramento e l'esame del relativo verbale, le iscrizioni, trascrizioni e annotazioni, gli atti d'intervento, le ispezioni ipotecarie, catastali, l'esame dei relativi atti;

Per fase istruttoria e di trattazione del procedimento esecutivo: ogni attività del procedimento stesso non compresa nella lettera e), quali le assistenze all'udienza o agli atti esecutivi di qualsiasi tipo.

Occorre ribadire che si tratta di elencazione meramente esemplificativa.

Da quanto sopra riportato ne consegue che per ogni giudizio/procedimento sono state individuate:

- **le fasi (di norma quattro)** che caratterizzano il giudizio/procedimento, **nelle quali sono state raggruppate** le attività professionali svolte dall'avvocato nella fase;
- **ad ogni fase processuale è stato attribuito un valore economico (parametro)**, rapportato al valore della controversia.

Attività accessoria e compenso

I compensi previsti per le varie fasi comprendono l'intero corrispettivo per la prestazione professionale, incluse le attività accessorie alla stessa, quali ad esempio, gli accessi agli uffici pubblici, le trasferte, la corrispondenza anche telefonica o telematica o collegiale con il cliente, le attività connesse a oneri amministrativi o fiscali, le sessioni per rapporti con colleghi, ausiliari, consulenti, magistrati.

La struttura parametrica e per fasi giudiziali di cui al D.M. n. 55/2014, confermata dal D.M. 8 marzo 2018, n. 37 e dal D.M. n.147/2022 (ma già quella di cui al decreto n. 140/2012), è caratterizzata dalla massima facilità applicativa e da estrema flessibilità, consentendo con immediatezza di determinare il compenso spettante. Infatti, **il giudice, ma anche il cliente e l'avvocato (qualora nella pattuizione fanno riferimento per il compenso ai parametri), non devono fare altro che:**

Calcolo compenso

- individuare il giudizio (e quindi l'autorità giudiziaria adita);
- il valore della controversia e quindi la fascia di valore;
- la fase del giudizio

e quindi procedere alla somma dei valori parametrici per le varie fasi effettivamente svolte, così determinando il valore complessivo della prestazione resa dal professionista. Del resto i parametri sono formulati in modo da favorire la trasparenza nella determinazione dei compensi dovuti per le prestazioni professionali e l'unitarietà e la semplicità nella determinazione dei compensi.

Forbici riduzione/aumento compenso

Il decreto n. 55/2014, come modificato dal D.M. 8 marzo 2018, n. 37 (art. 4, comma 1), prevede nei parametri **forbici di percentuali varie operanti sui valori medi di liquidazione** (aumento fino all'80% e 100% e diminuzioni non oltre il 50%).

Il D.M. n.147/2022 ha fissato un'unica percentuale del 50% per regolare aumenti e diminuzioni dei valori base dei parametri, in tutte le parti in cui il decreto parametrico prevede percentuali di aumenti e diminuzioni diverse da quelle del 50%.

Con specifico riferimento alla possibilità di riduzione del compenso per la fase istruttoria non oltre il 70% **previsto dalla disciplina previgente il DM n. 147/2022**, la Cassazione (Cass. 10 aprile 2020 n. 7780; Cass. 24 settembre 2019 n. 23798; Cass. 15 marzo 2019 n. 7482) ha precisato che, per la fase istruttoria, l'espressione, contenuta alla fine del primo comma dell'art.4 dm n.55/2014 (*"diminuzione di regola fino al 70%"*), va interpretata, in conformità al suo chiaro tenore letterale, nel senso che la diminuzione applicabile sul valore medio può essere determinata in una percentuale non superiore al 70% del medesimo, ossia nel senso che l'importo minimo liquidabile corrisponde al 30% di tale valore medio; non già nel diverso senso che l'importo minimo liquidabile corrisponda al 70% del valore medio, ossia che la diminuzione applicabile sul valore medio non possa eccedere il 30% del medesimo.

Il D.M. n. 147/2022

Per completezza di trattazione occorre evidenziare che il D.M. n.147/2022 ha eliminato l'uso della locuzione "di regola" nella liquidazione giudiziale del compenso ove prevista nel decreto parametrico.

Occorre ribadire, comunque, la piena derogabilità delle forbici stesse, costituenti mera "fascia di orientamento" per l'organo giurisdizionale. E ciò in quanto privando l'organo giurisdizionale di forbici di oscillazione dei valori medi di liquidazione, si innescherebbe un altro e ben più consistente rischio: quello di appiattire le liquidazioni giudiziali sul valore medio di liquidazione, rimasto unico e del tutto anelastico parametro certo di riferimento. Il tutto, per un verso, con l'alto rischio di pregiudizio dell'*unicuique suum tribuere*, per altro verso, con l'alto rischio di deviazioni disomogenee nelle liquidazioni giudiziali, che non potrebbero considerarsi un obiettivo da perseguire, e per altro verso ancora, con serio rischio di conseguente incremento del contenzioso. La soppressione delle forbici anche solo orientative, cioè, non potrebbe che avere come effetto quello di irrigidire il valore medio di liquidazione, privandolo dei dati che ne segnano il significato ponderale, nella logica della liquidazione per fasi di attività, del compenso professionale.

18. Cause "premiali" con aumento del compenso dell'avvocato: conciliazione giudiziale o transazione della controversia; mediazione e negoziazione; domanda parte vittoriosa manifestamente fondata ("soccombenza qualificata"); *class action*; avvocati "telematici"

L'art. 4, comma 1-bis e commi 6-9, D.M. n. 55/2014 (come modificato dal D.M. 8 marzo 2018, n. 37) ha introdotto nella determinazione del compenso dell'avvocato un incentivo c.d. "deflattivo" essendo volto, da un lato a premiare (aumento del compenso) l'avvocato che raggiunge una transazione o una conciliazione giudiziale, o utilizza strumenti informatici, dall'altro a sanzionare l'abuso del ricorso alla giurisdizione da parte dell'avvocato, previsioni che esaltano e valorizzano la professionalità dell'avvocato.

Occorre preliminarmente evidenziare che il D.M. n.147/2022, per ridurre il margine di discrezionalità del giudice nella liquidazione del compenso dell'avvocato, prevede come regola generale l'applicazione dei valori medi delle tabelle parametriche, con l'obbligo per il giudice di motivare l'eventuale scelta di aumento o diminuzione, nella percentuale unica del 50 per cento.

Transazione controversia

Nelle ipotesi di conciliazione giudiziale o transazione della controversia, è previsto (art. 4, comma 6, D.M. n.55/2014 ed art.2, comma 1,lett. g) D.M. n.147/2022) che la liquidazione del compenso è aumentato di un quarto rispetto a quello altrimenti liquidabile **per la fase decisionale**, fermo quanto maturato per l'attività precedentemente svolta; nel DM n.147/2022 si precisa che "Il compenso per tale attività è determinato nella misura pari a quello previsto per la fase decisionale, aumentato di un quarto". Il compenso viene quindi aumentato di un importo pari sino ad un quarto del compenso liquidabile per la fase decisionale (ma non per il compenso spettante per le altre fasi).

Il D.M. n.147/2022 ha chiarito la norma statuendo nell'ipotesi di conciliazione giudiziale o transazione della controversia, che il "*il compenso per tale attività è determinato nella misura pari a quello previsto per la fase decisionale, aumentato di un quarto*".

L'importo previsto per l'attività collaborativa alla transazione si aggiunge, quindi, all'importo previsto per la fase decisionale. In pratica con la nuova normativa è stato espressamente introdotto un meccanismo premiale più certo nella sua effettività e quindi più efficace e più motivante: il compenso per l'attività di conciliazione e transazione è determinato nella misura pari a quella prevista per la fase decisionale, aumentata di un quarto.

Mediazione e negoziazione

Per il procedimento di mediazione e procedura di negoziazione assistita il D.M. n.147/2022 all'art.4, comma 3, lett. b), prevede che all'art.20 del DM n.55/2014, al comma 1.bis è aggiunto il seguente periodo *"Nel caso in cui il procedimento di mediazione o la procedura di negoziazione assistita si concludano con un accordo tra le parti, fermo il compenso per la fase di conciliazione, i compensi per le fasi dell'attivazione e di negoziazione sono aumentati del 30 per cento"*: i parametri previsti per tali attività sono aumentati del 30% rispetto agli importi parametrici. E ciò al fine di rendere maggiormente remunerata l'attività impegnativa svolta dall'avvocato e conveniente per la parte che definisce in tempi rapidi con una soluzione concordata la propria controversia.

Sempre al fine di incoraggiare la funzione conciliativa dell'avvocato e remunerare adeguatamente l'attività professionale che si rende necessaria per la transazione della causa in corso (come già illustrato), ed anche per fare chiarezza sulla interpretazione della norma, il D.M. n.147/2022, all'art.2, comma 1, lett. g) con una formulazione più chiara della norma ne evidenzia il carattere deflattivo, riconoscendo al professionista un incremento del compenso in caso di conciliazione o transazione della lite, prevedendo che *"il compenso per tale attività è determinato nella misura pari a quello previsto per la fase decisionale aumentato di un quarto"* (e non quindi con la ambigua formula "Fino ad un quarto"), fermo comunque quanto maturato per l'attività precedentemente svolta.

Soccombenza qualificata

In ordine alla c.d. "soccombenza qualificata" il comma 8 dell'art. 4 del D.M. n.55/2014, prevede che il compenso liquidato giudizialmente a carico del soccombente costituito può essere aumentato fino ad un terzo rispetto a quello altrimenti liquidabile quando le difese della parte vittoriosa sono risultate manifestamente fondate; le spese processuali possono essere incrementate, quindi, fino ad un terzo, ai sensi dell'art. 4, comma 8, del D.M. n. 55/2014, nel caso in cui le difese della parte vittoriosa siano risultate manifestamente fondate (decreto Trib. Milano, sez. IX civ., 11 dicembre 2014). In pratica la disposizione prevede un incremento del compenso a favore dell'avvocato vittorioso che nel corso del giudizio sia stato capace di far emergere la manifesta fondatezza della propria pretesa nei confronti della controparte costituita. E cioè "**nei casi in cui il difensore di una parte riesca a fare emergere la fondatezza nel merito dei propri assunti, e specularmente l'infondatezza degli assunti di controparte, senza dover ricorrere a prove costituende e quindi solo grazie al proprio apporto argomentativo**. Volendo esemplificare si può pensare ai casi in cui la causa risulti di pronta soluzione sulla base di prove documentali di facile intelligibilità ovvero perché involge questioni giuridiche relativamente semplici o ancora perché non vi è stata contestazione dei fatti rilevanti ai fini della decisione" (Trib. Verona 19 giugno 2014; Trib. Verona 23 maggio 2014).

In caso di soccombenza qualificata è possibile l'applicazione congiunta della maggiorazione prevista dall'art. 4, comma 8, del D.M. n. 55/2014 e dell'art. 96, comma 3, c.p.c., attesa la diversa ratio delle due norme: l'art. 4 citato è diretto a compensare la parte vittoriosa per le sue "capacità", mentre l'art. 96 c.p.c. tende ad indennizzare la parte vittoriosa (Trib. Milano, sez. IX civile, decreto 11 dicembre 2014; Trib. Verona 19 giugno 2014).

Class action

L'art. 4, comma 10, D.M. n. 55/2014 prevede nel caso di *Class action* (controversie disciplinate dall'art. 140 *bis*, D.Lgs. 6 settembre 2005, n. 206) la possibilità di aumentare il compenso fino al triplo rispetto a quello altrimenti liquidabile, in considerazione della particolare natura di tali cause.

Avvocati telematici

Novità introdotta dal D.M. 8 marzo 2018, n. 37, a seguito del parere delle Commissioni parlamentari sullo schema di decreto trasmesso dal Ministro della Giustizia, è la previsione di un aumento dei compensi per l'avvocato "telematico". Infatti è stato introdotto all'art. 4 il comma 1-*bis*, il quale statuisce che **il compenso determinato tenuto conto dei parametri generali** di cui al comma 1 del regolamento è **di regola aumentato del 30 per cento quando *gli atti depositati con modalità telematiche*** sono redatti con tecniche informatiche idonee ad agevolare la consultazione o la fruizione e, in particolare, quando esse consentono la ricerca testuale all'interno dell'atto e dei documenti allegati, nonché la navigazione all'interno dell'atto. Gli avvocati che saranno in grado di redigere atti depositati on line, con uso di tecniche informatiche idonee ad agevolarne la consultazione o la fruizione, e in particolare, quando esse consentono la ricerca testuale all'interno dell'atto e dei documenti allegati, nonché la navigazione all'interno dell'atto, potranno chiedere compensi fino al 30% maggiori rispetto al compenso determinato tenuto conto dei parametri generali per i professionisti meno tecnologici.

Le particolari tecniche di redazione degli atti "telematici" per beneficiare dell'aumento del compenso, consistono in pratica nella creazione dei c.d. "collegamenti ipertestuali", i quali consentono, una volta realizzati all'interno dell'atto predisposto con il proprio software di videoscrittura, di poter visualizzare e consultare immediatamente, con un semplice clik del mouse, il documento citato nell'atto e allegato nella busta telematica: ciò consente di visualizzare i documenti allegati e nell'atto richiamati, senza doverli cercare all'interno del fascicolo informatico.

Gli atti interessati dai collegamenti ipertestuali sono tutti quelli nei quali, oltre allo scritto difensivo, sono allegati anche documenti (ad esempio, atto di citazione, comparsa costituzione e risposta, memorie art.183 cpc, iscrizioni a ruolo dei pignoramenti, le opposizioni, i reclami).

Per inserire un link nel testo: selezionare la parola cui legare il collegamento e selezionare la funzione "inserisci collegamento ipertestuale"; selezionare il file (contenente l'allegato) a cui si vuole creare il link.

19. Cause "riduttive" del compenso all'avvocato: condotte abusive; inammissibilità o improponibilità o improcedibilità della domanda; responsabilità processuale *ex* art. 96 c.p.c.; soggetti ammessi al patrocinio a spese dello Stato; identità di posizione processuale di vari soggetti

Il D.M. n. 55/2014 prevede particolari "sanzioni" sul compenso dell'avvocato, in presenza di comportamenti dell'avvocato non proprio "lineari".

Condotte abusive

In caso di condotte abusive, il comma 7 dell'art. 4 del D.M. n. 55/2014 prevede che costituisce elemento di valutazione negativa, in sede di liquidazione giudiziale del compenso, l'adozione di condotte abusive tali da ostacolare la definizione dei procedimenti in tempi ragionevoli.

Responsabilità processuale

Per quanto concerne la responsabilità processuale *ex* art. 96 c.p.c., l'art.4, comma 9, del DM n.55/2014, come sostituito dall'art.2, comma 2, lett. h) del DM n.147/2022, prevede che *"Nel caso di dichiarata responsabilità processuale ai sensi dell'art.96 del codice di procedura civile il compenso dovuto all'avvocato dal soccombente è ridotto del 75 per cento rispetto a quello altrimenti spettante"*.

Il D.M. n.147/2022 al fine di contribuire a deflazionare i carichi giudiziari scongiurando la proposizione di cause introdotte con mala fede o colpa grave, prevede che il compenso dovuto all'avvocato soccombente è ridotto del 75% per cento.

La *ratio* è chiaramente relativa all'esercizio professionalmente inappropriato dei diritti processuali; va in questa sede evidenziato, però, che è escluso che possano andare a danno della parte i mutamenti giurisprudenziali, posto che in tali casi la parte viene comunque rimessa in termini (Cass., SS.UU., n. 15144/2011 e n. 3042/2012).

Inammissibilità o improcedibilità domanda

L'art. 2, comma 2, lett. h) del DM n. 147/2022 statuisce che *"Nei casi d'inammissibilità, improponibilità o improcedibilità della domanda il compenso è ridotto, ove concorrano gravi ed eccezionali ragioni esplicitamente indicate nella motivazione, nella misura del 50 per cento"*. La responsabilità dell'avvocato è, quindi, attenuata sia per la riduzione della parcella (al 50%) che per l'obbligo del giudice di indicare nella motivazione della sentenza le gravi ed eccezionali ragioni che portano alla dichiarazione di inammissibilità, improponibilità o improcedibilità della domanda.

Gratuito patrocinio

In ordine alle liquidazioni delle prestazioni svolte in favore di soggetti ammessi al patrocinio a spese dello Stato ai sensi del D.P.R. n. 115/2002, connessi a rilevanti ricadute erariali, l'art. 12, comma 2 (ultima parte) del D.M. n. 55/2014 (tariffa penale), come modificato dal D.M: n.147/2022, statuisce che nella liquidazione del compenso al difensore, si tiene specifico conto della concreta incidenza degli atti assunti rispetto alla posizione processuale della persona difesa e gli importi sono ridotti del 30%, riduzione del 30% confermata dall'art. 1, comma 606, della Legge 27 dicembre 2013, n. 147.

Sulle problematiche del compenso spettante al difensore che assiste la parte ammessa a gratuito patrocinio, si rinvia alla parte V.

20. Il patto di quota lite e il palmario

Nozione I. - Il patto di quota lite **è l'accordo tra avvocato e cliente che attribuisce all'avvocato, quale compenso della sua attività professionale, una quota dei beni o diritti in lite**. In pratica con il patto di quota lite il compenso dell'avvocato viene calcolato in percentuale rispetto al risultato ottenuto dal cliente, anziché essere ragguagliato all'importanza dell'opera professionale (Cass. 19.11.1997 n. 11485). Viola l'art. 2233 cod. civ. l'accordo intervenuto tra cliente/avvocato prima dello svolgimento dell'attività difensiva, che riguarda il contenuto patrimoniale e la disciplina del rapporto d'opera intellettuale alla partecipazione del professionista ad interessi economici finali della lite ed esterni alla prestazione professionale: in pratica, l'avvocato non può pretendere parte del bene oggetto della lite.

Il patto di quota lite tra l'avvocato e la parte da lui assistita ha avuto una complessa evoluzione legislativa. Vietato in modo assoluto dall'art.2233, 3 comma, cod. civ., nella sua originaria formulazione, è divenuto lecito in base alla modifica di cui all'art. 2, del d.l. n. 223/2006, conv. in legge n. 248/2011. Il divieto del patto di quota lite è stato ripristinato dall'art.13, comma 4 della l.n.247 del 2012, reintroducendo, quindi, il divieto del patto di quota lite (Cass. 6 luglio 2018 n. 1776), norma che statuisce esplicitamente il divieto dei patti con i quali l'avvocato percepisca come compenso in tutto o in parte una quota del bene oggetto della prestazione o della ragione litigiosa, in tal modo reintroducendo il divieto del patto di quota lite (Cass. n.6002 del 2021).

La *ratio* del divieto del patto di quota lite (e quindi della cessione dei crediti litigiosi) è sempre stato individuato nell'esigenza di tutelare l'interesse del cliente nonché la dignità e la moralità della professione forense, impedendo la partecipazione del professionista agli interessi economici esterni della prestazione.

L'avvocato non può pattuire un compenso che prevede l'attribuzione dei beni o diritti oggetto della controversia, concretandosi tale patto in una partecipazione agli interessi dei quali è stato assunto il patrocinio. L'interessamento dell'avvocato alle sorti della lite attenua quella obiettività e serenità che si richiede nella esplicazione del mandato. È necessario il distacco dell'avvocato dagli esiti della lite, distacco che verrebbe fortemente attenuato dall'eventuale commistione di interessi quale si avrebbe se il compenso dell'avvocato fosse collegato, in tutto o in parte, all'esito della lite, con il rischio così della trasformazione del rapporto professionale da rapporto di scambio a rapporto associativo.

Dopo l'entrata in vigore dell'art.13, comma 4, della l.n.247/2012, che ha ripristinato i divieto del patto di quota lite, si è posto il problema della "dicotomia" di tale comma, che espressamente statuisce " *Soni vietati i patti con i quali l'avvocato percepisca come compenso in tutto o in parte una quota del bene oggetto della prestazione o della ragione litigiosa*" con il precedente comma 3 , che espressamente statuisce "*La pattuizione dei compensi è libera: è ammessa la pattuizione...a percentuale sul valore dell'affare o su quanto si prevede possa giovarsene, non soltanto a livello strettamente patrimoniale, il destinatario della prestazione*".

Stante la poco "linearità" di tali due commi, si è posto il problema di individuare la fattispecie concreta di patto di quota lite.

Per la risoluzione del riferito problema vengono in aiuto decisioni sia del Consiglio nazionale Forense che della giurisprudenza.

Infatti, il Consiglio Nazionale Forense, con sentenza 30.12.2013 n. 225, fornisce un primo "chiarimento" sulla portata dell'art. 13, comma 4, della Legge n. 247/2012.

Dopo avere premesso che ai sensi dell'art. 13, Legge n. 247/2012 "sono vietati i patti con i quali l'avvocato percepisca come compenso in tutto o in parte una quota del bene oggetto della prestazione o della ragione litigiosa", mentre **è valida la pattuizione con cui si determini il compenso "a percentuale sul valore dell'affare o su quanto si prevede possa giovarsene**, non soltanto a livello strettamente patrimoniale, il destinatario della prestazione" (art.13, comma 3, l.n.247/2012), afferma che l'accennata dicotomia legislativa deve essere intesa nel senso che **la percentuale può essere rapportata al valore dei beni o agli interessi litigiosi, ma non lo può essere al risultato**, perchè in tal senso deve interpretarsi l'inciso "si prevede possa giovarsene", che appunto evoca un rapporto con ciò che si prevede e non con ciò che costituisce il consuntivo della prestazione professionale.

Violazione del patto di quota lite

Da quanto precede consegue che **la parcella in percentuale al valore dell'affare non viola il divieto del patto di quota lite, mentre la parcella in percentuale collegata al risultato conseguito (in pratica alla somma attribuita) viola il divieto del patto di quota lite.**

A seguito della legge n. 247/2012, esistono, quindi, due tipi di patti di quota lite: uno, legittimo, con il quale si stabilisce un compenso correlato al risultato pratico dell'attività svolta e, comunque, in ragione di una percentuale sul valore dei beni o degli interessi litigiosi; l'altro, che è nullo, nella misura in cui realizzi, in via diretta o indiretta, la cessione del credito o del bene litigioso, contravvenendo, dunque, al divieto posto dall'art. 1261 c.c.

Ulteriore contributo alla individuazione della fattispecie del divieto del patto di quota lite è dato dal Tribunale di Monza con sentenza n. 247/2013 (richiamata, peraltro, dalla riferita decisione del Consiglio Nazionale Forense) in cui si afferma che *"Il patto di quota lite integra un contratto aleatorio in quanto il compenso varia in funzione dei benefici ottenuti in conseguenza dell'esito favorevole della, lite e il suo tratto caratterizzante è dato, appunto, dal rischio, perché il risultato da raggiungere non è certo non solo nel quantum ma, soprattutto, neppure nell'an... ed è proprio l'aleatorietà che distingue il patto di quota lite da figure affini, quale ad esempio il palmario"*.

Il Tribunale di Nola, con ordinanza 19.9.2019 ha ulteriormente "specificato" la fattispecie del patto di quota lite, affermando che il *"il patto di quota lite è valido solo se le parti hanno predeterminato, al momento della conclusione del contratto, il valore dell'affare, o quantomeno hanno individuato l'importo che ritengono di poter ottenere; non è invece valido quando le parti si sono limitate ad individuare una percentuale o una quota, rimettendo ogni altra determinazione al risultato conseguito all'esito del giudizio"*.

Dal riportato *excursus* normativo e giurisprudenziale ne consegue che **il patto di quota lite è valido quando le parti, *ex ante*, e dunque prima dell'instaurazione della lite, assegnano un valore all'affare, o quantomeno individuano un valore di cui riten-**

gono che (all'esito del giudizio) la parte possa giovarsi all'esito della controversia; in tal modo le parti individuano sin dall'inizio il compenso che verrà riconosciuto all'avvocato, a condizione dell'esito positivo della lite. Diversamente, il patto non è valido ogni qual volta le parti si limitano a individuare la quota (o la percentuale) del compenso, che poi verrà concretamente determinata a risultato conseguito, e quindi in base ad una valutazione *ex post*.

Giurisprudenza

Una conferma indiretta di tale interpretazione si ha con la sentenza della Corte di Cassazione 4.2.2016 n. 2169 (per fattispecie riferita al divieto del patto di quota lite ante d.l. n. 223/2006) in cui si afferma che non viola il patto di quota lite, l'accordo sul compenso professionale stipulato con il cliente alla conclusione di tutta l'attività difensiva svolta (momento in cui si è "a conoscenza" del valore della vertenza).

Per valutare i confini di liceità del patto cliente/avvocato stipulato, occorre distinguere i casi in cui tra le parti siano stipulati patti scritti che riproporzionino i compensi professionali ai risultati raggiunti senza però riferirsi a delle quote del bene oggetto di contenzioso, dai casi in cui in forza di simili patti i compensi abbiano ad oggetto tale bene.

Per non incappare nel riferito divieto, nei casi in cui il compenso viene pattuito in percentuale sul valore dell'affare, è necessario fare riferimento al valore della causa al momento della pattuizione e quindi al valore della causa riconosciuta dalle parti e non al valore finale (in pratica al valore della domanda e non alla somma attribuita in sede finale). In pratica, sono validi i patti sui compensi parametrati ai risultati conseguiti, aventi ad oggetto, non una quota del bene oggetto della prestazione o della ragione litigiosa, ma una percentuale del valore del bene controverso o del bene stesso.

Il divieto di partecipare alla lite per un interesse che derivi dai diritti che l'avvocato è chiamato a difendere (c.d. patto di quota lite) **è, quindi, assoluto, trovando applicazione sia in campo giudiziale che stragiudiziale** (Cass. 29 aprile 1982, n. 2709).

In caso di nullità del patto di quota lite, l'avvocato conserva comunque il diritto di ricevere il compenso delle sue prestazioni sulla base dei parametri, posto che la nullità non determina l'invalidità dell'intero accordo. (Cass. 30.7.2018 n. 20069; Cass. 17.5.2007 n.11461; Corte App. Trento 6 luglio 1957; Consiglio Nazionale Forense n.71 del 2009).

Quanto alla sorte dei **patti di quota lite stipulati legittimamente anteriormente all'entrata in vigore della Legge n. 247/2012** (e dopo l'entrata in vigore della Legge n. 248/2006), gli stessi qualora ancora in corso per non essere la prestazione dell'avvocato ancora terminata per non essersi ancora verificato il fatto cui il compenso è subordinato, a decorrere dal 2 febbraio 2013, **sono da ritenersi nulli in applicazione del principio dalla c.d. nullità sopravvenuta. Le sezioni unite della cassazione con sentenza 25 novembre 2014 n. 25012 hanno avuto modo di occuparsi del patto di quota lite in relazione al periodo intermedio tra la riforma di cui al d.l. n.223 del 2006 e la legge n.247 del 2012, stabilendo che l'aleatorietà del patto di quota lite non esclude la possibilità di valutare l'equità. In altri termini, "la liceità in astratto di quell'accordo non esclude che in sede di giudizio disciplinare possa essere valutata la concretezza del caso specifico allo scopo di verificare se la stima effettuata dalle parti era all'epoca della conclusione dell'accordo che lega compenso e risultato, ragionevole o, al contrario, sproporzionata per eccesso rispetto alla tariffa di mercato, tenuto contro di tutti i fattori rilevanti, in particolare del valore e della complessità della lite e della natura del servizio professionale, comprensivo dell'assunzione del rischio" (Cass. 4 marzo 2021 n. 6002).**

Giurisprudenza

Il patto di quota lite, oltre che nullo, costituisce, poi, anche **violazione deontologica** sanzionabile in sede disciplinare.

In ordine all'ambito di operatività del divieto del patto di quota lite, anche se con riferimento al divieto a suo tempo previsto dall'art. 2233, comma 3, c.c., si è affermato (Cass. 2 ottobre 2014, n. 20839) che **la disposizione di cui all'art. 2233, comma 3, c.c.** – nel testo in vigore prima della sostituzione ad opera dell'art. 2, comma 2-*bis* del D.L. n. 233/2006, conv. dalla Legge n. 248 del 2006 – nel prevedere la nullità del cd. patto di quota lite **si riferisce esclusivamente all'attività svolta da professionisti abilitati al patrocinio in sede giurisdizionale e non anche all'attività amministrativo-contabile svolta dal consulente del lavoro** in ambito previdenziale e finalizzata al conseguimento di sgravi contributivi.

II. - Mentre è vietato il patto di quota lite, viceversa è ammesso il **palmario**. **Palmario**

Il palmario **è il compenso corrisposto o promesso dal cliente al difensore, in una misura determinata, in sostituzione dell'onorario o in aggiunta allo stesso, con particolare riferimento alla conclusione favorevole** di una lite o di una questione stragiudiziale. In pratica il palmario è l'accordo avvocato/cliente che prevede, in favore del professionista, il pagamento di una somma ulteriore in ragione del risultato perseguito o della complessità dell'attività svolta. Il palmario è un compenso suppletivo straordinario che il cliente per l'esito vittorioso della lite, si obbliga a dare all'avvocato in aggiunta all'onorario spettantegli in base alla tariffa forense (Cass. 18 giugno 1986, n. 4078), compenso legittimo essendo consentito alle parti di convenire un compenso "libero".

Il compenso a titolo di palmario va pattuito in forma scritta o comunque in qualche modo provato dall'avvocato, altrimenti la pretesa dell'avvocato si configura come un patto di quota lite (Cass. n. 16214 del 2017).

21. Preventivo di massima ed obblighi informativi

Preventivo facoltativo

L'art. 9, D.L. n. 1/2012, conv. in Legge n. 27/2012, prevedeva l'**obbligo per l'avvocato di rendere nota previamente al cliente la misura del compenso con un preventivo di massima.** Tale disposizione era diretta a rendere chiaro fin dall'inizio nel rapporto tra professionista e cliente il corrispettivo per l'attività da svolgere, seppur attraverso un preventivo di massima.

Tale obbligo veniva "ribadito" dall'art. 1, comma 6, del decreto 20 luglio 2012, n. 140, il quale statuiva che l'**assenza di prova del preventivo di massima** costituisce elemento di valutazione negativa da parte dell'organo giurisdizionale per la liquidazione del compenso. L'avvocato, pertanto, era obbligato, **prima del conferimento dell'incarico professionale, ad illustrare al cliente un preventivo di massima dei compensi professionali** che richiedeva per lo svolgimento della propria prestazione.

L'art. 13, comma 5, Legge n. 247/2012, degradava il preventivo di massima da un obbligo (previsto sia dall'art. 1, comma 9, d.l. n. 1/2012 che dall'art. 1, comma 6, D.M. n. 140/2012) **ad una facoltà**.

Infatti da tale norma derivava per l'avvocato un obbligo di fornire il preventivo per iscritto solo se richiesto dal cliente, mentre prima era obbligato a fornirlo, anche se in forma libera ("a richiesta è altresì tenuto a comunicare in forma scritta a colui che conferisce l'incarico professionale la prevedibile misura del costo della prestazione ...").

L'avvocato, pertanto, prima del conferimento dell'incarico professionale, **se richiesto**, doveva illustrare al cliente un preventivo di massima dei compensi professionali che richiedeva per lo svolgimento della propria prestazione, preventivo che conteneva indicazioni generali, in quanto l'avvocato al momento del conferimento dell'incarico non poteva prevedere lo svolgimento della vicenda e il contegno delle parti.

L'accordo scritto sul compenso costituiva, comunque, da un lato una garanzia di trasparenza per il cliente, dall'altro una tutela per l'avvocato, tale da consentirgli di superare in sede giudiziale, con estrema facilità, l'onere probatorio.

Preventivo scritto obbligatorio

L'art. 1, comma 141, sub 6, lettera d), della legge 4.8.2017 n. 124 ha modificato l'art. 13, comma 5, della legge 13.12.2012 n. 247 (legge professionale) sopprimendo dalla seconda parte del comma 5 la parola "a richiesta" ("*d) all'articolo 13, comma 5, le parole: "a richiesta" sono soppresse*"), e **rendendo, così, per l'avvocato obbligatorio il preventivo in forma scritta dei costi della prestazione**, e trasparente la fase di avvio dei rapporti con i propri clienti (per l'obbligo della forma scritta a pena di nullità per l'accordo tra il cliente e l'avvocato per stabilire la misura del compenso dovuta al professionista, Cass. 8 settembre 2021 n.24213). La L. n. 124/2017 ha modificato, quindi, l'art. 13, comma 5, della L. n. 247/2012 nella parte in cui stabilisce che l'avvocato deve fornire il preventivo in forma scritta solo se espressamente richiesto dal cliente. Ed infatti il comma 5 del menzionato art. 13 risulta così modificato:

"5. Il professionista è tenuto, nel rispetto del principio di trasparenza, a rendere noto al cliente il livello della complessità dell'incari-

co, fornendo tutte le informazioni utili circa gli oneri ipotizzabili dal momento del conferimento alla conclusione dell'incarico; è altresì tenuto a comunicare in forma scritta a colui che conferisce l'incarico professionale la prevedibile misura del costo della prestazione, distinguendo fra oneri, spese, anche forfettarie, e compenso professionale".

Dalla riportata formulazione della norma ne consegue che a decorrere dal 29 agosto 2017 (data di entrata in vigore della L. n. 124/2017), l'avvocato ha l'**obbligo, al momento del conferimento dell'incarico, di fornire al cliente un preventivo scritto sulla prevedibile misura del costo della prestazione,** a prescindere da una esplicita richiesta del cliente; e cioè l'avvocato, anche in assenza di esplicita richiesta del cliente, in via preventiva, deve rendere noto "obbligatoriamente", in forma scritta o digitale, al cliente la misura del compenso per l'attività da svolgere, distinguendo tra oneri, spese, anche forfettarie, e compenso professionale.

Natura del preventivo

In ordine alla **"natura" del preventivo**, si evidenzia che il preventivo è una proposta di contratto con cui l'avvocato si impegna ad eseguire una prestazione dietro corrispettivo, contratto che si conclude con accettazione (del preventivo) da parte del cliente, accettazione che può essere sia in forma espressa (sottoscrizione del preventivo e restituzione dello stesso all'avvocato), ma anche con un comportamento concludente da parte del cliente (es., conferimento mandato).

Contenuto del preventivo

In ordine al **"contenuto" del preventivo,** la legge n. 124/2017 ha reso obbligatorio il preventivo in forma scritta dei costi della prestazione, ma **nulla dice sul "contenuto" limitandosi** la norma ad affermare che l'avvocato deve comunicare "*la prevedibile misura del costo della prestazione, distinguendo fra oneri, spese, anche forfettarie, e compenso professionale*", nulla specificando sui criteri per quantificare il compenso, per i quali il "rinvio" non può che essere alla legge professionale ed alle tabelle parametriche.

Il preventivo deve essere redatto dall'avvocato prima dell'inizio della prestazione, sulla base di una valutazione unilaterale operata dallo stesso ed in base a quanto riferitogli o richiesto dal cliente (il contenuto del preventivo è influenzato da quanto viene riferito dal cliente nel corso dei vari appuntamenti, e dal ragionevole sviluppo del contenzioso); è opportuno, quindi, "scendere" il più possibile nel dettaglio onde evitare di lasciare attività prive di costo, e che nel preventivo siano specificate tutti gli elementi necessari per il suo contenuto, indicando l'oggetto ed il valore della controversia affidata, e con espressa previsione della possibilità di eventuali modifiche a seguito di vicende processuali maggiormente complesse rispetto a quelle ipotizzabili al momento della redazione del preventivo (es., attività non prevedibile al momento del conferimento dell'incarico; azione da intraprendere come risposta ad una iniziativa avversaria). Per evitare "complicazioni", considerato che è impossibile ipotizzare tutte le vicende processuali che si possono verificare, **è opportuno inserire nel preventivo/contratto una clausola di salvaguardia, che faccia salve circostanze non previste o non prevedibili dalle parti, e che comportano una integrazione del compenso pattuito.**

È opportuno precisare nel preventivo che in caso di maggiore liquidazione giudiziale del compenso sarà comunque dovuta la somma liquidata dal giudice a titolo di spese di lite.

Compenso per redazione preventivo

Per la redazione del preventivo non è possibile chiedere alcun compenso in quanto trattasi di attività rientrante nei doveri informativi dell'avvocato (a meno che viene richiesto parere sul preventivo ad altro avvocato).

Preventivo modificabile

Occorre evidenziare che la proposta è vincolante per l'avvocato che dovrà così attenersi al compenso indicato nel preventivo. **Il preventivo è, però, suscettibile di modifiche** se, rispetto al momento in cui è stato redatto si siano verificate circostanze non prevedibili che giustificano la modifica del compenso preventivato; in tale caso occorre, comunque, informare il cliente inviando anche un nuovo preventivo, con possibilità per il cliente di recedere dal contratto, così come per l'avvocato se il cliente non accetta la modifica proposta.

Inadempimento obbligo preventivo

In caso di inadempimento dell'obbligo di redigere il preventivo da parte dell'avvocato, occorre precisare che in mancanza di preventivo, il compenso in base al comma 6 dell'art. 13 della L. n. 247/2012 è determinato in base ai parametri ministeriali.

La violazione dell'obbligo del preventivo non comporta, infatti, alcuna conseguenza sulla liquidazione del compenso

dell'avvocato. Per tale inadempienza non è stata prevista alcuna specifica sanzione

L'inosservanza dell'obbligo di "preventivare", viola comunque il principio di trasparenza nel rapporto tra cliente ed avvocato indicato nella prima parte del comma 5 dell'art. 13 L. n. 247/2012, norma che, come già detto, statuisce che l'avvocato "*è tenuto, nel rispetto del principio di trasparenza, a rendere noto al cliente il livello della complessità dell'incarico, fornendo tutte le informazioni utili circa gli oneri ipotizzabili dal momento del conferimento alla conclusione dell'incarico*".

Inadempimento e responsabilità civile

La violazione dell'obbligo del preventivo – che non incide sulla spettanza del compenso professionale né sull'ammontare – **comporta a carico dell'avvocato eventuale azione civilistica da parte del cliente, oltre che conseguenze di natura deontologica.**

Inadempimento e conseguenze deontologiche

Oltre alla riferita azione civilistica, infatti per l'avvocato inadempiente all'obbligo del preventivo, **sono previste conseguenze di natura deontologica:** l'art. 27, comma 2, del codice deontologico prevede una sanzione disciplinare (sanzione dell'avvertimento) nel caso in cui l'avvocato violi l'obbligo di dare al cliente adeguate informazioni circa la prevedibile durata del processo, gli oneri ipotizzabili ed il prevedibile costo della prestazione. Infatti, "riprendendo" quanto già indica la legge professionale, il codice deontologico prevede che **l'avvocato deve informare chiaramente la parte assistita, all'atto dell'assunzione dell'incarico,** delle caratteristiche e dell'importanza di quest'ultimo e delle attività da espletare, precisando le iniziative e le ipotesi di soluzione.

L'avvocato, quindi, all'atto dell'assunzione dell'incarico (ma anche durante lo svolgimento) deve dare alla parte assistita, tutte le informazioni per concretizzare l'attività difensiva: deve così informare il cliente/parte assistita delle caratteristiche della lite, delle attività da espletare, delle iniziative e delle possibili soluzioni, delle scelte tecniche.

Obblighi informativi

Stante la formulazione del comma 5 dell'art. 13 della L. n. 247 del 2012 – ed innanzi riportato – per non incorrere in responsabilità, è opportuno, per l'avvocato, indicare nel preventivo tutte le informazioni relative all'incarico, ed indicate nel menzionato art. 13, comma 5, L. n. 247/2012.

L'avvocato, al momento del conferimento dell'incarico, oltre al preventivo di massima obbligatorio sul compenso ed oneri della prestazione, **ha anche una serie di obblighi informativi nei confronti del cliente** (obblighi che è opportuno esternare per iscritto), in particolare (art. 13, comma 5, Legge n. 247/2012):

- **informare il cliente sul grado di complessità della causa o della prestazione da svolgere** (questioni di routine, causa di media difficoltà, causa che richiede uno studio particolare), usando una formula generica, attesa la natura sommaria della valutazione effettuata;
- **informare il cliente circa gli oneri ipotizzabili** fino alla conclusione della causa (es., udienze, consulenze tecniche, chiamata in causa di terzo, contributo unificato, spese di notifica, spese di trasferta, ecc.);
- **comunicare al cliente gli estremi della polizza assicurativa** per i danni provocati nell'esercizio dell'attività professionale.

Nei casi in cui vi sia una diversità soggettiva tra colui che conferisce il mandato e colui nel cui interesse viene effettuata la prestazione, l'obbligo "informativo" è diretto anche nei confronti di colui che ha conferito l'incarico.

Sui riflessi degli obblighi informativi sul compenso dell'avvocato si è affermato (Trib. Verona 26 gennaio 2016) che l'esigenza dell'attività informativa dell'avvocato nella fase pre-contrattuale è funzionale al conseguimento di un consenso informato da parte del cliente e trova il suo fondamento nell'art. 9, comma 4, del d.l. n. 1/2012 (a già in artt. 1175/1176 cod. civ.). Ne consegue, quindi, che a fronte dell'eccezione, sollevata dal convenuto, di inadempimento a tale obbligo l'avvocato che abbia agito per ottenere il compenso per l'attività svolta, è tenuto a fornire la prova contraria e qualora non vi provveda non ha diritto al compenso per l'attività svolta.

Preventivo e riflessi fiscali

Il preventivo scritto può essere uno strumento per difendersi dal fisco nell'ipotesi di accertamento. Ed infatti, se il preventivo evidenzia, a seguito di accordo con il cliente committente, un prezzo di favore particolarmente vantaggioso, **il preventivo medesimo può essere utilizzato per dimostrare che il corrispettivo percepito è effettivamente quello pattuito e risultante dal documento.**

22. Sconfinamento attività professionale. Responsabilità professionale.

Avvocato non iscritto all'albo professionale

L'iscrizione dell'avvocato nell'albo professionale è un atto amministrativo di accertamento costitutivo; allorché manca (e l'iscrizione è prescritta dalla legge, come per gli avvocati), i contratti – aventi per oggetto prestazioni d'opera professionale compresa fra quelle riservate per legge in via esclusiva agli avvocati iscritti all'albo professionale – sono invalidi e non è dovuto alcun compenso neppure in base all'azione generale di arricchimento senza causa, atteso che la funzione di quest'ultima azione, integratrice e sussidiaria, viene meno quando l'ordinamento giuridico, per ragioni di interesse pubblico o per altro motivo, non appresti alcuna tutela ad un determinato interesse (Cass. 27 giugno 1975, n. 2526). L'esecuzione di una prestazione d'opera professionale di natura intellettuale effettuata da chi non sia iscritto nell'apposito albo, quindi, dà luogo, ai sensi dell'art.2231 cod. civ., a nullità assoluta del rapporto tra professionista e cliente, privando il contratto di qualsiasi effetto, con conseguente non spettanza di alcun compenso per l'attività svolta (Cass. 24 gennaio 2019 n. 2038).

Quando la prestazione è eseguita da avvocato non iscritto all'albo professionale, quindi, non si può proporre azione per il pagamento del compenso *ex* art. 2231 c.c. e per il rimborso delle spese (Trib. Taranto 25 marzo 2014; Cass. 7 luglio 1971, n. 2128). Pertanto nel caso di esercizio della professione forense in difetto dell'iscrizione all'albo professionale al momento in cui il contratto d'opera è stato stipulato e sono state poste in essere le relative attività, il professionista non ha diritto al compenso (**Cass. 19 febbraio 2007, n. 3740**; Cass. 6 giugno 2006, n. 13214). **Diversa è, naturalmente, la posizione di colui che pur non essendo iscritto all'albo professionale, esplica una attività "professionale" che presenta i caratteri della subordinazione, applicandosi in tal caso l'art. 2126 c.c.**, con la conseguenza che la nullità del contratto professionale non ha effetto per il periodo in cui è stata eseguita la prestazione lavorativa: Cass. 6 marzo 2006, n. 4770; Cass. 16 febbraio 2006, n. 3399.

In ordine alle competenze istituzionali della categoria forense, si è affermato (Cass. 7 luglio 1987, n. 5906) che **è valido il con-**

tratto d'opera intellettuale, avente ad oggetto consulenza legale extragiudiziale, stipulato con soggetto non iscritto all'albo professionale, non riferendosi ad attività che la legge prescrive siano poste in essere esclusivamente da professionisti abilitati all'esercizio di attività professionale, con la conseguenza che la prestazione contrattuale non soltanto è lecita ma va retribuita, però, non in base alla tariffa forense.

La tariffa professionale (ed ora i parametri), quindi, ha valore normativo vincolante e inderogabile nei confronti dell'avvocato e del suo cliente (ma anche del giudice) solo quando sia stato regolarmente costituito fra le parti un rapporto di prestazione d'opera; in difetto di tale presupposto la tariffa (ed ora i parametri) può trovare applicazione solo come parametro di valutazione, con valore soltanto di fatto e non giuridico, ai fini della relativa liquidazione (Cass. 4 novembre 1983, n. 6505).

Assistenza per mutuo ipotecario

Il diritto al compenso, in base ai parametri, si riferisce unicamente alle prestazioni comprese nelle competenze istituzionali della categoria, perché in caso diverso il compenso si può determinare in base all'art. 2225 c.c. (ma non in base all'art. 2233 c.c.). E infatti la Cassazione (6 maggio 1987, n. 4198) ha affermato che **l'intervento di un avvocato per procurare la concessione di un mutuo ipotecario e la ricerca di soggetti disposti ad eseguire il finanziamento, non configurano una prestazione d'opera professionale**, ma soltanto una attività di intermediazione (con conseguente inapplicabilità della tariffa forense – e ora dei parametri – per la determinazione del compenso); con specifico riferimento alla prestazione d'opera intellettuale consistente nello **studio di controversie e nella compilazione di scritti difensivi, senza accesso agli uffici giudiziari**, né rapporto con le parti, ma per conto di un avvocato, la Cassazione (28 maggio 1976, n. 2829) ha ritenuto che la fattispecie **non configuri esercizio di attività professionale forense disciplinata dall'art. 2231 c.c. Viceversa è stata considerata attività professionale legale la rappresentanza e assistenza di un cliente nell'assemblea condominiale (Cass. 1° febbraio 1994, n. 973)**.

Mancanza procura alle liti

In ordine all'applicabilità della tariffa professionale (ed ora dei parametri) si è affermato (Cass. 3 dicembre 2008, n. 28718) che non si applica la tariffa professionale per l'attività svolta da un avvocato senza che fosse stata al medesimo mai conferita una procura per la rappresentanza e difesa in giudizio.

Obbligazioni di mezzi e non di risultato

Occorre evidenziare che il rapporto che lega l'avvocato al cliente comporta una **obbligazione di mezzi e non di risultato,** con la conseguenza che la prestazione va retribuita a prescindere dall'esito conseguito (Cass. 23740/2018; Cass. 5 agosto 2013 n. 18612; Cass. 11 gennaio 2010 n. 230); l'avvocato si impegna a svolgere l'incarico per raggiungere il risultato sperato ma non può impegnarsi a conseguire tale risultato.

Del resto non si può "nascondere" che l'esito delle controversie è spesso determinato da elementi esterni, con la conseguenza che l'avvocato non può obbligarsi al risultato di raggiungere un determinato risultato. Il **mancato raggiungimento del risultato sperato dal cliente non indica, di per sé, inadempimento del professionista,** che va valutato considerando il rispetto dei doveri durante lo svolgimento dell'attività professionale.

Responsabilità professionale

La responsabilità professionale dell'avvocato, la cui **obbligazione è di mezzi e non di risultato**, presuppone la violazione di un dovere di diligenza, da commisurare, ai sensi dell'art. 1176, secondo comma, cod. civ., alla natura dell'attività esercitata (Cass. n 23740/2018). Non potendo il professionista garantire l'esito comunque favorevole auspicato dal cliente, **il danno derivante da eventuali omissioni è ravvisabile solo se, sulla base di criteri necessariamente probabilistici, si accerti che senza quell'omissione, il risultato sarebbe stato conseguito**, secondo un'indagine istituzionalmente riservata al giudice di merito, censurabile in sede di legittimità solo per eventuali vizi di motivazione (Cass. 6967/2006): l'imperizia del difensore è configurabile allorchè egli ignori o violi precise disposizioni di legge, ovvero risolva in modo errato questioni giuridiche prive di margine di opinabilità, mentre la scelta di una determinata strategia processuale può essere foriera di responsabilità (Cass. n. 11906/2016).

La responsabilità professionale dell'avvocato trova **la sua fonte negli artt. 1176, 1218 e 2236 del codice civile**.

Il professionista, nella prestazione dell'attività professionale, sia questa configurabile come adempimento di un'obbligazione di risultato o di mezzi, è obbligato, a norma dell'art. 1176, comma 2, cod. civ. ("Nell'adempimento delle obbligazioni inerenti all'esercizio di un'attività professionale, la diligenza deve valutarsi con riguardo alla natura dell'attività esercitata"). Per valutare la diligenza dell'avvocato occorre fare riferimento non alla diligenza del buon padre di famiglia ma al riferito parametro di cui all'art. 1176, comma 2, cod. civ. (Cass. n. 2954 del 2016); la violazione di tale dovere comporta inadempimento contrattuale del quale il professionista è chiamato a rispondere anche per colpa lieve, salvo che nel caso in cui, a norma dell'art. 2236 cod. civ., la prestazione dedotta in contratto implichi la soluzione di problemi tecnici di particolare difficoltà (Cass. 22 marzo 2017 n. 7309; Cass. 15 dicembre 2016 n 21894), perchè in tali casi la responsabilità del professionista è attenuata, configurandosi solo nel caso di dolo o colpa grave.

La responsabilità professionale dell'avvocato, la cui obbligazione è di mezzi e non di risultato, presuppone, quindi, la violazione del dovere di diligenza, per il quale trova applicazione, **in luogo del criterio generale della diligenza del buon padre di famiglia, quello della diligenza professionale media esigibile**, ai sensi dell'art. 1176, comma 2, c.c. (Cass. 23 marzo 2017 n. 7309).

In ordine al problema della **responsabilità civile dell'avvocato, il consolidato orientamento giurisprudenziale** (da ultimo, Cass. n. 12038 del 2017; Cass.15 dicembre 2016 n. 25894; Cass. 13 novembre 2015 n. 23209) afferma che **la responsabilità dell'avvocato, non insorge automaticamente quale conseguenza di qualsivoglia inadempimento del professionista, ma sussiste solo nel caso in cui l'inadempienza dello stesso sia causalmente rilevante sull'esito della controversia.** Ed infatti la citata sentenza della Cassazione n. 23209/15 afferma che la mancata o carente deduzione di un mezzo istruttorio non determina la responsabilità professionale dell'avvocato qualora non sia provato che la regolare e tempestiva deduzione del mezzo istruttorio potesse incidere positivamente, secondo il criterio del "più probabile che non" sull'esito della controversia. **In pratica la prova del nesso di causalità non deve essere raggiunta in termini di certezza e neppure di alta probabilità: è sufficiente, invece, che, l'esito favorevole della**

controversia, nell'ipotesi di condotta adempiente dell'avvocato, risulti *"più probabile che non"*. **Nessun obbligo risarcitorio, quindi, per l'avvocato in assenza di un concreto pregiudizio al cliente** (Cass. 18 luglio 2016 n. 14644).

In conclusione, non basta l'errore o l'omissione ad integrare la responsabilità dell'avvocato, in quanto il cliente deve dare la prova che, in assenza di quella condotta (asseritamente colpevole), si sarebbe probabilmente verificato un esito diverso e più favorevole della lite (Cass. 10 novembre 2016 n. 22882). Per poter essere risarcito da un avvocato che ha svolto con poca diligenza il mandato, il cliente **non può limitarsi a dimostrare tale circostanza ma deve provare che dallo scorretto adempimento dell'attività professionale gli è derivato un danno** (Cass. n. 12038/2017).

Quanto innanzi riportato conferma l'orientamento giurisprudenziale della Suprema Corte (Cass. 13 febbraio 2014 n. 3355; Cass. 5 febbraio 2013 n. 2638; Cass. 10 luglio 2006 n. 15633) nel senso che **la responsabilità del prestatore d'opera intellettuale nei confronti del proprio cliente presuppone la prova del danno e del nesso causale tra la condotta del professionista ed il pregiudizio del cliente**. In particolare, nel caso di attività dell'avvocato, l'affermazione della responsabilità per colpa professionale **implica una valutazione prognostica positiva circa il probabile esito favorevole dell'azione giudiziale che avrebbe dovuto essere proposta e diligentemente seguita.**

La responsabilità dell'avvocato non può, quindi, affermarsi per il solo fatto del suo non corretto adempimento dell'attività professionale, occorrendo verificare se l'evento produttivo del pregiudizio lamentato dal cliente sia riconducibile alla condotta del primo, se **un danno vi sia stato effettivamente** e, infine, **se, ove questi avesse tenuto il comportamento dovuto,** il suo assistito, alla **stregua di criteri probabilistici, avrebbe conseguito il riconoscimento delle proprie ragioni,** difettando altrimenti. la prova del necessario nesso eziologico tra la condotta del legale, commissiva od omissiva (anche per violazione del dovere di informazione), ed il risultato derivatone (Cass. n. 10699 del 2016). Il danno risarcibile non può quindi essere confuso con l'inadempimento; è **onere del cliente dimostrare che la sua domanda giudiziale, ove cor-**

rettamente formulata e sostenuta dall'avvocato, avrebbe avuto ragionevoli probabilità di accoglimento.

Occorre evidenziare che può costituire fonte di responsabilità professionale, dando luogo al risarcimento del conseguente danno, la scelta processuale del legale (Cass. 2 luglio 2010, n. 17506); tale sentenza ha, infatti, confermato la **condanna di un legale a risarcire il danno subito dal cliente per avere fatto ricorso all'atto di citazione piuttosto che al decreto ingiuntivo**, quale mezzo per il recupero di un credito, atteso che nella circostanza, facendo ricorso al procedimento monitorio, giustificato dall'abbondante documentazione a disposizione, sarebbe stato agevole ottenere la provvisoria esecuzione ove le controparti avessero proposto opposizione, quindi il soddisfacimento del credito senza attendere i tempi lunghi del procedimento ordinario.

Tale decisione (Cass. n. 17506/2010), che riprende una precedente pronuncia (Cass. 27 marzo 2006, n. 6967), "amplia" la responsabilità dell'avvocato, individuando un ulteriore limite alla discrezionalità dell'avvocato, limite costituito dall'interesse concreto del cliente (nella fattispecie applicato all'attività avente ad oggetto **le scelte processuali che competono al difensore**).

In precedenza la **responsabilità dell'avvocato era stata esclusa per errori del professionista inerenti le attività c.d. discrezionali**, connesse all'interpretazione delle leggi e, in generale, alla risoluzione delle questioni opinabili, ivi incluse le scelte processuali: Cass. 18 novembre 1996, n. 10068, afferma che l'avvocato deve considerarsi responsabile verso il cliente in caso di incuria e di ignoranza di disposizioni di legge, dovendosi invece ritenere esclusa la responsabilità nel caso di interpretazioni di legge o di risoluzione di questioni opinabili.

Attività stragiudiziale e responsabilità dell'avvocato

In tema di responsabilità dell'avvocato, l'attività stragiudiziale si valuta come la giudiziale. Infatti, sia nell'attività giudiziale che in quella stragiudiziale, è il cliente a dolersi con il legale di non avergli procurato o di non avere conseguito un risultato prognosticamente utile e ciò quale conseguenza di una prestazione negligente: non vi è pertanto differenza fra le due ipotesi (Cass. 29 settembre 2017 n. 22849). Viene ribadita che la responsabilità professionale dell'avvocato, la cui **obbligazione è di mezzi e non**

di risultato, presuppone la violazione del dovere di diligenza, per il quale trova applicazione, **in luogo del criterio generale della diligenza del buon padre di famiglia, quello della diligenza professionale media esigibile**, ai sensi dell'art. 1176, comma 2, cod. civ., da commisurare alla natura dell'attività esercitata (non potendo il professionista garantire l'esito comunque favorevole auspicato dal cliente).

23. Amministrazione pubblica difesa dai suoi funzionari e riflessi sul compenso

La legge di stabilità 2012, e in particolare **l'art. 4, comma 42, Legge 12 novembre 2011, n. 183**, titolato "Liquidazione di spese processuali" **prevede** che "Nelle liquidazioni delle spese di cui all'art. 91 del codice di procedura civile a favore delle pubbliche amministrazioni di cui all'articolo 1, comma 2, del d.lgs. 30.3.2011 n. 165, e successive modificazioni, se assistite da propri dipendenti ai sensi dell'art. 417-bis del codice di procedura civile, si applica la tariffa vigente per gli avvocati, con la riduzione del 20 per cento degli onorari di avvocato ivi previsti. La riscossione avviene mediante iscrizione a ruolo ai sensi del d.P.R. 29.9.1973, n. 600". Giurisprudenza

In ordine al rimborso delle spese a favore di amministrazione statale, nel **sistema previgente la citata l.183/2011**, si è precisato (Cass. 11 settembre 2018 n. 22014) che la condanna al pagamento delle spese del giudizio in favore di un'amministrazione dello Stato deve essere limitata, **riguardo alle spese vive,** al rimborso delle somme prenotate a debito (Cass. 22 aprile 2002 n. 5859; Cass. 18 aprile 2000 n.5028). Si è specificato che l'autorità amministrativa che ha emesso il provvedimento sanzionatorio, quando sta in giudizio personalmente o avvalendosi di un funzionario appositamente delegato (come è consentito dall'art.23, 4 comma, l. n. 689/81) non può ottenere la condanna dell'opponente, che sia soccombente, al pagamenti degli onorari di avvocati, difettando le relative qualità nel funzionario amministrativo che sta in giudizio, per cui in tal caso sono liquidabili in favore dell'ente le spese, diverse da quelle generali, che abbia concretamente affrontato in quel giudizio e purchè risultino da apposita nota (Cass. 15 aprile 2021 n. 9900;

Cass. 1 dicembre 2020 n. 27444; Cass. 10 dicembre 2018 n. 31860; Cass. 24 maggio 2011 n. 11389). Indirizzo confermato da Cass. 22 luglio 2020 n. 15641, in cui si afferma che qualora amministrazione si costituisca in giudizio dinanzi al giudice di pace mediante un proprio funzionario, compete solo il rimborso delle spese vive ove sia depositata un'apposita nota, non anche l'attribuzione dei diritti e degli onorari (Cass. 27 aprile 2016 n. 8413; Cass. 24 maggio 2011 n. 11389; Cass. 27 agosto 2007 n. 18066).

Art. 417 bis c.p.c.

Da quanto sopra consegue che **nel caso in cui la Pubblica amministrazione ritiene di stare in giudizio avvalendosi dei propri dipendenti** (in ciò "autorizzata" dall'art. 417 *bis* c.p.c., che prevede tale facoltà per le controversie relative ai rapporti di lavoro dei dipendenti e limitatamente al giudizio di primo grado), **il giudice nel liquidare le spese di causa a favore della Pubblica amministrazione deve fare riferimento a quanto prevede il decreto sui parametri, con una riduzione del 20% degli onorari di avvocato**. La stessa norma consente alla stessa Pubblica amministrazione di avvalersi per la riscossione della somma liquidata in sentenza della riscossione tramite iscrizione a ruolo, "equiparando" di fatto il credito per spese legali al credito tributario, "privilegio" non certo riconosciuto al "povero" avvocato per il recupero del suo credito professionale.

La "cosa strana" è che con l'art. 4, comma 42, Legge n. 183/2011, si fa espresso riferimento alla tariffa forense per l'attribuzione alla pubblica amministrazione dei compensi professionali al funzionario dell'ente (e non dell'avvocato dell'ente !!!!), **attribuendo così alla Pubblica amministrazione un illecito arricchimento, in quanto il compenso spettante sulla base della tariffa forense (ed ora dei parametri) è certamente superiore alla spesa sostenuta dalla Pubblica amministrazione in giudizio: in pratica viene così incentivata la Pubblica amministrazione ad agire in giudizio.**

Occorre evidenziare che il rimborso rappresenta una contropartita dei costi che l'amministrazione sostiene per i propri dipendenti. **Su tali somme,** non trattandosi di compensi erogati da un professionista, **non è dovuta l'Iva né il contributo integrativo** alla Cassa Forense; spetta invece il rimborso forfettario del 15% poiché tale voce compone il compenso del difensore.

In precedenza, con una giurisprudenza consolidata era stata **ritenuta non applicabile la tariffa forense nelle ipotesi di amministrazione pubblica difesa da propri funzionari**. Si è, infatti, affermato, che l'**autorità amministrativa, quando sta in giudizio personalmente o avvalendosi di un funzionario delegato, anche se ha il titolo di avvocato** (Cass. 27 aprile 2016 n. 8413 (ma già Cass. 24 maggio 2011 n. 11389 e Cass. 27 agosto 2007, n. 18066), così come consentito dall'**art. 23, comma 5, Legge n. 689/1981, non può ottenere la condanna dell'opponente, che sia soccombente, al pagamento dei diritti di procuratore e degli onorari di avvocato, difettando le relative qualità nel funzionario amministrativo che sta in giudizio, ma sono liquidabili in favore della p.a. soltanto le spese, diverse da quelle generali, che abbia concretamente affrontato in quel giudizio e purché risultino da apposita nota**.

L'eventuale accertamento **di un rapporto di lavoro subordinato tra il professionista e l'ente non legittima quest'ultimo a sottrarsi al pagamento di quanto dovuto.** E ciò in quanto, quando si verte su diritti soggettivi costituiti per rapporto convenzionale del professionista con una pubblica amministrazione, non spiega alcun effetto il disconoscimento dell'importo dovuto da parte dell'ente, il quale primariamente attiene alla sfera esclusivamente amministrativistica – e della ripartizione delle responsabilità all'interno dell'ente – dei rapporti di debito contratti dalla P.A. Ben può il giudice ordinario disattendere le determinazioni pubbliche quando risulta comunque provata l'*utilitas* all'ente per la prestazione resa, nell'ottica di tendenziale equiparazione, agli effetti civili, dell'ente pubblico a qualsivoglia altro centro di interessi privatistico, perciò obbligato a corrispondere in ogni caso il dovuto del compenso professionale (Giudice di Pace di Fermo 20 dicembre 2017).

Incarico professionale e procura alle liti

Con riferimento agli incarichi professionali aventi ad oggetto la difesa in giudizio dell'Amministrazione, vige il principio secondo cui il requisito della forma scritta *ad substantiam* deve ritenersi soddisfatto con il rilascio della procura alle liti ai sensi dell'art. 83 c.p.c., dal momento che l'esercizio della rappresentanza giudiziale, mediante la redazione e la sottoscrizione dell'atto difensivo realizza, attraverso l'incontro della volontà delle parti, l'accordo contrattuale secondo le modalità richieste ai fini dell'identificazione del contenuto negoziale e del controllo dell'autorità tutoria (Trib. Santa Maria Capua Vetere 18 ottobre 2018; Cass. 9 dicembre 2015 n. 24859). Se è vero, infatti, che la procura *ad litem*, quale negozio unilaterale di conferimento della rappresentanza in giudizio, si differenzia dal sottostante contratto di patrocinio, avente natura di negozio bilaterale finalizzato all'attribuzione dell'incarico professionale, è anche vero, però, che quando la procura, rilasciata per iscritto dal cliente ai sensi dell'art. 83 c.p.c. venga accettata dal legale attraverso il concreto esercizio del potere rappresentativo emergente dalla sottoscrizione degli atti difensivi (citazione, ricorso o comparsa), il collegamento necessario, funzionale e di contenuto, tra questi ultimi e la prima consente di ritenere concluso il contratto di patrocinio, sussistendone tutti i requisiti, dall'incontro di volontà tra le parti alla funzione economico-sociale del negozio, all'oggetto ed alla forma che rende possibile l'assoggettamento al controllo (Cass. 24 febbraio 2015 n. 3721; Cass. 16 febbraio 20012 n. 2266; Cass. 5 maggio 2004 n. 8500).

Avvocato iscritto elenco speciale

Il difensore dell'ente pubblico iscritto nell'elenco speciale degli avvocati ha diritto, invece, alla liquidazione degli onorari (Cass. 28 maggio 1988, n. 3670), anche se con le riduzioni previste dall'art. 1, comma 457 ss. della Legge 27 dicembre 2013, n. 147.

Si è specificato (Cass. 8 agosto 2006, n. 17941) che **il dipendente di un ente pubblico con mansioni di dirigente che svolga abitualmente**, per espressa previsione contrattuale, **anche l'attività di difesa in giudizio dell'ente, non ha diritto a percepire**, oltre alla normale retribuzione, **anche onorari e competenze per l'attività professionale svolta**, salvo che esista una disposizione amministrativa o una clausola contrattuale in tal senso. Ne consegue che qualora l'autorità amministrativa sia rappresentata in giudizio non da un funzionario delegato ma da un difensore, ai sensi degli artt. 82 e 87 c.p.c., il diritto dell'amministrazione al rimborso delle spese di lite *ex* art. 91 c.p.c., comprende anche i relativi onorari di difesa e diritti di procuratore, ancorché detto difensore sia anche un suo dipendente, atteso che quel diritto sorge per il solo fatto che la parte vittoriosa è stata in giudizio con il ministero di un difensore tecnico (Cass. 8 settembre 2006, n. 19274).

L'onorario degli avvocati degli enti pubblici ha subìto una "revisione" con il d.l. n. 90/2014, conv. in L. n. 114/2014, che all'art. 9, comma 7, ha previsto che **i compensi erogati all'avvocato pubblico non possono eccedere il suo trattamento economico complessivo da percepirsi nello stesso anno** (Corte Conti, sezione controllo, Regione Lombardia, delibera n. 44/2016/PAR).

È rimessa all'**autonomia dell'ente pubblico la quantificazione delle c.d. propine spettanti all'avvocato-dipendente**. Il TAR Puglia, sez. Lecce, sez. II, 16 ottobre 2014, n. 2543 ha ritenuto legittime le disposizioni regolamentari con cui l'ente pubblico (nella specie, la Provincia di Lecce) ha introdotto criteri di riduzione dei compensi accessori (c.d. propine) dovuti dall'ente all'avvocato-dipendente.

Rimborso spese giudiziali al dipendente pubblico

Con riferimento al rimborso delle spese sostenute in un procedimento penale per motivi di ufficio da un dipendente pubblico, si è affermato (TAR Abruzzo- 15 dicembre 2015 n. 582) che il provvedimento con cui un ente pubblico accoglie solo parzialmente una istanza avanzata da un proprio dipendente, teso ad ottenere il rimborso delle spese sostenute per le difese giudiziali in un procedimento penale, che lo ha visto coinvolto per motivi di ufficio e nel quale è risultato assolto, è **legittimo nella parte in cui** – in relazione al tipo di imputazione, alla non rilevante complessità, alla breve durata e all'attività difensiva adeguata al caso – **stabilisce che la parcella è stata ingiustificatamente compilata dal difensore con riferimento ai massimi tabellari, piuttosto che alla media delle tariffe professionali.**

24. Compenso per attività professionale ed art. 36 Costituzione

L'art. 36 Cost., relativo al diritto ad una retribuzione proporzionata e sufficiente, **non è applicabile ai rapporti di lavoro autonomo, come quello concernente l'esercizio di prestazione d'opera professionale**, priva del requisito della subordinazione, atteso che tale norma riguarda soltanto il rapporto di lavoro subordinato (Cass. 23 settembre 2020 n. 19906; Cass.,4 giugno 2018 n. 14293;

Cass. 25 gennaio 2017 n. 1900; Cass. 5 ottobre 2009, n. 21235); ne consegue l'avvocato non può invocare per il suo "giusto" compenso l'art. 36 Cost. (Cass. 23 maggio 1992, n. 6214).

L'inapplicabilità dell'art. 36 Cost. alle attività professionali è stata confermata da Corte cost. 13 gennaio 2016 n. 13 in cui si afferma che **"il parametro dell'art. 36 Cost. è sempre male addotto in relazione a compensi per singole prestazioni professionali, che non si prestano a rientrare in uno schema che involga un necessario e logico confronto tra prestazioni e retribuzione e quindi un qualsiasi giudizio sull'adeguatezza e sufficienza di quest'ultima** (Corte cost. n. 41 del 1996 e n. 88 del 1970)".

L'esclusione del professionista dall'ambito di operatività dell'art. 36 Cost., anche se "attenuata" in parte dalla legge sull'equo compenso per i liberi professionisti, desta però perplessità, atteso che nella Costituzione il lavoro è protetto in tutte le sue forme, riferendosi il termine lavoratore a tutti coloro che lavorano e non ad una sola classe sociale; è evidente che anche il professionista ha diritto ad un compenso che sia correlato alla qualità e quantità del lavoro svolto.

25. Prestazioni giudiziali nel processo civile. Danni da circolazione stradale

Presupposto essenziale per la prestazione giudiziale è sia la esistenza di un mandato per la difesa e la rappresentanza, ma anche che il mandato sia esplicato in giudizio, davanti al giudice; per la giudizialità della prestazione è necessario che l'attività del professionista si sia estrinsecata nel compimento di atti destinati al processo e che a questo abbiano dato corso. **Giudiziali devono intendersi tutte le attività attinenti a un procedimento giudiziario**, indipendentemente dalla specifica natura dell'atto destinato a concluderlo (Cass. 19 febbraio 1981, n. 1043).

Prestazione giudiziale/stragiudiziale

La medesima prestazione professionale può essere, quindi, a seconda dei casi e delle finalità per le quali è richiesta, giudiziale o stragiudiziale: **è giudiziale se eseguita nell'ambito di un processo in atto o in preparazione; è stragiudiziale se svolta quando un procedimento non è ancora previsto, senza che peraltro possa escludersi la sua sopravvivenza** (Cass. 7 febbraio 1987, n. 1259).

Giurisprudenza

Sono da considerarsi, quindi, prestazioni giudiziali non soltanto quelle che consistono nel compimento di veri e propri atti processuali, ma anche quelle attività che si svolgono al di fuori del processo (es., transazione della lite), purché strettamente dipendenti da un mandato relativo alla difesa e rappresentanza in giudizio (Cass. 13 aprile 2001, n. 5566; Cass. 30 luglio 1999, n. 8286; Cass. 6 settembre 1991, n. 9381).

Non possono, pertanto, essere considerate come stragiudiziali, ed essere perciò compensate separatamente da quelle giudiziali, quelle attività professionali che seppure non esplicate davanti al giudice siano con quelle giudiziali strettamente connesse e complementari sì da costituire di esse il naturale completamento, e cioè attività che hanno un carattere meramente prodromico, strumentale e consequenziale rispetto alle prestazioni giudiziali (Cass. 12 giugno 2008, n. 15814; Cass. 21 febbraio 2006, n. 3744).

Devono, quindi, considerarsi prestazioni giudiziali, oltre quelle consistenti nel compimento di atti processuali veri e propri, anche quelle che, pur svolgendosi al di fuori del processo, siano strettamente dipendenti da un mandato relativo alla difesa (Cass. 5 marzo 2009, n. 5415). È stata, così, considerata prestazione giudiziale, ai fini della liquidazione delle competenze professionali e relativo parametro in materia giudiziale, anche l'assistenza e l'attività svolta dal difensore, stragiudizialmente, per transigere una controversia, trattandosi di attività complementare e dipendente da quella per cui gli è stato conferito il mandato (Cass. 4 dicembre 2009, n. 25675).

Affinché l'avvocato che sta prestando assistenza giudiziale, possa avere diritto ad un distinto compenso per prestazioni stragiudiziali, è necessario che tali prestazioni non siano connesse e complementari con quelle giudiziali; ove sussista tale connessione, gli compete solo il compenso per l'assistenza giudiziale, **eventualmente maggiorato, in relazione alle questioni giuridiche trattate** e all'importanza della causa, **tenuto conto dei risultati del giudizio, anche non patrimoniali**, e dell'urgenza richiesta.

Attività stragiudiziale autonoma

Nel caso in cui l'avvocato abbia eseguito prestazioni stragiudiziali relative ad incarichi per i quali è stata svolta anche

una attività giudiziaria, per dette prestazioni deve essere corrisposto un onorario a parte come attività stragiudiziale. Tuttavia l'avvocato, ove richieda ulteriori compensi rispetto a quelli liquidati dal giudice, dei quali siano contestati i presupposti, ha l'onere di indicare quali ulteriori attività abbia svolto in favore del suo assistito e di fornire la prova di averle effettivamente svolte (Cass. 5 marzo 2009, n. 5415).

Danni da circolazione stradale

In tema di responsabilità civile da circolazione stradale il danneggiato ha facoltà, in ragione del suo diritto di difesa, costituzionalmente garantito, di farsi assistere da un legale di fiducia o da un consulente tecnico di sua fiducia già prima dell'instaurazione della lite e di chiedere la liquidazione di quanto corrisposto al professionista (Cass. 2 febbraio 2006 n. 2275; Cass. 31 maggio 2005, n. 11606) e, in ipotesi di composizione bonaria della vertenza, **di farsi riconoscere il rimborso delle relative spese legali**; se invece la pretesa risarcitoria sfocia in un giudizio nel quale il richiedente sia vittorioso, le spese legali sostenute nella fase precedente all'instaurazione del giudizio divengono una componente del danno da liquidare e, come tali devono essere chieste e liquidate sotto forma di spese vive o spese giudiziali. L**e spese legali corrisposte dal cliente al proprio avvocato in relazione all'attività stragiudiziale seguita da attività giudiziale** devono formare oggetto di liquidazione, se trovino adeguato compenso nella tariffa per le prestazioni giudiziali, potendo altrimenti formare oggetto di domanda di risarcimento del danno nei confronti dell'altra parte, purché siano necessarie e giustificate (Cass. 12 luglio 2005 n. 14594).

Si è specificato (Cass. 11 settembre 2014, n. 19176) che nell'**assicurazione per la responsabilità civile, la costituzione e difesa** dell'assicurato, **giustificata dalla instaurazione del giudizio da parte di chi assume di avere subito un danno, è svolta anche nell'interesse dell'assicuratore, ritualmente chiamato in causa**, in quanto finalizzata all'obiettivo ed imparziale accertamento dell'esistenza dell'obbligo di indennizzo. Ne consegue che **anche nel caso in cui nessun danno venga riconosciuto al terzo che ha promosso l'azione, l'assicuratore è tenuto a sopportare le spese di lite dell'assicurato**, nei limiti stabiliti dal comma 3 dell'art. 1917 c.c.

Spese a professionisti e nesso causale

In tema di danni consistiti in spese erogate a professionisti di cui il danneggiato si sia avvalso per ottenere il risarcimento del danno, quel **che rileva ai fini della risarcibilità, è unicamente la sussistenza di un valido e diretto nesso causale tra il sinistro e le spese** (Cass. 29 maggio 2015 n. 11154). Dunque le spese consistite in compensi professionali saranno risarcibili o meno non già in base alla veste del percettore, ma in base alla loro effettiva necessità: dovrà perciò ritenersi sempre risarcibile la spesa per compensare un legale, quando il sinistro presentava particolari problemi giuridici, ovvero quando la vittima non ha ricevuto la dovuta assistenza ex art. 9, comma 1, dpr n. 254/2006 dal proprio assicuratore. **Per contra, sarà sempre irrisarcibile la spesa per compensi all'avvocato, quando la gestione del sinistro non presentava alcuna difficoltà, i danni da esso derivati erano modestissimi, e l'assicuratore aveva prontamente offerto la dovuta assistenza al danneggiato** (in termini, Cass. 11154/2015). Quindi il problema delle spese legali va correttamente posto in termini di "causalità", ex art. 1223 c.c., e non di risarcibilità. Le spese legali necessarie al danneggiato da sinistro stradale, vanno, quindi, risarcite se necessarie alla tutela dei propri diritti e va pertanto disapplicata la norma regolamentare di cui all'art. 9, comma 2, del dpr n. 254/2006 in quanto nulla per contrasto con l'art. 24 della Costituzione (Cass. n. 11154/2015).

Il principio innanzi riferito è stato confermato da Cass. 28 agosto 2015 n. 17209 (ma già in precedenza Cass. 21 gennaio 2010 n. 997), che ha affermato che **in caso di sinistro stradale, qualora il danneggiato abbia fatto ricorso all'assistenza di uno studio di consulenza infortunistica stradale ai fini dell'attività stragiudiziale diretta a richiedere il risarcimento del danno asseritamente sofferto**, al responsabile ed al suo assicuratore, nel successivo giudizio instaurato per ottenere i riconoscimento del danno, *la configurabilità della spesa sostenuta per avvalersi di detta assistenza* come danno emergente non può essere esclusa per il fatto che l'intervento del suddetto studio non abbia fatto recedere l'assicuratore dalla posizione assunta in ordine all'aspetto della vicenda che era stata oggetto di discussione e di assistenza in sede stragiudiziale, ma **va valutata considerando, in relazione all'esito della lite**

su tale aspetto, se la spesa sia stata necessitata e giustificata in funzione dell'attività di esercizio stragiudiziale del diritto al risarcimento. Si è specificato (Cass. 13 febbraio 2017 n. 6422) che la spesa sostenuta per l'attività stragiudiziale svolta dall'agenzia infortunistica, è risarcibile se può essere ritenuta l'utilità di tale esborso sulla base di una valutazione ex ante, cioè in vista di quello che poteva ragionevolmente presumersi essere l'esito futuro del giudizio.

Risarcimento diretto

Ed **in tema di risarcimento diretto dei danni derivanti da circolazione stradale**, Cass. 19 febbraio 2016 n. 3266, ha precisato (e confermato: Cass. 11154/2015) che l'art. 9, comma 2, del dPR 18.7.2006 n. 254, emanato in attuazione dell'art. 150, comma 1, del d.lgs. 7.9.2005 n. 209, il quale**, per l'ipotesi di accettazione della somma offerta dall'impresa di assicurazione esclude che siano dovuti al danneggiato i compensi di assistenza professionale diversi da quelli medico-legali per i danni alla persona, si interpreta** nel senso che **sono comunque dovute le spese di assistenza legale** sostenute dalla vittima, **perché il sinistro presentava particolari problemi giuridici,** ovvero quando essa non abbia ricevuto la dovuta assistenza tecnica e informativa dal proprio assicuratore, **dovendosi altrimenti ritenere nulla detta disposizione per contrasto con l'art.24 Cost.,** e perciò da disapplicare, ove volta ad impedire del tutto la risarcibilità del danno consistito nell'erogazione di spese legali effettivamente necessarie.

Sono quindi risarcibili **dall'assicurazione le spese legali della fase stragiudiziale nella circolazione stradale:** sono infatti dovute le spese di assistenza legale sostenute dalla vittima allorquando il danneggiato non abbia ricevuto la dovuta assistenza tecnica e informativa dal proprio assicuratore (Cass. 19 febbraio 2016, n. 3266).

La Suprema Corte (10 luglio 2017 n. 16990) sul tema ha affermato che **il rimborso delle spese di assistenza stragiudiziale ha natura di danno emergente,** consistente nel costo sostenuto per l'attività svolta da un legale nella fase precontenziosa. **L'utilità di tale esborso, ai fini della possibilità di porlo a carico del danneggiante, deve essere valutata ex ante,** cioè in vista di quello che poteva ragionevolmente presumersi essere l'esito futuro del giudizio.

In conclusione, si può affermare, come afferma Cass. 2 febbraio 2018 n. 2644, che **le spese sostenute dalla vittima di un sinistro stradale per remunerare l'avvocato al quale si sia rivolta per avere assistenza stragiudiziale**, costituiscono una ordinaria ipotesi di **danno emergente** di cui all'art. 1223 cod. civ.; pertanto, come qualsiasi altra voce di danno, sarà soggetta alle regole generali e dunque: **a)** non sarà dovuto il risarcimento per le spese che la vittima avrebbe potuto evitare con l'ordinaria diligenza (art. 1227, comma 1, cod. civ.); **b)** non sarà dovuto il risarcimento per le spese che, pur necessarie, sono state sostenute in misura esagerata (art.1227, comma 2, cod. civ.); **c)** non sarà dovuto il risarcimento per le spese non legate da un nesso di causa rispetto al fatto illecito (art. 1223, cod. civ.).

La liquidazione separata delle spese corrispondenti può essere riconosciuta nel caso di composizione stragiudiziale della lite, ma non quando la pretesa risarcitoria sfocia in un giudizio nel quale il richiedente sia vittorioso. In questo caso, infatti, **le spese sostenute nella fase precedente all'instaurazione del giudizio sono una componente del danno da liquidare** e, come tali, debbono essere chieste e liquidate sotto forma di spese vive o di spese giudiziali, queste ultime secondo le specificazioni di cui alla Legge 13 giugno 1942, n. 704 e alla tariffa allegata ai decreti ministeriali sulla determinazione degli onorari spettanti agli avvocati (Trib. Ascoli Piceno 22 maggio 2013).

Indennizzo assicurativo

Con riferimento ad attività prestata ai fini della liquidazione di indennizzo assicurativo, **la determinazione del compenso spettante per l'attività prestata ai fini della liquidazione di un indennizzo assicurativo conseguente a sinistro stradale, non è vincolato dalla quantificazione** di tale voce effettuata dall'assicurazione in sede di liquidazione al danneggiato, atteso che la norma di cui all'art. 3, D.L. n. 857/1976, conv. in Legge n. 39/1977 e modifiche di cui all'art. 5, Legge n. 57/2001, non prevede che tale determinazione abbia efficacia nel rapporto tra danneggiato e professionista, anche in ipotesi di difformità o mancato accordo tra di essi, avendo soltanto la funzione di norma di emersione del reddito professionale con finalità eminentemente fiscali (Cass. 23 settembre 2010, n. 2099).

Diffida stragiudiziale con compenso sproporzionato

Sussiste la **responsabilità deontologica del difensore che, nella diffida inviata a una controparte, richieda il pagamento di spese legali manifestamente sproporzionate rispetto all'oggetto della diffida** medesima (Cons. naz. Forense 27 marzo 2014 n. 181). E ciò in quanto è deontologicamente rilevante il comportamento dell'avvocato che, in una diffida stragiudiziale chieda, oltre al pagamento della somma capitale richiesta, per il cliente, anche un importo a titolo di spese legali manifestamente sproporzionato con tale richiesta. Il difensore nella diffida stragiudiziale può certamente chiedere alla controparte un compenso per tale attività, ma deve necessariamente parametrare la richiesta in modo proporzionale all'oggetto della richiesta formulata per conto del cliente.

Ferma, quindi, **la legittimità in astratto della richiesta in sede stragiudiziale di corresponsione di un importo a titolo di spese legali,** la richiesta in ogni caso non può essere manifestamente sproporzionata rispetto all'oggetto della diffida.

I compensi dell'avvocato delegato alle esecuzioni

Con decreto 15.12.2015 (in GU n. 45 del 24.2.2016), è stato approvato il regolamento concernente **la determinazione e liquidazione dei compensi per le operazioni delegate dal giudice dell'esecuzione ai sensi degli artt. 169 bis e 179 bis delle disposizioni per l'attuazione del c.p.c.**

In particolare, sono fissati i criteri per la determinazione: del compenso del professionista delegato per le operazioni di vendita di beni mobili; del compenso spettante per le operazioni relative all'espropriazione forzata di beni mobili iscritti nei pubblici registri.

26. Diritti di procuratore ed onorario di avvocato

Con l'abrogazione della tariffa forense ad opera dell'art. 9, D.L. n. 1/2012, è "saltata" anche la distinzione fra diritti di procuratore e onorario di avvocato, essendo ormai il compenso unico, facendosi riferimento non alla "singola" prestazione professionale svolta, ma all'attività professionale espletata nella fase del giudizio.

I parametri non prevedono, quindi, ai fini del compenso spettante all'avvocato, distintamente gli onorari di avvocato e i diritti di procuratore, atteso che il compenso, come già detto, è determinato non più con riferimento **alle singole prestazioni ma con riguardo alla prestazione d'opera nel suo complesso**. I parametri ministeriali "quantificano" il compenso per fasi giudiziali.

La Cassazione (fra le tante, Cass. 15 aprile 2019 n.10492; Cass. 27 ottobre 2011 n. 22485) ha escluso il riconoscimento dei diritti di procuratore per qualsiasi giudizio di cassazione, compreso il regolamento di competenza, nonostante l'istanza possa essere proposta anche da un avvocato non iscritto nell'albo speciale dei cassazionisti. **Giurisprudenza**

In ordine alla soppressione della distinzione tra procuratori legali e avvocati v. artt. 1 e 6 della Legge 24 febbraio 1997, n. 27; per la **"permanenza" dell'attività procuratoria (Cass. 11 febbraio 2004, n. 2626).**

27. Competenze per l'atto di precetto

Come si ricava dagli artt. 480, comma 1, e 482 c.p.c., **la funzione tipica dell'atto di precetto è di consentire all'intimato di adempiere spontaneamente all'obbligazione** portata dal titolo esecutivo, così da prevenire l'esecuzione forzata del cui avvio altrimenti, con quello stesso atto, egli viene preavvertito. Tant'è che il creditore può essere dispensato dal termine di dieci giorni che deve intercorrere fra la notificazione dell'atto di precetto e l'inizio dell'esecuzione forzata, solamente in presenza di pericolo nel ritardo (in termini, Cass. 6 ottobre 2017 n. 24291).

I parametri di cui al D.M. n. 55/2014 prevedono **per l'atto di precetto un compenso non solo unico ma anche fisso, differenziato soltanto in relazione al valore del credito, come da tabella 6 allegata al D.M. n. 55/2014.**

Occorre evidenziare che il D.M. n. 55/2014 nel riportare il contenuto delle attività professionali delle varie fasi, all'art. 4, comma 5, alle lett. e) ed f), statuisce: "e) per fase di studio e introduttivo del procedimento esecutivo: la disamina del titolo esecutivo, la notificazione dello stesso unitamente al precetto, l'esame delle relative relate, il pignoramento e l'esame del relativo verbale, le iscrizioni, trascrizioni e annotazioni, gli atti di intervento, le ispezioni ipotecarie, catastali, l'esame dei relativi atti; f) per fase istruttoria e di trattazione del procedimento esecutivo: ogni attività del procedimento stesso non compresa nella lettera e), quali le assistenze all'udienza o agli atti esecutivi di qualsiasi tipo".

Retroattività parametri e precetto

La retroattività dei parametri ad attività professionali svolte antecedentemente alla disciplina parametrica (come affermato dalla Corte di Cassazione con giurisprudenza consolidata e dalla Corte Costituzionale con ord. n. 261/2013), **ha posto e pone problemi anche per i precetti.**

Infatti, nel caso in cui il precetto viene redatto sulla base di **sentenza** – o titolo diverso dalla sentenza – **pubblicata successivamente al 23 agosto 2012**, non si pone alcun problema: la liquidazione delle spese e competenze dell'atto di precetto avviene con la tabella parametrica prevista per l'atto di precetto.

Nel caso in cui, invece, l'atto di precetto viene redatto successivamente al 23 agosto 2012, ma in forza di provvedimenti giudiziali antecedenti al 23 agosto 2012, si pone il problema se per la liquidazione delle spese e competenze dell'atto di precetto occorre fare riferimento alle vecchie tariffe in vigore al momento in cui è stata pubblicata la sentenza (con l'**indicazione dei diritti di procuratore**), oppure, **venendo il precetto ad essere redatto "oggi"**, occorre fare riferimento ai parametri di cui al decreto n. 140/2012 e successivi adeguamenti (che non prevedono i diritti di procuratore).

Diritti di procuratore e precetto

La soluzione è collegata al problema **se i diritti di procuratore (ora abrogati) costituiscono un accessorio di legge alle spese processuali già liquidate nel provvedimento**, e quindi il diritto di procuratore è maturato in una fase antecedente alla redazione dell'atto di precetto, nel momento in cui l'attività è stata posta concretamente in essere, con conseguente "recupero" dei diritti di procuratore per i titoli esecutivi sorti ante 23 agosto 2012, nel caso in cui il precetto venga redatto dopo il 23 agosto 2012.

Tale "favorevole" interpretazione non è in "sintonia", però, con la richiamata giurisprudenza (anche di legittimità di cui Cass. n. 17406/2012) sulla interpretazione dell'art. 41 del decreto n. 140/2012. Peraltro, sul tema non si può ignorare quanto riportato nell'art. 11, comma 7, decreto n. 140/2012: "Nella fase esecutiva, fermo restando quanto previsto nella richiamata tabella A-Avvocati, per l'atto di precetto, sono ricompresi, a titolo di esempio: la disamina del titolo esecutivo, la notificazione dello stesso unitamente al precetto, l'esame delle relative relate...".

La realtà è che la normativa di cui agli artt. 28 e 29 del D.M. n. 55/2014 (ma già dell'art. 41 del decreto n. 140/2012), non distingue espressamente tra le prestazioni professionali già svolte (anche solo in parte) prima dell'entrata in vigore del decreto n. 55/2014, e le altre poste in essere successivamente, ma **considera quale unico crinale temporale, il momento in cui il giudice procede alla liquidazione del compenso dell'avvocato**.

Valore credito da precettare

Sul "valore del credito" da precettare vi è spesso "contestazione" in quanto la somma da precettare non è soltanto quella portata dal titolo esecutivo che viene azionato, ma anche di altre voci (es., interessi, rivalutazione, eventuali spese liquidate in sentenza), atteso che la parte spesso deve sostenere costi per il compimento di alcuni atti (es., registrazione sentenza, richiesta di rilascio copia del provvedimento). Sul tema si è affermato (Cass. 24 aprile 2009, n. 9784) che il **valore delle cause di opposizione a precetto** va determinato, ai sensi dell'art. 17, comma 1, c.p.c., con riferimento alla somma precettata nella sua interezza, che è il credito per cui esecutivamente si procede.

Il precetto, che è un atto che precede l'esecuzione, **può ben contenere anche intimazione al pagamento delle spese ad esso relative, senza che occorra una apposita liquidazione da parte del giudice dell'esecuzione**, costituendo dette spese un accessorio di legge a quelle processuali, come avviene per le spese inerenti agli atti successivi e conseguenti alla sentenza (Cass. 17 novembre 2014, n. 24367; Cass. 28 settembre 2011, n. 19791). Si è, però, precisato (Cass. 13 maggio 2015 n. 9807) che allorché **il debitore abbia pagato per intero la somma indicata nel titolo esecutivo, comprensivo delle spese processuali ivi liquidate, il creditore non può, successivamente a tale pagamento, intimare precetto,** sulla base dello stesso titolo, **per il pagamento delle spese processuali sostenute dopo l'emissione di quest'ultimo** e necessarie per la sua notificazione, dovendo, per tali spese, **esperire l'azione di cognizione ordinaria;** e ciò in quanto, una volta che l'obbligazione derivante dal titolo sia stata adempiuta, il titolo medesimo perde la propria efficacia esecutiva, con conseguente impossibilità giuridica della notifica del precetto.

In caso di **ordinanza di assegnazione di somme dovute dal terzo e conseguente pagamento del terzo nel termine fissato nell'ordinanza,** ove il terzo adempia entro la scadenza non può essere tenuto a sopportare le spese del precetto, ove intimate, perché superflue ed in quanto il credito, se ancora sussistente, non era eseguibile al momento del precetto (Cass. 24 maggio 2017 n. 13112).

Attività non ancora espletata

Nel precetto sono ammesse **spese e competenze per attività non ancora espletate**, purché normalmente riconducibili allo sviluppo procedimentale, **a condizione poi che esse siano effettivamente poste in essere** e potendo contestare l'intimato la loro debenza con la prospettazione del loro mancato espletamento (Cass. 20 giugno 2011, n. 13482). Non può negarsi, infatti, che **dopo la sentenza definitiva e in base a nozioni di comune esperienza, l'avvocato della parte vittoriosa normalmente consulta il cliente sull'opportunità o meno di porla in esecuzione o di notificarla ai fini dell'attivazione del termine breve per l'impugnazione**; sicché non può negarsi che una specifica attività professionale possa essere legittimamente posta in essere proprio nella fase di transizione tra quella di cognizione, culminata nella pronuncia del titolo, e quella di esecuzione, che inizierà, di norma, dopo il vano decorso del termine del precetto.

Occorre però tenere presente **in tema di spese inerenti alla notificazione del titolo esecutivo e alla redazione e notificazione del precetto**, che è illegittima l'intimazione di pagamento delle spese sostenute dal creditore intimante il precetto per l'attività propedeutica all'esecuzione nei confronti dei debitori in solido diversi dal destinatario dell'atto di precetto medesimo (Cass. 12 aprile 2011, n. 8329).

In tema di **spese inerenti la notificazione del titolo esecutivo e le attività di redazione e notificazione del precetto**, costituendo esse un accessorio delle spese processuali riferibili al titolo esecutivo giudiziale, ne **è dovuto il pagamento da parte del debitore** e quale conseguenza, di regola, del suo comportamento inadempiente rispetto a quanto stabilito nel titolo, quando esse – sulla scorta del c.d. principio di causalità – siano state sostenute dal creditore e il relativo precetto sia stato anche solo consegnato per la notifica all'ufficiale giudiziario, allorché in tale momento permanga ancora il predetto inadempimento; ne consegue che se successivamente il debitore, sia pur prima che la notifica del precetto si perfezioni anche nei suoi riguardi, provveda a pagare il debito di cui al titolo e le spese successive ma non quelle di redazione e notifica del precetto, ciò non preclude al creditore di procedere esecutivamente per queste ultime, in forza del medesimo titolo esecutivo, a meno che non sia accertato che egli ha compiuto tali attività, funzionali all'esercizio della pretesa esecutiva, violando il dovere di lealtà processuale di cui agli artt. 88 e 92, comma 1, c.p.c. (Cass. 2 dicembre 2008, n. 28627).

Inefficacia precetto per scadenza termine

Occorre evidenziare **in ordine alle spese giudiziali conseguenti all'inefficacia del precetto divenuto inefficace (il precetto) per decorso del termine di 90 gg.**, che le spese di questo restano a carico dell'intimante in forza del combinato disposto degli artt. 310 e 632, ultimo comma, c.p.c., secondo cui le spese del processo estinto restano a carico delle parti che le hanno anticipate (Cass. 12 aprile 2011, n. 8298). E ciò in quanto l'art. 95 c.p.c., nel porre a carico del debitore esecutato le spese sostenute dal creditore procedente e da quelli intervenuti che partecipano utilmente alla distribuzione, presuppone che il processo esecutivo sia iniziato con il pignoramento eseguito dall'ufficiale giudiziario, per cui tale disposizione non può trovare applicazione in caso di pignoramento negativo e di mancato inizio dell'espropriazione forzata.

La contestazione dell'intimato concernente le spese indicate in precetto (asseritamente non dovute perché non conformi ai parametri, o tariffa professionale), investe il diritto sostanziale del creditore all'adempimento dell'obbligazione, sicché, ponendo in discussione quel diritto per come compiutamente riportato nel precetto, **deve qualificarsi come opposizione all'esecuzione, e non agli atti esecutivi** (Cass. 12 marzo 2013, n. 6102).

Atto di precetto contro l'Inps

In ordine ad **atto di precetto notificato all'INPS**, si è affermato (Cass. 22 maggio 2013, n. 12579) che il pagamento effettuato dall'ente prima del decorso del termine di 120 gg. dalla notifica del titolo esecutivo di cui all'art. 1, comma 1, D.L. n. 669/1996, impedisce al creditore di dar corso all'azione esecutiva attraverso la notifica del precetto; ne consegue che **il creditore dell'ente previdenziale può avere diritto a conseguire l'importo dei diritti e delle spese liquidati con la sentenza**, in quanto relativi allo svolgimento di un'attività difensiva accertata dal giudice di merito in relazione al processo di cognizione dal medesimo definito, nonché quello sostenuto per le spese di notifica della sentenza e per la verifica della sua attuazione, essendosi queste ultime rese necessarie per l'attivazione della procedura di pagamento da assolversi da parte dell'INPS entro il termine di 120 gg. previsto dall'art. 14, comma 1, D.L. n. 669/1996 e successive modifiche.

Si è specificato (Cass. 17 novembre 2014, n. 24367) che il precetto non opposto non garantisce l'intangibilità della parcella; infatti nell'ambito di un pignoramento presso tersi, il giudice dell'esecuzione può eliminare o ridurre voci della nota spese presentata dall'avvocato ed inserita nel precedente precetto intimato ancorchè non opposto da parte del debitore.

28. Professionista costituito personalmente e diritto al compenso

Giurisprudenza

Pacifica è la giurisprudenza nel senso che l'**onorario di avvocato è dovuto anche all'avvocato che, essendo parte in causa, si sia costituito in giudizio personalmente, sempreché** per le questioni trattate sia occorsa opera di avvocato (Cass. 18 febbraio 2019 n. 4698; Cass. 9 gennaio 2017 n. 189; Cass. 9 luglio 2004 n. 12680; **Cass. 24 gennaio 1994, n. 691**), **e che l'avvocato sia iscritto all'albo professionale** (Cass. 25 ottobre 1972, n. 3264). E ciò in quanto la condanna alle spese ex art. 91 c.p.c. non ha natura sanzionatoria né costituisce un risarcimento del danno, ma è un'applicazione del principio di causalità, in altre parole l'onere delle spese grava su chi ha provocato la necessità del processo (Corte dei Conti, Regione Campania 24 marzo 2009,Cass. 28 marzo 2001, n. 4485; Cass. 30 maggio 2000 n. 7182; Cass. 9 aprile 1990 n. 2962). Del resto non si può ignorare che la circostanza che l'avvocato sia avvalso della facoltà di difesa personale prevista dall'art. 86 c.p.c. non incide sulla natura professionale dell'attività svolta in proprio favore, e, pertanto, non esclude che il giudice debba liquidare in suo favore, secondo le regole della soccombenza ed in base alle tariffe professionali, i diritti e gli onorari previsti per la sua prestazione (Cass. 28 febbraio 2019 n. 4698; Cass. n.2193 del 2008).

L'attività di difesa svolta nel processo da soggetto abilitato all'esercizio della professione legale ed avente la qualità necessaria per esercitare l'ufficio di difensore con procura presso il giudice adito, **seppure compiuta nel proprio interesse** (art. 86 cpc) ha comunque natura professionale e, pertanto, **dà diritto alla liquidazione giudiziale**, secondo le regole della soccombenza, dei compensi per la sua prestazione, dovendo il giudice statuire al riguardo, ai sensi degli artt.91 e sss. cpc, anche senza espressa istanza dell'interessato (Cass. 21 gennaio 2019 n. 1518; Cass. 18 settembre 2008 n. 23847; Cass. 27 agosto 2003 n. 12542).

Nei giudizi in cui è consentita alla parte la difesa personale ex art.82 cpc, è onere dell'interessato, che rivesta la qualità di avvocato, specificare a che titolo intenda partecipare al processo; e ciò perché mentre la parte che sta in giudizio personalmente non può chiedere che il rimborso delle spese vive sopportate, il legale, ove manifesti l'intenzione di operare come difensore di sé medesimo ex art.86 cpc ha diritto alla liquidazione delle spese secondo la tariffa professionale (Cass. 21 gennaio 2019 n. 1518; Cass. 9 luglio 2004 n. 12680). Per il diritto al compenso l'avvocato abilitato alla difesa personale deve, quindi, dichiarare di volersi avvalere di tale facoltà all'atto della costituzione in giudizio, ovvero quanto meno deve dichiarare di avere la qualità richiesta per lo svolgimento personale dell'attività processuale (Cass. 2 dicembre 1978 n. 5898).

Non può essere, quindi, liquidato l'onorario all'avvocato che si difende da solo qualora questi abbia omesso di specificare a che titolo intende partecipare al processo, non essendo sufficiente la mera indicazione della qualifica di avvocato contenuta nel ricorso introduttivo.

Avvocato costituito personalmente

La circostanza che l'avvocato si sia avvalso della facoltà di difesa personale prevista dall'art. 86 c.p.c. non incide sulla natura professionale dell'attività svolta in proprio favore, e, pertanto, non esclude che il giudice debba liquidare in suo favore, secondo le regole della soccombenza e in base ai parametri ministeriali il compenso previsto per la sua prestazione (Cass. 9 gennaio 2017 n. 189; Cass. 30 gennaio 2008, n. 2193).

Del resto l'art. 13, comma 1, Legge n. 247/2012, statuisce espressamente che "L'avvocato può esercitare l'incarico professionale anche a proprio favore".

Le somme liquidate a titolo di rifusione delle spese di giudizio, comprensive degli onorari professionali, all'avvocato che ha agito in base all'art. 86 c.p.c., mantengono la stessa qualificazione e lo stesso trattamento fiscale propri delle somme corrisposte normalmente dalla parte vittoriosa che ha ottenuto dal giudice la distrazione delle spese processuali a suo diretto favore (Circolare Agenzia delle Entrate n. 203 E del 6.12.1994). Ne consegue che **la parte soccombente che paga i suddetti compensi, nella sua qualità di sostituto di imposta, deve applicare la ritenuta di acconto** ai sensi dell'art. 25 dPR n. 600/73. Deve essere, quindi, effettuata dalla parte soccombente sulle somme corrisposte a quella vittoriosa che, **essendo avvocato, abbia esercitato la facoltà di patrocinarsi personalmente** (Risoluzione Agenzia delle Entrate n. 106 del 19.9.2006, relativa ad attività professionale svolta da avvocato membro di uno studio professionale).

Difesa personale nel processo penale

In ordine alla possibilità di "difesa personale" da parte dell'avvocato, occorre evidenziare che nel processo penale, l'obbligo della difesa tecnica, sancito dagli artt. 96 e 97 cpp a tutela di un interesse pubblico in cui sono coinvolti diritti fondamentali, esclude che le parti, anche se abilitate all'esercizio della funzione di avvocato, possano essere difese da sé stesse (Cass. pen, 26 luglio 2018 n.35651). Infatti, nell'attuale disciplina del processo penale non è consentito all'imputato, che rivesta la qualità di avvocato, di esercitare l'autodifesa, difettando un'espressa previsione di legge che lo legittimi in tal senso (Cass. 19 settembre 2018 n. 46021) e che la normativa interna che esclude la difesa personale della parte nel processo penale e nei procedimenti incidentali che accedono allo stesso non si pone in contrasto con l'art.6, paragrafo terzo, lett.c), della Convenzione Europea dei diritti dell'uomo (Cass., 27 dicembre 2021 n. 41688).

29. Fondo spese

In base all'art. 2234 c.c. **il cliente, salvo diversa pattuizione, deve anticipare al professionista le spese occorrenti al compimento dell'opera** e corrispondere, secondo gli usi, acconti sul compenso, spese e acconti che devono, però, essere proporzionati all'entità della prestazione e al decoro della professione. Non si può ignorare, infatti, che i costi dei processi risultino estremamente rilevanti, con la conseguenza che l'avvocato è "costretto" a chiedere, anche prima dell'inizio del giudizio, un congruo fondo spese, al fine di sostenere gli oneri richiesti per le notifiche, iscrizione a ruolo della causa, contributo unificato, e altre incombenze.

Occorre evidenziare che **il corrispettivo della prestazione del professionista legale e la relativa spesa si considerano rispettivamente conseguito e sostenuto quando la prestazione è condotta a termine** per effetto dell'esaurimento o della cessazione dell'incarico professionale; in mancanza di conclusione della controversia giudiziaria, il componente negativo di reddito non risulta ancora maturato e quindi non può essere dedotto (Cass. 11 agosto 2016 n. 16969). **La disposizione dell'art. 2234 cod. civ. costituisce, da un lato, specifica esplicazione dell'obbligo di collaborazione che grava sul cliente** (così da porre il prestatore in condizioni di dare inizio e di proseguire la propria opera) e da**ll'altro, a mitigare la regola della c.d. "postnumerazione** (artt. 2225 e 2233 c.c.), **secondo cui il diritto al compenso pattuito matura una volta posta in essere una prestazione tecnicamente idonea a raggiungere il risultato a cui la prestazione è diretta** (Cass. n. 19125 del 2005).

Occorre, peraltro, ricordare che l'art. 8, D.P.R. 30 maggio 2002, n. 115 afferma il principio dell'anticipazione delle spese, statuendo che "ciascuna parte provvede alle spese degli atti processuali che compie e di quelli che chiede e le anticipa per gli atti necessari al processo quando l'anticipazione è posta a suo carico dalla legge o dal magistrato". **Anticipo spese**

Al professionista competono, quindi, il diritto di richiedere al cliente, nel momento del conferimento dell'incarico, un fondo spese e un acconto dell'onorario, nonché il diritto di richiederne l'integrazione nel corso della esplicazione del mandato (Cass. 10 novembre 2006, n. 24046).

Determinazione acconto

La determinazione degli acconti deve, però, essere contenuta in comprensibili limiti professionali, rapportati alla definitiva possibilità di estensione della parcella. E ciò in quanto **costituisce illecito disciplinare** (art.29 cod. deont.) l'avere richiesto acconti notevolmente superiori e sproporzionati all'attività svolta e da svolgere.

Registro per le spese

L'avvocato deve prestare attenzione alla contabilizzazione dei fondi spese e degli oneri anticipati in nome e per conto del cliente.

L'avvocato, infatti, deve annotare il fondo spese ricevuto in un registro delle somme in deposito ovvero, in alternativa, nella sezione della movimentazione per conto terzi, se è stata istituita la contabilità ordinaria. **Entro i 60 giorni successivi, l'avvocato dovrà emettere la relativa fattura** evidenziando, all'interno del documento, la parte dei compensi e la quota di spese anticipate escluse dal computo della base imponibile iva.

L'avvocato in contabilità semplificata, tenuto ad istituire il registro cronologico degli incassi e dei pagamenti, non ha alcun obbligo di contabilizzazione delle anticipazioni.

30. Applicazione analogica dei parametri e limiti dell'analogia

L'art. 3 del decreto 10 marzo 2014, n. 55 sui parametri, prevede espressamente che "Nell'ambito di applicazione dei precedenti articoli 1 e 2, per i compensi ed i rimborsi non regolati da specifica previsione, si ha riguardo alle disposizioni del presente decreto che regolano fattispecie analoghe".

L'organo giurisdizionale che deve liquidare il compenso del professionista applica, in difetto di accordo tra le parti, **anche analogicamente le disposizioni del decreto n. 55/2014.**

Criterio residuale ricorso all'analogia

Da tale formulazione ne consegue che **quando i compensi non possono essere determinati in virtù di una specifica voce dei parametri, si ha riguardo** alle disposizioni contenute nel decreto ministeriale sui parametri e nella tabelle parametriche che regolano casi simili o materie analoghe, con la conseguenza che nel caso in cui l'attività dell'avvocato non è espressamente prevista nei parametri, essa viene sempre ricompensata con il compenso stabilito per una prestazione che presenta elementi di similarità.

L'applicazione analogica della riportata disposizione completa, evitando qualsiasi lacuna, il sistema legale di applicazione dei parametri (così come era previsto per le abrogate tariffe) a tutti i casi di prestazioni professionali giudiziali e civili, nonché stragiudiziali (Cass. 20 febbraio 1963, n. 406; Cass. 24 ottobre 1957, n. 4091), e a tutte le relative materie.

Per l'applicazione analogica della riferita disposizione, però, **è necessario lo svolgimento** da parte dell'avvocato **di una attività oggettivamente propria del professionista**, e non per una attività estranea a quella dell'avvocato.

Con specifico riferimento ai limiti per l'applicazione dell'analogia, Cass. 17 giugno 2004, n. 11347 ha affermato che quando gli onorari non possono essere determinati in virtù di una precisa disposizione, si ha riguardo alle disposizioni contenute nella stessa legge o nelle tabelle che regolano casi singoli o materie analoghe. Ebbene la norma si riferisce alla impossibilità di "determinare" gli onorari e non alla "individuazione" dei compensi spettanti, e non consente di integrare le voci parametriche relative ai singoli giudizi, quando esse siano compiutamente previste e determinate, con quelle dei giudizi di altro tipo. Essa è applicabile ai casi in cui l'attività svolta dall'avvocato in favore del cliente, pur dovendo essere remunerata, non sia affatto contemplata nei parametri, con esclusione dei casi in cui la normazione parametrica abbia previsto, in maniera organica e compiuta in relazione ad un determinato tipo di giudizio, le voci spettanti, elencando specificamente le prestazioni peculiari di ciascuno di essi.

31. Affari tavolari e compenso dell'avvocato

La tabella 19 allegata al D.M. n. 55/2014, prevede apposito compenso all'avvocato per gli affari tavolari.

Cosa sono "gli affari tavolari"? Sono attività relative alla pubblicità immobiliare.

Nozione di affare tavolare

Infatti, i sistemi di pubblicità immobiliare vigenti sono quelli della "trascrizione" (Legge 27 febbraio 1985, n. 52) e della "intavolazione" (R.D. 28 marzo 1929, n. 499; Legge Regione Friuli Venezia Giulia 11 agosto 2010, n. 15), che si differenzia nettamente da quello della trascrizione disciplinato dal codice civile (art. 2629 c.c.). Una caratteristica del sistema della intavolazione ("retaggio" dell'impero austro ungarico), mantenuto in vigore nei territori dell'ex monarchia asburgica, è rappresentata dalla natura reale anziché personale dei registri. Infatti, il legislatore nel disporre l'unificazione della legislazione nei territori ex austriaci annessi all'Italia in seguito al primo conflitto mondiale del 1915/1918, mantenne nei territori il sistema del libro fondiario (o tavolare) già in vigore in tale parte del territorio.

Affari tavolari sono, quindi, i procedimenti (di natura giurisdizionale) relativi ad affari tavolari.

32. Riferimenti bibliografici

G. Alpa, *L'equo compenso per le prestazioni professionali forensi,* **in Nuova giur. Civ., 2018, 716; G. Alpa,** *L'equo compenso per le prestazioni professionali forensi,* **in** *La disciplina dell'equo compenso- Approfondimenti e materiali,* **in opuscolo CNF del 24.9.2018; G. Alpa**, *Tariffe forensi: dalla corte di giustizia un invito e rivedere la disciplina esistente*, in *Guida dir.*, 2006, fasc. 49, 100; **G. Alpa**, *Le tariffe forensi*, in *Economia e dir. del terziario*, 2006, 759; **M. Baldacci**, *Compensi professionali e nullità per violazione dei minimi tariffari alla luce del decreto Bersani*, in *Avvocato Merito*, 2006, n. 4, dicembre 2006, 36; **S. Balzaretti**, *Le nuove tariffe forensi nella radicata crisi economica del dopo euro*, in *Lav. prev. oggi*, 2004, 988; **E. Bargelli**, *Le prestazioni professionali effettuate indebitamente*, in *Nuova giur. civ. comm.*, 2007, II, 460; **L. Battistella**, *I pubblici registri immobiliari: la trascrizione e l'intavolazione*, in *Altalex*; **G. Berti Anoaldi Veli**, *Qualche considerazione sui diritti procuratorii*, in *Toga Picena*, 2001, 2, 37; **A. Bulgarelli**, *Art Attack: facciamo un precetto con i nuovi parametri e le vecchie tariffe*, in *Altalex*, del 17 settembre 2012; **A. Bulgarelli**, *Parametri forensi* model year *2014*, in *www.altalex.it*, 3 aprile 2014; **L. Carbone**, *Avvocati: i nuovi parametri forensi in Gazzetta Ufficiale,* in Quotidiano Giuridico del 27.4.2018; **L. Carbone**, *"Passaggio" dalla tariffa forense ai parametri: le problematiche della disciplina transitoria*, in *Corr. giur.*, 2012, 11, 1319; **L. Carbone**, *Parametri: luci e ombre*, in *Prev. forense*, 2012, 3, 257; **L. Carbone**, *Applicazione dei parametri ai giudizi in corso*, in *Foro it.*, 2012, I, 2953; **L. Carbone**, *La "parcella" dell'avvocato: i parametri ministeriali*, in *Foro it.*, 2012, V, 1890; **L. Carbone**, *I parametri "proposti" dal Consiglio nazionale forense per la "parcella" dell'avvocato*, in *Foro it.*, 2012, V, 234; **L. Carbone**, *Il decreto Bersani: la "scure" sull'Avvocatura*, in *Toga Picena*, 2006, 49; **L. Carbo-**

ne, *La nuova tariffa forense*, in *Prev. forense*, 2004, fasc. 1, 26; **L. Carbone**, *La nuova tariffa forense: pregi e difetti, in Toga Picena*, 1994, fasc. 1, 9; **L. Carbone**, *Violazione tariffa forense ed illecito deontologico*, in *Toga Picena*, 1996, fasc. 1, 26; **L. Carbone**, *La "liquidazione" dei diritti di procuratore nella giurisprudenza e nella prassi amministrativa*, in *Foro it.*, 1995, I, 3213; **L. Carbone**, *La liquidazione della parcella da parte del Consiglio dell'Ordine*, in *Giust. civ.*, 1991, II, 495; **G. Carraro**, *Professione intellettuale forense tra concorrenza ed equo compenso,* in Foro it., 2017, V, 355; **Castelli**, *Sulla prestazione professionale del non iscritto all'albo*, in *Riv. giur. sarda*, 1991, 765; **M. Chiarelli**, *Appalti pubblici di servizi a titolo gratuito,* in Federalismi.it; **G. Colavitti**, *Equo compenso, nuovi parametri e tutela costituzionale del lavoro degli avvocati,* **in** *La disciplina dell'equo compenso- Approfondimenti e materiali-* , **in opuscolo CNF del 24.9.2018;G. Colavitti,** *Tutela del lavoro autonomo ed equo compenso in una prospettiva costituzionale,* **in** *Rivista Associazione Italiana Costituzionalisti,* **n.1/2018; G. Colavitti**, *Minimi tariffari e quadro comunitario*, in *Rass. forense*, 2004, 729; **G. Colavitti**, *Tariffe forensi, un inestricabile nodo* – L'aggiornamento non tocca meccanismi ormai obsoleti, in *D&G*, 2002, fasc. 36 62; **G. Colavitti**, *Consulenza legale e tariffe forensi* – Osservazioni in merito alla sollevazione di questione pregiudiziale da parte del Tribunale di Roma, in *Rass. forense*, 2004, 763; **P. Comoglio,** *Responsabile l'avvocato per la parcella sproporzionata anche se concordata con il cliente,* in Il Quotidiano giuridico, 3.2.2016; **D. Condello**, *Successione di diversi sistemi tariffari e parcellizzazione elettronica*, in *Ventiquattrore avvocato*, 2005, fasc. 2, 127; **C. Consolo**, *Pubblicità, tariffa, quote lite: chi ha più ragioni?*, in *Rass. forense*, 2006, 1399; **B. De Mozzi**, *Le tariffe professionali: che cosa rimane?,* in *LavoroDirittiEuropa, n.4/2021*; **M. De Stefano**, *Le tariffe degli avvocati, il decreto Bersani e l'Europa*, in *Impresa*, 2006, 164; **M. De Stefano**, *Il futuro europeo delle tariffe degli avvocati*, in *Prev. forense*, 2007, 67; **Di Carlo**, *Nullità della delibera di un ente pubblico di conferimento di incarico professionale e compenso al professionista*, in *Corr. giur.*, 2006, 249; **M. Folzani**, *L'equo compenso e il (finto) problema della nullità sopravvenuta,* in Prev. Forense, 2018, 169; **V. Giancaspro**, *Atto di precetto e voci "consultazione col cliente" e "Corrispondenza e spese": richiedibili con l'atto di precetto?*, in *Altalex*, n. 2108 del 21 aprile 2008; **U. Izzo,** *Onorario degli avvocati pubblici non può eccedere il trattamento complessivo individuale,* in Il Quotidiano del Diritto. Il Sole 24 Ore, 2 marzo 2016; **C. Lega**, *Esclusione dei diritti di procuratore per l'avvocato cassazionista, non domiciliatario*, in *Giur. it.*, 1975, I, 1097; **C. Lega**, *Tariffe forensi maggiorate a parere del Consiglio dell'ordine*, in *Giur. it.*, 1968, I, 1, 1045; **D. Longo**, *Procedimento sommario e liquidazione* *delle spese*, in *Foro it.*, 2008, I, 1405; **F. Lubrano**, *La tariffa forense nel processo amministrativo*, in *Riv. amm.*, 1987, 848; **M. Lupano**, *Le peculiarità del regime delle spese nel processo del lavoro*, in *I processo del lavoro (a cura di D.Paliaga)*, Maggioli, 2022, pag.529; **C. Magrone**, *Onorari del procuratore e parere del Consiglio dell'Ordine*, in *Foro it.*, 1968, I, 2518; **V. Mariconda**, *Prestazione professionale del praticante avvocato e nullità del contratto*, in *Corr. giur.*, 2007, 627; **G. Martinuzzi**, *Prontuario dei valori medi nelle tariffe dell'avvocato*, Rimini, 2008; **G. Martinuzzi**, *Commentario della tariffa forense*, Rimini, 2011; **U. Perfetti**, *Deontologia dell'avvocato, ordinamento forense, amministrazione della giustizia*, Torino, 2014; **U. Perfetti**, *Corsi di deontologia forense*, Padova, 2007, 30; Id., *Deontologia dell'avvocato, ordinamento forense, amministrazione della Giustizia*, Torino, 2014, 235; **P. Piscione**, *Gli atti aventi forza di legge e i regolamenti tariffari processuali*, in *Giur. cost.*, 1960, 201; **A. Polimeni**, *Precetto su sentenza: prima e dopo i parametri*, in *Altalex*, dell'8 ottobre 2012; **P. Porreca**, *Brevi considerazioni sulla condanna alle spese nell'ordinanza di convalida di sfratto*, in *Foro it.*, 2008, I, 1607; M. Reale, *I nuovi parametri forensi e i collegamenti ipertestuali negli atti difensivi,* in Avvocati, 2018, 30; **F. Righini,** *Indennizzo diretto: la Cassazione delinea i limiti alle spese legali risarcibili,* in Altalex, del 3.9.2015; **R. Rotigliano**, *Il procedimento di determinazione delle tariffe forensi: una evidente fattispecie di concorso (eventuale) di persone (giuridiche pubbliche*) nell'illecito comunitario misconosciuta dalla corte di giustizia, in *Nuove autonomie*, 2002, 921; **P. Ruggieri**, *Diritto di vacazione*, in *Pareri (www.foroeuropeo.it*); **M. Sanino**, *Tariffe forensi e Unione europea*, in *Prev. forense*, 2000, fasc. 3, 14; **A.M. Sandulli**, *Osservazioni in tema di rifiuto di pareri sugli onorari da parte di ordini professionali*, in *Giust. civ.*, 1959, II, 255; **E. Sacchettini**, *Per le prestazioni compiute sotto il "vecchio" regime si devono calcolare i nuovi e assai più ristretti criteri*, in *Guida dir.*, 2013, n. 47 del 23 novembre 2013; **G. Scarselli**, *I parametri ministeriali per la liquidazione dei compensi forensi nel tempo della crisi*, in *Foro it.*, 2012, V, 1995; **G. Scarselli**, *Le tariffe forensi (punti fermi e prospettive)*, in *Foro it.*, 2003, I, 3010; **L.G. Scassellati Sforzolini**, *Le tariffe forensi alla corte di giustizia europea*, in *Prev. forense*, 2001, 277; **G. Travan**, *Buona fede integrativa e potere correttivo del giudice,* in Il Caso del 22.10.2018; **G. Vignera,** *Osservazioni (malgradite) sulle liquidazioni ex D.M. 55/2014 nel patrocinio a spese dello Stato e nei procedimenti di sorveglianza*, in *Il Caso.it*, 19 maggio 2014; **G. Vignera**, *Brevi note sulle liquidazioni* ex *D.M. 140/2012 nel patrocinio a spese dello Stato e nei procedimenti di sorveglianza*, in *www.ilcaso.it*, II, 348/2013; **V. Zeppilli,** *Avvocati: parcelle più alte con la "success fee"*, in Studio Cataldi del 16 dicembre 2016.

Capitolo II

Obbligo del cliente

1. Nozione di cliente

Nozione di cliente

L'onorario è sempre dovuto all'avvocato dal cliente indipendentemente dalle statuizioni del giudice sulle spese giudiziali.

È importante, quindi, "individuare" il cliente dell'avvocato, obbligato a pagargli il compenso.

Nel contratto di prestazione di opera professionale **la qualità di cliente può non coincidere con quella del soggetto a favore del quale l'opera del professionista deve essere svolta,** di tal che chiunque può, per le più svariate ragioni, dare incarico ad un professionista affinché questi presti la propria opera a favore di un terzo, con la conseguenza che **il contratto si conclude tra il committente e il professionista, il quale resta obbligato verso**

il primo a compiere la prestazione a favore del terzo, mentre il primo resta obbligato al pagamento del compenso (Cass. 25 novembre 2004, n. 22233).

Conferimento incarico

Il rapporto di prestazione d'opera professionale, la cui esecuzione sia dedotta dal professionista come titolo del diritto al compenso, **postula l'avvenuto conferimento del relativo incarico in qualsiasi forma idonea a manifestare inequivocabilmente la volontà di avvalersi della sua attività** e della sua opera da parte del cliente convenuto per il pagamento del compenso. **La prova dell'avvenuto conferimento dell'incarico**, quando il diritto al compenso sia dal convenuto contestato sotto il profilo della mancata instaurazione del rapporto professionale, **può essere data con ogni mezzo istruttorio, anche con e-mail** (Cass. 24 gennaio 2017 n. 1792; Cass, 10 febbraio 2006 n. 3016; Cass. 4 febbraio 2000 n. 1244).

Incarico professionale unitario

Occorre evidenziare che l'incarico professionale deve essere considerato unitariamente anche quando vi siano stati più gradi di giudizio e indipendentemente dal fatto che sia stata conferita una nuova procura al medesimo difensore per il grado successivo; tale circostanza, infatti, implica la prosecuzione dell'affare di cui il legale era stato incaricato dal cliente e non il suo esaurimento (Cass. 17 novembre 2021 n. 34890).

Dalla natura unitaria dell'incarico e dell'esistenza di un altrettanto unitario diritto al compenso, sebbene l'attività sia stata resa per più gradi di giudizio, consegue che i parametri relativi al compenso devono essere applicati ogni qual volta la liquidazione giudiziale intervenga in un momento successivo alla data di entrata in vigore del decreto ministeriale a condizione che a tale data non sia stata ancora completata la prestazione professionale, ancorchè essa abbia avuto inizio e si sia in parte svolta nella vigenza della pregressa regolamentazione.

Soggetto obbligato al pagamento del compenso

La "qualità" di cliente dell'avvocato, come già detto, non coincide necessariamente con quello del soggetto direttamente titolare dell'interesse che l'attività del professionista deve perseguire, perché chiunque può, per i più svariati motivi, assumere obbligazioni del genere verso un professionista, perché presti la propria opera a favore di un terzo con la conseguenza che, **legittimato passivo al paga-**

mento del compenso al professionista, resta colui che verso di questo abbia assunto il relativo impegno (Cass. 6 dicembre 1988, n. 6631; Cass. 9 marzo 1983, n. 1768; Cass. 11 febbraio 1977, n. 624).

L'obbligo di corrispondere il compenso all'avvocato, in linea di principio, grava, però, sul soggetto che lo ha officiato, anche quando l'opera professionale sia stata richiesta e si sia svolta nell'interesse (anche) di un terzo (Cass. 26 aprile 2004, n. 7926).

In tema di contratto di prestazione d'opera professionale, **titolare del rapporto è colui che conferisce l'incarico in nome proprio, ovvero colui che, munito di procura, agisce in nome e per conto del mandante, sicché, ove difetti la rappresentanza**, la persona nel cui interesse sia richiesta un'attività professionale non assume alcuna obbligazione nei confronti del professionista officiato; tale principio trova applicazione anche con riferimento ad incarichi conferiti ad un professionista dall'avvocato munito di procura *ad litem*, atteso che essa attribuisce lo *ius postulandi* e non certo il potere di compiere in nome e per conto della parte attività di tipo diverso da quelle strettamente processuali, ancorché strumentali al positivo esito della controversia (Cass. 24 febbraio 2010, n. 4489).

Procura alle liti

Obbligato a corrispondere il compenso professionale al difensore per l'opera professionale richiesta, se e in quanto la stessa sia stata svolta, **non è necessariamente colui che ha rilasciato la procura alla lite, potendo anche essere colui che abbia affidato al legale il mandato di patrocinio, anche se questo** sia stato richiesto e si sia svolto nell'interesse di un terzo, instaurandosi in tale ipotesi, collateralmente al rapporto con la parte che abbia rilasciato la procura alla lite, un altro distinto rapporto interno ed extraprocessuale regolato dalle norme di un ordinario mandato, in virtù del quale **la posizione del cliente viene assunta non dal patrocinato ma da chi ha richiesto per lui l'opera professionale** (Cass. 30 settem89bre 2016 n. 19416; Cass. 2 dicembre 2011, n. 25816).

Cliente del legale e contratto patrocinio

Cliente del legale, quindi, non è sempre chi rilascia la procura alle liti (Cass. 20 dicembre 2021 n. 40828; Cass. 11 marzo 2019 n. 6905; Cass. 8 giugno 1996, n. 5336), **perché a differenza della procura alle liti** (che è negozio unilaterale che conferisce la rappresentanza della parte in giudizio e permette di riferire a questo ultimo gli effetti dell'attività procuratoria espletata), **l'affida-**

mento dell'incarico di svolgere attività professionale può provenire anche da persona diversa dalla parte in giudizio; l'incarico, infatti, può essere conferito da un terzo o soltanto da alcuni dei soggetti nel cui interesse la prestazione è svolta (Cass. 29 settembre 2004, n. 19596). E infatti la **procura *ad litem* costituisce un negozio unilaterale con il quale il difensore viene investito del potere di rappresentare la parte in giudizio**; il **mandato sostanziale costituisce un negozio bilaterale (c.d. contratto di patrocinio)** con il quale il professionista viene incaricato di svolgere la sua opera professionale in favore della parte; ne consegue che **ai fini della conclusione del contratto di patrocinio, non è indispensabile il rilascio di una procura *ad litem***, essendo questa necessaria solo per lo svolgimento dell'attività processuale (Cass. 6 luglio 2015 n. 13927; Cass. 29 agosto 2014 n. 18450), e che **non è richiesta la forma scritta**, vigendo per il mandato il principio di libertà di forma (Cass. 16 giugno 2006, n. 13963).

Occorre, quindi, distinguere, tra **contratto di mandato professionale** – che ben **può essere concluso informalmente**, per via telefonica, ed essere altrettanto informalmente accettato mediante esecuzione – e **procura alle liti**, idonea a conferire al difensore la rappresentanza processuale della parte nel giudizio: procura che costituisce atto formale, **per la cui validità è richiesto l'atto pubblico o la scrittura privata autenticata** (art. 83 c.p.c.), che **non necessita di accettazione**, trattandosi di atto unilaterale, e che è destinato non tanto al procuratore, quanto ai terzi nei confronti dei quali questi debba giustificare i propri poteri (Cass. 23 giugno 2011, n. 13896). **L'autenticazione delle firme dei clienti da parte dell'avvocato** non rileva, come accettazione del mandato professionale, da effettuare necessariamente in forma scritta, ma come primo atto di esecuzione dell'incarico, idoneo a manifestare accettazione tacita, ai sensi dell'art. 1327 c.c.

Procura *ad litem* e contratto patrocinio

In tema di attività professionale svolta da avvocati, quindi, mentre **la procura *ad litem* costituisce un negozio unilaterale con il quale il difensore viene investito del potere di rappresentare in giudizio, il mandato sostanziale costituisce un negozio bilaterale** (cosiddetto contratto di patrocinio) **con il quale il professionista viene incaricato,** secondo lo schema negoziale che è proprio del mandato, di svolgere la sua opera professionale in favore della parte (Cass. 26 luglio 2019 n. 20381; Cass. 19 ottobre 2018 n. 26522; Cass. 23 marzo 2017 n. 7410; Cass. 8 giugno 2017 n.14276; Cass. 16 giugno 2006 n. 13963; Cass. 18 luglio 2002 n. 10454). Ne consegue che, **ai fini della conclusione del contratto di patrocinio, non è indispensabile il rilascio di una procura *ad litem*,** essendo questa necessaria solo per lo svolgimento dell'attività processuale (Cass. 8 giugno 2017 n. 14276). La procura alle liti, quando sia stata conferita per iscritto al cliente ai sensi dell'art. 83 cpc ed è accettata dal professionista con il concreto esercizio della rappresentanza giudiziale tramite atto difensivo sottoscritto, perfeziona il contratto di patrocinio.

Cass. n. 20381/2019

Si è specificato (Cass. 25 luglio 2019 n. 20381) che nel contratto di patrocinio della pubblica amministrazione, il requisito della forma scritta *ad substantiam* è soddisfatto con il rilascio al difensore della procura alle liti ex art.83 cpc, atteso che l'esercizio della rappresentanza giudiziale tramite la redazione e la sottoscrizione dell'atto difensivo perfeziona, mediante l'incontro di volontà fra le parti, l'accordo contrattuale in forma scritta (Cass. n. 1830 del 2018).

A fronte della contestazione dell'esistenza di un contratto di patrocinio fonte dell'obbligazione di pagamento del compenso dell'avvocato, la prova dello stesso non può essere fornita in termini esaustivi mediante la procura alle liti, trattandosi di un atto unilaterale autonomo diverso, per genesi ed effetti, dal contratto con cui si instaura il rapporto di patrocinio legale. **L'onere probatorio del contratto di patrocinio incombe sull'avvocato che domandi il compenso e non può assolverlo, in caso di contestazione, mediante il mero richiamo alla procura processuale** (Cass. 11 marzo 2019 n. 6905).

Con riferimento agli incarichi professionali aventi ad oggetto la difesa in giudizio, vige il principio secondo cui il requisito della forma scritta *ad substantiam* deve ritenersi soddisfatto con il rilascio della procura alle liti ai sensi dell'art. 83 c.p.c., dal momento che l'esercizio della rappresentanza giudiziale, mediante la redazione e la sottoscrizione dell'atto difensivo realizza, attraverso l'incontro della volontà delle parti, l'accordo contrattuale secondo le modalità richieste ai fini dell'identificazione del contenuto negoziale e del controllo dell'autorità tutoria (Cass. 9 dicembre 2015 n. 24859).

La circostanza che il cliente non conosce l'avvocato e a lui si è rivolto su indicazione del difensore già nominato, **non esclude che il cliente abbia assunto in proprio la veste di mandante, assumendone rischi e responsabilità**, pur se allo scopo si è uniformato ai consigli e alle indicazioni del difensore in carica (Cass. 23 giugno 2011, n. 13896).

Difensore d'ufficio

Il difensore d'ufficio di un imputato in un processo penale ha diritto, in sede di esperimento della procedura di liquidazione dei propri compensi professionali, anche al rimborso delle spese e dei compensi relativi alle procedure di recupero del credito non andate a buon fine (Cass. 14 ottobre 2014 n. 21691; Cass. 13 settembre 2012 n. 15394). Il difensore d'ufficio che abbia inutilmente esperito la procedura esecutiva, volta alla riscossione dell'onorario, ha diritto al rimborso dei compensi ad essa relativi in sede di liquidazione degli stessi da parte del giudice (Cass. 11 giugno 2021 n.16585; Cass. 22579/2019; Cass. 11720/2019); il rimborso è a carico dell'erario quando il legale dimostra l'irrintracciabilità del cliente. E ciò in quanto l'esperimento della procedura recuperatoria costituisce un passaggio obbligato per chiedere la liquidazione del compenso, sicchè i relativi compensi non possono restare a carico del professionista, ma devono rientrare fra quelli rimborsabili dall'erario (Cass. 12 dicembre 2017 n. 29827).

Associazione tra professionisti

L'art. 36, cod. civ., stabilendo che l'ordinamento interno e l'amministrazione delle associazioni non riconosciute sono regolati dagli accordi tra gli associati, che ben possono attribuire all'associazione la legittimazione a stipulare contratti ed acquisire la titolarità di rapporti poi delegati ai singoli aderenti e da essi personalmente curati, **consente di ritenere esistente la legittimazione attiva dello studio professionale associato ove si accerti la suddetta circostanza.** Invero la legge attribuisce all'associazione la capacità di porsi come autonomo centro d'imputazione di rapporti giuridici rispetto ai crediti per prestazioni svolte dai singoli professionisti a favore del cliente conferente l'incarico, **in quanto il fenomeno associativo tra professionisti non può essere univocamente finalizzato alla divisione delle spese e alla gestione congiunta**

dei proventi (Cass. 4 marzo 2016 n. 4268; Cass. 15 luglio 2011 n. 15694). In pratica, per la citata sentenza n. 4268/2016 **lo studio associato costituisce un autonomo centro di imputazione di rapporti giuridici rispetto ai crediti per le prestazioni svolte dai singoli professionisti in favore del cliente**; da ciò ne deriva che può sussistere la sua legittimazione alla richiesta di pagamento per le prestazioni svolte dai singoli professionisti, del medesimo facenti parte, in favore del cliente conferente l'incarico.

In ordine alla società tra avvocati, occorre segnalare la **nuova disciplina dell'esercizio professionale in forma societaria** dettata dall'art. 1, comma 141, della L. 4.8.2017 n. 124, che ha introdotto modifiche alla legge 31.12.2012 n. 247.

Nel caso di **associazione tra professionisti**, in precedenza si era affermato (Cass. 10 luglio 2006, n. 15633) che l'associazione tra avvocati, non configurandosi come centro autonomo di interessi dotato di propria autonomia strutturale e funzionale, né come ente collettivo, non assume la titolarità del rapporto con i clienti, in sostituzione ovvero in aggiunta al professionista associato. Si era anche specificato (Cass. 22 marzo 2007 n. 6994; Cass. 12 settembre 2002 13402) che i professionisti, **che si associano per dividere le spese e gestire congiuntamente i proventi della propria attività,** non trasferiscono per ciò solo all'associazione tra loro costituita la titolarità del rapporto di prestazione d'opera, ma conservano la rispettiva legittimazione attiva nei confronti del proprio cliente, **sicchè non sussiste una legittimazione alternativa del professionista e dello studio professionale.**

Sostituto processuale

Si è posto il problema se vada riconosciuto all'**avvocato, delegato dal *dominus* a sostituto processuale**, il compenso per la partecipazione all'udienza. Al riguardo si è affermato (Parere del Consiglio nazionale forense 4 novembre 2005, n. 1) che **gli onorari per l'attività professionale prestata possono essere richiesti al cliente soltanto dal *dominus*** al quale compete in via esclusiva tale titolo. Nei confronti del cliente, di conseguenza, non vi è alcun titolo alla richiesta di compensi da parte del sostituto processuale, il quale avrà diritto a ripetere dal *dominus* solo quanto relativo all'attività effettivamente e sostanzialmente svolta. Ne consegue che l'eventuale sostituzione dell'avvocato incaricato nelle udienze nell'esecuzione dei singoli atti processuali, non legittima il sostituto ad agire direttamente nei confronti del cliente per la corresponsione del compenso; l'obbligo di retribuire il sostituto resta sempre a carico dell'avvocato che si sia avvalso della sua collaborazione.

Diritto emissione parcella

Il cliente ha il diritto ad ottenere da parte dell'avvocato l'emissione della parcella. Infatti l'art. 27 della Legge n. 794/1942 prevede che il cliente, dopo la decisione della causa o l'estinzione del mandato, può fare istanza al Consiglio dell'ordine nel quale è iscritto il proprio avvocato, affinché il Consiglio stesso inviti l'avvocato a presentare la parcella delle spese e degli onorari per le prestazioni giudiziali espletati.

Obbligatorietà difesa tecnica

Occorre comunque ricordare che la **difesa tecnica è in linea generale obbligatoria**. Infatti nel processo civile vi sono poche **eccezioni** alla regola generale: l**a prima** è prevista dall'art. 82, comma 1, c.p.c., per i procedimenti avanti al Giudice di pace di valore inferiore ad euro 1.100; **la seconda**, nel caso in cui la parte che agisce o resiste in giudizio sia un "avvocato" (art. 86 c.p.c. e art. 13, comma 1, Legge n. 247/2012); **la terza**, prevista dall'art. 417 c.p.c. per le cause in materia di lavoro di valore inferiore ad euro 129,11.

Rinuncia al mandato e decorrenza effetti

In ordine alla **individuazione del momento di cessazione dell'incarico professionale dopo la rinuncia al mandato**, considerato che anche dopo la rinuncia al mandato l'avvocato svolge altre attività difensive (es., partecipazione udienza in regime di *prorogatio*), si è affermato (Cass. 31 maggio 2013, n. 13858) che **la rinuncia al mandato è un atto ad effetto immediato** e non una fattispecie a formazione progressiva che si completerebbe solo con l'atto di nomina di un nuovo difensore, **e ciò anche se il difensore conserva, fino alla sua sostituzione**, la legittimazione a ricevere gli atti indirizzati dalla controparte al suo assistito. Quindi, **nel calcolo della parcella, si potrà tenere conto della sola attività di ricezione degli atti**.

Occorre, infatti, tenere distinti i rapporti esterni (tra il legale e la controparte) dai rapporti interni (tra il legale ed il proprio assistito); se la rinuncia al mandato non ha effetti nei confronti della controparte fino alla sostituzione del difensore, a contrario nei rapporti (interni) tra avvocato e cliente gli effetti estintivi si verificano immediatamente. Una volta intervenuta la revoca o rinuncia, il difensore non ha più titolo per avanzare, ai sensi dell'art.93 cpc, la richiesta di distrazione delle spese, atteso che l'art.85 cpc prevede l'inefficacia della revoca o della rinuncia alla procura solo nei confronti della controparte, mentre nei rapporti interni, soccorrendo la disciplina del mandato, la rinuncia ha effetti, come qualsiasi dichiarazione ricettizia, dal momento in cui essa sia stata comunicata al mandante (Cass.29 agosto 1992 n. 9994). *Contra,* Trib. Avellino n.768/2018 e Trib. Parma n.23 del 2018 hanno statuito che la revoca o la rinuncia alla procura alle liti non fanno perdere al procuratore lo *ius postulandi*, con la conseguente legittimazione del legale non solo a ricevere le notifiche e le comunicazioni, ma anche a compiere atti processuali.

Difesa personale dell'avvocato

La circostanza che l'avvocato si sia avvalso della facoltà di difesa personale prevista dall'art. 86 c.p.c. non incide sulla natura professionale dell'attività svolta in proprio favore, e, pertanto, **non esclude che il giudice debba liquidare in suo favore,** secondo le regole della soccombenza e in base alle tariffe professionali, **i diritti e gli onorari previsti per la sua prestazione** (si rinvia al paragrafo 28 del capitolo I).

Amministratore di sostegno

L'amministratore di sostegno non può agire in giudizio chiedendo il pagamento del compenso professionale ma deve rivolgersi al giudice tutelare per ottenere un'equa indennità per l'opera prestata come amministratore di sostegno E ciò in quanto non sussiste nella specie alcun rapporto pattizio tra rappresentata e rappresentante, avendo l'avvocato esercitato le funzioni di amministratore di sostegno e, non già, di patrono del cliente. Il compenso per l'opera prestata dall'amministratore di sostegno non può trovare soddisfazione nell'ambito del rapporto contrattuale avvocato-cliente regolato dalle tariffe professionali, bensì nell'ambito dell'equa indennità ex art. 379 cod. civ., in quanto richiamato ex art. 411 cod. civ., che deve essere richiesta al giudice tutelare a compenso dell'opera prestata quale amministratore di sostegno (Cass. 5 marzo 2021 n. 6197). Tale indirizzo è stato confermato dalla Suprema Corte con ordinanza 7 marzo 2022 n. 7320, in cui si afferma che l'amministratore di sostegno non può pattuire il compenso del legale in percentuale al risarcimento, trattandosi di atto di straordinaria amministrazione che richiede l'autorizzazione del giudice tutelare, in ragione degli effetti economici sul patrimonio del beneficiario.

2. Criteri di liquidazione delle competenze professionali: a carico del cliente

I criteri per la determinazione del compenso dell'avvocato sono indicati nell'art. 4, comma 1, D.M. 10 marzo 2014, n. 55. Tale norma prevede che **ai fini della liquidazione del compenso si tiene conto** delle caratteristiche, dell'urgenza e del pregio dell'attività prestata, dell'importanza, della natura, "**della difficoltà e del valore dell'affare**", delle condizioni soggettive del cliente, dei risultati conseguiti, del numero e della complessità delle questioni giuridiche e di fatto trattate; l'avvocato può richiedere che gli onorari siano raddoppiati o quadruplicati qualora sussistano elementi che giustifichino tale pretesa, e da cui emerga la complessità, importanza o difficoltà della pratica: Cass. 22 gennaio 2016 n. 1202.

In ordine alla difficoltà dell'affare si tiene particolare conto dei contrasti giurisprudenziali, e della quantità e del contenuto della corrispondenza che risulta essere stato necessario intrattenere con il cliente e con altri soggetti.

Il giudice, nella liquidazione del compenso, di norma tiene conto dei valori medi dei parametri riportati nelle tabelle parametriche, valori medi che in base al D.M. n147/2022 possono essere aumentati o diminuiti nella percentuale del 50%.

Aumenti e diminuzioni

Allorchè la tabella parametrica contiene tre importi, pari rispettivamente ai minimi, ai valori medi ed ai massimi liquidabili, aggiungendo che il giudice può sempre diminuire o aumentare ulteriormente il compenso in considerazione delle circostanze concrete, si è precisato (Cass. 10 maggio 2019 n. 12537) che la combinazione normativa va intesa nel senso che la discrezionalità insita nella forcella tra minimi e massimi (ovverosia quella da rispettare "di regola") non è soggetta a sindacato, in sede di legittimità, attenendo pur sempre a parametri fissati dalla tabella. Occorre ricordare che il **d.m. n.147/2922 ha eliminato l'espressione "di regola" dalla disciplina parametrica, limitando così il potere del giudice nella liquidazione del compenso all'avvocato**.

Ciò premesso, si evidenzia come **la determinazione degli onorari nei confronti del cliente soggiace a criteri legali diversi da quelli applicabile nei confronti del soccombente**. Quest'ultima dipende, innanzitutto, dall'esito vittorioso della lite; ma può essere perfino negata, in tutto o in parte, in forza di compensazione dettata da ragioni affatto estranee alla qualità della prestazione professionale, oggetto di un'obbligazione di mezzi (Cass. 22 aprile 2010, n. 9633).

Esito finale della lite

Occorre, però, evidenziare che **in tema di liquidazione delle spese giudiziali, il criterio della soccombenza non si fraziona secondo l'esito delle varie fasi giudiziali**, ma va **considerato unitariamente all'esito finale della lite**, senza che rilevi che in qualche grado o fase del giudizio la parte poi soccombente abbia conseguito un esito per sé favorevole (Cass. 29 settembre 2011, n. 19880).

In tema di spese giudiziali, **quando la parte presenta la nota delle spese, specificando la somma domandata, il giudice non può attribuire alla parte a titolo di rimborso delle spese, una somma di entità superiore** (Cass. 14 maggio 2013, n. 11522).

L'avvocato ha **diritto al pagamento (dal cliente) delle prestazioni professionali eseguite indipendentemente dall'esito del giudizio, dalla pronuncia del giudice sulle spese** (Cass. 22 aprile 2010, n. 9633), nonché dalla concreta possibilità di recuperare dalla controparte le spese liquidate in favore del proprio cliente, atteso che **il professionista ha diritto a conseguire i compensi anche nel caso di soccombenza processuale**, in quanto la perdita della controversia è il risultato di un coacervo di fattori, molti dei quali irripetibili e imponderabili, e non solo del difensore (Cass. 31 maggio 2010, n. 13229); fuori dai casi in cui l'Avvocato non abbia correttamente adempiuto al proprio mandato, circostanza idonea a determinare la perdita dei compensi e a costituire fonte di eventuale responsabilità risarcitoria, il professionista ha sempre diritto ad essere pagato. Ne consegue **l'inestensibilità dell'efficacia della statuizione sulle spese contenuta nella sentenza di merito al rapporto d'opera professionale corrente tra la parte e il suo difensore** (Cass. 22 aprile 2010, n. 9633).

Vantaggi patrimoniali del cliente

Nella liquidazione degli onorari a carico del cliente può essere tenuto conto dei risultati del giudizio e dei vantaggi, anche non patrimoniali, conseguiti dal cliente (Cass. 7 febbraio 2014, n. 2863). Sul tema si è specificato (Cass. 31 maggio 2010, n. 13229) ai fini del valore della causa cui commisurare il compenso nella liquidazione degli onorari a carico del cliente, può aversi riguardo al valore effettivo della controversia quando esso risulti manifestamente diverso da quello presunto a norma del codice di procedura civile; il giudice di merito deve verificare in concreto l'attività difensiva che il legale ha dovuto apprestare in relazione alle peculiarità del caso specifico in modo da stabilire se, al fine di determinare le competenze dovute al legale, l'importo oggetto della domanda possa costituire un parametro di riferimento idoneo ovvero se lo stesso si riveli del tutto inadeguato rispetto all'effettivo valore della controversia. Pertanto, qualora sia accolta l'opposizione proposta ai sensi dell'art. 645 c.p.c., l'onorario dovuto al legale del creditore che aveva chiesto il decreto ingiuntivo opposto "deve essere determinato tenendo conto, ai fini del valore della controversia, della domanda originaria, non potendo a tal fine operare il cumulo con la domanda successivamente proposta dall'opposto in sede di costituzione nel giudizio di opposizione".

Nei rapporti tra avvocato e cliente (diversamente che ai fini della liquidazione delle spese a carico della parte soccombente, nei quali, ai sensi del comma 1, il valore della lite si determina secondo i criteri codicistici, salva l'adozione di quello del *decisum*, nelle cause di pagamento e risarcimento danni), **sussiste sempre la possibilità di concreto adeguamento degli onorari al valore effettivo e sostanziale della controversia**, ove sia ravvisabile una manifesta sproporzione con quello derivante dall'applicazione delle norme del codice di rito (Cass. 30 settembre 2015 n. 19520; Cass. 14 luglio 2015 n. 14691; Cass. 8 febbraio 2012 n. 1805; Cass. 31 maggio 2010 n. 13229).

Valore controversia per compenso del cliente

Per la liquidazione degli onorari a carico del cliente, la deroga ai criteri di determinazione del valore della causa indicati nel codice di procedura civile è prevista per la sola ipotesi in cui il valore effettivo della controversia risulti manifestamente diverso da quello presunto a norma del codice di procedura civile (Cass. 18 maggio 2021 n. 13509).

Nei rapporti tra avvocato e cliente, quindi, sussiste sempre la possibilità di concreto adeguamento degli onorari al valore effettivo e sostanziale della controversia, ove sia ravvisabile una manifesta sproporzione rispetto a quello derivante dall'applicazione delle norme del codice di rito. Pertanto il giudice deve verificare, di volta in volta, l'attività difensiva che il legale ha svolto, tenuto conto delle peculiarità del caso specifico, in modo da stabilire se l'importo oggetto della domanda possa costituire un parametro di riferimento idoneo ovvero se lo stesso si riveli del tutto inadeguato all'effettivo valore della controversia, perché in tale ultima eventualità, il compenso preteso alla stregua della relativa tariffa non può essere ritenuto corrispettivo della prestazione espletata (Cass. 12 febbraio 2021 n. 3687; Cass. n. 19520 del 2015).

In pratica, **con la riferita sentenza si è superato il c.d. "criterio formale" di determinazione del valore della causa a favore del "criterio sostanziale" nel caso in cui emerga una sproporzione evidente tra *petitum* e *decisum*, ossia allorché vi sia una sproporzione evidente tra quanto richiesto dalla parte e quanto poi sia effettivamente assegnato con la decisione**. Da quanto sopra ne consegue che la diversità tra valore effettivo e valore presunto della controversia è rilevante ai fini della determinazione (a ribasso) dello scaglione da applicare nella determinazione degli onorari a carico del cliente, tutte le volte in cui la quantificazione della pretesa azionata sia ingiustificata, ossia il risultato di una operazione non ancorata ad alcun parametro, oggettivo o anche solo equitativo, compiuta arbitrariamente dall'avvocato.

Spese a favore contumace

In ordine alla liquidazione delle competenze, nei rapporti cliente/avvocato si è affermato (Cass. 28 marzo 2013, n. 7807; Cass. 9 febbraio 2012, n. 1805; Cass. 31 maggio 2010, n. 13229) e consolidato il principio, secondo il quale, **nei rapporti tra avvocato e cliente, diversamente che ai fini della liquidazione delle spese a carico della parte soccombente** (il valore della lite si determina secondo i criteri codicistici, salvo l'adozione di quello del *decisum* nelle cause di pagamento e risarcimento), **sussiste sempre la possibilità di concreto adeguamento degli onorari al valore effettivo e sostanziale della controversia, ove sia ravvisabile una manifesta sproporzione con quello derivante dall'applicazione delle norme del codice di rito** (Cass. 25 settembre 2014, n. 20302).

La condanna alle spese processuali, a norma dell'art. 91 c.p.c. ha il suo fondamento nell'esigenza di evitare una diminuzione patrimoniale alla parte che ha dovuto svolgere un'attività processuale per ottenere il riconoscimento e l'attuazione di un suo diritto; sicché essa **non può essere pronunziata in favore del contumace**

vittorioso, poiché questi, **non avendo espletato alcuna attività processuale**, non ha sopportato spese al cui rimborso abbia diritto (Cass. 9 agosto 2011, n. 17432).

Esito sfavorevole controversia

L'esito sfavorevole della causa non ha alcuna influenza nella liquidazione degli onorari nei confronti del cliente (Cass. 31 marzo 1956, n. 955); così come non incide sul diritto al compenso dell'avvocato la circostanza che le prestazioni dell'avvocato non hanno arrecato alcun concreto utile al cliente. Infatti l'**obbligo del cliente di corrispondere all'avvocato gli onorari per l'assistenza legale ricevuta prescinde dalla statuizione del giudice sulle spese giudiziali**: la liquidazione degli onorari che l'avvocato pretende dal proprio cliente è indipendente e svincolata dalla statuizione che condanna la parte soccombente al pagamento delle spese e degli onorari di causa (Cass. 6 marzo 2018 n. 5224). Né rileva su tale "diritto" la parziale compensazione delle spese di lite disposta dal giudice.

La misura degli onorari dovuti dal cliente al proprio avvocato prescinde dalle statuizioni del giudice contenute nella sentenza che condanna la controparte alle spese ed agli onorari di causa, misura che deve essere determinata in base ai criteri diversi da quelli che regolano la liquidazione delle spese tra le parti. Il cliente, quindi, è sempre obbligato a corrispondere gli onorari all'avvocato da lui nominato ed il relativo ammontare deve essere determinato dal giudice nei suoi specifici confronti, **senza essere vincolato alla pronuncia sulle spese da parte del giudice che ha definito la causa** cui le stesse si riferiscono; e ciò anche perché sono diversi i criteri dettati per la liquidazione degli onorari a carico del cliente ed a carico della controparte (Cass. 17 ottobre 2018 n. 25992). Peraltro si evidenzia come la sentenza che ha provveduto alla liquidazione delle spese giudiziali non ha efficacia (cioè non è vincolante), nei confronti dell'avvocato per l'assorbente ragione che lo stesso non è parte nel giudizio.

Pertanto, **la misura degli onorari dovuti dal cliente al proprio avvocato prescinde dalla liquidazione contenuta nella sentenza**, che condanna l'altra parte al pagamento delle spese ed onorari di causa; solo l'inequivoca rinuncia del legale al maggior compenso può impedirgli di pretendere onorari maggiori e diversi da quelli liquidati in sentenza (la rinuncia non può essere desunta dalla accettazione della somma corrisposta dal cliente, e posta a carico dell'altra parte, quando non risulti in concreto che la somma è stata accettata a saldo di ogni credito per tale titolo).

Compenso a carico cliente e soccombente

La liquidazione delle **competenze a carico del cliente non può essere inferiore a quella nei confronti del soccombente,** perché il contenimento di detta liquidazione in un importo minore verrebbe a fare lucrare al cliente, in caso di esito favorevole del giudizio, la differenza, e quindi, un utile privo di qualsiasi giustificazione giuridica (Cass. 14 dicembre 1982, n. 6868). Occorre evidenziare che in materia di spese processuali, l'identificazione della parte soccombente è rimessa al potere decisionale del giudice del merito, insindacabile in sede di legittimità, con l'unico limite di violazione del principio per cui le spese non possono essere poste a carico della parte totalmente vittoriosa (Cass. 16 giugno 2011, n. 13229).

Accoglimento parziale della domanda

In caso di accoglimento solo parziale della domanda, la regolamentazione delle spese di lite, deve tenere conto che la parte attrice è comunque parzialmente vittoriosa, il **regolamento delle spese può avvenire o senza dare rilievo alcuno al fatto della soltanto parziale fondatezza della domanda,** o, **dando rilievo,** all'art. 92, comma 2, c.p.c., cioè con una totale o parziale compensazione. **Non è possibile, comunque, la condanna della parte attrice al pagamento anche parziale delle spese di lite sostenute dal convenuto,** e ciò tanto nella ipotesi di pluralità di domande, quanto nella ipotesi di un'unica domanda parzialmente accolta (Cass. 19 ottobre 2016 n. 21069).

Compenso maggiore di quello liquidato in sentenza

L'avvocato può **pretendere dal cliente onorari diversi e maggiori di quelli liquidati in sentenza**, quando le sue prestazioni personali giustificano tale pretesa (Cass. 3 agosto 2000, n. 10185; Cass. 15 febbraio 1999, n. 1264); **non può invocare tale principio quando ha accettato senza riserva, il pagamento delle spese, competenze e onorari liquidati in sentenza** (Cass. 19 ottobre 1992, n. 11448). L'avvocato, quindi, può chiedere al proprio cliente un compenso diverso e maggiore di quello liquidato dal giudice a carico del soccombente, purché nel rispetto dell'eventuale accordo instaurato col cliente medesimo.

Ora, se è pur vero che **gli onorari sono sempre dovuti all'avvocato dal cliente indipendentemente dalle statuizioni del giudice sulle spese giudiziali**, occorre però evidenziare che nel rapporto negoziale intercorso tra l'avvocato e il cliente, non sono vincolanti e, quindi, non necessariamente esaustive delle ragioni creditorie del professionista, le liquidazioni operate in sentenza dal giudice, restando **salvo il diritto dell'avvocato di esigere dal cliente gli ulteriori compensi non riconosciuti in sede giudiziale e diversamente pattuiti**.

Pattuizione col cliente e nota spese

Tale "ulteriore" richiesta è, però, **subordinata alla pattuizione scritta con il cliente e comunque alla produzione in giudizio della pattuizione e/o della nota spese**. Infatti, all'atto di predisporre e produrre in giudizio la propria nota spese, l'avvocato opera, *ex se*, una valutazione, quantitativa e qualitativa, delle prestazioni professionali espletate e ne determina il relativo compenso dovuto sulla base dei parametri rimettendone al vaglio definitivo del giudice la concreta liquidazione. **La pattuizione scritta o nota spese prodotta in giudizio, in quanto espressione di una libera e consapevole valutazione operata dal professionista secondo specifici criteri**, deve rivestire, **anche nel rapporto interno con il cliente**, un valore quantomeno delimitativo, se non confessorio, **del credito spettante nei termini in cui lo stesso avvocato lo ha ritenuto, con la nota spese, dovuto e congruo**, con la conseguenza che l'avvocato, **ove non soddisfatto dalla liquidazione giudiziale**, potrà **esigere dal cliente il pagamento di quella quota parte del compenso professionale** non riconosciutagli dal giudice, **ma pur sempre nel rispetto dei limiti oggettivi tracciati dallo stesso con la pattuizione scritta e con la parcella prodotta in giudizio** (Trib. Bologna 12 ottobre 2007; Cass. 24 maggio 2011, n. 11392).

Presentazione al cliente di nuova parcella

Il Consiglio nazionale Forense con sentenza 7.3.2016 ha affrontato la problematica della presentazione al cliente di una nuova parcella con un compenso maggiore di quello richiesto in precedenza, risolvendola sulla base dell'art. 29, comma 5, del vigente codice deontologico, il quale statuisce che ***"L'avvocato, in caso di mancato pagamento da parte del cliente, non deve richiedere un compenso maggiore di quello già indicato, salvo ne abbia fatta riserva".***

Dalla riportata formulazione dell'art. 29, comma 5, del codice deontologico, infatti ne consegue che l'avvocato il quale trasmetta al cliente una specifica richiesta per le prestazioni svolte, successivamente in caso di mancato pagamento della nota inviata, non può chiedere con azione giudiziaria – per le stesse prestazioni – un importo più elevato. Un importo maggiore di quello richiesto in precedenza, può essere richiesto solo nel caso in cui con l'invio della nota si specifica che l'importo richiesto è subordinato al pagamento entro una determinata data, e che successivamente a tale data l'importo sarà diverso perché, ad esempio, sarà determinato nell'importo massimo previsto dai parametri stante la difficoltà e complessità della questione trattata. **L'avvocato può variare l'importo richiesto in precedenza e, quindi, richiedere un maggior compenso, a condizione, però, che abbia formulato una specifica riserva**, nel senso che il cliente sia espressamente informato che il mancato pagamento può portare ad una revisione dell'importo richiesto (anche se è raro che un avvocato nel richiedere il pagamento della parcella si riservi di richiedere una somma maggiore).

Maggior compenso

È consentito, quindi, all'avvocato richiedere per suo compenso una somma maggiore rispetto a quella richiesta in precedenza, s**olo se sia stato espressamente precisato, con l'atto della prima richiesta, che l'importo era indicato, ad esempio, in via amichevole,** e con espressa riserva di una richiesta di somma maggiore in caso di contestazione e/o di mancato pagamento entro una determinata data.

L'avvocato può, comunque, validamente **inviare al cliente, senza incorrere in illecito disciplinare, una seconda richiesta** – e senza avere fatto alcuna riserva – **qualora la prima sia stata erroneamente calcolata** al di sotto dei parametri tabellari, ad esempio, per avere applicato lo scaglione parametrico non corrispondente al valore della controversia (Cass. 18 gennaio 2013 n. 1284). **L'avvocato che abbia commesso un errore nel calcolare la parcella presentata al cliente, quindi può sempre rettificare l'importo indicato nella prima parcella presentando una seconda parcella corretta.**

E sul tema della possibilità per l'avvocato di richiedere al cliente un importo, a titolo di compenso professionale, maggiore di quanto fatto con una prima richiesta, la Suprema Corte (Cass. 2 febbraio 2018 n. 2575; Cass. 11 marzo 2008 n. 6454; Cass. 3 luglio 2003 n. 10532; Cass. 29 luglio 1983 n. 5232; Cass. 22 gennaio 1997 n. 621), con un indirizzo giurisprudenziale consolidato, afferma che, **qualora l'avvocato dopo avere presentato al proprio cliente una parcella per il pagamento dei compensi spettantegli redatta in conformità ai minimi tabellari, richieda successivamente, per le stesse attività un pagamento maggiore** sulla base di una nuova parcella redatta sempre nel rispetto dei minimi tabellari, **il giudice del merito**, richiesto della liquidazione, salva l'ipotesi in cui la prima parcella abbia carattere vincolante in quanto conforme ad un pregresso accordo o espressamente accettata dal cliente, **ben può valutare se esistono elementi che facciano ritenere giustificata e legittima la maggiore richiesta** (ravvisabili anche nel venire meno di quei rapporti amichevoli che avevano indotto il professionista ad usare al cliente un trattamento di particolare favore).

Occorre evidenziare che l'avvocato, **in presenza di contratto valido e non contestato dal cliente, non può presentare parcella per compensi di importo diverso da quello stabilito** nel contratto stesso, anche se sulla base dei parametri vigenti (Parere Cons. naz. Forense 9 aprile 2014, n. 29).

Violazioni dei minimi e dei massimi

In mancanza di convenzione avvocato/cliente, il giudice è tenuto a liquidare a titolo di compenso somme non superiori al massimo e non inferiori al minimo previsto dai parametri (Cass. 5 novembre 2018 n. 28267). La sentenza 28267/2018 ha infatti affermato che nel vigore del D.M. n. 55/2014 (e a differenza del regime del previgente D.M. n. 140/2012) il giudice è tenuto a liquidare a titolo di compenso somme non superiori al massimo e non inferiori al minimo previsto dai parametri, poiché il citato decreto contiene disposizioni speciali e sopravvenute rispetto a quelle del dm 140/2012 direttamente volte a regolare la materia delle spese processuali e non i rapporti tra l'avvocato ed il cliente.

3. Criteri di liquidazione delle competenze professionali: a carico del soccombente

Anche per la liquidazione delle competenze a carico del soccombente, il giudice nella determinazione del compenso dovuto (dal soccombente) non può che fare riferimento all'art. 4, comma 1, D.M. n. 55/2014, norma la quale prevede che **ai fini della liquidazione del compenso si tiene conto** delle caratteristiche, dell'urgenza e del pregio dell'attività prestata, dell'importanza, della natura, **della difficoltà e del valore dell'affare**, delle condizioni soggettive del cliente, dei risultati conseguiti, del numero e della complessità delle questioni giuridiche e di fatto trattate.

Nella lite sul pagamento di somme di danaro, mentre il compenso dell'avvocato a carico del cliente va calcolato in base all'entità della domanda, nella liquidazione a carico della parte soccombente, invece, si deve fare riferimento alla cifra attribuita alla parte vincitrice.

Soccombenza

La soccombenza non va esclusa neppure nel caso in cui il convenuto non si sia opposto alla pretesa dell'attore, posto che **la soccombenza non va riferita all'espressa contestazione del diritto fatto valere in giudizio,** che può anche mancare, **ma al fatto oggettivo di avere provocato la necessità del processo** (Cass. 9 gennaio 2017 n. 189). Soccombente è la parte che, lasciando insoddisfatta un'altra fondata pretesa o azionando una pretesa accertata infondata o, più in generale, con la sua condotta anteriore al giudizio, ha dato causa, ha provocato l'insorgere della controversia.

In base al principio per cui la necessità di agire o di resistere in giudizio non deve andare a danno della parte che ha ragione, la condanna alle spese del soccombente risponde all'esigenza di evitare una diminuzione patrimoniale alla parte che abbia dovuto svolgere un'attività processuale per vedere riconosciuto un proprio diritto.

Riduzione voci nota spese

In presenza di una nota specifica prodotta dalla parte vittoriosa, il Giudice non può limitarsi ad una globale determinazione dei compensi in misura inferiore a quelli esposti, ma ha l'onere di dare adeguata motivazione dell'eliminazione e della riduzione di voci da lui operata, allo scopo di consentire, attraverso il sindacato di legittimità, l'accertamento della conformità della liquidazione a quanto risulta dagli atti e dalle tariffe (Cass. 6 giugno 2017 n. 14038).

Aumenti e diminuzione parametri

In ordine alla difficoltà dell'affare si tiene particolare conto dei contrasti giurisprudenziali, e della quantità e del contenuto della corrispondenza che risulta essere stato necessario intrattenere con il cliente e con altri soggetti.

Il giudice, nella liquidazione del compenso, tiene conto dei valori medi dei parametri riportati nelle tabelle allegate al D.M. n. 55/2014.

Il D.M. n.147/2022 ha introdotto un'unica percentuale del 50 per cento per regolare gli aumenti e le diminuzioni dei valori medi individuati dai parametri in relazione alle varie fasi del processo, in luogo delle precedenti percentuali diversificate, temperando così anche la discrezionalità dell'autorità giudiziaria nell'applicazione dei valori medi dei parametri con un rafforzamento dell'obbligo motivazionale.

Si è specificato (Cass. 16 novembre 2021 n. 34573) che il giudice nella liquidazione non può ridurre il compenso sotto il limite del 50% dei valori parametrici medi. **La riduzione del 50% dei valori medi è il limite innanzi al quale il giudice deve fermarsi nel disporre la diminuzione del compenso.**

Il rimborso (dal soccombente) delle spese legali che la parte sostiene per retribuire il proprio difensore nel rivolgersi all'autorità giudiziaria chiedendo la tutela di un proprio diritto, **rappresenta la concreta e immediata attuazione dell'art. 24 Cost.**

Il giudice, nel caso in cui deve liquidare le **spese di soccombenza, applicherà i parametri** previsti dal decreto n. 55/2014, **non essendo vincolato da eventuale pattuizione avvocato/cliente sul compenso**; quest'ultimo contratto vincolerà solo le parti che lo hanno stipulato (avvocato/cliente).

Liquidazione d'ufficio del compenso

Occorre evidenziare che il regolamento delle spese di lite è consequenziale e accessorio rispetto alla definizione del giudizio, **potendo perciò la condanna al relativo pagamento legittimamente essere emessa**, a carico della parte soccombente ed *ex* art. 91 c.p.c. **anche d'ufficio, pur se difetti una esplicita richiesta in tal senso della parte vittoriosa** (Cass. 13 maggio 2011, n. 663). Nel caso di liquidazione delle spese giudiziali a carico della parte soccombente, si prescinde totalmente da qualsiasi rilievo della formulazione di una domanda da parte del difensore della parte sia della parte stessa suo tramite, **essendo la statuizione sulle spese mero ammennicolo del compiuto riconoscimento della tutela attribuita alla parte vittoriosa,** se del caso disponibile solo attraverso il potere di compensazione (Cass. 27 agosto 2015 n. 17212).

Occorre evidenziare che, in ordine all'ambito di operatività del D.M. n. 55/2014 (il D.M. 8 marzo 2018, n. 37 – ma anche il D.M. n. 147/2022 – non modifica l'ambito di operatività), l'art. 1 del decreto prevede che "Il presente regolamento disciplina per le prestazioni professionali i parametri dei compensi all'avvocato quanto all'atto dell'incarico o successivamente il compenso non sia stato determinato in forma scritta, in ogni caso di mancata determinazione consensuale degli stessi, comprese le ipotesi di liquidazione nonché di prestazione nell'interesse di terzi o prestazioni officiose previste dalla legge".

Accertamento tecnico preventivo

Le spese per l'accertamento tecnico preventivo devono essere poste a carico di chi lo richiede e delle stesse si terrà conto nel successivo giudizio di merito, nel quale l'ATP sarà acquisito, in quanto spese giudiziali da porre a carico del soccombente (Cass. 19 novembre 2021 n. 35510). Infatti, il provvedimento di liquidazione delle spese a carico (anche) di una sola parte diversa dal ricorrente – tenuto ad anticiparle – non è previsto dalla legge, ha natura decisoria e carattere definitivo e può essere impugnato con ricorso straordinario per cassazione (Cass. 26 maggio 2020 n. 9735).

Omessa pronuncia sulle spese

L'organo giurisdizionale che deve liquidare il compenso dei professionisti applica, in difetto di accordo tra le parti, le disposizioni del decreto sui parametri, e che comunque in nessun caso le soglie numeriche indicate per la liquidazione del compenso, sono vincolanti per la liquidazione stessa.

La mancata statuizione sulle spese del giudizio integra una vera e propria omissione di carattere concettuale e sostanziale e costituisce un vizio della sentenza, stante la mancanza di qualsiasi decisione da parte del giudice in ordine ad una domanda che è stata ritualmente proposta e richiede pertanto una pronuncia di accoglimento o di rigetto. Ne consegue che **l'omessa pronuncia sulle spese in un provvedimento a contenuto decisorio che definisce**

il giudizio non costituisce mero errore materiale emendabile con la speciale procedura di correzione prevista dagli artt. 287 e ss. c.p.c., ma vizio di omessa pronuncia da farsi valere solo con i mezzi di impugnazione (Cass. 17 giugno 2016 n. 12625; Cass. n. 13513 del 2005). Si è però precisato che a fronte della mancata liquidazione delle spese nel dispositivo della sentenza, sebbene in parte motiva il giudice abbia espresso la propria volontà di porle a carico della parte soccombente, la parte interessata deve fare ricorso alla procedura di correzione degli errori materiali di cui agli artt. 287 e ss. cpc per ottenerne la quantificazione (Cass. 21 giugno 2018 n. 16415). Viceversa, nel caso in cui nella parte motiva della pronuncia non sia stata espressa alcuna volontà di porre le spese a carico della parte soccombente, si è in presenza di un contrasto tra motivazione e dispositivo che esclude il ricorso alla procedura di cui all'art.287 c.p.c.

Spese registrazione sentenza

Tra le spese giudiziarie a carico della parte soccombente ai sensi dell'art. 91 c.p.c. **va compresa l'imposta di registrazione della sentenza** (Cass. 22 giugno 2000, n. 8481); e ciò in quanto nella pronuncia di condanna della parte soccombente delle spese di lite, devono essere comprese anche quelle relative alla registrazione della sentenza in quanto rientranti tra le spese conseguenti alla sentenza **senza che sia necessaria un'espressa statuizione al riguardo** (Cass. 29 luglio 2010, n. 17698). Il principio è che tra le spese di lite debbono comprendersi anche quelle conseguenti alla sentenza e, quindi, anche quelle di registrazione della medesima (Cass. 21 maggio 1991, n. 5707), senza che sia necessaria un'espressa statuizione del giudice. Qualora il giudice condanni la parte soccombente al pagamento non solo delle spese processuali effettivamente sostenute fino al momento della decisione, ma anche, genericamente, a quelle successive conseguenti, in effetti non si pronuncia su una domanda, ma esplicita quell'obbligo consequenziale, già contenuto nella legge (Cass. 29 luglio 2002, n. 11170). **Ne consegue che la parte vittoriosa, che abbia già conseguito la condanna della controparte al pagamento delle spese, ha già con tale sentenza il titolo per ottenere il ristoro delle spese di registrazione della sentenza.**

Ha diritto all'**azione di regresso nei confronti dell'obbligato** l'avvocato che paga per sbaglio **le spese di registrazione della**

sentenza (Cass. n. 21686 del 2017). E ciò in quanto chi adempie una obbligazione solidale senza esservi tenuto, per effetto del pagamento, acquista lo stesso diritto di regresso nei confronti degli altri condebitori.

Compensazione e spese registrazione sentenza

La pronuncia resa dal giudice di **integrale compensazione delle spese di causa non si estende alle spese di registrazione della sentenza**, ancorché qualificabili come giudiziali, e non implica, quindi, che dette spese rimangano a carico della parte anticipataria e si sottraggano alla regola legale della solidarietà passiva dei contendenti e della loro divisibilità nei rapporti interni per quote uguali (Cass. 27 giugno 2011, n. 14192; Cass. 16 giugno 2008, n. 16212; Cass., SS.UU., 21 agosto 1990, n. 8533).

La condanna al pagamento delle spese del giudizio, in quanto consequenziale e accessoria, **può essere legittimamente emessa dal giudice a carico del soccombente anche d'ufficio**, in mancanza di una esplicita richiesta dalla parte che risulti vittoriosa, sempreché la stessa non abbia manifestato espressa volontà contraria, e financo quando il giudice debba dichiarare cessata la materia del contendere, dovendosi in tal caso delibare il fondamento della domanda per decidere sulle spese, secondo il principio della soccombenza virtuale (Cass. 29 settembre 2005, n. 21244).

Criteri soccombenza e esito finale lite

Il criterio della soccombenza (in materia di procedimento civile) **deve essere riferito alla causa nel suo insieme, con particolare diretto riferimento all'esito finale della lite**, sicché è totalmente vittoriosa la parte nei cui confronti la domanda avversaria sia stata totalmente respinta (Cass. 23 luglio 2010, n. 17351; Cass. 19 agosto 2013, n. 19158, in caso di riduzione somma accordata in primo grado).

Nota spese e poteri del giudice

Il giudice, **in presenza di una nota specifica prodotta dalla parte vittoriosa**, non può limitarsi ad una globale determinazione del compenso **in misura inferiore ai parametri**, ma ha l'onere di dare adeguata motivazione dell'eliminazione e della riduzione di voci da lui operata, allo scopo di consentire, attraverso il sindacato di legittimità, l'accertamento della conformità della liquidazione a quanto risulta dagli atti e ai parametri. (In termini, anche se con riferimento alla abrogata tariffa, Cass. 19 ottobre 2011, n. 21663; Cass. 8 luglio 2010, n. 16153; Cass. 24 febbraio 2009, n. 4404).

Condanna del difensore

Sul soggetto cui fa carico l'onere delle spese processuali, si è affermato (Trib. Reggio Emilia 12 luglio 2007) che il tenore letterale dell'art. 94 c.p.c. non ne impedisce **l'applicabilità anche al difensore della parte, con conseguente possibilità di condanna personale del difensore, in solido con la parte soccombente**, al pagamento delle spese processuali in presenza di gravi motivi.

Rimedi per errore liquidazione spese vive

L'errore del giudice nella determinazione della misura delle spese vive sostenute dalla parte vittoriosa, **può essere emendato o con il procedimento di correzione di cui all'art. 287 c.p.c.**, ovvero per mezzo del procedimento di revocazione del provvedimento che le ha liquidate, ma non con il ricorso per cassazione (Cass. 12 ottobre 2010, n. 21012). Nel procedimento di correzione degli errori materiali non è ammessa alcuna pronuncia sulle spese processuali (Cass. 17 settembre 2013, n. 21213).

Sulle competenze professionali dovute dal cliente e dalla parte soccombente, occorre evidenziare che è in astratto legittimo **pretendere spese e competenze non liquidate dal giudice**, rispondendo questo a generali principi in tema di c.d. autoliquidazione in sede di precetto, quando esse riguardano attività, normalmente connesse alla sua predisposizione o comunque abitualmente comprese nell'intervallo tra la liquidazione contenuta nel titolo e le successive legittime iniziative del creditore per conseguire quanto in suo favore in quest'ultimo statuito (Cass. 20 giugno 2011, n. 13482).

4. Riforma in appello di sentenza posta in esecuzione e riflessi sulle spese del giudizio

La riforma in grado di appello della sentenza di primo grado nel capo relativo alle domande di merito, travolge anche la condanna della parte in quella sede soccombente, ma in appello risultata vittoriosa, al rimborso delle spese di quel giudizio, ai sensi e per gli effetti dell'art. 336 c.p.c., anche indipendentemente da specifica domanda (Cass. 28 ottobre 2014, n. 22866).

Il giudice d'appello, allorché riformi in tutto o in parte la sentenza impugnata, è tenuto a provved**ere, anche d'ufficio, ad un nuovo regolamento delle spese di I grado** (Cass. 5 gennaio 2017 n. 130). Infatti, in materia di liquidazione delle spese giudiziali, il giudice di appello, mentre nel caso di rigetto del gravame non può, in mancanza di uno specifico motivo di impugnazione, modificare la statuizione sulle spese processuali di primo grado, **allorché riformi in tutto o in parte la sentenza impugnata, è tenuto** a provvedere anche d'ufficio, ad un nuovo regolamento di dette spese alla stregua dell'esito complessivo della lite, atteso che la riforma della sentenza del primo giudice, determina la caducazione del capo della pronuncia che ha statuito sulle spese (Cass. 21 ottobre 2013 n. 28718; Cass. 22 dicembre 2009, n. 26985).

Prestazioni davanti a uffici giudiziari diversi

Le sezioni unite della Corte di Cassazione con sentenza 19.2.2020 n. 4247 hanno risolto la problematica concernente il **giudice competente a liquidare il compenso all'avvocato quando le prestazioni del difensore siano svolte dinanzi ad uffici giudiziari diversi**.

E ciò in quanto si era posto il problema, nel caso di attività professionale svolta in più gradi di giudizio, se per ottenere la liquidazione del compenso l'avvocato doveva proporre domande autonome dinanzi a ciascun giudice adito per il processo, oppure proporre la richiesta al giudice di secondo grado (o di quello che ha conosciuto per ultimo della controversia).

La giurisprudenza prevalente (fra le tante: Cass.17.12.1991 n.13586; Cass. 8.11. 1989 n.4704; Cass. 10.7.1987 n.6033) era già nel senso che la domanda doveva essere proposta all'ufficio giudiziario che per ultimo avesse trattato il processo, sull'assunto che solo quest'ultimo fosse in condizione di valutare l'opera svolta nella sua globalità e liquidare il compenso in misura adeguata, sicchè per le prestazioni rese in primo grado ed in secondo grado, la competenza restava radicata dinanzi al giudice d'appello.

La giurisprudenza minoritaria (Cass. 9.1.1973 n.21; Cass. 16.7.1997 n. 6493) era invece nel senso che l'avvocato, per l'attività professionale svolta innanzi a giudici diversi o in più gradi, doveva proporre domande autonome dinanzi a ciascun giudice adito per il processo.

La problematica era insorta a seguito dell'entrata in vigore dell'art.14, comma 2, del d.lgs. n.150/2011 che ha dettato una nuova "procedura" per il recupero delle competenze dell'avvocato. Tali innovazioni, per le sezioni unite della Suprema Corte n.4247/2020, non hanno però "introdotto innovazioni incompatibili con l'indirizzo maggioritario di cui si è detto – al quale viene data sostanziale continuità – visto che in linea generale il legislatore ha anzi seguito gli orientamenti consolidati di questa Corte in materia, in coerenza del resto con i principi e criteri direttivi dettati dalla legge di delega n.69 del 2009".

Le sezioni unite hanno risolto la problematica posta, confermando il riferito indirizzo giurisprudenziale maggioritario, con l'affermazione del seguente principio di diritto ***"Ne caso in cui un avvocato abbia scelto di agire ex art. 28 della legge 13.6.1942, n.794, come modificato dalla lett. a) del comma 16 dell'art.34 del d.lgs. 1.9.2011 n. 150, nei confronti del proprio cliente, proponendo l'azione prevista dall'art.14 del d.lgs. n.150 del 2011 e chiedendo la condanna del cliente al pagamento dei compensi per l'opera prestata in più gradi e/o fasi del giudizio, la competenza è dell'ufficio giudiziario di merito che ha deciso per ultimo la causa".***

Esecutività capo sentenza sulle spese

Deve ritenersi applicabile l'**immediata esecutività** della sentenza di primo grado, assoggettata ad impugnazione, anche alla condanna alle spese giudiziali accessoria ad una pronuncia di rigetto (Cass. 26 agosto 2014, n. 18232).

Riforma sentenza e quantum da restituire

Sul diritto alla **restituzione delle spese del giudizio in caso di riforma in appello di sentenza già posta in esecuzione forzata**, il debitore esecutato ha diritto alla restituzione non solo del capitale pagato sulla base del titolo successivamente riformato, ma anche delle somme corrisposte a titolo di rifusione delle spese del giudizio di esecuzione sostenute dal creditore esecutante, e ciò a prescindere dallo stato soggettivo di buona o mala fede di quest'ultimo (Cass. 14 ottobre 2008, n. 25143).

La richiesta di restituzione delle somme corrisposte in esecuzione della sentenza di primo grado deve essere formulata, a pena di decadenza, con l'atto di appello, se proposto successivamente all'esecuzione della sentenza, essendo ammissibile la formulazione della domanda nel corso del giudizio, sino alla precisazione delle conclusioni, soltanto qualora l'esecuzione della sentenza sia avvenuta successivamente alla proposizione dell'impugnazione (Cass. 15 marzo 2021 n. 7144; Cass. 30 gennaio 2018 n. 2292; Cass. 26 gennaio 2016 n. 1324).

In caso di ripetizione di somme pagate in esecuzione di sentenza successivamente annullata, l'**azione di ripetizione di somme pagate per spese di lite in esecuzione di una sentenza successivamente annullata non è riconducibile allo schema della *condicio indebiti*,** sia perché si ricollega ad un'esigenza di restaurazione della situazione patrimoniale precedente alla sentenza e prescinde dall'esistenza o meno del rapporto sostanziale, sia perché il comportamento dell'*accipiens* non si presta a valutazioni sulla buona o mala fede, non potendo venire in considerazione stati soggettivi rispetto a prestazioni eseguite e ricevute nella comune consapevolezza della rescindibilità del titolo e della provvisorietà dei suoi effetti; pertanto, **in applicazione delle regole generali sui crediti pecuniari, gli interessi legali sulle somme predette devono essere riconosciuti dal giorno del pagamento e non da quello della domanda** (Cass. 23 marzo 2010, n. 6942).

Difensore distrattario e riforma sentenza in appello

In tema di distrazione delle spese ai sensi dell'art. 93 c.p.c., allorché sia riformata in appello la sentenza, costituente titolo esecutivo, di condanna alle spese in favore del difensore della parte vittoriosa, **il soggetto tenuto alla restituzione delle somme pagate a detto titolo è il difensore distrattario**, quale parte del rapporto intercorrente tra chi ha ricevuto il pagamento non dovuto e chi lo ha effettuato, il quale ha diritto ad essere indennizzato dell'intera diminuzione patrimoniale subita e cioè **alla restituzione della somma corrisposta, con gli interessi dal giorno del pagamento** (Cass. 4 aprile 2013, n. 8215).

Successione giudizi e criteri liquidazione

In caso di successione di giudizi, il giudice deve **liquidare in modo distinto spese ed onorari in relazione a ciascun grado del giudizio,** poiché solo tale specificazione consente alle parti di controllare i criteri di calcolo adottati e di conseguenza le ragioni per le quali sono state eventualmente ridotte le richieste presentate nelle note spese (Cass. 30 settembre 2016 n. 19623).

Nel caso di **riliquidazione delle spese giudiziali di I grado in appello, a seguito della riforma della sentenza di I grado,** l'unitarietà della prestazione, ai fini della liquidazione degli onorari, va rapportata ai singoli gradi in cui si è svolto il giudizio e, quindi, al momento della pronuncia che chiude ciascun grado. **Ne consegue che, nel caso in cui il giudizio di I grado si è concluso nella vi-**

genza delle abrogate tariffe professionali, il giudice di appello, nella liquidazione delle spese di I grado, deve fare riferimento alla abrogata tariffa forense (Cass. 3 agosto 2007, n. 17059; Trib. Caltanissetta 29 gennaio 2013, n. 79)

Ne consegue che il giudice che deve liquidare le spese processuali relative ad **un'attività difensiva ormai esaurita (es., cassazione con decisione nel merito), deve applicare la normativa vigente al tempo in cui l'attività stessa è stata compiuta, sicché, per l'attività conclusa nella vigenza del D.M. n. 127/2004**, deve applicare le tariffe da questo previste e non i parametri sopravvenuti con il D.M. n. 140/2012 prima e poi con il D.M. n. 5/2014 (Cass. 18 dicembre 2012, n. 23318).

Contra, nel senso di fare riferimento all'esaurimento dell'intera fase di merito (e quindi al momento della decisione dell'appello), Cass. 11 marzo 2005, n. 5426; Cass. 20 dicembre 1995, n. 13015.

Valutazione unitaria soccombenza

In tema di liquidazione delle spese giudiziali, occorre evidenziare che il criterio della soccombenza **non si fraziona secondo l'esito delle varie fasi, ma va considerato unitariamente all'esito finale della lite, senza che rilevi che in qualche grado o fase del giudizio la parte poi soccombente abbia conseguito un esito a sé favorevole** (Cass. 4 settembre 2017 n. 20727; Cass. 29 settembre 2011, n. 19880; Cass. 14 dicembre 2000, n. 15787). Il criterio unitario e globale di valutazione della soccombenza deve essere, quindi, applicato all'esito finale della lite, sicchè nel giudizio svoltosi in più gradi, il giudice, ove correttamente investito dell'impugnazione sul capo delle spese, dovrà, in considerazione del complessivo esito della lite, **individuare la parte alla fine soccombente, totalmente o anche solo parzialmente,** e, per converso, la parte vincitrice, totalmente o anche solo parzialmente, in favore della quale liquidare le spese di lite in misura totale o anche solo parziale, quale residuata all'esito della ritenuta compensazione parziale (Cass. 30 maggio 2018 n. 13518).

Si è precisato che nel caso di **accoglimento parziale della domanda** il giudice può, ai sensi dell'art.92 cpc, compensare in tutto o in parte le spese sostenute dalla parte vittoriosa, ma questa non può essere condannata neppure parzialmente a rifondere le spese della controparte, nonostante l'esistenza di una soccombenza reciproca per la parte di domanda rigettata o per le altre domande respinte, poichè tale condanna è consentita dall'ordinamento solo per l'ipotesi eccezionale di accoglimento della domanda in misura non superiore all'eventuale proposta conciliativa (Cass. 24 ottobre 2018 n. 26918; Corte app. Firenze 1 ottobre 2020).

L'assicurazione **non è tenuta a risarcire il professionista che ha dovuto restituire,** in virtù di revocatoria fallimentare, **la parcella riscossa da una società poi sottoposta alla procedura concorsuale** (Cass. 31 agosto 2015 n. 17346). E ciò in quanto il rischio assicurato consiste nel danno che il professionista possa aver cagionato a terzi o al proprio cliente, per fatti colposi commessi nell'esercizio dell'attività forense o con quella connessi: il comportamento di chi riceve un pagamento, a qualsiasi titolo, è del tutto generico, e non può essere considerato prestazione d'opera intellettuale e quindi, non può dare luogo a responsabilità professionale.

Giudizio di sospensione e regolamento spese legali

Sulla **regolamentazione delle spese relative ad un giudizio di sospensione dell'efficacia esecutiva o dell'esecuzione della sentenza impugnata**, l'istanza di sospensione dell'efficacia esecutiva o dell'esecuzione della sentenza impugnata, formulata ai sensi dell'art. 283 c.p.c., mette capo ad un sub procedimento incidentale, privo di autonomia rispetto al giudizio di merito, **sicché la regolamentazione delle spese ad esso relative deve essere disposta, al pari di quelle concernenti le spese del procedimento principale, con il provvedimento che chiude quest'ultimo, tenendo conto del suo esito complessivo** (Cass. 5 febbraio 2013, n. 2671).

5. Compensazione delle spese

Il principio della soccombenza è disciplinato dall'art. 91 c.p.c., come criterio di regolazione delle spese di lite per il caso in cui vi sia una parte integralmente soccombente ed una integralmente vincitrice. **In tale caso soccombenza e imputazione degli oneri processuali coincidono integralmente:** all'unico soccombente vanno imputati tutti gli oneri del processo in quanto di esso egli ha la totale responsabilità.

Per **il caso in cui invece vi sia parziale reciproca soccombenza,** l'art. 92, comma 2, c.p.c. prevede la possibilità (non l'obbligo) di una compensazione integrale o parziale delle spese di lite, ma non **indica il criterio in base al quale operare la scelta. Tale criterio va individuato nel principio di causalità; occorre cioè procedere alla individuazione della parte cui siano eventualmente imputabili in prevalenza,** per avervi dato causa agendo o resistendo alle altrui pretese infondatamente, gli oneri processuali ricollegabili all'attività svolta (Cass. 22 febbraio 2016 n. 3438).

Condizioni della reciproca soccombenza

La reciproca soccombenza va ravvisata sia in ipotesi di pluralità di domande contrapposte formulate nel medesimo processo fra le stesse parti, sia in ipotesi di accoglimento parziale dell'unica domanda proposta, tanto allorchè quest'ultima sia stata articolata in un unico capo e la parzialità abbia riguardato la misura meramente quantitativa del suo accoglimento (Cass. 3 settembre 2018 n. 21564).

La parte soccombente, ai fini delle spese processuali, va identificata alla stregua del principio di causalità sul quale si fonda la responsabilità del processo, in quella che, lasciando insoddisfatta una pretesa riconosciuta fondata o azionando una pretesa riconosciuta infondata, abbia dato causa alla lite, ovvero nel caso di lite "necessaria" con quella che ha tenuto nel processo un comportamento rivelatosi ingiustificato (Cass. n. 3438 del 2016 cit.; Cass. 11 giugno 2008 n. 15483). Si è precisato (Cass. 30 giugno 2017 n. 16270) che **il giudizio di soccombenza reciproca,** il quale è legittimamente espresso anche nel caso di accoglimento parziale dell'unica domanda proposta, sia essa articolata in un unico o in più capi, va **operato alla stregua dell'esito complessivo della lite, non del numero dei motivi accolti in sede di gravame.**

L'art. 92, comma 2, c.p.c., come modificato dalla Legge 18 giugno 2009, n. 69, dispone che "Se vi è soccombenza reciproca o concorrono altre gravi ed eccezionali ragioni, esplicitamente indicate nella motivazione, il giudice può compensare, parzialmente o per intero, le spese tra le parti"; tale norma, così come emendata, **richiede per ritenere la compensazione delle spese, la concorrenza di "altre gravi ed eccezionali ragioni, esplicitamente indicate nella motivazione".** Pertanto sarà possibile disporre la compensazione totale o parziale delle spese nel solo caso di gravi ed eccezionali ragioni esplicitamente indicate nella motivazione, costituendo regola generale, ai fini della regolamentazione delle spese, il principio di soccombenza. **Non è certo facile individuare ragioni che, al contempo, siano gravi e eccezionali tali da giustificare la compensazione, anche parziale delle spese, e che comunque vanno sempre motivate in sentenza**; e ciò in quanto l'art. 92, comma 2, c.p.c. ammette solo in casi particolari la compensazione delle spese di giudizio, con la conseguenza che va sempre evidenziata (in sentenza) la circostanza che giustifichi la compensazione delle spese (Cons. Stato, sez. V, 15 ottobre 2015 n. 4769).

L'art. 92 c.p.c. ha subito ulteriori modifiche in base all'art. 13 del d.l. n. 132/2014 conv. in L. 162/2014. La Corte costituzionale con sentenza 19 aprile 2018, n. 77 ha ampliato l'ambito di operatività della compensazione, dichiarando l'illegittimità costituzionale dell'art. 92, comma 2, c.p.c., nella parte in cui non prevede che il giudice, in caso di soccombenza totale, possa non di meno compensare le spese tra le parti, parzialmente o per intero, anche qualora sussistano altre analoghe gravi ed eccezionali ragioni; tale pronuncia ha ampliato, quindi, ulteriormente i casi in cui il giudice può procedere alla compensazione delle spese legali di giudizio. Infatti, dopo la citata pronuncia n. 77/2018, il giudice può disporre la compensazione delle spese legali, non solo nell'ipotesi di soccombenza reciproca, non solo nell'ipotesi di assoluta novità della questione o di mutamento della giurisprudenza, ma anche in tutte quelle ipotesi in cui sussistano altre analoghe ed eccezionali ragioni.

Mancanza di precedente di merito

È stata esclusa la compensazione delle spese allorchè non esiste un precedente di merito sulla questione che il giudice deve risolvere (Cass. 21 settembre 2021 n. 25655).

Comunque il principio generale che il giudice, per giusti motivi, ha il potere di compensare le spese di lite comporta anche che detto potere debba essere adeguatamente motivato (Cass. 20 maggio 2016, n. 10570). Sul tema della "motivazione", il sindacato della Corte di Cassazione è limitato ad accertare che non risulti violato il principio secondo il quale le stesse non possono essere poste a carico della parte totalmente vittoriosa, per cui vi esula, rientrando nel potere discrezionale del giudice di merito, la valutazione dell'opportunità di compensarle in tutto o in parte, sia nell'ipotesi di soccombenza reciproca che in quella di concorso di altri giusti motivi (Cass. 31 marzo 2017 n. 8421)

Materia tributaria

In materia tributaria, *a decorrere dal 1 gennaio 2016,* **il novellato art. 15 d.lgs. n. 546/1992 ha limitato la compensazione in tutto o in parte delle spese di giudizio** esclusivamente al caso di soccombenza reciproca o qualora sussistano gravi ed eccezionali ragioni che devono essere espressamente motivate.

Motivazione della compensazione

Si è passati dal testo "originario" dell'art. 92 c.p.c., che non poneva espressamente a carico del giudice alcun onere di motivazione sulla compensazione, alla legge n. 263/2005 che imponeva al giudice di indicare in motivazione i "giusti motivi" della compensazione, alla **Legge n. 69/2009, che ha trasformato i "giusti motivi" in "gravi ed eccezionali ragioni", sempre da indicare esplicitamente in motivazione** (con la chiara intenzione di ridurre drasticamente l'ambito di applicabilità della norma sulla compensazione al di fuori delle fattispecie di soccombenza reciproca), ed infine all'art. 13 del d.l. 12 settembre 2014 n. 132, conv. in L. 10 novembre 2014 n. 162, in base alla quale **non è più consentita la compensazione delle spese di lite per motivi diversi dalla soccombenza reciproca (ad eccezione dei casi in cui vi sia assoluta novità o mutamento della giurisprudenza sulle questioni dirimenti).**

Non può costituire, però, motivo di compensazione, **la mancata costituzione in giudizio della parte convenuta** (Cass. 13 gennaio 2015, n. 373), atteso il principio di causalità che governa il criterio della soccombenza.

Riduzione domanda e compensazione

In ordine alla compensazione delle spese di lite, **la riduzione quantitativa della domanda non integra gli estremi della soccombenza reciproca, ma lascia permanere una sostanziale soccombenza della controparte** che deve essere adeguatamente riconosciuta anche sotto il profilo della suddivisione delle spese (Cass. 23 gennaio 2012, n. 901). L**a nozione di soccombenza reciproca**, che consente la compensazione parziale o totale tra le parti delle spese processuali (art. 92, comma 2, c.p.c.), **sottende** – anche in relazione al principio di causalità – **una pluralità di domande contrapposte, accolte o rigettate e che si siano trovate in cumulo nel medesimo processo fra le stesse parti ovvero anche l'accoglimento parziale dell'unica domanda proposta**, allorché essa sia stata articolata in più capi e ne siano stati accolti uno o alcuni e rigettati gli altri, ovvero quando la parzialità dell'accoglimento sia meramente quantitativo e riguardi una domanda articolata in un unico capo (Cass. 29 luglio 2013, n. 18227).

Cessazione materia del contendere e soccombenza virtuale

Quando il processo non giunge alla sua naturale definizione, ma subisce particolari ipotesi di estinzione, quali quelle della rinuncia agli atti o cessazione della materia del contendere, si pone il problema del soggetto cui devono fare carico le spese del giudizio.

Sul tema in questione è consolidato l'orientamento della giurisprudenza secondo cui nella pronuncia di cessazione della materia del contendere, la decisione sulle spese processuali: a) deve riguardare l'intero giudizio (Cass. 13 giugno 1997 n.5336); b) deve rispettare il criterio della soccombenza virtuale, secondo cui il giudice deve valutare quale sarebbe stata la parte soccombente se non fosse sopravvenuto il fatto che ha determinato la carenza di interesse (Cass. 31 marzo 2017 n.8377; Cass. 11 febbraio 2015 n. 2719; Cass, 21 giugno 2004 n. 11494).

Nel caso in cui cessi la materia del contendere (per esempio, perché la parte "sistema" la vicenda durante la pendenza del giudizio), si applica, ai fini della liquidazione delle spese in favore dell'una o dell'altra parte, il principio della c.d. soccombenza virtuale, secondo il quale il giudice deve valutare se la domanda sia fondata o meno, cioè se sarebbe stata accolta o rigettata.

In virtù della soccombenza c.d. virtuale – che è espressione del principio di causalità (Cass. 30 marzo 2010 n.7625) – in forza del criterio generale di cui all'art.91 cpc, le spese del processo vanno poste a carico della parte che, azionando una pretesa accertata come infondata o resistendo ad una pretesa fondata, abbia dato causa al processo o alla sua protrazione e che debba qualificarsi tale in relazione all'esito finale della controversia.

Per quanto concerne la **disciplina delle spese legali relativa all'ipotesi di cessazione della materia del contendere**, il giudice è tenuto in ogni caso a liquidarle – anche compensandole, se ricorrono i presupposti di legge (soccombenza reciproca ovvero concorrono altre gravi ed eccezionali ragioni) – in virtù del principio della c.d. soccombenza virtuale (Cass. 21 marzo 2016 n. 5555), in forza del quale il decidente, secondo una valutazione prognostica, dovrebbe stimare la domanda fondata o meno, in altri termini se la stessa sarebbe stata accolta o rigettata.

Il giudice, quindi, con la dichiarazione della cessazione della materia del contendere deve, comunque pronunciarsi sulle spese secondo il cosiddetto principio della soccombenza virtuale, laddove tale soccombenza dovrà essere individuata in base ad una ricognizione della normale probabilità di accoglimento della pretesa della parte su criteri di verosimiglianza o su indagine sommaria di delibazione del merito, o anche ad una compensazione, se ricorrono i presupposti di legge (Cass. 9 ottobre 2017 n. 23620).

Da quanto innanzi illustrato, ne consegue che, se le parti trovano un accordo durante la causa o questa comunque si chiuda per qualsiasi altra ragione con un provvedimento di cessata materia del contendere, il giudice non potrà – **salvo diverso accordo tra le parti** – dichiarare la compensazione delle spese di giudizio, ma dovrà pronunciarsi su di esse secondo la regola della cosiddetta "soccombenza virtuale", ossia in base alla "normale" probabilità di accoglimento della pretesa di parte su criteri di verosimiglianza o su indagine sommaria di delibazione del merito (Cass. 29 novembre 2016 n.24234).

Resta, quindi, sempre possibile per il giudice che dichiari estinto il giudizio per cessata materia del contendere, non pronunciare condanna alle spese e disporne, in tutto o in parte, la compensazione, ma ciò non può essere la conseguenza della stessa cessazione della materia del contendere, bensì il frutto di una valutazione astratta e ipotetica di quello che sarebbe potuto essere l'esito del giudizio qualora fosse proseguito (c.d. soccombenza virtuale); la delibazione in ordine alla spese può condurre, quindi, non soltanto alla condanna del soccombente virtuale, bensì anche ad una compensazione, se ricorrono i presupposti di legge (Corte cost.12 luglio 2005, n.274).

Divieto accollo spese parte vittoriosa

Nel nostro ordinamento giuridico vige il principio secondo cui le spese seguono la soccombenza: la parte sconfitta nel giudizio sopporta le spese che ha sostenuto e rimborsa quelle sostenute dalla parte vittoriosa (Cass. 12 ottobre 2017 n. 24049).

Altro limite imposto al giudice nel disporre la compensazione delle spese è di non "accollare" alla parte totalmente vittoriosa l'onere delle spese legali della parte soccombente e del compenso dovuto agli ausiliari del giudice (es., compenso del CTU o del custode giudiziario: Cass. 3 luglio 2000, n. 8889; Cass. 27 dicembre 1999, n. 14576).

Consulenza tecnica d'ufficio

Con riferimento al costo della consulenza tecnica d'ufficio (CTU) si è affermato (Cass. 13 settembre 2021 n. 24645) che la CTU rappresenta un atto compiuto nell'interesse generale di giustizia e, dunque, nell'interesse comune delle parti, trattandosi di un ausilio fornito al giudice da un collaboratore esterno e non di un mezzo di prova in senso proprio. Ne consegue che le spese della CTU rientrano tra i costi processuali suscettibili di regolamento ex art.91 e 92 cpc, sicchè può procedersi ad una compensazione delle stesse anche in presenza di una parte totalmente vittoriosa, anche perché la compensazione non implica una condanna ma solo l'esclusione del rimborso (Cass. 10 giugno 2020 n. 11068).

Si è sul tema specificato (Cass. 19 ottobre 2009, n. 22 122) che il giudice di merito, nell'ambito di una pronuncia di compensazione delle spese, adottata in un **giudizio di divisione**, può legittimamente porre le spese di consulenza tecnica d'ufficio a carico di tutti i condividenti pro quota. Si è, però, specificato (Cass. 22 febbraio 2016 n. 3438) che "è di certo possibile la condanna dell'attore parzialmente vincitore al pagamento delle spese di lite, ma solo nel caso in cui, sulla base di una ideale valutazione di carattere sostanziale (e quindi non fondata sul mero esito formale della lite), il giudice ritenga che il convenuto, per difendersi dalle pretese infondate abbia dovuto affrontare oneri superiori a quelli necessari per difendersi dalle sole pretese fondate, solo il maggior onere differenziale risulti addirittura superiore agli oneri che l'attore complessivamente avrebbe dovuto sostenere per la proposizione delle sole domande fondate". La **compensazione non implica condanna,** ma solo esclusione dal rimborso; la CTU, quale ausilio fornito al giudice da un collaboratore esterno, anziché mezzo di prova in senso proprio, è un atto **compiuto nell'interesse generale della giustizia e, dunque, nell'interesse comune delle parti** (Cass. n. 1023/2013).

In ordine al compenso del CTU, il decreto che, liquidato il compenso tecnico d'ufficio, lo ha posto a carico delle parti tra loro in solido, resta fermo e vincolante anche nei confronti della parte vittoriosa, salvi i rapporti interni con il soccombente ove non espressamente modificato in sede di regolamento delle spese di lite dal giudice nella sentenza che definisce il giudizio nel cui corso la consulenza è stata espletata (Cass. 5 novembre 2014, n. 23522).

Il potere del giudice di **compensare le spese processuali non è in contrasto con il principio dettato dall'art. 24, comma 1, Cost.**, giacché il provvedimento di compensazione non costituisce, per la parte, ostacolo alla difesa dei propri diritti, non potendosi estendere la garanzia costituzionale dell'effettività della tutela giurisdizionale sino a comprendervi anche la condanna del soccombente al rimborso delle spese di lite (Cass. 31 gennaio 2008, n. 2397; Corte cost. 21 dicembre 2004, n. 395).

Soccombenza reciproca

Con riferimento alla compensazione delle spese conseguente a **soccombenza reciproca** si è affermato (Cass. 22 febbraio 2016 n. 3438; Cass. 10 novembre 2015 n. 22871; Cass. 23 settembre 2013, n. 21684; Cass. 21 ottobre 2009, n. 22381) che la nozione di soccombenza reciproca, che consente la compensazione parziale o totale tra le parti delle spese processuali, sottende – anche in relazione al principio di causalità – una pluralità di domande contrapposte, accolte o rigettate e che si siano trovate in cumulo nel medesimo processo fra le stesse parti ovvero anche l'accoglimento parziale dell'unica domanda proposta, allorché essa sia stata articolata in più capi e ne siano stati accolti uno o alcuni e rigettati gli altri ovvero quando la parzialità dell'accoglimento sia meramente quantitativa e riguardi una domanda articolata in un unico capo. **In caso di soccombenza reciproca, comunque, per la liquidazione delle spese, bisogna valutare l'oggetto complessivo della lite**, non prevedendo nessuna norma un criterio di valutazione della prevalenza della soccombenza che si basi sul numero di domande accolte o respinte, per ciascuna di esse, dovendo essere valutato l'oggetto della lite nel suo complesso (Cass. 21 gennaio 2015, n. 930). **L'individuazione del soccombente si compie in base al principio di causalità**, con la conseguenza che parte obbligata a rimborsare alle altre le spese anticipate nel processo è quella che, col comportamento tenuto fuori del processo stesso, ovvero col darvi inizio o resistervi in forme e con argomenti non rispondenti al diritto, abbia dato causa al processo o al suo protrarsi (Cass. 30 marzo 2011 n. 7307; Cass. 30 marzo 2010 n. 7625; Cass. 8 giugno 2007 n. 13430; Cass. 7 agosto 2001 n. 10911).

In caso di soccombenza reciproca è illegittima, però, la condanna anche parziale dell'attore (Cass. 23 gennaio 2018 n. 1629).

Tra le ragioni che legittimano la compensazione delle spese di lite figurano anche le ipotesi di **violazione dei doveri di lealtà e probità** imposti alle parti ed ai loro difensori (Cass. 29 agosto 2014, n. 18429).

Compensazione e compenso avvocato

Occorre evidenziare che **l'eventuale compensazione delle spese, o la distrazione delle spese a favore del difensore, non limita il diritto dell'avvocato al suo compenso. La "falcidia" e la "compensazione" delle competenze professionali da parte del giudice non "castiga" l'avvocato, ma soltanto il cliente** che subisce la duplice beffa di ottenere giustizia dopo molti anni, e di "sopportare" le competenze (in tutto o in parte) del proprio difensore, e ciò non per indigenza della parte soccombente ma perché è "giusto" per il giudice.

Esecuzione esattoriale e compensazione spese

Nella controversia con cui il **debitore contesti l'esecuzione esattoriale,** il suo danno minacciato o posto in essere, **non integra ragione di esclusione della condanna alle spese di lite,** né – di per sé sola considerata – **di compensazione delle stesse**, nei confronti dell'agente della riscossione la circostanza che l'illegittimità dell'azione esecutiva sia da ascrivere all'ente creditore interessato; restano peraltro ferme, da un lato, la facoltà dell'agente della riscossione di chiedere a quest'ultimo di manlevarlo anche dell'eventuale condanna alle spese in favore del debitore vittorioso e, dall'altro, la possibilità, per il giudice, di compensare le spese del debitore vittorioso nei confronti dell'agente della riscossione e condannare al pagamento delle spese del debitore vittorioso soltanto l'ente creditore impositore quando questo è presente in giudizio (Cass. 6 febbraio 2017 n. 3105).

Art. 149 disp. att. c.p.c.

Qualora, in **applicazione dell'art. 149 disp. att. c.p.c.**, il giudice riconosca il diritto a pensione con una decorrenza posteriore a quella richiesta con la domanda, può disporre la compensazione anche integrale delle spese per giusti motivi (Cass. 10 agosto 2005, n. 16821).

Costituisce idonea motivazione alla compensazione delle spese di lite il **ridimensionamento delle pretese dell'attore** avvenuto in secondo grado, rispetto all'integrale accoglimento di esse operato in primo grado (Cass. 18 agosto 2004, n. 16162).

In relazione a liti in materia contrattuale, si è configurata la sussistenza di giusti motivi di compensazione delle spese **qualora una parte, pur giudizialmente vittoriosa, abbia concorso con l'altra alla stipulazione di un accordo *contra legem*,** con conseguente eterointegrazione del contratto a suo vantaggio; ovvero quando essa condivida con la controparte la responsabilità della lite, in considerazione della non equivocità della pattuizione che ne costituisce la fonte, di tenore idoneo ad ingenerare plurime possibili opzioni interpretative (Cass. 28 novembre 2003, n. 18238; Trib. Bari 27 luglio 2005, in *Foro it.*, 2005, I, 2872).

Spese dopo pubblicazione sentenza

Nel caso in cui la **sentenza abbia disposto la compensazione delle spese** del procedimento, si è affermato (GdP di Livorno 7 marzo 1997) che **non possono essere precettate le spese sostenute dal procuratore di una parte dopo la pubblicazione della sentenza**.

Riduzione compenso da parte del giudice

Il giudice, **in presenza di una nota specifica delle competenze e spese da parte dell'avvocato**, ove non liquidi il tutto in conformità della nota medesima, **deve indicare sia le voci per le quali non ritiene dovuti gli onorari o li ritiene dovuti in misura minore**, sia gli esborsi che considera ingiustificati ed eccessivi, in modo da rendere possibile, attraverso il riscontro di legittimità, l'accertamento (Cass. 3 aprile 2007, n. 8295).

In mancanza del deposito della nota delle spese, il giudice non è tenuto ad indicare specificamente le singole voci delle spese, e degli onorari e, quindi, sostanzialmente, a sostituirsi al procuratore e compilare di fatto la nota delle spese (Cass. 3 ottobre 2005, n. 19269).

Processo tributario

Con riferimento al **processo tributario**, Corte cost. 12 luglio 2005, n. 274 ha dichiarato l'illegittimità costituzionale dell'art. 46, comma 3, D.Lgs. n. 546/1992, nella parte in cui preclude ai giudici tributari, nella declaratoria di estinzione della controversia per cessazione della materia del contendere, di condannare l'amministrazione virtualmente soccombente al pagamento delle spese. E ciò in quanto il processo tributario è in linea generale ispirato, non diversamente da quello civile o amministrativo, al principio di responsabilità per le spese del giudizio; **la compensazione *ope legis* delle spese nel caso di cessazione della materia del contendere, si traduce in ingiustificato privilegio per la parte che pone in essere un comportamento di regola determinato dal riconoscimento della fondatezza delle altrui ragioni**, e, corrispondentemente in un ingiustificato pregiudizio per la controparte obbligata ad avvalersi di un professionista abilitato alla difesa in giudizio.

In tema di spese di lite, l'art. 5 del processo tributario, così come riformato dal d.lgs. n. 156 del 2015, eliminando il richiamo al codice di procedura civile, ha **previsto che le spese di giudizio possono essere compensate in tutto o in parte dalla Commissione tributaria soltanto in caso di soccombenza reciproca o qualora sussistano gravi ed eccezionali ragioni, che devono essere espressamente indicati.**

Compensazione e spese registrazione sentenza

La pronuncia resa dal giudice di **integrale compensazione delle spese di causa non si estende alle spese di registrazione della sentenza**, ancorché qualificabili come giudiziali, e non implica, quindi, che dette spese rimangano a carico della parte anticipataria e si sottraggano alla regola legale della solidarietà passiva dei contendenti e della loro divisibilità nei rapporti interni per quote uguali (Cass. 27 giugno 2011, n. 14192; Cass. 16 giugno 2008, n. 16212; Cass., SS.UU., 21 agosto 1990, n. 8533).

Contributo unificato

La compensazione delle spese non può riguardare anche la **restituzione del contributo unificato** (Cons. Stato, sez. III, 3 febbraio 2014, n. 473; Cons. Stato, sez. III, 13 marzo 2014). È sottratto al giudice ogni potere di disporre la compensazione anche del contributo unificato, essendo oggetto di una obbligazione *ex lege* sottratta alla potestà del giudice, sia quanto alla possibilità di disporne la compensazione, sia quanto alla determinazione del suo ammontare (Cass. 10 luglio 2019 n. 18529).

La pronuncia di compensazione delle spese di causa resa dal giudice non può, quindi, estendersi alle spese del contributo unificato, in considerazione della mancanza di potere decisionale rispetto alla stessa (contributo unificato); ciò significa che in caso di compensazione delle spese (es. totale), la spesa del contributo unificato non si sottrae alla regola della solidarietà passiva dei contendenti, con divisione nei rapporti interni per quote uguali: la parte che ha pagato il contributo unificato, in caso di compensazione delle spese, ha diritto a ripeterlo in tutto o in parte dall'altra parte con l'azione di regresso (Cass. 17 settembre 2013, n. 21207; Cons. Stato, sez. III, 13 marzo 2014, n. 1160; Cons. Stato, sez. III, 2 agosto 2011, n. 4596).

Sulla parte soccombente, **grava l'obbligo ex lege di rimborsare l'importo del contributo unificato alla parte vittoriosa che lo ha corrisposto, anche ove sia stata disposta la compensazione giudiziale delle spese ed anche se la parte soccombente non si è costituita in giudizio** (Cons. Stato, sez. III, 10 ottobre 2016 n. 4167).

In caso di dichiarazione di inammissibilità del ricorso con compensazione delle spese di lite (nella specie, per l'assoluta novità delle questioni processuali), **il giudice dell'impugnazione è vincolato**, pronunciando il provvedimento che la definisce, **dare atto** – senza ulteriori valutazioni discrezionali – della sussistenza dei presupposti rigetto integrale o inammissibilità o improcedibilità dell'impugnazione) **per il versamento, da parte dell'impugnante soccombente, dell'ulteriore importo a titolo di contributo unificato pari a quello dovuto per l'impugnazione da lui proposta**, a norma del comma 1-*bis* dell'art. 13 del D.P.R. n. 115/2002, inserito dalla Legge 24 dicembre 2012, n. 228, art. 1, comma 17, **e ciò nonostante la disposta compensazione delle spese del giudizio**. (Cass. 5 novembre 2014, n. 23526).

Istruttoria prefallimentare e spese giudizio

Nell'ipotesi in cui sia rigettata l'istanza di fallimento per la non fallibilità del debitore, devono essere compensate le spese della procedura prefallimentare, non potendosi, in applicazione dell'art. 92 c.p.c. condannare il creditore soccombente posto che sarebbe del tutto iniquo gravare delle spese di controparte il creditore che propone l'istanza di fallimento lasciando al debitore di assolvere l'onere di provare di avere i requisiti soggettivi di non fallibilità (Trib. Udine 30 settembre 2016).

6. Soggetto obbligato al pagamento delle competenze professionali

Nel contratto d'opera professionale **l'obbligo di pagamento delle competenze professionali grava in linea di principio sul soggetto che ha conferito il relativo incarico (e cioè il cliente)**, generalmente coincidente con quello direttamente interessato alla prestazione (Cass. 26 aprile 2004, n. 7926); e ciò in quanto non sempre il cliente del professionista coincide con quello del soggetto direttamente titolare dell'interesse che l'avvocato deve tutelare.

Soggetto obbligato pagamento compenso

Obbligato a corrispondere il compenso professionale al difensore è, quindi, il cliente, e cioè colui il quale, **anche se la procura sia da altri conferita**, ha affidato al professionista il patrocinio legale chiedendogli la prestazione della sua opera (Cass. 22 gennaio 1994, n. 626; Cass. 6 dicembre 1988, n. 6631).

Il rapporto di clientela, pur non identificandosi con il rilascio della procura *ad litem* (Cass. 27 dicembre 2004, n. 24010), presuppone, comunque l'affidamento di un incarico da parte di un soggetto, anche se estraneo al rapporto procuratorio vero e proprio.

Procura alle liti e mandato professionale

Al fine di individuare il soggetto obbligato a corrispondere il compenso professionale al difensore, **occorre distinguere tra rapporto endoprocessuale nascente dal rilascio della procura *ad litem* e rapporto che si instaura tra il professionista incaricato e il soggetto che ha conferito l'incarico (sulla distinzione fra mandato professionale e procura alle liti**, Cass. 16 giugno 2006, n. 3963), il quale può essere anche diverso da colui che ha rilasciato la procura; in tale caso, chi agisce per il conseguimento del compenso ha l'onere di provare il conferimento dell'incarico da parte del terzo, dovendosi, in difetto, presumere che il cliente sia colui che ha rilasciato la procura (Cass. 27 dicembre 2004, n. 24010). Occorre, infatti, **distinguere tra contratto di mandato professionale** – che ben può essere concluso informalmente, per via telefonica, ed essere altrettanto informalmente accettato mediante esecuzione (Cass. 2 dicembre 2011, n. 25816), essendo operante per il mandato di patrocinio il principio di libertà di forma – **e procura alle liti**, idonea a conferire al difensore la rappresentanza processuale della parte nel giudizio: **procura che costituisce atto formale, per la cui validità è richiesto l'atto pubblico o la scrittura privata autenticata** (art. 83 c.p.c.), che non necessita di accettazione, trattandosi di atto unilaterale, e che è destinato non tanto al procuratore, quanto ai terzi nei confronti dei quali questi debba giustificare i propri poteri (Cass. 23 giugno 2011, n. 13896).

Occorre, però, precisare che, se è vero che per la conclusione del contratto di patrocinio con il cliente non occorre il rilascio della procura *ad litem*, che è necessaria solo per il compimento dell'attività professionale (Cass. n. 13927 del 2015), e se è vero che obbligato al pagamento del compenso potrebbe essere chi non ha dato la procura, è però anche vero che, **in mancanza di una prova del conferimento dell'incarico professionale da parte di altro soggetto, si deve presumere che il cliente è colui che ha rilasciato la procura e, quindi, è tenuto al pagamento del compenso al difensore** (Cass. 14 aprile 2016 n. 7382).

Forma mandato professionale

Il mandato professionale per l'espletamento di attività professionale stragiudiziale non deve essere provato necessariamente con la forma scritta, *ad substantiam* ovvero *ad probationem*, **potendo essere conferito in qualsiasi forma idonea a manifestare il consenso delle parti**, e potendo il giudice ammettere l'interessato a provare anche con testimoni, sia il contratto che il suo contenuto (Cass. 25 febbraio 2011, n. 4705).

Nel contratto d'opera intellettuale, quindi, indipendentemente dalla provenienza della procura alle liti, **la qualità di cliente (e quindi di soggetto obbligato al pagamento del compenso) spetta a colui che ha richiesto all'avvocato il compimento dell'attività professionale** (Cass. 27 luglio 1987, n. 6494). Obbligato al pagamento delle competenze professionali è esclusivamente il committente, mentre a carico del terzo, beneficiario della prestazione, non sorge alcun obbligo nei confronti del professionista.

Compenso ausiliari e sostituti

Nel caso in cui l'avvocato si sia avvalso della **collaborazione di ausiliari o sostituti**, questi ultimi, per ottenere il pagamento del loro compenso, possono agire solo contro il professionista stesso e non direttamente contro il cliente (Cass. 5 settembre 1984, n. 4767; Cass. 29 ottobre 1981, n. 5711).

Quando l'avvocato si avvalga della facoltà di **nominare un sostituto "stabile" con dichiarazione ricevuta dal cancelliere, ai sensi dell'art. 9 legge professionale (R.D.L. n. 1578/1933), gli onorari e i diritti relativi agli atti sottoscritti dal solo delegato**

possono essere liquidati dal giudice a favore del delegante solo se risulti dagli atti la prova dell'effettivo conferimento della delega; allo stesso modo il delegante è tenuto all'assolvimento del medesimo onere probatorio anche quando conferisca la delega per singoli atti del processo, la quale richiede la forma per iscritto ricavabile dagli atti di causa o rilasciabile con dichiarazione separata, purché risulti determinata specificamente nell'oggetto (Cass. 20 gennaio 2009, n. 1345).

L'attività processuale compiuta dal difensore nel **caso di invalidità o di inefficacia della procura alle liti** esplica comunque i propri effetti sulla parte sostanziale, con conseguente condanna di quest'ultima al pagamento delle spese.

Spese processuali a carico avvocato

La **condanna diretta del difensore alle spese di lite** può essere pronunciata solo **nel caso di inesistenza (o radicale mancanza) della procura;** e ciò in quanto l'attività processuale è comunque provvisoriamente efficace e, quindi, imputabile alla parte anche in caso di invalidità o inefficacia della procura, pur in considerazione della possibilità di sanatoria concessa dall'art. 182 c.p.c. (Trib. Milano 15 marzo 2016 n. 3344).

7. Gratuità dell'opera professionale o rinuncia al compenso

La gratuità dell'opera professionale è stata prevista dal legislatore con l'art. 13, comma 1, Legge 31 dicembre 2012, n. 247, il quale statuisce che "L'incarico può essere svolto a titolo gratuito".

Il divieto di rinuncia, preventiva o successiva, ai compensi professionali, è posto a garanzia del corretto esercizio dell'attività forense e a tutela della dignità del singolo professionista e dell'intera classe professionale, **mirando ad impedire per un verso lo svilimento della funzione difensionale e, per altro verso, la sleale concorrenza tra professionisti** (Cass. 7 marzo 1983, n. 1680).

Rinuncia al compenso

L'inderogabilità dei minimi tabellari prevista dall'art. 24, Legge n. 794/1942, ora non più in vigore a seguito del D.L. n. 223/2006, conv. in Legge n. 248/2006, e dopo l'abrogazione delle tariffe ad opera dell'art. 9, D.L. n. 1/2012, conv. in Legge n. 27/2012, non trova (anzi trovava) applicazione nel caso di rinuncia totale o parziale, preventiva o successiva, in qualsiasi forma realizzata, alle competenze professionali, soltanto quando la rinuncia stessa si concretava nella gratuità totale o parziale delle prestazioni, derivanti da causa di liberalità per motivi esclusivamente etici e sociali e non di convenienza economica (Cass. 1° dicembre 1995, n. 12421; Cass. 29 novembre 1988, n. 6449). **La prestazione dell'opera dell'avvocato può essere, quindi, in tutto o in parte gratuita** per reali motivi di amicizia, di parentela o di convenienza sociale o per particolari esigenze etiche – e dopo la Legge n. 247/2012, anche senza motivazione alcuna – e **la rinuncia al compenso può essere anche anteriore alla prestazione stessa**.

Prestazione gratuita

Al professionista è consentita la prestazione gratuita della sua attività professionale per i motivi più vari, come già detto, che possono consistere nell'*affectio*, nella benevolenza o in considerazioni di ordine sociale o di convenienza, anche con riguardo ad un personale e indiretto vantaggio (Cass. 17 agosto 2005, n. 16966); è stata, così, ritenuta legittima la **convenzione tra un istituto di patronato e un professionista**, che prevede l'impegno dell'avvocato a percepire le sole spese liquidate dal giudice in caso di vittoria (Cass. 3 maggio 2005, n. 9111), qualora tale rinuncia risulti giustificata da un fine di liberalità od uno spirito di solidarietà sociale, meritevole di tutela, e non si presenti come mero strumento del legale per conseguire maggiori vantaggi economici attraverso un non consentito accaparramento di affari futuri (Cass. n. 4562/1983). La convenzione stipulata fra un istituto di assistenza dei lavoratori ed un avvocato, la quale preveda che quest'ultimo difenda in giudizio gli assistiti percependo il solo importo delle spese, competenze ed onorari liquidati dal giudice in caso di vittoria, è idonea a vincolare il professionista nei confronti del lavoratore che gli conferisca l'incarico della difesa in giudizio, nel presupposto della qualità di assistito del predetto istituto ed in riferimento a quella convenzione, secondo la disciplina del contratto a favore di terzo, di cui all'art. 1411 cod. civ., e, quindi, indipendentemente sia da una accettazione della convezione da parte del lavoratore stesso, sia da un'ulteriore specifica manifestazione di volontà nei suoi confronti da parte del professionista medesimo (Cass. 16 ottobre 2019 n. 26212).

La gratuità o meno della prestazione professionale o la rinuncia al compenso va certamente "rivisitata" alla luce anche della normativa di cui all'art. 13, Legge n. 247/2012 (e già dell'art. 9, D.L. n. 1/2012, conv. in Legge n. 27/2012), normativa che "autorizza" e "concede" alle parti (avvocato – cliente) la più ampia libertà nella pattuizione del compenso, e quindi anche di effettuare una prestazione professionale gratuita e/o di rinunciare al compenso.

Prestazione gratuita e tasse

In caso di prestazione gratuita si è affermato (Cass. 28 ottobre 2015 n. 21972) che **il fisco non può contestare le prestazioni rese a titolo gratuito a favore di amici, parenti o clienti;** l'onerosità della prestazione professionale non è essenziale (Cass. 19 agosto 2005 n. 16966), essendo plausibile e ragionevole che il professionista possa decidere di lavorare gratuitamente in considerazione dei rapporti che lo legano a determinati soggetti. In tali casi, comunque, è meglio non fatturare che emettere fatture con compensi simbolici, di modesta entità (Cass. 27 settembre 2010 n. 20269).

8. Fallimento del cliente e privilegio del credito professionale. Assistenza al debitore per l'ammissione a procedure concorsuali

In caso di fallimento del cliente, per la tutela del credito dell'avvocato, l'art. 2751 *bis*, n. 2, c.c., prevede il **privilegio generale mobiliare per il credito dell'avvocato per gli ultimi due anni di prestazione (Cass. 12 giugno 2018 n. 15290).**

Computo a ritroso del biennio

Vi è contrasto giurisprudenziale sul computo a ritroso del biennio cui la legge limita il privilegio del credito del professionista: nel senso che il privilegio spetta all'avvocato per i compensi maturati nel biennio anteriore alla data di cessazione dell'incarico e non dal momento della dichiarazione di fallimento, Cass. 7 agosto 1989, n. 3611; Trib. Torino 2 giugno 1988; nel senso, invece, che il biennio si computa dalla sentenza dichiarativa di fallimento, Cass. 23 aprile 1975, n. 1579; Trib. Belluno 23 febbraio 1988.

La giurisprudenza di legittimità si è evoluta (Cass. 27 luglio 2017 n. 18685) nel senso che il privilegio di cui si discute decorre non dal momento della dichiarazione di fallimento del debitore, **bensì dal momento in cui l'incarico professionale è stato portato a termine o è comunque cessato,** allorché il credito dell'onorario è divenuto liquido ed esigibile, e, dato il carattere unitario dell'esecuzione dell'incarico e dei relativi onorari, il privilegio copre anche il corrispettivo dell'attività svolta prima del biennio anteriore alla cessazione (Cass. n. 757/2020; Cass. n. 12814 del 2019; Cass. n. 18685/2017; Cass. n. 20755 del 2015).

Plurimi incarichi distinti

In caso di **plurimi incarichi distinti** conferiti allo stesso difensore da parte del medesimo cliente, il limite temporale degli **ultimi due anni di prestazione va riferito al complessivo rapporto professionale,** restando fuori dal privilegio i corrispettivi degli incarichi conclusi in data anteriore al biennio precedente la cessazione del complessivo rapporto (Cass. 2 marzo 2022 n. 6884; Cass. 27 luglio 2017 n. 18685).

Ove un legale abbia patrocinato un cliente, successivamente dichiarato fallito, in più gradi di giudizio, che hanno avuto inizio e fine nell'arco di molti anni, la prestazione giudiziale dell'avvocato che sia espletata in più gradi di giudizio viene ad essere suddivisa, ai fini del riconoscimento del privilegio ex art. 2751 bis, n.2, cod. civ., in autonomi incarichi corrispondenti ai singoli gradi di esso, con la conseguenza che il privilegio stesso può essere riconosciuto solo al credito riguardante i compensi relativi alle prestazioni per gli incarichi specifici conclusisi nell'ultimo biennio del rapporto professionale complessivo (Cass. 2 marzo 2022 n. 6884).

Si è specificato (Cass. 13 maggio 2011, n. 10658; Cass. 30 dicembre 2005, n. 28876), con riferimento a prestazioni effettuate sotto la vigenza delle abrogate tariffe, che in riferimento ai compensi dovuti per le prestazioni professionali rese dall'avvocato, **il limite temporale stabilito dall'art. 2751 *bis*, n. 2, c.c.** (che riconosce detto privilegio ai crediti sulle retribuzioni dei professionisti e di ogni altro prestatore d'opera intellettuale per gli ultimi due anni di prestazione) **va interpretato** nel senso che mentre per gli onorari deve tenersi conto del momento in cui la prestazione professionale, unitariamente considerata, è stata portata a termine, ancorché alcune attività siano state svolte in epoca antecedente al biennio, per i diritti, che maturano con il compimento delle singole prestazioni, deve tenersi conto soltanto di quelle poste in essere nel periodo in questione.

In ipotesi di pluralità di incarichi, il limite del biennio opera proprio con riferimento alle ipotesi di pluralità di incarichi professionali nelle quali il biennio non può decorrere che dal momento della cessazione del complessivo rapporto professionale composto dai distinti rapporti originati dai plurimi incarichi. Ne consegue che **"gli ultimi due anni di prestazione" di cui parla la norma sono gli ultimi in cui si è svolto il complessivo rapporto professionale, sicchè restano fuori dalla previsione del privilegio i corrispettivi degli incarichi conclusi in data anteriore al biennio precedente la cessazione del complessivo rapporto** (Cass. 28 gennaio 2014, n. 1740).

Sul limite del biennio per il privilegio ex art. 2751 bis c.c., si è affermato (Trib. Monza 27 ottobre 2015) che ai fini del riconoscimento del privilegio ex art. 2751 bis c.c. ai crediti dell'avvocato, **il limite del biennio sostanzialmente scompare,** non essendo più ipotizzabili retribuzioni relative a prestazioni professionali che maturano di volta in volta nel momento in cui l'attività cui esse si riferiscono viene espletata, **dato che il diritto al compenso sorge al momento della cessazione della prestazione e tale compenso deve ritenersi integralmente privilegiato.** E ciò in quanto il giudice chiamato alla liquidazione del compenso dell'avvocato **non può segmentare la prestazione nei singoli atti oppure per fasi**: l'unitarietà della liquidazione è, infatti, una logica conseguenza dell'onnicomprensività del "compenso" a sua volta discendente dall'inscindibilità della prestazione professionale. **La parcellizzazione dell'attività professionale dell'attività dell'avvocato, articolata in distinte fasi, costituisce, infatti, solo una regola per la determinazione del compenso,** la quale conserva, comunque, il suo carattere unitario al pari della stessa attività.

IVA e collocazione privilegiata

L'art. 1, comma 474, della legge 27.12.2017 n. 205 (legge di bilancio 2018) **ha esteso il privilegio di cui all'art. 2751-bis, numero 2, al contributo integrativo e rivalsa iva,** statuendo che all'art. 2751-bis, numero 2), del codice civile, dopo le parole: "le retribuzioni dei professionisti" sono inserite le seguenti: "compresi il contributo integrativo da versare alla rispettiva cassa di previdenza ed assistenza e il credito di rivalsa per l'imposta sul valore aggiunto".

Prima di tale intervento del legislatore, per quanto riguarda **la collocazione privilegiata o chirografaria del credito per rivalsa IVA (e per il contributo integrativo previdenziale)**, vi erano tre filoni giurisprudenziali: secondo un primo orientamento il credito per rivalsa IVA era autonomo e distinto da quello di natura professionale, per cui non gode del privilegio generale quale accessorio del credito professionale, con la conseguenza che non ha natura prededucibile nel fallimento del debitore di imposta, e pertanto va ammesso al passivo del fallimento in via chirografaria (Cass. 2 febbraio 1995, n. 1227; Corte cost. 15 febbraio 1984, n. 25); secondo altro orientamento il credito per rivalsa IVA godeva del privilegio generale quale accessorio del credito per prestazione professionale (Cass. 27 ottobre 1982, n. 5623); un terzo orientamento, riteneva invece che il credito per rivalsa IVA deve essere pagato in prededuzione come spese di massa, in quanto, sorgendo il credito IVA solo con l'emissione della fattura, il soggetto di imposta non è il fallito ma il curatore.

Contributo integrativo

Occorre evidenziare che, prima del riferito intervento legislativo, si era affermato che ai fini dell'ammissione al passivo fallimentare, **i crediti del professionista per il rimborso del contributo integrativo da versarsi alla cassa** di previdenza degli avvocati (al pari di quelli per rivalsa IVA) **aveva una collocazione diversa da quella spettante al credito per le corrispettive prestazioni professionali**, atteso che essi non costituiscono semplici accessori di quest'ultimo, ma conservano una loro distinta individualità (Cass. 24 marzo 2011, n. 6849).

IVA e prededuzione

Si è specificato (Cass. 11 aprile 2011, n. 8222) che **la prestazione professionale conclusasi prima della dichiarazione di fallimento** resta l'evento generatore **anche del credito di rivalsa IVA**, autonomo rispetto al credito per la prestazione, ma ad esso soggettivamente e funzionalmente connesso; il medesimo credito di rivalsa non essendo sorto verso la gestione fallimentare, come spesa o credito dell'amministrazione o dall'esercizio provvisorio, **non può collocarsi in prededuzione** ma può giovarsi del solo privilegio speciale di cui all'art. 2758, comma 2, c.c. L'emissione della fattura da parte del professionista in costanza di fallimento e l'assoggettamento ad IVA di rivalsa non qualifica quest'ultimo credito di natura prededucibile, ma privilegiato ai sensi dell'art. 2758 c.c. perché l'operazione non comporta alcun mutamento del soggetto nei cui confronti viene eseguita e la fonte genetica dell'obbligazione rimane pur sempre la prestazione professionale effettuata prima del fallimento (Cass. 11 aprile 2011, n. 8222).

In ordine ai crediti vantati dal professionista per le **prestazioni svolte a favore della società fallita prima e dopo la sua ammissione al concordato preventivo**, devono essere **ammesse al passivo fallimentare in prededuzione** ai sensi dell'art. 111, L.F. (Trib. Milano 5 febbraio 2014). In termini, anche Trib. Firenze 25 giugno 2014, in cui si afferma che il professionista che assiste l'imprenditore nella richiesta di fallimento in proprio ha diritto all'ammissione al passivo del proprio credito in prededuzione. Si rinvia sul tema, comunque, al successivo capitolo VI.

In ordine **a crediti del professionista sorti in funzione di precedenti procedure concorsuali,** il novellato art. 11, comma 2, L.F. detta un precetto di carattere generale, che per favorire il ricorso a forme di soluzione concordata della crisi d'impresa, ha introdotto un'eccezione al principio della *par condicio* ed **ha esteso la prededucibilità a tutti i crediti sorti in funzione di precedenti procedure concorsuali, fra i quali il credito del professionista rientra *de plano,* senza che debba verificarsi il "risultato" delle prestazioni da questi svolte, ovvero della concreta utilità per la massa** In pratica, al fine di riconoscere la prededuzione al credito del professionista, è sufficiente che l'attività svolta dal professionista sia finalizzata alla presentazione della domanda di concordato (Cass. 11 novembre 2015 n. 23108). Tale principio è stato confermato da Cass. 5.12.2016 n. 24791 (ma già in precedenza Cass. n. 19013 del 2014) affermando che il **credito del professionista che abbia svolto attività di assistenza e consulenza per la redazione e la presentazione della domanda di concordato preventivo, rientra "*de plano*" tra i crediti sorti in funzione di quest'ultima procedura e, come tale, a norma dell'art. 11, comma 2, L.F., va soddisfatto in prededuzione nel successivo fallimento,** senza che ai fini di tale collocazione, debba essere accertato, con valutazione *ex post,* che la prestazione resa sia stata concretamente utile per la massa in ragione dei risultati raggiunti.

Procedura concorsuale e compenso

Avverso il decreto con il quale il giudice delegato liquida il compenso per attività professionale svolta nella procedura concorsuale, va proposto reclamo al Tribunale fallimentare

(Cass. 29 novembre 2000, n. 15298), e poi ricorso per Cassazione (Cass. 8 gennaio 1991, n. 81). In tema di spese giudiziali relative al reclamo avverso il provvedimento del giudice delegato, si è specificato (Cass. 18 luglio 2008, n. 19979) che l'art. 91 c.p.c., secondo cui il giudice con la sentenza che chiude il processo dispone la condanna alle spese giudiziali, intende riferirsi a qualsiasi provvedimento che, nel risolvere contrapposte pretese, definisce il procedimento e ciò indipendentemente dalla natura e dal rito del procedimento medesimo, con la conseguenza che la norma trova applicazione anche ai provvedimenti resi in esito al reclamo *ex* art. 26 L. fall., avverso il provvedimento del giudice delegato al fallimento, benché la disposizione richiamata manchi di una espressa indicazione circa il governo delle spese.

Assistenza procedura concorsuale e prededuzione

In caso di **prestazioni professionali per assistenza al debitore in occasione di presentazione di ammissione a procedure concorsuali**, in ordine alla **spettanza o meno della prededuzione** ***ex*** **art. 111** L. fall., **il credito del professionista incaricato dall'imprenditore di assisterlo nella presentazione di domande per l'ammissione alla procedura di concordato preventivo**, di fallimento in proprio o delle altre procedure previste dal D.Lgs. n. 169/2007, **è assistito dal privilegio generale di cui all'art. 2751** ***bis*** **c.c.**, **e non dalla prededuzione** di cui all'art. 111 L. fall., essendo quest'ultima riservata ai crediti relativi a spese che, per loro natura, sono sostenute dopo l'apertura della procedura e, dunque, sotto il controllo del giudice (Trib. Firenze 26 marzo 2008). Sui compensi spettanti all'avvocato per l'assistenza nelle procedure concorsuali si rinvia al cap.VI, evidenziando comunque che il D.M. n.127/2022 ha dettato una nuova disciplina.

Esecuzione immobiliare e spese in privilegio

Nell'ambito dell'esecuzione immobiliare, per la distribuzione delle somme ricavate dalla vendita rientrano nelle spese sostenute per atti conservativi o di espropriazione, da porre in prededuzione a norma dell'art. 2770 c.c., esclusivamente quelle sostenute per spese e compensi del pignoramento, quelle della relazione notarile, della CTU, della pubblicità, nonché i compensi del difensore della parte che ha portato avanti la procedura esecutiva, normalmente coincidente con il creditore pignorante, oltre alle eventuali spese per atti conservativi, tra le quali non rientrano le spese di iscrizione ipotecaria. Il grado delle ulteriori spese di procedura, quali le altre spese legali sostenute dai creditori, normalmente intervenuti, che non abbiano posto in essere atti di impulso della procedura esecutiva, segue quello del credito cui afferiscono (Trib. Civitavecchia ordinanza 23 aprile 2016).

Associazione professionale e fallimento cliente

Il privilegio generale sui beni mobili del debitore, previsto dall'art. 2751 *bis* c.c. per le retribuzioni dei professionisti, **trova applicazione anche nel caso in cui il creditore sia inserito in una associazione professionale**, costituita con altri professionisti per dividere le spese e gestire congiuntamente i proventi della propria attività, a condizione che il rapporto di prestazione d'opera si instauri tra il singolo professionista e il cliente, soltanto in tal caso potendosi ritenere che il credito abbia per oggetto prevalente la remunerazione di un'attività lavorativa, ancorché comprensiva delle spese organizzative essenziali al suo autonomo svolgimento (Cass. 20 aprile 2018 n.9927; Cass. 11 luglio 2013, n. 17207; Cass. 22 ottobre 2009, n. 22439).

Nel caso di associazione tra professionisti, è escluso, però, il privilegio per i crediti dello studio associato (Cass. 20 aprile 2018 n.9927; Cass. 8 settembre 2011, n. 18455; Trib. Alessandria 23 febbraio 2021). **L'associazione professionale non ha, quindi, diritto all'ammissione al rango privilegiato**, non essendo assimilabile al soggetto individuale favorito dall'art. 2751 *bis*, n. 2, norma insuscettibile di estensione analogica, quale *ius singolare* (art. 14 disp. sulla legge in generale). E ciò in quanto la proposizione della domanda di ammissione al passivo fallimentare da parte di uno studio associato, lascia presumere l'esclusione della personalità del rapporto d'opera professionale, e pertanto l'inesistenza dei presupposti per il riconoscimento del privilegio; in caso contrario il titolare del credito sarebbe il professionista, legittimato *ad causam*, anche nel caso in cui il contratto sia stato stipulato tra cliente e studio associato.

Il riconoscimento del credito vantato dall'associazione professionale non deve, però, essere escluso a priori dal privilegio, in quanto potrebbe essere, in ipotesi, giustificato dalla cessione del credito della prestazione professionale svolta personalmente dal singolo avvocato (Cass. 8 settembre 2001, n. 18455). Ed infatti la Cassazione (Cass. n. 20750 del 2015) ha precisato che **al legale non può essere negato il credito privilegiato solo perché presta la sua attività all'interno di uno studio associato.** E ciò in quanto se il cliente conferisce personalmente all'avvocato (**e non alla società)** l'incarico le somme dovute al legale per l'assistenza prestata **vanno considerate come remunerazione di una prestazione lavorativa.** Ne consegue, quindi, che **spetta il privilegio ex art. 2751 bis, n. 2, c.c., se l'istante dimostri che il credito si riferisca ad una prestazione svolta personalmente dal professionista, in via esclusiva o prevalente, e sia di pertinenza dello stesso professionista, pur se formalmente richiesto dall'associazione** (Cass. 24 agosto 2016 n. 17287). Viceversa, se il mandato è stato conferito allo studio, il credito ha natura chirografaria. L'art. 2751-bis n. 2 del codice civile, infatti, non consente presunzioni delimitative della personalità della prestazione stessa erogata da un professionista correlato organizzativamente ad altri in un contesto associativo.

Giurisprudenza

Da quanto innanzi dedotto ne consegue che laddove un credito professionale sia insinuato in una procedura concorsuale a nome di uno studio associato sussiste la presunzione circa l'assenza di personalità della prestazione. Si tratta, però, di mera presunzione, che può essere vinta fornendo la prova che il credito si riferisca a una prestazione svolta personalmente dal professionista, pur se formalmente richiesto dall'associazione (Cass. 4 luglio 2017 n. 16446; Trib. Di Siena ordinanza 24 novembre 2018 n. 11928). Ne consegue che la domanda di insinuazione al passivo fallimentare proposta da uno studio associato fa presumere l'esclusione della personalità del rapporto d'opera professionale da cui quel credito è derivato e, dunque, l'insussistenza dei presupposti per il riconoscimento del privilegio ex art.2751 bis, n. 2, cod. civ., salvo che l'istante dimostri che il credito si riferisca ad una prestazione svolta personalmente dal professionista, in via esclusiva o prevalente, e sia di pertinenza dello stesso professionista, pur se formalmente richiesto dall'associazione professionale (Cass. 17 gennaio 2019, n. 1233; Cass. 20 aprile 2018 n. 9927).

9. Rimborso dell'IVA e del CPA (contributo integrativo previdenziale) al professionista

Soccombente e IVA

In base agli artt. 17 e 18 dpr n. 633/1972, qualsiasi professionista che abbia prestato la propria **opera** al cliente deve corrispondere all'erario il tributo sull'onorario spettantegli, ed è obbligato a rivalersene nei confronti del medesimo cliente. Quest'ultimo, pertanto nell'avvalersi, per la tutela delle proprie ragioni, di un difensore tecnico, instaura un rapporto di prestazione d'opera professionale in base al quale è tenuto non solo a corrispondergli gli onorari, ma anche a rivalerlo dell'iva fatturata nella parcella e versata all'erario. E ciò in quanto l'iva costituisce onere accessorio dovuto per legge dal cliente al profe**ssionista, nella misura determinabile pro tempore** (in termini, Cass. 28 ottobre 2015 n. 22074).

Occorre evidenziare che l'art.1, comma 474 della l. 27.12.2017 n. 205 ha statuito che **all'articolo 2751-bis, numero 2), del codice civile, dopo le parole: «le retribuzioni dei professionisti» sono inserite le seguenti: «compresi il contributo integrativo da versare alla rispettiva cassa di previdenza ed assistenza e il credito di rivalsa per l'imposta sul valore aggiunto,»**. Tale normativa è stata dichiarata conforme alla Carta costituzionale; infatti, è stata dichiarata infondata la questione di legittimità costituzionale dell'art.2751 bis, n.2. cod. civ., come modificato dall'art.1, comma 474, l. n.205/2017, nella parte in cui estende anche al credito per rivalsa Iva il privilegio generale ivi attribuito al credito per le retribuzioni dei professionisti e non anche a quelli delle altre categorie previste nel medesimo articolo (Corte cost. 3 gennaio 2020 n.1). La stessa sentenza della Corte cost. precisa che *"deve, quindi, ritenersi che i "professionisti" e "ogni altro prestatore d'opera", intellettuale o no beneficino tutti della stessa estensione del privilegio mobiliare al credito per rivalsa iva"*.

Per la Corte di Giustizia dell'Unione Europea è lecito che **uno Stato membro imponga il pagamento dell'Iva sui servizi resi dagli avvocati (**Corte di Giustizia dell'Unione europea 28 luglio 2016 causa C-543-14)**. E ciò in quanto il pagamento dell'iva sui compensi non costituisce una limitazione al diritto alla difesa giudiziale;** l'imposizione dell'iva è, quindi, legittima e non pregiudica l'equilibrio processuale delle parti.

Tra le spese processuali che **il soccombente è tenuto a rimborsare al vincitore, rientra quindi la somma da questi dovuta a titolo di IVA al proprio difensore** (Cass. 31 marzo 2010, n. 7806; Cass. n. 4209 del 2010; Cass. 24 marzo 2000, n. 3536; Cass. 4 marzo 1998, n. 2387; Cass. 1° aprile 1995, n. 3843), costituendo tale imposta una voce accessoria, di natura fiscale, del corrispettivo dovuto per prestazioni professionali relative alla difesa in giudizio (Cass. 22 maggio 2007, n. 11877; Cass. 7 febbraio 2006, n. 2529).

Si è specificato (Cass. 10 giugno 2013, n. 14535; Cass. 27 gennaio 2010, n. 1688; Cass. 14 ottobre 1997, n. 10023) che poiché il risarcimento del danno patrimoniale **si estende anche agli oneri accessori e consequenziali**, se esso è liquidato in base alle **spese da affrontare per riparare un veicolo, il risarcimento comprende anche l'IVA, pur se la riparazione non è ancora avvenuta** – e a meno che il danneggiato, per l'attività svolta, abbia diritto al rimborso o alla detrazione dell'IVA versata – **perché l'autoriparatore è tenuto per legge ad addebitarla, a titolo di rivalsa, al committente** (art. 18, D.P.R. n. 633/1972).

Avvocato che si autodifende

Si è specificato (Tar Napoli, Campania, sez. VII, 1 settembre 2016 n. 4145) che, **l'altrui soccombenza processuale non determina, in re ipsa, l'insorgenza di qualsiasi obbligazione di natura economica: così, in caso di esercizio personale del diritto di difesa, l'IVA non rientra nel credito "totale" a titolo di spese. L'IVA, quindi, non è dovuta per l'avvocato che agisce in giudizio quale procuratore di sé stesso;** infatti si pone a fondamento della debenza del rimborso iva l'apposito meccanismo di rivalsa, che presuppone l'esistenza di un rapporto di base tra cliente e avvocato, non ravvisabile laddove l'avvocato agisca quale procuratore di sè medesimo (Circ. Ministero delle Finanze n. 203/E del 6.12.1994).

Sentenza e pagamento IVA

In ordine al rimborso alla parte vittoriosa dell'IVA, la giurisprudenza è pacifica nel senso che la **sentenza che contenga condanna della parte soccombente al pagamento delle spese processuali** in favore della parte vittoriosa, liquidandone l'ammontare, **costituisce titolo esecutivo, pur in difetto di una espressa domanda e di una specifica pronuncia, anche per conseguire il rimborso dell'IVA** che la medesima parte vittoriosa assuma di avere versato al proprio difensore, in sede di rivalsa e secondo le prescrizioni dell'art. 18, D.P.R. 26 ottobre 1972, n. 633, trattandosi di onere accessorio che in via generale, ai sensi dell'art. 91, comma 1, c.p.c., consegue al pagamento degli onorari al difensore (Cass. 1° aprile 2011, n. 7551).

Decreto ingiuntivo ed omessa liquidazione IVA e CAP

Nel caso in cui il **decreto ingiuntivo non indica l'Iva e il Cap degli onorari dell'avvocato**, nel successivo precetto si può chiedere sia l'importo dell'Iva che del cap, così come anche il rimborso delle spese generali, atteso che la menzione che il giudice fa di tali voci in sentenza (o decreto ingiuntivo) ha una efficacia esclusivamente dichiarativa che non incide sul diritto dell'avvocato di chiedere e ottenere il rimborso di tali somme (Cass. 28 ottobre 2015 n. 22074).

Distrazione spese e IVA

Sulla rimborsabilità dell'IVA al professionista, si è affermato che **tra le spese processuali** che il soccombente è tenuto a rimborsare al vincitore, **rientra la somma da questi dovuta a titolo di IVA al proprio difensore** (Cass. 24 marzo 2000, n. 3536; Cass. 24 febbraio 1984, n. 1330; Cass. 16 novembre 1982, n. 6129; Cass. 1° aprile 1995, n. 3843; Pret. Napoli 3 giugno 1981), costituendo tale imposta una voce accessoria, di natura fiscale, del corrispettivo dovuto per prestazioni professionali relative alla difesa in giudizio (Cass. 22 maggio 2007, n. 1187; Cass. 7 febbraio 2006, n. 2529). **Né rileva eventuale distrazione delle spese**, atteso che il provvedimento di distrazione delle spese processuali fa sorgere un **credito del difensore distrattario direttamente nei confronti del soccombente anche per l'importo dell'IVA** (Cass. 14 maggio 1981, n. 3165). *Contra*, Cass. 12 febbraio 1981, n. 854, in cui si afferma che nell'ipotesi di condanna alla rifusione delle spese giudiziali con distrazione a favore del difensore, la parte soccombente non è tenuta a rimborsare al difensore distrattario anche l'importo dell'IVA relativa, essendo essa parte rimasta estranea al rapporto di mandato che lega il difensore al proprio cliente, committente.

Sentenza e titolo esecutivo per IVA

La sentenza di condanna della parte soccombente al pagamento delle spese giudiziali, con liquidazione del relativo ammontare, quindi, **costituisce titolo esecutivo, pur in difetto di un'espressa istanza e di una specifica pronuncia, anche per conseguire il rimborso dell'IVA**, che la parte vittoriosa assuma di aver versato al proprio difensore in sede di rivalsa e secondo la previsione dell'art. 18, D.P.R. 26 ottobre 1972, n. 633, mentre resta **salva per la parte soccombente la facoltà di contrastare il titolo esecutivo**, con opposizione al precetto od all'esecuzione, per far valere eventuali circostanze che escludano, nel caso concreto, l'indicata rivalsa o comunque l'esigibilità dell'IVA (Cass. 9 agosto 1991, n. 686; Cass. 17 dicembre 1982, n. 7002), posto che **la condanna al pagamento dell'IVA** in aggiunta ad una data somma dovuta al soccombente per rimborso onorari **deve intendersi in ogni caso sottoposta alla condizione della effettiva doverosità di tale prestazione aggiuntiva** (Cass. 22 maggio 2007, n. 11877); la deducibilità di tale imposta, come già detto, potrebbe eventualmente rilevare solo in ambito esecutivo, con la conseguente possibilità, per la parte soccombente, di esercitare la facoltà di contestare sul punto il titolo esecutivo con opposizione a precetto o all'esecuzione, al fine di far valere eventuali circostanze che, secondo le previsioni del D.P.R. n. 633/1972, possano escludere nei singoli casi, la concreta rivalsa o, comunque, l'esigibilità dell'IVA.

L'eventualità che la parte vittoriosa, per la propria qualità personale, possa portare in detrazione l'IVA dovuta al proprio difensore, non incide, quindi, su detta condanna della parte soccombente, trattandosi di una questione rilevante solo in sede di esecuzione, poiché **la condanna al pagamento dell'IVA in aggiunta ad una data somma dovuta dal soccombente per rimborso di diritti e di onorari deve intendersi in ogni caso sottoposto alla condizione della effettiva doverosità di tale prestazione aggiuntiva, ovvero "se dovuta"** (in termini, Cass. 7 febbraio 2006, n. 2529).

Il principio per cui le spese processuali, che il soccombente deve al vincitore, rientra anche la somma dovuta da quest'ultimo al proprio difensore a titolo di IVA, non subisce deroghe, in sede di provvedimento di condanna alle spese (Cass. 22 marzo 2007, n. 6974; Cass. 25 luglio 2000, n. 9730), per la circostanza che la parte vittoriosa, per la propria qualità personale, possa portare in detrazione la somma al detto titolo dovuta al proprio difensore, rilevando per contro tale deducibilità in sede di esecuzione.

La sentenza di condanna al pagamento delle spese a carico del soccombente, costituisce quindi titolo esecutivo per conseguire anche il rimborso dell'IVA, sebbene della relativa somma

la sentenza non faccia specifica menzione (Cass. 28 ottobre 2015 n. 22074; Cass. 22 gennaio 1983, n. 617), e ciò perché trattasi di onere accessorio che consegue in via generale al pagamento degli onorari, anche nel caso in cui manchi una espressa domanda o siavi pronuncia di distrazione delle spese al difensore, il quale di tale titolo è così abilitato a valersi direttamente nei confronti della parte soccombente per il pagamento pure di detta imposta (Cass. 29 luglio 1986, n. 4882; Cass. 14 maggio 1981, n. 3165. *Contra*, Cass. 12 febbraio 1981, n. 854), **oltreché del contributo integrativo** di cui all'art. 10, Legge n. 576/1980 (Cass. 3 agosto 1995, n. 8497; Cass. 1° aprile 1995, n. 3843).

L'imposta sul valore aggiunto e il contributo previdenziale (Iva e Cap) costituiscono oneri accessori dovuti per legge dal cliente al professionista, nella misura determinabile *pro tempore* (Cass. n. 22074 del 2015).

In ipotesi di esercizio in forma societaria, come disciplinata dalla n. 124 del 4 agosto 2017, la legge di bilancio 2018 ha introdotto l'art. 6-bis, norma che prevede che le società in qualunque forma costituite, sono tenute ad applicare la maggiorazione percentuale del contributo integrativo su tutti i corrispettivi rientranti nel volume di affari ai fini IVA, con versamento annuale alla Cassa Forense dell'importo.

Condizione per pagamento IVA

Occorre, comunque, evidenziare, che **l'IVA è "dovuta" dal soccombente se la parte, in favore del quale le spese legali sono state liquidate, è un privato per il quale l'IVA è un costo non recuperabile. Se invece la parte vittoriosa è un soggetto passivo d'imposta (imprenditore o professionista) bisogna distinguere**:

– – se l'oggetto della lite è **inerente all'esercizio dell'impresa o della professione**, l'IVA non è dovuta dal soccombente in quanto potrà essere recuperata dalla parte vittoriosa;

– – se viceversa l'oggetto della lite **non è inerente l'esercizio dell'impresa o della professione**, l'IVA è dovuta dal soccombente in quanto la parte vittoriosa non può detrarla.

Ed infatti si è affermato che le spese processuali che il soccombente è tenuto a rimborsare al vincitore della controversia rientra, ai sensi dell'art. 91 c.p.c., e quindi indipendentemente dalla prova della concreta erogazione, anche la somma dovuta dal vincitore stesso a titolo di IVA per i compensi al proprio difensore, **salvo che**

il soccombente dimostri (o risulti altrimenti dagli atti) che la suindicata erogazione non debba avvenire, per legge, ovvero che la controparte possa, per la qualità personale, a sua volta rivalersi del tributo in questione su altri soggetti, cosicché esso non costituisca una spesa nei sensi di cui agli artt. 90 e 91 c.p.c. (Cass. 28 ottobre 1981, n. 5641; Cass. 9 febbraio 1981, n. 1005).

Riepilogando: in base all'art. 18, D.P.R. n. 633/1972 il professionista difensore della parte vittoriosa addebiterà l'IVA inerente le spese legali al proprio cliente. Il cliente corrisponderà al suo difensore il compenso spettante (e le spese), acquisendo tuttavia il diritto alla rivalsa nei confronti della parte soccombente in causa, atteso che l'IVA rientra tra le spese processuali che la parte soccombente è tenuta a rimborsare al vincitore (Circ. Ministero finanze n. 203/E del 6 dicembre 1994 e Ris. n. 91/E del 24 luglio 1998).

Per quanto riguarda i profili attinenti all'IVA, in caso di sentenza con distrazione delle spese in favore del difensore vittorioso, quest'ultimo è tenuto ad emettere la fattura nei confronti del suo cliente che, qualora sia un soggetto passivo ai fini dell'IVA, ha diritto di recuperare l'imposta in sede di esercizio del diritto di detrazione; ne consegue che il legale distrattario potrà richiedere al soccombente solo l'importo da questi dovuto a titolo di onorari e spese processuali. Il difensore distrattario, è legittimato però a pretendere dal soccombente la corresponsione anche dell'IVA non in ragione di un diritto alla rivalsa, ma di un nuovo diritto, nascente dalla sentenza di condanna (Cass. n. 3544/1982; Risoluzione Amministrazione finanziaria 6 dicembre 1994, n. 203/E).

Nel caso in cui la parte vittoriosa sia titolare di partita IVA, il tributo non può essere considerato una spesa accessoria, in quanto se la controversia ha per oggetto materia inerente l'esercizio di impresa o lavoro autonomo (svolta dalla parte vittoriosa), essa godrà della detrazione *ex* art. 19, D.P.R. n. 633/1972, del tributo addebitato dal difensore (l'imposta in questa caso è "neutrale", in quanto la parte soccombente corrisponderà al difensore distrattario solo l'importo degli onorari e spese anticipate).

Cessazione attività e riscossione compensi con iva

I compensi per prestazioni professionali incassati successivamente alla cessazione dell'attività (ed alla chiusura della partita iva), devono ritenersi assoggettati ad IVA (sono rilevanti, quindi, ai fini IVA), risultandone lo "statuto" impositivo definito dalla contestuale ricorrenza, all'atto del manifestarsi del fatto generatore dell'imposta (e suo presupposto oggettivo) anche del relativo presupposto soggettivo; il fatto generatore dell'imposta va identificato, quindi, con l'effettuazione del servizio e non con il momento del pagamento da parte del cliente (Cass. 21 aprile 2016 n. 8059). E ciò in quanto **per le prestazioni di servizio, il presupposto impositivo (e cioè l'insorgenza dell'imponibilità ai fini IVA) si verifica con l'esecuzione della prestazione;** il momento dell'incasso del compenso rappresenta esclusivamente il limite temporale per l'adempimento dell'obbligo di fatturazione. Non possono assumere valore determinante, ai fini dell'esclusione dall'imposizione, il dato dell'intervenuta dichiarazione di cessazione dell'attività ex art. 35 pr n. 633/72 e quello della dismissione della partita iva, atteso il carattere meramente formale della prima evenienza (Corte giust. 22 dicembre 2010 in C-438/09; Cass. 5851/12) e puramente strumentale della seconda (Cass. n. 8059/2016). Del resto il professionista durante la propria attività in regime Iva, ha detratto l'imposta sugli acquisti e, pertanto, è corretto applicare l'IVA sulla prestazione eseguita, anche se incassata oltre la data di cessazione dell'attività professionale.

Prestazioni di servizio

L'Agenzia delle Entrate, con risoluzione n.34/E del 2019, precisa che gli eredi non possono chiudere la partita IVA del professionista defunto sino a quando non viene incassata l'ultima parcella. La stessa Agenzia delle entrate, con interpello 2 settembre 2020 n. 299, chiarisce ad un professionista che il compenso percepito quando aveva chiuso la partita Iva, non svolgendo più la sua attività professionale in maniera abituale, deve essere dichiarato come reddito diverso, ai sensi del comma 1, lettera l), dell'art.67 del Testo unico delle imposte n.917/1986, da indicare nel quadro RL, rigo RL15, del Mod. Redditi Persone Fisiche 2020. Con risposta ad interpello n.785/2021, l'Agenzia delle Entrate ha confermato che l'erede del professionista deceduto, dovrà chiedere la riapertura della partita IVA del *de cuius* e fatturare le prestazioni dallo stesso effettuate sia nei confronti dei titolari di partita IVA che nei confronti dei clienti non soggetti passivi ai fini IVA.

Sempre l'Agenzia delle Entrate, con interpello n.309/2022 ha precisato che è ammesso il rimborso dell'Iva anche in caso di cessazione dell'attività e chiusura della partita iva, con la procedura di restituzione dell'imposta non dovuta (Agenzia delle Entrate, interpello n.309/2022).

Da quanto innanzi riferito ne consegue che **il compenso di prestazione professionale è imponibile ai fini iva, anche se percepito successivamente alla cessazione dell'attività, nel cui ambito la prestazione è stata effettuata, ed alla relativa formalizzazione,** atteso che il fatto generatore dell'imposta va identificato, alla luce del diritto comunitario e del principio di neutralità fiscale, con l'espletamento dell'operazione (Cass. 21 aprile 2016 n. 8059).

Contributo integrativo

All'avvocato che renda prestazioni professionali in favore dei propri clienti, è dovuto il rimborso del contributo integrativo da versare alla cassa **avvocati, ai sensi dell'art. 11 della L. n. 576/80.** E ciò in quanto, il contributo previdenziale (così come l'iva) costituisce onere accessorio dovuto per legge dal cliente al professionista, nella misura determinabile pro tempore (in termini, Cass. 28 ottobre 2015 n. 22074). Per il contributo integrativo è prevista, quindi, la piena rimborsabilità, a prescindere dalla qualità dell'assistito che ne sopporta il costo, non essendovi alcuna detraibilità.

Contributo integrativo e privilegio

L'art. 1, comma 474, della legge 27.12.2017 n. 205 (legge di bilancio 2018) ha **esteso il privilegio di cui all'art. 2751-bis, numero 2, al contributo integrativo e rivalsa iva,** statuendo che all'art. 2751-bis, numero 2), del codice civile, dopo le parole: "le retribuzioni dei professionisti" sono inserite le seguenti: "compresi il contributo integrativo da versare alla rispettiva cassa di previdenza ed assistenza e il credito di rivalsa per l'imposta sul valore aggiunto". Si riconosce la operatività del privilegio generale per Iva di rivalsa e Cassa previdenza relativi **solo a crediti professionali maturati successivamente all'entrata in vigore della legge di bilancio 2018, e quindi maturati dopo il 1 gennaio 2018** (Trib. Milano 23 gennaio 2018; circolare Trib. Reggio Emilia 6 febbraio 2018).

10. Il parere del Consiglio dell'Ordine sulla parcella e la c.d. tassa di opinamento

Il professionista di norma si rivolge al Consiglio dell'Ordine per ottenere il visto di congruità sulla parcella, sia perché il cliente contesta la parcella (o il cliente stesso chiede il visto del Consiglio dell'Ordine sulla parcella), sia perché richiede compensi eccedenti il massimo previsto nel parametro, sia per chiedere decreto ingiuntivo per il recupero delle competenze. **Il parere del Consiglio dell'Ordine sulla parcella corrisponde a una funzione istituzionale dell'Ordine in vista degli interessi degli iscritti e della dignità della professione, nonché dei diritti dei clienti**, ed è volto a impedire richieste di onorari sproporzionati e inadeguati all'obiettiva importanza dell'opera professionale.

Occorre evidenziare che **il cliente non può chiedere al Consiglio dell'Ordine un parere di congruità sulla nota redatta dal suo difensore**, in quanto la richiesta, a norma della Legge n. 247/2012 può essere inoltrata solo dall'iscritto all'albo, a nulla valendo il carattere pubblico del richiedente l'opinamento della parcella diverso dal professionista (Tar Lombardia, sez. III, 1 settembre 2020 n. 1626; parere Cons. naz. Forense 9 aprile 2014, n. 29), né il Consiglio dell'Ordine è tenuto a comunicare al cliente che è in corso procedimento sulla congruità della parcella promosso dall'avvocato. Il cliente non ha un interesse attuale e concreto all'impugnazione dinanzi al giudice amministrativo del parere del Consiglio dell'Ordine di liquidazione del compenso per prestazioni professionali, parere richiesto dall'avvocato per una procedura monitoria, atteso che tale parere ha la sola funzione di precostituire la prova scritta necessaria per la proposizione di tale procedura e non è vincolante per il giudice civile (Tar Lombardia 1 settembre 2020 n.1626; Tar Sicilia Catania 10 aprile 2019 n. 782; Tar Toscana 5 luglio 2012 n. 1268).

Potere opinamento parcella

Dopo l'abrogazione delle tariffe ad opera dell'art. 9, comma 1, D.L. n. 1/2012, conv. in Legge n. 27/2012, si è posto il problema se l'abrogazione delle tariffe ha determinato il venir meno del potere del Consiglio dell'Ordine sulla congruità della parcella.

Al riguardo, si ritiene che **la risposta alla problematica posta non può che essere negativa atteso che il combinato disposto**

dell'art. 9, commi 1 e 5, D.L. n. 1/2012 non interferisce con la norma di cui all'art. 14, lett. *D*), R.D.L. n. 1578/1933, che attribuisce il "potere" del Consiglio dell'Ordine sulla parcella, non contiene alcun rinvio alle tariffe. Il riferito art. 9, commi 1 e 5, infatti, riferendosi alle sole "tariffe", non determina l'abrogazione dell'inciso contenuto nell'art. 2233 c.c., norma che attribuisce al Consiglio dell'Ordine la funzione di opinamento della parcella. Conforme, parere Cons. naz. Forense 23 ottobre 2013, in cui si afferma che la clausola abrogativa contenuta nella normativa (art. 9, comma 5, d.l. 1/2012) ha colpito solo le disposizioni che richiamano espressamente l'istituto tariffario. Aggiungasi che l'art. 636 c.p.c. richiede che la nota spese sia corredata dal parere della competente associazione professionale, solamente nel caso in cui l'ammontare delle spese e prestazioni non sia determinato in base a tariffe obbligatorie.

Potere del CdO

A conferma del permanere del potere del Consiglio dell'Ordine sulla congruità della parcella, vi è:

- l'art. 29, comma 1, lett. *l*), Legge n. 247/2012, in cui si statuisce che il Consiglio "**dà pareri sulla liquidazione dei compensi spettanti agli iscritti**";
- l'art. 29, comma 1, lett. *o*), Legge n. 247/2012, il quale prevede espressamente che il Consiglio "interviene, su richiesta anche di una sola delle parti, nelle contestazioni insorte tra gli iscritti o tra costoro e i clienti in dipendenza dell'esercizio professionale, adoperandosi per comporle; **degli accordi sui compensi è redatto verbale** che, depositato presso la cancelleria del tribunale che ne rilascia copia, ha valore di titolo esecutivo con l'apposizione della prescritta formula";
- l'art. 13, comma 9, Legge n. 247/2012, in cui è previsto che "In mancanza di accordo tra avvocato e cliente, ciascuno di essi può rivolgersi al consiglio dell'ordine affinché esperisca un tentativo di conciliazione. **In mancanza di un accordo il Consiglio, su richiesta dell'iscritto, può rilasciare un parere sulla congruità della pretesa dell'avvocato in relazione all'opera prestata**".

Al riguardo occorre evidenziare che la Procura Generale della Corte di Cassazione con provvedimento 30.7.2020 ha chiesto che la

Corte di Cassazione enunci nell'interesse della legge, ai sensi dell'art. 363 c.p.c. i seguenti principi:

Principi della procura Generale

- *L'abrogazione del sistema delle tariffe professionali per gli avvocati, disposta dal d.l. n. 1/2012, convertito dalla legge n. 27/2012, non ha determinato, in base al disposto del suo art.9, l'abrogazione dell'art. 636 c.p.c.;*
- *La persistente vigenza dell'art. 636 c.p.c. consente all'avvocato di agire per la richiesta di compensi per prestazioni professionali con la richiesta di decreto ingiuntivo, ai sensi dell'art. 633, primo comma, n. 2), c.p.c., sulla base della parcella e del parere di congruità rilasciato dal competente Consiglio dell'Ordine reso, a partire dall'abolizione del sistema tariffario disposto con la legge n. 247/2012, alla luce del sistema dei parametri per i compensi professionali di cui alla legge n. 247/2012 e ai relativi decreti ministeriali attuativi.*

La procura Generale della Corte di Cassazione perviene alla formulazione dei riportati principi evidenziando in particolare come la l. n. 247 del 2012 non ha inciso sugli strumenti processuali che "l'ordinamento appresta per la tutela dell'avvocato né ha comportato l'ablazione della possibilità di avvalersi del parere del Consiglio dell'ordine al fine di chiedere, ed ottenere, un decreto ingiuntivo". E ciò in quanto tanto l'art. 633 che l'art. 636 c.p.c. sono estranei alla previsione dell'art. 9, commi 1 e 5, del d.l. n. 1/2012, perchè non richiamano direttamente le tariffe obbligatorie oggi abrogate.

- Per la Procura Generale il parere di congruità a seguito dell'abrogazione delle tariffe obbligatorie non acquista una portata differente atteso che i parametri, al pari delle abrogate tariffe, contemplano una forbice tra un minimo e un massimo di guisa che il Consiglio dell'Ordine, "nell'esercizio del potere di indicare la congruità del compenso, esercita una funzione discrezionale che, nel suo contenuto, è rimasta immutata e che trova riconoscimento normativo attuale nell'art. 13, comma 9, della l. n. 247/2012".
- Il parere di congruità ex art. 636 cpc è stato confermato dal parere del Cons. nazionale forense del 19.2.2021 e 13.6.2018 nonché del 23.10.2012 (*Contra,* Trib. Verona 25 settembre

2013; Trib. Varese 11 ottobre 2012), in cui si afferma che, ai fini della formulazione del ricorso per ingiunzione l'avvocato possa allegare documentazione coerente, quindi: o l'accordo sul compenso o, in mancanza di accordo, il parere del COA, conformemente all'art.13, comma 9, l. n. 247/2012.

Cass. Sez. Un. n. 19247/2021

Le sezioni unite della Suprema Corte, con sentenza 8 luglio 2021 n. 19247, in accoglimento delle sollecitazioni della Procura Generale della Corte di Cassazione, ha affermato il seguente principio:

L'avvocato che intende agire per la richiesta dei compensi per prestazioni professionali può avvalersi del procedimento per ingiunzione regolato dagli artt. 633 e 636 c.p.c., ponendo a base del ricorso la parcella delle spese e prestazioni, munita della sottoscrizione del ricorrente e corredata dal parere della competente associazione professionale, il quale sarà rilasciato sulla base dei parametri per compensi professionali di cui alla l. n. 247/2012 e di cui ai relativi decreti ministeriali attuativi.

La citata sentenza n. 19247/2021 ha affermato che l'abrogazione del sistema delle tariffe professionali per gli avvocati, disposta dal d.l. n. 1/2012, conv. dalla l. n. 27/2012, non ha determinato l'abrogazione dell'art. 636 c.p.c. L'avvocato, anche dopo il d.l. n.1 del 2012, per il recupero delle sue competenze professionali, quindi, può avvalersi del procedimento per ingiunzione regolato dagli artt. 633 e 636 c.p.c. evitando così un lungo ed oneroso giudizio ordinario.

La riportata citata sentenza n. 19247/2021 si evidenzia anche per il riepilogo e conferma di importanti principi in tema di strumenti processuali dell'avvocato per il recupero delle sue competenze professionali. In particolare:

a) conferma (Cass., sez. un. 23 febbraio 2018 n. 4485; Cass. 19 febbraio 2020, n. 4247) che gli strumenti processuali utilizzabili dagli avvocati per il recupero delle competenze per prestazioni giudiziali civili sono il procedimento monitorio ex art. 633 e seguenti cpc e lo speciale procedimento previsto dall'art. 28 l. n. 794/1942, nel testo sostituito dall'art. 14 d.lgs. n. 150/2011, escludendo invece l'utilizzo del rito ordinario e quello sommario codicistico;
b) conferma (Cass. 12 novembre 2019 n. 29212) che non è necessario allegare alla richiesta di decreto ingiuntivo il parere

dell'Ordine professionale nelle ipotesi in cui la tariffa prevede un importo fisso, oppure nelle ipotesi in cui la tariffa preveda importi variabili tra un massimo ed un minimo, ed il compenso sia stato richiesto nella misura minima; e ciò in quanto in tale ipotesi "la tariffa, nella sua obbligatoria predeterminazione, è idonea a fornire la prova del compenso". Al di fuori delle riferite ipotesi la prova del credito necessaria per la emanazione del decreto ingiuntivo è data: a) dalla parcella sottoscritta dall'avvocato (ricorrente) la cui funzione è quella di fornire la prova dell'effettuazione delle prestazioni e delle spese (Cass 18 giugno 2010 n.14699; Corte cost. 4 maggio 1984 n. 137); b) dal parere dell'organo professionale la "cui funzione è quella di esprimere un giudizio critico sulla parcella";

c) il parere di congruità sulla parcella "non si esaurisce in una mera certificazione della rispondenza del credito alla tariffa professionale, ma implica la valutazione di congruità del *quantum*, attraverso un motivato giudizio critico (fra le tante, Cass. Sez. un., 24 giugno 2009 n. 14812). Il parere di congruità ha un'efficacia vincolante in sede di emissione del decreto ingiuntivo, ma perde questa efficacia nel giudizio di opposizione ex art.645 cpc;

d) il ricorso ai criteri sussidiari (tariffe professionali, usi, decisione giudiziale) è consentito al giudice se ed in quanto manchi un accordo tra professionista e cliente sulla misura del compenso, ovvero non esistano tariffe obbligatorie. Quando esiste uno specifico accordo tra le parti, le pattuizioni risultano preminenti su ogni altro criterio di liquidazione (fra le tante, Cass. 29 novembre 2019, n. 31311);

e) le tabelle parametriche si applicano quando non vi è una pattuizione tra le parti: l'accordo sul compenso tra professionista e cliente è prioritario su ogni altro criterio di determinazione della remunerazione del professionista, con le mitigazioni della legge sull'equo compenso.

Procedura recupero compensi

In ordine alla procedura di recupero dei compensi dell'avvocato, è consolidato l'orientamento della Suprema Corte, nel senso che a seguito dell'introduzione dell'art.14 del d.lgs, n. 150 del 2011, l'avvocato può procedere al recupero delle sue competenze nei confronti del cliente:

a) con un ricorso ai sensi dell'art. 702-bis cpc, che dà luogo ad un procedimento sommario "speciale";
b) con il procedimento per decreto ingiuntivo ai sensi degli artt. 633 e segg. cpc;
c) è esclusa la possibilità di introdurre l'azione sia con il rito di cognizione ordinaria che con quello del procedimento sommario ordinario codicistico di cui agli artt. 702-bis e segg. cpc;
d) nulla è cambiato sull'ambito di operatività dell'abrogato rito camerale speciale, atteso che il comma 1 dell'art.14 prevede e fa riferimento espresso alle "Le controversie previste dall'art. 28 della legge 13 giugno 1942 n. 794 e ora art. 1 d.lgs. n. 150/2011". Ne consegue che **il procedimento di cui alla l. n. 794/1942 può essere utilizzato solo per i diritti e gli onorari dovuti per prestazioni giudiziali in materia civile (Cass. 25 luglio 2013, n. 18070); non è applicabile, invece, alle prestazioni giudiziali in materia penale (Cass. 27 settembre 2016, n. 19025). È escluso anche per i procedimenti innanzi al giudice amministrativo (Corte cost. 11 aprile 2008; Cass. 29 luglio 2004, n. 14394) e alle prestazioni stragiudiziali** (Cass. 21 febbraio 2006 n. 3744).

Criteri per opinamento parcella

Il Consiglio dell'Ordine nell'esercizio della sua funzione di opinamento può fare riferimento ai parametri ministeriali (ma non necessariamente: il Consiglio dell'Ordine ha una mera facoltà di fare riferimento ai parametri ministeriali pur non essendo a ciò obbligato), tenendo conto dell'importanza dell'opera, della sua complessità oltre che del più generale principio di ragionevolezza; per le prestazioni svolte nella vigenza delle abrogate tariffe, e quindi, per le prestazioni professionali rese e ai rapporti professionali conclusi prima dell'entrata in vigore del D.L. n. 1/2012, *ratione temporis*, dovrà ovviamente fare riferimento alle tariffe.

Il parere di congruità del Consiglio dell'Ordine è un atto nel quale il Consiglio conserva un'ampia d**iscrezionalità e non richiede motivazione ad hoc: il parere di congruità sulla parcella comporta una valutazione discrezionale della prestazione**

(Tar Umbria 10 maggio 2016 n. 395). Il parere richiesto all'ordine sulla congruità della parcella non può ridursi a una mera certificazione della rispondenza del credito agli standard del regolamento parametrico, atteso che il Consiglio chiamato a rendere un parere di congruità sulla parcella, fa una valutazione discrezionale che non richiede una specifica motivazione.

Il parere di congruità sulla parcella reso dal Consiglio dell'Ordine è **un atto soggettivamente ed oggettivamente amministrativo** che non si limita a certificare la rispondenza del credito ai parametri, ma comporta anche una valutazione di congruità della prestazione fatta nell'esercizio di un potere discrezionale (Tar Umbria 10 maggio 2016 n. 395).

Consiglio Ordine competente per opinamento

Il parere emesso dal Consiglio dell'Ordine sulla parcella dell'avvocato (**competente è sia il Consiglio dell'Ordine nel cui albo è iscritto l'avvocato, che il Consiglio dell'Ordine presso cui ha sede il giudice**), attesta la verifica della rispondenza ai parametri (in precedenza alla tariffa professionale) delle voci esposte nella parcella, e ne comprova la veridicità e esattezza, in quanto rappresenta un formale controllo della corrispondenza delle voci indicate con i parametri. Sul Consiglio dell'Ordine competente, si veda ora l'art. 29, lett. l) della Legge n. 247/2012, in cui è previsto che il Consiglio dell'Ordine "dà pareri sulla liquidazione dei compensi spettanti agli iscritti".

Natura giuridica parere opinamento

Il parere di congruità sulla parcella professionale è atto soggettivamente e oggettivamente amministrativo, che non si esaurisce in una mera certificazione della rispondenza del credito ai parametri, ma **implica una valutazione di congruità della prestazione** (Cons. Stato, sez. IV, 23 dicembre 2010, n. 9352; Cons. Stato, sez. IV, 24 dicembre 2009, n. 8749; Cass. 24 giugno 1999, n. 14812); il giudizio di congruità, pur avendo una finalità obiettiva, non può però tradursi in una determinazione che prescinda dal considerare l'effettiva realtà delle prestazioni professionali rese (Cons. Stato, sez. IV, 24 maggio 2005, n. 2630). Si è specificato (Cass. 31 maggio 2013, n. 13858) che **la richiesta del cliente all'avvocato di richiedere al Consiglio dell'Ordine il visto di congruità sulla parcella**, non costituisce manifestazione di volontà del cliente di aderire incondizionatamente alle determinazioni del

Consiglio dell'Ordine o **di pagare quanto portato dal preavviso di parcella munita del visto di congruità, non costituendo la richiesta del cliente alcun accordo contrattuale.**

Il parere del Consiglio sulla parcella serve, quindi, al mero controllo della corrispondenza tra le voci elencate e quelle previste nei parametri (in precedenza con riferimento alla tariffa): Cass. 30 luglio 2004, n. 14556; Cass. 15 giugno 2001, n. 8160; Cass. 30 gennaio 1997, n. 932; Cass. 11 dicembre 1987, n. 9214. Ne consegue che **in caso di contestazione della parcella, è l'avvocato che deve dare la prova del suo diritto**, e quindi, delle prestazioni professionali effettuate.

Il professionista che agisca per ottenere il soddisfacimento di crediti inerenti ad attività asseritamente prestata a favore del cliente, **ha l'onere di dimostrare l'*an* del credito vantato e l'entità delle prestazioni eseguite al fine di consentire la determinazione quantitativa del suo compenso** (Cass. 11 gennaio 2016 n. 230; Cass. n. 3627 del 1999; Cass. n. 2176 del 1997). Infatti, incombono sul professionista i relativi oneri probatori ex art. 2697 cod. civ., **ove vi sia contestazione da parte del cliente in ordine alla effettività ed alla consistenza delle prestazioni eseguite: il professionista ha, quindi, l'onere probatorio in ordine tanto all'attività svolta quanto alla corretta applicazione della pertinente tariffa** (Cass. 22 marzo 2016 n. 5612; Cass. n. 463 del 2010; Cass. n. 8397 del 2008; Cass. n. 14556 del 2004).

Valore del parere di congruità

Il giudice non è vincolato dal parere di congruità espresso dal Consiglio dell'Ordine degli avvocati (Cass. 22 ottobre 2019 n. 26860; Cass. 18 maggio 2005, n. 10428); il parere del Consiglio dell'Ordine, che solo attesta la conformità in astratto della parcella ai parametri, non vincola, quindi, il giudice circa l'effettività della prestazione (Cass. 29 maggio 2008, n. 14443). Ne consegue, quindi, che il parere del competente Consiglio dell'Ordine professionale, che costituisce una semplice dichiarazione unilaterale, di tal che nell'ordinario processo di cognizione spetta al professionista fornire la prova dell'effettività delle prestazioni prestate e al giudice il potere – dovere di verificarne la fondatezza di fronte alla contestazione anche generica da parte del cliente (Cass.18 giugno 2018 n.15930; Cass. 15 febbraio 2010, n. 3463; Cass. 31 marzo 2008, n. 8397).

La parcella corredata dal parere del competente Consiglio dell'Ordine di appartenenza del professionista, quindi, mentre ha valore di prova privilegiata e carattere vincolante per il giudice ai fini della pronuncia dell'ingiunzione, **non ha – costituendo semplice dichiarazione unilaterale del professionista – valore probatorio nel successivo giudizio di opposizione,** nel quale il creditore opposto assume la veste sostanziale di attore e su di lui incombono i relativi oneri probatori ex art. 2697 cod. civ., ove vi sia contestazione da parte dell'opponente in ordine all'effettività ed alla consistenza delle prestazioni eseguite o all'applicazione della tariffa pertinente ed alla rispondenza ad essa delle somme richieste (Cass. 9 settembre 2021 n. 24387; Cass. 4 ottobre 2016 n. 19800; Cass. 30 luglio 2004 n. 14556; Cass. 15 febbraio 2010 n. 3463). Spetta al professionista, nella sua qualità di attore, fornire gli elementi dimostrativi della pretesa, per consentire al giudice la verifica delle singole prestazioni svolte e la loro corrispondenza con le voci e gli importi indicati nella parcella (Cass. n.18777 del 2005).

La richiesta del visto al Consiglio dell'Ordine **non perfeziona in alcun caso un accordo contrattuale fuori e prima del giudizio** e meno ancora rappresenta l'individuazione di un terzo *super partes* cui rimettere la valutazione dell'ammontare della parcella (Cass. n. 13815/2013).

Obbligo pagamento tassa parere

L'avvocato che richiede al Consiglio dell'Ordine il parere su una parcella è obbligato a pagare (al Consiglio stesso) la tassa parere (o c.d. tassa di opinamento), che il Consiglio stabilisce ai sensi dell'art. 7, comma 2, Legge 23 novembre 1944, n. 382, per il rilascio dei pareri. Sul tema specifico si è affermato (Cons. Stato, sez. IV, 21 agosto 2006, n. 4861) che è legittima la deliberazione del Consiglio dell'Ordine degli avvocati che fissa la tassa per il rilascio del visto di congruità necessario per l'ammissione al passivo dei crediti per onorari vantati nei confronti degli enti locali dissestati nella stessa misura prevista nel caso in cui la parte patrocinata sia un soggetto privato.

Soggetto obbligato pagamento tassa parere

In ordine al soggetto cui fa carico la c.d. tassa di opinamento, **le spese sostenute dal professionista per ottenere il parere da porre a base della richiesta di decreto ingiuntivo nei confronti del cliente, seguono il criterio della soccombenza**, con la conseguenza che restano a carico del professionista stesso, ove il parere sia dedotto a sostegno di una pretesa giudicata infondata (Cass. 20 ottobre 1973, n. 2655; Cass. 30 maggio 1966, n. 1434).

Si è precisato (Cass. 19 maggio 2017 n. 12681) che quanto alle spese sostenute per ottenere il parere del Consiglio dell'Ordine ai fini della proposizione del ricorso monitorio, trova applicazione il principio per cui in una controversia avente ad oggetto il pagamento di compenso per prestazioni professionali, **le spese sostenute dal professionista per ottenere il parere del Consiglio dell'ordine devono restare a carico dello stesso ove tale parere sia dedotto a sostegno di pretesa giudicata infondata (Cass. n. 705 del 1983);** tale principio deve essere applicato in **tutti i casi in cui il decreto ingiuntivo adottato sulla base del parere sia revocato e la controversia venga decisa all'esito del giudizio di opposizione con il parziale accoglimento della pretesa del difensore** (Cass. 9 agosto 2022 n. 24481; Cass. 19 maggio 2017 n. 12681); la spesa in questione deve restare a carico del professionista ove la relativa pretesa **sia in tutto, ovvero in parte, infondata** (Cass. n.24481/2022).

Sulla **rimborsabilità dalla controparte della tassa di opinamento** sulla parcella, Cass. 17 giugno 2004, n. 11347, ha statuito che tale rimborso è dovuto nei soli casi di superamento dei massimi tariffari o di riduzione al di sotto dei minimi (ed ora dei parametri), con la conseguenza che in caso contrario, la spesa inerente alla richiesta del parere non può essere ripetuta dalla controparte che ad essa non ha dato luogo.

Gratuito patrocinio e tassa parere

In ipotesi di **patrocinio a spese dello Stato, l'opinamento della parcella da parte del Consiglio dell'Ordine è stato "abolito" dall'art. 1, comma 322, Legge n. 311/2004 a decorrere dal 1° gennaio 2005.**

Sul gratuito patrocinio si rinvia alla parte VI.

Contestazione visto congruità

Il mancato o ritardato pagamento al Consiglio dell'Ordine della tassa parere (o tassa di opinamento) per la liquidazione degli onorari, **costituisce illecito disciplinare** sanzionato dagli artt. 15 e 24 del codice deontologico forense (Cass. 10 luglio 2003, n. 10842).

In relazione alla **controversia tra privato e Consiglio dell'Ordine sulla "liquidazione" dei compensi effettuata dal Consiglio**

dell'Ordine in favore di un avvocato, si è specificato (Cass. 12 marzo 2008, n. 6534), che la controversia instaurata da un privato nei confronti del Consiglio dell'Ordine degli avvocati in relazione al parere dal medesimo rilasciato sulla liquidazione degli onorari di un proprio iscritto, stante la natura di ente pubblico non economico del medesimo consiglio e il carattere di tale parere – da ritenere un atto soggettivamente e oggettivamente amministrativo, emesso nell'esercizio di poteri autoritativi, che non si esaurisce in una mera certificazione della rispondenza del credito alla tariffa professionale ma implica la valutazione di congruità del *quantum* – **è devoluta alla giurisdizione del giudice amministrativo**. Spetta, quindi, al giudice amministrativo conoscere della controversia concernente il parere di congruità sulle parcelle professionali reso dal Consiglio dell'Ordine degli avvocati (TAR Lombardia 11 settembre 2014, n. 2345; Tar Veneto, sez. I, 13 febbraio 2014, n. 183; Cons. Stato, sez. IV, 23 dicembre 2010, n. 9352; Cons. Stato, sez. VI, n. 4942/2013.).

Nel sistema vigente in epoca anteriore all'entrata in vigore della Legge 21 luglio 2000, n. 205, si è invece affermato (Cass. 27 gennaio 2009, n. 1874) che la controversia instaurata dal professionista nei confronti del proprio consiglio dell'ordine per il risarcimento del danno, sia sotto il profilo del danno all'immagine professionale sia sotto quello del danno patrimoniale, che egli assuma essergli derivato dal parere rilasciato dal Consiglio dell'Ordine sulla liquidazione degli onorari, è devoluta alla giurisdizione del giudice ordinario, trattandosi di danno cagionato dall'illegittimo esercizio di una funzione pubblica, stante la natura di ente pubblico non economico del medesimo consiglio (Tar Venezia, sez. I, n. 113/2013; Tar Napoli, sez. VIII, n. 3496/2009).

Responsabilità Consiglio ordine

Dei **danni subiti dal cliente dall'opinamento della parcella, non risponde l'Ordine che ha asseverato la parcella.** (Cass. 2 agosto 2016 n. 16065). E ciò in quanto il parere corrisponde ad una funzione istituzionale dell'organo professionale in vista degli interessi degli iscritti e della dignità della professione, nonché dei diritti degli stessi clienti. Ne consegue che l'eventuale pregiudizio subito dal cliente a seguito dell'iscrizione ipotecaria conseguente al decreto ingiuntivo emesso per un credito del professionista, non è addebitabile all'Ordine professionale che ha vistato la parcella.

Legittimità tassa opinamento

In tema di c.d. **tassa di opinamento**, dovuta dagli avvocati ai Consigli dell'Ordine per il parere reso sulla liquidazione degli onorari nei confronti dei clienti per l'assistenza professionale prestata, si è affermato (Cass. 27 luglio 2006, n. 17109) che non vi è violazione dell'art. 7, comma 2, D.Lgs.Lgt. 23 novembre 1944, n. 382 – che tale prestazione patrimoniale prevede – né laddove gli ordini provvedano a stabilire che quanto dovuto per il detto parere sia **ascritto a contributo di importo proporzionale al valore della causa**, né laddove si indichi come parametro di riferimento della potestà impositiva degli ordini unicamente il fabbisogno finanziario dell'ente, essendo inoltre manifestamente infondata la questione di illegittimità costituzionale del menzionato art. 7, comma 2, con riferimento agli artt. 3, 23, 24 e 53 Cost.

Tassa iscrizione albo professionale

Occorre evidenziare che la **tassa parere è "diversa" dalla tassa di iscrizione agli albi professionali**; in proposito Cass., SS.UU., ord. 26 gennaio 2011, n. 1782, ha affermato che il **contributo annuale** dovuto al Consiglio nazionale forense dagli iscritti all'albo professionale, **ha natura tributaria e le relative controversie appartengono alla giurisdizione delle commissioni tributarie**. Tale decisione, anche se riferita alla contribuzione annuale dovuta (dagli iscritti all'albo) al Consiglio nazionale forense in base all'art. 14, comma 2, D.Lgs.Lgt. n. 382/1944, per quanto riportato in motivazione, è "estensibile" anche alla tassa annuale che in base all'art. 7 dello stesso D.Lgs.Lgt. n. 382/1944 il Consiglio dell'Ordine locale impone agli iscritti all'albo per coprire le spese dell'ordine. Anche la tassa annuale che gli avvocati pagano al Consiglio dell'Ordine per l'iscrizione all'albo ha, quindi, per tale decisione, natura tributaria. Al riguardo Cass. 29 ottobre 2021 n. 30960 ha affermato che al **funzionamento del Consiglio nazionale forense** devono concorrere, tramite il versamento del contributo previsto dall'art. 14 del d.lgs. n. 382 del 1944, tutti gi avvocati iscritti all'albo professionale, anche se non iscritti nell'albo speciale dei patrocinanti presso le giurisdizioni superiori.

11. Azione giudiziaria per il recupero delle competenze professionali

Occorre premettere che la procedura per il recupero delle competenze professionali forensi, ha subito "modifiche" come verrà illustrato nei successivi paragrafi.

L'avvocato, al termine della sua attività professionale, redige la nota delle sue competenze (e spese), indicando gli acconti (eventuali) ricevuti e la trasmette al cliente.

Giurisdizione giudice ordinario

Occorre premettere che le controversie che gli avvocati instaurano per recuperare i propri crediti professionali insoddisfatti sono di **competenza del giudice ordinario, anche nel caso in cui le prestazioni professionali cui si riferiscono vertano in materia tributaria o amministrativa**. E ciò in quanto il contenzioso volto ad ottenere l'adempimento di un obbligo di natura squisitamente civilistica, nascente da un contratto di prestazione d'opera professionale stipulato tra soggetti privati, è del tutto distinto dalla controversia di base (nella specie es., di natura tributaria), nel cui ambito le prestazioni professionali sono state svolte, ed eterogeneo rispetto alla materia, concernente i tributi di ogni genere e specie comunque denominati, che il legislatore (art. 2 d.lgs. 31.12.1992 n. 546) attribuisce alla giurisdizione tributaria (Cass. 16 ottobre 2018 n. 25938).

Occorre evidenziare che **in assenza di contestazioni da parte del cliente, le voci indicate dall'avvocato nel dettaglio delle attività svolte, sono assistite da una presunzione di veridicità,** in considerazione dell'iscrizione all'albo professionale. (Trib. Cassino 30 giugno 2016 n. 867). In caso di contestazione del cliente nel giudizio di opposizione **il giudice può disporre una CTU per determinare le competenze dell'avvocato** (Cass. 29 aprile 2016 n. 8527). La Suprema Corte ha precisato che con l'opposizione avverso il decreto di liquidazione del compenso all'ausiliario del magistrato non possono essere dedotte censure riguardanti la necessità delle attività remunerate.

L'art. 13, comma 9, Legge 31 dicembre 2012, n. 247, statuisce che in mancanza di accordo tra avvocato e cliente, ciascuno di essi può rivolgersi al Consiglio dell'Ordine affinché esperisca un tentativo di conciliazione. In mancanza di un accordo il Consiglio, su richiesta dell'iscritto, può rilasciare un parere sulla congruità della pretesa dell'avvocato in relazione all'opera prestata.

Arbitraggio del Consiglio

La riportata procedura riprende, in pratica, quella dettata dagli artt. 26 e 27, Legge n. 794/1942, normativa che prevede che **in caso di mancanza di "spontaneo" adempimento da parte del cliente, l'avvocato, dopo la definizione del giudizio (o del rapporto professionale), con il consenso anche del cliente, può attivare lo speciale procedimento; in pratica l'avvocato e il cliente delegano al Consiglio dell'Ordine il potere di determinare, con efficacia vincolante, la misura del compenso** spettante al professionista; questo speciale procedimento, previsto allo scopo di accelerare la definizione delle controversie tra cliente e avvocato in materia di compenso professionale, **può essere qualificato un "arbitraggio"** (Trib. Roma 16 gennaio 1978) espletato dal Consiglio dell'Ordine in virtù di un formale patto, stipulato dalle parti interessate.

Con riferimento al rito "speciale" di cui all'art. 26, Legge n. 794/1942 si è affermato (Cass. 30 marzo 2005, n. 6657) che **l'art. 26, Legge n. 794/1942 prevede, su accordo dell'avvocato e del cliente, una sorta di arbitraggio, all'esito del quale il parere sulla parcella degli onorari reso dal Consiglio dell'Ordine degli avvocati determina quantitativamente, con efficacia vincolante, l'oggetto della obbligazione del cliente**; a tale fine, oltre alla conclusione dell'accordo, è necessaria la comunicazione dello stesso al suddetto organo forense, giacché in mancanza di tale comunicazione il parere non ha efficacia vincolante.

Qualora non sia raggiunta una intesa sull'entità del compenso da riconoscere al professionista, oppure sulla devoluzione al Consiglio dell'Ordine del potere di determinarlo con efficacia vincolante, **l'avvocato per il recupero del compenso, può seguire diverse procedure**.

Negoziazione assistita e recupero compenso

La problematica della **applicabilità o meno della preventiva procedura della negoziazione assistita anche alle cause per il recupero del compenso dell'avvocato**, è stata positivamente risolta dal Tribunale di Verona con ordinanza 18.6.2015. In particolare con tale provvedimento si afferma che la causa nella quale l'avvocato chieda la condanna del proprio ex cliente al pagamento di una somma a titolo di compenso professionale (rientrante nel limite dei cinquantamila euro e la controparte sia una società o, comunque, un soggetto non qualificabile come consumatore), se promossa con il procedimento ex art. 702 ter c.p.c., **rientra tra quelle per le quali la negoziazione assistita costituisce condizione di procedibilità della domanda giudiziale ai sensi dell'art. 3, comma 1, d.l. n. 132/2014, conv. in L. 162/2014.**

Viceversa, la **causa promossa ai sensi dell'art. 14 del d.lgs. n. 150/2011, non è soggetta all'esperimento del procedimento di negoziazione assistita** a pena di improcedibilità della domanda giudiziale, rientrando nella categoria delle controversie nelle quali le parti possono stare in giudizio personalmente ed alle quali, ai sensi dell'art. 3, comma 7, d.l. n. 132/14, conv. in L. n. 162/14, non si applica la disposizione in parola (Trib. Verona 18.6.2015). **Ne consegue che, qualora una delle parti scelga il rito sommario speciale previsto dall'art. 14 d.lgs. n. 150/2011, non occorre esperire preventivamente la procedura di negoziazione assistita.**

Condizione di procedibilità

La condizione di procedibilità di cui all'art. 3 del d.l. n. 132/14, conv. in L. n. 162/14, si applica alle domande aventi ad oggetto la condanna al pagamento di compensi professionali ove di importo inferiore a cinquantamila euro e proposte nei confronti di soggetti non qualificabili come consumatori, anche qualora la parte possa stare in giudizio personalmente ai sensi dell'art. 86 c.p.c. L'avvocato che sta in giudizio personalmente senza il patrocinio di altro difensore, ai sensi dell'art. 86 c.p.c., risulta contemporaneamente parte e difensore; pertanto, allo stesso non risulta applicabile la definizione di "parte che sta in giudizio personalmente" per come enucleata dall'art. 3, comma 7, dl n. 132/14, per il quale non si applica la negoziazione assistita.

In ordine al **cumulo tra negoziazione assistita obbligatoria e altre procedure stragiudiziali obbligatorie ai sensi dell'art. 3, comma 5, d.l. n. 132/2014, conv. in L. n. 62/2014**, si è affermato (Trib.Verona 23 dicembre 2015) che tale norma impone espressamente **il cumulo tra negoziazione assistita obbligatoria e procedure stragiudiziali obbligatorie, salvo che la controversia non sia soggetta a mediazione obbligatoria *ex lege*, perché in tal caso solo questa procedura va esperita.** Ne consegue, quindi, che l'esito negativo di una procedura stragiudiziale prevista obbligatoriamente per una determinata controversia, non esonera le parti dall'esperimento della negoziazione assistita che sia prevista per quella stessa controversia e viceversa.

Mediazione e compenso

La liquidazione del **compenso all'avvocato che assiste una parte nella procedura di mediazione,** deve avvenire sulla base dei **parametri di cui alla tabella 25-bis introdotta dal D.M. 8 marzo 2018, n. 37,** e "maggiorazioni" previste dall'art. 4, comma 3, lett. b) DM n.147/2022.

12. (*segue*) Le "procedure" per il recupero delle competenze professionali

L'avvocato, in caso di inadempienza del cliente nel pagamento del suo compenso professionale, come qualsiasi altro creditore, **per il recupero delle competenze professionali nei confronti del proprio cliente, può fare ricorso all'autorità giudiziaria.**

Le procedure che l'avvocato deve seguire per il recupero delle competenze, sono però particolari.

Innanzitutto deve osservare la regola – comune a tutti i creditori – di non frazionare il credito per non danneggiare "ulteriormente" il debitore.

Frazionabilità credito professionale

In tema di frazionabilità del credito professionale, Cass. 7 novembre 2016 n. 22574 (v. anche Cass. 11 giugno 2008 n. 15476; Cass. 15 novembre 2007 n. 23726), ha affermato che s**i ha abuso del processo** quando la parte pone in essere un **atto processuale non per perseguire lo scopo proprio dell'atto**, ma – sviando l'atto dalla sua causa tipica – **per perseguire uno scopo diverso** da quello per cui l'atto è funzionalmente previsto dalla legge, dando luogo – per questo – ad una violazione dei doveri di correttezza e di buona fede, che è tenuta ad osservare.

Il creditore deve dimostrare di avere un interesse al frazionamento del credito oggettivamente valutabile, con la conseguenza che alla mancanza di tale interesse consegue la improcedibilità della domanda (Cass. 17 giugno 2022 n. 18608).

Non incorre in abuso del processo l'attore che, a tutela di un credito dovuto in forza di un unico rapporto obbligatorio, **agisca**

prima con ricorso monitorio per la somma provata documentalmente, e poi con il procedimento ordinario di cognizione per la parte residua, dovendosi riconoscere il diritto del creditore ad una tutela accelerata mediante decreto ingiuntivo per la parte di credito liquida che sia provata con documentazione sottoscritta dal debitore.

La Cassazione (16 febbraio 2017 n. 4090) ha confermato tale indirizzo, affermando che **il creditore, in relazione ad un singolo, unico credito, può agire con ricorso monitorio per la somma provata documentalmente e con il procedimento sommario di cognizione per la parte residua,** senza incorrere in un abuso dello strumento processuale per frazionamento del credito. **Cass. n. 4090/2017**

Dopo le riferite decisioni, si può affermare che in tema di **possibilità di frazionamento giudiziale del credito,** le domande aventi ad oggetto diversi e distinti diritti di credito, benché relativi ad un medesimo rapporto di durata tra le parti, possono essere proposte in separati processi, ma, ove le suddette pretese creditorie, oltre a far capo ad un medesimo rapporto tra le stesse parti, siano anche, in proiezione, iscrivibili nel medesimo ambito oggettivo di un possibile giudicato o, comunque, fondate sullo stesso fatto costitutivo – sì da non poter essere accertate separatamente se non a costo di una duplicazione di attività istruttoria e di una conseguente dispersione della conoscenza dell'identica vicenda sostanziale – le relative domande possono essere formulate in autonomi giudizi **solo se risulti in capo al creditore un interesse oggettivamente valutabile alla tutela processuale frazionata, e, laddove ne manchi la corrispondente deduzione, il giudice che intenda farne oggetto di rilievo dovrà indicare la relativa questione ex art. 183 c.p.c., riservando la decisione con termine alle parti per il deposito di memorie ex art. 101, comma 2, c.p.c.** (Cass. 28 dicembre 2017 n. 31017; Cass. 16 febbraio 2017 n. 4090).

La Suprema Corte (Cass. 14 maggio 2015 n. 12632; Cass. 19 marzo 2015 n. 5491) **in tema di parcellizzazione della domanda**, ha affermato che, ferma restando la natura abusiva della parcellizzazione giudiziale del credito, **la sanzione di tale comportamento non può consistere nella inammissibilità delle domande giudiziali**, essendo illegittimo non lo strumento adottato, ma la modalità della sua utilizzazione. **Sicché il rimedio agli effetti discorsivi del fenomeno della fittizia proliferazione delle cause autonomamente introdotte deve individuarsi vuoi nella riunione delle medesime, vuoi sul piano della liquidazione delle spese di lite**, da riguardarsi come se il procedimento fosse stato unico fin dall'origine. Ciò senza escludere una possibile responsabilità disciplinare a carico del difensore, che abbia determinato l'indebito aggravamento della posizi0ne della controparte (Cass. 10 agosto 2012 n. 14374).

E ciò in quanto la condotta di chi, **a fronte di posizioni comuni, frazioni successivamente la tutela giudiziale**, ad esempio proponendo distinti ricorsi, è lesiva sia del canone generale di buona fede oggettiva e correttezza, in quanto contrastante con il dovere di solidarietà di cui all'art. 2 Cost., **e contraria ai principi del giusto processo** in quanto l'inutile moltiplicazione dei giudizi produce un effetto inflattivo confliggente con l'obiettivo costituzionalizzato della ragionevole durata del processo di cui all'art. 111 cost. (Cass. 14 maggio 2015 n. 12632).

Cass. Sez. Un. n. 4090/2017

Le Sezioni unite della Cassazione, con sentenza 16 febbraio 2017 n. 4090, sono tornate sull'argomento del frazionamento del credito "sfumando" l'orientamento restrittivo a suo tempo espresso.

Non può ritenersi, comunque, consentito al creditore di una determinata somma di denaro, dovuta in forza di un unico rapporto obbligatorio, di frazionare il credito in plurime richieste giudiziali di adempimento, contestuali o scaglionate nel tempo, in quanto tale scissione del contenuto della obbligazione, operata dal creditore per sua esclusiva utilità con unilaterale modificazione comportante l'aggravamento della posizione del debitore, si pone in contrasto sia con il principio di correttezza e buona fede, che deve improntare il rapporto tra le parti non solo durante l'esecuzione del contratto ma anche nell'eventuale fase dell'azione giudiziale per ottenere l'adempimento, sia con il principio costituzionale del giusto processo, traducendosi la parcellizzazione della domanda giudiziale diretta alla soddisfazione della pretesa creditoria in un abuso degli strumenti processuali che l'ordinamento offre alla parte, nei limiti di una corretta tutela del suo interesse sostanziale, con la conseguenza che le domande giudiziali aventi ad oggetto una frazione di un unico credito sono da dichiararsi improcedibili (Cass. n. 19898/2018; Cass. n. 23726/2017).

Spese legali liquidate all'estero

Si è specificato (Cass., SS.UU., 1° luglio 2009, n. 15386, in *Giur. it.*, 2009, 1595) che sussiste la giurisdizione del giudice italiano per il **rimborso delle spese liquidate in Inghilterra**; ne consegue che il rimborso delle spese sostenute in un giudizio inglese può essere chiesto al giudice italiano.

13. (*segue*) I "tre" criteri di competenza

Per l'avvocato sono previsti tre criteri di competenza (Corte cost. 11 giugno 1975, n. 137); **infatti è possibile presentare ricorso**:

- in via generale **al giudice che sarebbe competente** a conoscere della domanda in via ordinaria (art. 637, comma 1, c.p.c.);
- **al capo dell'ufficio giudiziario** che ha deciso la causa alla quale il credito si riferisce, indipendentemente dal valore della domanda (art. 637, comma 2, c.p.c.);
- **al giudice competente per valore del luogo ove ha sede il Consiglio dell'Ordine** presso il quale è iscritto (art. 637, comma 3, c.p.c.).

La *ratio* di cui al comma 3 dell'art. 637 c.p.c. è quella di agevolare il professionista, che sarebbe invece costretto a seguire le cause relative al recupero dei crediti professionali in luogo diverso da quello in cui egli avesse attualmente stabilito l'organizzazione della propria attività professionale (Corte cost. 18 febbraio 2010, n. 50; Corte cost. n. 137/1975, decisioni che hanno ribadito la legittimità della norma in relazione all'art. 3 Cost.).

L'avvocato che ambisce a conseguire il pagamento dei suoi compensi quindi può, giusta la previsione del comma 1 dell'art. 637 c.p.c., **adire in via monitoria l'autorità giudiziaria che sarebbe competente per la domanda proposta in via ordinaria;** può, giusta la previsione del comma 2 dell'art. 637 c.p.c. **adire in via monitoria l'autorità giudiziaria che ha deciso la causa alla quale si riferisce;** può, giusta la previsione del comma 3 dell'art. 637 c.p.c., **adire in via monitoria l'autorità giudiziaria del luogo ove ha sede il consiglio dell'ordine al cui albo è iscritto** (Cass. 16 settembre 2016 n. 1826).

A **seguito dell'entrata in vigore dell'art.14 del d.lgs. n. 150 del 2011, la controversia per la liquidazione delle prestazioni professionali può essere introdotta con ricorso per decreto ingiuntivo e la relativa opposizione va proposta con ricorso ex art. 702-bis cpc, così pure l'attività di costituzione dell'opposto**. Nel caso in cui l'opposizione sia stata proposta con citazione (anziché con ricorso), la congiunta applicazione dell'art. 4 del d.lgs. n. 150 del 2011 prevede che il giudice debba disporre il mutamento del rito e, in tale evenienza, gli effetti sostanziali e processuali della domanda producono secondo le norme del rito seguito prima del mutamento, restando ferme le decadenze e le preclusioni maturate secondo le norme del rito seguito prima del mutamento (Cass. 9 agosto 2022 n. 24481; Cass. 14 maggio 2019 n. 12796). E', quindi, correttamente instaurato se la citazione sia notificata tempestivamente, producendo essa gli effetti sostanziali e processuali che le sono propri, ferme restando le decadenze e preclusioni maturate secondo il rito erroneamente prescelto dalla parte (Cass. 24481 del 2022).

Giudice del luogo sede del Cons. ordine

In ordine al giudice competente per valore del luogo ove ha sede il Consiglio dell'Ordine presso il quale è iscritto (art. 637, comma 3, c.p.c.), Cass. 20 luglio 2010, n. 17049, ha affermato che in tema di procedimento di ingiunzione, l'art. 637, comma 3, c.p.c., nell'individuare un foro facoltativo e concorrente con quello di cui al primo e al secondo comma del medesimo articolo, **attribuisce all'avvocato la facoltà processuale**, ai fini del recupero in via monitoria dei suoi crediti per prestazioni professionali, **di agire dinanzi al giudice del luogo in cui ha sede il Consiglio dell'Ordine al cui albo egli è iscritto**, e il Consiglio dell'Ordine, in relazione al quale si determina il giudice competente, va **identificato in quello al quale il legale è iscritto "attualmente"**, cioè con riferimento al momento della proposizione del ricorso, **a nulla rilevando che, al tempo della richiesta in via stragiudiziale** di pagamento della parcella, il medesimo avesse la sede principale dei suoi affari e interessi in altro luogo e **fosse iscritto ad altro Consiglio dell'Ordine**. Del resto, la norma di cui all'art. 637, comma 3, c.p.c., nel consentire agli avvocati di formulare la richiesta di decreto ingiuntivo anche al giudice del luogo in cui ha sede il Consiglio dell'Ordine presso il quale sono iscritti, non contiene alcun riferimento alla scadenza della obbligazione o in generale ai criteri indicati dall'art. 20 c.p.c. e dall'art. 1182 c.c.

In ordine ai riflessi sulla competenza di cui all'art.637, commi 2 e 3, c.p.c. si è precisato (Cass. 19 marzo 2019 n. 7674) che la competenza (per valore) del giudice del luogo in cui ha sede il consiglio dell'Ordine al quale l'avvocato è iscritto, trova applicazione solo relativamente alla domanda d'ingiunzione proposta per il credito all'onorario che l'avvocato vanti in conseguenza delle prestazioni professionali direttamente rese al soggetto che, nella qualità di cliente, abbia rappresentato e difeso in giudizio; non anche per il credito al compenso, che in forza di un ordinario contratto di mandato, sia pure a beneficio di un terzo, lo stesso abbia maturato, nei confronti del collega che l'abbia incaricato dello svolgimento di singoli atti processuali nell'interesse del suo cliente.

Quando l'obbligazione dedotta in giudizio è il compenso dovuto all'avvocato, per la determinazione del *forum contractus* facoltativo, ai sensi dell'art. 20 c.p.c., deve farsi riferimento al luogo in cui il contratto è concluso e, quindi, a norma dell'art. 1236 c.c., a quello ove il proponente ha avuto conoscenza dell'accettazione dell'altra parte (Cass. 19 marzo 2019 n. 7674). La competenza, a norma dell'art. 20 c.p.c., in relazione al *forum destinatae solutionis* (art. 1182, ultimo comma, c.c.) va radicata, quindi, in capo al giudice del luogo in cui il debitore aveva il suo domicilio al tempo della scadenza dell'obbligazione.

Debito pecuniario illiquido

Si è specificato (Cass. 12 marzo 2013, n. 6096) che il compenso per prestazioni professionali, che non sia convenzionalmente stabilito, è un **debito pecuniario illiquido**, da determinare secondo la tariffa professionale; ne consegue che **il foro facoltativo del luogo ove deve eseguirsi l'obbligazione** (art. 20 c.p.c., seconda ipotesi) **va individuato, ai sensi dell'ultimo comma dell'art. 1182 c.c., nel domicilio del debitore in quel medesimo tempo** (Cass. 12 ottobre 2011, n. 21000).

I compensi professionali, non oggetto di apposita convenzione, possono essere stabiliti solo successivamente dopo che è stata svolta l'attività professionale, la relativa obbligazione non costituisce obbligazione pecuniaria liquida ed esigibile, ai sensi dell'art. 1182, comma 3, c.c., e non deve essere eseguita al domicilio del creditore ma a quello del debitore (cliente).

Ne consegue che **la competenza territoriale ad emettere il decreto ingiuntivo per credito professionale è quella del Giudice ove l'opponente ha la residenza al tempo dell'emissione e notifica del decreto ingiuntivo.**

Controversia cliente/avvocato domiciliatario

Nel caso di **controversia tra avvocato domiciliatario e cliente, la competenza territoriale** spetta al Tribunale del luogo in cui l'obbligazione deve essere adempiuta, **ovvero lo studio legale del professionista** (Cass. 23 giugno 2011, n. 13896).

Foro speciale e foro del consumatore

In ordine al **rapporto tra il foro speciale alternativo di cui all'art. 637, comma 3, c.p.c. in favore degli avvocati, e il foro esclusivo del consumatore** di cui all'art. 33, comma 2, lett. *u*), d.lgs. 6 settembre 2005, n. 206, la Corte di Cassazione con sentenza 9 giugno 2011, n. 12685, (ma già in precedenza, ord. Cass. 26 settembre 2008, n. 24257) ha affermato che allorché si versa in una fattispecie in cui, per la presenza sia dell'avvocato che del cliente – consumatore entrambe le norme sarebbero astrattamente applicabili ma necessariamente deve darsi la prevalenza all'una o all'altra, **tale prevalenza va accordata alla norma in tema di foro del consumatore (Trib. Palermo 22 giugno 2015)**; e ciò in quanto:

- la norma in tema di foro del consumatore individua una **competenza esclusiva**, che prevale su ogni altra, pur configurata da altra norma (Cass., SS.UU., 1° ottobre 2003, n. 14669);
- l'art. 33, comma 2, lett. *u*), D.Lgs. n. 206/2005, per quanto posizionato in una normativa a carattere generale a tutela del consumatore, **rappresenta pur sempre una disposizione speciale in tema di competenza territoriale**, non diversamente dalla norma di cui all'art. 637, comma 3, c.p.c., che è posizionata nell'ambito del codice di rito e, quindi, della disciplina generale e organica del procedimento civile;
- l'**avvocato** che conclude un contratto d'opera professionale intellettuale **è da ritenersi un professionista,** ai sensi dell'art. 3, D.Lgs. n. 206/2005, con la conseguenza che la disciplina del consumatore si applica anche al professionista prestatore d'opera intellettuale. Infatti **il professionista, ai fini dell'applicazione della disciplina sui contratti del consu-**

matore, è una persona che assume verso l'altra l'impegno di svolgere a suo favore un compito da professionista intellettuale, se l'impegno è assunto nel quadro di un'attività svolta in modo non occasionale.

Nel rapporto tra il foro speciale alternativo di cui al comma 3 dell'art. 637 c.p.c. e il foro esclusivo del consumatore di cui all'art. 33, comma 2, lett. n), D.Lgs. 6 settembre 2005, n. 206, prevale quest'ultimo (Conf. Cass. n. 1464/2014). Né la competenza in esame si può fondare sull'elezione di domicilio contenuta nella procura conferita nel giudizio per cui il legale chiede il pagamento degli onorari; e ciò in quanto l'elezione di domicilio contenuta nella procura è prevista in un atto distinto e autonomo rispetto al contratto concluso con l'avvocato, e di conseguenza ha un valore solo nel procedimento giudiziario per il quale la procura stessa è stata rilasciata (Trib. Palermo 22 giugno 2015).

Cass. n. 1464/2014

Sulla nozione di consumatore ex L. n. 3/2012, si è precisato (Cass. 1 febbraio 2016 n. 14147) che **deve ritenersi consumatore esclusivamente il debitore di persona fisica che abbia contratto obbligazione per far fronte ad esigenze personali o familiari o comunque derivanti dalla estrinsecazione della propria personalità.**

Sul tema del rapporto del foro del consumatore la citata Cass. n. 12685/2011 ha affermato i seguenti principi:

- in tema di competenza per territorio, **ove un avvocato abbia agito con il procedimento di ingiunzione, al fine di ottenere dal proprio cliente il pagamento di competenze professionali** avvalendosi del foro speciale di cui all'art. 637, comma 3, c.p.c., il rapporto tra quest'ultimo e il foro speciale della residenza o del domicilio del consumatore previsto dall'art. 33, comma 2, lett. *u*), d.lgs. 6 settembre 2005, n. 206, **va risolto nel senso della prevalenza del foro del consumatore**, sia perché esso è esclusivo sia perché, trattandosi di due previsioni "speciali" la norma successiva ha una portata limitatrice di quella precedente.
- **in tema di competenza per territorio nel procedimento di ingiunzione proposto da un avvocato nei confronti del proprio cliente** per il pagamento di onorari professionali,

qualora detto cliente sia un lavoratore subordinato, il medesimo non perde la propria qualità di consumatore – ai sensi dell'art. 3, comma 1, lett. *a*), d.lgs. 6 settembre 2005, n. 206 – per il fatto di essersi avvalso dell'opera dell'avvocato per questioni relative alla propria attività lavorativa in quanto l'attività di lavoro subordinato non è qualificabile come attività imprenditoriale, commerciale, artigianale o professionale; sicché a tale controversia si applicano le regole in tema di foro del consumatore.

Cass. n. 6333/2015

In ordine alla controversia dell'avvocato con il cliente consumatore sul compenso spettante, si è affermato (Cass. 30 marzo 2015 n. 6333) che **ai fini dell'individuazione del foro esclusivo del consumatore, la nozione di residenza deve intendersi in senso non formale, ovvero corrispondente alle risultanze dei requisiti anagrafici, bensì sostanziale, quale luogo di dimora abituale, a norma dell'art. 43 cod. civ.** Nei rapporti tra avvocato e cliente, quest'ultimo riveste la qualità di "consumatore, ai sensi dell'art.3, comma 1, lett. a), del d.lgs. n. 206/2005, **a nulla rilevando che il rapporto sia caratterizzato dall'*intuitu personae* e di non di contrapposizione, ma di collaborazione** (Cass. 13 settembre 2017 n. 21187).

Nel procedimento per il recupero dei crediti professionali nei confronti del cliente, trova applicazione, quindi, il foro esclusivo del consumatore, in virtù del principio di prossimità del giudice. La residenza del consumatore è quella che lo stesso ha al momento della domanda e non quella che egli aveva al tempo della conclusione del contratto. Spetta al giudice del merito l'accertamento dell'eventuale carattere fittizio dello spostamento di residenza del consumatore, compiuto per sottrarsi al radicamento della controversia o anche dell'eventuale non coincidenza della residenza anagrafica con quella effettiva (Cass. 11 maggio 2018 n. 11389).

Nel rapporto tra avvocato e cliente non professionista, che si sia avvalso del patrocinio del legale per ragioni estranee alla sua attività, il legale che agisca per il recupero delle proprie competenze deve radicare la competenza nel foro di residenza del cliente, pena altrimenti la revoca del decreto ingiuntivo per incompetenza territoriale (Trib. Bari 13 luglio 2017).

In caso di procedimento di accertamento tecnico preventivo, prevale sempre il foro del consumatore (Trib. Torino 1 dicembre 2016).

Ambito operatività foro del consumatore

Stante l'articolata sentenza della Cass. n. 12685/2011, per effetto dell'applicabilità dell'art. 33, lett. *u*), D.Lgs. n. 205/2005, **il foro alternativo speciale di cui all'art. 637, comma 3, c.p.c., opera solo nell'ipotesi in cui il cliente, tenuto alla prestazione del corrispettivo all'avvocato, sia una persona giuridica oppure** – nell'ipotesi in cui il cliente sia una persona fisica – che esso non rivesta la qualità di consumatore e quindi, che abbia richiesto la prestazione professionale all'avvocato per uno scopo estraneo alla sua attività imprenditoriale, commerciale, artigianale o professionale eventualmente svolta (l'art. 15 del Reg. CE n. 44/2001 utilizza il sintagma "scopo estraneo all'attività").

Derogabilità foro consumatore

Nel procedimento di liquidazione dei compensi di avvocato **non trovano applicazione** le regole sul foro del consumatore **ove la prestazione professionale sia stata resa in un giudizio inerente l'attività imprenditoriale e professionale svolta dal cliente** (Cass. 9 giugno 2017 n. 14514; Cass. n. 780 del 2016).

Qualora in un **contratto tra professionista e consumatore venga pattuita una clausola di individuazione di una competenza convenzionale esclusiva** sulle controversie originanti dal contratto in luogo diverso da quello del foro del consumatore e, quindi, da presumersi vessatoria ai sensi della lettera u) dell'art. 33, comma 2, del d.lgs. n. 206 del 2005 e, conseguentemente, nulla ai sensi dell'art. 36 dello stesso d.lgs., **in mancanza di esito positivo dell'accertamento della non vessatorietà ai sensi dell'art. 34 del medesimo d.lgs.,** ove il professionista convenga in giudizio il consumatore davanti al foro a lui riferibile, nel convincimento (espresso o implicito) della vessatorietà della clausola, **compete al consumatore che eccepisca l'esistenza della clausola convenzionale, dare la dimostrazione che essa non era vessatoria e,** quindi provare la ricorrenza di alcuno degli elementi contrari alla vessatorietà indicati dal citato art. 34, come quello indicato dal suo comma 4. In mancanza la causa deve ritenersi correttamente radicata dal professionista presso il foro del consumatore convenuto (Cass. 28 settembre 2016 n. 19061). La clausola contrattuale che fissa la competenza in luogo diverso rispetto al foro del consumatore è valida, salvo la prova che trattasi di clausola vessatoria.

Occorre evidenziare che **il consumatore può rinunciare ad avvalersi del foro inderogabile fissato dall'art. 33 d.lgs. n. 5/2006** ogniqualvolta agisca nella qualità di attore, e ciò in virtù della considerazione che le disposizioni apprestate dalla legge citata sono previste per la sua tutela (Cass. n. 13944 del 2014; Cass. n. 8167/2013; Cass. 5933/2012; Cass. 10811/2011).

Azione contro cittadino unione europea

In ordine all'**azione promossa da un avvocato nei confronti di un cittadino dell'Unione europea (nella specie, tedesco)** si è affermato (Trib. Ancona 21 novembre 2014) che l'avvocato che intenda ottenere il pagamento delle proprie competenze professionali **può adire il giudice italiano** ai sensi dell'art. 16, par.2, del regolamento Ce 44/2001 **soltanto se il cliente** (persona fisica, il quale agisca per un fine estraneo alla propria attività professionale) è domiciliato in tale Stato membro, a nulla rilevando la circostanza che si sia svolto in Italia il procedimento per cui le competenze sono dovute.

Compenso professionale ed azione contro l'erede

Nel caso di **azione giudiziaria contro l'erede** per il pagamento di compensi professionali dovuti all'avvocato, **la competenza è del giudice del luogo dove è stata aperta la successione** (Cass. 8 settembre 2015 n. 17827). La Suprema Corte ribadisce che, **ai fini della determinazione del luogo dell'apertura della successione coincidente con quello dell'ultimo domicilio del defunto, bisogna avere riguardo alla nozione di domicilio,** che l'art. 43 cod. civ. stabilisce con riferimento al luogo dove la persona ha la sede principale dei propri affari e interessi, a differenza della residenza, intesa per il luogo in cui la persona ha la dimora abituale.

14. (*segue*) Il rito monitorio

Qualora l'avvocato opti per il rito monitorio, in base all'art. 636 c.p.c., la domanda deve essere accompagnata dalla parcella delle spese e corredata dal parere del competente Consiglio dell'Ordine (Cass. 21 agosto 1985, n. 4460). Ai fini della ingiunzione di pagamento ex art. 633 c.p.c. il difensore è tenuto a "produrre" la parcella opinata dal proprio consiglio dell'Ordine, **oppure**

l'accordo sul compenso concluso con il cliente (Trib. Milano decreto 13 gennaio 2016).

L'avvocato che ambisce a conseguire il pagamento dei suoi compensi può, giusta la previsione del comma 1 dell'art. 637 c.p.c., **adire in via monitoria l'autorità giudiziaria che sarebbe competente per la domanda proposta in via ordinaria;** può, giusta la previsione del comma 2 dell'art. 637 c.p.c. **adire in via monitoria l'autorità giudiziaria che ha deciso la causa alla quale si riferisce;** può, giusta la previsione del comma 3 dell'art. 637 c.p.c., **adire in via monitoria l'autorità giudiziaria del luogo ove ha sede il consiglio dell'ordine al cui albo è iscritto** (Cass. 16 settembre 2016 n. 1826).

Rito monitorio e visto congruità

Sul tema si è specificato (Cass. 5 gennaio 2011 n. 236) che l'acquisizione del parere dell'Ordine professionale è obbligatoria soltanto nel procedimento di ingiunzione, secondo quanto prescritto dall'art. 636, comma 1, c.p.c., quando l'ammontare del relativo credito non sia determinato in base a tariffe fisse; al di fuori del predetto ambito, la necessità del parere non è in funzione del procedimento giudiziale adottato, ma la necessità del parere è dettata dalla tipologia del corrispettivo, nel senso che è indispensabile soltanto se esso non possa essere determinato in base a tariffe, ovvero queste, pur esistendo non siano vincolanti (Cass. 5 gennaio 2011, n. 236).

Onere della mediazione

Nel procedimento per decreto ingiuntivo cui segue l'opposizione, **la parte su cui grava l'onere di introdurre il percorso obbligatorio di mediazione,** ai sensi del d.lgs. n. 28 del 2010, è la parte **opponente** (Cass. 3 dicembre 2015 n. 24629). È dunque sull'opponente che grava l'onere della mediazione obbligatoria perché è l'opponente che ha il potere e l'interesse ad introdurre il giudizio di merito.

Nell'ipotesi in cui il debitore opponente non abbia preventivamente esperito la procedura di mediazione, **la domanda di opposizione a decreto ingiuntivo,** da lui proposta, è improcedibile poiché, essendo l'opponente la parte che ha interesse ad avviare il giudizio di cognizione, su di lui grava l'onere di avviare la mediazione (Trib. Termini Imerese 15 novembre 2017 n. 1175).

Decreto ingiuntivo e giudice competente

Sulla **competenza territoriale ad emettere il decreto ingiuntivo**, si è affermato (Cass. 12 marzo 2013, n. 6096; Cass. 12 ottobre 2011, n. 21000) che **il compenso per prestazioni professionali,**

che non sia convenzionalmente stabilito, è un debito pecuniario illiquido, da determinare secondo la tariffa professionale; ne consegue che **il foro facoltativo del luogo ove deve eseguirsi l'obbligazione (art. 20 c.p.c.) va individuato, ai sensi dell'ultimo comma dell'art. 1182 c.c., nel domicilio del debitore in quel medesimo tempo**. E ciò in quanto la dichiarazione del creditore (nella specie la parcella dell'avvocato) e il parere del Consiglio dell'Ordine non equivalgono a liquidazione del credito e che pertanto, **trattandosi di credito illiquido, la competenza si radica nel luogo in cui l'obbligazione deve essere eseguita, ossia nel domicilio del debitore** (art. 1182, ultimo comma, c.c.) e non in quello del creditore (art. 1182, comma 3, c.c.).

Valore visto congruità

Il parere del Consiglio dell'Ordine, però, se è vincolante per il giudice nella emissione del decreto ingiuntivo, il parere stesso non ha alcuna efficacia vincolante per il giudice in sede di opposizione ad ingiunzione (Cass. n. 13858/2013); in tale giudizio **è l'avvocato che si asserisce creditore, che deve provare, in caso di contestazione del debito, di avere effettuato le prestazioni indicate nella parcella** (Cass. 18 maggio 2005, n. 10428; Cass. 30 luglio 2004, n. 14556; Cass. 2 settembre 1978, n. 4018; Cass. 20 maggio 1977, n. 2101), attraverso la esibizione in giudizio delle copie del fascicolo di ufficio o di certificazione della cancelleria o attraverso la produzione di atti processuali dai quali emergono sia la natura che l'importanza dell'attività del professionista (Cass. 13 ottobre 1975, n. 3292). Si è infatti affermato (Cass. 15 febbraio 2010, n. 3463; Cass. 31 marzo 2008, n. 8397) che per quanto attiene alla liquidazione della parcella professionale, non è vincolante il parere del Consiglio dell'Ordine professionale, che costituisce una semplice dichiarazione unilaterale, di tal che nell'ordinario processo di cognizione spetta al professionista fornire la prova dell'effettività delle prestazioni prestate e al giudice il potere-dovere di verificarne la fondatezza di fronte alla contestazione anche generica da parte del cliente.

Natura parcella

Occorre, comunque, evidenziare che **la parcella dell'avvocato costituisce una dichiarazione unilaterale assistita da una presunzione di veridicità**, in quanto l'iscrizione all'albo del professionista è una garanzia della sua personalità; pertanto, le "poste" o "voci" in essa elencate, in mancanza di specifiche contestazioni del cliente, non possono essere disconosciute dal giudice (Cass. 18 giugno 2018 n.15930; Cass. 18 giugno 2010, n. 14699).

L'avvocato che ambisce a conseguire il pagamento dei suoi compensi può fare ricorso al rito monitorio di cui all'art.633 cpc.

Opposizione con citazione

Per l'opposizione al decreto ingiuntivo in questione si "utilizza" l'atto di citazione oppure il ricorso?

Ciò in quanto, dopo l'entrata in vigore del d.lgs. n. 150/2011 (che non ha "ampliato" i limiti oggettivi del "nuovo" procedimento atteso che è mutato il rito ma non l'oggetto), si è posto il problema dell'atto introduttivo del giudizio di opposizione a decreto ingiuntivo (atto di citazione o ricorso). In particolare, il problema posto è se l'opposizione al decreto ingiuntivo debba essere proposta con ricorso, oppure con atto di citazione, ed in quest'ultimo caso se la decorrenza del termine per la valida opposizione nei 40 giorni decorra dalla notifica dell'atto di citazione oppure dal deposito della citazione in cancelleria.

Al riguardo si evidenzia che l'art. 14, comma 1, d.Lgs. 1° settembre 2011, n. 150, ha fissato nuove regole procedurali del procedimento per la liquidazione di diritti ed onorari di avvocato per prestazioni giudiziali civili e del giudizio di opposizione al decreto ingiuntivo avente ad oggetto tale liquidazione.

Mutamento del rito

Nel caso in cui l'opposizione sia stata proposta con citazione, l'art. 4 del d.lgs. n. 150 del 2011 prevede che il giudice debba disporre il mutamento del rito e, in tale evenienza, gli effetti sostanziali e processuali della domanda si producono secondo le norme del rito seguito prima del mutamento, restando ferme le decadenze e le preclusioni maturate secondo le norme del rito seguito prima del mutamento.

La Suprema Corte con sentenza 9.8.2022 n.24481 (ma già in precedenza, Cass. 26.9.2022 n. 24069) ha confermato l'indirizzo giurisprudenziale affermando che nei procedimenti "semplificati" disciplinati dal d.lgs. n.150 del 2011, nel caso in cui l'atto introduttivo sia proposto con citazione anziché con ricorso, il procedimento – a norma dell'art.4 del d.lgs. n.150 del 2011 – è correttamente instaurato se la citazione sia notificata tempestivamente, producendo essa gli effetti sostanziali e processuali che le sono propri, ferme restando le decadenze e preclusioni maturate secondo il rito erroneamente prescelto dalla parte; tale sanatoria piena si realizza indipendentemente dalla pronuncia dell'ordinanza di mutamento del rito da parte del giudice, la quale opera solo *pro futuro*, ossia ai fini del rito da seguire all'esito della conversione, senza penalizzanti effetti retroattivi, restando fermi quelli, sostanziali e processuali, riconducibili all'atto introduttivo, sulla scorta della forma da questa in concreto assunta e non a quella che esso avrebbe dovuto avere, dovendosi avere riguardo alla data di notifica della citazione effettuata quando la legge prescrive il ricorso o, viceversa, alla data di deposito del ricorso quando la legge prescrive l'atto di citazione.

Dal riportato principio della Suprema Corte ne consegue che **nel caso di opposizione con citazione notificata nel rispetto del termine all'uopo previsto dalla legge, il successivo mutamento del rito disposto dal giudice non può influire sulla valutazione di tempestività da condurre sulla scorta del rito processuale inizialmente scelto dalla parte**.

La decorrenza del termine per la valida opposizione nei 40 giorni decorre, quindi, dalla notifica dell'atto di citazione e non dal deposito della citazione in cancelleria; in simile evenienza, ai sensi dell'art.4, comma 50, del d.lgs. n.150/2011, gli effetti sostanziali e processuali correlati alla proposizione dell'opposizione si producono alla stregua del rito tempestivamente attivato ancorchè erroneamente prescelto.

In ordine alla procedura di recupero delle competenze professionali, occorre evidenziare (anche dopo la "precisazione" di Corte Cass. 23.2.2018 n. 4485) che **il recupero dei compensi per prestazioni giudiziali rese dall'avvocato in materia civile, non può chiedersi con il rito ordinario o sommario di cognizione**, giacché l'art. 14, d.lgs. n. 150 del 2011, ha segnato l'esclusività delle forme di tutela – alternative tra loro – del procedimento sommario c.d. *sui generis* (artt. 702-bis e ss. c.p.c., ove non derogati dal richiamato art. 14) e del procedimento monitorio, la cui opposizione è soggetta al primo procedimento, ferma l'applicazione degli artt. 648, 649, 653 e 654 c.p.c.

L'opposizione ex art. 645 cpc avverso l'ingiunzione chiesta ed ottenuta dall'avvocato nei confronti del proprio cliente, ai fini del pagamento degli onorari e delle spese dovute, con atto di citazione, anziché con ricorso ai sensi dell'art.702 bis cpc e della integrativa disciplina di cui all'art.14 d.lgs. 150/2011,quindi, **è da reputare utilmente esperita qualora l'atto di citazione in opposizione sia stato comunque notificato entro il termine di 40 giorni dal giorno della notificazione dell'ingiunzione di pagamento** (Cass. 9 agosto 2022 n.24481).

Sul tema, in senso parzialmente difforme, anche se riferita ad opposizione a decreto ingiuntivo per recupero canoni locatizi, Cass., sez. un. 13 gennaio 2022 n. 927 in cui si afferma che allorchè l'opposizione a decreto ingiuntivo concesso in materia di locazione di immobili, sia erroneamente proposta con citazione anziché con ricorso, non opera la disciplina di mutamento del rito, producendo l'atto gli effetti del ricorso, in virtù del principio di conversione, se comunque venga depositato entro il termine di cui all'art. 641 cpc.

Più gradi di giudizio e giudice competente

Le sezioni unite della Corte di Cassazione con sentenza 19.2.2020 n. 4247 hanno risolto la problematica concernente il giudice competente a liquidare il compenso all'avvocato quando le prestazioni del difensore siano svolte dinanzi ad uffici giudiziari diversi.

E ciò in quanto si era posto il problema, nel caso di attività professionale svolta in più gradi di giudizio, se per ottenere la liquidazione del compenso l'avvocato doveva proporre domande autonome dinanzi a ciascun giudice adito per il processo, oppure proporre la richiesta al giudice di secondo grado (o di quello che ha conosciuto per ultimo della controversia).

La giurisprudenza prevalente (fra le tante: Cass.17.12.1991 n. 13586; Cass. 8.11. 1989 n. 4704; Cass. 10.7.1987 n. 6033) era già nel senso che **la domanda doveva essere proposta all'ufficio giudiziario che per ultimo avesse trattato il processo**, sull'assunto che solo quest'ultimo fosse in condizione di valutare l'opera svolta nella sua globalità e liquidare il compenso in misura adeguata, sicchè per le prestazioni rese in primo grado ed in secondo grado, la competenza restava radicata dinanzi al giudice d'appello.

La giurisprudenza minoritaria (Cass. 9.1.1973 n. 21; Cass. 16.7.1997 n. 6493) era invece nel senso che l'avvocato, per l'attività professionale svolta innanzi a giudici diversi o in più gradi, doveva proporre domande autonome dinanzi a ciascun giudice adito per il processo.

La problematica era insorta a seguito dell'entrata in vigore dell'art.14, comma 2, del d.lgs. n. 150/2011 che ha dettato una nuova "procedura" per il recupero delle competenze dell'avvocato. Tali innovazioni, per le sezioni unite della Suprema Corte n. 4247/2020, non hanno però "introdotto innovazioni incompatibili con l'indirizzo maggioritario di cui si è detto – al quale viene data sostanziale continuità – visto che in linea generale il legislatore ha anzi seguito gli orientamenti consolidati di questa Corte in materia, in coerenza del resto con i principi e criteri direttivi dettati dalla legge di delega n. 69 del 2009".

Le sezioni unite hanno risolto la problematica posta, confermando il riferito indirizzo giurisprudenziale maggioritario, con l'affermazione del seguente principio di diritto *"Ne caso in cui un avvocato abbia scelto di agire ex art. 28 della legge 13.6.1942, n. 794, come modificato dalla lett. a) del comma 16 dell'art.34 del d.lgs. 1.9.2011 n. 150, nei confronti del proprio cliente, proponendo l'azione prevista dall'art.14 del d.lgs. n. 150 del 2011 e chiedendo la condanna del cliente al pagamento dei compensi per l'opera prestata in più gradi e/o fasi del giudizio,* ***la competenza è dell'ufficio giudiziario di merito che ha deciso per ultimo la causa*****".**

Procedimento di cognizione ordinario

Per il recupero dei crediti professionali degli avvocati, **è esclusa la possibilità di ricorrere sia al procedimento di cognizione ordinario che a quello del procedimento sommario ordinario codicistico di cui agli artt. 702-bis** e segg. c.p.c. (Cass. sez. un. 23 febbraio 2018 n. 4485; Cass. 29 febbraio 2016 n. 4002). Le sezioni unite ritengono che il d.lgs. n. 150 del 2011 abbia introdotto la regola dell'esclusività del procedimento sommario *sui generis* e del procedimento monitorio (la cui opposizione è disciplinata dal primo) quali strumenti processuali per la trattazione delle controversie ex art. 28 legge del 1942 e, per converso, hanno escluso la possibilità che il rito ordinario di cognizione e quello sommario regolato esclusivamente dal codice di rito, fossero ancora esperibili in *subiecta* materia.

Quantum ed an debeatur

È opportuno ricordare che **il *thema decidendum* delle controversie per prestazioni professionali forensi, non è limitato alla liquidazione del compenso (*quantum debeatur*), estendendosi anche all'esistenza del rapporto professionale (*an debeatur*)**, e non subisce alterazioni dalle difese del convenuto, salvo che il cliente proponga una domanda che postuli una istruzione non sommaria o, comunque che esorbiti la competenza del giudice adito. Infatti la Corte di Cassazione con sentenza 17 maggio 2017 n. 12411 ha affermato che le controversie per la liquidazione dei compensi degli onorari e dei diritti dell'avvocato in materia giudiziale civile, soggiacciono al rito di cui all'art. 14 del d.lgs. n. 150 del 2011 anche nell'ipotesi in cui la domanda non sia limitata al *quantum* ma riguardi l'*an* della pretesa (principio confermato da Cass. sez. un. 23 febbraio 2018 n. 4485).

Stante il riferimento dell'art.14, comma 2, del d.lgs. n. 150/2011 all'"ufficio giudiziario di merito" **è da escludersi la possibilità di utilizzare il procedimento speciale dinanzi alla Corte di Cassazione** (anche perché potrebbe essere necessaria l'espletamento di attività istruttoria). In tali casi il ricorso dovrà essere presentato:

a) al giudice che ha pronunciato il provvedimento impugnato, in caso di cassazione senza rinvio o di mancata riassunzione del giudizio di rinvio;
b) al giudice di rinvio, nel caso di cassazione con rinvio seguita da relativa riassunzione.

Con riferimento ai **procedimenti innanzi al Giudice di Pace,** è da ritenersi esperibile l'azione ex art.14 d.lgs. n. 150/2011 ove l'attività professionale sia stata prestata innanzi detto ufficio (Corte cost. n. 65 del 2014).

Compenso per patrocinio in materia penale

La domanda per il pagamento del compenso per il patrocinio in materia penale non è sottoposta al rito sommario speciale ex art.14 d.lgs. n.150/2011, ma al rito ordinario di cognizione, per cui l'opposizione deve essere proposta con citazione (e non con ricorso) da notificare nel rispetto del termine ex art.641 cpc (Cass. 12 maggio 2022 n.15220).

15. (*segue*) Il processo ordinario di cognizione

Dopo l'intervento delle sezioni unite con la sentenza 23.2.2018 n. 4485, **il recupero dei compensi** per prestazioni giudiziali rese dall'avvocato **in materia civile non può chiedersi con il rito ordinario o sommario di cognizione**, giacché l'art. 14, d.lgs. n. 150

del 2011, ha segnato l'esclusività delle forme di tutela – alternative tra loro – del procedimento sommario c.d. sui generis (artt. 702-bis e ss. c.p.c., ove non derogati dal richiamato art. 14) e del procedimento monitorio, la cui opposizione è soggetta al primo procedimento, ferma l'applicazione degli artt. 648, 649, 653 e 654 c.p.c.

Per il recupero dei crediti professionali degli avvocati, è **esclusa, quindi, la possibilità di ricorrere sia al procedimento di cognizione ordinario che a quello del procedimento sommario ordinario codicistico di cui agli artt. 702-bis e segg. c.p.c.** (Cass. sez. un. 23 febbraio 2018 n. 4485; Cass. 29 febbraio 2016 n. 4002).

16. (*segue*) Rito camerale speciale e procedimento sommario di cognizione per la liquidazione delle competenze dell'avvocato. Regime impugnazione.

Procedura liquidazione dei compensi all'avvocato

La Suprema Corte con la sentenza 17 maggio 2017 n. 12411 ha affrontato due questioni di rilevante interesse per l'avvocatura:

- la procedura di liquidazione del compenso dell'avvocato;
- il regime di impugnazione dell'ordinanza conclusiva della procedura di liquidazione dei compensi dell'avvocato.

Ha affermato su tali tematiche due importanti principi:

- *Le controversie per la liquidazione dei compensi degli onorari e dei diritti dell'avvocato in materia giudiziale civile, soggiacciono al rito di cui all'art. 14 del d.lgs. n. 150 del 2011 anche nell'ipotesi in cui la domanda non sia limitata al quantum ma riguardi l'an della pretesa* (principio confermato da Cass. sez. un. 23 febbraio 2018 n. 4485).
- *L'ordinanza che definisce il procedimento di cui all'art. 14 del d.lgs. n. 150 del 2011 non è appellabile, e può essere impugnata con ricorso straordinario per cassazione, anche nell'ipotesi in cui la controversia abbia ad oggetto l'esistenza, e non solo la quantificazione del credito dell'avvocato.*

A) Procedura di liquidazione del compenso dell'avvocato

L'**art. 14,** comma 1, D.Lgs. 1° settembre 2011, n. 150, ha fissato nuove regole procedurali del procedimento per la liquidazione di diritti ed onorari di avvocato per prestazioni giudiziali civili e del giudice di opposizione al decreto ingiuntivo avente ad oggetto tale liquidazione; tale norma, infatti, **statuisce che le controversie previste dall'art. 28 della Legge 13 giugno 1942, n. 794, e l'opposizione proposta a norma dell'art. 645 c.p.c. contro il decreto ingiuntivo riguardante onorari, diritti o spese spettanti ad avvocati per prestazioni giudiziali sono regolate dal rito sommario di cognizione** ove non diversamente disposto dal presente articolo.

Dopo l'entrata in vigore del menzionato d.lgs. n. 150/2011 (che **non ha "ampliato" i limiti oggettivi del "nuovo" procedimento** atteso che è mutato il rito ma non l'oggetto), si è posto il problema **dell'atto introduttivo del giudizio di opposizione a decreto ingiuntivo,** atteso che tale norma statuisce che le controversie previste dall'art. 28 della Legge 13 giugno 1942, n. 794, e l'opposizione proposta a norma dell'art. 645 c.p.c. contro il decreto ingiuntivo riguardante onorari, diritti o spese spettanti ad avvocati per prestazioni giudiziali, sono regolate dal rito sommario di cognizione ove non diversamente disposto dal presente articolo. In particolare, il problema posto è se l'opposizione al decreto ingiuntivo debba essere proposta con ricorso, **oppure** con atto di citazione**, e se, a seguito dell'entrata in vigore del d.lgs. n. 150/2011**, la nuova disciplina debba o meno ritenersi derogabile.

La problematica è stata risolta dalle sezioni unite della Corte di Cassazione con sentenza 23 febbraio 2018 n. 4485: Cass. Sez. Un. n. 4485/2018

Con la citata Cass. n. 4485/2018 si è affermato che a seguito dell'introduzione dell'art. 14 del d.lgs. n. 150 del 2011, **la controversia di cui all'art. 28 della L. n. 794 del 1942**, come sostituito dal d.lgs. n. 150/2011, **può essere introdotta:**

- **o con un ricorso ai sensi dell'art. 702-bis, cod. proc. civ.**, che dà luogo ad un procedimento sommario "speciale", disciplinato dal combinato disposto dell'art. 14 e degli artt. 3 e 4 del citato d.lgs., e dunque dalle norme degli artt. 702-*bis* e segg. cod. proc. civ., salve le deroghe previste dalle dette disposizioni del d.lgs.;
- **o con il procedimento per decreto ingiuntivo ai sensi degli artt. 633 e segg. cod. proc. civ.**, l'opposizione avverso il quale si propone con ricorso ai sensi dell'art. 702-*bis* cod. proc. civ. **ed è disciplinata come sub. a), ferma restando**

l'applicazione delle norme speciali che dopo l'opposizione esprimono la permanenza della tutela privilegiata del creditore e segnatamente degli artt. 648,649 e 653 cod. proc. civ. (quest'ultimo da applicarsi in combinato disposto con l'ultimo comma dell'art. 14 e con il penultimo comma dell'art. 702-*ter* cod. proc. civ.). **Resta invece esclusa la possibilità di introdurre l'azione sia con il rito di cognizione ordinaria e sia con quello del procedimento sommario ordinario codicistico, di cui agli artt. 702-bis** e segg. cod. proc. civ.;

- **la controversia di cui all'art. 28 della L. n. 794 del 1942, tanto se introdotta con ricorso ai sensi dell'art. 702-*bis* cod. proc. civ., quanto se introdotta con ricorso per decreto ingiuntivo,** ha ad oggetto la domanda di condanna del cliente al pagamento delle spettanze giudiziali dell'avvocato **tanto se prima della lite vi sia una contestazione sull'*an debeatur* quanto se non vi sia e, una volta introdotta, resta soggetta** (nel secondo caso a seguito dell'opposizione) **al rito indicato dall'art. 14 del d.lgs. n. 150 del 2011 anche quando il cliente dell'avvocato non si limiti a sollevare contestazioni sulla quantificazione del credito alla stregua della tariffa, ma sollevi contestazioni in ordine all'esistenza del rapporto, alle prestazioni eseguite ed in genere riguarda l'*an*.**

Soltanto qualora il convenuto svolga una difesa che si articoli con la proposizione di una domanda (riconvenzionale, di compensazione, di accertamento con efficacia di giudicato di un rapporto pregiudicante), l'introduzione di una domanda ulteriore rispetto a quella originaria e la sua esorbitanza dal rito di cui all'art. 14 comporta – sempre che non si ponga anche un problema di spostamento della competenza per ragioni di connessione (da risolversi ai sensi delle disposizioni degli artt. 4,35 e 36 cod. proc. civ.) e, se è stata adita la corte di appello, il problema della soggezione della domanda del cliente alla competenza di un giudice di primo grado, che ne impone la rimessione ad esso – che ai sensi dell'art. 702-*ter,* quarto comma, c.p.c., si debba dar corso alla trattazione di detta domanda con il rito sommario congiuntamente a quella ex art. 14, qualora anche la domanda introdotta dal cliente si presti all'istruzione sommaria, mentre, in caso contrario, si impone di separarne la trattazione e di procedervi con il rito per essa di regola previsto (non potendo trovare applicazione, per l'esistenza della norma speciale, la possibilità di unitaria trattazione con il rito ordinario sull'intero cumulo di cause ai sensi dell'art. 40, terzo comma, cod. proc. civ.).

- **l'azione di accertamento negativa** (in tutto o in parte) **dell'esistenza del credito per prestazioni professionali giudiziali** di cui all'art. 28 della L. n. 794 del 1942 **che venga automaticamente esercitata dal cliente non risulta riconducibile all'ambito dell'art. 14 perché l'art. 28 della legge del 1942 indica come soggetto attore solo l'avvocato**. Tale azione del cliente è soggetta alle ordinarie regole di competenza e, sotto il profilo del rito praticabile, o al rito di cognizione ordinaria o a quello codicistico di cui all'art. 702-*bis* e segg. c.p.c. (nel caso di competenza del tribunale monocratico).

In pratica, a seguito dell'introduzione dell'art. 14 del d.lgs. n. 150 del 2011, l'avvocato può alternativamente proporre l'istanza di liquidazione degli onorari:

a) **con un ricorso ai sensi dell'art. 702-bis c.p.c., che dà luogo ad un procedimento sommario "speciale"** disciplinato dagli artt. 3,4 e 14 del d.lgs. n. 150/2011;

Ricorso ex art. 702 bis c.p.c.

b) **con il procedimento per decreto ingiuntivo ai sensi degli artt. 633 e segg. c.p.c.,** fermo restando che la successiva eventuale opposizione deve essere proposta ai sensi dell'art.702 bis e segg. cpc, integrato dalla disciplina speciale e con applicazione degli artt. 648,649,653 e 654 cpc (Cass. n. 23740 del 2018).

Ricorso per decreto ingiuntivo

Resta invece esclusa la possibilità di introdurre l'azione sia con il rito di cognizione ordinaria e sia con quello del procedimento sommario ordinario codicistico, di cui agli artt. 702-*bis* e segg. c.p.c.

Ne discende che anche l'opposizione ex art.645 cpc soggiace al rito sommario e va introdotta con ricorso, fermo che, ove proposta con citazione, la congiunta applicazione dei commi primo e quarto dell'art. 4 del d.lgs. n. 150/2011, rende l'errore privo di conseguenze (Cass. n. 4485 del 2018).

Si è precisato (Trib. Milano 28 febbraio 2018) che in seguito alla introduzione dell'art.14, comma 1, del d.lgs. n.150/2011, il giudizio ex art. 645 cpc di opposizione al decreto ingiuntivo per il pagamento di compensi giudiziali deve seguire il procedimento di cui all'art. 702 bis cpc.

Corte cass. n. 28049/2018

Alla luce del pronunciamento della Suprema Corte di Cassazione (da ultimo, Cass. 2.11.2018 n. 28049), si possono individuare differenti ipotesi. In particolare:

1) Qualora la controversia sia stata introdotta mediante ricorso per decreto ingiuntivo o ricorso ex art.702 bis cpc, il giudice è tenuto a trattarla secondo la speciale procedura di cui all'art.14 del d.lgs. n.150/2011, anche in presenza di contestazioni del cliente relative all'esistenza del rapporto o all'an debeatur.

2) Qualora la controversia sia stata introdotta mediante ricorso per decreto ingiuntivo o ricorso ex art.702 bis cpc ed il cliente sollevi eccezioni idonee ad ampliare il thema decidendum, le quali tuttavia non esorbitano dalla competenza del giudice adito, la causa dovrà essere trattata sempre con il rito sommario di cui all'art.14 del d.lgs. n. 150/2011, se si presti ad una istruttoria sommaria, mentre in caso contrario dovrà essere trattata nelle forme del rito ordinario a cognizione piena, previa la separazione delle domande.

3) Qualora la controversia sia stata introdotta mediante ricorso per decreto ingiuntivo o ricorso ex art.702 bis cpc ed il cliente sollevi eccezioni idonee ad ampliare il thema decidendum, le quali esorbitano dalla competenza del giudice adito, la causa dovrà essere rimessa al giudice competente, ai sensi dell'art.34 e ss. cpc.

4) Qualora la causa sia stata introdotta non già mediante ricorso per decreto ingiuntivo ovvero nelle forme di cui all'art. 702 bis cpc, bensì secondo l'abrogata procedura prevista dagli artt. 28 e ss. l. n. 794/1942, in presenza di contestazioni del cliente circa l'an debeatur il giudizio va dichiarato inammissibile, essendo il suo oggetto strettamente circoscritto alla sola determinazione del quantum del compenso dovuto al professionista. Né è possibile un mutamento di rito, posto che esso rimane circoscritto alla sola ipotesi in cui il cliente, convenuto in giudizio dall'avvocato, sollevi eccezioni o domande riconvenzionali idonee ad ampliare il thema decidendum, le quali pur non esorbitando dalla competenza del giudice adito non si prestino ad un'istruttoria sommaria, di talchè sia necessario trattarle nelle forme del rito ordinario a cognizione piena, previa la separazione delle domande.

Competenza

Riguardo alla competenza l'art.14 d.lgs. n. 159/2011 non introduce un criterio esclusivo di competenza, poiché, ai sensi del primo comma dell'art. 637 cpc, la domanda di pagamento dei compensi può essere proposta anche dinanzi all'autorità giudiziaria del luogo ove ha sede il consiglio dell'Ordine al cui albo è iscritto il difensore (Cass. 23740 del 2018; Cass. 18264/2016).

Le controversie per la liquidazione degli onorari e dei diritti dell'avvocato in materia giudiziale civile soggiacciono, quindi, al rito di cui all'art.14 d.lgs. n. 150 del 2011 anche nelle ipotesi in cui la domanda non sia limitata al *quantum* ma riguardi l'*an* della pretesa (Cass. 11 giugno 2018 n. 15138).

In ordine alla competenza per l'accertamento e la riscossione degli onorari nulla è cambiato atteso che il d.lgs. n. 150 del 2011 ha operato solo sui riti ma non sulle competenze, con conseguente eventuale competenza anche del giudice di pace, al quale si applica il rito sommario ex art.14 d.lgs. n. 150/2011.

Le Sezioni unite della Suprema Corte, con la sentenza 23 febbraio 2018 n. 4485, hanno sancito, quindi, che l'avvocato, al fine di recuperare le proprie competenze in materia civile, deve necessariamente avvalersi del procedimento di cui all'art. 14 del d.lgs. n. 150 del 2011, se non intende esperire il ricorso monitorio, in quanto il sommario "adattato" è ritenuto dalla Corte l'attuazione della volontà razionalizzatrice dei riti, sottesa alla legge delega del 2009 (c.d. tutela differenziata).

La problematica era stata affrontata dalla Corte di Cassazione con la sentenza n. 12411 del 2017, che si era "allineata" all'indirizzo giurisprudenziale di cui a Cass. 29 febbraio 2016 n. 4002, in cui si afferma che le controversie per la liquidazione degli onorari e dei diritti dell'avvocato devono essere trattate con le **regole procedurali indicate dall'articolo 14 del d.lgs. n. 150 del 2011 anche nell'ipotesi in cui la domanda riguardi l'*an* della pretesa,** senza possibilità per il giudice adito di trasformare il rito sommario in rito ordinario o di dichiarare l'inammissibilità della domanda. E ciò perché "ove si dovesse ritenere limitata la esperibilità del procedimento di cui all'art. 14 del d.lgs. n. 15 del 2011 alle sole controversie nelle quali si discute di quantificazione dei compensi dell'avvocato, non ci si potrebbe sottrarre all'alternativa per la quale o si rimette al convenuto, attraverso la proposizione di eccezioni o domande riconvenzionali che amplino il *thema decidendum*, la facoltà di paralizzare la domanda proposta dal professionista ovvero si preclude al convenuto stesso la possibilità di svolgere le proprie difese nel modo suindicato..... la perdita del grado di appello nelle controversie che involgano accertamenti sull'*an debeatur*...risulta bilanciata dalla collegialità del giudice prevista dal secondo comma dell'art. 14".

Aggiungasi la necessaria unicità del rito con cui devono essere trattate le controversie aventi ad oggetto il credito per il compenso di prestazioni giudiziali rese da un avvocato in materia civile, involgano esse, o meno, l'accertamento dell'*an debeatur*.

Cass. Sez. Un. n. 21675/2013

Sulla tematica in questione, Cass., SS.UU., 23 settembre 2013, n. 21675, specifica che, anche dopo l'entrata in vigore del d.lgs. 1° settembre 2011, n. 150, l'opposizione a decreto ingiuntivo ottenuto dall'avvocato per prestazioni giudiziali in materia civile deve essere proposta con atto di citazione, di talché, se l'opponente abbia introdotto il relativo giudizio con ricorso, la sanatoria del relativo vizio procedurale deve ritenersi ammissibile a condizione che il ricorso venga notificato nel termine indicato nel decreto, analogamente a come si sarebbe dovuto procedere con la citazione. E ciò in quanto l'adozione della forma del ricorso in luogo di quella della citazione non determina, peraltro, la nullità (ovvero la inammissibilità) del procedimento di opposizione quando, con la regolare instaurazione del contraddittorio, conseguente alla costituzione della controparte in assenza di eccezione alcuna, sia stato comunque raggiunto lo scopo detratto, in virtù del principio di conversione degli atti processuali nulli di cui all'art. 156 c.p.c. Alla problematica in questione era stata data diversa soluzione da Cass. 24 giugno 2016 n. 13175, in cui si afferma che nel caso in cui la controversia non abbia ad oggetto soltanto la semplice determinazione della misura del compenso a favore di un avvocato, ma si estenda anche ai presupposti del diritto a ricevere il compenso stesso, non sarà ammissibile il ricorso alla speciale procedura di cui agli artt. 28 e

29 della L. n. 794/1942, Si era "allineato" a tale indirizzo, anche la giurisprudenza di merito (Trib. Mantova 4 ottobre 2016; Trib. Modena 22 ottobre 2015; Trib. Castrovillari 11 giugno 2015; Trib. Mantova 14 dicembre 2014; Trib. Torino 18 luglio 2014), affermando che in materia di controversie sulla liquidazione dei compensi all'avvocato, anche **dopo l'introduzione dell'art. 14 del d.lgs. n. 150 del 2011,** occorre procedere con rito ordinario, avanti al tribunale in composizione monocratica, qualora, anziché contendere sulla mera entità del compenso, la controversia si estenda all'*an* della debenza contestandosi, ad esempio i limiti del mandato, l'effettiva esecuzione delle prestazioni, la loro effettuazione da parte del ricorrente, la sussistenza di cause estintive o limitative della pretesa.

La procedura indicata da Cass. n.4485/2018 si riferisce solo ai compensi dovuti per attività giudiziaria civile con esclusione dei compensi per attività penale, amministrativa, stragiudiziale.

Regime di impugnazione

B) Regime di impugnazione dell'ordinanza conclusiva della procedura di liquidazione dei compensi dell'avvocato.

Prima dell'entrata in vigore del d.lgs. n. 150 del 2011, il regime di impugnabilità del provvedimento che definiva il procedimento di liquidazione dei compensi dell'avvocato di primo grado, variava a seconda che il medesimo si pronunciasse solo sul *quantum* o anche sull'*an debeatur.* Nel primo caso il provvedimento decisorio, quand'anche adottato in forma di sentenza, veniva qualificato come ordinanza in senso sostanziale e, pertanto, veniva ritenuto non appellabile, ma impugnabile soltanto con ricorso per cassazione. Nel secondo caso, il provvedimento decisorio, quand'anche adottato in forma di ordinanza, veniva qualificato come sentenza e pertanto, veniva ritenuto impugnabile soltanto con appello (Cass. n. 960 del 2009; Cass. n. 13640 del 2010).

Con l'entrata in vigore del d.lgs. n. 150/2001 si è posto il problema se possano ritenersi ancora in vigore i riferiti principi giurisprudenziali in tema di impugnazione. Dopo un orientamento giurisprudenziale in linea con quello previgente (Cass. n. 19873 del 2015; Cass. n. 12248 del 2016), nel senso che l'ordinanza che statuisca sull'*an* del compenso e non solo sul *quantum* è impugnabile con l'appello e non con ricorso per cassazione, la Suprema Corte con la sentenza n. 4002 del 2016 e poi con la n. 12411 del 2017, confermata da Cass. 1 marzo 2018 n 4904, ha cambiato orientamento.

Infatti, in ordine al **regime di impugnazione dell'ordinanza conclusiva della procedura di liquidazione dei compensi dell'avvocato**, la sentenza della Suprema Corte 17.5.2017 n. 12411 si discosta dall'orientamento giurisprudenziale (Cass. 12248 del 2016; Cass. n. 19873/2015) secondo cui il provvedimento che definisca una controversia in materia di compenso di un avvocato per prestazioni giudiziali in materia civile è appellabile se contenga un accertamento anche sull'*an debeatur* e non lo è se contenga un accertamento solo del *quantum debeatur.* Infatti, in linea con quanto già stabilito da Cass. n. 4002/2016, afferma che **differenziare il regime di impugnazione dell'ordinanza conclusiva del procedimento stesso a seconda che il suo oggetto sia limitato al *quantum* o riguardi anche l'*an debeatur*, creerebbe una frammentazione del quadro procedurale certamente contrastante con l'obbiettivo dell'armonizzazione del sistema** mediante il superamento delle sue distonie o criticità. Nel consegue che **l'ordinanza che definisce il procedimento di cui all'art. 14 d.lgs. n. 150/2011 non è appellabile, e può quindi essere impugnata con ricorso straordinario per cassazione, anche nell'ipotesi in cui la controversia abbia ad oggetto l'esistenza, e non solo la quantificazione, del credito dell'avvocato.**

E ciò quale conseguenza del principio che le controversie per la liquidazione dei compensi dell'avvocato devono essere trattate con la procedura prevista dall'art. 14 del d.lgs. n. 150/2011, anche nell'ipotesi in cui la domanda riguardi l'*an* della pretesa (*ab origine* o per effetto delle difese ed eccezioni svolte dal committente nei cui confronti il professionista abbia agito in giudizio).

Si è ribadito (Cass. 12 febbraio 2021 n. 3687) che in seguito all'entrata in vigore dell'art.14 del d.lgs. n. 150/2011, al fine di stabilire il regime di impugnazione del provvedimento con cui si liquidano gli onorari e le altre spettanze dovuti dal cliente al proprio difensore per prestazioni giudiziali civili, assume rilevanza la forma adottata dal giudice in base alla qualificazione che egli abbia dato implicitamente o esplicitamente, all'azione esercitata in giudizio (Cass. n. 26347 del 2019; Cass. n. 24515 del 2018).

In base al comma 2 dell'art. 14, D.Lgs. n. 150/2011, la competenza è dell'ufficio giudiziario di merito adito per il processo nel quale l'avvocato ha prestato la propria opera: ai fini della determinazione della competenza non è mutato nulla rispetto al passato. Lo stesso comma prevede espressamente che **"Il tribunale decide in composizione collegiale"** (in termini, Corte cost. 1° aprile 2014, n. 65; Cass., SS.UU., 20 luglio 2012, n. 12610).

Giudice competente

Occorre evidenziare che il comma 3 del menzionato art. 14 espressamente prevede che **"nel giudizio di merito le parti possono stare in giudizio personalmente"**. La norma non fa che confermare la precedente giurisprudenza in ordine all'abrogato speciale procedimento di cui agli artt. 28, 29 e 30, Legge n. 794/1942, per il quale **non era obbligatorio il ministero del difensore**: Cass. 4 novembre 2010, n. 22463; Cass. 30 luglio 1984, n. 4527; Cass. 29 gennaio 1983, n. 828). Tale "agevolazione" ha lo scopo di consentire una più rapida e pronta decisione della controversia tra avvocato e cliente (Corte cost. 6 dicembre 1976, n. 238; Corte cost. 1° marzo 1973, n. 22), ma **non sottrae il giudizio, né sotto il profilo sostanziale né sotto quello processuale alle comuni norme circa l'onere di fornire in concreto la prova delle proprie pretese**, con il corrispondente dovere del giudice di provvedere entro i limiti della domanda in base alle prove offerte (Cass. 16 agosto 1993, n. 8724), nonché ad enunciare le ragioni per le quali disconosce in tutto o in parte compensi per prestazioni elencate nella parcella (Cass. 13 ottobre 1987, n. 7567).

Assistenza del difensore

Il procedimento di liquidazione delle spese, diritti e onorari spettanti agli avvocati, non si sottrae alle regole generali dettate dagli artt. 91 e 92 c.p.c.; pertanto, **anche in assenza di una espressa richiesta delle parti, il giudice deve sempre provvedere sulle spese del suddetto procedimento di liquidazione**, attenendosi al principio della soccombenza, salvo che non si ravvisino motivi per una totale o parziale compensazione (Cass. 26 maggio 2008, n. 13570).

Spese procedimento liquidazione compenso

In caso di omessa pronuncia sulle spese si è in presenza di un vizio di omessa pronuncia, riparabile soltanto con l'impugnazione (Cass. 19 febbraio 2013, n. 4012).

Con riferimento **al rimborso forfettario delle spese generali** *ex* art. 14 della tariffa forense di cui al D.M. n. 127/2004 (ed ora

Rimborso forfettario spese generali

dall'art. 2 del D.M. n. 55/2014) si era affermato che **non potevano essere liquidate d'ufficio nel procedimento speciale, occorrendo, in tale procedimento, apposita domanda** con cui il professionista chieda, in applicazione dei principi previsti dagli artt. 99 e 112 c.p.c., la corresponsione in proprio favore del suddetto compenso (Cass. 26 novembre 2010, n. 24081). Tale principio è, però, da ritenersi superato dalla successiva giurisprudenza in tema di spese forfettarie, giurisprudenza che ha affermato la debenza "automatica" delle spese generali (si rinvia al paragrafo 14 del I capitolo).

Pendenza giudizio appello

Si è specificato (Cass. 21 dicembre 2007, n. 27137) che poiché l'art. 28, Legge n. 794/1942 prevede che lo speciale procedimento sia attivato "dopo la decisione della causa o l'estinzione della procura" (previsione confermata dalla nuova formulazione dell'art. 28, come modificato dall'art. 14, D.Lgs. n. 150/2011) **è inammissibile la domanda di liquidazione relativa al giudizio di primo grado, allorché penda il giudizio d'appello** e la procura non sia estinta, dovendosi intendere per "decisione della causa" il provvedimento conclusivo che definisce l'intero procedimento.

Soggetto legittimato all'azione

Il **procedimento in esame può essere promosso esclusivamente dall'avvocato** (in presenza di un rapporto di clientela: Cass. sez. un. 23 febbraio 2018 n. 4485; Cass. 27 luglio 1987, n. 6494**) e non anche dai loro clienti** i quali, ove interessati all'accertamento dei relativi debiti, devono avvalersi dell'azione ordinaria (Cass. 8 agosto 1978, n. 3820).

Possono **avvalersi del procedimento** in questione, ai sensi dell'art. 67, Legge n. 1578/1933, anche **gli eredi del professionista**, nel termine, però di tre anni dalla morte del professionista.

Rito per recupero compenso in materia penale, amministrativa, stragiudiziale

Occorre evidenziare che nulla è cambiato sull'ambito di operatività dell'abrogato rito camerale speciale, atteso che il comma 1 dell'art. 14 prevede e fa riferimento espresso alle "Le controversie previste dell'art. 28 della Legge 13 giugno 1942, n. 794 e ora art. 14 d.lgs. n. 150/2011". Ne consegue che il procedimento di cui alla Legge n. 794/1942 **può essere utilizzato solo per i diritti e gli onorari dovuti per prestazioni giudiziali in materia civile (Cass. 25 luglio 2013, n. 18070); non è applicabile**, invece, alle altre prestazioni professionali non esplicate nell'ambito del processo civile, e cioè **alle prestazioni giudiziali in materia penale: Cass. 27 settembre 2016 n. 19025** (è escluso il procedimento in esame anche per il recupero dei compensi per costituzione parte civile in un processo penale: Cass. 14 ottobre 2004, n. 20293), **e dinanzi al giudice amministrativo** (Cass. 29 luglio 2004, n. 14394; Cass. 12 settembre 2000, n. 12035; Cass. 18 luglio 1991, n. 7993; Cass. 15 giugno 1993, n. 6645), e **alle prestazioni stragiudiziali** (Cass. 21 febbraio 2006, n. 3744; Cass. 26 febbraio 1994, n. 1957; Cass. 7 gennaio 1981, n. 106), salvo essere ammessa anche per le prestazioni stragiudiziali, allorché esse siano in funzione strumentale o complementare all'attività propriamente processuale (Cass. 16 ottobre 2014, n. 21954; Cass. 4 dicembre 2009, n. 25675; Cass. 3 dicembre 2008, n. 28718; Cass. 13 giugno 2007, n. 13847; Cass. 21 febbraio 2006, n. 3744).

Con riferimento ai **compensi in materia penale** la Suprema Corte (Cass. 12 maggio 2022 n.15220) ha confermato che la domanda per il pagamento del patrocinio in materia penale non è sottoposta al rito sommario speciale ex art.14 d.lgs. n.150/2011, ma al rito ordinario di cognizione, per cui l'opposizione deve essere proposta con citazione (e non con ricorso) da notificare nel rispetto del termine ex art.641 cpc; si è specificato (Cass. 27 settembre 2016 n. 19025) che il procedimento previsto dagli artt. 28 e ss. della L. n. 794 del 1942 per la liquidazione degli onorari di avvocato **non è applicabile per i compensi in materia penale, anche se chiesti cumulativamente a quelli civili nel medesimo giudizio,** ovvero in altro, ordinario, riunito a quello disciplinato dalla L. n. 794/42: in tali ipotesi, **il rito ordinario di cognizione, che è il solo consentito per le prestazioni penali,** prevale per ragioni di connessione, su quello speciale, ed il procedimento va definito con sentenza, soggetta all'appello e non al ricorso straordinario per cassazione.

Compenso giudizi amministrativi

In ordine all'applicabilità o meno del procedimento *ex* Legge n. 794/1942 – e ora del rito sommario di cognizione – **per le competenze relative al procedimento davanti al giudice amministrativo, vi è stato contrasto giurisprudenziale** risolto dalla Corte costituzionale che, **con sent. 11 aprile 2008, n. 96 ha dichiarato infondata la questione di legittimità costituzionale**

degli artt. 28 e 29, Legge n. 794/1942 nella parte in cui non consentono, secondo il diritto vivente, che il procedimento semplificato ivi previsto, avente ad oggetto la liquidazione dei compensi spettanti agli avvocati in relazione all'attività prestata nei giudizi civili, si applichi nei giudizi amministrativi, per la liquidazione dei compensi riguardanti l'attività defensionale in essi svolta.

Prestazioni davanti Corte Cassazione

Il procedimento speciale *ex* **art. 28, Legge n. 794/1942, come "ridisciplinato" dall'art. 14, D.Lgs. n. 150/2011, non si applica per le prestazioni rese davanti alla Corte di Cassazione** (Cass., ord. 8 gennaio 2009, n. 196); e ciò in quanto ammettere il procedimento dinanzi alla Corte di Cassazione comporterebbe che questa debba poi ricevere l'eventuale opposizione di cui all'art. 30, Legge n. 794/1942, assumendo funzioni di giudice di merito. Ne consegue, quindi, che lo speciale procedimento di liquidazione delle spettanze legali di cui alla Legge n. 794/1942, artt. 28 ss., quanto le prestazioni rese siano relative al giudizio di cassazione, non è esperibile dinanzi alla Corte di Cassazione, bensì dinanzi al giudice che ha pronunciato il provvedimento impugnato in caso di cassazione senza rinvio o di mancata riassunzione del giudizio di rinvio e, dinanzi al giudice di rinvio per il caso di cassazione con rinvio seguita da riassunzione del giudizio davanti a quel giudice (Cass. civ., sez. III, ord. 1° agosto 2008, n. 20930).

Parte civile

Si è anche specificato (Cass. 14 ottobre 2004, n. 20293) che l'avvocato che abbia prestato la propria **opera professionale in favore di persona costituitasi parte civile in un processo penale non può ottenere il pagamento dei relativi onorari valendosi del procedimento previsto dagli artt. 29 e 30, Legge n. 794/1942 (ed ora art. 14, D.Lgs. n. 150/2011).**

17. Credito del difensore distrattario

L'art. 93 c.p.c. nel contemplare l'istituto della distrazione delle spese a favore del difensore, **dispone che il difensore è legittimato a chiedere al giudice**, nella medesima sentenza con la quale si procede alla condanna della controparte alle spese, che distragga a suo favore gli onorari non riscossi e le spese che dichiara di avere anticipato al proprio cliente; il procuratore che si dichiara antistatario può chiedere al giudice di condannare la controparte al pagamento delle spese legali direttamente in suo favore. Si considera, quindi, antistatario il difensore che dichiara di avere assistito il proprio cliente senza avere riscosso gli onorari e anticipando le spese del giudizio.

L'art. 93 cpc prevede che il difensore con procura può chiedere che il giudice distragga in favore suo e degli altri difensori, gli onorari non riscossi e le spese che dichiara di avere anticipato. La distrazione delle spese processuali in favore del difensore che ne abbia fatto richiesta priva la parte vittoriosa della possibilità di agire nei confronti del soccombente per il recupero delle stesse, dal momento che il provvedimento di distrazione fa sorgere in capo al difensore un diritto proprio, diverso ed autonomo rispetto alla posizione sostanziale della parte rappresentata (Cass. 21 marzo 2013 n. 7232).

La "traslazione" del diritto alle spese di lite è ammessa a condizione, da un lato, che la parte privata non abbia corrisposto gli onorari e, dall'altro, che le spese vive siano state anticipate dallo stesso difensore.

Parte con più difensori

Qualora la parte abbia più difensori, si è affermato (Cass. 29 agosto 2018 n. 21281) che se la parte è assistita da più difensori, la distrazione delle spese processuali ai sensi dell'art. 93 cpc richiede l'attestazione che nessuno di essi abbia riscosso gli onorari oggetto della richiesta. Tale dichiarazione può essere resa anche da uno solo dei difensori, se munito di procura ad agire disgiuntamente, ma deve essere necessariamente riferita all'intero collegio difensivo.

Il provvedimento di distrazione delle spese processuali instaura, fra il difensore della parte vittoriosa e la parte soccombente, un autonomo rapporto che, nei limiti della somma liquidata dal giudice, si affianca a quello di prestazione d'opera professionale fra il cliente vittorioso e il suo procuratore.

In base al comma 2 dell'art. 93 c.p.c., finché il difensore non abbia conseguito il rimborso che gli è stato attribuito, la **parte può chiedere al giudice,** con le forme stabilite per la correzione delle sentenze, **la revoca del provvedimento,** qualora dimostri di avere soddisfatto il credito del difensore per gli onorari e le spese.

Quando **un avvocato agisce in giudizio per un cliente e si dichiara antistatario,** tra questi e la controparte eventualmente soccombente, si instaura un rapporto autonomo **per il pagamento diretto degli onorari professionali. Ciò non preclude la possibilità per l'avvocato di esigere il pagamento dal proprio cliente** (Trib. Cassino 21 giugno 2016 n. 867). L'avvocato, anche se distrattario, quindi, può in ogni caso rivolgersi al proprio assistito sia per ottenere il pagamento della parte di credito professionale eccedente la somma liquidata dal giudice e corrisposta dal soccombente, che per ottenere l'intero pagamento, qualora questi non vi abbia provveduto: **il difensore, anche se distrattario, ha comunque diritto ad agire giudizialmente nei confronti del proprio cliente per il pagamento dei propri compensi.**

Rimane integra, quindi, la facoltà del difensore "distrattario" non solo di rivolgersi al cliente per la parte del credito professionale che ecceda la somma liquidata dal giudice, ma anche di richiedere al proprio cliente l'intera somma dovutagli, per competenze professionali e spese, nonostante la distrazione (Cass. 21 novembre 2008 n. 27041).

Sussiste, quindi, la legittimazione passiva del cliente relativamente ai compensi dovuti al proprio avvocato, anche in caso di distrazione delle spese; e ciò in considerazione dell'ulteriore rilievo che tali compensi ben potrebbero essere maggiori rispetto a quelli liquidati dal giudice.

Istanza distrazione spese

L'istanza di distrazione delle spese processuali consiste, quindi, nel sollecitare l'esercizio del potere/dovere del giudice di sostituire un soggetto (il difensore) ad altro (la parte) nella legittimazione a ricevere dal soccombente il pagamento delle spese processuali (Cass. 15 aprile 2010, n. 9062). Il difensore della parte vittoriosa, **può proporre l'istanza di distrazione *ex* art. 93 c.p.c. nel processo stesso**, sostituendosi alla parte difesa, mentre **non può fare valere il medesimo credito in un diverso giudizio**, poiché tra il difensore della parte vittoriosa e il soccombente non v'è alcun rapporto di diritto sostanziale (Cass. 14 gennaio 2011, n. 809).

Nel giudizio innanzi alla Corte di Cassazione, l'istanza volta ad ottenere la distrazione delle spese in favore del difensore dichiaratosi antistatario, **può essere formulata anche con la memoria illustrativa ex art. 378 c.p.c.** (Cass. 29 maggio 2014 n. 12111).

L'istanza del difensore non richiede formule sacramentali, essendo sufficiente, ai sensi dell'art. 93 c.p.c., la semplice dichiarazione di avere anticipato le spese e di non aver riscosso diritti e onorari, senza che il soccombente abbia alcun interesse ad opporsi alla relativa pronuncia (Cass. 26 febbraio 1990, n. 1442).

La **richiesta di distrazione** deve ritenersi validamente formulata **anche nel caso in cui manchi l'esplicita dichiarazione del medesimo difensore** in ordine alla avvenuta anticipazione delle spese e alla mancata riscossione degli onorari, dato che quest'ultima può ritenersi implicitamente contenuta nella domanda di distrazione delle spese (Cass. 6 aprile 2006, n. 8085).

Occorre evidenziare che la richiesta di distrazione in favore dell'avvocato, viene travolta **dalla nullità della procura alle liti; la richiesta di distrazione non rivive automaticamente nel caso in cui la parte sani la nullità conferendo una nuova e valida procura, dovendo essere, in tal caso, espressamente prevista** (Cass. 21 gennaio 2014 n. 1142).

Distrazione spese e processo esecutivo

L'istituto della distrazione delle spese giudiziali ha carattere generale e può trovare applicazione non solo nei **procedimenti che si concludano con una sentenza di condanna al pagamento delle spese giudiziali nei confronti della parte soccombente**, secondo la formulazione letterale dell'art. 93 c.p.c., **ma in qualsiasi procedimento che si concluda con un provvedimento che comporti l'attribuzione definitiva del carico delle spese giudiziali**, quale che sia il criterio al quale si informi la disciplina delle spese anticipate dal difensore con procura e degli onorari non riscossi e, quindi, **opera anche nel processo di esecuzione forzata** nel quale il giudice dell'esecuzione, determinate le spese del processo esecutivo, ne dispone il pagamento a favore del difensore del creditore che abbia dichiarato di averle anticipate (Cass. 30 marzo 2000, n. 3879; Cass. 15 ottobre 1971, n. 2916; *contra*, Pret. Salerno 20 luglio 1996, in *Foro it.*, 1997, I, 1285, in cui si afferma che la distrazione delle spese di cui all'art. 93 c.p.c. non è applicabile al processo esecutivo).

Processo tributario

La disciplina della distrazione delle spese a favore del difensore "opera" anche nel processo tributario (come chiarito dalla Direzione Centrale Affari Legali e Contenziosi dell'Agenzia delle

Entrate, nelle risposte fornite ai quesiti del corso "Telefisco 2012"), a condizione che sussistano i presupposti previsti dalla legge.

Richiesta distrazione spese in conclusionale

La **richiesta di distrazione delle spese in suo favore può essere formulata dall'avvocato anche nelle conclusioni o in comparsa conclusionale**, senza che per questo venga violato il divieto del *novum*, nel giudizio di legittimità, atteso che, per tale domanda, che è autonoma rispetto all'oggetto del giudizio, non sussiste l'esigenza di osservare il principio del contraddittorio, per difetto di interesse della controparte a contrastarla (Cass. 12 gennaio 2006, n. 41).

Allorché il difensore rinuncia al proprio mandato, perde però la legittimazione a proporre successivamente domanda di distrazione delle spese *ex* art. 93 c.p.c. (Cass. 29 agosto 1992, n. 9994).

Il difensore che chieda la distrazione delle spese di giudizio, **agisce per un diritto proprio e autonomo**, con la conseguenza che il **credito sorge direttamente a favore del difensore nei confronti del soccombente**, e che per disporre la distrazione è sufficiente la sua dichiarazione, senza alcun margine di sindacato sulla rispondenza al vero della stessa (Cass. 1° ottobre 2009, n. 21070; Cass. 24 settembre 2009, n. 20547).

In virtù del provvedimento di distrazione delle spese processuali in favore del difensore con procura della parte vittoriosa, si instaura fra costui e la parte soccombente, un rapporto autonomo rispetto a quello fra i contendenti che, nei limiti della somma liquidata dal giudice, si affianca a quello di prestazione d'opera professionale fra il cliente vittorioso e il suo procuratore; **rimane**, pertanto, integra la **facoltà di quest'ultimo non solo di rivolgersi al cliente anche per la parte del credito professionale che ecceda la somma liquidata dal giudice** che gli sia stata corrisposta dalla parte soccombente, ma anche di richiedere al proprio cliente l'intera somma dovutagli, per competenze professionali e spese, nonostante la distrazione disposta (Cass. 12 novembre 2008, n. 27041).

Il difensore della parte vittoriosa può proporre l'istanza di distrazione ex art. 93 c.p.c. nel processo stesso, mentre **non può fare valere il medesimo credito in un diverso giudizio,** poiché tra il difensore della parte vittoriosa ed il soccombente non v'è alcun rapporto di diritto sostanziale (Cass. 14 gennaio 2011 n. 809).

In caso di riforma in appello, della sentenza in cui il difensore aveva chiesto la distrazione delle spese in suo favore, **il difensore antistatario è tenuto alla restituzione delle somme pagate dalla parte soccombente.** E ciò in quanto la riforma o la cassazione della sentenza provvisoriamente eseguita ha un effetto di "*restituito in integrum*" e di ripristino della situazione precedente. Il difensore distrattario subisce gli effetti della sentenza di appello di condanna alla restituzione delle somme già percepite in esecuzione della sentenza di primo grado, benché non evocato personalmente in giudizio (Cass. 15 aprile 2010 n. 9062).

Riforma sentenza e restituzione somme

Si è infatti specificato (Cass. 11 maggio 2007, n. 10827), che in tema di distrazione delle spese, ai sensi dell'art. 93 c.p.c., **allorché sia riformata la sentenza**, costituente titolo esecutivo, di condanna alle spese in favore del difensore della parte vittoriosa dichiaratosi antistatario, **ad essere tenuto alla restituzione delle somme pagate a detto titolo è il medesimo difensore distrattario**, come titolare di un rapporto instauratosi con la parte già soccombente.

Nel caso di sentenza con distrazione delle spese in favore del difensore, **in caso di impugnazione della sentenza, il difensore distrattario può assumere la qualità di parte**, sia attivamente che passivamente, **soltanto qualora sorga controversia sulla distrazione** (Cass. 30 maggio 2017 n. 13516; Cass. 12 gennaio 2006, n. 412; Cass. 20 ottobre 2005, n. 20321), cioè quando la sentenza impugnata non abbia pronunciato sull'istanza o l'abbia respinta ovvero quando il gravame investa la pronuncia stessa di distrazione, restando obbligato, se la sentenza che ha disposto la distrazione sia annullata o riformata, a restituire le somme corrispostegli dal soccombente (Cass. 5 agosto 2005, n. 16597).

Impugnazione sentenza

Allorché invece la **impugnazione riguardi l'adeguatezza della liquidazione delle spese, la legittimazione spetta esclusivamente alla parte rappresentata** (Cass. 30 luglio 2004, n. 14637; Cass. 17 giugno 2004, n. 11370; Cass. 10 settembre 2003, n. 13290; Cass. 19 agosto 2003, n. 12104).

Il difensore distrattario delle spese assume, quindi, la qualità di parte, sia attivamente che passivamente, **in sede di gravame, solo quando l'impugnazione riguarda la pronuncia di distrazione**

in sé considerata (Cass. 22 dicembre 1981 n. 6761; Cass. 17 aprile 1972 n. 1204), **con esclusione delle contestazioni relative all'ammontare delle spese liquidate,** giacché l'eventuale erroneità della liquidazione non pregiudica i diritti del difensore (che potrà rivalersi nei confronti del proprio assistito) bensì quelli della parte vittoriosa (che sarà tenuta al pagamento della differenza al proprio difensore) (Cass. 30 maggio 2017 n. 13516).

Notifica sentenza del difensore distrattario

L'impugnazione della sentenza non deve essere rivolta anche contro il difensore distrattario (Cass. 15 aprile 2010 n. 9062).

La notifica della sentenza al soccombente effettuata dal difensore distrattario al solo scopo di recupero delle spese, e finalizzata alla realizzazione del diritto del difensore, diverso ed autonomo rispetto alla posizione sostanziale della parte rappresentata, **non fa decorrere nei confronti di quest'ultima il termine breve per l'impugnazione,** rimanendo per la stessa **operante,** in mancanza di specifica notificazione, **il termine previsto dall'art. 327, comma 1, c.p.c.** (Cass. 4 aprile 2013 n. 8215; Cass. 21 marzo 2013, n. 7232).

Parte soccombente

Si è specificato che il difensore che abbia chiesto la distrazione a suo favore delle spese può **impugnare la sentenza che pronuncia su di esse unicamente per i profili concernenti la ripetuta distrazione** (Cass. 20 ottobre 2005, n. 20321; su tale punto si veda ora Cass., SS.UU., n. 16037/2010), mentre resta preclusa la sua impugnazione ove si contesti la mancata condanna della controparte al pagamento delle spese, configurandosi, in tal caso, la legittimazione esclusiva della parte (Cass. 2 luglio 2008, n. 20531). La **parte soccombente, comunque, non ha interesse ad impugnare il provvedimento di distrazione delle spese** emesso a favore del difensore della parte avversa, trattandosi di un provvedimento che incide esclusivamente sui rapporti tra detta parte vittoriosa e il suo difensore (Cass. 3 luglio 2009, n. 15745; 24 giugno 2004, n. 11746).

Si è affermato (Cass. 12 gennaio 2006, n. 412), infatti, che il procuratore distrattario è parte limitatamente al capo di pronuncia con il quale gli sono state attribuite le spese e alle censure che investono specificamente e direttamente tale capo; egli è pertanto legittimato a partecipare in proprio al giudizio di impugnazione soltanto se, con questa, si attacca il capo di pronuncia concernente la distrazione e nei limiti e ai fini di tale censura.

È ormai consolidato l'indirizzo giurisprudenziale (Cass. 14 ottobre 2020 n. 22140; Cass. 9 giugno 2015 n. 11919) nel senso che **il difensore che abbia chiesto la distrazione delle spese può assumere la qualità di parte, attiva o passiva, nel giudizio di impugnazione solo se la sentenza impugnata non abbia pronunciato sull'istanza di distrazione o l'abbia respinta ovvero quanto il gravame investa la pronuncia stessa di distrazione**, sicchè, ove il gravame riguardi solo l'adeguatezza della liquidazione delle spese, la legittimazione spetta esclusivamente alla parte rappresentata.

Natura del credito del distrattario

Il debito per spese, diritti ed onorari liquidati in sentenza in favore del difensore antistatario, è una obbligazione pecuniaria; ne consegue che in caso di ritardo nel pagamento scattano automaticamente gli interessi legali e la corresponsione di questi ultimi soddisfa ogni pretesa da ritardo. Tali interessi decorrono dal giorno della notifica della sentenza e fino al soddisfo, connotandosi la notifica quale atto di costituzione in mora del debitore (TAR Lazio – Latina, sez. I, 7 maggio 2013 n. 396).

Sempre in tema di credito del difensore distrattario, occorre precisare che **il credito azionato in *executivis* dal difensore** del lavoratore munito di procura nella sua veste di distrattario delle spese di lite, ancorché consacrato in un provvedimento del giudice del lavoro, **non condivide la natura dell'eventuale credito fatto valere in giudizio**, cui semplicemente accede, ma ha natura ordinaria, corrispondendo ad un diritto autonomo del difensore, che sorge direttamente in suo favore e nei confronti della parte dichiarata soccombente; non opera con riferimento a detto credito la competenza per materia del giudice del lavoro, prevista per l'opposizione all'esecuzione dall'art. 618 *bis* c.p.c. (Cass. 6 dicembre 2010, n. 24691). Ne consegue, che **tale diritto non può essere azionato sulla base del solo dispositivo della sentenza emessa dal giudice del lavoro** e, se esercitato sulla scorta di questo solo provvedimento, si fonda in effetti, su un titolo esecutivo inesistente; tale principio, si è specificato, non è inficiato dalla possibilità riconosciuta al lavoratore di soddisfare il credito del difensore per poi agire esecutivamente, perché in tal caso l'agevolazione prevista in favore del lavoratore verrebbe fatta valere dal lavoratore avente titolo ad esigere il pagamento (in termini, Cass. 21 maggio 2007, n. 11804).

Recupero credito antistatario ed iva

L'avvocato distrattario può richiedere alla parte soccombente non solo l'importo dovuto a titolo di onorario e spese processuali, **ma anche l'importo dell'iva** che gli sarebbe dovuta a titolo di rivalsa, dal proprio cliente, abilitato a detrarla (Cass. 21 febbraio 2012 n. 2474).

Per il recupero delle spese legali da parte del difensore antistatario, **occorre notificare il titolo "nell'interesse del difensore". Potranno anche notificarsi due titoli, uno in favore della parte vincitrice ed uno in favore del difensore per spese legali**, o alternativamente, anche un solo titolo purché sia espressamente notificato nell'interesse di entrambi le parti. A seguito della notifica del titolo in suo favore, il difensore antistatario potrà notificare distinti atti di precetto – uno per la sorte ed uno per le spese legali – o un unico precetto.

Gratuito patrocinio e distrazione spese

L'ammissione al patrocinio a spese dello Stato a favore del soggetto interessato, **esclude la possibilità per l'avvocato difensore di richiedere la distrazione delle spese al giudice** (Cass. 20 gennaio 2014 n. 1009). Ne consegue che in presenza di un provvedimento di ammissione al gratuito patrocinio, la eventuale richiesta di distrazione delle spese deve ritenersi priva di effetto (si rinvia, sul tema, alla parte V).

Emissione fattura

La **fattura** per gli onorari liquidati in sentenza **non va emessa nei confronti della parte soccombente** bensì nei confronti dei patrocinati, pur se tali onorari siano stati distratti in favore del difensore, ai sensi dell'art. 93 c.p.c. (Cons. Stato, sez. IV, 1° giugno 1992, n. 570).

Omessa pronuncia su distrazione spese

In ordine al rimedio di tutela azionabile nel caso di omessa pronuncia sull'istanza di distrazione delle spese proposta dal difensore, il rimedio esperibile, in assenza di una espressa indicazione legislativa, è costituito dal procedimento di correzione degli errori materiali di cui agli artt. 287 e 288 cpc, e non dagli ordinari mezzi di impugnazione, non potendo la richiesta di distrazione qualificarsi come domanda autonoma (Cass. n. 29285/2020). Per l'esperibilità della **procedura di correzione della sentenza nell'ipotesi in cui il giudice,** pur in presenza di domanda di distrazione delle spese, **omette la pronuncia**, si erano già pronunciate negli stessi termini: Cass. 16 aprile 2015, n. 7749; Cass. pen. 6 maggio

2014 n. 33871; Cass. 2 agosto 2013, n. 18518; Cass. 24 luglio 2012 n. 12962; Cass. 13 aprile 2012 n. 5994; Cass. 12 luglio 2011, n. 15346; Cass. 10 gennaio 2011, n. 293; Cass. 18 giugno 2010, n. 14831; Cass. 7 luglio 2010, n. 16037.

Compensazione spese e difensore distrattario

Il capo della sentenza che dispone la compensazione delle spese processuali **può essere impugnato dalla parte e non anche dal difensore distrattario,** che è legittimato a proporre impugnazione soltanto ove sorga controversia sulla concessione o meno della distrazione (Cass. 11 dicembre 2014 n. 26089).

Spese generali e difensore distrattario

L'avvocato distrattario è legittimato a pretendere il pagamento delle spese c.d. forfettarie in forza della sentenza da cui discende la liquidazione delle stesse voci e nelle quali deve ritenersi automaticamente compresa quella delle spese forfettarie (Cass. 19 febbraio 2018 n. 3970). Sussiste la legittimazione esclusiva del difensore distrattario di chiedere il pagamento delle spese forfettarie azionando in via esecutiva quella parte della sentenza da cui consegue automaticamente la condanna al pagamento delle spese forfettarie. In presenza della distrazione delle spese al difensore, invece, la parte sostanziale non è legittimata a chiedere il pagamento alla controparte, se non dopo avere richiesto al giudice la revoca del provvedimento di distrazione; finché non sia intervenuta tale revoca, il difensore è l'unico legittimato ad intimare il precetto di pagamento dell'importo delle spese e degli onorari (Cass. n. 27041 del 2008; Cass. 3970/2018).

Il procuratore distrattario è legittimato ad azionare il titolo in sede esecutiva per reclamare il **pagamento delle spese generali sulla base della sentenza che contiene la condanna alle spese processuali in suo favore senza dover impugnare la sentenza;** la somma dovuta per spese generali può essere riconosciuta, però, in via esecutiva soltanto laddove la sentenza distingue gli esborsi dai diritti e dagli onorari, venendo altrimenti meno i requisiti della liquidità e della certezza che devono contraddistinguere il diritto di credito che costituisce l'oggetto del titolo esecutivo ex art. 474 c.p.c. (Cass. 19 febbraio 2018 n. 3970).

18. Il diritto di ritenzione dell'avvocato

Diritto di ritenzione

In base all'art. 66, R.D.L. 27 novembre 1933, n. 1578, **gli avvocati non hanno il diritto di ritenzione, e cioè di rifiutare la consegna degli atti di causa e scritture ricevute dal cliente fino a quando non sia avvenuto il pagamento degli onorari e il rimborso delle spese**; in tali casi è previsto, infatti, il deposito degli atti di causa e documenti presso il Consiglio dell'Ordine, il quale con l'osservanza della procedura prevista dal menzionato art. 66, provvede sia alla liquidazione delle competenze che alla restituzione degli atti.

Al fine di "consentire" all'avvocato di riscuotere la parcella, si è affermato (Cass. 8 febbraio 2011, n. 3034), comunque, che l'avvocato ha la possibilità di conservare nel proprio studio i documenti, anche successivamente alla revoca del mandato, se la causa della conservazione è quella di riscuotere la parcella; e ciò in quanto la legge prevede una deroga alle regole sulla privacy per motivi di giustizia, e nell'ipotesi in cui vi sia conflitto tra le norme del codice di procedura civile e quelle contenute nel codice della privacy, sono le prime a prevalere.

Illecito disciplinare

Costituisce illecito disciplinare per l'avvocato che viola l'art. 66, R.D.L. n. 1578/1933, non consegnando al cliente i documenti richiesti, anche nel caso in cui non abbia ricevuto il pagamento delle spese e competenze legali; la formale messa a disposizione della documentazione da parte dell'avvocato non esclude la responsabilità disciplinare del professionista se di fatto ne viene impedita la materiale apprensione (Cass. 17 novembre 2011, n. 24080). Infatti, si è affermato (Trib. Taranto 25 marzo 2015) che è contrario ai doveri di correttezza e pertinenza rispetto all'eserci**zio del proprio diritto di difesa l'aver**, da parte dell'avvocato, **trattenuto gli originali degli assegni senza alcuna necessità difensiva** nel giudizio volto ad ottenere il pagamento delle sue spettanze e nonostante la specifica richiesta di restituzione ricevuta dalla sua cliente.

Limite triennale tenuta documenti

In ordine alla restituzione dei documenti, **gli avvocati e i patrocinatori legali sono esonerati dal rendere conto degli incartamenti relativi alle liti dopo tre anni da che queste sono state decise o sono altrimenti terminate**; all'avvocato può essere, però, deferito il giuramento perché dichiari se ritiene o sa dove si trovano gli atti o le carte (art. 2961, comma 3, c.c.).

Deposito atti al Consiglio Ordine

Sul tema si è affermato (Cons. naz. forense 27 maggio 1978) che **non assume rilevanza, ai fini della esclusione della infrazione disciplinare, la pretesa dell'incolpato di depositare gli atti presso il Consiglio dell'Ordine** ai sensi dell'art. 73 legge professionale, a liquidazione degli onorari già avvenuta, fino alla conclusione del giudizio di opposizione a decreto ingiuntivo ottenuto contro il cliente; nel caso, infatti, trova applicazione l'art. 66 stessa legge che non consente agli avvocati di ritenere gli atti di causa per il mancato pagamento delle competenze.

Occorre evidenziare che **a seguito di reclamo del cliente, il Consiglio dell'Ordine ordina all'avvocato di depositare gli atti e i documenti nella propria sede e si adopera per la composizione amichevole della controversia**. Nel caso in cui avviene la conciliazione della lite, viene redatto apposito verbale, il quale depositato nella cancelleria del Tribunale, ha efficacia di titolo esecutivo, tant'è che a richiesta ne viene rilasciata copia in forma esecutiva. **Se la conciliazione non riesce**, il Consiglio dell'Ordine procede all'accertamento delle spese e alla liquidazione degli onorari, prima di autorizzare il cliente al ritiro degli atti di causa e delle scritture.

19. Ritardato pagamento della parcella

Modalità pagamento compenso

Occorre preliminarmente soffermarsi sulle **modalità di pagamento del compenso all'avvocato**. Il debitore ha facoltà di pagare, a sua scelta, in **moneta avente corso legale dello Stato** (ed al domicilio del creditore) o mediante **consegna di assegno circolare**. Nel primo caso il creditore non può rifiutare il pagamento, come invece, può, nel secondo solo per giustificato motivo, da valutare secondo le regole della correttezza e della buona fede oggettiva. **L'estinzione dell'obbligazione con l'effetto liberatorio per il debitore si verifica** nel primo caso con la **consegna della moneta**, e nel secondo caso quando il creditore acquista concretamente la **disponibilità giuridica della somma di denaro**, ricadendo sul debitore il rischio dell'inconvertibilità dell'assegno (Cass., SS.UU.,

18 dicembre 2007, n. 26617). Il tempo dell'adempimento di un'obbligazione pecuniaria in caso di pagamento a mezzo assegno circolare va, quindi, identificato in quello in cui il creditore, che non si dolga dell'imperfezione del mezzo di pagamento o non adduca altri giustificati motivi, riceve, cambiandolo nelle forme prescritte dalla legge e usando al riguardo l'ordinaria diligenza, il controvalore pecuniario del detto titolo di credito (Cass. 20 giugno 2011, n. 13482); va escluso, quindi, qualsiasi effetto favorevole per il *solvens* a decorrere dalla data della sola spedizione dell'assegno circolare.

Luogo adempimento

In ordine al **luogo di adempimento,** si è affermato (Cass. 13 settembre 2016 n. 17989) che **le obbligazioni pecuniarie da adempiersi al domicilio del creditore,** secondo il disposto dell'art. 1182, terzo comma cod. civ., **sono esclusivamente quelle liquide,** delle quali, cioè, il titolo determini l'ammontare, oppure indichi i criteri per determinarlo senza lasciare alcun margine di scelta discrezionale, e i presupposti della liquidità sono accertati dal giudice ai fini della competenza, allo stato degli atti, secondo quanto dispone l'art. 38, ultimo comma, c.p.c.

Credito di valuta e non di valore

Sulla modalità di pagamento del compenso all'avvocato, va evidenziato che **il credito del professionista per il compenso spettantegli in ragione dell'attività svolta nell'esecuzione di un contratto d'opera, è di valuta e non di valore**, in quanto ha per oggetto, *ab origine*, la prestazione di una somma di denaro (Cass. 19 gennaio 2005, n. 1063); pertanto può e deve l'obbligato estinguere il suo debito mediante corresponsione di una somma dovuta in valuta avente al momento corso legale e nell'esatto numerario cui esso ammontava, atteso che **il debito di valuta non si trasforma in debito di valore per il solo fatto dell'inadempimento**, comportamento, questo, del debitore, la cui contrarietà ai principi dell'ordinamento il legislatore ha sanzionato con il ricollegarvi, nell'art. 1224, comma 1, c.c., l'effetto di dar luogo alla corresponsione degli interessi nella misura legale indipendentemente da ogni prova di danno.

Posto che il credito dell'avvocato per onorari professionali è credito di valuta e non di valore avendo per oggetto, fin dall'origine, il pagamento di una somma di denaro, **la sopravvenuta svalutazione monetaria non ne consente una rivalutazione d'ufficio,**

occorrendo una domanda del creditore di riconoscimento del maggior danno nei limiti previsti dall'art. 1224, comma 2, c.c. e il **soddisfacimento del relativo onere probatorio** ed essendo applicabile l'art. 429 c.p.c., solo quando l'opera dell'avvocato si configuri come attività continuativa e coordinata tipica dei cosiddetti rapporti di parasubordinazione (Cass. 28 marzo 2012, n. 499; Cass. n. 11777/2005).

Esclusione rivalutazione d'ufficio

Il credito dell'avvocato per il compenso spettantegli *ex* art. 2230 c.c., è, quindi, un credito di valuta e non di valore (Cass. 2 agosto 2005, n. 16132; Cass. 7 giugno 2005, n. 11777; Cass. 22 giugno 2004, n. 11594; Cass. 26 febbraio 2002, n. 2823; Cass. 26 marzo 1999, n. 2891; Cass. 15 febbraio 1999, n. 1266), con la conseguenza che **non è possibile una rivalutazione d'ufficio, occorrendo una domanda del creditore di riconoscimento del maggior danno** nei limiti previsti dall'art. 1224 c.c. e il soddisfacimento del relativo onere probatorio (Cass. 12 novembre 2019 n. 29212; Cass. 5 aprile 2005, n. 7055); incombe, pertanto, sul creditore, dunque sul professionista che agisca per ottenere il pagamento delle rese prestazioni, l'onere di dedurre prima (e provare poi) che il pagamento tempestivo da parte del cliente gli avrebbe consentito, mediante l'opportuno impiego della somma, d'evitare o limitare gli effetti della sopravvenuta inflazione (Cass. 2 agosto 2005, n. 16132).

Risarcimento danni

In caso di inadempimento o ritardato adempimento dell'obbligazione, la rivalutazione monetaria del credito può essere riconosciuta, quindi, sempreché il creditore alleghi e dimostri ai sensi del secondo comma dell'art. 1224 cod. civ., l'esistenza del maggior danno derivato dalla mancata disponibilità della somma durante il periodo di mora e non compensato dalla corresponsione degli interessi legali previsti con funzione risarcitoria in misura forfettariamente predeterminata dal primo comma dell'art. 1224 cod. civ.

In caso di mora si ha diritto alla corresponsione degli interessi, nella misura legale, indipendentemente da ogni prova di danno, mentre ai fini del risarcimento del maggior danno da svalutazione monetaria ai sensi dell'art. 1224, comma 2, c.c., incombe all'avvocato l'onere di dedurre e poi provare che il pagamento tempestivo da parte del cliente gli avrebbe consentito, mediante l'opportuno impiego della somma, di evitare o limitare gli effetti della sopravvenuta inflazione (Cass. 22 giugno 2004, n. 11594; Cass. 15 luglio 2003, n. 11031; Cass. 20 novembre 1998, n. 11736), non essendo sufficiente la mera allegazione dello *status* professionale di avvocato (Cass. 2 agosto 2005, n. 16132); **incombe all'avvocato, poi, fornire la prova dell'invio della parcella** (Cass. 1° marzo 1990, n. 1545), **parcella che può essere inviata anche all'indirizzo del cliente quando non vi è altro modo per contattarlo** (provvedimento garante per la *privacy* del 18 settembre 2008), e ciò in quanto il codice consente il trattamento dei dati relativi all'interessato anche senza il consenso di questi quando lo stesso è necessario al titolare per fare valere un proprio diritto nei suoi confronti, soprattutto nel caso di un proprio diritto di credito.

All'inadempimento in questione il legislatore ha, altresì, ricollegato, nell'art. 1224, comma 2, c.c., la conseguenza di una ulteriore obbligazione risarcitoria, di valore questa (e non di valuta), ma tale effetto gli ha riconosciuto solo ove abbia cagionato al creditore un danno autonomo e diverso, rispetto alla semplice indisponibilità della somma oggetto dell'originaria obbligazione del debitore, e per il quale non possa aversi integrale ristoro con la sola corresponsione degli interessi moratori previsti dall'art. 1224, comma 2, c.c.; **il diritto al conseguimento del maggior risarcimento *ex* art. 1224, comma 2, c.c., non è stato configurato quale effetto automatico dell'inadempimento del debitore, bensì solo su una motivata allegazione e una idonea dimostrazione, da parte del creditore**, del danno assuntivamente subito.

Incombe, quindi, sul professionista, il quale agisca per ottenere il compenso dovutogli per l'attività svolta nell'ambito di un rapporto d'autonoma prestazione d'opera, l'onere di dedurre e poi provare che il pagamento tempestivo da parte del debitore (il cliente) gli avrebbe consentito, mediante l'opportuno impiego della somma, di evitare o limitare gli effetti della sopravvenuta inflazione (Cass. 19 gennaio 2005, n. 1063; Cass. 5 luglio 2003, n. 11031; Cass. 29 aprile 2002, n. 6224; Cass. 17 aprile 2001, n. 5605; Cass. 15 febbraio 1999, n. 1266; Cass. 29 maggio 1998, n. 5326).

Sul "danno da svalutazione monetaria nelle obbligazioni pecuniarie, sul regime probatorio e omogeneità tra le catego-

rie di creditori", sono intervenute le Sezioni Unite civili della Corte di Cassazione, con sent. 16 luglio 2008, n. 19499.

Ritardato pagamento e decorrenza interessi

In caso di ritardato pagamento della parcella all'avvocato, occorre evidenziare che il regolamento sui parametri di cui al d.m.147/2022, il dm 8 marzo 2018, n. 37 (ma già il d.m. 10 marzo 2014, n. 55 ed il decreto 20 luglio 2012, n. 140) e l'ultimo decreto sulla tariffa n. 127 del 2004, nulla prevedono in caso di ritardo nel pagamento della parcella all'avvocato, peraltro la normativa tariffaria (dm 22 giugno 1982) che prevedeva il diritto agli interessi di mora è stata dichiarata illegittima: Cass. 30 ottobre 1996 n. 8514; Cass. 27 marzo 1993, n. 3690. Occorre pertanto rifarsi alla normativa del codice civile ed alla giurisprudenza.

Sulla decorrenza degli interessi in caso di tardivo pagamento della parcella all'avvocato, si è affermato (Cass. 16 marzo 2022 n. 8611) che nel caso di richiesta avente ad oggetto il pagamento di compensi per prestazioni professionali rese dall'esercente la professione forense, **gli interessi di cui all'art.1224 cod. civ. competono a far data dalla messa in mora (coincidente con la data della proposizione della domanda giudiziale ovvero con la richiesta stragiudiziale di adempimento), e non anche dalla successiva data in cui intervenga la liquidazione da parte del giudice,** eventualmente all'esito del procedimento sommario di cui all'art.14 del d.lgs. n.150/2011, non potendosi escludere la mora sol perché la liquidazione sia stata effettuata dal giudice in misura inferiore rispetto a quanto richiesto da creditore.

Con la citata ordinanza n. 8611/2022, la Suprema Corte, dopo avere riepilogato gli orientamenti giurisprudenziali sulla decorrenza degli interessi in caso di ritardato pagamento del compenso all'avvocato, ha affermato il citato principio, specificando che **nel caso di richiesta avente ad oggetto il pagamento di compensi per prestazioni professionali rese dall'esercente la professione forense, gli interessi di cui all'art.1224 cod. civ. competono a far data dalla messa in mora (coincidente con la data della proposizione della domanda giudiziale ovvero con la richiesta stragiudiziale di adempimento)**, e non anche dalla successiva data in cui intervenga la liquidazione da parte del giudice, eventualmente all'esito del procedimento sommario di cui all'art. 14

del d.lgs. n. 150/2011, non potendosi escludere la mora sol perché la liquidazione sia stata effettuata dal giudice in misura inferiore rispetto a quanto richiesto dal creditore. Dopo tale "motivata" decisione, anche per limitare condotte ingiustificatamente dilatorie del debitore, è da ritenersi superata, per la decorrenza degli interessi di mora, la distinzione fra liquidazione del compenso dell'avvocato effettuata con il procedimento ex art. 14 d.lgs. n. 150/2011, e quella effettuata con decreto ingiuntivo, anche perché *"La liquidità del credito non è...un requisito per la mora, anche nel caso in cui ad essere oggetto della domanda sia un'obbligazione di valuta, quale il credito professionale dell'avvocato"*.

Decorrenza interessi

Per i crediti professionali derivanti dallo svolgimento dell'attività di avvocato, quindi, gli interessi decorrono dalla messa in mora, e ciò anche nel caso in cui alla liquidazione si pervenga all'esito del procedimento di cui all'art. 14 del d.lgs. n. 150/2011 (Cass. 30 aprile 2014 n. 9510; Cass. 27 settembre 2010, n. 20269; Cass. 12 agosto 2009, n. 18233; Cass.15 febbraio 1999, n. 1266; Cass. 20 novembre 1998 n. 11736; Cass. 30 ottobre 1996 n. 9514; Cass. 28 novembre 1987, n. 8865). Trib. Venezia 23 novembre 2021, in cui si afferma che l'invio della richiesta di pagamento da parte del professionista consente l'applicazione dell'art.4, comma 2, lett.a), d.lgs. n.231/2002 che fa decorrere il termine di trenta giorni per il pagamento dalla data di ricevimento da parte del debitore della fattura o di una richiesta di pagamento di contenuto equivalente.

Contra, per la decorrenza degli interessi dalla data della definizione del procedimento ex art. 28 l. n. 794 del 1942 come sostituito dall'art.15 del d.lgs. n. 150/2011, e non dalla messa in mora (e ciò in quanto allorchè la determinazione dell'esatto valore di un'obbligazione pecuniaria sia rimessa al giudice, la costituzione in mora può aversi, di regola, solo con la domanda giudiziale, con l'atto cioè che rende attuale l'esercizio di quel potere da parte del giudice) Cass. 5 luglio 2018, n. 17655, (che distingue, però, la liquidazione effettuata con il procedimento di cui all'art.14 del d.lgs. n. 150/2011 da quella effettuata con decreto ingiuntivo, per la quale gli interessi richiesti decorrono dalla notifica dello stesso e non dalla pubblicazione della sentenza che definisce l'opposizione); Cass. 16 febbraio 2016, n. 2954; Cass. 24 ottobre 2014, n. 22678; Cass. 2 febbraio 2011 n. 2431; Cass. 2

agosto 2005, n. 16132; Cass. 7 giugno 2005, n. 11777; Cass. 29 maggio 1999, n. 5240; Cass. 28 aprile 1993 n. 5004; Cass. 27 giugno 1997, n. 5772 (in cui si specifica, con riguardo a compenso dovuto ad un professionista per l'opera prestata in favore della curatela fallimentare ed ammesso al passivo in prededuzione, che è esclusa la possibilità di riconoscere gli interessi moratori non essendo concepibile, nella procedura fallimentare, una *mora debendi* in relazione al carattere satisfattivo della procedura concorsuale, ai tempi e modalità dei pagamenti); Cass. 11 giugno 1988, n. 3995; Cass. 14 maggio 1994, n. 4712.

Misura degli interessi

In caso di condanna giudiziale **il tasso di interesse è pari a quello previsto dalla legislazione speciale relativa ai ritardi di pagamento delle transazioni commerciali** (Cass. 16 marzo 2022 n. 8611).

In ordine alla misura degli interessi la Cassazione con la citata ordinanza n. 8611/2022, nell'accogliere la censura sulla misura degli interessi (che il provvedimento impugnato aveva ritenuto di dover determinare in misura pari al tasso legale), evidenzia la previsione di cui al comma 4 dell'art.1284 cod. civ., che prescrive che, in caso di condanna giudiziale, il tasso di interessi sia pari a quello previsto dalla legislazione speciale relativa ai ritardi di pagamento delle transazioni commerciali. Infatti, per scongiurare condotte pretestuose del debitore in ambito processuale, con il decreto legge n. 132/2014, conv. in l. n. 162 del 2014, il legislatore ha introdotto il quarto comma dell'art.1284 cod. civ., che dispone che, in assenza di predeterminazione delle parti, gli interessi dovuti a far data dalla domanda giudiziale sono quelli previsti dalla legislazione speciale relativa ai ritardi di pagamento delle transazioni commerciali, manifestando in tal modo il chiaro intento di contrastare, anche con la maggiorazione degli interessi di mora, pratiche dilatorie ovvero ostruzionistiche del debitore, anche per evitare che la durata del processo possa andare a danno del creditore.

Sul meccanismo previsto dal nuovo 4 comma dell'art. 1284 cod. civ., secondo cui, qualora le parti non abbiano determinato la misura del saggio degli interessi legali, dal momento in cui è proposta domanda giudiziale, il relativo tasso è pari a quello previsto dalla legislazione speciale relativa ai ritardi di pagamento nelle transazioni commerciali, Trib. Milano 29 gennaio 2015; Trib. Reggio

Emilia 24 febbraio 2015; Trib. Cremona 9 gennaio 2015, tutte in Foro it., 2015, I, 1805; Corte cost. 25 febbraio 2002, n. 29, id., 2002, I, 933; Cass. 27 settembre 2013, n. 22204, id., 2014, I, 128.

Pagamenti parziali e calcolo interessi

Nel caso in cui per effetto di versamenti effettuati in corso di causa il credito originariamente vantato si riduce, gli interessi vanno calcolati sul credito originario sino alla data del pagamento parziale, decorrendo successivamente sul credito residuo (Cass. n.17122 del 2022).

20. Prescrizione del diritto alle competenze professionali

Prescrizione presuntiva

Il diritto dell'avvocato per il compenso dell'opera prestata e per il rimborso delle spese correlative, **si prescrive, ai sensi dell'art. 2956 c.c., in tre anni** (tale prescrizione presuntiva opera per tutti coloro che svolgano una professione intellettuale, a prescindere dalla necessaria iscrizione ad un albo professionale o elenco: Cass. 25 giugno 1985 n. 3886).

La prescrizione disciplinata dall'art. 2956 c.c. è però presuntiva, nel senso che l'estinzione del debito avviene senza che il debitore si fornisca con la quietanza la prova dell'estinzione medesima. La prescrizione presuntiva è fondata sulla presunzione di adempimento dell'obbligo e implica il riconoscimento della esistenza del credito nella stessa misura richiesta dal creditore (Cass. 15 maggio 2007, n. 11195).

Il decorso del termine della prescrizione presuntiva non comporta l'estinzione del diritto di credito ma la presunzione *iuris tantum* che esso sia stato soddisfatto, con limitata possibilità di prova contraria. Il creditore può superare la presunzione *iuris tantum* di avvenuto pagamento solo attraverso la confessione in giudizio del debitore di non avere adempiuto o mediante il deferimento alla controparte del giuramento decisorio.

La prescrizione presuntiva del compenso dell'avvocato **non opera se il credito trae origine da contratto stipulato tra cliente e avvocato in forma scritta** (Cass. 13 gennaio 2017 n. 763), in quanto le prescrizioni presuntive, trovando ragione unicamente nei rapporti che si svolgono senza formalità, dove il pagamento suole avvenire senza dilazione né rilascio di quietanza, non operano per il credito che trae origine da un contratto stipulato in forma scritta, mentre riprendono la loro ordinaria operatività per la parte di credito derivante dall'esecuzione di prestazioni che non hanno fondamento nel documento contrattuale (in termini, Cass. 2 gennaio 2021 n. 1435; Cass. 30 aprile 2018 n. 10739; Cass.13 gennaio 2017 n. 763).

L'eccezione di prescrizione presuntiva è preclusa anche in tutte le ipotesi in cui il debitore ammetta di non avere estinto il debito ovvero contesti, anche per implicito, l'entità della somma richiesta (Cass. 2 maggio 2014 n. 11991). L'art. 2959 cod. civ. stabilisce che l'eccezione di prescrizione presuntiva è rigettata se il debitore ha ammesso in giudizio che l'obbligazione non è stata estinta. L'eccezione di prescrizione presuntiva, infatti, presupponendo l'intervenuto pagamento, non consente contestazione alcuna in ordine all'esistenza del credito azionato neppure in relazione a parte degli importi richiesti. **In tema di prescrizioni presuntive, l'ammissione di non aver estinto il debito da parte del debitore** (che comporta il rigetto dell'eccezione di prescrizione presuntiva) **può risultare anche per implicito** dalla contestazione, da parte del debitore stesso, dell'entità della somma richiesta (Cass. 27 settembre 2010, n. 20269).

***Ratio* prescrizione presuntiva**

La *ratio* della prescrizione presuntiva (Cass. 25 giugno 2015 n. 13144) viene individuata nella particolare natura dei rapporti obbligatori ai quali si applica, trattandosi di rapporti rispetto ai quali l'adempimento suole avvenire senza dilazione o comunque in tempi brevi, e senza il rilascio di quietanza scritta. La *ratio* della prescrizione presuntiva si fonda, quindi, sulla considerazione che vi sono rapporti della vita quotidiana nei quali l'estinzione del debito avviene di regola contestualmente all'esecuzione della prestazione senza che il debitore abbia cura di richiedere una quietanza che gli consenta di provare, anche a distanza di tempo, di avere già provveduto a estinguere il debito /(Trib. Mantova 24 febbraio 2017). Il legislatore, pertanto, sopperisce con la presunzione alla difficoltà del *solvens* di fornire la prova certa del proprio adempimento (Cass. 29 giugno 1985 n. 3886).

Prescrizione presuntiva e società tra avvocati

La prescrizione presuntiva triennale non si applica in caso di attività esercitata in forma societaria. Si è, infatti, affermato (Cass. sez. un., 25 giugno 2015 n. 13144), che la prescrizione presuntiva triennale del diritto dei professionisti, per il compenso dell'opera prestata e per il rimborso delle spese correlate (art. 2956 n. 2 c.c.), trova la sua giustificazione nella particolare natura del rapporto di prestazione d'opera intellettuale, caratterizzato dalla personalità della prestazione; **in caso di attività esercitata in forma societaria non può essere opposta la prescrizione presuntiva triennale**. L'art. 2956 n. 2 cod. civ. si riferisce, quindi ai crediti dei professionisti, ma non ai crediti delle società commerciali.

Gratuito patrocinio e prescrizione presuntiva

È inapplicabile la prescrizione presuntiva triennale ex art.2956, comma 2, cod. civ., ai crediti professionali dell'avvocato da liquidarsi in caso di patrocinio a spese dello Stato, per la natura del credito che per la legge speciale regolatrice della materia, è contenuta nel testo unico sulle spese di giustizia (Trib. Taranto ordinanza 18 luglio 2018). La prescrizione presuntiva non opera, quindi, in relazione al compenso spettante all'avvocato per l'attività svolta a favore di soggetto ammesso al gratuito patrocinio in un processo penale (Cass. 22 maggio 2019 n. 13707; Cass. 20 dicembre 2017 n. 30539).

Recesso e decorrenza prescrizione

In ipotesi di recesso, poiché questo opera *ex nunc,* il termine prescrizionale decorre dal momento in cui il contratto cessa di spiegare i suoi effetti (Cass. 6 agosto 2019 n. 21008; Cass. n. 3515/1969).

Atti interruttivi prescrizione

Occorre evidenziare, in ordine agli **atti idonei ad interrompere la prescrizione,** che è *jus receptum* (Cass. 3 luglio 2003 n. 10536; Cass. 5 ottobre 1998 n. 9861; Cass. 6 agosto 1996 n. 7181) **che costituisce atto idoneo ad interrompere la prescrizione, ai sensi dell'art. 2943 cod. civ., l'inoltro della richiesta di adempimento per lettera raccomandata,** la cui spedizione è provata dalla relativa ricevuta e i cui particolari doveri di consegna a carico del servizio postale ne fanno presumere l'arrivo al debitore, **pur in assenza della ricevuta di ritorno**, sicchè solo a seguito di contestazione del destinatario sorge l'onere per il mittente di provare il ricevimento (Cass. 30 giugno 2015 n. 13401). Infatti, non si può ignorare che **l'atto interruttivo della prescrizione ai sensi dell'art. 2943 cod. civ. ha natura recettizia,** dovendo essere portato a conoscenza della controparte, con la conseguenza che **tale atto non produce alcun effetto interruttivo del termine di prescrizione in caso di nullità della notificazione di esso** (Cass. 26 agosto 1986 n. 5212).

Comunque, perché un atto abbia efficacia interruttiva della prescrizione ex art. 2943, comma 4, cod. civ., esso deve presentare un elemento oggettivo, costituito dalla chiara indicazione del soggetto obbligato, ed un elemento soggettivo, consistente nella esplicitazione di una pretesa, nella intimazione o richiesta scritta di adempimento idonea a manifestare l'inequivocabile volontà del titolare del credito di far valere il proprio diritto nei confronti del soggetto indicato: **la costituzione in mora del debitore, anche al fine della interruzione della prescrizione, postula l'estrinsecazione della pretesa creditoria, con richiesta d'adempimento, e, pertanto, non può essere ravvisata in una generica riserva di far valere il diritto o di agire a sua tutela in un momento successivo** (Cass. 26 novembre 2014 n. 25153; Cass. 21 maggio 1985 n. 3096).

Occorre evidenziare che è impossibile presumere l'intervenuto pagamento del **creditore insinuatosi nel fallimento** se alla data del fallimento il triennio previsto dall'art. 2956 cod. civ. non si è ancora completamente maturato, stante l'impossibilità giuridica di provvedere, per il periodo successivo, al pagamento del dovuto in ragione dell'intervenuta apertura della procedura concorsuale.

Onere della prova

La prescrizione presuntiva dei crediti maturati per l'esecuzione delle prestazioni professionali di cui all'art. 2956, n. 2, cod. civ., opera sul piano dell'onere della prova, nel senso che la ***ratio*** dell'istituto della prescrizione presuntiva si identifica con lo scopo di sopperire alla difficoltà del ***solvens*** di fornire la prova certa del proprio adempimento, considerata la particolare natura dei rapporti obbligatori nascenti nell'ambito dello svolgimento delle prestazioni professionali (Cass. 25 giugno 2015 n. 13144).

Quanto alla ripartizione dell'**onere della prova**, la Cassazione, con sent. n. 785/1998 ha affermato che **mentre il debitore, che ha eccepito la prescrizione presuntiva, è tenuto a provare il decorso del termine previsto dalla legge, grava sul creditore l'onere di dimostrare la mancata soddisfazione del credito** e tale prova può essere fornita soltanto con il deferimento del giuramento decisorio, ovvero avvalendosi dell'ammissione fatta in giudizio dallo stesso debitore. Infatti, è pacifico (Cass. n. 19240/2004 e n. 14249/2004) che, **al fine di paralizzare l'eccezione presuntiva di pagamento**, unici mezzi idonei sono l'ammissione, da parte del debitore, **di non avere estinto l'obbligazione, oppure il deferimento al debitore, da parte del creditore del cui diritto sia stata opposta la prescrizione, del giuramento decisorio.**

L'eccezione di prescrizione non equivale, poi al riconoscimento del debito, in quanto il disposto dell'art. 2957 cod. civ., si intende nel senso che l'ammissione del fatto comporta il rigetto dell'eccezione, ma non, al contrario, che l'aver sollevato l'eccezione di prescrizione determini l'ammissione del fatto costitutivo del debito (Cass. 30 giugno 2015 n. 13401; Cass. 21 gennaio 2000 n. 634).

In caso di prescrizione presuntiva, quindi, mentre il debitore eccepiente è tenuto a provare il decorso del termine previsto dalla legge, grava sul creditore l'onere di dimostrare la mancata soddisfazione del credito attraverso il deferimento del giuramento decisorio ovvero avvalendosi dell'ammissione, fatta in giudizio dallo stesso debitore, della perdurante esistenza del rapporto obbligatorio (Cass. 1 marzo 2022 n. 6727; Cass. n. 17071 del 2021; Cass. 15 aprile 2014, n. 8735; Cass. 15 maggio 2007, n. 11195).

Atto costituzione in mora

Per evitare gli effetti della prescrizione presuntiva **è necessario un atto di costituzione in mora da parte dell'avvocato** (Cass. 2 ottobre 2012, n. 16774), atto per il quale non esistono formule sacramentali. Infatti **l'atto di costituzione in mora di cui all'art. 2119 c.c.**, idoneo ad integrare atto interruttivo della prescrizione *ex* art. 2943, ultimo comma, c.c. **non è soggetto a rigore di forme, all'infuori della scrittura, e quindi non richiede l'uso di formule solenni né l'osservanza di particolari adempimenti**, essendo sufficiente che il creditore manifesti chiaramente, con uno scritto qualsiasi, diretto al debitore e portato comunque a sua conoscenza, la sua volontà di ottenere il soddisfacimento del proprio diritto (Cass. 4 maggio 2006, n. 10270; Cass. 24 maggio 2005, n. 10926; Cass. 21 giugno 2002, n. 9378; Cass. 19 marzo 1994, n. 2628). In pratica, **la richiesta di pagamento delle competenze professionali costituisce atto di costituzione in mora, valido per l'interruzione della prescrizione, senza bisogno di formule sacramentali, né della quantificazione del credito**, potendo quest'ultimo essere non già determinato ma solo determinabile nel suo ammontare, avendo l'esclusivo scopo di portare a conoscenza del debitore la volontà del creditore di ottenere il soddisfacimento delle proprie pretese.

Nella prescrizione presuntiva il decorso del tempo non produce la estinzione del diritto, ma determina una semplice presunzione di liberazione che può essere combattuta con prova contraria (Cass. 2 settembre 1963, n. 2421).

Occorre evidenziare che la prescrizione presuntiva è fondata sulla presunzione di adempimento dell'obbligazione e implica, per questo, il riconoscimento dell'esistenza del credito (Cass. 1 marzo 2022 n. 6727).

Prescrizione ordinaria decennale

Il compenso dell'avvocato è soggetto, oltre che alla citata prescrizione presuntiva triennale, anche alla prescrizione ordinaria decennale (l'assoggettabilità ad entrambe le prescrizioni è compatibile attesa la diversa natura delle due prescrizioni: Cass. 2 settembre 1963, n. 2421). Il credito dell'avvocato, pertanto, in caso di mancata eccezione di prescrizione presuntiva da parte del debitore, si estingue ugualmente con il decorso del termine decennale della prescrizione ordinaria. Il più breve termine di cui all'art. 2956 c.c., **non significa, quindi, che dopo tre anni l'avvocato perde il diritto al pagamento del compenso**, ma solo che dopo tale termine avviene l'inversione dell'onere della prova in merito alla dimostrazione dell'avvenuto pagamento in caso di contestazione e diniego del committente (in pratica, l'avvocato deve fornire la prova di non essere stato pagato).

Prescrizione non opera d'ufficio

Occorre evidenziare che sia **la prescrizione ordinaria che quella presuntiva non operano automaticamente, ma devono essere eccepite dalla parte** che vi ha interesse (il giudice non può d'ufficio rilevare la prescrizione), e che il debitore che paga un debito prescritto non può farsi restituire quanto ha pagato.

Anche in tema di **gratuito patrocinio**, l'estinzione per **prescrizione del diritto del difensore alla liquidazione del compenso non può essere rilevata d'ufficio dal giudice,** ma deve essere eccepita dal debitore (Cass. pen., 26 novembre 2008 n. 3647).

Decorrenza prescrizione

La prescrizione, in base a quanto espressamente prevede per gli avvocati il comma 2 dell'art. 2957 c.c., "**decorre dalla decisione della lite, dalla conciliazione delle parti o dalla revoca del mandato**; per gli affari non terminati, **la prescrizione decorre**

dall'ultima prestazione" e dal "compimento della prestazione" in base al comma 1 del medesimo art. 2957 c.c. (Cass. 6 agosto 2019 n. 21008; Cass. 10 dicembre 1975, n. 4075; Cass. 22 aprile 1964, n. 965).

Per quanto concerne la decorrenza della prescrizione dei crediti dei professionisti legali, l'art.2957, comma 2, cod. civ., detta quindi una regola speciale, di deroga alla regola generale stabilita nel primo comma. In base a tale regola speciale per le competenze dovute agli avvocati, **il termine della prescrizione decorre non dal compimento della prestazione, ma dalla decisione della lite, dalla conciliazione delle parti o dalla revoca del mandato; per gli affari non terminati la prescrizione decorre dall'ultima prestazione.**

Poiché l'art.2957 cod. civ., comma 2, fa decorrere la prescrizione presuntiva del diritto all'onorario professionale dalla conclusione del giudizio per il quale l'opera professionale venne svolta, è solo da tale momento (pubblicazione del provvedimento decisorio definitivo) che l'obbligazione può dirsi "scaduta", ed il relativo diritto può essere fatto valere (Cass. 21 febbraio 2020 n. 4595). La conclusione della prestazione che l'art.2957 cod.civ., comma 2, individua quale *"dies a quo"* del decorso del termine di prescrizione delle competenze dovute agli avvocati, deve individuarsi nell'esaurimento dell'affare per il cui svolgimento fu conferito l'incarico, momento che coincide con la pubblicazione del provvedimento decisorio definitivo (Cass. 2 settembre 2019 n. 21943; Cass. 30 giugno 2015 n. 13401; Cass. 22 luglio 2004 n. 13774).

La prescrizione del diritto dell'avvocato al pagamento dell'onorario può decorrere non solo dal verificarsi dei fatti previsti dall'art.2957 cod.civ., ma anche dal momento in cui, per qualsiasi causa, cessi il rapporto col cliente, ivi compreso la morte di quest'ultimo (Cass. 17 dicembre 2021 n. 40626; Cass. 11 maggio 2012 n. 7281).

Occorre evidenziare che il contratto che ha per oggetto una prestazione d'opera intellettuale, è da considerare unico in relazione a tutta l'attività svolta in adempimento dell'obbligazione assunta e, pertanto, **il termine di prescrizione del compenso decorre dal giorno in cui è stato espletato l'incarico commesso e non già dal compimento di ogni singola operazione professionale** necessaria all'assolvimento del compito assunto ed in cui si articola la convenuta prestazione d'opera intellettuale (Cass. 6 agosto 2019 n. 21008).

Poiché l'incarico si fonda sul contratto di patrocinio, che è regolato dalle norme del mandato di diritto sostanziale, e non sul rilascio della procura *ad litem*, il cui fine è soltanto quello di consentire la rappresentanza processuale della parte, il termine di prescrizione inizia a decorrere dall'esaurimento dell'affare per il cui svolgimento fu conferito l'incarico (Cass. 30 giugno 2015 n. 13401), che, nel caso di prestazioni rese in due gradi di giudizio, coincide con la pubblicazione della sentenza di appello (Cass. n. 12326 del 2001).

La prescrizione del diritto al compenso dei professionisti decorre automaticamente, ai sensi dell'art. 2957 c.c., dalla conclusione della prestazione, la quale fa presumere l'immediata esigibilità del corrispettivo, senza che abbia alcun rilievo l'apposizione del visto di conformità sulla parcella da parte del competente consiglio dell'ordine, essendo altrimenti riconosciuta al professionista la possibilità di fissare il termine iniziale di decorso della prescrizione in base ad una scelta arbitraria (Cass. 26 marzo 2009, n. 7378).

Occorre, però, evidenziare che **il contratto che ha per oggetto una prestazione d'opera intellettuale è da considerarsi unico in relazione a tutta l'attività svolta in adempimento dell'obbligazione assunta e, pertanto, il termine di prescrizione decorre dal giorno in cui è stato espletato l'incarico commesso e non già dal compimento di ogni singola operazione** professionale necessaria all'assolvimento del compito assunto e in cui si articola la convenuta prestazione d'opera intellettuale (Cass. 28 ottobre 2014, n. 22868; Cass. 13 settembre 2013, n. 21056; Cass. 26 ottobre 1965, n. 3515).

Si è specificato (Cass. 6 agosto 2019 n. 21008) che, posto il principio ricavabile dall'art.2957, comma 2, cod. civ., che in materia di onorari di avvocati la prescrizione decorre non dal compimento delle singole prestazioni, ma dall'esaurimento dell'incarico, qualora sia stato chiesto in giudizio il pagamento di onorari professionali di avvocato per le prestazioni eseguite fino a una certa data, tale data può essere assunta quale *dies a quo* del termine di prescrizione non automaticamente, in conseguenza della mera delimitazione temporale della pretesa compiuta dal creditore, ma solo a seguito dell'accertamento che l'incarico professionale si è esaurito con il compimento delle prestazioni oggetto della domanda.

Morte del cliente e decorrenza della prescrizione

La prescrizione (sia presuntiva che ordinaria) del diritto dell'avvocato al pagamento dell'onorario può decorrere non solo dal verificarsi dei fatti previsti dall'art. 2957 cod. civ., ma **anche dal momento in cui, per qualsiasi causa, cessi il rapporto col cliente, ivi compresa la morte di quest'ultimo** (Cass. 17 dicembre 2021 n. 40626; Cass. 23 settembre 2015 n. 18808; Cass. n. 7181 del 2012; Cass. n. 965 del 1964). E ciò in quanto la morte del cliente estingue il rapporto di patrocinio e determina l'insorgenza del diritto dell'avvocato al pagamento delle competenze professionali, malgrado la detta estinzione non faccia venire meno, a determinate condizioni, il dovere del difensore di continuare a gestire la lite (Cass. sez. un., n. 15295 del 2014).

La prescrizione del diritto dell'avvocato al pagamento dell'onorario **decorre,** quindi, **dal momento in cui, per qualsiasi causa, cessi il rapporto con il cliente, ivi compresa la morte di quest'ultimo, anche se,** in applicazione della regola dell'ultrattività del mandato, **l'omessa dichiarazione o notificazione del relativo evento ad opera del difensore costituito in giudizio comporta che questi continui a rappresentare la parte come se l'evento stesso non si fosse verificato** (Cass. 23 settembre 2015 n. 18808).

Pluralità prestazioni e decorrenza prescrizione

In caso di pluralità di prestazioni occorre accertare se esse siano state espletate a seguito di un unico incarico, nel qual caso si ha una prestazione unitaria oppure se si tratti di prestazioni autonome o comunque oggetto di retribuzioni periodiche (Cass. 2 giugno 1973, n. 1678).

Ai fini della decorrenza del termine di prescrizione triennale previsto dall'art. 2956, comma 2, c.c., si è precisato (Cass. 10 luglio 1987, n. 6033; Cass. 8 ottobre 2001, n. 12325) che per decisione della lite deve intendersi la data di pubblicazione della sentenza non impugnabile che chiude definitivamente la causa.

Prestazioni rese in due gradi di giudizio

Nel caso di prestazioni rese in due gradi di giudizio, il termine di decorrenza della prescrizione coincide con la pubblicazione della sentenza di appello, senza che rilevi il conferimento di una nuova procura per l'appello al medesimo difensore, perché ciò implica la prosecuzione dell'affare di cui il legale era stato incaricato dal cliente, non già il suo esaurimento (Cass. 17 dicembre 2021 n. 40626; Cass. 30 giugno 2015 n. 13401; Cass. 22 luglio 2004, n. 13774; Cass. n. 12326 del 2001).

Conciliazione lite

Con specifico riferimento alla **ipotesi di conciliazione della lite e responsabilità solidale tra le parti *ex* art. 68 legge professionale**, il termine di cui all'art. 2956, n. 2, c.c. decorre dal momento dell'avvenuta conciliazione della lite (art. 2957, comma 2, c.c.), ancorché gli avvocati non abbiano di essa avuto notizia e la conciliazione medesima risulti senza la data certa ad essi opponibile (Cass. 28 luglio 2004, n. 14249).

21. Riferimenti bibliografici

P. Accoti, *Gli onorari dovuti dal cliente al proprio avvocato,* **n Studio Cataldi, del 17.10.2018; G. Alcioni,** *Controversie tra avvocato e cliente per il pagamento degli onorari: applicabilità del rito speciale,* in *Dir. prat. lav.*, 1990, 41, 2533; **M.E. Bagnato,** *Lite tra avvocato e cliente: decide il foro ove ha sede lo studio legale,* in *Altalex,* n. 3284 del 11 luglio 2011; **V. Benedetti,** *Collocazione in sede fallimentare del credito di rivalsa IVA del professionista e, più in generale, del prestatore di servizi,* in *Fall.*, 1980, 817; **L. Biarella,** *Contratto tra avvocato e cliente: il foro è sempre quello del consumatore,* in *Altalex,* n. 330 del 28.7.2011; **C. Brogioni,** *La prededucibilità delle prestazioni professionali,* in *Il Foro Toscano*-Toscana Giurisprudenza, 2008, 2, 169; **A. Bulgarelli,** *Decreto ingiuntivo ottenuto da avvocato: opposizione con ricorso o citazione?,* in *Altalex,* del 16 ottobre 2013; L. Carbone, *Riforma in appello della sentenza e riflessi sulle spese del giudizio,* in Foro it., 2022, I, 137; L. Carbone, *La responsabilità professionale dell'avvocato,* in Prev. Forense, 2019, 245; **L. Carbone,** *Prescrizione del diritto alle competenze professionali,* in *Foro it.*, 2016, I, 628; **L. Carbone,** *Rimborso dell'iva e del contributo integrativo previdenziale al professionista,* in Foro it., 2016, I, 158; **L. Carbone,** *Il credito del difensore distrattario,* in *Foro it.*, 2011, I, 142; **L. Carbone,** *Tariffario per avvocati,* Milano, 2009, 174; **L. Carbone,** *Ritardato pagamento della parcella all'avvocato,* in *Foro it.*, 2009, I, 2960; **L. Carbone,** *Il rito camerale speciale per il recupero delle competenze professionali dell'avvocato,* in *Foro it.*, 2005, III, 670; **L. Carbone,** *Circa la c.d. "tassa di opinamento" corrisposta al Consiglio dell'Ordine degli avvocati,* in *Foro it.*, 2004, II, 474; **L. Carbone,** *Diritto al compenso professionale, contestazione del cliente e parere del Consiglio dell'Ordine,* in *Foro it.*, 1997, I, 2181; **L. Carbone,** *La liquidazione della parcella da parte del Consiglio dell'Ordine,* in *Toga Picena,* 1995, fasc. 1, 7; **L. Carbone,** *Criteri di liquidazione delle competenze professionali (a carico del cliente e del soccombente; contributo integrativo ed imponibile IVA),* in *Foro it.*, 1995, I, 1244; **L. Carbone,** *La "liquidazione" della parcella da parte dell'ordine professionale,* in *Giust. civ.*, 1991, II, 495; **L. Carbone,** *La tutela giudiziaria dei crediti per prestazioni professionali,* in *Giust. civ.*, 1989, II, 140; **L. Carbone,** *Liberi professionisti: il ritardato pagamento dei compensi,* in *Dir. prat. lav.*, 1989, 2777; **L. Carbone,** *In tema di compensazione delle spese: orientamenti giurisprudenziali e brevi considerazioni,* in *Inf. prev.*, 1988, 1167; **L. Carbone,** *Riflessi dell'art. 149 disp. att. c.p.c. sul regime delle spese giudiziali,* in *Dir. lav. Marche,* 1989, 3, 251; **L. Carbone,** *Conseguenze patrimoniali a carico del difensore per omessa presentazione della nota spese,* in *Dir. lav. Marche,* 1988, I, 65; **Cecchella-Ortolani,** *La* *prescrizione presuntiva e il giuramento: prescrizione o presunzione?,* in Ventiquattrore avvocato, 2012, 10, 88; **P.F. Censoni**, *Il privilegio del credito del professionista nel fallimento del cliente,* in *Giur. comm.*, 1990, II, 338; **P. Comoglio**, *Spese processuali a carico dell'avvocato solo se la procura è inesistente,* in Quotidiano giuridico del 27.9.2016; **P. Comoglio,** *L'avvocato distratta rio può chiedere il pagamento della parcella anche al proprio cliente,* in Quotidiano giuridico del 19.10.2016; **P. Comoglio**, *La misura del compenso del difensore prescinde dalla liquidazione contenuta nella sentenza,* in Quotidiano giuridico del 29.10.2018; **C.M. Crea**, *La necessità di abrogare il procedimento di liquidazione de compenso degli avvocati,* in Foro it., 2020, 1202; **C.M. Crea,** *Il nuovo procedimento per la liquidazione dei compensi dell'avvocato al vaglio della Suprema corte,* **in Foro it., 2016, I,1722; F. Cipriani**, *Sul procedimento per la liquidazione degli onorari agli avvocati,* in *Foro it.*, 2009, I, 1824; **F. Cipriani**, *Sul procedimento per la liquidazione degli onorari degli avvocati,* in *Prev. forense*, 2009, 141; **F. Cipriani**, *Procedimento camerale e diritto alla difesa,* in *Riv. dir. proc.*, 1974, 189 ss.; **F. Cossignani**, *Il nuovo procedimento per la liquidazione del compenso dell'avvocato,* in *Prev. forense*, 2012, 2, 18; **G. Costantino**, *Osservatorio per la giustizia civile di Genova. Un protocollo in materia di spese giudiziali,* in *Foro it.*, 2009, V, 400; **R. Danovi**, *Mandato professionale del terzo e obbligo di pagamento degli onorari,* in *Foro pad.*, 1989, I, 410; **L. Del Paggio**, *La responsabilità civile dell'avvocato e le polizze assicurative,* in Prev. Forense, 2019, 248; **Deluca,** *Nuove norme e vecchi problemi del procedimento per la liquidazione degli onorari degli avvocati,* in Giusto processo civ., 2013, 127; **G. De Marzo**, *Le spese giudiziali e la riparazione nella riforma del processo civile,* in *Foro it.*, 2009, V, 397; **A. Di Lascio**, *Giudice amministrativo e procedimento per la liquidazione delle parcelle,* in *Foro amm. CDS*, 2005, n. 4, 1185; **M. Ferrari**, *Compensi avvocato: qual'è il termine di decorrenza degli interessi,* in Altalex del 12 aprile 2022; **M. Ferrari,** *Mandato all'avvocato in favore del terzo: chi paga la parcella?.* In Altalex del 17 novembre 2016; **T. Ficarelli,** *La condanna del difensore al pagamento delle spese processuali in presenza di una valida procura alle liti: una interpretazione evolutiva dell'art. 94 c.p.c., in Giur. It., 2009, I, 1, 152;* **M. Finocchiaro**, *Alcune considerazioni sul "rito speciale" in caso di ingiunzione per il pagamento di onorari per prestazioni professionali di esercenti l'attività di procuratore o avvocato,* in *Giust. civ.*, 1992, I, 724; **L. Fiorino**, *Sulla liquidazione di onorari di avvocato contro il cliente,* in *Foro it.*, 1969, I, 1590; **P. Fortina**, *Il principio di apparenza declinato nel diritto processuale,* in *Altalex* del 28 gennaio 2011; **Italia Eugenia**, *Tutela del compenso dell'avvocato: l'esclusività del som-*

mario "adattato", in La Nuova Giurisprudenza Civile commentata, 2018, n.7-8/2018; **A. Genovesi**, *Prescrizione presuntiva e crediti professionali nell'elaborazione giurisprudenziale*, in *Giust. Civ.*, 2010, II, 39; **C. Grillo,** *La prescrizione del diritto del professionista alla percezione del compenso,* in Temi Romana, 1998, 978; **L. Izzo,** *Cassazione: le spese per il CTU si possono compensare,* in Studio Cataldi del 26.9.2016; **G. La Cute**, *Prestazioni gratuite ed occasionali di consulenza legale non abilitata,* in *Giur. mer.*, 1976, II, 293; **M. La Manna,** *Professionisti: compensi soggetti ad iva anche se l'attività è cessata,* in Altalex del 6.6.2016; **C. Lega**, *Parere del Consiglio forense e consulenza tecnica,* in *Giur. it.*, 1963, I, 1, 675; **C. Lega**, *Tariffe forensi maggiorate a parere del Consiglio dell'Ordine,* in *Giur. it.*, 1968, I, 1, 1045; **C. Lega**, *Questioni in tema di rinuncia agli onorari nelle controversie dei lavoratori assistiti da un patronato,* in *Riv. it. prev. soc.*, 1975, 537; **C. Lega**, *Incarico professionale, mandato ad litem e rinuncia al compenso,* in *Temi rom.*, 1968, 158; **C. Lega**, *Avvocati, clienti e ingiunzioni di pagamento,* in *Giur. it.*, 1978, I, 1, 331; **C. Lega**, *Affare non portato a termine e prescrizione del compenso,* in *Giur. it.*, 1965, I, 1, 1118; **G. Lo Cascio**, *Il credito per IVA di rivalsa del professionista ed il privilegio che lo assiste,* in *Giust. civ.*, 1993, 963; **F. Lunari**, *Problemi nuovi posti all'IVA dovuta sull'onorario del difensore per prestazioni giudiziarie con riguardo alla rivalsa sulla parte soccombente,* in *Giur. it.*, 1989, I, 1, 264; **C. Macrì,** *Esercizio in forma societaria di attività professionale e prescrizione presuntiva,* in Nuova giur. Civ., 2015, I, 568; **A. Magentini**, *L'ultrattività della procura alle liti,* in CFnews.it dell'8.1.2020; **C. Magrone**, *Onorari del procuratore e parere del Consiglio dell'Ordine,* in *Foro it.*, 1968, I, 2518; **S. Marani**, *Il giudice non si pronuncia sulle spese dell'avvocato*? Sì alla correzione materiale, in *Altalex*, n. 2962 del 23 agosto 2010; **F. Marrucci**, *Anche nel processo tributario vale la disciplina della distrazione delle spese,* in *Altalex*, del 14 maggio 2012; **B. Massucci,** *La prescrizione dell'onorario dell'avvocato,* **Giuffrè, Milano, 2007; Minardi, Plenteda**, *Responsabilità dell'avvocato: il professionista risponde dei danni se l'errata impostazione della difesa determina della lite,* in *Il civilista*, 2009, fasc. 126 ss.; **S. Mezzacapo**, *Se la tariffa rientra tra i minimi e i massimi non necessaria una specifica motivazione,* in *Guida dir.*, 2011, n. 4, 103; **G. Pazzaglia,** *Revoca del mandato e onorari non pagati: le tutele mancate del nuovo codice forense,* in Altalex del 16 dicembre 2015; **M. Peirolo,** *Alle SS.UU. la decisione sull'imponibilità Iva dei compensi professionali riscossi dopo la cessazione dell'attività,* in Il fisco, n. 46/2014, pag. 4583; **M.C. Pinto**, *Onorari professionali e luogo di adempimento,* in *Giur. it.*, 1988, I, 1, 1799; **R. Plenteda**, *L'avvocato che fa una scelta contraria all'interesse del cliente* *deve risarcirlo*, in *Altalex*, n. 2990 del 20 settembre 2010; **F. Quagliolo**, *Sul diritto del procuratore legale a ripetere gli onorari da persona diversa dal cliente*, in *Foro pad.*, 1950, I, 431; **G. Ravazzi**, *Il "thema decidendum" nella opposizione a decreto ingiuntivo per onorari di avvocato e procuratore*, in *Riv. dir. lav.*, 1970, II, 316; **G. Ravazzi**, *La determinazione del petitum del rito camerale nella liquidazione dei compensi agli avvocati e procuratori*, in *Giur. it.*, 1971, IV, 73; **F. Reali**, *Prova del diritto agli onorari di avvocato e prescrizione presuntiva*, in *Rass. Giur. Umbra*, 2002, 520; **A. Rizzieri,** *Pagamento parziale e prescrizione presuntiva,* in Nuova giur. civ., 2006, I, 404; **S. Ruperto**, *La prescrizione presuntiva del diritto di credito dei professionisti*, in *Giust. civ.*, 1987, II, 459; **M. Salazar**, *Brevi note sulle società tra avvocati*, in *Prev. Forense*, 2017, 3, 239 ss..; **M. Salomone,** *Avvocato si autodifende in giudizio: l'iva non è dovuta,* in Altalex del 5.12.2016; **A.M. Sandulli**, *Osservazioni in tema di rifiuto di pareri sugli onorari da parte di ordini professionali*, in *Giust. civ.*, 1959, II, 255; **E. Sacchettini**, *Per le prestazioni compiute sotto il "vecchio" regime si devono calcolare i nuovi e assai più ristretti criteri*, in *Guida dir.*, 2013, n. 47 del 23 novembre 2013; **B. Sassani,** *Un orientamento giurisprudenziale in tema di prescrizione presuntiva e giuramento,* in Giust. Civ., 1983, II, 121; **G. Scarselli**, *La liquidazione delle spese processuali civili*, in *Foro it.*, 2006, I, 1474; **E. C. Schiavoni**, *Le prescrizioni presuntive,* in LavoroDirittiEuropa, n.4/2021; **M. Teresi**, *L'impugnazione del provvedimento di liquidazione degli onorari di avvocato, tra ultrattività e semplificazione dei riti,* Foro it., 2019, I, 4073; **S. Vergottini**, *Compenso dell'avvocato e prescrizione presuntiva: due interessanti pronunce della cassazione*, in *Toga Lecchese*, 2012, n. 3, 12. **V. Zeppilli**, *L'Ordine può dimezzare la parcella dell'avvocato senza bisogno di motivare,* in Studio Cataldi del 4 ottobre 2016; **V. Zepilli,** *Avvocati: possibile chiedere gli onorari ai clienti nonostante la distrazione,* in Studio Cataldi del 13.10.2016.

Capitolo III

Giudizi non compiuti

1. Recesso dal contratto d'opera professionale e riflessi sul compenso

Nel contratto di prestazione d'opera professionale il cliente può sempre recedere dal contratto, pagando al prestatore d'opera le spese sostenute e il compenso per l'opera svolta.

Il recesso del cliente (e del professionista), giustificato o meno, non incide sulla determinazione della misura del compenso se non nel senso che il compenso è dovuto non per tutta l'opera commessa, ma solo per l'opera svolta.

Con specifico riferimento agli esercenti la professione forense, il decreto 10 marzo 2014, n. 55 (confermato dal D.M. 8 marzo 2018, n. 37 e D.M. n.147/2022) all'art. 7, riconferma quanto prevedeva la previgente normativa (D.M. n. 140/2012 e tariffa forense), statuendo che "Per l'attività prestata dall'avvocato nei giudizi iniziati ma non compiuti, si liquidano i compensi maturati per l'opera svolta fino alla cessazione, per qualsiasi causa, del rapporto professionale".

Disposizione di identico contenuto si trova nella normativa relativa all'**attività penale**. Infatti l'art. 13 prevede che "Se il procedimento o il processo non sono portati a termine per qualsiasi causa o sopravvengono cause estintive del reato, ovvero il cliente o l'avvocato recedono dal mandato, sono liquidati i compensi maturati per l'opera svolta fino alla data di cessazione dell'incarico ovvero a quella di pronunzia della causa estintiva".

Anche per l'**attività stragiudiziale** l'art. 25 prevede che "Per l'attività prestata dall'avvocato negli incarichi iniziati ma non compiuti, si liquidano i compensi maturati per l'opera svolta fino alla cessazione, per qualsiasi causa, del rapporto professionale".

Nell'ambito del mandato professionale, **sia il professionista che il cliente, quindi, possono recedere dal contratto, allorché viene meno il rapporto di fiducia che costituisce la base del rapporto professionale.** Pur in presenza di un patto che esclude la facoltà anticipata di recesso, se non in determinate ipotesi espressamente previste, resta salvo il diritto delle parti medesime di recedere immediatamente da un rapporto di collaborazione professionale continuativa in presenza di una giusta causa, ossia di un rilevante inadempimento alle obbligazioni contrattuali di una parte, tale da escludere l'interesse dell'altra alla conservazione del rapporto (Cass. 9 febbraio 2016 n. 2519).

Tale "recessione", è comprensiva di tutti i casi in cui una causa obbiettiva o subbiettiva fa venire meno il rapporto di clientela, oltre che della fattispecie della morte dell'avvocato o della cessazione dell'esercizio della professione, oppure di revoca della procura o di rinunzia alla stessa. Nei rapporti tra le parti **la rinuncia al mandato ha effetto dal momento in cui la dichiarazione di rinuncia viene a conoscenza** del cliente (Cass. 25 ottobre 1973, n. 2735).

La rinuncia al mandato da parte dell'avvocato non è efficace fino a quando il difensore non è sostituito da altro professionista. In caso di recesso dell'avvocato si ha diritto ad un compenso nella cui determinazione deve tenersi conto sia del risultato utile del cliente che del beneficio che rimanga al cliente (anche dopo il recesso dell'avvocato).

2. Recesso cliente

La fattispecie del recesso del cliente (e del professionista) trova la sua disciplina nell'art. 2237 c.c. (Corte cost. 13 febbraio 1974, n. 25). L'art.2237, 2 e 3 comma, cod. civ., disciplina in generale le condizioni e le modalità dell'esercizio del diritto di recesso del prestatore dal contratto d'opera intellettuale, subordinando il legittimo esercizio del diritto ad una "giusta causa" ed imponendo, comunque, al prestatore d'opera di "evitare pregiudizio al cliente". (Cass.15 novembre 2017 n. 26973).

In caso di recesso del cliente, la legge pone a carico dello stesso l'obbligo di corrispondere al professionista il compenso per l'opera prestata, senza alcuna ulteriore limitazione o precisazione.

Il recesso del cliente, giustificato o meno, non incide sulla determinazione del compenso, se non nel senso che esso è dovuto non per tutta

l'opera commessa, ma solo per l'opera svolta; sicchè in caso di pattuizione forfettaria del corrispettivo, correttamente la parte di esso spettante per le prestazioni rese alla data del recesso viene determinata in misura proporzionale rispetto all'intero compenso (Cass. 20 dicembre 2020 n.29745). Il recesso operato ai sensi dell'art.2237 cod. civ. non fa perdere, quindi, al prestatore d'opera recedente il diritto al compenso per le prestazioni eseguite (Cass. 21 ottobre 1998 n. 10444).

Sul tema si è affermato (Cass. 12 agosto 1989, n. 3707) che in tema di professioni intellettuali non è applicabile l'art. 1725 c.c. (secondo cui in caso di revoca del mandato oneroso senza che ricorra una giusta causa, il mandante è obbligato al risarcimento del danno nei confronti del mandatario), poiché il recesso, in materia di incarichi professionali, è disciplinato espressamente dall'art. 2237 c.c. il quale, tenendo conto del particolare rapporto fiduciario che deve intercorrere tra cliente e professionista, concede al primo la facoltà di recedere unilateralmente dal contratto, restando a suo carico il solo obbligo di rimborsare al professionista le spese sostenute e il compenso per l'opera prestata fino al momento del recesso.

La **previsione di un termine di durata all'interno di un contratto d'opera professionale non esclude di per sé la facoltà di recesso *ad nutum*** previsto a favore del cliente dal primo comma dell'art. 2237 cod. civ. Si deve, infatti, sempre verificare, in concreto, in base al contenuto del regolamento negoziale se le parti abbiano inteso o meno vincolarsi in modo da escludere la possibilità di scioglimento del contratto prima della scadenza.

3. Recesso dell'avvocato

Occorre evidenziare che non solo **il cliente committente ma anche l'avvocato può recedere *ad nutum per giusta causa* (art. 2237, comma 2, c.c.). L'avvocato che receda dal contratto in assenza di giusta causa, ha comunque diritto al compenso per le prestazioni già eseguite, a condizione che provi l'esistenza del suo credito e, dunque, anche il risultato utile derivato al cliente per la sua opera; ove, invece, il professionista receda senza giusta causa, lo stesso è tenuto al risarcimento del danno di cui il cliente abbia dimostrato l'esistenza, ma non "perde" il diritto al compenso** (Cass. 16 marzo 2011, n. 6170).

L'avvocato, quindi, può recedere *ad nutum*, ma in tal caso deve comunque esercitare il recesso in modo da evitare pregiudizio al cliente; e sul tema, Cass. 23 aprile 2014 n, 9220, ribadisce che il recesso deve essere esercitato in modo tale da non arrecare pregiudizio al cliente, atteso che la norma di cui all'art. 2237 c.c. "è diretta ad evitare al cliente l'eccessivo danno che deriverebbe dall'improvvisa rottura del rapporto, ossia a lasciargli il tempo per provvedere diversamente agli interessi per i quali è stato stipulato il contratto professionale"; il legittimo esercizio dei diritti che nascono dal contratto o dalle norme integrative del contenuto contrattuale, non esonera la parte dal salvaguardare gli interessi e le utilità dell'altro contraente, nella misura in cui tale attività richiesta non si risolva nell'aggravio di un consistente onere o sacrificio (Cass. 15 novembre 2017 n. 26973).

L'esercizio del diritto di recesso da parte del professionista in assenza di giusta causa non incide, quindi, sull'effetto risolutorio del vincolo sinallagmatico, né sul compenso ma "si ripercuote sulla possibilità per il cliente di richiedere il risarcimento dei danni e sul diritto a rifiutare il pagamento del compenso sino a quel momento maturato, stante l'illegittima cessazione del rapporto contrattuale" (Cass.24 novembre 2021 n.36531; Cass. 16 marzo 2011 n. 6170).

L'assenza di una giusta causa nel recesso dell'avvocato non incide sul diritto al compenso del professionista. Infatti, come ha ribadito di recente la Suprema Corte con sentenza 25 luglio 2022 n. 23077, l'art.85 cpc e l'art.7 l. n.794/42 sono espressione di una disciplina derogatoria, per i professionisti intellettuali che svolgono la professione di avvocato, rispetto a quella generale dell'art.2237 cod. civ., per effetto della quale è permesso all'avvocato di recedere dal mandato professionale anche in assenza di una giusta causa, riconoscendo al difensore il diritto agli onorari relativi all'attività svolta fino al momento del recesso, salvo il risarc**imento del danno di cui il cliente provi l'esistenza.**

Ai sensi dell'art.7 del rd n.794/1942, nei giudizi iniziati ma non conclusi il cliente deve al proprio avvocato gli onorari ed i diritti per l'opera svolta fino alla cessazione del rapporto, sia nell'ipotesi di giudizi non compiuti per ragioni processuali sia nei casi di giudizi giunti regolarmente a termine ma non compiuti dal professionista per revoca o rinuncia al mandato (Cass. 6 ottobre 2000 n. 13329).

4. Subentro "nuovo" difensore

In caso di rinuncia al mandato e/o revoca del mandato, con subentro di altro difensore nell'attività difensiva a processo in corso, il decreto parametrico n.147 del 2022 prevede espressamente all'art. 2, comma 1, lett.f) che **al nuovo difensore *"Il giudice può riconoscere, se richiesto, il compenso previsto***

per la fase di studio della controversia in favore del professionista che subentra nella difesa del cliente in un momento successivo alla fase introduttiva"; è dovuto quindi – su espressa richiesta – il compenso previsto per la fase di studio della controversia, nonostante questa sia anteriore all'inizio del processo. E ciò in quanto è evidente che il difensore subentrante debba necessariamente svolgere le attività di esame e studio degli atti e di consultazione con il cliente e, conseguentemente gli spetta il corrispondente compenso.

5. Valutazione dell'opera dell'avvocato per il giudizio non compiuto

Nei giudizi iniziati ma non compiuti, il cliente deve all'avvocato gli onorari e i diritti per l'opera effettivamente svolta fino alla cessazione del rapporto come previsto espressamente dal citato artt. 7, 13 e 25, del D.M. n. 55/2014 sui parametri, e ribadito dalla giurisprudenza della Suprema Corte (Cass. 5 febbraio 1971, n. 296); nella valutazione del compenso per l'opera svolta dall'avvocato, si deve tenere altresì conto del risultato che il cliente ha conseguito dalla parziale attività difensiva.

6. Giudizio non compiuto e valore controversia

In caso di giudizio non compiuto, ai fini del calcolo delle competenze professionali spettanti, **il valore della controversia va determinato con riferimento al momento in cui l'opera dell'avvocato è venuta a cessare e non con riferimento al risultato finale conseguito alla definizione del giudizio** (Cass. 9 novembre 1966, n. 2742). **Tale operazione di individuazione è oggi facilitata dalla nuova struttura del compenso spettante, atteso che la normativa sui parametri (art.4, comma 5, dm n.55/2014) statuisce che "Il compenso è liquidato per fasi"**, fasi che vengono ben individuate nei successivi commi (fase di studio, fase introduttiva, fase istruttoria, fase decisoria, fase esecutiva).

Si è specificato (Cass. 29 dicembre 2020 n.29745) che **nel caso vi sia stata tra le parti una valida determinazione convenzionale del compenso,** essa – salvo che le parti stesse abbiano manifestato una volontà contraria – rimane pur sempre applicabile anche nel caso di recesso del cliente, con la sola conseguenza che il compenso pattuito per l'intera opera dovrà essere proporzionalmente ridotto in relazione all'opera prestata (Cass n.1736 del 1968). Sicchè in caso di pattuizione forfetaria del corrispettivo, la parte di esso spettante per le prestazioni rese alla data del recesso viene determinata in misura proporzionale rispetto all'intero compenso (Cass. 21 ottobre 1998 n. 10444).

7. Giudizio definito con transazione

Con specifico riferimento alla "conciliazione della lite" la normativa sui parametri prevede uno specifico **aumento del compenso** spettante **nel caso in cui la lite viene conciliata in corso di causa**.

Transazione lite e aumento compenso

Infatti l'art. 4, comma 6, del decreto n. 55/2014 sui parametri, statuisce, con specifico riferimento all'attività giudiziale civile, amministrativa e tributaria, che "**Nell'ipotesi di conciliazione giudiziale o transazione della controversia, la liquidazione del compenso è di regola aumentato fino ad un quarto rispetto a quello altrimenti liquidabile per la fase decisionale fermo quanto maturato per l'attività precedentemente svolta**". Il D.M. n.147/2022 all'art. 4, comma 3, lett. b) "aggiunge" che nel caso in cui il procedimento di mediazione o la procedura di negoziazione assistita si concludono con un accordo tra le parti, fermo il compenso per la fase di conciliazione, i compensi per le fasi dell'attivazione e di negoziazione sono aumentati del 30 per cento.

Per la individuazione del soggetto obbligato al pagamento delle **competenze professionali all'avvocato in ipotesi di giudizio definito con transazione**, si fa riferimento all'art. 13, comma 8, Legge 31 dicembre 2012, n. 247, che nel riconfermare quanto statuiva l'art. 68, R.D.L. 27 novembre 1933, n. 1578, dispone che **"Quando una controversia oggetto di procedimento giudiziale o arbitrale, viene definita mediante accordi presi in qualsiasi forma, le parti sono solidalmente tenute al pagamento dei compensi e dei rimborsi delle spese a tutti gli avvocati costituiti che hanno prestato la loro attività professionale negli ultimi tre anni e che risultino ancora creditori, salvo espressa rinuncia al beneficio della solidarietà"**.

La *ratio* della riferita disposizione è ravvisabile nell'intento di evitare che il cliente possa eludere le legittime aspettative di compenso del suo difensore, mediante accordi con la controparte che pongano fine alla controversia. E ciò in quanto l'aspettativa del difensore a soddisfarsi sulle spese di soccombenza deve ricevere tutela anche nel caso che le parti tronchino la lite, tanto più che la transazione deve normalmente coprire tutta l'area della controversia e, perciò, sorto che sia il giudizio, comprendere anche il regolamento delle spese e degli onorari dovuti ai patroni delle parti (in termini, Corte cost.15 maggio 1974 n.132).

La **normativa dell'art. 68, R.D.L. n. 1578/1933 (ed ora dell'art. 13, comma 8, Legge n. 247/2012), è stata "confermata" dalla Corte Costituzionale** con varie decisioni (Corte cost. 16 luglio 1987, n. 272; Corte cost. 10 dicembre 1987, n. 513; Corte cost. 18 novembre 1986, n. 238; Corte cost. 2 maggio 1985, n. 130; Corte cost. 15 maggio 1974, n. 132), che hanno in pratica dichiarato infondata la questione di legittimità costituzionale dell'art. 68 in questione nella parte in cui prevede che, in caso di definizione del giudizio per transazione, l'avvocato che sia ancora creditore per gli onorari e le spese relative al giudizio, possa chiedere il pagamento di quanto gli è dovuto anche alla parte avversa. La riferita normativa è volta ad evitare che le parti processuali possano sottrarsi al pagamento, transigendo la lite ed impedendo la liquidazione giudiziale delle spese.

Condizioni per obbligazione solidale

Ai fini dell'applicazione dell'art. 13, comma 8, Legge n. 247/2012 (ma già con il precedente menzionato art. 68), **presupposto ineludibile è la sussistenza di un "giudizio" (anche arbitrale) nel corso** del quale le parti stipulino la transazione che lo definisca, senza soddisfare le competenze del professionista (Cass. 13 settembre 2004, n. 18343; Cass. 8 maggio 1998, n. 4663); è necessaria la definizione del giudizio con una transazione (o con un accordo equivalente) che sottragga al giudice la definizione del giudizio e la pronuncia in ordine alle spese.

Sopravvenuta cessazione materia contendere

L'art. 68 L. professionale (ed ora art. 13 l.n.247/2012) non è applicabile allorquando la causa sia stata definita direttamente dal giudice con una sentenza che, oltre a disporre la **cessazione della materia del contendere a seguito della sopravvenuta transazione**, abbia pronunciato sulle spese rigettando la richiesta di condanna della controparte, mancando in tal caso il presupposto stesso per l'applicazione dell'art. 68, il quale implica l'esistenza di un accordo diretto a sottrarre al giudice anche la pronuncia sulle spese (Cass. 20 ottobre 2015 n. 21209; Cass. 12 giugno 2010, n. 14193). **Ne consegue che è stata esclusa l'operatività dell'art. 68 L. professionale nell'accordo stipulato con verbale di conciliazione *ex* art. 411 c.p.c. tra lavoratore e datore di lavoro dopo che il giudizio tra le parti si era concluso in primo grado con sentenza** avverso la quale nessuna delle parti aveva proposto appello, pur pendendo ancora termine per appellare (Cass. 13 settembre 2004, n. 18343).

In caso di transazione del giudizio, non sussiste, quindi, la responsabilità solidale delle parti al pagamento degli onorari degli avvocati, solo se la decisione contenga una statuizione del giudice sulla liquidazione delle spese, senza che rilevi la ragione della definizione della causa (Cass. 20 ottobre 2015 n. 21209).

Concetto di transazione

Per l'applicazione dell'art. 13, comma 8, Legge n. 247/2012 (ma anche dell'art. 68 del R.D.L. n. 1578/1933), il **concetto di transazione deve essere inteso nella più ampia accezione di ogni accordo di qualsiasi natura (la norma recita "definita mediante accordi presi in qualsiasi forma")**, con le quali le parti facciano cessare la lite senza l'intervento del giudice (Cass. 11 gennaio 1997, n. 242; Trib. Cagliari 28 agosto 1995; Cass. 11 giugno 1994, n. 570), **senza l'intervento dei patroni**, essendo sufficiente che le parti abbiano previsto l'abbandono della causa e la cancellazione della stessa dal ruolo (Cass. 1° giugno 2006, n. 13135; Cass. 26 settembre 2005, n. 18786). *Contra*, però, Cass. 29 novembre 2005, n. 26047, in base alla quale, ai fini dell'applicazione dell'art. 68 L. professionale, la nozione di transazione della lite deve essere ricondotta nello schema tipico del negozio posto in essere nelle prescritte forme e sulla base delle reciproche concessioni e non può essere intesa nella più ampia accezione di ogni intesa che abbia l'effetto di estinguere la controversia senza l'intervento del giudice, anche se priva dei requisiti di forma e di contenuto del contratto disciplinato dagli artt. 1965 ss. c.c.

Tutte le parti, le quali abbiano transatto una vertenza giudiziaria, sono tenute solidalmente al pagamento degli onorari degli avvocati; **la solidarietà è operante** – in ragione della latitudine della formula normativa e della sua finalità, diretta ad evitare intese tra le parti indirizzate ad eludere il giusto compenso ed il rimborso delle spese ai loro difensori – **anche nel caso di "accordo" stipulato con o senza l'intervento del giudice o l'ausilio dei patroni, dalle parti stesse,** le quali abbiano previsto semplicemente l'abbandono della causa dal ruolo o rinunciato ritualmente agli atti del giudizio, con conseguente estinzione del processo (Cass. 8 gennaio 2018 n. 184; Cass. n. 13047/2009; Cass. n. 13135/2006).

L'obbligo solidale di pagare le competenze professionali dei difensori, ex art. 68 del r.d.l. n. 1578 del 1933, ed ora art. 13 l.n.247/2012, **in caso di definizione della lite mediante transazione, grava su tutte le parti che vi abbiano aderito ed abbiano partecipato al giudizio in tal modo definito**, non estendendosi nei confronti di chi, pur avendo aderito alla transazione, non abbia tuttavia assunto la qualità di parte processuale (Cass. 9 febbraio 2021 n. 3052).

Conciliazione davanti Uff. prov. lavoro

Si è specificato (Cass. 23 agosto 1993, n. 8899) che la **conciliazione**, raggiunta sia pure con l'intervento di un organo pubblico, **davanti all'ufficio provinciale del lavoro**, estinguendo il giudizio introdotto con il deposito in cancelleria del ricorso, **comporta l'obbligazione solidale delle parti**, ai sensi dell'art. 68, R.D.L. n. 1578/1933, al pagamento degli onorari e al rimborso delle spese a favore dei difensori.

Prestazione stragiudiziale

È stata esclusa l'operatività dell'art. 68 L. professionale per le prestazioni stragiudiziali (Cass. 5 febbraio 1974, n. 31).

La natura eccezionale dell'art. 13, comma 8, Legge n. 247/2012 (ma anche dell'art. 68 della legge professionale) ne impedisce l'**applicazione in via analogica** al di fuori dell'ipotesi espressamente prevista di attività effettuata per lo svolgimento di un giudizio (Trib. Roma 28 febbraio 1994). Si è affermato (GdP di S. Anastasia 1° maggio 1997) che il **consulente di infortunistica, che abbia trattato con l'assicuratore** la liquidazione stragiudiziale dei danni derivanti da un incidente automobilistico, non può valersi della disposizione di cui all'art. 68 della legge professionale degli avvocati.

Ambito operatività

In ordine all'ambito di operatività dell'art. 13, comma 8, Legge n. 247/2012 (ma anche del precedente art. 68, legge n. 1578/1933), la norma è stata ritenuta **applicabile ai giudizi arbitrali** (sia rituali che irrituali), previsione peraltro espressamente individuata dalla nuova normativa di cui al citato art. 13, comma 8, Legge n. 247/2012, e alla **separazione consensuale** (parere Consiglio Ordine Avvocati di Milano del maggio 1974 e del maggio 1979); viceversa **è stata esclusa l'operatività dell'art. 68 per coloro che non hanno partecipato all'accordo** che ha determinato la fine della controversia (Cass. 14 marzo 1977, n. 1029), in caso di **rinunzia all'azione e agli atti del giudizio** (Cass. 25 luglio 1978, n. 3722), in caso di accordo transattivo intervenuto tra le parti di un **giudizio già cessato** (Cass. 16 novembre 1990, n. 10834).

Si è specificato (Cass. 24 febbraio 2004, n. 3637; Cass. 20 agosto 1981, n. 4955; Cass. 27 febbraio 1995, n. 2229) che lo **speciale procedimento abbreviato di cui agli artt. 28 e 29, Legge n. 794/1942 e successive modifiche di cui all'art. 14, D.Lgs. n. 150/2011, è utilizzabile anche nei confronti della controparte**, ai sensi dell'art. 68, R.D.L. n. 1578/1933, qualora ricorra l'ipotesi, non contestata, della definizione del giudizio mediante transazione.

Rinuncia dell'avvocato alla solidarietà

L'avvocato può comunque rinunciare al beneficio della solidarietà con una dichiarazione espressa, non equivoca (Cass. 22 dicembre 1983, n. 7578). La rinuncia non può desumersi da una dichiarazione in qualche modo equivoca, ma **deve essere** oggetto di una **dichiarazione chiara ed espressa** (Cass. n. 7578 del 1983).

Occorre evidenziare che in caso di pagamento la parte adempiente ha diritto di rivalersi nei confronti della parte inadempiente per l'intero.

L'art. 13, comma 8, Legge n. 247/2012 (ma anche il previgente art. 68 della legge professionale forense) non è applicabile (Cass. 12 giugno 2010, n. 14193) quando la **causa sia definita dal giudice con una pronuncia di cessazione della materia del contendere in forza di sopravvenuti accordi transattivi** e, al contempo, di rigetto della richiesta di condanna alle spese per soccombenza virtuale (Cass. 19 marzo 1986, n. 1899; Cass. 21 dicembre 1982, n. 7057); affinché possa configurarsi l'obbligazione solidale delle parti, è necessario che queste abbiano concluso un accordo privato, di natura stragiudiziale, diretto a sottrarre al giudice la definizione della causa, con la conseguenza che l'esistenza di una pronuncia del giudice che definisca il giudizio, ancorché dichiarativa della cessazione della materia del contendere, preclude la possibilità di fare valere la "solidarietà professionale".

Ne consegue che **l'accordo transattivo raggiunto dalle parti, comprensivo dell'obbligo espresso di abbandonare il giudizio, non è condizione necessaria e sufficiente per il sorgere del diritto dell'avvocato a mente dell'art. 13, comma 8, Legge n. 247/2012**; **è necessaria la definizione del giudizio con una transazione** (o con un accordo equivalente) che sottragga al giudice la definizione del giudizio e la pronuncia in ordine alle spese.

Con riferimento alla previgente disciplina, nel senso che **l'art. 68, R.D.L. n. 1578/1933 è operante anche nel caso di accordo stipulato, con o senza l'intervento del giudice o l'ausilio dei patroni**, dalle parti medesime, le quali abbiano previsto semplicemente l'abbandono della causa dal ruolo, e **prescinde perciò dalla persistenza del ministero difensivo**, Cass. 26 settembre 2005, n. 18786; Cass. 29 novembre 2005, n. 26047; Cass. 5 febbraio 2000, n. 1287 (in cui si specifica che per l'operatività dell'art. 68 la transazione non può essere intesa nella più ampia accezione di ogni intesa che abbia l'effetto di estinguere la controversia senza l'intervento del giudice, anche se priva dei requisiti di forma e di contenuto del contratto disciplinato dagli artt. 1965 ss. c.c.); Cass. 23 giugno 2000, n. 8589; Cass. 18 agosto 1998, n. 8159; Cass. 12 novembre 1992, n. 12203.

Transazione e valore controversia

In caso di transazione, ai fini della determinazione del compenso dell'avvocato, il valore della causa si determina con riguardo alla somma effettivamente corrisposta (e quindi al valore della transazione) e non a quella originariamente richiesta (Cass. 5 dicembre 2013 n. 27290; Cass. 14 febbraio 2013, n. 3660). Infatti nella determinazione degli onorari dell'avvocato in una lite conclusasi con transazione, poiché per la sussistenza delle reciproche concessioni ciascuna parte non è né vincitrice né perdente, la determinazione del valore della causa va compiuta avendo riguardo alla somma effettivamente corrisposta, e non a quella originariamente richiesta (Cass. 27 giugno 2011, n. 14081; Cass. 16 ottobre 2009, n. 22072; Cass. 11 aprile 1991, n. 3804), **a nulla rilevando che il pagamento sia a carico del cliente o dell'avversario** (Cass. 3 febbraio 1973, n. 348).

Contra, nel senso che in caso di transazione della lite, ai fini della liquidazione degli onorari professionali dovuti dal cliente in favore dell'avvocato, nel caso di transazione di una causa introdotta con domanda di valore determinato e, pertanto, non presunto in base ai criteri fissati dal codice di procedura civile, **il valore della causa si determina avendo riguardo soltanto a quanto specificato nella domanda, considerata al momento iniziale della lite,** restando irrilevante la **somma realizzata dal cliente a seguito della transazione**: Cass. 16 dicembre 2020 n. 28830; Cass. 23 gennaio 2017 n. 1666; Cass. 22 ottobre 1975, n. 3496; Cass, 8 luglio 1974 n. 1986.

Il privilegio di cui all'art. 2751 *bis*, n. 2, c.c. deve ritenersi invocabile dall'avvocato solo nei confronti del proprio cliente e non già nei confronti di altri o della parte soccombente, **né può farsi riferimento all'art. 68 della legge professionale, per sostenere il carattere privilegiato del credito fatto valere verso le altre parti che hanno partecipato alla transazione** (App. Bari 6 febbraio 2001).

8. Riferimenti bibliografici

L. Carbone, *Giudizio definito con transazione e vincolo di solidarietà fra transigenti nel pagamento del compenso all'avvocato*, in *Foro it.*, 2010, I, 2695; **R. Danovi**, *Giudizio definito con transazione e diritto degli avvocati al compenso*, in *Giur. it.*, 2001, 1403; **R. Danovi**, *Transazione giudiziale e solidarietà delle parti nel pagamento degli onorari degli avvocati*, in *Riv. trim. dir. proc. civ.*, 1986, 719; **R. Danovi**, *Costituzionalità dell'art. 68 della legge professionale forense*, in *Foro pad.*, 1986, 1; **A. Guiotto**, *Contratto d'opera intellettuale sottoposto a termine e recesso del cliente*, in *Contratti*, 1993, 605; **G. Musolino**, *Contratto d'opera intellettuale: recesso e risoluzione*, in *Riv. not.*, 2000, 51; **G. Musolino**, *Le cause di estinzione del contratto d'opera intellettuale tecnica*, in *Riv. trim. appalti*, 1999, 589; **N. Restaino**, *Transazione delle liti e liquidazioni di onorari*, in *Giur. cass.*, 1952, 3, 80; V. Zepilli, La rinuncia alla solidarietà ex art. 13 della legge professionale forense: le principali problematiche, in Studio Cataldi del 24.9.2016.

Capitolo IV

Derogabilità dei parametri

SOMMARIO: **1.** Determinazione del compenso professionale dopo "i parametri" – **2.** Superamento dei massimi e diminuzione dei minimi parametrici – **3.** Riferimenti bibliografici.

1. Determinazione del compenso professionale dopo "i parametri"

Il codice civile (art. 2233 c.c.) stabilisce il principio della libera determinazione del compenso nella prestazione dell'attività professionale.

In base all'art. 2033 c.c., **per gli avvocati, con il proprio cliente, vige il principio della libera determinazione del compenso professionale** (Cass. 5 luglio 1990, n. 7051), **solo in mancanza di convenzione tra le parti il compenso è determinato in base ai parametri di cui al D.M. n. 55/2014**, il cui art. 1 (confermato dal D.M. 8 marzo 2018, n. 37) statuisce che "Il presente regolamento disciplina per le prestazioni professionali i parametri dei compensi all'avvocato quando all'atto dell'incarico o successivamente il compenso non sia stato determinato in forma scritta, in ogni caso di mancata determinazione consensuale degli stessi, comprese le ipotesi di liquidazione nonché di prestazione nell'interesse di terzi o prestazioni officiose previste dalla legge".

Condizioni per applicabilità parametri

Occorre evidenziare il carattere residuale dei parametri, sottolineando che ad essi si fa ricorso solo in difetto di accordo tra le parti.

Dopo l'art. 9, D.L. n. 1/2012, conv. in Legge n. 27/2012, i criteri gerarchici per la determinazione del compenso possono essere così individuati:

- **accordo tra le parti;**
- **liquidazione da parte del giudice (sulla base di parametri).**

Cass. n. 7051/1990

Per gli avvocati, **dopo l'entrata in vigore del D.L. n. 223/2006, conv. in legge n. 248/2006, che ha abolito i minimi tariffari, e dopo l'art. 9, D.L. n. 1/2012 (che ha abolito la tariffa forense) si è modificato il comma 3 dell'art. 2233 c.c.**, in modo da consentire i patti conclusi tra gli avvocati (o praticanti abilitati) e i loro clienti, aventi ad oggetto i compensi professionali; è possibile, quindi, pattuire con il cliente il compenso, con la possibilità di fissare compensi superiori ai massimi previsti dai parametri (Cass. 5 luglio 1990, n. 7051), ma anche inferiori ai minimi parametrici essendo stati "abrogati" i minimi.

Occorre comunque evidenziare la differenza fra il compenso che l'avvocato e il cliente possono pattuire e il compenso liquidato dal giudice. Infatti:

- **l'avvocato ha "piena" libertà di pattuire con il cliente il compenso, essendo venuti meno i riferimenti per il calcolo del suo compenso;**
- **il giudice nella liquidazione giudiziale del compenso all'avvocato non può che fare riferimento ai parametri.**

Per le liquidazioni effettuate ai sensi del dm n. 55/2014, non vi è per il giudice un vincolo alla determinazione del compenso secondo i valori parametrici medi ivi indicati, dovendo il giudice solo quantificare il compenso tra il minimo e il massimo della tabella parametrica, a loro volta derogabili con apposita convenzione (Cass. 17 maggio 2018 n. 12093).

In tema di liquidazione delle spese processuali che la parte soccombente deve rimborsare a quella vittoriosa, la determinazione del compenso dovuto costituisce esercizio di un potere discrezionale del giudice che, qualora sia contenuto tra il minimo ed il massimo della tabella parametrica, non richiede una specifica motivazione e non può formare oggetto di sindacato in sede di legittimità (Cass. 19 ottobre 2016, n. 21205).

In ordine alla liquidazione del compenso da parte del giudice e dei criteri che lo stesso deve seguire, occorre evidenziare che **il giudice resta tenuto ad effettuare la liquidazione giudiziale nel rispetto dei parametri** previsti dal D.M. n. 55/2014 (e successivi decreti parametrici), il quale prevale sul D.M. n. 10/2012 nel rispetto del principio di specialità, poiché il D.M. n. 140 è rivolto a regolare la materia dei compensi tra professionista e cliente, **mentre il D.M. n. 55/2014 detta i criteri ai quali il giudice si deve attenere nel regolare le spese di causa** (Cass. 19 gennaio 2018 n. 1357).

Compenso e liquidazione in sentenza

In ordine al compenso dovuto dal cliente al proprio avvocato, occorre evidenziare che la misura del compenso dovuto prescinde dalle statuizioni del giudice in sentenza che condanna la controparte alle spese e agli onorari di causa, e deve essere determinato in base ai criteri che regolano la liquidazione delle spese fra le parti (Cass. 17 ottobre 2018 n. 25992).

2. Superamento dei massimi e diminuzione dei minimi parametrici

Il giudice non deve, quindi, rispettare i limiti minimi e massimi dei parametri, atteso che ***le soglie numeriche indicate nei parametri per la liquidazione del compenso, non sono vincolanti per la liquidazione stessa***, pur disponendo di un potere discrezionale nell'ambito dell'importo medio del parametro (Cass. 5 settembre 2017 n. 20790), potere di riduzione del compenso da parte del giudice "limitato" però dal D.M. 8 marzo 2018, n. 37 e dal D.M. n.147/2022, che ha ridotto la eccessiva distanza tra aumenti e diminuzioni dei valori medi individuati dai parametri in relazione alle varie fasi del processo, attraverso l'adozione di un'unica percentuale del 50% in luogo delle precedenti percentuali diversificate.

Derogabilità minimi e massimi parametri

Il giudice discostandosi dai dati numerici riportati nei parametri, terrà conto del comma 1 dell'art. 4, D.M. n. 55/2014 che statuisce "**Ai fini della liquidazione del compenso si tiene conto delle caratteristiche, dell'urgenza e del pregio dell'attività prestata, dell'importanza, della natura**, della difficoltà e del valore dell'affare, delle condizioni soggettive del cliente, dei risultati conseguiti, del numero e della complessità delle questioni giuridiche e di fatto trattate. **In ordine alla difficoltà dell'affare si tiene particolare conto dei contrasti giurisprudenziali**, e della quantità e del contenuto della corrispondenza che risulta essere stato necessario intrattenere con il cliente e con altri soggetti".

Il giudice tiene conto dei valori medi di cui alle tabelle allegate, che, in applicazione dei parametri generali, a seguito dell'entrata in vigore del D.M. n.147/2022, possono essere aumentati o diminuiti, attraverso l'adozione di un'unica percentuale del 50% in luogo delle precedenti percentuali diversificate.

I parametri costituiscono degli indicatori di valore economico medio della prestazione professionale. I parametri, come già detto, non sono vincolanti ed hanno una funzione sussidiaria nei casi in cui il compenso cliente/avvocato non è stato concordato. Il vincolo per i parametri si ha con riferimento all'equo compenso previsto per i clienti c.d. forti.

I parametri per la determinazione del compenso degli avvocati sono quelli di cui alle tabelle, ma il giudice può sempre diminuire o aumentare ulteriormente il compenso in considerazione delle circostanze concrete (Cass. 4 settembre 2017 n. 20790).

Il D.M. 8 marzo 2018, n. 37 ha posto "paletti" alla discrezionalità del giudice nella diminuzione del compenso parametrico ed ulteriori paletti sono stati posti dal D.M. n.147/2022. Non si può, infatti, ignorare che il D.M. n.147/2022, a modifica di quanto previsto nell'art.4 del DM n.55/2014, al fine di garantire esigenze di coesione interna alla categoria, ha ridotto la eccessiva distanza tra aumenti e diminuzioni dei valori medi individuati dai parametri in relazione alle varie fasi del processo, attraverso l'adozione di un'unica percentuale del 50% in luogo delle precedenti percentuali diversificate.

Si è affermato (Cass. 16 novembre 2021 n.34573) che il giudice nella liquidazione non può ridurre il compenso sotto il limite del 50% dei valori parametrici medi. La riduzione del 50% dei valori medi è il limite innanzi al quale il giudice deve fermarsi nel disporre la diminuzione del compenso.

3. Riferimenti bibliografici

M.E. Bagnato, *Lite tra avvocato e cliente: decide il foro ove ha sede lo studio legale*, in Altalex, n. 3284 del 11.7.2011; **M. Barbero**, *Per la Corte di giustizia Ce le tariffe professionali sono un affare (quasi) di Stato*, in *Foro amm. CDS*, 2007, 20; **A. Bulgarelli**, *Nuovi parametri forensi: quanto sono vincolanti per il giudice*, in Altalex 9 giugno 2014; **R. Cangiano**, *Il patto di quota lite negli ordinamenti italiano e statunitense – Brevi riflessioni su potenzialità competitive e limiti della riforma introdotta dalla L. n. 248/2006 (di conversione del c.d. decreto Bersani)*, in *Mercato, concorrenza, regole*, 2007, 255; **R. Caponi**, *Parziale incostituzionalità del divieto di patto di quota lite nell'ordinamento tedesco*, in *Foro* *it.*, 2007, IV, 408; **E. Cappagli**, *Patto di quota lite stipulato tra un lavoratore e legale attraverso il sindacato*, in *Giust. civ.*, 984, I, 2313; **L. Carbone**, *Il decreto Bersani e la "scure" sull'Avvocatura*, in *Toga Picena*, 2006, 1-2, 48; **P. Carbone**, *Nota minima in tema di patto di quota lite*, in *Giur. it.*, 1983, I, 2, 829; **P. Carbone**, *Brevi considerazioni in tema di patto di quota lite*, in *Giur. it.*, 1983, I, 2, 139; **P. Carbone**, *Patto di quota lite: eccezionalità ed ambito soggettivo di un divieto*, in *Giur. it.*, 1984, I, 2, 677; **V. Cuocci**, *Libera concorrenza e libera prestazione di servizi: le tariffe forensi italiane al vaglio del diritto comunitario*, in *Nuova giur. civ. comm.*, 2007, I, 936; **R. Danovi**, *Il divieto del patto di quota lite*, in *Prev. forense*, 2008, 2, 136; **R. Danovi**, *Consulente tecnico di parte e patto di quota lite*, in *Foro pad.*, 1984, I, 391; **R. Danovi**, *Il legato di quota lite*, in *Giust. civ.*, 1985, I, 3184; **R. Danovi**, *Patto di quota lite, cessione di diritti litigiosi e pluralità di soggetti interessati*, in *Resp. civ.*, 1985, 1; **M. De Tilla**, *Perché è stato abolito il divieto del patto di quota lite*, in *Prev. forense*, 2006, 324; **L. Dittrich**, *Profili applicativi del patto di quota lite*, in *Riv. dir. proc.*, 2007, 1141; **M. Ermini**, *Il divieto del patto di quota lite e l'estensione della categoria dei "patrocinatori"*, in *Giur. it.*, 1999, I, 1, 1839; **V. Gaffuri**, *Le professioni intellettuali tra regolazione nazionale e concorrenza comunitaria davanti alla Corte costituzionale*, in *Giur. it.*, 2008, 1372; **F. Gasbarri**, *Brevi considerazioni sui fondamenti del divieto di "patto di quota lite"*, in *Giust. civ.*, 1998, I, 3208; **C. Lega**, *Inderogabilità di tariffe forensi e pattuizione di tariffe a forfait*, in *Giur. it.*, 1960, I, 1, 1092; **C. Lega**, *In tema di inderogabilità di onorari forensi*, in *Dir. lav.*, 1967, II, 14 **C. Lega**, *Nullità delle convenzioni normative con cui l'avvocato rinuncia all'onorario delle cause perdute e di quelle in cui furono dichiarate compensate fra le parti le spese e le competenze*, in *Giur. it.*, 1967, I, 1, 400; **C. Lega**, *In tema di riduzione degli onorari di avvocato*, in *Giur. it.*, 1976, I, 1, 761; **C. Magrone**, *Sull'inderogabilità dei minimi di tariffa degli onorari professionali*, in *Foro it.*, 1959, I, 1760; **P. Pajardi**, *I giudici tagliatori di parcelle*, in *Dir. giur.*, 1980, 750; **C. Passarelli**, *Imperatività delle tariffe professionali e nullità dei patti in deroga*, in *Giur. it.*, 1989, IV, 216; **G. Santoro Passarelli**, *Sulla (pretesa)* inderogabilità dei minimi di tariffa per le prestazioni professionali continuative e coordinate dei legali esterni, in *Giur. it.*, 1984, I, 1, II, 217; **U. Perfetti**, *Patti e modalità di determinazione del compenso nella novella di cui alla L. n. 248 del 2006* – La morte apparente del patto di quota lite, in *Contr. e impr.*, 2007, 47; **M. Pizzigati**, *Onorario di risultato* – Relazione presentata al congresso Fbe svoltosi a Zurigo dal 19 al 20 maggio, in *Prev. forense*, 2006, 222; **M.G. Rodari**, Favor erarii: *tariffe sotto i minimi per il patrocinio a spese dello Stato*, in *Altalex*, n. 3319 del

15.8.2011; **G. Scarselli**, *Il decreto Bersani e le tariffe forensi*, in *Foro it.*, 2006, V, 24; **Vignera,** *Patrocinio dei non abbienti e derogabilità dei parametri di cui al D.M. n. 55/2014*), in Il Caso 19 maggio 2014; **V. Vigoriti**, *Patto di quota lite e libertà di concorrenza*, in *Riv. trim. dir. proc. civ.*, 2003, 583; **D. Vittoria**, *Patto di quota lite*, in *Contr. e impr.*, 1989, 1101; **D. Vittoria**, *Il premio per la vittoria e i patti "mascherati" di quota lite*, in *Dir. e giur.*, 1988, 718.

Capitolo V

Criteri generali per la liquidazione

1. Liquidazione onorari a carico del soccombente

Con riferimento all'attività giudiziale civile, amministrativa e tributaria, il decreto n. 55/2014 (ma già il previgente D.M. n. 140/2012 sui parametri), all'art. 4, comma 1 (a seguito delle modifiche di cui al D.M. 8 marzo 2018, n. 37) statuisce che "Ai fini della liquidazione del compenso si tiene conto delle caratteristiche, dell'urgenza e del pregio dell'attività prestata, dell'importanza, della natura, della difficoltà e del valore dell'affare, delle condizioni soggettive del cliente, dei risultati conseguiti, del numero e della complessità delle questioni giuridiche e di fatto trattate. In ordine alla difficoltà dell'affare si tiene particolare conto dei contrasti giurisprudenziali, e della quantità e del contenuto della corrispondenza che risulta essere stato necessario intrattenere con il cliente e con altri soggetti. Il giudice tiene conto dei valori medi di cui alle tabelle allegate, che, in applicazione dei parametri generali, possono essere aumentati, di regola, fino all'80 per cento, ovvero possono essere diminuiti in ogni caso non oltre il 50 per cento. Per la fase istruttoria l'aumento è di regola fino al 100 per cento e la diminuzione in misura non superiore al 70 per cento".

Occorre evidenziare che le riferite diversificate percentuali sono state "superate" dal DM. n.147/2022 con la previsione di un'unica percentuale del 50% in luogo delle precedenti percentuali diversificate (ed innanzi riportate), riducendo così la eccessiva distanza tra aumenti e diminuzioni dei valori medi individuati dai parametri in relazione alle varie fasi del processo, anche al fine di garantire esigenze di coesione interna alla categoria.

Liquidazione carico soccombente

Il riportato articolato statuisce, quindi, che nella liquidazione degli onorari a carico del soccombente deve essere tenuto conto – nella individuazione del valore parametrico – della natura e del valore della controversia, dell'importanza e del numero delle questioni trattate, del grado dell'autorità adito, con speciale riguardo all'attività svolta dall'avvocato davanti al giudice.

Nella liquidazione degli onorari difensivi a carico della parte soccombente, nei giudizi aventi ad oggetto il pagamento di una somma di denaro, il valore della causa è determinato avendo riguardo alla somma attribuita alla parte vittoriosa, e non a quella domandata, ma soltanto in caso di accoglimento parziale della domanda; nel caso di rigetto della domanda, invece, si ha riguardo alla somma domandata (Cass. 15 luglio 2004, n. 13113).

Il *decisum* costituisce parametro di riferimento per la determinazione del valore della controversia da porre a base della liquidazione dell'onorario solo nei rapporti tra parte vittoriosa e quella soccombente. E ciò in quanto, la parte convenuta, nel difendersi da specifiche richieste di pagamento/restituzione/risarcimento, non può che impostare sin dall'inizio le proprie difese su ciò che viene "richiesto", così facendo nascere il diritto del proprio difensore a vedersi riconosciuto il compenso in relazione al *petitum* complessivo (Cass. 1 ottobre 2015 n. 19588).

Si è specificato (Cass. 29 febbraio 2016 n. 3903) che in caso di accoglimento parziale in primo grado di una domanda risarcitoria, con successivo rigetto dell'appello volto a conseguire una maggiorazione del danno liquidato, **la condanna alle spese a carico della parte appellante deve assumere a riferimento non la somma oggetto della domanda risarcitoria dalla stessa formulata (criterio del "*disputatum*"), bensì quella ad essa concretamente attribuita** (criterio del "*decisum*").

Valore della controversia

In ordine al valore della controversia nella liquidazione delle spese giudiziali a carico della parte soccombente, la Cassazione a Sezioni Unite, con sent. 11 settembre 2007, n. 19014, ha risolto il contrasto giurisprudenziale e "fissato" le regole che devono presiedere la determinazione del valore della controversia ai fini della liquidazione delle spese di lite a carico della parte soccombente ex art. 91 c.p.c.; ha statuito che il valore della controversia al fine del rimborso delle spese di lite a carico della parte soccombente va fissato sulla base di quanto richiesto dalla parte attrice nell'atto introduttivo del giudizio tenendo però conto che, in caso di accoglimento solo parziale della domanda, il giudice deve considerare il contenuto effettivo della sua decisione, salvo che la riduzione della somma o del bene attribuito non consegua ad un adempimento intervenuto, nel corso del processo, ad opera della parte debitrice, convenuta nel giudizio, nel qual caso il giudice, richiestone dalla parte interessata, terrà conto non di meno del disputatum, ove riconosca la fondatezza dell'intera domanda.

Appellabilità parziale

In caso di accoglimento totale della domanda in un grado di giudizio e di impugnazione del convenuto limitatamente ad una parte della somma attribuita, con conseguente passaggio in giudicato della condanna in relazione alla somma non contestata (o anche in caso di accoglimento parziale con acquiescenza del soccombente e appello dell'attore per la parte di somma negata in primo grado), il valore dei successivi gradi di giudizio va rapportato alla sola somma ancora in contestazione (Cass., SS.UU., 11 settembre 2007, n. 19014; Cass. 7 marzo 2005, n. 4843). Ne consegue che nelle ipotesi nelle quali il giudizio prosegua in un grado di impugnazione soltanto per la determinazione del rimborso delle spese di lite a carico della parte soccombente, il differenziale tra la somma attribuita dalla sentenza impugnata e quella ritenuta corretta secondo l'atto di impugnazione, costituisce il disputatum della controversia nel grado e sulla base di tale criterio, integrato parimenti dal criterio del decisum, vanno determinate le ulteriori spese di lite riferite all'attività difensiva svolta nel grado (Cass., SS.UU., n. 19014/2007 cit.).

Interessi e rivalutazione

In tema di liquidazione degli onorari e dei diritti del difensore a carico della parte soccombente, la regola posta dall'art. 5 del decreto sui parametri, secondo la quale, nelle cause per pagamento di somme o liquidazione di danni, in parziale deroga al principio della determinazione del valore della controversia dalla domanda ex art. 10 c.p.c., si deve avere riguardo alla somma in concreto attribuita alla parte vincitrice piuttosto che a quella domandata (regola che ovviamente si riferisce solo all'ipotesi in cui detta parte abbia, nella domanda, affermato la sussistenza di un suo credito maggiore rispetto a quello poi riconosciuto a lei effettivamente spettante) va interpretata nel senso che la somma da considerare è quella riconosciuta spettante con riferimento al momento della domanda medesima; con la conseguenza che non possono essere computati la rivalutazione, gli interessi, le spese e i danni successivi alla proposizione della domanda giudiziale in primo grado (Cass. 4 febbraio 2005, n. 2274). In ordine alla decorrenza degli interessi (e la loro misura) Cass. 16 marzo 2022 n. 8611 ha affermato che nel caso di richiesta avente ad oggetto il pagamento di compensi per prestazioni professionali rese dall'esercente la professione forense, gli interessi di cui all'art.1224 cod. civ. competono a far data dalla messa in mora (coincidente con la data della proposizione della domanda giudiziale ovvero con la richiesta stragiudiziale di adempimento), e non anche dalla successiva data in cui intervenga la liquidazione da parte del giudice, eventualmente all'esito del procedimento sommario di cui all'art.14 del d.lgs. n.150/2011, non potendosi escludere la mora sol perché la liquidazione sia stata effettuata dal giudice in misura inferiore rispetto a quanto richiesto da creditore .

In caso di condanna giudiziale il tasso di interesse è pari a quello previsto dalla legislazione speciale relativa ai ritardi di pagamento delle transazioni commerciali.

Pluralità di soccombenti

In caso di pluralità di soccombenti si è affermato (Cass. 28 novembre 2007, n. 24757) che la condanna solidale al pagamento delle spese processuali nei confronti di più parti soccombenti può essere pronunciata non solo quando vi sia indivisibilità o solidarietà del rapporto sostanziale, ma pure nel caso in cui sussista una mera comunanza di interessi che può desumersi anche dalla semplice identità delle questioni sollevate e dibattute ovvero dalla convergenza di atteggiamenti difensivi diretti a contrastare la pretesa avversaria.

Attività davanti giudice tributario

In ordine ad una controversia su crediti professionali spettanti al difensore per attività svolta davanti al giudice tributario, si è affermato (Cass. 16 ottobre 2018 n. 25938) che rientra nella giurisdizione ordinaria la controversia instaurata dall'avvocato per recuperare il credito professionale vantato nei confronti del cliente per prestazioni rese innanzi al giudice tributario, trattandosi di contenzioso eterogeneo rispetto alla materia attribuita a quest'ultima ex art. 2 del d.lgs. n. 546/2002, e non potendo trovare applicazione né l'art. 14 d.lgs. n. 150/2001, che è norma sulla competenza e non sulla giurisdizione, relativa alle sole attività professionali svolte nel processo civile, con esclusione di quello penale, amministrativo o davanti ai giudici speciali, né l'art.2 d.lgs. n.546/92, nel quale rientra la diversa ipotesi in cui siano reclamate somme liquidate a titolo di spese processuali.

2. Cause di particolare importanza e/o di straordinaria importanza

"Scompare" quanto prevedeva il comma 2 dell'art. 5 della abrogata tariffa forense, norma in cui era previsto che la liquidazione degli onorari a carico del soccombente, per le cause di particolare importanza e/o di straordinaria importanza, per le questioni giuridiche trattate, poteva arrivare fino al doppio dei massimi stabiliti.

Cause di particolare importanza

La nuova normativa di cui al D.M. n. 55/2014 (confermata dal **D.M. 8 marzo 2018, n. 37 e D.M. n.147/2022**), però, consente all'avvocato piena libertà di pattuire con il cliente il compenso, e quindi la possibilità per l'avvocato di pattuire con il cliente un compenso "particolarmente alto" se ritiene la causa di particolare e/o straordinaria importanza.

Cause di straordinaria importanza

Anche per la causa di "straordinaria importanza" (che è diversa da quella di "particolare importanza per le questioni giuridiche trattate"), il giudice, però, non può che fare riferimento ai criteri di liquidazione riportati nell'art. 4, comma 1, D.M. n. 55/2014 (confermati dal **D.M. 8 marzo 2018, n. 37**) e nei commi 2 e 3 dell'art. 4 del decreto n. 140/2012 sui parametri.

Una causa è complessa quando consta di un insieme di questioni, quale che siano l'importanza e le difficoltà di esse; ne consegue che la sua complessità non può ritenersi esclusa dalla scarsa importanza e facilità delle questioni affrontate e risolte (Cass. 28 ottobre 1978, n. 4934). Ai fini della valutazione di una causa come di straordinaria importanza non può prescindersi dai risultati del giudizio e dai vantaggi conseguiti dal cliente.

A quanto sopra, aggiungasi, che dopo l'entrata in vigore del D.L. n. 223/2006, cono. in Legge n. 248/2006, e dall'art. 9 del D.L. n. 1/2012, nonché dell'art. 13 della l. n. 247/2012, è consentito all'avvocato stipulare con il cliente un "patto" scritto sul compenso pattuito, e anche fissare un compenso riferito ai vantaggi conseguiti dal cliente, ma anche, come già detto, per la causa di particolare e/o straordinaria importanza, stante la nuova formulazione dell'art. 2233 c.c.

Occorre comunque evidenziare che l'avvocato può richiedere che gli onorari siano raddoppiati o quadruplicati qualora sussistano elementi che giustifichino tale pretesa e da cui emerga la complessità, importanza o difficoltà della pratica (Cass. 22 gennaio 2016 n. 1202).

3. Liquidazione onorari a carico del cliente. Prestazione richiesta con "urgenza"

Ai fini della liquidazione degli onorari al difensore per la prestazione professionale svolta in favore del cliente, l'individuazione dello scaglione applicabile deve avvenire in ragione del valore della controversia, il quale, a sua volta, va determinato in base al decisum piuttosto che al deductum (Cass. 19 febbraio 2010, n. 3996).

Valore controversia

Occorre evidenziare che l'art. 9, D.L. n. 1/2012 e l'art.13, comma 3, l. n. 247/2012) concede all'avvocato ampia libertà nella determinazione del compenso con il cliente, e che la pattuizione vincolerà le parti ma anche il giudice nella causa tra il cliente e l'avvocato, il quale agisca per il recupero del credito professionale.

Infatti il giudice accerterà se c'è stata pattuizione contrattuale e, in caso positivo, applicherà quell'accordo (ed il compenso pattuito), a meno che l'accordo sia invalido o nullo o annullabile per qualche motivo (se non c'è alcuna pattuizione, il giudice applicherà i parametri).

Prestazione richiesta con urgenza

Con specifico riferimento al compenso spettante all'avvocato per una prestazione professionale richiesta con urgenza, soccorre l'art. 4, comma 1, del decreto n. 55/2014 sui parametri, il quale consente al giudice di aumentare i valori dei parametri fino all'80% (e per la fase istruttoria fino al doppio), percentuali di aumento e diminuzione, a seguito del D.M. n. 147/2022, "ridotte" ad un'unica percentuale del 50% in luogo delle precedenti percentuali diversificate.

Quanto alla valutazione ai fini della liquidazione degli onorari "dell'urgenza richiesta per il compimento di singole attività", è di tutta evidenza che la disposizione va interpretata nel senso che l'urgenza sia addebitabile alla condotta del cliente, o a termini brevi assegnati dal giudice, e non certo per urgenza conseguente ad "inattività" dell'avvocato.

Con riferimento alla previgente disciplina, si è affermato (Cass. 19 ottobre 1992, n. 11448; Cass. 18 marzo 1981, n. 1599; Cass. 20 gennaio 1976, n. 168) che allorché la tariffa forense prevede che nella liquidazione degli onorari di avvocato a carico del cliente può tenersi conto, oltre che della natura e del valore della controversia, nonché dell'importanza delle questioni trattate, anche dei risultati del giudizio e dei vantaggi, pur non patrimoniali, conseguiti dal cliente, è esclusa ogni considerazione del nesso di causalità tra vantaggio obiettivo conseguito dal cliente, a seguito del giudizio, e attività in concreto svolta dall'avvocato, la quale, essendo diretta all'apprezzamento di mezzi necessari per la difesa del cliente e non al conseguimento di un risultato, è valorizzata solo con riferimento alla natura della controversia e all'importanza delle questioni trattate (il giudice, peraltro, non ha l'obbligo, ma soltanto la facoltà, di tenere conto dei risultati del giudizio e dei vantaggi conseguiti dal cliente: Cass. 20 aprile 1977, n. 1620).

Compenso a carico cliente e soccombente

Occorre ribadire che la liquidazione degli onorari dovuti all'avvocato dal proprio cliente non può essere inferiore a quella nei confronti del soccombente (Cass. 12 agosto 2010, n. 18624). Occorre evidenziare, altresì, che al vincitore non è consentito il conseguimento di somme superiori rispetto a quelle dovute al proprio difensore, e ciò per non pervenire ad un arricchimento privo di concreta e ragionevole giustificazione (Cass. 4 febbraio 2005, n. 2274).

4. Assistenza e difesa di più parti

Nel caso di assistenza e difesa di più parti, l'art. 4, comma 2, del decreto n. 55/2014 sui parametri, come modificato dal D.M. 8 marzo 2018, n. 37, statuisce espressamente che "Quando in una causa l'avvocato assiste più soggetti aventi la stessa posizione processuale, il compenso unico può essere aumentato per ogni soggetto oltre il primo nella misura del 30 per cento, fino a un massimo di dieci soggetti, e del 10 per cento per ogni soggetto oltre i primi dieci, fino ad un massimo di trenta".

Parcella unica e difesa di più parti

Qualora l'avvocato assista e difenda più persone aventi la stessa posizione processuale, va liquidato un onorario unico e non tanti onorari quanti sono i clienti, tanto al rapporto di soccombenza, quanto ai rapporti di clientela (Cass. 16 novembre 2018 n.29651). È un principio di carattere generale, non riferito al solo soccombente ma anche al cliente, per cui in caso di identità di posizioni processuali, va liquidato un onorario unico e non tanti onorari quanti sono i clienti.

L'aumento rientra, però, nel potere discrezionale del giudice, il cui mancato esercizio non è denunciabile in sede di legittimità, se motivato (Cass. 26 agosto 2015 n. 17147). È demandato, quindi, al potere discrezionale del giudice di merito stabilire, di volta in volta, l'aumento dell'unico onorario, in caso di assistenza e difesa di più parti aventi la stessa posizione processuale, ed anche ove, trattandosi di più processi distinti, sia mancato un provvedimento di riunione (Cass. 31 agosto 2018 n.21495; Cass. 2 settembre 2009 n. 19089).

La maggiorazione in questione non dipende, quindi, dalla riunione di più processi ma piuttosto dal fatto che, anche per effetto della riunione, l'avvocato si trovi a difendere più soggetti nello stesso procedimento (Cass. 4 marzo 2020 n.6005).

Occorre precisare che nel caso in cui l'avvocato assista la stessa parte in una pluralità di cause, che, pur se aventi ad oggetto identiche questioni di fatto e di diritto, non siano riunite, la liquidazione degli onorari deve essere effettuata separatamente, in relazione a ciascun procedimento: deve cioè escludersi che l'onorario relativo alla seconda causa (ed a quelle eventualmente successive) possa essere determinato nella misura del 20% di quello già liquidato per la prima di esse che sia stata definita, o nella quale il giudice abbia casualmente provveduto ad emettere il primo provvedimento di liquidazione (Cass. 27 novembre 2019 n. 31030). E sulla tematica in questione si è affermato (Cass. 11 gennaio 2022 n. 518) che in caso di più parti aventi identica posizione processuale e costituite con lo stesso avvocato, a quest'ultimo è dovuto un compenso unico secondo i criteri fissati dagli artt.4 e 8 dm n.55/2014 (salva la possibilità di aumento nelle percentuali indicate dalla prima delle disposizioni citate), senza che rilevi la circostanza che il detto comune difensore abbia presentato distinti atti difensivi, né che le predette parti abbiano nominato , ognuna, anche altro diverso legale.

Il criterio della parcella unica deve presiedere anche alla liquidazione, a carico del soccombente, del compenso spettante al difensore di più parti vittoriose con identica situazione processuale, in base al principio generale secondo cui il soccombente non può essere tenuto a rimborsare alla parte vittoriosa più di quanto questa debba al difensore, in relazione all'attività concretamente svolta (Cass. 12 agosto 2010, n. 18624).

Identità posizione processuale

La fattispecie di cui al riferito comma 2 dell'art. 4 del decreto n. 55/2014 sui parametri, si riferisce all'ipotesi di pluralità di soggetti aventi nello stesso processo una posizione giuridica, sostanziale e processuale, comune (Cass. 13 dicembre 1993, n. 11203; Cass. 19 febbraio 1993, n. 2026); identità di "posizione processuale" vuol dire identità di petitum e di causa petendi, come può avvenire nei giudizi di divisione o tra coeredi costituiti in giudizio (Cass. 3 aprile 1969, n. 1101), ovvero quando più parti richiedono un identico provvedimento.

L'art.4, comma 2, del dm n. 55/2014, che prevede la liquidazione di un unico compenso nel caso in cui l'avvocato assista più soggetti aventi la stessa posizione processuale o una sola parte contro più soggetti, con possibilità di un suo aumento percentuale per ogni soggetto oltre il primo, presuppone le ipotesi dell'unicità della causa o di una pluralità di cause riunite e non è pertanto operante nella diversa ipotesi di assistenza e difesa di più persone aventi la stessa posizione processuale o di un unico soggetto contro più soggetti, in procedimenti separatamente promossi e non riuniti, ancorchè aventi ad oggetto le medesime questioni di fatto e di diritto (Cass. 27 novembre 2019 n. 31030).

Quando in una causa l'avvocato assiste più soggetti aventi la stessa posizione processuale, ai sensi dell'art.4 dm n. 55/2014, il compenso unico, può, quindi, essere aumentato per ogni soggetto oltre il primo nella misura del 30 per cento, fino ad un massimo di dieci soggetti. La voce verbale "può" accorda al giudice la *facultas* di far luogo all'aumento del compenso e nondimeno, al contempo, gli prefigura l'onere di motivare sia nell'evenienza in cui ritenga di riconoscere l'aumento sia nell'evenienza contraria (Cass. 14 gennaio 2020, n. 461).

Si è infatti specificato (Cass. 1° ottobre 2009, n. 21064) che ai fini della determinazione del compenso dovuto al difensore che abbia assistito in giudizio una pluralità di parti, deve procedersi a una sola liquidazione delle spese processuali, a meno che l'opera defensionale, pur se formalmente unica, non abbia comportato la trattazione di differenti questioni in relazione alla tutela di posizioni giuridiche non identiche.

La facoltà di aumentare la parcella nel caso di assistenza e difesa di più parti è attribuita al potere discrezionale del giudice (Cass. 21 marzo 1994, n. 2649; Cass. 6 novembre 1992, n. 12011). L'applicazione della maggiorazione per l'assistenza e difesa di ogni altro soggetto oltre il primo, infatti, costituisce l'esercizio di un potere discrezionale da parte del giudice (in quanto la legge dispone che il giudice "può"), che, solo se viene esercitato, come ogni altro potere discrezionale in tema di liquidazione di spese processuali, richiede specifica motivazione. Un obbligo di motivazione sussiste, però, se la parte abbia non solo espressamente richiesto tale maggiorazione, ma anche che abbia sottoposto al giudice le ragioni che la giustificano, che non possono consistere nel solo fatto della pluralità di assistiti (Cass. 8 luglio 2010, n. 16153).

La facoltà del giudice di aumentare in base all'art. 4, comma 1, D.M. n. 55/2014 il compenso e, quindi, il valore parametrico delle varie fasi spettante al difensore di più persone aventi la medesima posizione processuale, ai sensi dell'art. 4, comma 1, del decreto n. 55/2014 sui parametri, non è estensibile né alle spese, (né ai diritti di procuratore ormai abrogati), e si riferisce, in caso di riunione di cause, alla sola attività difensiva svolta dopo la riunione (Cass. 22 luglio 2009, n. 17095).

Riunione cause

In ipotesi di riunioni di cause in materia di lavoro e previdenza ai sensi dell'art. 151, in cui il giudice abbia provveduto alla riunione di più cause, aventi il medesimo difensore, in materia di lavoro e di previdenza e assistenza, riunione obbligatoria ai sensi dell'art. 151, comma 2, disposizioni attuazioni del c.p.c., si è affermato, con riferimento alla disciplina delle abrogate tariffe, che trova applicazione, per la liquidazione delle spese processuali, la disposizione dell'art. 5, comma 4, della tariffa forense approvata con D.M. 5 ottobre 1994, n. 585, e non l'art. 151, ultimo comma, disposizioni di attuazione c.p.c., norma quest'ultima applicabile in caso di riunione di cause con difensori diversi (Cass. 9 settembre 2008, n. 22931).

Cause riunite

Nell'ipotesi di più cause, successivamente riunite, deve essere liquidato un distinto compenso per ciascuna di esse, con riguardo alle attività compiute prima della riunione (Cass. 31 maggio 2022 n. 17693); Cass. 3 settembre 2013, n. 20147), principio ribadito da Cass.31 maggio 2022 n. 17693 (ma già precedente Cass. n. 20113 del 2015), in cui si afferma che **nel caso di più cause successivamente riunite, va liquidato un compenso per ciascuna di esse, limitatamente alle attività svolte prima della riunione.**

La liquidazione di un unico onorario, quindi, non può trovare applicazione nel caso in cui l'avvocato difenda la medesima parte contro più parti, **ma in processi separatamente introdotti e mai riuniti,** ancorchè aventi ad oggetto le medesime questioni di fatto e di diritto (Cass. 20 settembre 2017 n. 21829).

Si è precisato (Cass. 7 luglio 2015 n. 14084) che **nel caso in cui la riunione dei giudizi sia resa necessaria per evitare un abuso dell'utilizzo dello strumento processuale** e cioè l'instaurazione di più giudizi da parte di più soggetti, **ai fini della liquidazione delle spese, il procedimento abusivamente frazionato** con distinti ricorsi di uguali contenuti, depositati contestualmente dal medesimo difensore, **deve considerarsi come unico** (Cass. n. 10634/2010; Cass. n. 18693/2011; Cass. n. 23831/2011).

5. Assistenza e difesa di una parte contro più parti

La regola del compenso unico aumentabile in caso di difesa di più parti (e di cui al precedente paragrafo), è stata estesa dall'art. 4, comma 1, del decreto n. 55/2014 (con le modifiche del **D.M. 8 marzo 2018, n. 37**), anche al caso della difesa di una parte contro più parti. Infatti la norma statuisce che "La disposizione di cui al periodo precedente si applica quando più cause vengono riunite, dal momento dell'avvenuta riunione e nel caso in cui l'avvocato assiste un solo soggetto contro più soggetti".

Si è specificato (Cass. 26 agosto 2015 n. 17147) che nel caso di **assistenza e difesa di una parte contro più parti aventi la stessa posizione processuale, all'avvocato compete un unico onorario, indipendentemente dalla riunione di più cause nelle quali assistenza e difesa è stata esercitata.** E ciò in quanto, da una parte non può gravare l'onere della mancata riunione sul cliente, e, dall'altro, che in tali ipotesi l'unico onorario può essere percentualmente aumentato soltanto se la prestazione abbia comportato l'esame di particolari situazioni di fatto o di diritto (fattispecie di avvocato che ha assistito una parte contro più parti, in 12 identici giudizi, con identica questione posta, anche se le cause non erano state formalmente riunite).

Il compenso dovuto all'avvocato che abbia difeso un solo cliente dalle identiche domande proposte da più attori va determinato, in base alla previgente disciplina dell'art. 5, comma 5, D.M. n. 127/2004 (ora abrogato), sulla base non del valore cumulato delle varie domande, ma sulla base del valore di una sola domanda maggiorata (dopo le modifiche del **D.M. 8 marzo 2018, n. 37**) del trenta per cento per ciascuna domanda, fino ad un massimo di venti (ovvero del dieci per cento per ciascuna domanda oltre la decima, fino ad un massimo di trenta) (Cass. 21 dicembre 2016 n. 26614; Cass. 28 aprile 2011, n. 9488).

Il citato principio, del resto era già stata affermato dalla giurisprudenza della Suprema Corte di Cassazione con sentenze 28 marzo 1994, n. 2990 e 2 novembre 1993, n. 10805, atteso che nel caso di difesa di una parte contro più parti, la difesa può concretizzarsi in una attività difensiva ripetitiva, contro più parti aventi una identica posizione processuale.

6. Riferimenti bibliografici

G. Amorth, *Parcella professionale e solidarietà dei clienti*, in *Giur. it.*, 1971, I, 1, 613; **A. Angeletti**, *Valore del ricorso dinanzi al Consiglio di Stato ai fini della determinazione degli onorari di avvocato*, in *Giur. it.*, 1968, I, 1, 875; **E. Caputo**, *Influenza della domanda riconvenzionale sul valore della causa*, in *Giust. civ.*, 1977, II, 1370; **L. Carbone**, *Il compenso dell'avvocato che assiste e difende più parti,* in *Foro it.,* 2022, I, 1035; **L. Carbone**, *Criteri di liquidazione delle competenze professionali* (*a carico del cliente e del soccombente; contributo integrativo ed imponibile IVA*), in *Foro it.*, 1995, I, 1244; **M. De Tilla**, *Liquidazione degli ono-*

rari: pluralità di difensori o di parti, in *Giust. civ.*, 1995, I, 1032; **L. Fiorino**, *Sulla liquidazione di onorari di avvocato contro il cliente*, in *Foro it.*, 1969, I, 1590; **C. Lega**, *Il cliente dell'avvocato*, in *Giur. it.*, 1968, I, 1, 299; **L. Lipari**, *Onorari di avvocato per le cause dinanzi alla Corte costituzionale: prescindono dal valore della causa*, in *Temi rom.*, 1978, 273; **G. Scarselli**, *Il valore della causa ai fini della liquidazione delle spese*, in *Foro it.*, 2008, I, 1527.

Capitolo VI

Determinazione del valore della controversia

1. Determinazione del valore della controversia

Il criterio per la determinazione del valore della controversia, è una operazione necessaria per individuare la fascia parametrica da applicare, ma anche a riconoscere la fascia di contributo unificato entro la quale individuare il parametro, trattandosi di rapporto tra *genus* e *species* in cui la determinazione a norma del codice civile costituisce il *genus* e la fascia di valore di contributo unificato costituisce la *species* particolare nel cui ambito trovano spazio i parametri.

Il valore delle cause relative all'**esistenza, alla validità o alla risoluzione di un rapporto giuridico obbligatorio, si determina in base a quella parte del rapporto che è in contestazione** (Cass. 20 ottobre 2016 n. 21304). Detta regola non subisce deroghe quando il giudice è chiamato ad esaminare questioni relative all'esistenza ed alla validità dell'intero rapporto obbligatorio quale premessa logica della richiesta decisione, purché su tali questioni non sia domandata una pronuncia con efficacia di giudicato (Cass. 7 giugno 1972 n. 1765).

L'art. 5 del D.M. n. 55/2014 nell'indicare i criteri per la determinazione del valore della controversia, prende in esame i diversi organi di giustizia innanzi a cui sono proposte le cause e da ultimo, individua il criterio per l'attribuzione della fascia di competenza nel caso di valore indeterminabile.

Per la determinazione del valore della controversia per la liquidazione del compenso all'avvocato, l'art. 5 del D.M. n. 55/2014 (ma già il decreto n. 140/2012), riporta, in pratica, quanto prevedeva la abrogata tariffa nell'art. 6 di cui al D.M. n. 127/2004.

Infatti, **nella liquidazione dei compensi, il valore della causa è determinato a norma del codice di procedura civile**.

La determinazione del valore della controversia ai fini della liquidazione degli onorari per l'avvocato è disciplinata, quindi, dal riportato art. 5 del decreto n. 55/2014 sui parametri (non modificato dal D.M. n.147/2022 e dal D.M. 8 marzo 2018, n. 37).

Criteri determinazione valore controversia

L'art. 5 del D.M. n. 55/2014 trova applicazione soltanto in riferimento alle cause per le quali si proceda alla determinazione presuntiva del valore in base a parametri legali, **e non pure allorquando il valore della causa sia stato in concreto dichiarato**, dovendosi utilizzare, in tale situazione, il disposto dell'art. 10 c.p.c., senza necessità di motivare in ordine alla mancata adozione di un diverso criterio (Cass. 12 aprile 2010, n. 8660).

Causa per debito plurisoggettivo e scaglione

Quando un soggetto è convenuto **per il pagamento di un importo dovuto insieme ad altri, il valore della causa si determina con riguardo a quanto dovuto dal singolo convenuto,** che altrimenti sarebbe esposto per il compenso stabilito con riferimento all'importo dovuto da tutti i soggetti convenuti nello stesso giudizio per scelta del creditore (Cass. 11 luglio 2016 n. 14118; Cass. n. 22102 del 2015). Ai soli fini della liquidazione dei compensi del professionista, **il valore della causa, per l'individuazione del relativo scaglione, va determinato con esclusivo riferimento alla sola parte** che si assume creditrice e **in relazione a quanto dal debitore dovuto.**

Accoglimento parziale domanda

In caso di accoglimento parziale della domanda, ai fini della determinazione del valore della controversia per liquidare le spese processuali, il giudice **deve avvalersi del criterio del *decisum* e non del criterio del *disputatum*** (Cass. 20 ottobre 2016 n. 21256; Cass. 29 febbraio 2016 n. 3903), **salva** ovviamente l'ipotesi in cui la condanna sia ridotta da una parziale corresponsione del *petitum* da parte del debitore nelle more del processo, se comunque emerge la fondatezza della intera pretesa originariamente avanzata (Cass. 11 settembre 2007 n. 19014).

Individuazione scaglione

Ai fini della liquidazione degli onorari dovuti all'avvocato per la difesa del proprio cliente, **l'individuazione dello scaglione applicabile** deve avvenire in base al criterio dell'effettivo valore della controversia, desumibile dal *decisum* (Cass. 5 gennaio 2011, n. 226).

Per stabilire il **valore della causa e il conseguente scaglione di riferimento, deve tenersi conto sia della sorte originariamente richiesta, sia degli interessi scaduti e delle spese anch'esse richieste, cumulandoli con il capitale** (Cass. 23 gennaio 2002, n. 738; Cass. 28 aprile 1993, n. 5004).

Ai fini della determinazione del compenso dell'avvocato nei confronti del proprio cliente, devono considerarsi per la determinazione del valore della causa tutte le domande proposte nello stesso processo (Cass. 25 gennaio 2022 n. 2204).

Pagamento somme

Occorre evidenziare che la regola posta dall'art. 5 D.M. 55/2014 sui parametri, secondo la quale, **nelle cause di pagamento di somme o liquidazione di danni**, in parziale deroga al principio di determinazione del valore della controversia *ex* art. 10, si deve avere riguardo alla somma in concreto attribuita alla parte vincitrice anziché a quella domandata, è interpretata nel senso che **la somma da considerare è quella riconosciuta spettante con riferimento alla domanda medesima, con la conseguenza che non possono essere computati la rivalutazione, gli interessi, le spese e i danni successivi alla proposizione della domanda giudiziale** di primo grado (con riferimento alla previgente disciplina, in termini, Cass. 15 febbraio 2010, n. 3463; Cass. 4 febbraio 2005, n. 2274).

Rigetto domanda e valore controversia

La problematica del criterio di **determinazione del valore della domanda** ai fini dell'applicazione dei parametri (ed in precedenza della tariffa forense civile) **nel caso in cui vi sia stato il rigetto della domanda, quindi soccombente sia l'attore**, è stata risolta da Cass. 30 novembre 2011, n. 25553, nel senso che nell'ipotesi di rigetto della domanda il valore della controversia, ai fini dell'applicazione della tariffa (ed ora dei parametri), **è quello corrispondente alla somma domandata dall'attore** (Cass. n. 12513/2003;

Cass. n. 13113/2004), con la precisazione che all'ipotesi di rigetto della domanda deve assimilarsi ogni altra ipotesi di **diniego della pronuncia di merito** (Cass. n. 10215/2001; Cass. n. 5381/2006; Cass. n. 10997/2007).

Opposizione atti esecutivi

In tema di liquidazione delle spese del giudizio nelle cause di opposizione agli atti esecutivi, nel caso di espropriazione forzata, il valore della causa va determinato, con riferimento alla fase successiva all'inizio dell'esecuzione, avendo riguardo agli effetti economici dell'accoglimento o del rigetto dell'opposizione predetta (Cass. n. 12354/2006; Cass. n. 6186/2009; Cass. n. 1360/2014). Ne consegue che, in tema di liquidazione delle spese del giudizio, il valore della causa di opposizione agli atti esecutivi proposta avverso l'ordinanza di assegnazione ex art. 533 c.p.c., va determinato avendo riguardo al valore del credito assegnato, qualora la contestazione investa in *toto* l'assegnazione.

Accoglimento eccezione prescrizione

Nell'ipotesi di **diniego della pronuncia di merito per accoglimento dell'eccezione di prescrizione**, nei giudizi per pagamento di somme o liquidazione di danni, **il valore della controversia**, per la liquidazione degli onorari a carico dell'attore soccombente, **è quello corrispondente alla somma da quest'ultimo domandata** (Cass. 30 novembre 2011, n. 25553).

Domanda ridotta in corso di causa

In caso di totale rigetto di una domanda **la cui entità sia stata ridotta dalla stessa parte attrice in corso di causa, nella liquidazione delle spese processuali in favore del convenuto**, e in particolare di quelle afferenti ad attività difensive svolte prima della dichiarazione dell'attore di voler ridurre la propria domanda, **si deve tenere conto del valore della domanda inizialmente formulata** (Cass. 30 novembre 2011, n. 25553). In materia, il principio affermato dalla citata Cass. n. 25553/2011 è che in caso di accoglimento dell'eccezione di prescrizione e quindi di totale rigetto della domanda proposta per l'intero credito nei confronti di uno dei debitori in solido, la cui entità sia stata ridotta dalla parte attrice in corso di causa, a seguito della transazione parziale stipulata con gli altri coobbligati ovvero dell'intervenuto pagamento parziale da parte di costoro, **nella liquidazione delle spese processuali in favore del convenuto si deve tenere conto del valore della**

domanda quale risultante da detta riduzione, a far tempo da quest'ultima.

Appello parziale

Quando **al giudice di appello venga riproposta una parte limitata della domanda** al fine di ottenere una riforma solo parziale della sentenza, il valore della causa si riduce proporzionalmente e ad esso va commisurata l'entità degli onorari dovuti al professionista (Cass. 12 agosto 2009, n. 18233, in *Foro it.*, 2009, I, 2960): ai fini dell'individuazione del valore della causa in fase di impugnazione, è qualificante l'effettivo oggetto del gravame, vale a dire il contenuto della questione o delle questioni di cui si può dibattere in quella sede (Cass. 4 settembre 2018 n. 21613); nel caso in cui al giudice superiore venga riproposta una parte limitata della domanda, ovvero l'oggetto dell'impugnazione risulti circoscritto per dettato normativo, il valore della causa deve essere rimodulato in relazione all'effettiva entità della riforma che si intende conseguire (Cass. 12 agosto 2009 n. 18233). Ne consegue che **ove il giudizio di appello abbia per oggetto esclusivo la valutazione della decisione di condanna di una parte alle spese del giudizio di primo grado**, il valore della controversia **è dato dall'importo delle spese liquidate dal primo giudice**, costituendo tale somma il *disputatum* posto all'esame del giudice di appello (Cass. 12 gennaio 2011, n. 536).

Transazione solo fra alcune parti

Nel caso che, a seguito di intercorsa transazione solo fra alcune parti in causa, il debito fra coobbligati solidali viene ridotto di un importo corrispondente ad una quota transatta, i debitori rimasti estranei all'accordo transattivo restano obbligati nei limiti della loro quota (Cass. 30 novembre 2011, n. 25553; Cass. n. 5108/2001; Cass. n. 16050/2009).

Giudizio di divisione

Nei giudizi di divisione il valore della controversia deve essere individuato con riferimento a quello relativo alla quota in contestazione e quindi alla stregua della valutazione eventualmente effettuata dal consulente tecnico d'ufficio (Cass. 31 agosto 2018 n.21495; Cass. 30 agosto 2017 n. 20554; Cass. 22 gennaio 2016 n. 1202; Cass. 11 maggio 2006, n. 10939 Cass. n. 616 del 1980; Cass. n. 3657 del 1975). Si è specificato (Cass. 4 maggio 2012, n. 6765) che **il valore delle cause di divisione, ai fini della determinazione degli onorari spettanti al difensore**, non va determinato a norma dell'art. 12, ultimo comma, c.p.c., per il riferimento fatto in via generale a detto codice dall'art. 6, comma 1, D.M. n. 127/2004, in quanto il medesimo art. 6, comma 1, deroga espressamente al suddetto rinvio in materia di giudizi divisori, in relazione ai quali si stabilisce, **con statuizione avente valore di principio e applicabile anche agli onorari dovuti dal cliente, che in tali giudizi il valore va determinato in relazione al valore della quota o dei supplementi di quota in contestazione**. L'interpretazione suddetta è aderente alla lettera e alla *ratio* della norma, posto che l'opposta interpretazione viene a disancorare, irragionevolmente, il valore della causa da quella dell'interesse in concreto perseguito dalla parte.

Riduzione per lesione di legittima

Le cause di riduzione per lesione di legittima sono assimilabili a quelle di divisione ai fini della competenza per valore della domanda (Cass. 31 agosto 2018 n.21495). Nel caso in cui sia in contestazione non solo lo scioglimento della comunione ereditaria ma anche l'individuazione del titolo della devoluzione ereditaria, il valore della causa cui fare riferimento per la determinazione del compenso è il valore dell'intera massa ereditaria (Cass. 9 settembre 2019 n. 22455).

In ordine al **regime delle spese processuali nei giudizi di divisione giudiziale**, le spese occorrenti allo scioglimento della comunione vanno poste a carico della massa, in quanto effettuate nel comune interesse dei condividenti, trovando, invece, applicazione il principio della soccombenza e la facoltà di disporre la compensazione soltanto con riferimento alle spese che siano conseguite ad eccessive pretese o inutili resistenze alla divisione (Cass. 8 ottobre 2013, n. 22903).

Rilascio beni immobili

Le cause per il rilascio di immobili locati si considerano di valore pari a quello del cumulo dei fitti relativi al periodo controverso (Cass. 15 febbraio 1986, n. 912).

Cause giustizia tributaria

Nei procedimenti avanti le Commissioni tributarie **il valore della causa, anche se vertente su tributi poliennali** va determinata in base alla domanda (Cass. 18 ottobre 1977, n. 4441). **Il valore della controversia tributaria si determina, quindi, in base all'ammontare complessivo dell'imposta, tasse e accessori pretesi dal fisco** (Cass. 29 agosto 1990, n. 8957).

Nelle cause davanti agli organi di giustizia tributaria il valore della controversia, in base al disposto dell'art. 5, comma 4,

D.M. n. 55/2014 (non modificato dal D.M. 8 marzo 2018, n. 37)" è determinato in conformità all'importo delle imposte, tasse, contributi e relativi accessori oggetto di contestazione, con il limite di un quinquennio in caso di oneri poliennali", limite fissato per evitare un eccessivo, non giustificato, aumento di valore della causa.

Qualora un giudizio prosegua, nei gradi successivi al primo, limitatamente alla questione della misura dei diritti e onorari, il valore della causa è correttamente rapportato ai soli diritti e onorari ulteriormente attribuiti, ai quali a tal fine è corretto sommare l'importo delle spese generali **ma non l'IVA e il contributo previdenziale**, trattandosi di importi dovuti per legge, a prescindere da una domanda di parte, e che non sono destinati alla parte, ma all'erario o ad un istituto previdenziale (Cass. 5 maggio 2005, n. 9359; Cass. 8 marzo 2005, n. 4966).

Omessa precisazione somma richiesta

Ai fini della determinazione del valore della causa per la liquidazione dell'onorario all'avvocato, si applica, poi, la presunzione di cui all'art. 14 c.p.c., nel senso che **in caso di mancata precisazione della somma richiesta il valore della causa è equivalente al limite massimo di competenza del giudice adito** (Cass. 8 agosto 1985, n. 4396; Cass. 9 novembre 1977, n. 4805).

Risoluzione locazione per morosità

In ipotesi di domanda di risoluzione di un rapporto di locazione per morosità, **il valore è rappresentato dall'ammontare dei canoni del residuo periodo della locazione** che la domanda dell'attore mira a far cessare anticipatamente (Cass. 2 marzo 2018 n. 4921).

Pensione invalidità

In tema di pensione di invalidità, il valore della controversia deve essere determinato alla stregua del criterio dettato dal comma 2 dell'art. 13 c.p.c. per le cause relative a rendite temporanee o vitalizie, e cioè cumulando fino ad un massimo di dieci annualità della prestazione domandata (Cass. 15 aprile 2004, n. 7203). Ne consegue che **il valore di una causa in tema di pensione di invalidità (o di diritto alla rendita Inail), al fine di stabilire gli onorari e i diritti spettanti al difensore, deve essere determinato** alla stregua del criterio dettato dal comma 2 dell'art. 13 c.p.c. per le cause relative a rendite temporanee o vitalizie, e cioè **cumulando fino ad un massimo di dieci annualità della prestazione domandata** (Cass. 1° dicembre 2011, n. 25700; Cass. 31 gennaio 2011, n. 2148; Cass. 1° giugno 2006, n. 13037; Cass. 14 dicembre 2004, n. 23274).

Il criterio legale del cumulo fino a dieci annualità (art.13, comma 2, cpc) cede naturalmente il passo allorquando per la morte dell'avente diritto, è possibile la fissazione esatta del valore della causa, in misura pari ai ratei maturati (Cass. 10 maggio 2019 n. 12537).

Viceversa, per le **controversie relative a prestazioni assistenziali,** ai fini della determinazione del valore della causa per la liquidazione delle spese di giudizio, nelle controversie relative a prestazioni assistenziali va applicato il criterio previsto dall'art. 13, comma primo c.p.c., per cui, se il titolo è controverso, **il valore si determina in base all'ammontare delle somme dovute per due anni** (Cass. n. 18412 del 2016; Cass. 21 maggio 2015 n. 10455)

Cumulo domande

Ai fini della determinazione del valore della causa per la liquidazione degli onorari spettanti al difensore per la rappresentanza e la difesa della parte nel giudizio, **il criterio del cumulo delle domande stabilito dall'art. 10 c.p.c. opera nell'ipotesi di domande formulate con lo stesso atto introduttivo del processo** contro la medesima persona, ma non nell'ipotesi in cui le domande (nella specie, opposizione a precetto innanzi al giudice di pace) siano proposte separatamente e riunite successivamente per connessione (Cass. 30 novembre 2005, n. 26089).

Si è, poi, precisato (Cass. 20 ottobre 2014, n. 22167; Cass. 16 luglio 2011, n. 16318) che ai fini della determinazione dello scaglione per la liquidazione degli onorari di avvocato, ove siano state proposte più domande, esse si cumulano tra di loro.

Cause davanti collegio arbitrale

In caso di devoluzione della controversia ad un collegio arbitrale, il valore della stessa, rilevante ai fini della liquidazione del compenso spettante agli arbitri, si determina aprioristicamente sulla base del *petitum*, senza che possa spiegare alcun effetto la pronunzia emessa da detto collegio, anche solo di inammissibilità o di improcedibilità della domanda, atteso che un ipotetico criterio di determinazione *ex post* del valore della causa sulla base del concreto *decisum* sarebbe in contrasto con le regole fissate nel codice di procedura civile (Cass. 6 aprile 2009, n. 8247).

Con riferimento ad una controversia di lavoro transatta in sede sindacale, che in tema di liquidazione degli onorari professionali spettanti all'avvocato, ove le parti, con riguardo ad una controversia in materia di lavoro, siano addivenute ad una transazione della lite in sede sindacale, prima ancora che venisse esplicata una qualche attività giudiziaria, la determinazione del valore della causa va compiuta avendo riguardo alla somma effettivamente corrisposta e non a quella originariamente richiesta (Cass. 16 ottobre 2009, n. 22072).

Cause possessorie

Con riferimento al **valore delle cause possessorie**, ai fini della liquidazione degli onorari professionali di avvocato, **il valore delle cause possessorie**, stante la mancanza di criteri legali diretti a tal fine, **va determinato attraverso l'applicazione analogica delle regole dettate per la valutazione delle cause relative al diritto, il cui contenuto corrisponde al potere di fatto sulla cosa di cui si controverte**, potendo il giudice considerare la causa di valore indeterminabile soltanto laddove non disponga dei relativi dati o dagli atti non emergano elementi per la stima (Cass. 22 novembre 2011, n. 24644).

Azione revocatoria

Il valore della causa relativa ad azione revocatoria si determina in base al credito vantato dall'attore, a tutela del quale viene proposta l'azione revocatoria stessa (Cass. 13 febbraio 2020 n. 3697; Cass. 9 maggio 2014 n. 10089; Cass. 13 settembre 2004 n. 18348).

Rapporto di lavoro a tempo indeterminato

La domanda di **accertamento dell'esistenza di un rapporto di lavoro a tempo indeterminato** è insuscettibile, per le molteplici implicazioni non solo stipendiali ma pure assistenziali e previdenziali connesse, **di essere determinata in termini pecuniari precisi in modo oggettivo**. Ne consegue che il compenso all'avvocato va liquidato avendo come parametro lo **scaglione tariffario afferente le cause di valore indeterminabile** (Cass. 29 marzo 2019 n. 8941; Cass. 7 giugno 2017 n. 14200, relativa ad una causa di accertamento dell'iscrizione dei lavoratori agricoli).

Annullamento provvedimento disciplinare

La domanda di annullamento di un provvedimento disciplinare è insuscettibile di valutazione economica, non potendo ritenersi equivalente alla retribuzione non corrisposta per effetto della sanzione comminata, posto che i provvedimenti disciplinari coinvolgono interessi di natura morale oltre che economica, comportando, in caso di recidiva, conseguenze negative sul prosieguo del rapporto di lavoro non valutabili in termini meramente monetari, rilevando ai fini della graduazione di eventuali successive sanzioni e della progressione della carriera (Cass. 13 aprile 2022 n. 11962). Ne consegue che **tale domanda è da considerarsi di valore indeterminabile.**

2. (*segue*) Determinazione del valore della controversia a carico del soccombente

Occorre evidenziare che sulla determinazione del valore della controversia per la liquidazione dei compensi a carico della parte soccombente, l'art. 5 di cui al decreto n. 55/2014 (non modificato dal D.M. 8 marzo 2018, n. 37 e D.M. n.147/2022) sui parametri, statuisce che **nella liquidazione dei compensi a carico del soccombente, il valore della causa è determinato a norma del codice di procedura civile**.

Quanto all'ambito di applicazione del concetto di *"valore presunto a norma del codice di procedura civile"*, che facoltizza il giudice a riguardare piuttosto al valore effettivo della controversia, la Suprema Corte (Cass. 1 ottobre 2015 n. 19588) ha statuito, in linea con il senso letterale della disposizione che, in via di principio, tale criterio trova applicazione soltanto in riferimento alle cause per le quali si proceda alla determinazione presuntiva del valore in base a parametri legali (Cass. n. 8660/2010; Cass. n. 5615/1998), dovendosi in caso contrario far riferimento al criterio stabilito dall'art. 10.

La norma di cui all'art. 5 D.M. n. 55/2014 disciplina alcune fattispecie particolari:

Azioni surrogatorie

Nei giudizi per azioni surrogatorie e revocatorie, si ha riguardo all'entità economica della ragione di credito alla cui tutela l'azione è diretta.

Giudizi divisioni

Nei giudizi di divisione si ha riguardo alla quota o ai supplementi di quota o all'entità dei conguagli in contestazione. Quando nei giudizi di divisione la controversia interessa anche la massa da dividere, si ha riguardo a quest'ultima.

Pagamento somme

Nei giudizi per pagamento di somme o liquidazione di danni, si ha riguardo di norma alla somma attribuita alla parte vincitrice piuttosto che a quella domandata.

in ogni caso si ha riguardo al valore effettivo della controversia, anche in relazione agli interessi perseguiti dalle parti, quando risulta manifestamente diverso da quello presunto a norma del codice di procedura civile o alla legislazione speciale.

Delibera assemblea condominiale

Nell'azione di impugnazione delle deliberazioni dell'assemblea di condominio, che sia volta ad ottenere una sentenza di annullamento avente effetto nei confronti di tutti i condomini, il valore della causa deve essere determinato sulla base dell'atto impugnato, e non sulla base dell'importo del contributo alle spese dovuto dall'attore in base allo stato di ripartizione, non operando la pronuncia solo nei confronti dell'istante e nei limiti della sua ragione di debito (Cass. 21 marzo 2022 n. 9068).

Sequestro conservativo

Sul tema del valore della causa al fine della determinazione degli onorari, si è affermato (Cass. 5 aprile 2005, n. 7055) **che l'art. 12, comma 1, c.p.c.**, a norma del quale il valore della causa relativa all'esistenza, validità o risoluzione di un rapporto giuridico obbligatorio si determina in base alla parte del rapporto in contestazione, **subisce una deroga** nelle ipotesi in cui il giudice sia chiamato ad esaminare, con efficacia di giudicato, le questioni relative all'esistenza e alla validità dell'intero rapporto, il cui valore va, pertanto, interamente preso in considerazione ai fini della determinazione del valore della causa; ne consegue che, in **una controversia relativa alla convalida del sequestro di quote di capitale sociale**, la liquidazione degli onorari d'avvocato deve essere compiuta con riferimento al coacervo della parte di capitale sociale investita dalla domanda, a prescindere dai problemi inerenti alle quote di ripartizione interna di detta parte di capitale.

Pagamento somme denaro

Per le **cause aventi per oggetto il pagamento di somme di denaro**, invece, ai fini della liquidazione degli onorari a carico della parte soccombente, si fa riferimento non alla somma domandata ma a quella effettivamente attribuita alla parte vincitrice (Cass. 23 gennaio 2002, n. 738), soltanto in caso di accoglimento parziale della domanda; **nel caso di rigetto della domanda, invece, si ha riguardo alla somma domandata** (Cass. 15 luglio 2004, n. 13113).

E ciò al fine di non fare sopportare alla parte soccombente un aggravio economico in dipendenza esclusiva dell'esagerata pretesa della controparte, mentre con riferimento al cliente è giusto che la valutazione economica della causa debba avvenire con riferimento alla somma che la parte ha domandato, evitando così che domande esagerate conferiscano alla causa un valore diverso da quello reale (Cass. 13 luglio 1963, n. 1911).

Cass. Sez. Un. n. 19014/2007

Detto criterio è stato confermato dalla **Corte di Cassazione a Sezioni Unite, che con sentenza 11 settembre 2007, n. 19014**, componendo un contrasto di giurisprudenza, ha statuito che **il valore della controversia al fine del rimborso delle spese di lite a carico della parte soccombente va fissato sulla base del criterio del *disputatum*,** ossia di quanto richiesto dalla parte attrice nell'atto introduttivo del giudizio (ovvero nell'atto di impugnazione parziale della sentenza), tenendo però conto che, **in caso di accoglimento solo parziale della domanda,** ovvero di parziale accoglimento dell'impugnazione, il giudice deve considerare il contenuto effettivo della sua decisione (criterio del *decisum*), salvo che la riduzione della somma o del bene attribuito non consegua ad un adempimento intervenuto, nel corso del processo, ad opera della parte debitrice, convenuta in giudizio, nel qual caso il giudice, richiestone dalla parte interessata, terrà conto non di meno del *disputatum*, ove riconosca la fondatezza dell'intera domanda. Si è, infatti, specificato (Cass. 15 febbraio 2010, n. 3463; Cass. 4 febbraio 2005, n. 2274) che la regola posta dall'art. 6 della tariffa professionale, è interpretata nel senso che la somma da considerare è quella riconosciuta spettante con riferimento alla domanda medesima, con la conseguenza che non possono essere computati la rivalutazione, gli interessi, le spese e i danni successivi alla proposizione della domanda giudiziale di primo grado.

Domande riconvenzionali

Nella liquidazione degli onorari, al fine di stabilire **il valore della causa e il conseguente scaglione di riferimento, per l'applicazione dei parametri, occorre comprendere anche il valore delle domande riconvenzionali** (Cass. 3 luglio 1991, n. 7275; Cass. 27 novembre 1982 n. 6469; Cass. 28 aprile 1977, n. 1620), la cui proposizione, ove sia diretta all'attribuzione di beni diversi da quelli richiesti dalla controparte, determina un ampliamento della lite e, di conseguenza, dell'attività difensiva (Cass. 29 novembre 2018 n. 30840).

Si è precisato (Cass. 14 luglio 2016 n. 14691) che **per la determinazione del valore della controversia, la domanda riconvenzionale,** non essendo proposta contro il medesimo soggetto convenuto, **non si cumula con la domanda principale dell'attore, ma, se di valore eccedente a quest'ultima, può comportare l'applicazione dello scaglione superiore,** poiché la proposizione di una riconvenzionale amplia il *"thema decidendun"* ed impone all'avvocato una maggiore attività difensiva, sì da giustificare l'utilizzazione del parametro correttivo del valore effettivo della controversia sulla base dei diversi interessi perseguiti dalle parti, ovvero del criterio suppletivo previsto per le cause di valore indeterminabile.

3. (*segue*) Determinazione del valore della controversia a carico del cliente

Ai fini della liquidazione degli onorari al difensore per la prestazione professionale svolta a favore del cliente, l'individuazione dello scaglione applicabile deve avvenire in ragione del valore corrispondente all'entità della domanda.

L'art. 5, comma 2, del decreto n. 55/2014 sui parametri statuisce che:

"Nella liquidazione dei compensi a carico del cliente si ha riguardo al valore corrispondente all'entità della domanda. Si ha riguardo al valore effettivo della controversia quando risulta manifestamente diverso da quello presunto anche in relazione agli interessi perseguiti dalle parti".

Valore controversia a carico cliente

Nella liquidazione degli onorari dovuti all'avvocato dal proprio cliente, si è specificato (Cass. 17 maggio 1991, n. 5579) che il **valore della controversia va determinato** non in base alla somma definitivamente attribuita a carico della parte soccombente ma **in base alla maggiore somma domandata nel momento iniziale della lite** (Cass. 27 febbraio 1998, n. 2172), senza che assumano rilievo gli interessi e la rivalutazione monetaria nelle more della controversia (Cass. 7 giugno 2001, n. 7691).

Nella liquidazione degli onorari a carico del cliente, può aversi riguardo al valore effettivo della controversia quando esso risulti manifestamente diverso da quello presunto a norma del codice di procedura civile; sul tema si è affermato (Cass. 31 maggio 2010, n. 13229) che **il giudice di merito deve verificare in concreto l'attività difensiva che il legale ha dovuto apprestare in relazione**

alle peculiarità del caso specifico in modo da stabilire se, al fine di determinare le competenze dovute al legale, l'importo oggetto della domanda possa costituire un parametro di riferimento idoneo ovvero se lo stesso si riveli del tutto inadeguato rispetto all'effettivo valore della controversia. **Pertanto, qualora sia accolta l'opposizione proposta ai sensi dell'art. 645 c.p.c. l'onorario dovuto al legale del creditore che aveva chiesto il decreto ingiuntivo opposto, deve essere determinato tenendo conto, ai fini del valore della controversia, della domanda originaria**, non potendo a tal fine operare il cumulo con la domanda successivamente proposta dall'opposto in sede di costituzione nel giudizio di opposizione. Sul tema si è specificato (Cass. 14 luglio 2015 n. 14691; Cass. 20 gennaio 2003 n. 731; Cass. 27 gennaio 2003 n. 1202) che la domanda riconvenzionale – non essendo proposta contro il medesimo soggetto convenuto – **non si cumula con la domanda principale dell'attore al fine di determinare il valore della causa,** ma può determinare l'applicazione dello scaglione di valore superiore se essa autonomamente supera il valore della domanda principale poiché la proposizione di una domanda riconvenzionale amplia comunque il *thema decidendum,* con conseguente esigenza di una maggiore attività difensiva, pur non potendosi far luogo al cumulo delle domande per la determinazione del valore della controversia, ai fini della liquidazione dell'onorario, ma **si deve valutare l'attività in concreto svolta dall'avvocato nella trattazione anche della domanda riconvenzionale**, utilizzando il parametro correttivo del valore effettivo della controversia, quando esso risulti manifestamente diverso da quello presunto codicistico.

Nel caso della liquidazione degli onorari a carico del cliente l'indagine, che di volta in volta il giudice di merito deve compiere, è quindi quella di verificare l'attività difensiva che il legale ha dovuto apprestare tenuto conto delle peculiarità del caso specifico in modo da stabilire se l'importo oggetto della domanda possa costituire un parametro di riferimento idoneo ovvero se lo stesso si riveli del tutto inadeguato rispetto all'effettivo valore della controversia, come nel caso in cui il legale abbia esagerato in modo assolutamente ingiustificato la misura della pretesa azionata in evidente sproporzione rispetto a quanto poi attribuito alla parte assistita, perché in tali casi – a prescindere dai profili di responsabilità ascrivibili al professionista – il compenso preteso alla stregua della relativa tariffa non può essere considerato corrispettivo della prestazione espletata stante la sua obiettiva inadeguatezza rispetto alla attività svolta (in termini, Cass. n. 13229/2010).

In ordine al valore della controversia nel rapporto avvocato/cliente, ai fini della liquidazione degli onorari dovuti all'avvocato per la difesa del proprio cliente, **per stabilire il valore della causa ai fini parametrici ed il conseguente scaglione di riferimento, quindi, deve tenersi conto**, in linea generale, del valore corrispondente all'entità della domanda e cioè alla **somma domandata al momento iniziale della lite** (Cass. 27 febbraio 1998 n. 2172).

Tale principio è attenuato dall'art. 5, comma 2, del D.M. n. 55 del 2014, statuendo tale norma che *"Nella liquidazione dei compensi a carico del cliente si ha riguardo al valore corrispondente all'entità della domanda. Si ha riguardo al valore effettivo della controversia quando risulta manifestamente diverso da quello presunto anche in relazione agli interessi perseguiti dalle parti".*

Nei rapporti tra avvocato e cliente, quindi, **sussiste sempre la possibilità di concreto adeguamento degli onorari al valore effettivo e sostanziale della controversia**, ove sia ravvisabile una manifesta sproporzione con quello derivante dall'applicazione delle norme del codice di rito (Cass. 14 luglio 2015 n. 14691; Cass. 8 febbraio 2012 n. 1805; Cass. 31 maggio 2010 n. 13229).

In pratica, sul valore della controversia per la determinazione del compenso a carico del cliente, **si è superato il c.d. "criterio formale" di determinazione del valore della causa a favore del "criterio sostanziale" nel caso in cui emerga una sproporzione evidente tra *petitum* e *decisum*, ossia allorché vi sia una sproporzione evidente tra quanto richiesto dalla parte e quanto poi sia effettivamente assegnato con la decisione**.

Da quanto sopra ne consegue che la diversità tra valore effettivo e valore presunto della controversia è rilevante ai fini della determinazione (a ribasso) dello scaglione da applicare nella determinazione degli onorari a carico del cliente, tutte le volte in cui la quantificazione della pretesa azionata sia ingiustificata, ossia il risultato di una operazione non ancorata ad alcun parametro, oggettivo o anche solo equitativo, compiuta arbitrariamente dall'avvocato.

In ordine alla liquidazione delle competenze, nei rapporti cliente/avvocato si è affermato (Cass. 28 marzo 2013, n. 7807; Cass. 9 febbraio 2012, n. 1805; Cass. 31 maggio 2010, n. 13229) il principio, secondo il quale, **nei rapporti tra avvocato e cliente, diversamente che ai fini della liquidazione delle spese a carico della parte soccombente** (il valore della lite si determina secondo i criteri codicistici, salvo l'adozione di quello del *decisum* nelle cause di pagamento e risarcimento), **sussiste sempre la possibilità di concreto adeguamento degli onorari al valore effettivo e sostanziale della controversia**, ove sia ravvisabile una manifesta sproporzione con quello derivante dall'applicazione delle norme del codice di rito (Cass. 25 settembre 2014, n. 20302).

Il *disputatum* nel momento iniziale della lite, non è quindi risolutivo, dovendo tenersi conto dell'effettiva decisione (il *decisum*) del giudice che fissa la dimensione reale della lite stessa (Cass. 11 settembre 2007 n. 19014). **Nella liquidazione degli onorari a carico del cliente, può, quindi, aversi riguardo al valore effettivo della controversia quando esso risulti manifestamente diverso da quello presunto a norma del codice di procedura civile** (Cass. 31 maggio 2010 n. 13229); il giudice deve verificare l'attività difensiva che il legale ha dovuto apprestare tenuto conto della peculiarità del caso specifico in modo da stabilire se l'importo oggetto della domanda possa costituire un parametro di riferimento idoneo ovvero se lo stesso si riveli del tutto inadeguato rispetto all'effettivo valore della controversia.

4. Le cause avanti agli organi di giustizia amministrativa. I ricorsi straordinari e gerarchici

Per le cause innanzi al Tribunale amministrativo regionale e al Consiglio di Stato, il D.M. 8 marzo 2018, n. 37 ha introdotto delle novità quanto al compenso per l'avvocato. Infatti, dopo il comma 10 dell'art. 4 del D.M. n. 55/2014, è aggiunto il comma **10-*bis* che prevede espressamente: "Nel caso di giudizi innanzi al Tribunale amministrativo regionale e al Consiglio di Stato il compenso relativo alla fase introduttiva del giudizio è di regola aumentato sino al 50 per cento quando sono proposti motivi aggiunti".** Occorre evidenziare che l'aumento è limitato al compenso previsto per la sola fase introduttiva del giudizio e non anche alle altre fasi.

Ulteriore novità introdotta dal D.M. 8 marzo 2018, n. 37, è una rimodulazione della tabella 22 del D.M. n. 55/2014, in cui è stato "aggiornato" il valore parametrico della fase decisionale, che nel previgente D.M. n. 55/2014 era "eccessivamente basso" a causa di evidente errore materiale.

Ulteriori "novità" sono state introdotte dal D.M. n.147/2022.

Per i giudizi amministrativi sono state introdotte nuove regole sui compensi per le attività di difesa e assistenza (nei giudizi amministrativi), con una riparametrazione dei compensi.

Infatti, per i giudizi amministrativi (TAR e Consiglio di Stato) il D.M. n.147/2022 all'art. 2, comma 1, lett. i) introduce il comma 10-bis che prevede *"Quando è proposto ricorso incidentale, il compenso per la fase introduttiva è aumentato fino al 20 per cento. I compensi per la fase cautelare monocratica previsti dalle tabelle 21 e 22 sono dovuti solo quando vengono svolte attività ulteriori rispetto alla formulazione dell'istanza cautelare".*

All'art. 4 del DM n.55/2014 il D.M n.147/2022 aggiunge anche il comma 10-ter in cui si stabilisce che *"Nel caso di appello cautelare davanti al Consiglio di Stato è dovuto il compenso previsto dalla allegata tabella n.22 per la fase di studio della controversia e per la fase introduttiva del giudizio, nonché il 50 per cento del compenso relativo alla fase decisionale".*

E ciò in quanto con l'appello cautelare si chiede la riforma dell'ordinanza cautelare emessa dal TAR, dinanzi al quale il giudizio prosegue per la fase di merito e decisionale, all'esito dell'ordinanza cautelare emessa dal Consiglio di Stato a definizione del giudizio di appello cautelare.

Contratti pubblici

In materia di pubblici contratti, l'art.2, comma 2, lett. a) il D.M. n.147/2022, aggiunge all'art.5, comma 3, del DM n.55/2014 il seguente periodo *"L'utile effettivo e i profitti attesi si intendono di regola non inferiori al 10 per cento del valore dell'appalto, salvo che non sia ricavabile dagli atti di gara".* La norma contiene, quindi, la espressa previsione che l'utile effettivo o il profitto atteso in relazione all'interesse sostanziale perseguito dal cliente privato, si intendono, al fine di individuare il valore della controversia per l'applicazione dei parametri, quanto meno, non inferiori al 10% del valore dell'importo dell'appalto.

Nelle cause avanti gli organi di giustizia amministrativa, si distingue a seconda che si tratti di liquidazione a carico del cliente o del soccombente.

Per la determinazione del valore della controversia per le cause avanti gli organi di giustizia amministrativa, è previsto l'applicazione del criterio generale di cui al codice di procedura civile ogni volta che sia possibile, o altrimenti la necessità di tenere conto dell'interesse sostanziale che riceve tutela attraverso la sentenza.

Si è affermato (Cass. 4 settembre 2017 n, 20727) che ai fini della determinazione degli onorari, **va considerata di valore indeterminabile la controversia introdotta innanzi al giudice amministrativo** per l'annullamento di un atto, qualora la causa *petendi* della domanda sia la illegittimità dell'atto ed il *petitum* la sua eliminazione, senza che rilevino gli eventuali risvolti patrimoniali della vicenda.

Liquidazione a carico cliente e soccombente

Il comma 3 dell'art. 5 del decreto n. 55/2014 sui parametri, prevede che "Nelle cause davanti agli organi di giustizia amministrativa e per i procedimenti proposti con ricorso straordinario o amministrativo, nella **liquidazione a carico del cliente** si ha riguardo all'entità economica dell'interesse sostanziale che il cliente intende perseguire; nella **liquidazione a carico del soccombente** si ha riguardo all'entità economica dell'interesse sostanziale che riceve tutela attraverso la decisione. In relazione alle controversie in materia di pubblici contratti, l'interesse sostanziale perseguito dal cliente privato è rapportato all'utile effettivo o ai profitti attesi dal soggetto aggiudicatario o dal soggetto escluso".

Il valore è determinato, quindi, in modo diverso a secondo se "interessa" la parte soccombente o il cliente o una controversia in materia di pubblici contratti.

A carico cliente

Nella liquidazione a carico del cliente, la citata norma prevede che nelle cause davanti agli organi di giustizia amministrativa e per i procedimenti proposti con ricorso straordinario o amministrativo, nella liquidazione (a carico del cliente) si ha riguardo all'entità economica dell'interesse sostanziale che il cliente intende perseguire.

A carico soccombente

Nella **liquidazione a carico del soccombente**, si ha riguardo invece all'entità economica dell'interesse sostanziale che riceve tutela attraverso la decisione.

Pubblici contratti

In relazione alle **controversie in materia di pubblici contratti**, l'interesse sostanziale perseguito dal cliente privato è rapportato all'utile effettivo o ai profitti attesi dal soggetto aggiudicatario o dal soggetto escluso. Il D.M. n.147/2022 prevede espressamente che in materia di pubblici contratti, l'utile effettivo e i profitti attesi in relazione all'interesse sostanziale perseguito dal cliente privato, salvo che non sia ricavabile dagli atti di gara, si intendono, al fine di individuare il valore della controversia per l'applicazione dei parametri, quanto meno non inferiori al 10% del valore dell'importo dell'appalto.

Nelle cause avanti gli organi di giustizia amministrativa, si è specificato (Cons. Stato, sez. V, 7 novembre 2007, n. 5751) che

per la liquidazione degli onorari degli avvocati va tenuto conto dell'interesse sostanziale che riceve tutela attraverso la sentenza, per cui in tema di interessi legittimi la controversia va considerata di valore indeterminabile.

Nella materia amministrativa vi sono state sempre difficoltà per individuare il valore delle controversie amministrative quando esse riguardano l'annullamento di provvedimenti o di atti amministrativi. Diverso è invece il caso quando oggetto della lite è un atto di natura negoziale ove risulta applicabile, agli effetti della quantificazione della domanda, la disciplina già prevista in tema di obbligazioni dal c.p.c.

Il decreto n. 55/2014 sui parametri ha previsto, quindi, l'applicazione del criterio generale di cui al codice di procedura civile ogni volta che sia possibile, o altrimenti la necessità di tenere conto dell'interesse sostanziale che riceve tutela attraverso la sentenza.

Ricorsi straordinari e ricorsi gerarchici

Per i **ricorsi straordinari e gerarchici il D.M. n. 55/2014 (ed il D.M. n.147/2022) nulla prevede "espressamente"; sono da ritenersi applicabili in via analogica** i parametri previsti per la giustizia amministrativa.

Occorre evidenziare che il Consiglio di Stato (Cons. Stato, sez. V, 6 ottobre 2009, n. 6082; Cons. Stato, sez. V., 22 giugno 2004, n. 4359; Cons. Stato, sez. IV, 4 febbraio 2003, n. 569) ha più volte ribadito l'amplissimo potere discrezionale di cui gode il giudice (amministrativo) sulla decisione delle spese del grado di giudizio, **ritenendo legittima la prassi del giudice amministrativo di procedere alla liquidazione delle spese e degli onorari in misura forfettaria, senza pedissequamente attenersi ai limiti minimi della tariffa professionale** e in applicazione di criteri equità non espressamente riportati in sentenza. Il D.M. n. 147/2022 ha posto paletti anche al giudice amministrativo nella liquidazione del compenso all'avvocato statuendo per la determinazione dei compensi per l'attività professionale svolta nell'ambito (anche) dei procedimenti davanti alla giurisdizione amministrativa, l'adozione di un'unica percentuale del 50 per cento per regolare gli aumenti e le diminuzioni dei valori medi individuati dai parametri in relazione alle varie fasi del processo.

5. (segue) L'interesse sostanziale tutelato nelle cause davanti agli organi di giustizia amministrativa

In ordine all'**interesse sostanziale tutelato** ai fini del valore della controversia davanti agli organi di giustizia amministrativa, occorre evidenziare quanto segue.

Interesse sostanziale tutelato

Le norme tariffarie di cui al D.M. 8 aprile 2004, n. 127, del D.M. n. 140/2012, del D.M. n. 55/2014, ed ora del D.M. 8 marzo 2018, n. 37, impongono di tenere conto, ai fini del valore delle controversie amministrative, della "entità economica dell'interesse sostanziale che il cliente intende perseguire".

In linea generale deve ritenersi che anche il "valore" di tale interesse, per essere rilevante ai fini dell'applicazione di un certo scaglione tariffario, o è effettivamente riconoscibile e, quindi, determinabile nello stesso contesto del processo, o è destinato a rimanere indeterminabile in dipendenza della sua stessa natura: e, l'interesse alla legittimità degli atti amministrativi, di solito, non è riconducibile ad una espressione pecuniaria.

Sul tema "dell'interesse sostanziale" si è pronunciato il Consiglio di Stato con sentenza 7 novembre 2007, n. 5751, che ha affrontato il problema con lodevole elaborazione dogmatica.

Sul tema "dell'interesse sostanziale" nel 2011 si è pronunciato il Consiglio nazionale forense, che si era già espresso sullo stesso tema nel 1999.

Infatti, con specifico riferimento alla materia degli appalti pubblici, con parere n. 20 del 16 luglio 1999 il Consiglio nazionale forense, dopo avere premesso che "il quesito concerne (va) la liquidazione di onorari per controversie innanzi al giudice amministrativo", si esprimeva come segue:

"Il valore della pratica va desunto dall'ammontare del contratto di appalto impugnato, in quanto il valore desumibile dalla tabella rappresenta il criterio principale di liquidazione della notula, mentre il ricorso al valore indeterminato è soltanto sussidiario. Tra i minimi e i massimi nell'ambito della tariffa sul valore indeterminato, la scelta è rimessa alla decisione discrezionale del Consiglio dell'Ordine.".

In verità, la locuzione "impugnazione del contratto d'appalto" non è sufficientemente specifica e, pertanto, non è dato sapere se ci si volesse riferire (come sembra) ai soli casi di tutela di diritti soggettivi, ovvero anche a quelli di tutela di interessi legittimi, tenuto conto che di "impugnazione del contratto d'appalto" non si ritiene che possa parlarsi quando oggetto del ricorso amministrativo sia la richiesta di annullamento di atti o provvedimenti del procedimento di aggiudicazione di gare, come può ben accadere anche in situazioni ove l'interesse sostanziale perseguito dalla parte è riconoscibilmente quello di tutelare la propria posizione privilegiata nella corsa all'aggiudicazione, anche se si stia discutendo di soli interessi legittimi.

Su questa linea, ma con spunti di chiarificazione innovativa, si è posta la sentenza 7 novembre 2007, n. 5751 del Consiglio di Stato, che ha affrontato, con lodevole elaborazione dogmatica, il problema in esame alla luce della Tariffa vigente.

La riferita sentenza, dopo avere ricordato che a norma dell'art. 6, comma 3 della tariffa forense di cui al D.M. 5 ottobre 1994, "nelle cause avanti gli organi di giustizia amministrativa di primo grado, il valore è determinato, quando la controversia concerne diritti soggettivi, secondo i criteri indicati dal comma 1° di questo articolo; negli altri casi, nella liquidazione degli onorari a carico del soccombente, va tenuto conto dell'interesse sostanziale che riceve tutela attraverso la sentenza", ha osservato che "il contenzioso dinanzi al giudice amministrativo, originato dalla domanda di annullamento dell'atto ritenuto lesivo di un interesse legittimo, presenta connotazioni molto differenziate, in funzione del tipo di provvedimento contestato e della sua effettiva incidenza su interessi suscettibili di immediata valutazione patrimoniale". Partendo da tale esatto rilievo, la sentenza prosegue osservando che "il dato normativo offerto dalla tariffa professionale porta a distinguere le diverse ipotesi di volta in volta considerate", e impone di valutare sempre "la tutela derivante dalla sentenza che definisce la controversia".

Principi del Consiglio di Stato

Sulla base di queste premesse, il Consiglio di Stato ha enunciato una serie di principi che meritano di essere testualmente riportati, perché costituiscono espressione del primo autorevole contributo dogmatico nella individuazione dell'interesse sostanziale che riceve tutela.

Prosegue, dunque, il Consiglio di Stato: "In primo luogo occorre verificare se il *petitum* di annullamento si colleghi, o meno, a un interesse patrimoniale e se esso sia 'misurabile' in modo attendibile. In secondo luogo, è necessario verificare quale sia il rapporto tra tale interesse, il provvedimento amministrativo che incide su di esso e il tipo di vizio accertato. In questa prospettiva, particolare attenzione deve essere prestata ai provvedimenti incidenti sulla libertà economica di imprese già operanti sul mercato, in relazione alle prospettive di futuro guadagno eventuale, in assenza del provvedimento impugnato. In tali casi, il valore economico della controversia non è automaticamente desumibile dai dati storici relativi ai redditi percepiti dalle imprese in questione o dal loro fatturato. Tali elementi potrebbero assumere significato più pregnante quando la tutela dell'interesse sia affidata alla deduzione di motivi di ricorso che, in caso di accoglimento, vincolano l'amministrazione ad operare, univocamente, nella direzione del pieno ripristino dei diritti patrimoniali illegittimamente compressi. La misura dell'interesse patrimoniale e del connesso valore della controversia, invece, dovrebbe essere ridimensionato qualora il vizio denunciato abbia consistenza meramente formale o strumentale, oppure, pur collocandosi sul versante sostanziale, non comporti, in caso di accoglimento, la certa soddisfazione dell'interesse economico dedotto dalla parte ricorrente. In questo ambito si potrebbero collocare, fra l'altro, i vizi riguardanti la violazione delle norme sul procedimento o il difetto di motivazione".

Giurisprudenza

Con riferimento alla previgente tariffa forense di cui al D.M. n. 585/1994 si è affermato (Cass. 20 ottobre 2016 n. 21304) che va considerata di valore indeterminabile la **controversia introdotta innanzi al giudice amministrativo per l'annullamento dell'atto,** qualora la *causa petendi* della domanda sia la illegittimità dell'atto e il *petitum* la sua eliminazione, **senza che rilevino gli eventuali risvolti patrimoniali della vicenda** (Cass. 24 gennaio 2013 n. 1754; Cass. 19 agosto 2003 n. 12178; Cass. 30 gennaio 1997 n. 932). E ciò in quanto a base di tale orientamento è l'interpretazione che afferma come, ai fini della determinazione del compenso spettante ad un avvocato, il ricorso al giudice amministrativo per l'annullamento di un provvedimento deve essere considerato di valore indeterminabile perché l'interesse alla legittimità degli atti amministrativi non è riducibile ad una espressione pecuniaria, non avendo, al riguardo, alcuna rilevanza neppure l'entità della lesione patrimoniale arrecata al ricorrente dall'atto illegittimo (in termini, Cass. n. 21304 del 2016 cit.).

Controversia in materia di appalto

Ai fini della determinazione del compenso dell'avvocato per attività stragiudiziale in materia di appalto, l'affare **non può considerarsi di valore indeterminabile** ove nel parere reso dal professionista **si faccia espresso riferimento al valore dello stesso** (Cass. 17 marzo 2017 n. 7015). Sul tema dell'appalto si rinvia alle disposizioni introdotte dal D.M. n.147/2022, che come già illustrato, in materia di appalti, statuisce che l'utile effettivo e i profitti attesi si intendono di regola non inferiori al 10 per cento del valore dell'appalto, salvo che non siano ricavabili dagli atti di gara.

Valore interesse sostanziale

Tenuto conto che il tema in esame è fra i più ardui e spinosi, deve darsi atto della notevole rilevanza e utilità delle indicazioni fornite dalla citata sentenza del Consiglio di Stato 7 novembre 2007, n. 5751, che, in sostanza, finisce per affermare, con saggia semplicità, che **il valore dell'interesse sostanziale deve essere riconoscibile attraverso il raffronto pratico fra la situazione che si riscontra in presenza del provvedimento lesivo e la situazione che si avrebbe in conseguenza della sua rimozione**: il che significa che ai fini della determinazione del valore della controversia deve aversi riguardo alla situazione giuridica immediatamente correlata agli atti impugnati, quindi ai diritti soggettivi e ai rapporti giuridici obbligatori discendenti dagli atti stessi o dalla loro rimozione.

Appare chiaro che la sentenza del Consiglio di Stato 7 novembre 2007, n. 5751, non esaurisce il tema della determinazione degli onorari dovuti in riferimento alle controversie in materia amministrativa: non fosse altro perché interviene a regolare un caso di liquidazione a carico del soccombente.

Tuttavia, deve darsi atto che la semplice ma saggia soluzione ivi proposta sembra indenne da critiche in relazione al caso che, per l'appunto, intendeva regolare.

Ed infatti, se volessimo adattare i principi espressi dal Consiglio di Stato al diverso caso di liquidazione a carico del cliente, ci scontreremmo fatalmente con importanti incongruenze, perché nel rapporto fra cliente e avvocato conta e deve contare l'interesse del primo, non la soddisfazione di esso; e, per altro verso, non vi sarebbe motivo di trattare in modo differente la valutazione del valore di tale interesse a seconda che alla giustizia amministrativa si denunci un vizio sostanziale oppure formale.

Nell'ambito del rapporto fra cliente e avvocato, il comma 3 dell'art. 5 aggiunge un concetto fondamentale, che è quello "di ciò che il cliente intende perseguire": il che significa che il valore della controversia è dato necessariamente ("deve aversi riguardo") dall'entità degli interessi sostanziali perseguiti dal cliente.

Pubblici contratti

In **materia di pubblici contratti**, l'art. 5, comma 3, ultimo capoverso, statuisce che "in relazione alle controversie in materia di pubblici contratti, l'interesse sostanziale perseguito dal cliente privato è rapportato all'utile effettivo o ai profitti attesi dal soggetto aggiudicatario o dal soggetto escluso". Tale formulazione ha portato ad una chiarificazione della materia, oggetto sotto la previgente disciplina di differenti interpretazioni in ordine ai criteri per la quantificazione. Il D.M...n.147/2022 specifica che nei procedimenti in materia di contratti pubblici, l'utile effettivo e i profitti attesi si intendono di regola, salvo che non sia ricavabile dagli atti di gara, non inferiori al 10 per cento del valore dell'importo dell'appalto.

La novità introdotta dal D.M. n.147/2022 dovrebbe avere risolto la problematica relativa all'interesse sostanziale perseguito dal cliente negli appalti, per la individuazione del valore della controversia per l'applicazione dei parametri.

6. Cause di valore indeterminabile. Cause di valore indeterminabile di particolare importanza

L'art. 5, comma 5, D.M. n. 55/2014 (non modificato dal D.M. 8 marzo 2018, n. 37 e successivo D.M. n.147/2022) stabilisce che "Qualora il valore effettivo della controversia non risulti determinabile mediante l'applicazione dei criteri sopra enunciati, la stessa si considererà di valore indeterminabile".

A differenza del previgente D.M. n. 140/2012, lo stesso comma stabilisce che "Le cause di valore indeterminabile si considerano

di regola e a questi fini di valore non inferiore a € 26.000,00 e non superiore a € 260.000,00, tenuto conto dell'oggetto e della complessità della controversia".

La seconda parte del citato comma 5 dell'art. 5 prosegue statuendo che "Qualora la causa di valore indeterminabile **risulta di particolare importanza** per lo specifico oggetto, il numero e la complessità delle questioni giuridiche trattate, e la rilevanza degli effetti ovvero dei risultati utili, anche di carattere non patrimoniale, il suo valore si considera ***di regola*** e a questi fini entro lo scaglione fino a € 520.000,00".

Occorre evidenziare che il D.M. n.147/2022 ha soppresso la parola "di regola" in tutte le disposizioni del d.m. n.55/2014.

Valore indeterminato

Il valore della causa o del ricorso o dell'affare è indeterminabile quando l'oggetto non è suscettibile di valutazione economica precisa, cioè di una delle valutazioni economiche previste, in ordine alle varie materie, dal codice di rito civile (Cass. 16 maggio 1981, n. 3220; Cass. 13 ottobre 1970, n. 1974). Per causa di valore indeterminabile, con applicazione del conseguente scaglione tariffario, deve intendersi quella in cui la pretesa azionata sia insuscettibile di valutazione economica e non già quella in cui tale valutazione risulti possibile, ancorchè non agevole, attraverso l'esame degli atti (Cass. 22 gennaio 2018 n. 1499), il cui ammontare può essere fissato fino al momento della precisazione delle conclusioni (Cass. n. 3372 del 2007).

Concetto di domanda di valore indeterminato

In tema di liquidazione dell'onorario spettante all'avvocato, **per domanda di valore indeterminabile**, con applicazione del conseguente scaglione di riferimento, **deve intendersi, quindi, la domanda il cui valore non può essere determinato, non anche quella di valore indeterminato e da accertarsi nel corso dell'istruttoria, il cui ammontare può essere fissato fino al momento della precisazione delle conclusioni** (Cass. 15 febbraio 2007, n. 3372). Per la determinazione del compenso dovuto dal cliente al proprio avvocato, **cause di valore indeterminabile si considerano quelle riguardanti diritti non suscettibili di valutazione economica** e non già quelle il cui valore, non determinato nella domanda, sia suscettibile di determinazione da parte del giudice (Cass. 7 maggio 1981, n. 2978).

Sono, quindi, di valore indeterminabile soltanto **le cause o le pratiche aventi ad oggetto beni insuscettibili di valutazione economica,** in quanto tale indeterminabilità del valore va intesa in senso obiettivo, quale conseguenza cioè di una intrinseca inidoneità della pretesa ad essere tradotta in termini pecuniari al momento di proposizione della domanda o di espletamento di assistenza alla redazione di contratto (Cass. 27 maggio 2016 n. 11056; Cass. 7 febbraio 2011 n. 3024; Cass. 19 marzo 2007 n. 6414); non possono qualificarsi come cause di valore indeterminabile, **quelle cause il cui valore sia soltanto non determinato o di difficile valutazione** (Cass. 24 marzo 2004 n. 5905).

Pluralità domande e valore causa

Il principio per il quale, ove siano state proposte **più domande, alcune di valore indeterminabile ed altre di valore determinato, la controversia deve essere ritenuta, nel complesso, di valore indeterminabile, opera solo laddove** l'applicazione dello scaglione tariffario previsto per le cause di valore indeterminabile consenta il riconoscimento di compensi superiori rispetto a quelli che deriverebbero facendo applicazione dello scaglione applicabile in ragione del cumulo del valore delle domande di valore determinato (Cass. 13 aprile 2017 n. 17084; Cass. n. 9975 del 2016; Cass. n. 16318 del 2011; Cass. n. 4937 del 2003).

Formula "maggiore o minore somma"

La causa deve essere **considerata di valore indeterminabile** qualora, nell'atto introduttivo, pur essendo stata richiesta la condanna di controparte al pagamento di una somma specifica, vi si aggiunga l'espressione *"o di quella maggiore o minore che si riterrà di giustizia"* o equivalenti; e ciò in quanto, ai sensi dell'art.1367 cod. civ., applicabile anche in materia di interpretazione degli atti processuali di parte, non può ritenersi, "a priori" che tale espressione sia solo una clausola di stile senza effetti, dovendosi, al contrario, presumere che in tal modo l'attore abbia voluto indicare solo un valore orientativo della pretesa, rimettendone al successivo accertamento giudiziale la quantificazione (Cass. 6 aprile 2022 n.11213; Cass. 20 luglio 2018 n,19455).

La previgente giurisprudenza di legittimità ((Cass. 26 luglio 2011, n. 16318; Cass. 15 giugno 1973 n. 1744; Cass. 5 febbraio 1976 n.401) aveva invece affermato che in una causa nella quale l'attore indica con precisione l'ammontare del suo credito risarcitorio e chiede che quell'ammontare gli sia attribuito dal giudice, **la formula di gergo forense "o quell'altra maggiore o minore che risulterà in corso di causa" ha natura di clausola di stile ed è inidonea a trasformare il valore della causa**, il quale resta delimitato dalla somma specificata, **non potendo la causa essere considerata di valore indeterminabile** .

Nozione di valore indeterminabile

In pratica, causa di valore indeterminabile non è quella il cui valore sia soltanto non determinato o di difficile valutazione, ma quella che non è suscettibile di valutazione economica (si deve essere in presenza di "insuscettibilità di valutazione economica"); sono di valore indeterminabile, quindi, anche le cause che, pur avendo carattere patrimoniale, non consentono la determinazione del loro preciso valore, in base agli elementi di fatto acquisiti al processo.

Ed infatti si è affermato (Cass. 12 luglio 2005, n. 14586) che in tema di liquidazione dell'onorario spettante all'avvocato, **la determinazione del valore della causa, anche ai fini dell'individuazione dello scaglione parametrico applicabile, va effettuata a norma del codice di procedura civile**, con la conseguenza che, in mancanza di concreti e attendibili elementi per la stima precostituiti e disponibili fin dalla introduzione del giudizio, deve ritenersi di valore indeterminabile la domanda di risarcimento, nella quale gli elementi di valutazione del danno, del quale si chiede il ristoro, costituiscono l'oggetto, o uno degli oggetti, dell'accertamento e della quantificazione rimessi al giudice.

Fattispecie di cause di valore indeterminato

Le fattispecie più ricorrenti individuate dalla giurisprudenza come cause di valore indeterminabili possono così riassumersi:

- procedimento di **volontaria giurisdizione** relativo alla nomina o alla sostituzione di un amministratore o di un sindaco di una società di capitale (Cass. 23 aprile 1966, n. 1036);
- impugnazione davanti al Tar di un **atto amministrativo**, non essendo l'interesse alla legittimità degli atti amministrativi riconducibile ad una espressione pecuniaria (Cass. 19 agosto 2003, n. 12178; Cass. 30 gennaio 1997, n. 932); e ciò in quanto la *causa petendi* della domanda introdotta innanzi al giudice amministrativo è l'illegittimità dell'atto stesso, mentre il *peti-*

tum è la sua eliminazione, senza che rilevino eventuali risvolti patrimoniali della vicenda (Cass.9 agosto 2022 n.24481; Cass. n.15061 del 2018).

- causa di **opposizione agli atti esecutivi** (Cass. 1° aprile 2004, n. 6394; Cass. 11 gennaio 1978, n. 99); *contra*, Cass. 24 maggio 2006, n. 12354, secondo la quale il valore della causa va determinato con riferimento alla fase antecedente l'inizio dell'esecuzione, avuto riguardo al valore del credito per cui si procede. Si è precisato (Cass. 13 febbraio 2015 n. 2858) che in tema di liquidazione delle spese del giudizio, **il valore della causa di opposizione agli atti esecutivi proposta avverso l'ordinanza di assegnazione ex art. 553 c.p.c. va determinato avendo riguardo al valore del credito assegnato, qualora la contestazione investa in toto l'assegnazione;** e ciò in quanto gli effetti economici dell'accoglimento o del rigetto dell'opposizione non possono che coincidere col valore del credito che il debitore esecutato conserva in caso di accoglimento dell'opposizione o perde definitivamente in caso di rigetto dell'opposizione.
- causa per **attività antisindacale *ex* art. 28**, Legge n. 300/1970 (Cass. 28 aprile 1993, n. 5005);
- **causa di divorzio** (Cass. 30 aprile 1977, n. 1620) o di separazione dei coniugi (Cass. 22 gennaio 1999, n. 610).
- **causa per annullamento provvedimento disciplinare** (Cass. 13 aprile 2022 n. 11962), e ciò in quando la domanda di annullamento di un provvedimento disciplinare è insuscettibile di valutazione economica, posto che i provvedimenti disciplinari coinvolgono interessi di natura morale oltre che economica.

7. Compenso per procedimento di separazione consensuale e divorzio

Il diritto di famiglia è una branca del diritto di estrema delicatezza. L'avvocato che si occupa del diritto di famiglia deve possedere una particolare sensibilità: deve capire che va tutelato l'interesse della famiglia. L'avvocato che si occupa del diritto di famiglia non deve essere solo un tecnico, ma deve essere capace di studiare le dinamiche familiari. In pratica l'avvocato che si occupa del diritto di famiglia non deve mai avere come suo obiettivo il raggiungimento del massimo risultato, ma deve possedere un *modus agendi* tale da garantire la migliore tutela della famiglia, sempre nel rispetto di un'etica improntata a correttezza e lealtà.

Va peraltro preliminarmente evidenziata la necessità dell'assistenza tecnica dell'avvocato in tutti i procedimenti in materia, anche con riferimento al minore, a prescindere dal fatto che lo si possa considerare parte del giudizio o parte del procedimento.

Il D.M. n. 55/2014 (non modificato dal D.M. n.147/2022 e dal D.M. 8 marzo 2018, n. 37), si è accorto delle incongruenze della disciplina della liquidazione del compenso all'avvocato nella materia di separazione e divorzio, e ha posto riparo con un modesto riconoscimento economico agli avvocati "matrimonialisti".

Assistenza entrambi coniugi

Infatti, l'art. 4, comma 3, statuisce che "Quando l'avvocato assiste ambedue i coniugi nel procedimento per separazione consensuale e nel divorzio a istanza congiunta, **il compenso è liquidato di regola con una maggiorazione del 20 per cento** su quello altrimenti liquidabile per l'assistenza di un solo soggetto".

Valore indeterminato

La posizione economica dell'avvocato "matrimonialista" è aggravata dalla giurisprudenza della Corte di Cassazione (Cass. 22 gennaio 2009, n. 610; Cass. 20 aprile 1977, n. 1620), e di merito (Trib. Napoli 30 luglio 2009) che hanno affermato che ai fini della liquidazione degli onorari di avvocato, **la causa di separazione e/o di divorzio va considerata di valore indeterminato**. Nelle cause di separazione e/o divorzio si assiste spesso, però, ad attribuzione a carico di uno dei coniugi di "vitalizi" consistenti, oltre che a somme spesso ingenti concordate in sede di divorzio nei casi di liquidazione *una tantum*.

Riflessi delle pretese economiche

È difficile "capire" il **perché non incida in alcun modo sulla determinazione del valore della controversia l'ammontare delle richieste economiche connesse**. Non si può ignorare, infatti, che con la separazione e/o divorzio vengono spesso raggiunti accordi che riguardano la proprietà immobiliare, la divisione di beni in comunione legale, trasferimento di quote societarie, attribuzione in proprietà di beni mobili. **A tali dati occorre aggiunge-**

re la consistente attività stragiudiziale che precede una separazione consensuale e/o divorzio congiunto, e tutta l'attività *a latere* del giudizio che si concretizza spesso con scritture private predisposte dal legale, attività che essendo relativa a questioni oggetto del successivo sviluppo giudiziale o comunque strumentale al giudizio, viene assorbita nel compenso maturato per la fase giudiziale.

Domanda giudiziale in consensuale

Occorre evidenziare che **nell'ipotesi in cui, instaurata la separazione giudiziale, all'udienza presidenziale si trovi una soluzione consensuale, con la redazione di un verbale di udienza conciliativo**, si applica comunque l'onorario per un procedimento ordinario, con **il riconoscimento della maggiorazione prevista dal D.M. n. 55/2014 per i casi in cui la lite viene conciliata** (art. 4, comma 6, D.M. n. 55/2014): "compenso di regola aumentato fino a un quarto rispetto a quello altrimenti liquidabile per la fase decisionale, fermo quanto maturato per l'attività precedentemente svolta" (l'espressione "di regola" è stata soppressa dal D.M. n.147/2022).

Non si possono, infatti, ignorare la delicatezza degli argomenti che vengono trattati nella cause di famiglia (separazione e divorzio), l'importanza delle questioni che vengono sollevate in tali cause, circostanze che hanno imposto una riflessione sui "criteri" di liquidazione del compenso dell'avvocato matrimonialista, in quanto i criteri di liquidazione previsti dal previgente D.M. n. 140/2012 e della giurisprudenza in materia in ordine al valore della controversia, non corrispondevano al tempo, al lavoro e professionalità che gli avvocati di famiglia dedicano a tali attività.

Divorzio breve, negoziazione assistita

In questi ultimi anni il diritto di famiglia ha subito profonde modifiche, in particolare la disciplina della "cessazione del matrimonio". Non si può ignorare che per effetto della legge 10.11.2014 n.162 (c.d. decreto degiurisdizionalizzazione) il quadro normativo relativo ai procedimenti di separazione e divorzio si è arricchito di nuovi e importanti elementi; la frammentazione procedimentale ha complicato le modalità di determinazione del compenso dell'avvocato per questo tipo di procedimenti (nelle ipotesi in cui non vi è stato apposito contratto avvocato-cliente sul compenso).

Si è passati, infatti, dalla legge n. 898 del 1970, alla riduzione dei tempi (da 5 a 3 anni) per il divorzio dopo la separazione, alla negoziazione assistita ed agli accordi innanzi all'ufficiale di stato civile, di cui agli artt. 6 e 12 della L. n. 162 del 2014 (con cui si evita il passaggio in Tribunale), al recente divorzio breve di cui alla legge 6.5.2015 n. 55.

Le diverse "modalità" di cessazione del matrimonio hanno di certo riflessi sul compenso dovuto all'avvocato, e, quindi, sui costi che i coniugi devono affrontare. Infatti, i costi per una procedura di separazione e divorzio sono certamente diversi a secondo della procedura prescelta: separazione giudiziale; separazione giudiziale trasformata in consensuale; separazione consensuale; negoziazione assistita; separazione dinanzi all'ufficiale dello stato civile; difesa di un solo legale per entrambi i coniugi.

Compenso variabile e preventivo

Occorre premettere che il compenso dell'avvocato è strettamente collegato alla "intensità" dell'attività espletata, "intensità" che, nel caso di specie, si può individuare nella presenza di figli, patrimonio immobiliare dei coniugi, attività espletata dai coniugi insieme, litigiosità fra coniugi ampliata dalla presenza di figli minorenni.

Stante la variabilità dei costi, collegati a fattori non sempre prevedibili, è opportuno per i coniugi richiedere espressamente al legale un preventivo scritto del costo della prestazione, anche perché l'avvocato è tenuto (art. 13, comma 5, L. n. 247/2012; L. n. 124 del 2017) a rendere noto al cliente il livello di complessità dell'incarico, fornendo tutte le informazioni utili circa gli oneri ipotizzabili dal momento del conferimento alla conclusione dell'incarico, ed a comunicare in forma scritta la prevedibile misura del costo della prestazione. A decorrere dal 29 agosto 2017 (data di entrata in vigore della L. n. 124/2017), infatti, l'avvocato ha l'**obbligo, al momento del conferimento dell'incarico, di fornire al cliente un preventivo scritto sulla prevedibile misura del costo della prestazione,** a prescindere da una esplicita richiesta del cliente; e cioè l'avvocato, anche in assenza di esplicita richiesta del cliente, in via preventiva, deve rendere noto "obbligatoriamente", in forma scritta o digitale, al cliente la misura del compenso per l'attività da svolgere, distinguendo tra oneri, spese, anche forfettarie, e compenso professionale.

Occorre evidenziare che in tema di separazione dei coniugi, **la corte di appello adita in sede di reclamo avverso l'ordinanza**

del Presidente del Tribunale, ai sensi dell'art.708 cpc, non deve statuire sulle spese del procedimento, poiché trattandosi di provvedimento adottato in pendenza della lite, resta riservato al tribunale provvedere sulle spese nella sentenza emessa a conclusione del giudizio anche per la fase di reclamo (Cass. 30 aprile 2020 n. 8432).

I parametri, peraltro, si applicano quando all'atto del conferimento dell'incarico o successivamente, il compenso non sia stato consensualmente determinato; in pratica il regolamento sui parametri si applica in assenza dell'accordo delle parti sui compensi.

Negoziazione assistita

In base all'art. 6 del d.l. 12.9.2014 n. 132, conv. in legge n. 162/2014, la convenzione di negoziazione assistita (*con l'assistenza di almeno un avvocato per parte*) può essere conclusa tra coniugi al fine di raggiungere una soluzione consensuale:

- di separazione personale;
- di cessazione degli effetti civili o di scioglimento del matrimonio;
- di modifica delle condizioni di separazione o di divorzio.

L'accordo raggiunto a seguito della citata convenzione produce gli effetti, e tiene luogo dei provvedimenti giudiziali che definiscono i procedimenti di separazione personale, di cessazione degli effetti civili del matrimonio, di scioglimento del matrimonio e di modifica delle condizioni di separazione o di divorzio.

Per quanto riguarda **il compenso dell'avvocato che assiste un coniuge** o entrambi i coniu**gi), nella procedura della negoziazione assistita**, il D.M. 8 marzo 2018, n. 37 ha introdotto un **apposito compenso** per l'avvocato che svolge attività professionale nei **procedimenti di mediazione e negoziazione assistita.** È previsto, infatti, che l'attività svolta dall'avvocato nei procedimenti di (mediazione) e negoziazione assistita è liquidata in base ai parametri numerici di apposita tabella (n. 25-*bis*), parametri che variano a seconda degli scaglioni di valore di riferimento tra i sei previsti ed a secondo della fase della procedura cui l'avvocato ha partecipato (le fasi previste sono tre: attivazione; negoziazione; conciliazione).

A meno che le parti (cliente-avvocato) non abbiano preventivamente pattuito un compenso di importo diverso, atteso che la pattuizione tra le parti prevale sugli importi parametrici previsti nel decreto.

In presenza *di figli minori, di figli maggiorenni incapaci o portatori di handicap grave ovvero economicamente autosufficienti,* l'accordo raggiunto a seguito di convenzione di negoziazione assistita, deve essere trasmesso al Procuratore della Repubblica, il quale, quando ritiene che l'accordo raggiunto risponde all'interesse dei figli, lo autorizza (con conseguente successiva trasmissione da parte dell'avvocato, dell'accordo raggiunto all'ufficiale dello stato civile del comune interessato).

In tale caso, il compenso si determina con i criteri di cui alla citata tabella 25-bis stante l'assenza del "passaggio" in tribunale.

Quando invece il Procuratore della Repubblica, ritiene che l'accordo non risponde all'interesse dei figli, trasmette l'accordo raggiunto a seguito di negoziazione assistita al Presidente del Tribunale, che fissa, entro i successivi trenta giorni, la comparizione delle parti.

In tale caso, però non viene evitato il "passaggio in tribunale". Per il compenso, quindi, oltre a quanto previsto per la mediazione/negoziazione, non può che farsi riferimento alle prestazioni giudiziali, e quindi, alla tabella 2 (valore indeterminato) del D.M. n. 55 del 2014, e come già detto, sempreché le parti non abbiano concordato un diverso importo quale compenso professionale, senza fare riferimento alle tabelle parametriche del D.M. n. 55/2014.

Gli accordi di negoziazione assistita per le soluzioni consensuali di separazione personale, di cessazione degli effetti civili o di scioglimento del matrimonio, di modifica delle condizioni di separazione o di divorzio, **sono esenti dall'imposta di registro, di bollo, dal pagamento dei diritti di copia e ogni altra tassa** (Agenzia delle entrate, risoluzione n. 65 del 2015; circolare Ministero della giustizia 29 luglio 2015).

Divorzio breve

L'art. 1 della L. 6.5.2015 n. 55 "riduce" i tempi per la proposizione della domanda di scioglimento o di cessazione degli effetti civili del matrimonio, a dodici mesi dall'avvenuta comparizione dei coniugi (anziché tre anni) innanzi al Presidente del Tribunale nelle procedure di separazione personale, ed a sei mesi nel caso di separazione consensuale, anche quando il giudizio contenzioso si sia trasformato in consensuale.

La riduzione dei tempi non incide però sulla procedura da seguire per la cessazione degli effetti civili del matrimonio, e conseguentemente sul compenso spettante all'avvocato, che è quello di cui alla tabella 2 (valore indeterminato) del D.M. n. 55/2014.

I costi di una separazione giudiziale/divorzio, anche dopo il divorzio breve, sono, però, di importi non certo modesti, anche se gli stessi lievitano se la giudiziale è complessa; e ciò spinge sempre più spesso le coppie italiane a scegliere paesi europei per divorziare, ove i costi (ed i tempi) sono più ridotti.

Separazione/divorzio innanzi all'ufficiale di stato civile

In base all'art. 12 del d.l. 12.9.2014 n. 132, conv. in L. n. 162/2014, i coniugi, *con l'assistenza facoltativa di un avvocato,* innanzi all'ufficiale dello stato civile, possono concludere un accordo congiunto di separazione consensuale, di scioglimento o di cessazione degli effetti civili del matrimonio e di modifica delle condizioni di separazione o di divorzio (l'accordo non può contenere patti di trasferimento patrimoniale).

Tale procedura non si applica in presenza di figli minori, di figli maggiorenni incapaci o portatori di handicap grave ovvero economicamente indipendente.

In tale procedura, nel caso di assistenza dell'avvocato, per il compenso professionale, stante la mancanza del "passaggio in tribunale", occorre fare riferimento alla tabella n. 25 del D.M. n. 55/2014 (aggiornata dal D.M. n.147/2022) relativa alle prestazioni stragiudiziali.

Si può, quindi, concludere che, nel caso di assistenza e difesa del cliente nella procedura di negoziazione assistita o divorzio breve, oppure nella redazione degli accordi di separazione/divorzio innanzi all'ufficiale di stato civile, per il compenso dell'avvocato si deve fare riferimento alla tabella giudiziale (tabella 25) oppure alla tabella stragiudiziale (tabella 26) del D.M. n. 55 del 2014 e successivo D.M. n.147/2022, a seconda se vi è stata o meno "il passaggio in tribunale" della controversia.

Conclusivamente si può dedurre che i procedimenti di separazione e divorzio risultano soggetti all'applicazione di tre diverse tabelle parametriche:

- ai procedimenti di separazione (e divorzi) **giudiziali** avanti al Tribunale si applicano le tabelle relative ai procedimenti ordinari di cognizione;
- ai procedimenti di separazione (e divorzi) **consensuali** si applicano le tabelle relative ai procedimenti di volontaria giurisdizione.

Reclamo alla Corte di appello

In tema di separazione dei coniugi, la corte di appello adita in sede di reclamo avverso l'ordinanza del Presidente del Tribunale, ai sensi dell'art.708 cpc, non deve statuire sulle spese del procedimento, poiché, trattandosi di provvedimento adottato in pendenza della lite, resta riservato al tribunale provvedere sulle spese nella sentenza emessa a conclusione del giudizio anche per la fase di reclamo (Cass. 30 aprile 2020 n. 8432).

8. Cause di valore superiore ad euro 520.000,00

Il D.M. n.147/2022 detta una nuova disciplina per gli affari di valore superiori ad euro 520.000,00 introducendo una apposita tabella (n. 25) e statuendo che *"Per le prestazioni stragiudiziali in relazione ad affari di valore superiore a euro 520.000,00 il compenso è liquidato sulla base di una percentuale progressivamente decrescente del valore dell'affare, secondo quanto previsto dalla allegata tabella n.25"*.

È stato così introdotta anche una semplificazione della disciplina per la determinazione del compenso per le prestazioni stragiudiziali per gli affari di valore superiore ad € 520.000,00 con un compenso calcolato in modo proporzionalmente decrescente rispetto al valore dell'affare.

Il D.M. n.147/2022 interviene sul D.M. n. 55 del 2014 introducendo una deroga al criterio dell'onnicomprensività dei parametri previsti dalla relativa tabella statuendo (art. 4, comma 1) che *"Quando, tuttavia, l'affare si compone di fasi o di parti autonome in ragione della materia trattata i compensi sono liquidati per ciascuna fase o parte"*, ed estendendo anche a tale tipologia di attività l'adozione della sola percentuale del 50% per regolare gli aumenti e le diminuzioni dei valori medi.

9. Cause e procedure concorsuali (opposizione sentenza dichiarativa di fallimento, concordato preventivo, amministrazione controllata, istanza di ammissione al passivo fallimentare, curatore eredità giacente)

Occorre premettere che per le procedure concorsuali il D.M. n. 55/2014 prevede la tabella 20 titolata "Procedimenti per dichiarazioni di fallimento", tabella in cui è previsto un compenso unico (unica fase processuale), compenso rapportato al valore della vertenza.

Il D.M. n.147/2022 ha ridisciplinato i parametri applicabili all'attività professionale svolta nell'ambito delle procedure concorsuali e, in particolare, nei procedimenti di ammissione al passivo e di impugnazione dello stato passivo.

Infatti con l'art. 2, lettere j) il D.M. n.147/2002, all'art.4 del D.M. n. 55/2014 ha "aggiunto":

- l'art. 10-quinquies statuendo che "*Nei procedimenti di ammissione al passivo e di impugnazione dello stato passivo aventi ad oggetto crediti di lavoro dipendente, i parametri previsti dalla allegata tabella possono essere ridotti fino al 50 per cento*".
- l'art. 10-sexies statuendo che "*Nel caso di reclamo in corte di appello avverso la sentenza dichiarativa del fallimento e gli altri provvedimenti del tribunale fallimentare, si applicano i parametri previsti dalla allegata tabella n.12*" (che è la tabella per i giudizi civili innanzi alla Corte di appello).

Opposizione sentenza fallimento

I) Per la determinazione delle competenze spettanti all'avvocato nel procedimento di opposizione alla sentenza dichiarativa di fallimento, la Cass., SS.UU., 24 luglio 2007, n. 16300, ha risolto il contrasto giurisprudenziale in merito ai criteri da seguire nella liquidazione delle spese giudiziali, affermando che ai fini della liquidazione degli onorari spettanti al difensore in sede di opposizione alla sentenza dichiarativa di fallimento, **il valore della causa da determinarsi sulla base della domanda *ex* art. 10 c.p.c., non va desunto dall'entità del passivo**, non essendo applicabile in via analogica l'art. 17 c.p.c., riguardante esclusivamente i giudizi di opposizione ad esecuzione forzata, **ma deve considerarsi indeterminabile**, atteso che la pronuncia richiesta è di revoca del fallimento e l'oggetto del giudizio, relativo all'accertamento dell'insolvenza, si fonda sulla comparazione tra i debiti dell'imprenditore e i mezzi finanziari a sua disposizione senza investire la delimitazione quantitativa del dissesto, riservata al subprocedimento di verificazione.

Il giudizio di opposizione al fallimento, quindi, è una controversia il cui valore non corrisponde alla somma dei crediti ammessi ma va ritenuto indeterminabile, con la conseguenza che, ai fini della liquidazione del compenso al difensore, **non si può applicare lo scaglione parametrico che corrisponde all'entità complessiva del passivo fallimentare, ma lo scaglione di valore indeterminabile**.

Prima della menzionata decisione a Sezioni Unite della Corte di Cassazione vi erano **due orientamenti giurisprudenziali**.

Secondo un primo orientamento l'opposizione a sentenza dichiarativa di fallimento è riconducibile all'ipotesi dell'art. 17, prima parte, c.p.c., di guisa che il valore della relativa causa si determina in base all'ammontare del passivo, quale risulta dalla somma dei crediti ammessi alla procedura concorsuale (Cass. 28 maggio 2003, n. 8546; Cass. 14 febbraio 2002, n. 2104; Cass. 2 giugno 1997, n. 4886; Cass. 4 novembre 1993, n. 10933; App. Venezia 23 dicembre 1995, in *Foro it.*, 1996, I, 2071).

Secondo altro orientamento giurisprudenziale "confortato" dalla Cass., SS.UU., 24 luglio 2007, n. 16300, invece, nel senso che tali cause sono di valore indeterminabili, Cass. 10 luglio 1993, n. 7596; Cass. 2 aprile 2004, n. 6508. Secondo tali decisioni, ai fini della liquidazione delle competenze spettanti al difensore per la rappresentanza e difesa della parte nel giudizio di opposizione alla sentenza dichiarativa di fallimento, il valore della causa – da determinarsi in base alla domanda: art. 10 c.p.c. – non va ragguagliato né all'attivo inventariato né all'entità del passivo accertato (non essendo applicabile in via analogica l'art. 17, prima parte, c.p.c.) ma deve considerarsi indeterminabile.

Reclamo contro sentenza dichiarativa fallimento

Il D.M. n.147/2022 per il reclamo contro la sentenza dichiarativa di fallimento e contro il decreto che rigetta l'istanza di fallimento, prevede l'applicazione della tabella 12 relativa ai giudizi civili innanzi alla Corte di appello, così come per i reclami in Corte di appello contro i provvedimenti del Tribunale fallimentare.

Si è specificato (Cass. 18 aprile 2018 n. 9563) che poiché il giudizio di reclamo avverso la sentenza dichiarativa di fallimento ha natura contenziosa (Cass. 29 dicembre 2017 n. 31191; Cass. 22 dicembre 2017 n.30893), per la liquidazione del compenso del legale si applicano le tariffe relative ai procedimenti contenziosi (e non secondo la voce unica di tariffa riservata ai procedimenti speciali e concorsuali).

Opposizione risoluzione concordato preventivo

Nei giudizi di opposizione alla risoluzione del concordato preventivo e alla conseguente dichiarazione di fallimento del debitore, il valore della causa non va desunto dall'entità del passivo. La causa deve **considerarsi di valore indeterminabile**, atteso che la pronuncia richiesta è di revoca del fallimento e l'oggetto del giudizio, relativo all'accertamento dell'insolvenza, si fonda sulla comparazione tra i debiti dell'imprenditore e i mezzi finanziari a sua disposizione senza investire la delimitazione quantitativa del dissesto, riservata al sub procedimento di verificazione.

Curatore fallimentare

II) Con riferimento ai criteri di "**determinazione del compenso al curatore fallimentare**", la norma di cui all'art. 39 L. fall. non stabilisce direttamente in base a quali criteri debba essere liquidato il compenso del curatore fallimentare, all'uopo provvedendo una fonte normativa secondaria che è il D.M. 25 gennaio 2012, n. 30 e successive modifiche. **Il compenso per l'avvocato che svolge la "funzione" di curatore fallimentare si determina**, quindi, **non in base ai parametri (e prima alla tariffa forense) ma in base al D.M. n. 30/2012** (che stabilisce i compensi spettanti ai curatori fallimentari e i compensi per le procedure di concordato preventivo e di amministrazione controllata).

Nel decreto n. 30/2012, è previsto che il compenso debba essere determinato in relazione all'attivo realizzato, e la Cassazione con sent. 22 settembre 2004, n. 18996 (in *Foro it.*, 2005, I, 2793), ha affermato che **il compenso che spetta al termine della procedura al curatore fallimentare deve essere determinato sulla base dell'attivo realizzato e non di quello inventariato**; ha interpretato, quindi, la norma nel senso che per attivo realizzato deve intendersi quello riveniente dalla liquidazione del patrimonio del fallito, dalla riscossione dei crediti e dalle somme acquisite dal curatore anche a seguito di iniziative giudiziarie; conforme anche Cass. 10 luglio 1998, n. 6725; Cass. 3 luglio 1997, n. 5978; Cass. 8 gennaio 1998, n. 100). Sulla liquidazione del compenso al curatore fallimentare si è specificato (Cass. 30 gennaio 2008, n. 2210) che la liquidazione del compenso al curatore fallimentare deve essere specificamente motivata mediante indicazione dei criteri seguiti, ai sensi dell'art. 39 L. fall., in relazione alla disciplina regolamentare richiamata (il D.M. n. 30/2012), risultando altrimenti il decreto di liquidazione nullo.

Sempre con riferimento al compenso del curatore fallimentare, si è affermata (Corte cost. 28 aprile 2006, n. 174, in *Foro it.*, 2006, I, 636) la incostituzionalità dell'art. 146, D.P.R. 30 maggio 2002, n. 115 nella parte in cui non prevede che sono spese anticipate dall'erario le "spese e onorari" spettanti al curatore fallimentare. **Si riconosce, quindi, al curatore fallimentare che il diritto al compenso fissato nell'art. 39 L. fall.** (anche a seguito delle modifiche alla legge fallimentare di cui al D.Lgs. 9 gennaio 2006, n. 5, che nulla ha innovato sul tema) **compete pur quando l'attivo della procedura sia insufficiente; in tale caso, infatti, deve soccorrere l'erario con i suoi fondi**, posto che sarebbe del tutto ingiustificato il fatto che nell'identica situazione, il diritto alla riscossione del compenso dovesse essere assicurato agli ausiliari del magistrato e non anche al curatore (sono, quindi, superati i precedenti contrari della Corte Costituzionale (Corte cost. 27 luglio 1994, n. 368; 30 dicembre 1993, n. 488; 22 novembre 1985, n. 302 in *Foro it.*, 1986, I, 333) anche per effetto della mutata norma di riferimento (art. 146, D.P.R. 30 maggio 2002, n. 115, TU delle disposizioni legislative e regolamentari in materia di spese di giustizia).

Pur nella diversità del ruolo del difensore officiato dalla curatela rispetto all'incarico svolto dal curatore, la **natura onerosa dell'incarico del difensore della curatela non può che comportare l'attribuzione dell'onere del pagamento in capo all'erario quale spesa del fallimento al pari del compenso del curatore,** sia pure nell'ambito di un procedimento contenzioso, essendo cessati gli organi del fallimento. Il **compenso del legale del fallimento revocato è a carico dell'erario al pari del compenso del curatore.**

Pluralità di curatori

Nel caso di **pluralità di curatori e cioè nell'ipotesi di curatela collegiale (costituita da due curatori), il compenso costituisce un *quid unicum* che, come tale, non può essere duplicato (in termini, Trib. Pordenone 22 luglio 2013).** Infatti, in base a quanto espressamente sancito dall'art. 39, comma 3, L.F., **quando in un fallimento si avvicendano due o più curatori, il compenso deve essere liquidato una sola volta**, tenendo conto dell'attivo complessivamente realizzato e del passivo accertato, e ripartendo la somma così determinata in base all'opera prestata da ciascun curatore, alla durata di ciascun incarico e ai risultati ottenuti, tenendo conto anche della sollecitudine e della diligenza con cui sono state espletate le diverse prestazioni (Trib. Roma 14 ottobre 2014).

Concordato preventivo seguito da fallimento

Il credito del professionista che abbia svolto attività di assistenza e consulenza per la redazione e la presentazione della domanda di concordato preventivo, rientra tra i crediti sorti "in funzione" della procedura e, come tale, a norma dell'art. 111, comma 2, L.F., va soddisfatto in prededuzione nel successivo fallimento, senza che ai fini di tale collocazione, debba essere accertato con valutazione *ex post,* che la prestazione resa sia stata concretamente utile per la massa in ragione dei risultati raggiunti (Cass. 15 maggio 2020 n. 9027; Cass. 9 gennaio 2020 n.220; Cass. 16 maggio 2018 n. 12017; Cass. 25 gennaio 2018 n. 1896; Cass. 5 marzo 2014 n. 5098; Trib. Roma 22 gennaio 2015). La ragione specifica di tale affermazione va ritenuta nell'essere l'ammissione al concordato in sé sintomatica della funzionalità delle attività di assistenza e consulenza connesse alla presentazione della domanda e alle eventualmente successive sue integrazioni, giacché la norma detta un precetto di carattere generale che, per favorire il ricorso a forme di soluzione concordata della crisi di impresa, ha introdotto un'eccezione al principio della *par condicio* (Cass. 17 aprile 2014, n. 8958).

È ormai consolidato l'indirizzo giurisprudenziale secondo cui il credito del professionista derivante dall'attività di consulenza e assistenza prestata al debitore, ammesso al concordato preventivo, per la redazione e la presentazione della relativa domanda è prededucibile senza che sia necessario verificare il risultato delle prestazioni svolte oppure la loro utilità per la massa. Per la prededuzione del credito del professionista è necessario, però, che la procedura concorsuale sia stata dichiarata aperta, non essendo sufficiente ad esempio la mera presentazione di una domanda di concordato preventivo, che dà luogo solo ad un procedimento di verifica per l'accertamento dell'ammissibilità della proposta (Cass.22 febbraio 2021 n. 4710).

Si è precisato (Trib. Bergamo, decreto 23 dicembre 2020) che il credito del professionista che ha assistito l'imprenditore nella predisposizione e nel deposito della domanda di concordato, potrà essere prioritario rispetto a tutti gli altri creditori unicamente con riferimento al ricavato della liquidazione del patrimonio mobiliare e immobiliare non gravato da garanzie reali.

In ordine alla prededuzione di crediti del professionista sorti in funzione di precedenti procedure concorsuali, il novellato art. 111, comma 2, L.F. detta un precetto di carattere generale, che per favorire il ricorso a forme di soluzione concordata della crisi d'impresa, ha introdotto un'eccezione al principio della *par condicio* ed ha esteso la prededucibilità a tutti i crediti sorti in funzione di precedenti procedure concorsuali, fra i quali il credito del professionista rientra *de plano,* senza che debba verificarsi il "risultato" delle prestazioni da questi svolte, ovvero della concreta utilità per la massa In pratica, al fine di riconoscere la prededuzione al credito del professionista, è sufficiente che l'attività svolta dal professionista sia finalizzata alla presentazione della domanda di concordato (Cass. 11 novembre 2016 n. 23108).

In ipotesi di concordato preventivo con fallimento successivo, quindi, i crediti del professionista derivanti dall'attività di consulenza ed assistenza prestata al debitore ammesso al concordato preventivo, per la redazione e la presentazione della relativa domanda, sono prededucibili nel fallimento consecutivo, senza che debba verificarsi il risultato delle prestazioni da questi eseguite, ovvero la loro concreta utilità per la massa (Cass. 5 dicembre 2016 n. 24791; Trib. Cuneo 10 dicembre 2015); il credito in questione va soddisfatto in prededuzione (nel successivo fallimento), senza che, ai fini di tale collocazione, debba essere accertato, con valutazione *ex post* che la prestazione resa sia stata concretamente utile per la massa in ragione dei risultati raggiunti.

L'ammissione del credito dell'avvocato in prededuzione, "subisce" però alcune eccezioni. Infatti, si è specificato che:

– non è prededucibile in quanto non "sorto in funzione" della procedura, il credito dell'avvocato per l'attività di difesa in giudizi già pendenti alla data di deposito del ricorso per l'ammissione al concordato preventivo (Cass. 5 marzo 2014 n. 5098);

– il credito del professionista che abbia predisposto la documentazione necessaria per l'ammissione al concordato preventivo non è prededucibile nel successivo fallimento ove l'ammissione alla procedura minore sia stata revocata per atti di frode dei quali il professionista stesso fosse a conoscenza (Cass. 15 maggio 2020 n. 9027).

Nel caso di fallimento seguito da concordato fallimentare, per la determinazione del compenso spettante per l'attività svolta dalla curatela nella procedura fallimentare e in quella concordataria, si è affermato che a **seguito della omologazione di un concordato fallimentare** proposto dall'assuntore dopo che i curatori hanno già realizzato e ripartito un attivo considerevole, **alla curatela fallimentare spetta sia il compenso per l'attività svolta nella procedura fallimentare, sia un compenso ulteriore per l'attività svolta nella fase concordataria**, da calcolarsi, quest'ultimo, alla stregua del *quantum* attribuito ai creditori in esecuzione del concordato (Trib. Pordenone 22 luglio 2013).

Difensore curatela

III) In ordine al "compenso del **difensore della curatela**", si è affermato (Cass. 13 luglio 2007, n. 15671) che **in tema di liquidazione del compenso al professionista legale incaricato da parte degli organi della procedura fallimentare, sussistono la competenza esclusiva del giudice delegato, tenuto ai sensi dell'art. 25, n. 7, L. fall., a provvedere sull'istanza in ogni caso e anche se vi sia insufficienza di attivo** e il diritto soggettivo del creditore alla determinazione del suo credito, certo e liquido, pur se esigibile solo al momento in cui vi sia disponibilità dell'attivo, ove ricorrano le diverse condizioni per il decreto di prelevamento dello stesso giudice delegato *ex* art. 111, comma 1, L. fall. Sul tema si è specificato (Cass. 17 aprile 2008, n. 10099) che in caso di intervenuta sentenza di revoca del fallimento, in assenza di colpa del creditore istante e con conseguente imposizione a carico dell'erario delle spese della procedura, nella vigenza dell'art. 21, comma 2, L. fall., attualmente abrogato dall'art. 18, D.Lgs. 9 gennaio 2006, n. 5, **l'avvocato che abbia svolto prestazioni professionali in favore della procedura stessa non può richiedere la liquidazione degli onorari agli organi preposti al fallimento, ma deve proporre un'azione ordinaria o avvalersi di rimedi procedimentali speciali previsti dall'ordinamento, per richiedere il pagamento delle proprie spettanze all'amministrazione dello Stato, tenuta al rimborso.**

Con specifico riferimento al **decreto di liquidazione degli onorari agli avvocati da parte del giudice delegato**, si è affermato (Cass. 31 marzo 2010, n. 7953) che il **pubblico ministero,** potendo solo intervenire e non anche agire e impugnare nella procedura di concordato preventivo, **non è legittimato a proporre reclamo avverso il decreto del giudice delegato** che liquida il compenso ai difensori per l'attività svolta nel giudizio di risoluzione del concordato.

Assistenza per domanda ammissione concordato

IV) In ordine all'**attività professionale di "consulenza e assistenza resa in occasione della domanda di ammissione alla procedura di concordato preventivo", Trib. Salerno 24 aprile 1999**, afferma che **non si applicano** le voci della tariffa previste per l'attività stragiudiziale (ma ora dei parametri), ma quelle previste per i procedimenti concorsuali davanti al tribunale. Sullo stesso tema, Cass. 29 maggio 2008, n. 14443 ha precisato che **in tema di credito per l'onorario richiesto da un avvocato per le prestazioni professionali stragiudiziali confluite nella presentazione dell'istanza per l'ammissione a concordato preventivo del cliente poi fallito, l'ammissione al passivo fallimentare va esclusa per tutte quelle attività strettamente connesse e complementari all'introduzione e allo svolgimento della procedura** anche se svolte al di fuori di essa, essendo previsto (sia nella tariffa di cui al D.M. n. 392/1990 che in quella di cui al D.M. n. 585/1994), che i compensi per prestazioni stragiudiziali siano dovuti solo quando non trovino adeguato compenso nella tariffa per le prestazioni giudiziali; la tariffa a percentuale (ora parametri) fissata per l'attività stragiudiziale trova a sua volta applicazione ove sia provata una continuativa consulenza per la determinazione dell'attivo, in difetto operando i criteri della tariffa giudiziale (ora parametri), né soccorre il parere del Consiglio dell'Ordine, che solo attesta la conformità in astratto della parcella alla tariffa (ora parametri), senza vincolo per il giudice circa l'effettività della prestazione.

Tale indirizzo è stato confermato da Cass. 19 ottobre 2017 n. 24682, in cui si afferma che **le attività stragiudiziali compiute dall'avvocato ai fini della presentazione della domanda di concordato preventivo sono strettamente connesse a quelle giudiziali,** con la conseguenza che le stesse vanno **liquidate unitamente a quelle giudiziali in base alla tariffa giudiziale.** E ciò in quanto le attività consistenti nella partecipazione ad incontri con il liquidatore della società in crisi e con altri professionisti sono complementari a quelle riguardanti lo studio della controversia, la redazione ed il deposito del ricorso e la partecipazione alle fasi successive del procedimento, così da ritenerne giustificata l'aggregazione in un'unica prestazione avente ad oggetto la difesa della debitrice nella procedura concorsuale.

Non possono, quindi, essere considerate come stragiudiziali, ed essere perciò compensate separatamente da quelle giudiziali, **quelle attività professionali che seppure non esplicate davanti al giudice siano con quelle giudiziali strettamente connesse e complementari si da costituire di esse il naturale completamento** (Cass. 23 maggio 1992, n. 6214).

Ne consegue che per la determinazione degli onorari dell'**avvocato che abbia assistito il proprio cliente nella presentazione di un'istanza di ammissione al concordato preventivo o all'amministrazione controllata, l'applicazione dei criteri a percentuale**, di cui alla tariffa (ora parametri) in materia stragiudiziale, **è pertanto possibile solo quando risulti accertata anche una continuativa attività di consulenza per la determinazione dell'attivo** (da assumere come base di computo della percentuale), mentre in difetto operano i criteri della tariffa giudiziale, secondo i quali la liquidazione stessa non avviene a percentuale generale sul valore dell'attivo, ma per importi quantitativamente indicati in un minimo e in un massimo per ogni scaglione di valore, fino a un tetto, dopo il quale ulteriori incrementi sono rimessi alla discrezionale valutazione del giudice (Cass. 8 agosto 1990, n. 7994).

Si è specificato che la liquidazione del compenso spettante al professionista che, nell'ambito del concordato preventivo, abbia redatto la relazione di asseverazione di cui all'art. 161, comma 3, LF, non deve avvenire secondo di criteri di cui all'art. 27 d.m. n. 140 del 2012, che riguarda le attività di complessiva assistenza al debitore nel periodo preconcorsuale, trovando invece applicazione i parametri fissati dall'art. 21 dello stesso decreto per le attività di valutazione perizie.

Con riferimento al concordato preventivo e alla necessità o meno dell'autorizzazione del giudice delegato per l'attività professionale, **l'attività svolta dal professionista nel periodo successivo all'apertura della procedura di concordato preventivo**, consistente nella conservazione e nel miglioramento del patrimonio dell'impresa per il mantenimento dei presupposti della procedura, **non è atto di straordinaria amministrazione e non necessita dell'autorizzazione del giudice delegato prevista dall'art. 167, comma 2, L. fall.** (Trib. Piacenza 26 aprile 2013)

Concordato preventivo e prededuzione

In ordine alla prededuzione o meno del credito del professionista che svolge attività di assistenza e consulenza per la redazione e la presentazione della domanda di concordato preventivo, si è affermato che tale credito rientra *de plano* tra i crediti sorti "in funzione" della procedura e, come tale, a norma dell'art. 111, comma 2, L.F., va soddisfatto in prededuzione nel successivo fallimento, senza che ai fini di tale collocazione, debba essere accertato con valutazione *ex post,* che la prestazione resa sia stata concretamente utile per la massa in ragione dei risultati raggiunti (Cass. 9 gennaio 2020 n.220; Cass. 16 maggio 2018 n. 12017; Cass. 25 gennaio 2018 n. 1896; Cass. 5 marzo 2014 n. 5098; Trib. Roma 22 gennaio 2015).

Il contrasto tra le decisioni della Suprema Corte (da ultimo, ordinanza 28 gennaio 2021 n. 1961(in Foro it., 2021, I, 874 con nota di G. Costantino, *La prededuzione in attesa del codice della crisi)* che hanno affermato che i crediti per le prestazioni rese in favore dell'imprenditore per la presentazione della domanda di concordato preventivo sono prededucibili, anche se la proposta di concordato è stata dichiarata inammissibile, e quelle di "segno" contrario (da ultimo, Cass. 15 gennaio 2021 n. 639), in cui si specifica che i crediti professionali non sono prededucibili se la proposta di concordato è stata dichiarata inammissibile, è stato risolto dalle sezioni unite della Corte di Cassazione con sentenza 31 dicembre 2021 n.42093, con l'affermazione del seguente principio di diritto: "*Il credito del professionista incaricato dal debitore di ausilio tecnico per l'accesso al concordato preventivo o il perfezionamento dei relativi atti è considerato prededucibile, anche nel successivo e consecutivo fallimento, se la relativa prestazione, anteriore o posteriore alla domanda di cui all'art.161 l.f., sia stata funzionale, ai sensi dell'art.111, comma 2, l.f., alle finalità della prima procedura, contribuendo con inerenza necessaria, secondo un giudizio ex ante rimesso all'apprezzamento del giudice di merito, alla conservazione o all'incremento dei valori aziendali dell'impresa, sempre che il debitore venga ammesso alla procedura ai sensi dell'art.163 l.f., ciò permettendo istituzionalmente ai creditori, cui la proposta è rivolta, di potersi esprimere sulla stessa; restano impregiudicate, da un lato, la possibile ammissione al passivo, con l'eventuale causa di prelazione e, per l'altro, la non ammissione, totale o parziale, del singolo credito ove si accerti l'inadempimento della obbligazione assunta o la partecipazione del professionista ad attività fraudatoria".*

Si è, però, specificato (Cass. 5 marzo 2014 n. 5098) che non è prededucibile, in quanto non "sorto in funzione" della procedura, il credito dell'avvocato per l'attività di difesa in giudizi già pendenti alla data di deposito del ricorso per l'ammissione al concordato preventivo.

Presentazione accordo di ristrutturazione

Ed in materia si è specificato (Cass. 10 settembre 2015 n. 17907) che in **materia fallimentare, deve riconoscersi la prededuzione non solo al credito del professionista che abbia svolto attività di assistenza, consulenza ed eventualmente redazione della proposta di concordato preventivo, ma anche** al credito dei professionisti che abbiano prestato la loro opera per il risanamento dell'impresa ovvero per prevenire la dissoluzione, **purché le relative prestazioni si pongono in rapporto di adeguatezza funzionale con le necessità risanatorie dell'impresa e siano state in concreto utili per i loro creditori,** per avere loro consentito una sia pur contenuta realizzazione dei crediti. E ciò in quanto l'art. 111 L.f., allo scopo di incentivare il ricorso alle procedure concorsuali alternative al fallimento, attribuisce il carattere della prededucibilità a tutti i crediti per i quali sussiste il necessario collegamento occasionale o funzionale con la procedura concorsuale (Cass. 17 aprile 2014 n. 8958).

Va **riconosciuta, quindi, la prededuzione non solo al credito del professionista che abbia svolto attività di assistenza, consulenza ed eventualmente redazione della proposta di concordato preventivo** (Cass. 10 settembre 2014 n. 19013), **ma anche al credito dei professionisti che abbiano prestato la loro opera per il risanamento dell'impresa ovvero per prevenire la dissoluzione, purché le relative prestazioni si pongano in rapporto di adeguatezza funzionale con le necessità risanatorie dell'impresa e siano state in concreto utili per i creditori, per avere loro consentito una sia pur contenuta realizzazione dei crediti** (Cass. 17 aprile 2014 n. 8958; Cass. 8 aprile 2013 n. 8534).

Il credito del professionista che abbia svolto attività di assistenza e consulenza per la redazione e la presentazione dell'accordo di ristrutturazione, rientra tra i crediti sorti in funzione della procedura e come tale, a norma dell'art. 111, comma 2, L.F., **va soddisfatto in prededuzione nel successivo fallimento**, senza che, ai fini di tale collocazione, debba essere accertato, con valutazione *ex post,* che la prestazione resa sia stata concretamente utile per la massa in ragione dei risultati raggiunti (Cass. 25 gennaio 2018 n. 1896). E ciò in quanto l'accordo di ristrutturazione di cui all'art. 182-*bis* appartiene agli istituti del diritto concorsuale; l'appartenenza della procedura di ristrutturazione al diritto concorsuale può considerarsi implicitamente contrassegnata dalla decisione nelle quali la Corte (Cass. n. 16950/2016) ha accostato l'accordo al concordato preventivo, quale istituto affine nell'ottica delle procedure alternative al fallimento.

Assistenza redazione accordi di ristrutturazione

V) In tema di "**concordato preventivo con garanzia**", ai fini della individuazione dello scaglione della tariffa professionale degli onorari e dei diritti di avvocato applicabile, **il valore della causa di opposizione alla risoluzione del concordato preventivo con garanzie, si determina in relazione all'importo dei crediti nella percentuale concordata di cui si garantisce il pagamento**, e solo laddove tale importo non sia quantificato la causa deve ritenersi di valore indeterminato (Cass. 9 gennaio 2004, n. 121).

Concordato preventivo con garanzia

VI) Con riferimento al **compenso spettante al commissario giudiziale** si è specificato (Cass. 29 marzo 2005, n. 6573), che ai sensi del combinato disposto degli artt. 165 e 39, comma 3, R.D. 16 marzo 1942, n. 267, **nessun compenso è dovuto al commissario giudiziale**, quale organo della procedura di concordato preventivo, oltre quello liquidato dal tribunale, neppure per rimborso spese; con la conseguenza che le promesse e i pagamenti fatti con tale divieto sono nulli, ed è sempre ammessa la ripetizione di ciò che è stato pagato.

Commissario giudiziale

È stata ritenuta funzionalmente adeguata, ai fini del riconoscimento della prededuzione, l'attività del Commissario giudiziale nominato nell'ambito della prima procedura di concordato preventivo la cui ammissione è stata poi revocata, nonché l'attività dei coadiutori del Commissario medesimo e dell'avvocato che ha patrocinato la seconda domanda di concordato poi sfociata in fallimento (Trib. Forlì 22 ottobre 2014).

In ordine ai compensi al commissario giudiziale nella procedura di concordato preventivo, si è affermato che il commissario giudiziale nella procedura di concordato preventivo non è un ausiliario del giudice delegato, in quanto, pur cooperando con quest'ultimo, è nominato dal tribunale e ripete i propri poteri e funzioni, con operatività stabile e previsione non occasionale, direttamente dalla legge fallimentare che, in quanto *lex specialis*, prevale su quella generale dettata dal D.P.R. n. 115/2002 in tema di ausiliari della magistratura (Cass. 11 aprile 2011, n. 8221).

Amministratore giudiziario

Con riferimento all'**Amministratore giudiziario** nominato nel procedimento di cui all'art. 2409 c.c., il pagamento del compenso, liquidato in favore di tale ausiliario con il decreto del Presidente del tribunale *ex* artt. 92 e 103 disp. att. c.c., va posto a carico della società stessa, che si giova della relativa attività e non dell'istante che abbia denunciato le gravi irregolarità poi riscontrate (Cass. 26 novembre 2008, n. 28232).

Per la quantificazione del compenso dell'amministratore giudiziario occorre prendere a base di riferimento le tariffe professionali (ora parametri) "collegate" alla professione svolta dall'amministratore giudiziario (Cass. 19 dicembre 2017 n. 56441), e facendo riferimento alle tariffe vigenti al momento della conclusione dell'incarico.

Credito professionista attestatore

Il credito del professionista che abbia predisposto l'attestazione prevista dall'art. 161, comma 3, L.F., rientri tra i crediti sorti "in funzione" di quest'ultima procedura e, come tale, a norma dell'art.111, comma 2, L.F. vada soddisfatto in prededuzione nel successivo fallimento, senza che, ai fini di tale collocazione, debba essere accertato, con valutazione ex post, che la prestazione resa sia stata concretamente utile per la massa in ragione dei risultati raggiunti (Cass. 16 maggio 2018 n. 12017).

Concordato preventivo e amministrazione controllata

VII) In tema di "**concordato preventivo e di amministrazione controllata**", si è affermato (Cass. 9 ottobre 2007, n. 22010) che **il decreto con il quale il tribunale liquida il compenso al commissario giudiziale ha natura decisoria e carattere definitivo, non essendo soggetto a reclamo**; ne conseguono, da un lato l'impugnabilità ai sensi dell'art. 111 Cost. e, dall'altro, la non revocabilità da parte dell'autorità giudiziaria che lo ha emesso, la quale ha consumato, con l'adozione del medesimo, il proprio potere decisionale al riguardo.

Il compenso professionale relativo all'attività svolta prima dell'ammissione all'amministrazione controllata ha carattere concordatario opponibile ai creditori partecipanti al concordato e privilegiato ex art. 2751 bis cod. civ., da liquidare sul parametro degli onorari previsti dalla tariffa professionale in materia stragiudiziale per l'assistenza in procedure concorsuali; viceversa l'attività successiva è di straordinaria amministrazione e dunque soggetta alla preventiva autorizzazione scritta del giudice delegato, ove non sia dimostrata la concreta finalizzazione della medesima al risanamento dell'impresa, mediante il miglioramento della sua capacità produttiva e reddituale, elementi che una volta provati consentono di ritenere di ordinaria amministrazione l'atto finalizzato al recupero dell'impresa (Cass. 16 settembre 2019 n. 22992).

VIII) Con riferimento al **giudizio di *risoluzione del concordato preventivo***, è stato dichiarato inammissibile il **reclamo del p.m. avverso il decreto del giudice delegato che aveva liquidato il compenso ai difensori** per l'attività svolta nella causa di risoluzione del concordato preventivo (Trib. Roma 28 gennaio 2008); e ciò in quanto dalla necessarietà dell'intervento del pubblico ministero nella procedura di concordato preventivo non discende un indiscriminato potere dello stesso p.m. di agire e impugnare tutti gli atti, anche autorizzatori e liquidatori, emessi dal giudice delegato. Occorre evidenziare che il reclamo *ex* art. 26, R.D. 16 marzo 1942, n. 267, è stato di recente riformato prima dal D.Lgs. 9 gennaio 2006, n. 5, e poi dal D.Lgs. 12 settembre 2007, n. 169.

Procedura amministrazione controllata

IX) Con riferimento alla "**procedura di amministrazione controllata**", si è affermato (Cass. 23 luglio 1979, n. 4411) che **per le prestazioni professionali eseguite nel corso di una procedura di amministrazione controllata, si applica la tariffa forense (ora i parametri) fissata per i procedimenti speciali.**

Per il diritto a due distinti onorari **qualora alla procedura di amministrazione controllata faccia seguito quella di concordato preventivo**, Cass. 2 ottobre 1974, n. 2557.

Ammissione al passivo fallimentare

X) Per la "**istanza di ammissione al passivo fallimentare**" il D.M. n.147/2022 ha introdotto apposita tabella (20 bis, che si aggiunge alla tabella 20 relativa ai procedimenti per la dichiarazione di fallimento) per l'assistenza *nell'accertamento del passivo nel fallimento e nella liquidazione giudiziale,* con 4 fasi (fasi di studio controversia, fase introduttiva, fase istruttoria e/o trattazione e fase decisionale). Per gli scaglioni di valore e i compensi cui si fa riferimento sono quelli previsti innanzi al Tribunale con una diminuzione del 20%. E ciò in quanto se è vero che in taluni casi la domanda di insinuazione al passivo non comporta particolari difficoltà, è altrettanto vero che in alcuni casi la domanda di insinuazione al passivo comporta una attività complessa sul piano dell'impegno e della responsabilità del professionista.

Quando la domanda di ammissione al passivo (o di impugnazione dello stato passivo) ha ad oggetto crediti di lavoro dipendente i valori di cui alla tabella 20 bis possono essere ridotti del 50 per cento. Tale prevista riduzione è, però, incomprensibile in quanto le domande di insinuazione dei crediti di lavoro sono complesse e di difficile "trattazione" anche perché sono sempre collegate alla richiesta al Fondo Inps.

In caso di "**dichiarazione tardiva di credito in una procedura fallimentare**", spetta, quindi, all'avvocato il relativo compenso, che va liquidato come attività giudiziale (Cass. 14 ottobre 1968, n. 3271), sulla base dei parametri di cui alla tabella 20 bis, atteso che l'insinuazione tardiva *ex* art. 101 L. fall. dà luogo ad un procedimento a cognizione piena ove è necessaria l'assistenza del difensore.

Rifiuto conservatore ad eseguire trascrizione

XI) Onorario per ricorso avverso rifiuto del conservatore di eseguire una trascrizione. Il procedimento avverso il rifiuto del conservatore dei registri immobiliare (oggi agenzia del territorio) di eseguire una trascrizione, ha natura di volontaria giurisdizione non contenziosa, avendo esso ad oggetto non la risoluzione di un conflitto di interessi, ma il regolamento, secondo la legge, dell'interesse pubblico alla pubblicità immobiliare, cosicché in esso non è ravvisabile una parte vittoriosa o soccombente; non può, pertanto, in tale procedimento, provvedersi alla condanna alle spese (Cass. 28 gennaio 2011, n. 2095).

Coadiutore curatore fallimentare

XII) Compensi per il coadiutore del curatore fallimentare e degli ausiliari della procedura. Il coadiutore della procedura fallimentare, la cui figura è prevista dall'art. 32, comma 2, L. fall., svolge un'attività di collaborazione e assistenza nell'ambito e per gli scopi propri della procedura, rientranti sotto il dominio delle competenze e delle attribuzioni del curatore, lì dove, invece, il professionista officiato di una prestazione di lavoro autonomo opera, allorché il fallimento, per la soluzione di problemi, necessiti di una attività di tipo specialistico.

Il coadiutore, integrando l'attività del curatore, partecipa della qualità di ausiliario (del giudice) che è propria di quest'ultimo, con la conseguenza che il compenso deve essere determinato in base alla tariffa giudiziale prevista per i periti e i consulenti tecnici, e non già in base alla tariffa professionale, che presuppone un rapporto di lavoro autonomo tra il fallimento stesso e il professionista (Cass. 9 maggio 2011, n. 10143; Cass. n. 1568/2005).

Procedura da sovra indebitamento

XIII) Compenso per procedura da sovra indebitamento. Qualora nel corso di una procedura per espropriazione immobiliare viene aperta una procedura di composizione della crisi da sovra indebitamento, il compenso del delegato alla vendita (così come quello del custode, dello stimatore, ecc.) che non fosse ancora stato liquidato dal giudice dell'esecuzione, deve essere sottoposto alla verifica caratteristica della procedura concorsuale, la natura prededucibile del credito non escludendo la sua soggezione alle regole del concorso formale (Trib. Verona 20/21 luglio 2018).

Curatore eredità giacente

XIV) Compenso per curatore eredità giacente. In ordine alla liquidazione del compenso del curatore dell'eredità giacente, occorre evidenziare che al momento della cessazione delle sue funzioni, il curatore dell'eredità giacente deve essere compensato per lo svolgimento del suo compito.

La liquidazione del compenso, nonostante la cessazione della curatela, è ancora effettuata con provvedimento del giudice (Cass. 12 luglio 1991 n. 7731), ma la legge non indica alcun criterio per determinare il *quantum* del compenso del curatore dell'eredità giacente. Al riguardo la giurisprudenza ha fornito indicazioni in merito.

Infatti, la Cassazione (28 novembre 2011 n.12767) afferma che per la liquidazione del compenso nei riguardi del curatore dell'eredità giacente, non sono applicabili, neppure a titolo orientativo, i compensi previsti per i curatori fallimentari, atteso che l'attività del curatore fallimentare è più complessa di quella del curatore dell'eredità giacente. Il criterio per la determinazione del compenso – per la sentenza in questione – è rimesso al prudente apprezzamento del giudice, che deve valutare la natura, l'entità ed i risultati delle attività gestionali svolte.

Giurisprudenza

Con altra sentenza la Cassazione (sentenza 12 luglio 1991 n. 7731) "suggerisce" che, pur senza applicare specificamente alcuna tariffa professionale, il giudice può prendere in considerazione, in via puramente orientativa, quella riguardante la natura tecnica e comunque sempre con ampi poteri discrezionali del giudice.

Dalla riferita giurisprudenza ne consegue che per la quantificazione del compenso del curatore dell'eredità giacente vi è un'ampia discrezionalità del giudice (che ha ampio potere equitativo in materia) e non può essere applicata, neppure a livello orientavo, né la tariffa dei liquidatori fallimentari né la tariffa professionale dell'ordine di appartenenza.

Quando la procedura di eredità giacente è attivata d'ufficio e si conclude con la devoluzione allo Stato di un patrimonio incapiente, l'addebito all'Erario del compenso spettante al curatore garantisce l'effettività del suo diritto all'onorario, analogamente a quanto accade per ogni altro ausiliario del giudice. Ed infatti la Corte costituzionale con sentenza 30 aprile 2021 n.83, ha dichiarato l'illegittimità costituzionale dell'art.148, comma 3, dPR n.115 del 2002 nella parte in cui non prevede tra le spese anticipate dall'erario l'onorario del curatore, con riferimento all'ipotesi di curatela di eredità giacente conclusa senza accettazione e con patrimonio incapiente: nelle procedure d'ufficio, quindi, il compenso del curatore è a carico dello Stato.

10. Riferimenti bibliografici

Angeletti, *Valore del ricorso dinanzi al Consiglio di Stato ai fini della determinazione degli onorari di avvocato,* **in Giur.it., 1968, I, 1, 875; Arena**, *Il compenso del curatore fallimentare e il concetto di attivo realizzato*, in *Dir. fall.*, 1991, I, 905; **R. Baroni**, *Compenso del curatore e spese della procedura a carico dell'erario*, in *Fall.*, 2002, 1094; **L. Camboni,** *L'avvocato del minore,* in Studio Cataldi, 2016, 8.11.2016; **L. Carbone**, *Concordato preventivo e compenso in prededuzione dell'avvocato* in CFnews.it del 20.2.2022; **L. Carbone**, *Valore della controversia e compenso dell'avvocato, in Foro it., 2015, I, 2768;* Id., *La tariffa forense "nelle" procedure concorsuali*, in *Prev. forense*, 2008, 3, 222; **R. Danovi**, *Gli onorari dell'avvocato e il privilegio del credito*, in *Corr. giur.*, 1999, 1407; **R. Danovi**, *L'accertamento dei crediti del professionista nel fallimento*, in *Dir. fall.*, 1992, I, 288; **R. Danovi**, *La prestazione del professionista e il privilegio del credito*, in *Fall.*, 1988, 1022; **G. De Strobel**, *Ruolo dell'avvocato matrimonialista e liquidazione delle parcelle: una questione di pari opportunità?*, in *AIAF*, rivista 2010/1, 20; **F. Lubrano**, *La tariffa forense nel processo amministrativo,* in Riv. Amm., 1987, 848; **S. Lecca**, *Giustizia amministrativa e tariffe forensi,* in www.altalex.com, 2010; **I. Marconi**, *Curatore eredità giacente: compenso a carico dello Stato nelle procedure d'ufficio,* in Altalex 11 maggio 2021; **G. Mattiello**, *Prededucibile il credito dell'avvocato che ha curato l'accordo di ristrutturazione,* in Altalex del 2 febbraio 2018; **M. Piselli**, *Se il ricorso è accolto solo in parte per gli onorari scatta l'adeguamento*, in *Guida dir.*, 2007, n. 42 del 27 ottobre 2007; **G. Scarselli**, *Il valore della causa ai fini della liquidazione delle spese*, in *Foro it.*, 2008, I, 1527; **M. Spinozzi**, *I profili della prededuzione alla luce del riformato art. 111 L. Fall.*, in *Il diritto degli affari.it.*

Capitolo VII

Pluralità di difensori e società professionali

1. La difesa associata

La problematica del compenso professionale spettante nel caso in cui più avvocati siano incaricati della difesa in un procedimento, è stata risolta dalla giurisprudenza della Suprema Corte e dalla vigente normativa parametrica, nel senso che quando più avvocati prestano la propria opera difensiva nell'interesse della stessa parte – c.d. difesa associata – ciascuno di essi ha diritto nei confronti del cliente ai compensi per l'opera prestata (Cass. 3 marzo 2022 n. 7030).

Infatti, occorre evidenziare che l'art. 8, comma 1, D.M. 10 marzo 2014, n. 55, prevede espressamente che "Quando incaricati della difesa sono più avvocati, ciascuno di essi ha diritto nei confronti del cliente ai compensi per l'opera prestata, ma nella liquidazione a carico del soccombente sono computati i compensi per un solo avvocato".

La riferita norma parametrica del dm n.55/2014 "riprende" la normativa di cui all'art. 62 del R.D.L. n. 1578/1933 (norma la quale prevede che sono dovuti *dal cliente* a ciascun professionista gli onorari per l'opera prestata: Cass. 19 ottobre 1992 n. 11448), e di cui all'art. 6 della l. n. 794 del 2941 ("Se più avvocati sono incaricati della difesa, ciascuno di essi ha diritto, nei confronti del cliente, agli onorari per l'opera prestata").

La giurisprudenza (Cass. 15 dicembre 2017 n. 30205; Cass. 12 luglio 2000 n. 9242; Cass. 20 gennaio 1976, n. 168) ha affermato che in caso di pluralità di difensori, a ciascuno difensore spettano i compensi per le attività rispettivamente espletate in concreto, e cioè a ciascuno di essi potrà essere attribuito, nei rapporti con il cliente, soltanto l'onorario relativo agli atti personalmente compiuti.

La Corte di appello dell'Aquila, con sentenza 10 marzo 2021 n. 371, ha affermato che l'effettività della prestazione svolta da entrambi i difensori può essere desunta dalle circostanze fattuali (documentate) che la parte "abbia rilasciato mandato per la propria difesa ad entrambi gli avvocati.... Entrambi gli avvocati abbiano sottoscritto tutti gli atti depositati in giudizio ed abbiano partecipato alle udienze svolte. Tali circostanze consentono di ascrivere ad entrambi lo svolgimento delle attività di cui è stato chiesto il pagamento ... con riferimento agli atti depositati la sottoscrizione apposta da entrambi ne fa presumere la paternità congiunta". Tale sentenza ha infatti affermato che la procura rilasciata a due avvocati, i quali sottoscrivono congiuntamente gli atti e partecipano insieme alle udienze, fa sorgere il diritto per entrambi ad ottenere il pagamento di tutte le prestazioni professionali da ciascuno indicate in parcella.

Nel caso in cui più avvocati siano incaricati della difesa, ciascuno di essi ha diritto all'onorario nei confronti del cliente solo in base all'opera effettivamente prestata, in virtù del principio di cui all'art. 6, Legge 13 giugno 1942, n. 794, potendosi, peraltro, limitare il diritto al compenso in capo ad ogni procuratore solo previa dimostrazione che lo stesso abbia svolto in parte l'attività professionale per la quale chieda di essere ricompensato (Cass. 22 gennaio 2021 n. 1421; Cass.18 novembre 2019 n. 29822; Cass. n.1955 del 2018; Cass. 5 marzo 2009 n. 5415; Cass. 4 novembre 2010, n. 22463). In difetto di prova, la richiesta dell'avvocato è esclusa, pur in presenza di un mandato difensivo riferito ad un determinato giudizio, perché il professionista matura il diritto al compenso non già in astratto, ma con riferimento all'opera da egli effettivamente svolta in esecuzione del mandato ricevuto dal cliente.

Il diritto di ciascun professionista sorge non per il semplice rilascio della procura o conferimento dell'incarico, ma in relazione all'opera concretamente svolta dal singolo professionista.

Il cliente che conferisce l'incarico della difesa ad una pluralità di difensori, deve corrispondere a ciascuno il proprio onorario (per l'attività difensiva concretamente svolta). Nel caso di mandato congiunto a due difensori, il diritto al compenso del codifensore resta escluso quando non sono indicate separatamente le prestazioni di ciascun avvocato, risultando implicitamente e inequivocabilmente una reciproca sostituzione nelle singole prestazioni, poi sommate nella specifica (Cass. 12 luglio 2000 n. 9242; del. Cons. Ordine Avvocati Bologna 18 dicembre 2000; 15 gennaio 2001).

Ognuno dei "codifensori" ha diritto a chiedere gli onorari per l'opera effettivamente prestata e ha un autonomo titolo di credito nei confronti del cliente, distintamente azionabile in causa, atteso che non ricorre l'ipotesi di solidarietà attiva né tantomeno, nel giudizio instaurato da uno di essi, la necessità dell'integrazione del contraddittorio nei confronti degli altri (Cass. 10 febbraio 1986, n. 838).

Pluralità di difensori e parte soccombente

Occorre evidenziare che la disciplina illustrata si riferisce al compenso dovuto dal cliente al proprio difensore, ma non al compenso a carico della parte soccombente. La normativa parametrica (e legislativa), infatti, nel caso di pluralità di difensori, distingue la fattispecie di compenso dovuto dal cliente, da quella di compenso della parte vittoriosa a carico del soccombente, prevedendo che quest'ultimo sarà gravato delle spese processuali come se vi fosse un solo difensore: l'art.8, comma 1, dm n.55/2014 prevede che "nella liquidazione a carico del soccombente sono computati i compensi per un solo avvocato" e l'art. 6, comma 2, l. n.794/1942 statuisce che "Dalla parte soccombente sono dovuti, però, gli onorari per un solo avvocato". **Dalla parte "soccombente", quindi, in ipotesi di pluralità di difensori dalla parte avversa, sono dovuti gli onorari per un solo avvocato.** E ciò in quanto sarebbe ingiusto fare gravare economicamente sul convenuto più di quanto non è strettamente imposto dall'obbligo di indennizzare la parte avversaria che, per fare valere le sue ragioni ha dovuto ricorrere al giudice.

2. Società professionale

L'art. 8, comma 3, D.M. n. 55/2014, prevede espressamente che "**Se l'incarico professionale è conferito a una società di avvocati si applica il compenso spettante a un solo professionista, anche se la prestazione è svolta da più soci**".

In ordine alle società tra avvocati occorre segnalare la disciplina dettata dall'art. 1, comma 141, della L. 4 agosto 2017 n. 124, normativa che ha previsto che **l'esercizio della professione forense in forma societaria è consentito a società di persone, a società di capitali o a società cooperative** iscritte in un'apposita sezione speciale dell'albo tenuto dall'ordine territoriale nella cui circoscrizione ha sede la stessa società.

Società tra avvocati

La riportata norma di cui al D.M. n. 55/2014, ha dettato le regole relative ai parametri applicabili alle prestazioni rese da società tra avvocati, secondo quanto previsto dall'art. 25 D.Lgs. n. 96/2001.

Dalla formulazione della norma in questione ne deriva che **vi è una presunzione *iuris tantum* in forza della quale, in mancanza di prova scritta di una diversa volontà delle parti, è dovuto il compenso previsto per l'attività svolta da un solo avvocato, anche se concretamente la prestazione è stata eseguita da più avvocati (soci)**. È fatta, comunque salva la volontà delle parti, nel senso che il cliente può sempre sottoscrivere una apposita clausola derogatoria, sulla base del principio generale della libera determinazione del compenso della prestazione dell'attività dell'avvocato ai sensi dell'art. 2233 c.c., libertà rafforzata dall'art. 9 di cui al D.L. n. 1/2012.

Natura del compenso

Ai compensi conseguenti a mandato conferito ad una società tra avvocati si applica la normativa relativa ai compensi delle prestazioni professionali rese dall'avvocato a titolo individuale (e quindi, ad esempio, la norma di cui all'art. 2233 c.c. per la determinazione del compenso).

I compensi percepiti, in ipotesi di società tra avvocati, sono crediti professionali imputabili alla società, con la conseguenza che il reddito prodotto è reddito da lavoro autonomo e non reddito di impresa, con applicazione del principio di cassa e non di quello di competenza.

Studio professionale e titolarità azione recupero

Per quanto concerne la possibilità per uno studio associato di agire in giudizio ai fini del recupero della parcella del singolo socio vi sono due orientamenti contrastanti della Suprema Corte; infatti, si è affermato (Cass. 20 dicembre 2021 n. 40828; Cass. 20 luglio 2011, n. 15952) che non può legittimamente sostituirsi al singolo professionista lo studio associato per quanto concerne i rapporti con la clientela; lo studio associato non è, quindi, legittimato all'azione in giudizio ai fini del recupero della parcella del singolo socio. E ciò in quanto la legittimazione ad agire e contraddire deve essere accertata in relazione non alla sua sussistenza effettiva ma alla sua affermazione con l'atto introduttivo del giudizio, nell'ambito di una preliminare valutazione formale dell'ipotetica accoglibilità della domanda. *Contra*, Cass. 17 febbraio 2020 n. 3850; Cass.

n. 3420/2014; Cass. 15 luglio 2011, n. 15694; Cass. n. 17683/2010; Cass. n. 22439/2009; Cass. n. 24410/2006, affermano, invece, che lo studio associato ha facoltà di agire in giudizio per il pagamento delle prestazioni dei singoli; e ciò in quanto lo studio associato, quantunque privo di personalità giuridica, rientra a pieno titolo nel novero di quei fenomeni di aggregazione di interessi cui la legge attribuisce la capacità di porsi come autonomi centri di imputazione di rapporti giuridici, muniti di legale rappresentanza in conformità della disciplina dettata dagli artt. 36 ss. c.c.

In caso di incarico conferito a più avvocati operanti in studio associato, si è affermato (Cass. 15 aprile 2013, n. 9110) che sussiste la possibilità per lo studio professionale associato di ricevere un mandato all'incasso per i singoli associati, dal momento che, essendo l'ordinamento interno e l'amministrazione delle associazioni non riconosciute, regolati dagli accordi tra gli associati, questi ben possono attribuire all'associazione la legittimazione a stipulare contratti e ad acquisire la titolarità di rapporti poi delegati ai singoli aderenti e da essi personalmente curati. Sussiste, quindi la legittimazione dello studio professionale associato – cui la legge attribuisce la capacità di porsi come autonomo centro di imputazione di rapporti giuridici – rispetto ai crediti per le prestazioni svolte dai singoli professionisti a favore del cliente conferente l'incarico, in quanto il fenomeno associativo tra professionisti può non essere univocamente finalizzato alla divisione delle spese e alla gestione congiunta dei proventi (Cass. n. 15694/2011).

Compenso dell'avvocato come arbitro

In ordine all'imputabilità, all'interno dell'associazione professionale, dei compensi che il professionista avvocato ha ricevuto in qualità di arbitro, si è affermato (Cass. 1° giugno 2009, n. 12777; Cass. 1° dicembre 2008, n. 28957) che **l'attività di arbitro svolta da un avvocato rientra tra quelle tipiche della sua professione, e nulla vieta che possa essere svolta da un professionista aderente ad una associazione professionale**, costituita ai sensi dell'art. 1 della Legge n. 1815/1939. Ne consegue che, in questa ultima ipotesi, legittimamente il professionista imputa i compensi derivanti dall'attività di arbitro all'associazione professionale, ove tale obbligo sia previsto dall'atto costitutivo dell'associazione professionale.

Studio associato e domanda ammissione al passivo

Nel caso di domanda di ammissione al passivo presentata da uno studio professionale, si è affermato (Cass. 11 luglio 2013 n. 17207) che la proposizione della domanda di ammissione allo stato passivo presentata da parte dello studio professionale, in quanto pone una mera presunzione d'esclusione della personalità del rapporto professionale, resta superata e vinta in presenza di documentazione che consenta di individuare i compensi riferiti alle prestazioni direttamente e personalmente svolte dal singolo associato allo studio e, in simile evenienza, non può precludere di per sé il riconoscimento della prelazione a quel singolo personale credito.

Si è specificato (Cass. 24 agosto 2016 n. 17287) che la domanda di insinuazione al passivo fallimentare in via privilegiata proposta da uno studio associato fa presumere che non spetti il privilegio, a meno che l'istante non provi che il credito si riferisca alla prestazione svolta personalmente dal professionista, in via esclusiva o prevalente, e sia di pertinenza dello stesso professionista. La presunzione di esclusione della personalità della prestazione professionale non sussiste laddove il singolo associato abbia ceduto all'associazione il credito derivante dalla prestazione professionale svolta personalmente.

La stretta correlazione posta dal disposto dell'art. 2751 *bis*, n. 2, c.c., tra il privilegio e la causa del credito, consente di accordare il privilegio di cui all'art. 2751 *bis* c.c. allorché vi è l'individuazione delle prestazioni svolte personalmente dal singolo associato.

Il privilegio generale sui beni mobili del debitore *ex* art. 2751 *bis* c.c. per le retribuzioni dei prestatori d'opera intellettuale, trova applicazione anche con riferimento alle prestazioni professionali direttamente espletate dal singolo professionista, essendo irrilevante il fatto che la richiesta provenga dallo studio legale associato di cui fa parte. In tal caso è necessario però fornire la prova che i compensi richiesti sono riferiti a prestazioni direttamente e personalmente effettuate dal singolo professionista facente parte dello studio legale associato (Cass. 11 luglio 2013, n. 17207). E ciò in quanto **la proposizione della domanda di ammissione al passivo da parte dello studio professionale associato** pone una semplice presunzione di esclusione della personalità del rapporto professionale (Cass. 8 settembre 2011, n. 18455; Cass. 2 luglio 2012, n. 11052).

3. Il compenso dell'avvocato domiciliatario

Accade spesso che il cliente non vuole "abbandonare" il suo difensore "abituale" anche quando deve instaurare un giudizio in una sede diversa da quella in cui opera il suo difensore di "fiducia". Quest'ultimo, allora è costretto a ricorrere alla collaborazione di un collega esercente nella sede in cui deve essere radicata la causa.

Infatti, non è infrequente che **una parte, la quale debba essere rappresentata e difesa in un giudizio destinato a svolgersi in una città diversa da quella della propria residenza**, non conoscendo legali di quel foro, **si rivolga ad un professionista della propria città, e che sia poi quest'ultimo a metterla in corrispondenza con un legale del foro ove deve avere luogo il processo**, al quale (talvolta congiuntamente con il legale con cui ha rapporto diretto) la parte medesima conferisce mandato ad lite. Nel qual caso è possibile che la parte abbia inteso intrattenere un rapporto di clientela unicamente con il professionista che già conosceva, e abbia conferito al legale dell'altro foro soltanto la procura tecnicamente necessaria all'espletamento della rappresentanza giudiziaria: sicché il mandato di patrocinio in favore di quest'ultimo non proviene dalla parte medesima, bensì dal primo professionista, che ha individuato e contattato il legale del foro della causa e **sul quale graverà perciò l'obbligo di corrispondere il relativo compenso (Cass. 3 settembre 2016 n. 19416).**

Poteri avvocato domiciliatario

Il "domiciliatario" è il soggetto che, senza compiere alcuna prestazione processuale, riceve le notifiche e comunicazioni destinate al cliente che ha eletto domicilio presso il suo studio, attività che può essere svolta anche da soggetto non avvocato. In ordine ai "poteri" dell'avvocato domiciliatario, si è affermato (Cass. 12 ottobre 2015 n.20468) che il procuratore che sia semplice domiciliatario è abilitato alla sola ricezione, per conto del difensore, delle notificazioni e comunicazioni degli atti del processo e non anche al compimento di atti di impulso processuale.

E sui "compiti" e "funzioni" dell'avvocato domiciliatario, anche il Consiglio Nazionale Forense (6.11.2017 n. 158), ha confermato che, nel caso in cui l'avvocato domiciliatario assuma le vesti di semplice domiciliatario, "il suo esclusivo dovere si limiti a comunicare al *dominus* della causa/procedimento, tutte le notizie che a lui dovessero pervenire dalla cancelleria o da controparte, non rilevandosi alcuna fonte normativa che lo obblighi, nella veste *de qua*, a partecipare ad udienze ovvero ad adempiere ad ulteriori incombenze di qualsiasi natura".

In tema di domiciliazione, si è affermato (Cass., Sezioni Unite, 20 giugno 2012, n. 10143) **che l'obbligo di indicare l'indirizzo di posta elettronica certificata (PEC) esonera l'avvocato dall'elezione di domicilio quando si trova a dover patrocinare una causa fuori dalla circoscrizione del tribunale cui è assegnato.**

Contratto di domiciliazione

Sulla figura del "domiciliatario" occorre evidenziare che il contratto di domiciliazione è un negozio autonomo e ben distinto sia dal contratto di patrocinio sia dal negozio unilaterale di procura alle liti.

Nel caso in cui l'avvocato domiciliatario assume le vesti di semplice domiciliatario, il suo esclusivo dovere si limita a comunicare al *dominus* della causa/procedimento, tutte le notizie che a lui pervengono dalla cancelleria o da controparte, non rilevandosi alcuna fonte normativa che lo obbliga a partecipare ad udienze ovvero ad adempiere ad ulteriori incombenze di qualsiasi natura (Cons. naz. forense 6 novembre 2017 n. 158).

Il contratto di domiciliazione consiste nell'attribuzione, con libertà di forme, ad un legale (il domiciliatario) di un potere di sostituzione (con o senza rappresentanza del cliente) da parte del secondo legale, ossia del domiciliante, unico ad intrattenere e coltivare il rapporto con il cliente *intuitu personae*, contro il corrispettivo di un prezzo determinato o determinabile in base alle tariffe e/o parametri forensi (Trib. Prato 25 giugno 2013).

Occorre evidenziare che in tema di attività professionale svolta da avvocati, mentre la **procura *ad litem* costituisce un negozio unilaterale** con il quale il difensore viene investito del potere di rappresentare la parte in giudizio, il **mandato sostanziale costituisce un negozio bilaterale (cosiddetto contratto di patrocinio) con il quale il professionista viene incaricato**, secondo lo schema negoziale che è proprio del mandato, **di svolgere la sua opera professionale in favore della parte**. Ne consegue che, ai fini della conclusione del contratto di patrocinio, non è indispensabile il rilascio di una procura *ad litem*, essendo questa necessaria solo per lo svolgimento dell'attività processuale, e che non è richiesta la forma scritta, vigendo per il mandato il principio di libertà di forma (il conferimento della procura alle liti, peraltro, non costituisce affatto prova dell'esistenza di un contratto di patrocinio tra il cliente e uno dei due formali difensori).

Compenso avvocato domiciliatario

Il D.M. n. 55/2014 sui parametri – a differenza del previgente D.M. n. 140/2012 che nulla prevedeva per l'avvocato domiciliatario – all'art. 8, comma 2, statuisce "All'avvocato incaricato di svolgere funzioni di **domiciliatario, spetta di regola un compenso non inferiore al 20 per cento dell'importo previsto dai parametri** di cui alle tabelle allegate per le fasi processuali che lo stesso domiciliatario ha effettivamente seguito e, comunque, rapportato alle prestazioni concretamente svolte".

È stato, così determinato il compenso da corrispondersi al domiciliatario. Il D.M. n.147/2022 ha eliminato l'inciso "di regola" riportato nella riferita norma.

Il compenso per la domiciliazione, è dovuto soltanto a favore del procuratore esclusivamente domiciliatario e, pertanto non spetta allorché l'elezione di domicilio sia avvenuta presso il procuratore *ad lites*, ritenendo, in tal caso, il legislatore, priva di autonoma rilevanza ed assorbita la prestazione di domiciliatario nel complesso delle altre svolte dal procuratore (Cass. 7 dicembre 1990 n. 11729).

Il domiciliatario può pretendere compensi – rapportati comunque a quelli previsti dall'art. 8, comma 2, D.M. n. 55/2014 – per la partecipazione alle udienze, **soltanto se la sua attività non si sia limitata a seguire le istruzioni del *dominus* *(Cass. 31 marzo 2022 n.10526)***, e cioè l'attività difensiva non deve essere stata predisposta dal legale titolare, ma si sia estrinsecata in una prestazione a contenuto difensivo (es., attività originale di argomentazione per contrastare le deduzioni avversarie).

Soggetto obbligato al pagamento domiciliatario

In ordine alla individuazione del soggetto obbligato del pagamento del compenso all'avvocato domiciliatario, il Consiglio Nazionale Forense (parere n. 233/2003) ha affermato che "deve ritenersi ormai consolidato il principio per cui **l'avvocato che si avvalga di un collega corrispondente deve provvedere a retribuirlo qualora il cliente non adempia.** Il fondamento di tale principio è da ravvisare sotto un profilo normativo nelle disposizioni che determinano la **responsabilità del mandante** ... *omissis* ... per cui il prestatore d'opera può avvalersi di sostituti o ausiliari sotto la propria direzione e responsabilità; **e sotto il profilo disciplinare nel fatto che l'avvocato corrispondente riceve l'incarico da un collega e non ha necessità o possibilità di sindacare la solvibilità del cliente o di interferire sulle ragioni della lite**; il rapporto si svolge infatti essenzialmente con il *dominus* e verso quest'ultimo si dirige l'affidamento del corrispondente per la corretta e utile gestione della controversia, sia nel senso di ricevere con tempestività le istruzioni, sia nel senso di ottenere il pagamento degli importi dovuti per spese e diritti" (Conforme anche parere CNF n. 1 del 4 novembre 2005).

In ordine al soggetto obbligato al pagamento dell'avvocato domiciliatario, occorre evidenziare come può verificarsi che la parte abbia inteso direttamente conferire ad entrambi i legali il mandato di patrocinio (oltre che la procura *ad litem*), o che abbia comunque inteso conferirlo anche al legale del foro della causa, per il tramite del professionista della città di sua residenza, potendo ben accadere che quest'ultimo commissioni l'incarico professionale al collega non solo per conto, ma anche in nome della parte rappresentata. In tale ipotesi è la parte ad essere tenuta al pagamento del compenso professionale, e non invece il legale, per il noto principio secondo cui gli effetti del negozio compiuto dal rappresentante in nome e per conto del rappresentato si producono unicamente nella sfera giuridica di quest'ultimo: accertare di volta in volta, in quale di tali diverse situazioni si verta integra una questione di fatto, che è rimessa alla valutazione del giudice di merito (Cass. 2 dicembre 2011, n. 25816).

L'avvocato che incarica un collega di svolgere attività procuratoria nell'interesse del proprio cliente, deve, quindi, provvedere personalmente alle relative spettanze; questo genere di rapporto, infatti, ha carattere extraprocessuale e rientra nel contratto di mandato: non si tratta infatti di due difensori dello stesso cliente, ma di un avvocato che agisce su mandato di un altro avvocato. In tale ipotesi si instaura, collateralmente al rapporto con la parte che abbia rilasciato la procura alle liti, un altro distinto rapporto interno ed extraprocessuale.

I "dissidi" sono spesso relativi al soggetto (***dominus*** o domiciliatario) cui spettano determinati diritti o onorario. Per risolvere il problema occorre distinguere l'ipotesi in cui il cliente conferisce nella procura mandato sia al difensore che al domiciliatario, da quella in cui in procura viene "precisata" solo l'elezione di domicilio.

Ma può anche verificarsi che la parte abbia inteso direttamente conferire ad entrambi i legali il mandato di patrocinio, oltre che la procura *ad litem*. In tale ipotesi è la parte ad essere tenuta al pagamento del compenso professionale al domiciliatario e non invece il primo legale.

Per individuare il soggetto obbligato al pagamento del compenso all'avvocato domiciliatario (avvocato o cliente) occorre, quindi, accertare, di volta in volta, in quale delle diverse situazioni di fatto si verta: è necessario ricostruire nei dettagli i rapporti tra le parti per determinare i rapporti obbligatori, e cioè non deve essere valutato l'aspetto formale quanto piuttosto il rapporto sostanziale che si crea direttamente tra il *dominus* e il corrispondente, poiché ciò impone al *dominus* l'obbligo di intervenire per tutelare i diritti del collega.

Al fine di individuare il soggetto obbligato al versamento del compenso per l'attività svolta dal domiciliatario, è necessario, quindi, ricostruire i rapporti tra le parti e determinare i rapporti obbligatori, in quanto è obbligo del mandante (avvocato o cliente) corrispondere il compenso all'avvocato (Cass. 3 settembre 2016 n. 19416); per quest'ultima sentenza, "obbligato a corrispondere il compenso professionale al difensore per l'opera professionale richiesta non **è** necessariamente colui che ha rilasciato la procura alla lite, potendo anche essere colui che abbia affidato al legale il mandato di patrocinio, anche se questo sia stato richiesto e si sia svolto nell'interesse di un terzo. Si instaura in tale ipotesi, un altro distinto rapporto interno ed extraprocessuale regolato dalle norme di un ordinario mandato, in virtù del quale la posizione del cliente viene assunta non dal patrocinato ma da chi ha richiesto per lui l'opera professionale. Pertanto è da stabilire, in concreto, se il mandato di patrocinio provenga dalla stessa parte rappresentata in giudizio, o invece da un altro soggetto che abbia perciò assunto a proprio carico l'obbligo del compenso".

Nel caso in cui sia stato conferito un incarico difensionale ad un avvocato da parte di un altro avvocato ed in favore di un terzo, e nonostante la presenza di una procura congiunta "ben potendosi intendere superata la presunzione di coincidenza del contratto di patrocinio con la procura alle liti, ove risulti provato, sia pure in via indiziaria, il distinto rapporto interno ed extraprocessuale di mandato esistente tra i due professionisti e che la procura rilasciata dal terzo in favore di entrambi era solo lo strumento tecnico necessario all'espletamento della rappresentanza giudiziaria, indipendentemente dal ruolo di *dominus* svolto dall'uno rispetto all'altro nell'esecuzione concreta del mandato" (Cass. 12 marzo 2020 n. 7037; Cass. 20 novembre 2013 n. 26060; Cass. 27 dicembre 2004 n. 24010).

Omesso pagamento e riflessi deontologici

Sui riflessi deontologici conseguenti al mancato pagamento del compenso all'avvocato domiciliatario, occorre evidenziare che sul soggetto obbligato al pagamento delle competenze all'avvocato domiciliatario (cliente o *dominus*), il codice deontologico forense all'art. 43 prevede espressamente che "l'avvocato che incarichi direttamente altro collega di esercitare le funzioni di rappresentanza o assistenza deve provvedere a compensarlo, ove non adempia il cliente", e che tale violazione comporta l'applicazione della sanzione disciplinare della censura.

Il Consiglio nazionale forense con decisione del 25 ottobre 2010, n. 152, ha affermato che costituisce illecito disciplinare, poiché realizzato in violazione dei doveri di correttezza e probità professionali, il mancato pagamento delle prestazioni procuratorie affidate al collega, sia pure in presenza di un accordo con costui avente ad oggetto la ripartizione dei compensi, trattandosi di convenzione in ogni caso inidonea a comprimere il fondamentale diritto al compenso professionale, peraltro regolato dalle tariffe forensi applicabili.

Stante l'attuale normativa per la determinazione del compenso prevista dall'art. 4 del decreto n. 55/2014 sui parametri, norma che prevede la liquidazione del compenso per fasi del giudizio (fase di studio, fase introduttiva fase istruttoria, fase decisoria, fase esecutiva), per evitare "attriti" è opportuno – e consigliabile – pattuire preventivamente il compenso per l'avvocato domiciliatario, facendo eventualmente riferimento ad un compenso per la semplice domiciliazione e ad un distinto compenso per ogni singola partecipazione all'udienza.

4. Riferimenti bibliografici

M. Barbuto, *Studio professionale associato e disciplina societaria: un confine sempre più evanescente*, in *Impresa*, 1992, 500; **S. Bazzani**, *Sulla liquidazione della quota di una associazione professionale*, in *Giur. mer.*, 1989, 1164; **M.P. Belloni Mignatti**, *L'esercizio professionale dell'avvocato in una società "globale": l'impegno normativo comunitario e statunitense in riferimento alla "multi-national" e alla "multi-disciplinary practice"*, in *Rass. forense*, 2001, 541; **S.M. Carbone**, *Strutture associative di attività professionale e limiti alla libera prestazione dei relativi servizi con riguardo ai servizi resi dagli avvocati*, in *Nuova giur. civ.*, 2002, II, 136; **F. Colonna**, *Alcune brevi riflessioni sull'esercizio dell'attività professionale legale in forma associata*, in *Foro pad.*, 1989, I, 14; **D. Covucci**, *La responsabilità professionale nello studio legale associato*, in *Danno e resp.*, 2007, 538; **C.D'Alonzo**, *Insinuazione a passivo di studio associato: il rapporto d'opera si presume impersonale*, in Quotidiano Giuridico, del 27.9.2016; **M. De Tilla**, *Liquidazione degli onorari: pluralità di difensore di parti*, in *Giust. civ.*, 1995, I, 1032; **M. Ferrari**, *Compenso del domiciliatario: paga il cliente o il dominus?*, in Altalex del 2.4.2020; **A. Fusaro**, *Natura giuridica e disciplina dello studio professionale associato*, in *Giur. it.*, 1991, I, 1, 1329; **A. Guarnieri,** *Dominus, domiciliatario e parti: i termini di un rapporto,* in Nuova giur. civ., 2014, II, 64; **F. Lapertosa**, *Sull'esercizio di attività professionale protetta da parte di una società commerciale*, in *Nuova giur. civ.*, 1995, I, 606; **F. Marinelli**, *L'esercizio in forma societaria dell'attività professionale tra realtà normativa e prospettive di riforma*, in *Giust. civ.*, 1986, II, 385; **E. Minervini**, *Conferimento, esecuzione ed inadempimento dell'incarico professionale nella nuova disciplina della società tra avvocati*, in *Contr. e impr.*, 2002, 617; **G. Poli**, *L'indicazione della Pec (posta elettronica certificata) salva il difensore fuori circondario dalla domiciliazione ex lege in cancelleria: le sezioni unite tra vecchie nuove tecnologie,* in Foro it., 2013, I, 1302; **M. Rinaldi**, *Rapporti con clienti: studio associato non può sostituirsi ai singoli professionisti*, in *Altalex*, n. 3354 del 19 settembre 2911; **M. Salazar,** *Brevi note sulle società tra avvocati,* in Prev. Forense, 2017, 244; **E. Scarantino**, *Il contratto di domiciliazione tra avvocati: il domiciliante è sempre obbligato al pagamento del compenso del domiciliatore,* in Corriere merito, 2013, 1059; **G. Schiano Di Pepe**, *L'associazione professionale è assimilabile alla società semplice*, in *Società*, 1996, 1283; **G. Scognamiglio**, *Amministrazione e responsabilità nelle società di avvocati*, in *Riv. dir. impresa*, 2003, 325; **L. Serra**, *Fallimento: sì al privilegio del credito del singolo professionista associato*, in *Altalex* del 4 agosto 2013; **A. Viscusi**, *La società tra avvocati: il regime della responsabilità patrimoniale, professionale e disciplinare*, in *Riv. dir. impresa*, 2003, 343.

Capitolo VIII

Praticanti avvocati autorizzati al patrocinio

1. I praticanti con abilitazione al patrocinio

Sui compensi spettanti al praticante avvocato abilitato al patrocinio, **il D.M. n. 55/2014 sui parametri prevede espressamente all'art. 9 che** "Ai praticanti avvocati abilitati al patrocinio è liquidata di regola la metà dei compensi spettanti all'avvocato". Al praticante, spetta quindi la metà del compenso spettante all'avvocato.

La riportata norma può sembrare superflua a seguito dell'abolizione della figura del praticante avvocato abilitato al patrocinio operata dalla l. 31 dicembre 2012, n. 247; la disposizione invece è utile e opportuna in quanto **la figura del praticante avvocato abilitato al patrocinio continuerà ancora ad esistere almeno per i prossimi sei anni** (termine massimo di cessazione di tutte le abilitazioni avvenute prima dell'entrata in vigore della Legge n. 247/2012). La norma – "transitoria" – tutela i giovani praticanti avvocati che si troveranno nelle indicate situazioni.

Si ritiene utile riepilogare, sinteticamente, i principi che disciplinano l'attività del praticante avvocato con patrocinio (sulla disciplina per lo svolgimento del tirocinio per l'accesso alla professione forense ai sensi dell'art. 41, comma 13, della L. n. 247 del 2012, Decreto Ministero della Giustizia 17 marzo 2016 n. 70).

L'attuale disciplina prevede che il praticante avvocato semplice che abbia svolto il primo semestre di pratica legale può esercitare l'attività professionale in sostituzione dell'avvocato presso cui svolge la pratica. Il praticante avvocato abilitato può esercitare attività di consulenza e assistenza sia in sede giurisdizionale che in sede giudiziale, ma non può avere cause proprie, né vedere il proprio nome nel mandato difensivo. L'abilitazione consente di svolgere attività esclusivamente in sostituzione del proprio *dominus*; il praticante abilitato agisce sempre sotto il controllo e la responsabilità del *dominus*.

Limiti esercizio attività professionale

Operando il praticante in sostituzione del dominus avvocato e poiché questi può svolgere l'attività professionale anche al di fuori del circondario e del distretto di appartenenza, è da ritenersi che nemmeno il praticante abilitato è soggetto a restrizioni territoriali (in precedenza il praticante avvocato poteva svolgere attività soltanto nell'ambito del distretto della Corte di Appello di appartenenza (Corte cost. 7 maggio 2002, n. 163; Corte cost. 28 febbraio 1996, n. 61).

2. (*segue*) I limiti del praticante avvocato nell'attività da svolgere

Quanto ai limiti del praticante avvocato abilitato al patrocinio nell'attività da svolgere (sempre in sostituzione del *dominus* e sotto il suo controllo e responsabilità), si evidenzia che il praticante può esercitare l'attività professionale con gli evidenziati limiti, in ambito civile per le controversie dinanzi al Tribunale e al Giudice di Pace, senza limiti di valore. In ambito penale potrà operare dinanzi al giudice di Pace nel contesto dei procedimenti per reati contravvenzionali e per i reati elencati nell'art. 7 del c.p.p.

Quanto ai limiti del praticante avvocato nello svolgimento di attività stragiudiziale, si è precisato (Cass. 1° aprile 2008, n. 8445, in *Foro it.*, 2008, I, 3270) che **il praticante avvocato può legittimamente assumere l'obbligo di svolgere attività stragiudiziale** essendo l'iscrizione all'albo essenziale solo per l'esercizio delle attività giudiziarie; attività protetta è solo quella giudiziaria (Cass. 30 maggio 2006, n. 12840, in *Riv. it. dir. lav.*, 2007, II, 26 con nota di Sena, *È consentito prestare assistenza legale stragiudiziale anche senza iscrizione all'ordine*).

3. Riferimenti bibliografici

M. Antonucci, *I praticanti avvocati europei*, in *Cons. Stato*, 2003, II, 2155; **L. Carbone**, *Il praticante avvocato e lo svolgimento della pratica nei pareri (e nella giurisprudenza)* del Consiglio Nazionale Forense, in *Foro it.*, 2002, III, 339; **L. Carbone**, *Modalità di accertamento (e di esercizio) della pratica forense* *nella giurisprudenza (e nei pareri)* del Consiglio Nazionale Forense, in *Foro it.*, 1996, III, 195; **L. Carbone**, *I limiti dell'attività dei praticanti con patrocinio*, in *Dir. e lav. Marche*, 2006, fasc. 1, 202; **G. Costantino**, *Le limitazioni territoriali alla attività forense sono costituzionalmente illegittime?*, in *Foro it.*, 1995, I, 391; **R. Danovi**, *Sulla limitazione territoriale dell'attività del procuratore legale*, in *Giur. cost.*, 1996, 427; **R. Danovi**, *Praticanti procuratori difensori d'ufficio*, in *Dir. pen. e proc.*, 1995, 827; **R. Danovi**, *Solidarietà ed efficienza nel nuovo regolamento della pratica forense (commento al d.P.R. 10 aprile 1990, n. 101: regolamento relativo alla pratica forense per l'ammissione all'esame di procuratore legale)*, in *Corr. giur.*, 1990, 753; **C. Fioravanti**, *Iscrizione nel registro dei praticanti avvocati e diritto comunitario: gli effetti della sentenza della Corte di Giustizia del 13 novembre 2003 sul regio decreto del 1933*, in *Studium iuris*, 2004, 8; **R. Murra**, *Svolgimento "extra districtum" di attività procuratorie (e divagazioni sulla sottoscrizione degli atti processuali di parte)*, in *Giur. it.*, 1991, I, 1, 942; **G. Scarselli**, *La responsabilità dei praticanti (avvocati) nell'incertezza dei limiti delle attività riservate esclusivamente agli avvocati*, in *Foro it., 2008, I, 3272;* **Sena**, *È consentito prestare assistenza legale stragiudiziale anche senza iscrizione all'ordine degli avvocati*, in *Riv. it. dir. lav.*, 2007, II, 26.

Capitolo IX

Procedimenti davanti ad organi speciali

1. Ambito di operatività della norma

Il concetto di "volontaria giurisdizione" nel nostro ordinamento è concetto di non facile definizione; il legislatore non ha mai ritenuto opportuno introdurre una elencazione puntuale delle materie e degli ambiti di applicazione di questi procedimenti che abbracciano un'ampia e frastagliata tipologia di casi. Il tratto unificante è quello dell'assenza di contenziosità fra le parti e del conseguente ruolo del giudice chiamato. Il criterio distintivo tra giurisdizione volontaria e contenziosa è un criterio oggettivo, basato sulla funzione dell'intervento del giudice. Nella giurisdizione volontaria l'intervento del giudice è giustificato dalla salvaguardia di un interesse privato. Nella giurisdizione contenziosa l'intervento del giudice è giustificato dalla risoluzione di una controversia.

Il previgente D.M. n. 140/2012, all'art. 7 prevede che "Nei procedimenti cautelari ovvero speciali ovvero non contenziosi anche quando in camera di consiglio o davanti al giudice tutelare, il compenso viene liquidato per analogia ai parametri previsti per gli altri procedimenti, ferme le regole e i criteri generali di cui agli artt. 1 e 4".

Il D.M. n. 55/2014 invece, nulla prevede espressamente per i procedimenti cautelari o speciali o non contenziosi. Il D.M. n. 55/2014 riporta, però, varie tabelle cui è possibile fare riferimento per la quantificazione del compenso per i procedimenti davanti ad organi speciali, atteso che l'art. 3, D.M. n. 55/2014 prevede espressamente che quando i compensi non sono regolati da specifica previsione, si ha riguardo alle disposizioni del presente decreto che regolano fattispecie analoghe".

Le tabelle menzionate sono quelle relative a:

Procedimenti di volontaria giurisdizione (tabella 7);

Procedimenti cautelari (tabella 10);

Procedure esecutive presso terzi, per la consegna e rilascio, in forma specifica (tabella 17);

Iscrizione ipotecaria/Affari tavolari (tabella 19).

Sui procedimenti per volontaria giurisdizione "interviene" il D.M. n.147/2022 che all'art. 2, comma 1, lett. e) introduce all'art.4 del DM n.55/2014 il comma 4-bis, in cui è statuito che *"I parametri previsti dalla allegata tabella* (tabella 7) *per i procedimenti di volontaria giurisdizione si applicano esclusivamente a quelli aventi natura non contenziosa".*

2. Identificazione degli "organi speciali"

Per l'individuazione dei procedimenti speciali, occorre fare riferimento alla fase non contenziosa dei procedimenti previsti nel libro IV del codice di procedura civile, atteso che in caso di opposizione e instaurazione di un ordinario giudizio di cognizione, gli onorari sono regolati dalle norme degli ordinari procedimenti di cognizione.

Non sempre è facile la "individuazione" dei procedimenti speciali: si è così ritenuta applicabile l'onorario per i procedimenti speciali per l'assistenza prestata in una procedura di espropriazione forzata esattoriale (Cass., sez. II, 29 ottobre 1994, n. 8949), e per l'opera prestata per la conciliazione (Cass., sez. II, 23 gennaio 1995, n. 732).

Di norma, per la liquidazione del compenso all'avvocato, vengono classificati procedimenti speciali, i procedimenti:

relativi all'apertura delle successioni (artt. 747-783 c.p.c.);

in camera di consiglio (art. 742 bis c.p.c.);

per la copia e collazione di atti pubblici (artt. 743-746 c.p.c.);

di convalida di sfratto (artt. 657-659 c.p.c.);

di ricorso per proroga di sfratto;

di denuncia di nuova opera e danno temuto (artt. 688-691 c.p.c.);

per dichiarazione di assenza di morte presunta (artt. 721-731 c.p.c.);

per separazione personale consensuale dei coniugi;

per procedimento di divorzio congiunto;

per autorizzazione al rilascio del passaporto davanti al giudice tutelare;

per interdizione e inabilitazione (artt. 712-720 c.p.c.);

per pronuncia della decadenza dalla patria potestà;
per autorizzazione al rilascio del passaporto dinanzi al giudice tutelare;
per accertamento tecnico preventivo (artt. 692-699 c.p.c.);
di liberazione degli immobili da ipoteche (artt. 792-795 c.p.c.);
relativi ai minori interdetti e inabilitati (artt. 732-734 c.p.c.);
relativi ai rapporti patrimoniale tra coniugi (artt. 735-736 c.p.c.);
per lo scioglimento di comunioni (artt. 784-795 c.p.c.);
per sequestro giudiziario, fino al giudizio di convalida (artt. 670-681 c.p.c.);
in materia di stato delle persone (artt. 706-742 bis c.p.c.);
per provvedimenti limitativi della potestà (artt. 330-336 c.c.);
per procedimento d'inventario;
relativi a lodo arbitrale (art. 825 c.c.);
relativi all'adozione ordinaria e speciale (artt. 291-314 c.c.);
relativi alla istanza di conversione di pignoramento (artt. 495 c.p.c.);
relativi ai ricorsi per l'inefficacia del pignoramento (art. 497 c.p.c.);
relativi alla procedura per la dichiarazione di fallimento (art. 6, R.D. n. 267/1942);
relativi alla procedura ex art. 29, Legge n. 794/1942 per recupero competenze dell'avvocato (artt. 703-705 c.p.c.);
relativi al ricorso per tentativo obbligatorio di conciliazione ex art. 44, Legge n. 392/1978 in materia di equo canone;
possessori (artt. 703-705 c.p.c.).
procedimento d'inventario (del. Cons. Ordine Avvocati Bologna 17 maggio 2004);
procedimento di liberazione dell'immobile ex casa coniugale (del. Cons. Ordine Avvocati Bologna 16 dicembre 2002);
procedimento di separazione consensuale o per pratica di divorzio congiunto (del. Cons. Ordine Avvocati Bologna 6 dicembre 1999, 6 dicembre 2004, 20 settembre 2004);
procedimento ex art. 330 c.c. davanti al Tribunale per i minorenni;
reclamo ex art. 45 disp. att. c.c.;
reclamo ex art. 739 c.p.c. (del Cons. Ordine Avvocati Bologna 14 giugno 2004);
procedimento davanti al giudice tutelare per autorizzazione al rilascio del passaporto (del. Cons. Ordine Avvocati Bologna 14 giugno 2004);
procedimento per la dichiarazione di fallimento seguito dalla insinuazione del credito al passivo (del Cons. Ordine Avvocati Bologna 17 settembre 2001);

procedimento ex art. 101 L. fall. (del Cons. Ordine Avvocati Bologna 22 luglio 2002).

Restano fuori dall'ambito di operatività dei procedimenti speciali, trattandosi di procedimenti contenziosi:

il procedimento di liquidazione degli onorari dovuti agli arbitri;

il procedimento di liquidazione degli onorari dell'avvocato ex art. 28 ss., Legge n. 794/1942;

il procedimento di opposizione al decreto di liquidazione del compenso al CTU.

Capitolo X

Procedimenti arbitrali rituali e irrituali

Sommario: **1.** Ambito di operatività – **2.** Determinazione compenso – **3.** La parcella degli avvocati-arbitri ridotta del 30% – **4.** La "procedura" di liquidazione degli onorari agli arbitri – **5.** Riferimenti bibliografici.

1. Ambito di operatività

L'art. 10 del decreto n. 55/2014 (come modificato dal D.M. 8 marzo 2018, n. 37), prevede al comma 1 che "Per i procedimenti arbitrali rituali e irrituali, a ciascun arbitro è dovuto il compenso previsto sulla base dei parametri numerici di cui alla tabella allegata". La tabella cui fa riferimento il comma è la tabella 26, titolata "arbitrato", tabella che prevede un compenso unico, rapportato al valore della controversia.

Il D.M. 8 marzo 2018, n. 37, con la riportata innovazione, ha colmato il "vuoto" di regolazione del D.M. n. 55/2014 (eliminando anche i dubbi interpretativi), **prevedendo espressamente che per i procedimenti arbitrali rituali ed irrituali, a ciascun arbitro, è di regola dovuto il compenso previsto sulla base dei parametri numerici dell'apposita tabella (tabella 26).**

Per l'arbitrato irrituale o fattispecie analoga, a differenza di quanto prevedeva il previgente comma 2 dell'art. 6 del D.M. n. 140/2012, per la liquidazione dei compensi si applicano i parametri previsti per l'arbitrato rituale, con i criteri innanzi riportati.

Gli arbitri non sono equiparabili, ai fini del compenso loro spettante, agli esercenti la professione forense, perché diversa è, nelle due ipotesi, l'attività rispettivamente svolta e l'abilitazione all'esercizio della professione forense non opera come criterio di unificazione dei compensi e di automatica trasposizione agli arbitri dei compensi spettanti ai menzionati professionisti (Cass. 13 aprile 2022 n.11962).

L'obbligazione di pagamento del compenso e delle spese n favore degli arbitri è posta in capo alle parti in via solidale (Cass. 13 aprile 2022 n. 11962).

Nei procedimenti arbitrale è ammissibile la distrazione delle spese ex art.93 cpc (Arbitrato Torino 9 luglio 2018).

Arbitrati rituali e irrituali

Il comma 2 del medesimo art. 10, statuisce poi che "Agli avvocati chiamati a difendere in arbitrati, rituali o irrituali, sono di regola liquidati i compensi previsti dai parametri di cui alla tabella n. 2" e cioè la tabella relativa ai "Giudizi ordinari e sommari di cognizione innanzi al tribunale". La riferita norma, ai fini della determinazione del compenso all'avvocato, per gli arbitrati sia rituali che irrituali, equipara le cause trattate davanti agli arbitri a quelle trattate davanti all'autorità giudiziaria. In pratica, per la determinazione degli onorari spettanti per gli arbitrati rituali o irrituali, si fa riferimento alla tabella prevista per i giudizi ordinari e sommari di cognizione innanzi al Tribunale (e non a quell'autorità giudiziaria che sarebbe stata competente a conoscere della controversia se le parti non avessero fatto ricorso all'arbitrato).

Compenso arbitro e rimborso spese generali

All'avvocato arbitro non spettano – sul compenso – le spese generali di cui al D.M. n. 55/2014, atteso che la liquidazione delle spese generali agli arbitri postula l'applicazione della norma di cui all'art. 814 c.p.c. che prevede il relativo diritto con riferimento alle sole spese c.d. borsuali (quelle cioè effettivamente sopportate e documentabili), senza che si possa, per converso, ritenersi applicabili *tout court* i principi in tema di tariffe professionali forensi quanto alle spese forfettarie, **attesa la non assoluta equiparazione dell'arbitro all'esercente la professione forense in relazione alla peculiarità dell'opera rispettivamente prestata** (Cass. n. 1673 del 2003; Trib. Roma 24 aprile 2017).

Segretario dell'arbitrato

Per la determinazione del compenso dell'avvocato che svolge la funzione di segretario del procedimento arbitrale, non è possibile fare ricorso al D.M. n. 55 del 2014. In considerazione dell'attività amministrativa e non già forense prestata dal segretario, seppure avvocato, **sul compenso non sono dovuti il cap e spese generali** (Trib. Roma 24 aprile 2017).

Avvocato aderente ad associazione professionale

In ordine all'attività di arbitro svolta da un avvocato aderente ad una associazione professionale, si è specificato (Cass. 1° giugno

2009, n. 12777; Cass. 10 dicembre 2008, n. 28957) che l'attività di arbitro svolta da un avvocato rientra tra quelle tipiche della sua professione, e nulla vieta che possa essere svolta da un professionista aderente ad una associazione professionale, costituita ai sensi dell'art. 1 della legge n. 1815/1939. Ne consegue che, in questa ultima ipotesi, legittimamente il professionista imputa i compensi derivanti dall'attività di arbitro all'associazione professionale, ove tale obbligo sia previsto dall'atto costitutivo dell'associazione professionale.

Funzioni di arbitro e di avvocato

Nel caso in cui l'avvocato svolga nel giudizio arbitrale le funzioni di arbitro è da escludersi che lo stesso possa pretendere compenso come difensore. E ciò in quanto la posizione di terzietà propria dell'arbitro vieta allo stesso qualsiasi consulenza o assistenza tecnica alla parte del giudizio arbitrale, divieto che conseguentemente non fa sorgere diritto a compenso per l'attività eventualmente prestata (Cass. 15 dicembre 2021 n. 40106).

2. Determinazione compenso

Valore controversia

In caso di devoluzione della controversia ad un collegio arbitrale, il valore della stessa, rilevante ai fini della liquidazione del compenso spettante agli arbitri, si determina aprioristicamente sulla base del ***petitum***, senza che possa spiegare alcun effetto la pronunzia emessa da detto collegio, anche solo di inammissibilità o di improcedibilità della domanda, atteso che un ipotetico criterio di determinazione ***ex post*** del valore della causa sulla base del concreto ***decisum*** sarebbe in contrasto con le regole fissate nel codice di procedura civile (Cass. 6 aprile 2009, n. 8247).

In ordine alla determinazione del compenso nel procedimento arbitrale, si è affermato (Cass. 18 gennaio 1982, n. 309) che il rito camerale speciale (e la decisione con ordinanza non impugnabile) trova applicazione, in ordine alle competenze derivanti da procedimento arbitrale, solo per il caso di arbitrato rituale, e non anche per quello di arbitrato irrituale, il quale è espressione di attività di tipo negoziale; in tale seconda ipotesi, pertanto, l'opposizione va trattata con rito ordinario e decisa con sentenza, impugnabile con appello e non con ricorso per cassazione.

Il compenso spettante agli arbitri per la risoluzione di una controversia in materia di appalti pubblici e concessioni, qualora gli arbitri siano avvocati e il tema da decidere verta non solo sulle riserve, ma anche su altre questioni, va determinato facendo riferimento al valore della controversia determinato a mente dell'art. 10 c.p.c., vale a dire sulla base degli importi richiesti (Cass. 12 ottobre 2005, n. 19762).

Si è precisato (Cass. 8 ottobre 2014, n. 21220) che nella liquidazione del compenso spettante pro quota all'arbitro quale componente di un collegio arbitrale costituito da avvocati, per l'individuazione dello scaglione applicabile, va fatto riferimento al valore della controversia, a cui vanno aggiunti gli accessori (es., interessi) richiesti dalla parte in sede di arbitrato.

La controversia che ha ad oggetto la legittimità di una sanzione disciplinare è di valore indeterminabile, giacchè l'applicazione di quest'ultima può esplicare un'incidenza sullo *status* del lavoratore, implicando un giudizio negativo che va oltre il valore economico della sanzione ed involge, invece, la correttezza, la diligenza e la capacità del lavoratore medesimo (Cass. 13 aprile 2022 n.11962).

Collegio arbitrale misto

In tema di arbitrato, **nei collegi arbitrali composti da soli avvocati,** l'onorario spettante agli arbitri che siano anche avvocati, deve essere liquidato in base alla tariffa professionale, senza possibilità per il Presidente del Tribunale, che procede alla sua liquidazione, di fare ricorso a criteri equitativi (Cass. 7 gennaio 2003 n.53). Tale disciplina, però, non può trovare applicazione con riguardo ai **collegi arbitrali a composizione mista**, nei quali gli avvocati non rappresentino la totalità del collegio, rimanendo, in siffatta ipotesi, applicabile il disposto dell'art. 814, comma 2, cpc, in base al quale il Presidente del Tribunale, non vincolato ad alcun parametro normativo nell'esercizio dei suoi poteri discrezionali in *"subiecta materia"*, è libero di scegliere, secondo il suo prudente apprezzamento, i criteri equitativi di valutazione che ritenga adeguati all'oggetto ed al valore della controversia, nonché alla natura ed all'importanza dei compiti attribuiti agli arbitri, anche attraverso il ricorso ma solo come utile parametro di riferimento, alle tariffe di alcune categorie professionali (Cass. 19 ottobre 2018 n. 26523). Già in precedenza la Suprema corte con sentenza 23 aprile 2004 n.7764, in ipotesi di collegio arbitrale a composizione mista, nel quale gli avvocati non rappresentato la totalità del collegio, aveva affermato che il Presidente del tribunale è libero di scegliere i criteri equitativi di valutazione ai fini del compenso che ritenga più adeguati all'oggetto ed al valore della controversia, nonché alla natura ed all'importanza dei compiti attribuiti agli arbitri, anche attraverso il ricorso, ma solo come utile parametro di riferimento, alle tariffe di alcune categorie professionali.

Compenso collegio arbitrale composto da avvocati

Ai sensi dell'art.814 c.p.c., degli onorari dovuti ai componenti di un collegio arbitrale composto da avvocati, in applicazione dell'art.23 del dm. n.55/2014 ciascun componente ha diritto ad un compenso integrale per l'attività prestata, non potendosi liquidare un compenso unico da suddividere per tre (Cass. 2 aprile 2022 n. 11800).

Collegio arbitrale e procedura recupero compenso

Ciascun componete del collegio arbitrale ha diritto soggettivo a conseguire il compenso per l'opera prestata, indipendentemente dalla condotta degli altri. Il diritto dell'arbitro di ricevere il pagamento dell'onorario sorge per il solo fatto di avere effettivamente espletato l'incarico (Cass. 13 aprile 2022 n. 11962).

3. La parcella degli avvocati-arbitri ridotta del 30%

La situazione di crisi economica e occupazionale che sta attraversando il paese, anche a causa della pandemia da Covid degli ultimi due anni (ed ora della guerra in Ucraina), ha coinvolto il mondo dell'Avvocatura e delle professioni in genere. La contrazione dei fatturati non riguarda solo gli avvocati ma anche tutte le professioni: il timore di una instabilità economica spinge le famiglie ad una minore richiesta di assistenza da parte di un professionista, con conseguente inevitabile calo dell'attività professionale e dei redditi prodotti.

In un momento particolare della "vita" dell'avvocatura quanto a reddito professionale (i compensi degli ultimi anni degli avvocati, come già detto, si sono sempre più "ridotti", è **stato approvato il decreto del Ministero della Giustizia 12 aprile 2016 n. 61,** decreto che prevede all'art. 3, che ***"I parametri relativi ai compensi in favore degli arbitri, previsti dall'art. 10, comma 1, del decreto del Ministro della giustizia 10 marzo 2014 n. 55... sono ridotti del trenta per cento"***.

A decorrere dal 2 luglio 2016, quindi, gli avvocati che svolgeranno le funzioni di arbitri percepiranno un compenso "tagliato" del 30 per cento, concorrendo così a ridurre i costi dell'istituto e renderlo più appetibile.

La *ratio* della riduzione del compenso

La *ratio* della riduzione del compenso agli avvocati-arbitri, trova il suo fondamento nella degiurisdizionalizzazione in corso conseguente alla inefficienza del sistema giudiziario italiano, soprattutto nel settore civile, che ha costituito un freno alla crescita economica del paese, scoraggiando gli investitori stranieri: l'efficienza della giustizia civile è un fattore decisivo per la ripresa economica del paese.

Tale "situazione", ha contribuito al **progressivo declino del processo ed alla spinta verso la degiurisdizionalizzazione, ossia la ricerca di mezzi alternativi di risoluzione delle controversie al fine di sottrarre litigi alla giurisdizione, e ridurre così l'enorme numero di liti pendenti**.

Il declino della giurisdizione e della spinta verso la degiurisdizionalizzazione è iniziato con l'introduzione di forme alternative di risoluzione delle controversie (ricorso all'istituto della negoziazione assistita). Il "fenomeno" è proseguito, sempre in un'ottica di degiurisdizionalizzazione, con un ampliamento dell'istituto dell'arbitrato, con il d.l. 12.9.2014 n. 132 (convertito con modificazioni. in L. n. 162/2014) – con il Capo I titolato "Eliminazione dell'arretrato e trasferimento in sede arbitrale dei procedimenti civili pendenti" – che prevede che in **alcune** controversie civili (pendenti sia dinanzi al tribunale che in grado di appello), e che non hanno ad oggetto diritti indisponibili, **le parti, con istanza congiunta, possono richiedere di promuovere un procedimento arbitrale.** Il giudice in tale caso dispone la trasmissione del fascicolo al Presidente del Consiglio dell'Ordine competente del circondario per la nomina del collegio arbitrale per le controversie di valore superiore a € 100.000,00 e, ove le parti lo decidano concordemente, ad un arbitro per le controversie inferiori a € 100.000,00.

Gli arbitrati saranno assegnati a professionisti iscritti in appositi elenchi (formati in base alle aree di specializzazione), in via automatica, con rotazione grazie ad appositi sistemi informatizzati (arbitri designati con procedura automatica).

Con tali interventi il legislatore ha introdotto un percorso deflattivo per incidere concretamente sull'arretrato civile, ma anche per innescare una diversa cultura del componimento delle liti, che possa essere realizzato con strumenti diversi dal ricorso all'autorità giudiziaria.

Incentivi fiscali come incentivi al ricorso all'arbitrato

Ulteriore intervento del legislatore verso la degiurisdizionalizzazione, e per favorire la scelta per una risoluzione stragiudiziale della controversia, si ha con il d.l. n. 83 del 2015, conv. in L. n. 132 del 2015, in cui, all'art. 21-*bis* (titolato "incentivi fiscali alla degiurisdizionalizzazione") **sono previsti meccanismi di disincentivazione fiscale dell'arbitrato** (e della negoziazione assistita), **riconoscendo alle parti che fanno ricorso all'arbitrato un credito di imposta per i compensi pagati agli arbitri** nei procedimenti previsti dal d.l. n. 132 del 2014, conv. in L. n. n. 162/2014. In particolare, l'art. 21-*bis* in questione statuisce che **alle parti che corrispondono o che hanno corrisposto il compenso agli arbitri, è riconosciuto, in caso di conclusione dell'arbitrato con lodo, un credito di imposta commisurato al compenso.**

Constatato che le ingenti spese per gli arbitrati hanno spinto le parti a stare "lontano" dal ricorso all'arbitrato, la riduzione della parcella all'avvocato–arbitro mira a garantire un significativo effetto di calmiere sui costi che le parti devono sopportare per la remunerazione degli arbitri.

Certamente, **la riduzione del 30 per cento dei compensi spettanti agli avvocati che svolgeranno funzioni di arbitro, mal si concilia con l'attuale stato economico dell'avvocatura**, anche se la finalità è "nobile": garantire un significativo ed incentivante effetto di calmiere sui costi che le parti devono sopportare per la remunerazione degli arbitri, per incentivarle verso forme alternative di risoluzione delle controversie.

Ancora una volta l'Avvocatura viene "chiamata" – pur in un momento di difficoltà economica – a dare un contributo (economico) per aiutare a fare funzionare la giustizia.

4. La "procedura" di liquidazione degli onorari agli arbitri

Sulla procedura di liquidazione dei compensi agli arbitri ha inciso sia il D.Lgs. 2 febbraio 2006, n. 40 (legge di riforma dell'arbitrato) che la Legge 4 agosto 2006, n. 248, e cioè la c.d. legge Bersani; in particolare la normativa ha modificato l'ultimo comma dell'art. 814 c.p.c., aggiungendo che l'ordinanza emessa dal Presidente del Tribunale è soggetta a reclamo, a norma dell'art. 825, comma 4, c.p.c. e che la Corte di Appello ne possa sospendere l'efficacia esecutiva quando ricorrono gravi motivi.

Arbitro rituale

Quanto alla procedura per la liquidazione del compenso agli arbitri, occorre distinguere tra arbitrato rituale e arbitrato irrituale.

Nel caso di arbitrato rituale è possibile fare ricorso al procedimento speciale dell'art. 814 c.p.c. La disciplina prevede che il ricorso va proposto, con il ministero di un difensore (Cass. 29 marzo 2006, n. 7128; Cass. 26 maggio 2004, n. 10141; Cass. 21 gennaio 2004, n. 900), al Presidente del Tribunale nella cui circoscrizione ha avuto sede l'arbitrato (per la necessità del deposito del lodo per agire ex art. 814 c.c.: Cass. 7 aprile 2006, n. 8222; Cass. 22 aprile 1994, n. 3839; Cass. 28 gennaio 2003, n. 1226). Si è specificato (Trib. Mantova 24 maggio 2013) che a seguito della configurazione unitaria assunta dall'istituto dell'arbitrato per effetto dell'introduzione della Legge 2 febbraio 2006, n. 40, deve ritenersi ammissibile il ricorso presentato ex art. 814 c.p.c. dagli arbitri che hanno prestato la loro opera nell'ambito di un arbitrato irrituale e volto a richiedere al Presidente del Tribunale la determinazione del loro compenso.

Il compenso viene determinato (art. 24, Legge n. 248/2006) dal Presidente del Tribunale in base ai parametri anche per gli arbitri "non avvocati"; il Presidente determina lo scaglione tariffario di riferimento e all'interno di questo, accerta quale sia l'onorario dovuto.

L'adesione all'eccezione di compromesso proposta dal convenuto, comporta la riassunzione del giudizio innanzi agli arbitri con salvezza degli effetti sostanziali e processuali della domanda e **la sottrazione al giudice del potere di decidere sulle spese processuali per le difese svolte innanzi a lui (Trib. Bologna 16 maggio 2016 n. 397).**

Ricorso avverso liquidazione compenso

La Cass., SS.UU., 3 luglio 2009, n. 15586, nel risolvere un contrasto giurisprudenziale, ha statuito che il provvedimento emesso dal Presidente del Tribunale con cui viene determinato il compenso arbitrale, è un provvedimento di natura privatistica, con cui viene svolta una funzione giurisdizionale non contenziosa, e perciò non suscettibile di ricorso straordinario per cassazione ai sensi dell'art. 111, comma 7, Cost. Si afferma infatti, in tale sentenza, che il contratto di arbitrato che, salva rinunzia espressa da parte degli aventi diritto, non contenga la quantificazione del compenso delle spese dovuti agli arbitri dai conferenti l'incarico, è automaticamente integrato, ex art. 814 c.p.c., con clausola devolutiva della pertinente determinazione al Presidente del Tribunale; questi, officiato in alternativa all'arbitratore, svolge funzione giurisdizionale non contenziosa, adottando un provvedimento di natura essenzialmente privatistica, privo in quanto tale di vocazione al giudicato e, quindi, insuscettibile di impugnazione con ricorso straordinario per cassazione.

In precedenza si era affermato che l'ordinanza con cui il Presidente del Tribunale provvede alla liquidazione degli onorari e delle spese degli arbitri a norma dell'art. 814 c.p.c., è impugnabile in Cassazione con ricorso straordinario ai sensi dell'art. 111 Cost. solo per violazione di legge o per mancanza di motivazione (Cass. 23 aprile 2004, n. 7764); si è, poi, specificato (Cass. 3 luglio 2009, n. 15592) che è inammissibile il ricorso in Cassazione avverso l'ordinanza con la quale il Presidente del Tribunale liquida agli arbitri rituali, ai sensi dell'art. 814 c.p.c. nel testo anteriore alle modifiche introdotte dall'art. 21, D.Lgs. n. 40/2006, le spese e gli onorari per l'opera prestata, trattandosi di determinazione camerale, priva di carattere decisorio e inidonea a passare in giudicato, costituente atto integrativo di un negozio di diritto privato quale il contratto di arbitrato. Tale "disciplina" è stata modificata, come già detto, dal D.Lgs. n. 40/2006 e Legge n. 248/2006.

È possibile per gli arbitri agire individualmente facendo ricorso al processo ordinario (ma anche al procedimento monitorio).

Arbitro irrituale

Nel caso di arbitrato irrituale si è affermato (Cass. 31 marzo 2006, n. 7623) che l'art. 814 riguarda solo l'arbitrato rituale e non l'arbitrato irrituale (contra, però, Cass. 3 settembre 2004, n. 17808; Cass. 8 agosto 2003, n. 11963).

Nel caso di arbitrato irrituale è possibile, naturalmente, sempre fare ricorso sia al processo ordinario che al procedimento monitorio.

5. Riferimenti bibliografici

M. Boe, *Arbitrato nelle controversie di lavoro*, in *Riv. arbitrato*, 2005, 879; **F. Benatti**, *Una conversazione sui criteri di nomina dell'arbitro*, in *Rass. forense*, 2006, 1597; **P. Biavati**, *Il nuovo art. 808 ter c.p.c. sull'arbitrato irrituale*, in *Riv. trim. dir. proc. civ.*, 2007, 1159; **R. Caponi**, *Orientamenti giurisprudenziali in tema di procedimento di liquidazione delle spese e dell'onorario arbitrali (art. 814 c.p.c.)*, in *Foro it.*, 2005, I, 783; **L. Carbone**, *La parcella degli avvocati-arbitri ridotta del 30%,* in *Il Quotidiano Giuridico*, del 16.5.2016; **R. Danovi**, *Il declino del processo e la "giurisdizione forense",* in Prev. Forense, 2015, 244) **M.G. Garofalo**, *Note sull'arbitrato nelle controversie individuali di lavoro*, in *Diritti lavori mercati*, 2006, 305; **L. Izzo**, *L'avvocato arbitro va pagato come tale,* in Studio Cataldi del 26.10.2018; **P.L. Nela**, *Che cosa resta di un lodo arbitrale prodotto da un arbitrato rituale, se le parti avevano invece previsto un arbitrato irritale*, in *Giur. it.*, 2006, 1246; **D. Prato**, *La responsabilità degli arbitri prima della riforma*, in *Il merito*, 2007, fasc. 1, 19; **V. Sangiovanni**, *Sulla natura del termine per la notificazione da parte del convenuto delle generalità dell'arbitro* ex *art. 810 c.p.c.*, in *Giur. it.*, 2006, 1465; **M. Scalamogna**, *Sui criteri di determinazione del compenso spettante al collegio arbitrale* ex *art. 814, 2 comma, c.p.c.*, in *Riv. arbitrato*, 2006, 506; **N. Soldati**, *Nuovo arbitrato: ampliate le opportunità per l'avvocato*, in *Ventiquattrore avvocato*, 2006, fasc. 9, 124; **G. Verde**, *La Corte costituzionale fa il punto su costituzione e arbitrato*, in *Riv. arbitrato*, 2005, 519; **V. Vigoriti**, *Regole e tendenze in tema di liquidazione degli onorari degli arbitri*, in *Giur. it.*, 2008, I, 1, 518; **V. Vigoriti**, *L'onorario degli arbitri*, in *Riv. arbitrato*, 2005, 189.

Capitolo XI

Cause in materia di rapporti di lavoro

Sommario: 1. Cause in materia di rapporto di lavoro – **2.** Le procedure conciliative presso l'ufficio del lavoro o uffici analoghi.

1. Cause in materia di rapporto di lavoro

Il D.M. n. 55/2014 dedica alle cause di lavoro e previdenziali due tabelle specifiche (tabelle 3 e 4) dove sono sviluppati ed indicati i parametri spettanti.

Il D.M. n.147/2022 con l'art.2, comma 1, lett.j) "aggiunge" all'art.4 del DM n.55/2014 il comma 10-quinquies in cui statuisce che *"Nei procedimenti di ammissione al passivo e di impugnazione dello stato passivo aventi ad oggetto crediti di lavoro dipendente, i parametri previsti dalla allegata tabella* (tabella 20-bis) *possono essere ridotti fino al 50 per cento"*.

Occorre segnalare che l'art. 152 disp. att. c.p.c., prevede che "Le spese, competenze ed onorari liquidati dal giudice nei giudizi per prestazioni previdenziali non possono superare il valore della prestazione dedotta in giudizio".

Soglia reddituale

Per le cause in materia di previdenza ed assistenza (ivi inclusi i giudizi di accertamento tecnico preventivo per l'impugnazione dei verbali Inps) il limite reddituale che consente di ottenere l'esenzione dal pagamento del contributo unificato è stato innalzato per l'anno 2021 ad euro 35.240,04.

Il dm n.147/2022 interviene anche sulle cause in materia di rapporti di lavoro, statuendo che nei procedimenti di *ammissione al passivo e di impugnazione dello stato passivo* aventi ad oggetto *crediti di lavoro dipendente,* i parametri previsti nella tabella parametrica (20-bis) possono essere ridotti fino al 50 per cento. Tale prevista riduzione (per fortuna "ipotetica" stante l'espressione "possono") è, però, incomprensibile in quanto le domande di insinuazione dei crediti di lavoro sono complesse e di difficile "trattazione" anche perché sono sempre collegate alla richiesta al Fondo Inps.

2. Le procedure conciliative presso l'ufficio del lavoro o uffici analoghi

Per l'assistenza nelle procedure conciliative presso l'ufficio del lavoro od uffici analoghi, si applica la tariffa stragiudiziale, così come previsto dalla abrogata tariffa forense. Va segnalato, peraltro, che l'abrogata tariffa forense, al comma 4 dell'art. 1 della tariffa stragiudiziale, prevedeva espressamente l'onorario per le procedure conciliative presso l'ufficio del lavoro o uffici analoghi. Con riferimento ad una controversia di lavoro transatta in sede sindacale, si è affermato (Cass. 16 ottobre 2009, n. 22072) che in tema di liquidazione degli onorari professionali spettanti all'avvocato, ove le parti, con riguardo ad una controversia in materia di lavoro, siano addivenute ad una transazione della lite in sede sindacale, prima ancora che venisse esplicata una qualche attività giudiziaria, la determinazione del valore della causa va compiuta avendo riguardo alla somma effettivamente corrisposta e non a quella originariamente richiesta.

Parte III
Attività giudiziale penale

Compensi ed indennità spettanti agli avvocati per attività penale

1. Criteri di determinazione del compenso per l'attività giudiziale penale

In ordine al processo penale il D.M. 13 agosto 2022 n.147 con l'art.3 interviene sui parametri relativi all'attività svolta nell'ambito del processo penale.

Nel penale vengono infatti modificati i parametri con riferimento alle indagini difensive, al giudizio per direttissima, ai procedimenti avanti il magistrato di sorveglianza e avanti al Gup del Tribunale per i Minorenni e avanti il Tribunale per i Minorenni, e per i processi particolarmente complessi.

- Per le *indagini difensive*, i compensi previsti dalla tabella parametrica (tabella 15) sono aumentati del 20% allorquando tali indagini siano particolarmente gravose ed impegnative, e/o urgenti come prevede espressamente l'art.3, comma 1, lettera c) che aggiunge all'art.12 del DM n.55/2014, il comma 3-bis, norma che prevede espressamente che *"i compensi previsti per le indagini difensive sono aumentati del 20 per cento quando tali indagini siano particolarmente complesse o urgenti"*.
- Per il *giudizio direttissimo* vengono definiti i compensi liquidabili nel giudizio direttissimo con riferimento alla fase di convalida dell'arresto che lo precede (tabella 15). La normativa del D.M n.147/2022 distingue e rende autonomo, ai fini della definizione del valore parametrico, il momento processuale della convalida dell'arresto, per la quale riconosce i

compensi relativi alla fase di studio, alla fase istruttoria e/o dibattimentale e fase decisionale.

- Per i procedimenti innanzi il *Magistrato di sorveglianza* viene prevista apposita tabella parametrica (distinta da quella prevista per il Tribunale di Sorveglianza) con tre fasi (fase di studio della controversia, fase introduttiva del giudizio e fase decisionale).
- Per i *procedimenti avanti al GUP del Tribunale per i minorenni e avanti il Tribunale per i minorenni,* in considerazione della particolare attività richiesta al difensore dell'imputato minore e alla partecipazione sia al giudizio che all'istruttoria anche di altri soggetti, per ovviare alla lacuna parametrica per tale attività, il D.M. n.147/2022, art.3, comma 1, lett. c), aggiunge all'art.12 del dm n.55/2014, il comma 3-ter , statuendo che *"Per le attività difensive svolte davanti al Tribunale per i minorenni, i compensi sono liquidati applicando i parametri previsti dalla allegata tabella 15 con riferimento all'autorità giudiziaria che sarebbe stata competente qualora al momento del fatto l'imputato fosse stato maggiorenne".* Il D.M. n.147/2022, sempre con riferimento al minore, l'art.2, comma 2, art.10-septies statuisce che *"Per le attività difensive svolte dal'avvocato in qualità di curatore del minore, il compenso è liquidato applicando i parametri previsti dalle tabelle allegate al presente decreto relative alle procedure e ai giudizi in cui è di volta in volta nominato".*

In caso di *subentro nell'attività difensiva* con l'art.2, comma 1, lett. f) il D.M. n.147/2022 aggiunge all'art.4 del D.M. n.55/2014, il comma 5-bis in cui si statuisce che *"Il giudice può riconoscere, se richiesto, il compenso previsto per la fase di studio della controversia in favore del professionista che subentra nella difesa del cliente in un momento successivo alla fase introduttiva".*

Per il processo penale, rispetto alla materia civile, è stato nonostante la sua «peculiarità» «conservato» lo stesso schema. Infatti:

- sono previste tabelle in base all'autorità giudiziaria competente per singolo giudizio (in materia penale è «assente» il valore della controversia);

– l'attività professionale è divisa in fasi, connesse alla struttura del procedimento penale, fasi indicate nell'art. 12, comma 3, D.M. n. 55/2014, ed il cui contenuto di seguito si riporta.

"Il compenso si liquida per fasi. Con riferimento alle diverse fasi del giudizio si intende esemplificativamente:

- ***per fase di studio, ivi compresa l'attività investigativa***: l'esame e studio degli atti, le ispezioni dei luoghi, la iniziale ricerca di documenti, le

consultazioni con il cliente, i colleghi o i consulenti, le relazioni o pareri, scritti o orali, che esauriscano l'attività e sono resi in momento antecedente alla fase introduttiva;
- ***per fase introduttiva del giudizio***: gli atti introduttivi quali esposti, denunce querele, istanze richieste dichiarazioni, opposizioni, ricorsi, impugnazioni, memorie, intervento del responsabile civile e la citazione del responsabile civile;
- ***per fase istruttoria o dibattimentale***: le richieste, gli scritti, le partecipazioni o assistenze relative ad atti ed attività istruttorie procedimentali o processuali anche preliminari, rese anche in udienze pubbliche o in camera di consiglio, che sono funzionali alla ricerca di mezzi di prova, alla formazione della prova, comprese liste, citazioni e le relative notificazioni, l'esame dei consulenti, testimoni, indagati o imputati di reato connesso o collegato;
- ***per fase decisionale***: le difese orali o scritte, le repliche, l'assistenza alla discussione delle altre parti processuali sia in camera di consiglio che in udienza pubblica.

L'art. 12, commi 1 e 2, D.M. n. 55/2014, statuisce i criteri generali per la determinazione del compenso all'avvocato per l'attività espletata in sede penale.

Difensore d'ufficio

Il difensore d'ufficio di un imputato in un processo penale ha diritto, in sede di esperimento della procedura di liquidazione dei propri compensi professionali, anche al rimborso delle spese e dei compensi relativi alle procedure di recupero del credito non andate a buon fine (Cass. 14 ottobre 2014 n. 21691; Cass. 13 settembre 2012 n. 15394). E ciò in quanto l'esperimento della procedura recuperatoria costituisce un passaggio obbligato per chiedere la liquidazione del compenso, sicchè i relativi compensi non possono restare a carico del professionista, ma devono rientrare fra quelli rimborsabili dall'erario (Cass. 12 dicembre 2017 n. 29827).

Elementi computo compenso

Ai fini della liquidazione del compenso, il comma 1, prevede che **si deve tenere conto:**
- **delle caratteristiche, dell'urgenza e del pregio dell'attività prestata, dell'importanza, della natura, della complessità del procedimento, della gravità e del numero delle imputazioni, del numero e della complessità delle questioni**

giuridiche e di fatto trattate, dei contrasti giurisprudenziali, dell'autorità giudiziaria dinanzi cui si svolge la prestazione, della rilevanza patrimoniale, del numero dei documenti da esaminare, della continuità dell'impegno anche in relazione alla frequenza di trasferimenti fuori dal luogo ove svolge la professione in modo prevalente, **nonché dell'esito ottenuto avuto anche riguardo alle conseguenze civili e alle condizioni finanziarie del cliente**;

- del numero di udienze, pubbliche o camerali, **diverse da quelle di mero rinvio**, e del tempo necessario all'espletamento delle attività medesime.

Aumenti e diminuzione del compenso

Il giudice, nella liquidazione del compenso, **deve tenere conto dei valori medi** di cui alle tabelle parametriche (tabella 15 del D.M. n. 55/2014 per l'attività penale). Al riguardo si evidenzia che il D.M. n.147/2022 prevede un'unica percentuale del 50 per cento per regolare gli aumenti e le diminuzioni dei valori medi individuati dai parametri in relazione alle varie fasi del processo, in luogo delle precedenti percentuali diversificate; viene così ad essere ridotto il margine di discrezionalità dell'autorità giudiziaria nella liquidazione dei compensi, rendendo più omogenea l'applicazione dei parametri e garantendo maggiore coesione interna alla categoria forense.

È previsto (comma 2 dell'art. 12, come modificato dal D.M. 8 marzo 2018, n. 37 e D.M. n.147/2022) che:

- **quando l'avvocato assiste più soggetti aventi la stessa posizione procedimentale o processuale**, il compenso unico può essere **aumentato per ogni soggetto oltre il primo nella misura del 30%, fino a un massimo di dieci soggetti, e del 10% per ogni soggetto oltre i primi dieci, fino a un massimo di trenta**. Tale disposizione si applica anche quando il numero delle parti ovvero delle imputazioni è incrementato per effetto di riunione di più procedimenti, dal momento della disposta riunione, e anche quando il professionista difende un singolo soggetto contro più soggetti, sempre che la prestazione non comporti l'esame di medesime situazioni di fatto o di diritto;
- **quando, ferma l'identità di posizione processuale, la prestazione professionale non comporta l'esame di specifi-**

che e distinte situazioni di fatto o di diritto in relazione ai diversi imputati e in rapporto alle contestazioni, il compenso altrimenti liquidabile per l'assistenza di un solo soggetto è di regola ridotto in misura non superiore al 30%;

- **per le liquidazioni delle prestazioni svolte in favore di soggetti ammessi al patrocinio a spese dello Stato** a norma del testo unico delle spese di giustizia di cui al D.P.R. 30 maggio 2002, n. 115 si tiene specifico conto della concreta incidenza degli atti assunti rispetto alla posizione processuale della persona difesa. È stata soppressa la riduzione del 30% dei compensi riconosciuti agli avvocati in regime di patrocinio a spese dello Stato, riduzione prevista nella prima stesura del decreto. Si è così evitato che tale percentuale di taglio si sommasse al taglio già previsto nella legge di stabilità 2014 (che prevede la riduzione di un terzo).

Nella liquidazione del compenso spettante al difensore di soggetto ammesso al patrocinio a spese dello Stato (nella specie, procedimento di sorveglianza), il giudice non è tenuto ad uniformarsi inderogabilmente ai parametri introdotti dal D.M. n. 55/2014, dovendosi considerare ancora in vigore l'art. 1, comma 7, D.M. n. 140/2012, secondo cui le soglie numeriche tabellari non sono vincolanti per la liquidazione stessa. (Trib. Alessandria 5 maggio 2014).

Occorre evidenziare che il compenso comprende ogni attività accessoria, quali, a titolo di esempio, gli accessi agli uffici pubblici, le trasferte, la corrispondenza anche telefonica o telematica o collegiale con il cliente, le attività connesse a oneri amministrativi o fiscali, le **sessioni per rapporti con colleghi**, ausiliari, consulenti, investigatori, magistrati.

I **parametri previsti per l'attività giudiziale penale operano anche nei riguardi della parte civile**, del responsabile civile e del civilmente obbligato, costituiti in giudizio: l'art. 16 del D.M. n. 55/2014 prevede espressamente che "All'avvocato della persona offesa, della parte civile, del responsabile civile e del civilmente obbligato si applicano i parametri numerici previsti dalle tabelle allegate".

Trasferta

Per quanto riguarda le trasferte, è previsto (art. 15) che "Per gli affari e le cause fuori dal luogo ove svolge la professione in modo prevalente, all'avvocato è liquidata un'indennità di

trasferta e un rimborso delle spese, a norma dell'art. 27 della materia stragiudiziale".

Accordo avvocato/cliente

Occorre evidenziare che anche nella materia penale, **nel rapporto avvocato/cliente, "prevale" la pattuizione scritta avvocato/cliente sul compenso**, in quanto i parametri vengono "utilizzati" dal giudice penale per la liquidazione giudiziale del compenso all'avvocato. Ne consegue che il contratto avvocato/cliente sul compenso vincolerà il giudice in una causa tra il cliente e l'avvocato che agisca per il recupero del suo compenso.

2. Criteri di liquidazione del compenso

I parametri per la determinazione dei compensi dell'avvocato in materia penale sono riportati nella tabella 15 allegata al D.M. n. 55/2014 e nelle riferite innovazioni introdotte dal D.M. n.147/2022.

La norma indica i criteri parametrici per la determinazione del compenso nelle cause penali in modo analogo a quanto previsto per le cause in materia civile.

Anche in materia penale occorre evidenziare che, come nel civile, in base al disposto del comma 1 dell'art. 12, D.M. n. 55/2014, **il giudice può sempre diminuire o aumentare ulteriormente il compenso in considerazione delle circostanze concrete**, con l'adozione di un'unica percentuale del 50 per cento per regolare gli aumenti e le diminuzioni dei valori medi individuati dai parametri in relazione alle varie fasi del processo.

Liquidazione per fasi

L'attività giudiziale penale, come già detto, è distinta per fasi (fase di studio; fase di introduzione del procedimento; fase istruttoria procedimentale o dibattimentale; fase decisionale) **e il compenso è liquidato per fasi**.

Occorre evidenziare che il D.M. n. 55/2014 non ha **previsto la fase del "compenso accessorio" prevista dal previgente D.M. n. 140/2012.**

Al fine di evitare "attriti" e contenzioso, ma soprattutto per semplificare il lavoro del magistrato, dell'avvocato e del cliente, l'art. 12, comma 3, "riempie" di contenuto le varie fasi del procedimento, indicando, sia pure a titolo di esempio, le attività processuali rientranti nelle singole fasi del procedimento penale.

Ed infatti, così specifica.

Fase di studio

Nella fase di studio, ivi compresa l'attività investigativa, sono compresi, "a titolo di esempio": l'esame e lo studio degli atti, le ispezioni dei luoghi, la ricerca dei documenti, le consultazioni con il cliente, i colleghi o i consulenti, le relazioni o pareri, scritti ovvero orali, che esauriscono l'attività e sono resi in momento antecedente alla fase introduttiva.

Fase introduttiva

Nella fase introduttiva sono compresi, "a titolo di esempio": gli atti introduttivi quali esposti, denunce, querele, istanze, richieste, dichiarazioni, opposizioni, ricorsi, impugnazioni, memorie, intervento del responsabile civile e la citazione del responsabile civile.

Fase istruttoria o dibattimentale

Nella fase istruttoria o dibattimentale sono compresi, "a titolo di esempio": le richieste, gli scritti, le partecipazioni o le assistenze relative ad atti ed attività istruttorie procedimentali o processuali anche preliminari, rese in udienze pubbliche o in camera di consiglio, che sono funzionali alla ricerca di mezzo di prova, alla formazione della prova, comprese le liste, citazioni e le relative notificazioni, l'esame dei consulenti, testimoni, indagati o imputati di reato connesso o collegato. Da tale fase **è stato espunto il riferimento al numero delle udienze** trattandosi di elemento "tariffario".

Fase decisionale

Nella fase decisionale sono compresi, "a titolo di esempio": le difese orali o scritte le repliche, l'assistenza alla discussione delle altre parti processuali sia in camera di consiglio che in udienza pubblica.

Differenziandosi dal previgente D.M. n. 120/2012, il D.M. n. 55/2014 non prevede la fase esecutiva in cui erano comprese tutte le attività connesse all'esecuzione della pena.

3. Difesa di più parti

La fattispecie in esame trovano la disciplina specifica nell'art. 12, comma 2, D.M. n. 55/2014 (modificato dal D.M. 8 marzo 2018, n. 37).

In particolare, tale disciplina prevede che, qualora **l'avvocato difenda più persone con la stessa posizione procedimentale o processuale, il compenso unico può essere aumentato per**

ogni soggetto oltre al primo nella misura del 30%, fino ad un massimo di dieci soggetti, **e del 10%** per ogni soggetto oltre i primi dieci, fino ad un massimo di trenta.

Il sopra riportato "aumento" si applica (art. 12, comma 2) anche **quando il numero delle parti, ovvero delle imputazioni è incrementato per effetto di riunioni di più procedimenti**, dal momento della disposta riunione, **ed anche quando il professionista difende una parte contro più parti**, sempre che la prestazione non comporti l'esame di medesime situazioni di fatto e di diritto.

Riduzione compenso

Il comma 2 dell'art. 12 del D.M. n. 55/2014 (dopo le modifiche del D.M. 8 marzo 2018, n. 37) precisa che quando, **ferma l'identità di posizione procedimentale o processuale, la prestazione professionale non comporta l'esame di specifiche e distinte situazioni di fatto o di diritto** in relazione ai diversi soggetti in rapporto alle contestazioni, **il compenso altrimenti liquidabile per l'assistenza di un solo soggetto**, è ridotto in misura non superiore al 30 per cento.

4. Sostituto processuale

La "posizione" del sostituto processuale ai fini del compenso, non trova alcuna disciplina nel D.M. 8 marzo 2018, n. 37 e nel D.M. n. 55/2014 (così come nel previgente decreto n. 140/2012 sui parametri).

Nel caso di **attività processuale svolta dal sostituto processuale**, allo stesso spettano i compensi per l'attività svolta posto che la partecipazione agli atti penali comporta sempre reale attività difensiva.

Sostituto processuale

In ordine al compenso spettante al sostituto processuale occorre distinguere il sostituto processuale nominato dal *dominus*, cui spetta farsi carico del pagamento del compenso, in quanto il *dominus* è l'unico a poter reclamare al cliente l'onorario anche per le prestazioni eseguite dai suoi sostituti (in quanto dipendenti dalla delega di sostituzione da lui conferita), dal sostituto processuale nominato dal giudice *ex* art. 97, comma 4, c.p.p.; in quest'ultimo caso il sostituto processuale nominato dal giudice ha un autonomo diritto di chiedere al cliente la liquidazione dei compensi per l'opera autonomamente svolta (Corte cost., ord. 14 gennaio 2005, n. 8).

Anche il codice deontologico forense (art. 23, comma 5) si "occupa" dei codifensori, statuendo, nel caso di difesa congiunta, il dovere del difensore di consultare il codifensore in ordine alla scelta processuale (Cass., SS.UU. penale, 27 gennaio/1° giugno 2011, n. 22242).

5. Processo non portato a termine

Occorre evidenziare che anche l'attività giudiziale penale (come quella civile), è distinta per fasi (fase di studio, fase di introduzione del procedimento, fase istruttoria procedimentale o processuale, fase decisoria; fase esecutiva), come espressamente previsto dall'art. 12, comma 3, D.M. n. 55/2014.

Se il procedimento o il processo non vengono portati a termine per qualsiasi motivo ovvero sopravvengono cause estintive del reato, in base all'art. 13 del D.M. n. 55/2014, l'avvocato ha diritto al compenso per l'opera effettivamente svolta (**e quindi per la fase processuale svolta**). Infatti la norma citata dispone che "Se il procedimento o il processo non sono portati a termine per qualsiasi causa o sopravvengono cause estintive del reato, ovvero il cliente o l'avvocato recedono dal mandato, sono liquidati i compensi maturati per l'opera svolta fino alla data di cessazione dell'incarico ovvero a quella di pronunzia della causa estintiva". La riportata norma è speculare a quella che disciplina la medesima fattispecie nelle controversie civili, con gli adattamenti resi opportuni dalla diversa natura dei procedimenti penali ivi considerati.

Recesso dell'avvocato e del cliente

Per il diritto al compenso per i giudizi non compiuti, **la norma non distingue le cause di scioglimento del rapporto professionale**, essendo prevista una disciplina unica, sia per il recesso dell'avvocato che del cliente: la disciplina è la stessa (facendo riferimento la norma a "qualsiasi motivo" o a "sopravvenute cause estintive del reato"), indipendentemente dalla volontà delle parti (sopravvenienza di cause estintive del reato, quali ad es., difetto di querela, recesso del cliente o dell'avvocato).

Per i giudizi non compiuti l'avvocato ha **diritto, comunque, al compenso** (ed al rimborso delle spese) per l'opera svolta, **prescindendosi dalla utilità che l'attività svolta possa arrecare al cliente**.

Si rinvia sul tema alla parte II, capitolo III.

6. Parte civile, responsabile civile e civilmente obbligato

L'art. 16 del D.M. n. 55/2014, disciplina la determinazione del compenso per il difensore della parte civile e del responsabile civile, statuendo espressamente che "All'avvocato della persona offesa, della parte civile, del responsabile civile e del civilmente obbligato, si applicano i parametri numerici previsti dalle tabelle allegate" (e cioè la tabella 15). La norma in pratica stabilisce che non vi sono diversi trattamenti, quanto alla determinazione del compenso, tra l'avvocato che assiste l'imputato o indagato, e l'avvocato che assiste la parte civile, inclusi responsabile civile, civilmente obbligato per l'ammenda.

La riportata disposizione, quindi, estende l'applicabilità dei parametri penali anche nei riguardi della parte civile costituita nel giudizio penale, con la opportuna precisazione che per gli atti (di esclusiva competenza della parte civile) per i quali non vi è espressa previsione nei parametri, la parte civile ha diritto agli onorari dei parametri civili (Cass. 24 settembre 2013, n. 21861).

Occorre evidenziare che la norma di cui al menzionato art. 16 non è limitata alla sola attività giudiziale ma include anche quella stragiudiziale.

Soggetto legittimato alla liquidazione

La liquidazione delle spese di costituzione di parte civile rientra nella competenza esclusiva del giudice penale, nel rapporto tra imputato condannato e parte civile (Cass. 25 giugno 1968, n. 2143). Da tale "rapporto" **è da ritenersi escluso il rapporto tra il difensore della parte civile e questa quale cliente del professionista, atteso che l'avvocato può sempre agire nei confronti del cliente/parte civile per il pagamento delle sue competenze, non "subendo" alcuna preclusione dalla decisione del giudice penale sulle spese giudiziali (liquidate)**.

La parte civile non può richiedere al giudice civile una eventuale eccedenza delle spese di costituzione e rappresentanza non liquidate dal giudice penale; può invece richiedere al giudice civile il rimborso di altri oneri, quali quelli di spese di trasferta, non strettamente afferenti alle spese giudiziali, atteso che essi, ancorché mediatamente finalizzati ad una più valida difesa, rientrano nella nozione di danno risarcibile (Cass. 10 febbraio 1981, n. 832).

Con riferimento alla liquidazione delle spese di costituzione di parte civile, la determinazione degli onorari di avvocato implica una valutazione discrezionale del giudice (Cass., sez. VI, 9 giugno 1999, riferita all'abrogata tariffa forense).

In caso di condanna dell'imputato è legittima la **liquidazione in favore della parte civile, anche dell'onorario per l'atto di costituzione e per la procura** (Cass., sez. V, 18 gennaio 2005).

7. Incarico conferito a società di avvocati

La disciplina relativa al compenso spettante nel caso in cui l'incarico professionale è stato conferito a società di avvocati è dettata dall'art. 14 del D.M. n. 55/2014, norma che statuisce che "**Se l'incarico professionale è conferito a una società di avvocati si applica il compenso spettante a un solo professionista, anche se la prestazione è svolta da più soci**".

Per il commento a tale norma valgono le stesse osservazioni illustrate nel commento all'art. 8 in materia civile (Parte II, Cap. VII, par. 1,2).

8. Praticanti avvocati abilitati al patrocinio

In merito al compenso spettante ai praticanti avvocati abilitati al patrocinio, l'art. 17 del D.M. n. 55/2014 statuisce che **"Ai praticanti avvocati abilitati al patrocinio è liquidata di regola la metà dei compensi spettanti all'avvocato"**.

La disposizione è identica a quella relativa all'attività civile, per cui si rinvia a quanto già esposto nel capitolo VIII, Parte II del volume.

9. Il compenso per le trasferte

Per la "remunerazione" delle trasferte dell'avvocato penalista, l'art. 15 del D.M. n. 55/2014 statuisce che **"Per gli affari e le cause fuori dal luogo ove svolge la professione in modo prevalente, all'avvocato è liquidata un'indennità di trasferta e un rimborso delle spese, a norma dell'art. 27 della materia stragiudiziale"**.

La riportata disposizione è identica a quella prevista per gli affari civili (art. 11), per cui si rinvia a quanto già illustrato nella Parte II, cap. I, paragrafo 14.

Parte IV
Attività stragiudiziale

Compensi ed indennità spettanti agli avvocati per attività stragiudiziale

1. Il compenso per attività stragiudiziale

Il D.M. 10 marzo 2014, n. 55, "discostandosi" dal previgente decreto 20 luglio 2012, n. 140 prevede apposito capitolo per la determinazione del compenso relativo all'attività stragiudiziale svolta dall'avvocato (capitolo IV e si compone di 10 articoli).

Infatti il D.M. n. 55/2014 dedica all'attività stragiudiziale il capitolo IV titolandolo "Disposizioni concernenti l'attività stragiudiziale", ed apposita tabella (la n. 25, titolata "Prestazioni di assistenza stragiudiziale"). ed il D.M. n.147/2022 "dedica" l'art.4 in cui sono riportate innovazioni per la determinazione del compenso. In particolare:

- sono soppresse le parole "di regola" ovunque ricorrano (art.4, comma 3);
- all'art.19, comma 1, del dm n.55/2014, le parole "di regola sino all'80 per cento" sono sostituite dalle seguenti "fino al 50 per cento";
- all'art.18 del D.M. n.55/2014 (che statuisce "I compensi liquidati per prestazioni stragiudiziali sono onnicomprensivi in relazione ad ogni attività inerente l'affare") è aggiunto il seguente periodo ""*Quando, tuttavia, l'affare si compone di fasi o di parti autonome in ragione della materia trattata, i compensi sono liquidati per ciascuna fase o parte*";
- con riferimento alla mediazione e negoziazione assistita, all'art.20 del D.M. n.55/2014 , al comma 1-bis, l'art. 4,comma 3, lett. b) del D.M.

n.147/2022, al comma 1-bis, aggiunge il seguente periodo prevedendo che *"Nel caso in cui il procedimento di mediazione o la procedura di negoziazione assistita si concludano con un accordo tra le parti, fermo il compenso per la fase di conciliazione, i compensi per le fasi di attivazione e di negoziazione sono aumentati del 30 per cento";*

- per gli affari di valore superiore a euro 520.000,00 il D.M. n.147/2022, a modifica dell'art.22 del DM n.55/2014, introduce una nuova tabella (tabella 25) statuendo che *"il compenso è liquidato sulla base di una percentuale progressivamente decrescente del valore dell'affare, secondo quanto previsto dalla allegata tabella 25";*
- per il compenso a tempo, l'art.4, comma 5, del D:M n.147/2022,dopo l'art.22 del D.M. n.55/2014 ha aggiunto la disposizione sul compenso a tempo, statuendo che *"Nel caso di pattuizione del compenso a tempo, si tiene conto di un parametro indicativo da un minimo di euro 200,00 ad un massimo di euro 500,00 per ciascuna ora o frazione di ora superiore a trenta minuti".* Sul compenso a tempo si rinvia a quanto illustrato nella parte II, cap.I, par.16
- la espressa previsione che i parametri possono essere aumentati o diminuiti con l'adozione di un'unica percentuale del 50% in luogo delle precedenti percentuali diversificate.

Assistenza e consulenza stragiudiziale

Le categorie delle prestazioni stragiudiziali si distinguono in prestazioni di consulenza e prestazioni di assistenza, distinzione ininfluente, però, ai fini della determinazione del compenso professionale. Infatti, la normativa stragiudiziale (in particolare l'art. 18 del D.M. n. 55/2014) stabilisce che il compenso liquidato per prestazioni stragiudiziali è onnicomprensivo in relazione ad ogni attività inerente l'affare. La norma non tiene separate e distinte, ai fini del compenso, l'attività di assistenza stragiudiziale e quelle di consulenza.

Si evidenzia comunque che:

- per consulenza si intende l'attività che viene richiesta all'avvocato da un soggetto che intenda compiere da solo gli atti giuridici; tale attività si estrinseca nella formulazione di pareri;
- per assistenza si intende, invece, l'attività che viene richiesta all'avvocato da un soggetto per la soluzione di problemi pra-

tici, attività che si estrinseca in colloqui, corrispondenza e redazione di atti stragiudiziali o di contratti.

Unitarietà del compenso

In ordine ai compensi per attività stragiudiziali, l'art. 18 del D.M. n. 55/2014 statuisce che i compensi liquidati per le prestazioni stragiudiziali sono onnicomprensivi in relazione ad ogni attività inerente l'affare.

Per la determinazione dei compensi relativi all'attività stragiudiziale, l'art. 19 del D.M. n. 55/2014 (come modificato dal D.M. 8 marzo 2018, n. 37) prevede che ai fini della liquidazione del compenso, si tiene conto delle caratteristiche, dell'urgenza, del pregio dell'attività prestata, dell'importanza dell'opera, della natura, della difficoltà e del valore dell'affare, della quantità e qualità delle attività compiute, delle condizioni soggettive del cliente, dei risultati conseguiti, del numero e della complessità delle questioni giuridiche e in fatto trattate. Il giudice tiene conto dei valori medi di cui alla tabella allegata che, in applicazione dei parametri generali, possono, di regola, essere aumentati o diminuiti con l'adozione di un'unica percentuale del 50% in luogo delle precedenti percentuali diversificate. In ordine alla difficoltà dell'affare si tiene particolare conto dei contrasti giurisprudenziali rilevanti, della quantità e del contenuto della corrispondenza che risulta essere stato necessario intrattenere con il cliente e con altri soggetti.

Si è affermato (Cass. 27 ottobre 2014, n. 22737) che spetta all'avvocato il compenso allorché vengano sottoposti alla sua attenzione atti prodotti poi in giudizio, anche al fine di ottenere un parere ed in vista di un futuro mandato professionale. Ne consegue che l'avvocato che esamina un atto di citazione per una causa già pendente, ha diritto ad essere retribuito, anche se, successivamente, non gli viene affidata la difesa in giudizio, poiché sussiste perlomeno un rapporto professionale con il cliente avente ad oggetto un parere professionale.

Si è, però, precisato (Cass. 31 gennaio 2014, n. 2153) che nella ipotesi in cui l'avvocato abbia assistito il cliente in una attività giudiziaria (nella specie, procedura monitoria), e la causa si sia poi transatta senza la partecipazione (alla transazione) del legale, l'avvocato non può pretendere alcun compenso per la transazione, qualora non sia rinvenibile alcun nesso di naturale continuazione fra l'azione giudiziaria e l'accordo transattivo, in quanto nella specie l'attività di transazione si poneva come meramente eventuale ed ulteriore rispetto a quella originaria.

Prova per incarichi stragiudiziali

Il mandato professionale per l'espletamento di attività di consulenza e, comunque, di attività stragiudiziale non deve essere provato necessariamente con la forma scritta, ***"ad substantiam" ovvero "ad probationem", poiché può essere conferito in qualsiasi forma idonea a manifestare il consenso delle parti e il giudice, tenuto conto della qualità delle parti, della natura del contratto e di ogni altra circostanza, può ammettere l'interessato a provare, anche con testimoni sia il contratto che il suo contenuto (Cass. 14 febbraio 2017 n. 3968; Cass. 15 febbraio 2011 n. 4705).***

L'avvocato può, quindi, richiedere il pagamento di compensi per prestazioni stragiudiziali anche senza produrre un accordo scritto.

Assistenza redazione contratto non concluso

L'assistenza alla redazione di un contratto, in quanto attività distinta dall'assistenza alla stipula deve essere retribuita a prescindere dall'avvenuta conclusione del contratto (Cass. 6 ottobre 2021 n. 27097).

Aumenti e diminuzioni

Il giudice tiene conto dei valori medi di cui alla tabella 25, che, in applicazione dei parametri generali, possono essere aumentati o diminuiti attraverso l'adozione di un'unica percentuale del 50 per cento in luogo delle precedenti percentuali diversificate.

2. Attività stragiudiziale e giudiziale: differenze

Ai fini dell'applicabilità del "compenso stragiudiziale" è necessario che vi sia una vera e propria consulenza ed assistenza legale, tale da rientrare nella generale sfera di competenza dell'avvocato (Cass. 30 luglio 1999, n. 8286).

Occorre precisare che **solo l'attività giudiziale è prerogativa di chi è regolarmente iscritto all'albo**, mentre le attività di assistenza stragiudiziale e di consulenza legale possono essere esercitate anche da non iscritti. In pratica non è necessario essere avvocati per prestare un servizio di consulenza legale così come non è richiesta l'iscrizione all'albo per le attività di assistenza stragiudiziale. **L'attività di assistenza è riservata agli iscritti all'albo solo nei limiti della rappresentanza, assistenza e difesa delle parti**

in giudizio; fuori da tali limiti, le attività di assistenza e consulenza legale non possono considerarsi riservate agli iscritti all'albo professionale (Cass. 30 maggio 2006 n. 12840).

Attività stragiudiziale *ante causam*

In ordine alle prestazioni stragiudiziali svolte precedentemente o in concomitanza con attività giudiziali, l'art. 20 del D.M. n. 55/2014 statuisce che l'attività stragiudiziale svolta prima o in concomitanza con l'attività giudiziale, che riveste una autonoma rilevanza rispetto a quest'ultima, è di regola liquidata in base ai parametri numerici previsti dalla tabella 25 per le prestazioni di assistenza stragiudiziale.

In ordine ai compensi spettanti agli avvocati in materia stragiudiziale civile la Cassazione (Cass. 7 ottobre 2020 n. 21565) ha confermato che i compensi previsti per le prestazioni stragiudiziali sono dovuti dal cliente anche se il professionista abbia prestato la sua opera in giudizio, sempre che dette prestazioni non siano connesse e complementari con quelle giudiziali, sì da costituirne il naturale completamento.

In base al D.M. 8 marzo 2018, n. 37, l'attività svolta dall'avvocato nel **procedimento di mediazione e nella procedura di negoziazione assistita** è liquidata in base ai parametri numerici di cui alla tabella 25-bis.

Il D.M. n.147/2022 (art.4, comma 3, lett.b)) al fine di rendere maggiormente remunerata l'attività impegnativa svolta dall'avvocato e conveniente per la parte che definisce in tempi rapidi con una soluzione concordata la propria controversia, prevede che i parametri previsti per tali attività sono aumentati del 30 per cento.

La giurisprudenza della Corte di Cassazione, ha affrontato la problematica relativa alla liceità della consulenza legale stragiudiziale da parte di soggetto non iscritto all'albo professionale, risolvendola in senso affermativo (Cass. 30 maggio 2006, n. 12840; Cass. 12 luglio 2004, n. 12874; Cass. 8 agosto 1997, n. 7359; Cass. 7 luglio 1987, n. 5906); *Contra,* Cass., sez. III civ., 18 aprile 2007, n. 9237).

Nozione attività stragiudiziale

Sulla distinzione fra prestazioni giudiziali e prestazioni stragiudiziali occorre evidenziare sul tema che la Corte di Cassazione ha più volte affermato (Cass. 12 maggio 2008, n. 15814; Cass. 12 giugno 2007, n. 13770; Cass. 23 maggio 1992, n. 6214) che, in tema di compensi professionali degli avvocati, non possono essere considerate come stragiudiziali, ed essere perciò compensate separatamente da quelle giudiziali, quelle attività professionali che, sebbene non esplicate davanti al giudice, siano tuttavia con quelle giudiziali strettamente connesse e ad esse complementari in quanto intese all'introduzione e svolgimento del procedimento giudiziale anche se svolte al di fuori di esso, così da costituirne il naturale completamento.

Attività investigativa

Con specifico riferimento a prestazioni stragiudiziali attinenti ad attività investigativa intesa al rinvenimento di conti correnti bancari, la Cassazione con sent. 12 giugno 2008, n. 15814 ha escluso il diritto al compenso come attività stragiudiziale – distinta dalla successiva attività giudiziale – evidenziando come faccia parte dell'impegno professionale dell'avvocato l'attività di reperimento di documenti e beni, in quanto costitutivi della materia-base sulla quale innestare l'attività più propriamente giuridica, tanto che tale ricerca viene espressamente fatta rientrare – ai fini del compenso – nella fase di studio della controversia (art. 11, comma 3, decreto n. 140/2012 sui parametri), e quindi quale attività specificamente compensata.

La eventuale attività stragiudiziale svolta dal difensore in questioni oggetto di successivo sviluppo giudiziale, quindi, non attribuisce diritto a separato compenso, venendo gli onorari per la fase stragiudiziale assorbiti da quelli maturati per la successiva fase giudiziale (Cass. 7 ottobre 2020 n. 21565, in cui si specifica che le prestazioni stragiudiziali ante causa possono essere retribuite solo se le prestazioni non siano connesse e complementari con quelle giudiziali, sì da costituirne il naturale completamento). Non spettano, quindi, onorari per prestazioni stragiudiziali, strumentali al giudizio e comunque assorbiti dall'opera prestata per la conciliazione, quando avvenuta; ne consegue che in presenza di giudizio in corso le attività stragiudiziali vengono assorbite da quelle giudiziali.

Circolazione stradale

In tema di responsabilità civile da circolazione stradale, ed in particolare nella speciale procedura per il risarcimento del danno da circolazione stradale introdotta con la legge n. 990 del 1969 e successive modificazioni, si è affermato (Cass. 2 febbraio 2006, n. 2275) che il danneggiato ha facoltà, in ragione del suo diritto di difesa, costituzionalmente garantito, di farsi assistere da un legale di fiducia o da un consulente tecnico di sua fiducia già prima dell'instaurazione della lite e di chiedere la liquidazione di quanto corrisposto al professionista (Cass. 31 maggio 2005, n. 11606) e, in ipotesi di composizione bonaria della vertenza, di farsi riconoscere il rimborso delle relative spese legali; se invece la pretesa risarcitoria sfocia in un giudizio nel quale il richiedente sia vittorioso, le spese legali sostenute nella fase precedente all'instaurazione del giudizio divengono una componente del danno da liquidare e, come tali devono essere chieste e liquidate sotto forma di spese vive o spese giudiziali.

Spese ante causam

La liquidazione separata delle spese corrispondenti può essere riconosciuta nel caso di composizione stragiudiziale della lite, ma non quando la pretesa risarcitoria sfocia in un giudizio nel quale il richiedente sia vittorioso. In questo caso, infatti, le spese sostenute nella fase precedente all'instaurazione del giudizio sono una componente del danno da liquidare e, come tali, debbono essere chieste e liquidate sotto forma di spese vive o di spese giudiziali, queste ultime secondo le specificazioni di cui alla Legge 13 giugno 1942, n. 704 ed alla tariffa allegata ai decreti ministeriali sulla determinazione degli onorari spettanti agli avvocati (Trib. Ascoli Piceno 22 maggio 2013).

La Suprema Corte (10 luglio 2017 n. 16990) sul tema ha affermato che **il rimborso delle spese di assistenza stragiudiziale ha natura di danno emergente,** consistente nel costo sostenuto per l'attività svolta da un legale nella fase precontenziosa. **L'utilità di tale esborso, ai fini della possibilità di porlo a carico del danneggiante, deve essere valutata ex ante,** cioè in vista di quello che poteva ragionevolmente presumersi essere l'esito futuro del giudizio.

Gratuito patrocinio ed attività stragiudiziale

Nel caso di cliente ammesso al patrocinio gratuito (si rinvia sul tema alla parte V), si è affermato (Cass. 9 aprile 2013, n. 9529) che l'attività professionale di natura stragiudiziale, che l'avvocato si trovi a svolgere nell'interesse del proprio assistito, non è ammessa, di regola, al patrocinio a spese dello Stato ai sensi dell'art. 8, D.P.R. n. 115/2002, in quanto esplicantesi fuori del processo, sicché il relativo compenso si pone a carico del cliente; nondimeno, allorché detta attività venga espletata in vista di una successiva azione giudiziaria, essa è ricompresa nell'azione stessa ai fini della liquidazione a carico dello Stato ed il professionista non può chiederne il compenso al cliente ammesso al patrocinio, incorrendo altrimenti in responsabilità disciplinare.

L'attività prestata nell'espletamento di un incarico stragiudiziale va considerata nella sua unitarietà e non va considerata in modo frazionato per ogni singolo episodio sì da configurare una molteplicità di incarichi laddove questo è stato unico.

Sulla distinzione tra prestazione giudiziale e stragiudiziale, si rinvia a quanto ampiamente illustrato nel paragrafo 25 della parte II, cap. I.

3. La determinazione del compenso per attività stragiudiziale

Criterio quantificazione compenso

Per la determinazione dei compensi relativi all'attività stragiudiziale, l'art. 19 del D.M. n. 55/2014 prevede che ai fini della liquidazione del compenso, si tiene conto delle caratteristiche, dell'urgenza, del pregio dell'attività prestata, dell'importanza dell'opera, della natura, della difficoltà e del valore dell'affare, della quantità e qualità delle attività compiute, delle condizioni soggettive del cliente, dei risultati conseguiti, del numero e della complessità delle questioni giuridiche e in fatto trattate. In ordine alla difficoltà dell'affare si tiene particolare conto dei contrasti giurisprudenziali rilevanti, della quantità e del contenuto della corrispondenza che risulta essere stato necessario intrattenere con il cliente e con altri soggetti.

Il compenso dell'avvocato per l'attività stragiudiziale va determinato in base alle tariffe professionali ed adeguato all'importanza dell'opera laddove non sia stato liberamente pattuito tra le parti una apposita convezione. (Cass. 21482 del 2018). In mancanza di un preventivo accordo fra le parti, il compenso del professionista va determinato in base alle tariffe, criterio cui gli usi costituiscono una mera alternativa ove non siano previste tariffe per l'attività professionale posta in essere.

Anche in materia stragiudiziale va attribuita, quindi, rilevanza alla convenzione intervenuta tra le parti e, solo in mancanza di quest'ultima, e in ordine successivo, alle tariffe e agli usi e, infine, alla determinazione del giudice (non operano invece i criteri di cui all'art.36 Cost applicabili solo ai rapporti di lavoro subordinato).

Aumenti e diminuzioni

Il giudice tiene conto dei valori medi di cui alla tabella 25 che, in applicazione dei parametri generali, possono, essere aumentati, a seguito del D.M. n.147/2022, con l'adozione di un'unica percentuale del 50 per cento in luogo delle precedenti percentuali diversificate.

Compenso per lettera diffida

Sul riconoscimento del compenso per l'attività stragiudiziale svolta (soprattutto per la c.d. diffida ad opera dell'avvocato) giurisprudenza pacifica. Si è infatti affermato (Cass. 2 luglio 2005, n. 14594; Cass. 31 maggio 2005, n. 11606) che le spese legali corrisposte dal cliente al proprio avvocato in relazione ad attività stragiudiziale seguita da attività giudiziale devono formare oggetto di liquidazione con la nota di cui all'art. 75 disp. att. c.p.c., se trovino adeguato compenso nei parametri per le prestazioni giudiziali, potendo altrimenti formare oggetto di domanda di risarcimento del danno nei confronti dell'altra parte, purché siano necessarie e giustificate.

Infortunistica stradale

In tema di assistenza stragiudiziale in materia di infortunistica stradale, in caso di sinistro stradale, le spese sostenute dal danneggiato, che ante causam chieda assistenza stragiudiziale ad uno studio d'infortunistica stradale, possono essere conteggiate nella successiva richiesta giudiziale di risarcimento danni sotto il profilo del danno emergente; si è infatti affermato (Cass. 21 gennaio 2010, n. 997) che in caso di sinistro stradale, qualora il danneggiato abbia fatto ricorso all'assistenza di uno studio di assistenza infortunistica stradale ai fini dell'attività stragiudiziale diretta a richiedere il risarcimento del danno asseritamente sofferto al responsabile ed al suo assicuratore, nel successivo giudizio instaurato per ottenere il riconoscimento del danno, la configurabilità della spesa sostenuta per avvalersi di detta assistenza come danno emergente non può essere esclusa per il fatto che l'intervento di detto studio non abbia fatto recedere l'assicuratore dalla posizione assunta in ordine all'aspetto della vicenda che era stato oggetto di discussione e di assistenza in sede stragiudiziale, ma va valutata considerando, in relazione all'esito della lite su detto aspetto, se la spesa sia stata necessitata e giustificata in funzione dell'attività di esercizio stragiudiziale del diritto al risarcimento.

È confermato, quindi, che quando la pretesa risarcitoria sfocia in un giudizio nel quale il richiedente sia vittorioso, le spese legali sostenute nella fase precedente all'instaurazione del giudizio divengono una componente del danno da liquidare, come tali, devono essere chieste e liquidate sotto forma di spese vive o spese giudiziali (Cass. n. 2775/2006). Né è di ostacolo al rimborso della spesa che abbia preceduto il giudizio, quando la prestazione non sia stata svolta da un avvocato, in base al consolidato principio secondo cui la prestazione di opere intellettuali nell'ambito dell'assistenza legale è riservata agli iscritti negli albi forensi solo nei limiti della rappresentanza, assistenza e difesa delle parti in giudizio, e comunque, di diretta collaborazione con il giudice nell'ambito del processo; al di fuori di tali limiti, l'attività di assistenza e consulenza legale non può considerarsi riservata agli iscritti negli albi professionali e conseguentemente non rientra nella previsione dell'art. 2331 c.c. e dà diritto compenso a favore di colui che la esercita (Cass., SS.UU., 3 dicembre 2008, n. 28658; Cass. 30 maggio 2006, n. 12840; Cass. 8 agosto 1997, n. 7359).

Nel caso in cui per lo svolgimento di attività stragiudiziale siano stati incaricati più avvocati, l'art. 23, comma 1, D.M. n. 55/2014 statuisce che se più avvocati sono stati incaricati di prestare la loro opera nella medesima pratica o nel medesimo affare, a ciascuno spettano gli onorari per l'opera prestata.

Lo stesso art. 23, D.M. n. 55/2014 al comma 2, prevede espressamente che se l'incarico professionale è conferito ad una società tra avvocati si liquida il compenso spettante ad un solo professionista anche se la prestazione è svolta da più soci.

Assistenza redazione contratti

L'assistenza alla redazione di un contratto, in quanto attività distinta dall'assistenza alla stipula deve essere retribuita a prescindere dall'avvenuta conclusione del contratto (Cass. 6 ottobre 2021 n. 27097). E ciò in quanto la normativa in materia indica gli onorari dovuti per l'attività di "redazione di contratti, statuti, regolamenti, testamenti, o per l'assistenza alla relativa stipulazione". La norma contempla, quindi, attività distinte, la seconda delle quali, indicata come assistenza alla stipulazione e redazione, è ravvisabile in tutti i casi in cui l'avvocato, che non abbia redatto ex novo l'atto, sia intervenuto nella predisposizione dello stesso alla tutela degli interessi del cliente.

4. Onorario a tempo per attività stragiudiziale

Il D.M. n.147/2022 (art.4, comma 6) ha introdotto una importante novità: ***il compenso per tariffa oraria***.

Per la determinazione del compenso, in base alla n.247 del 2012, avvocato e cliente possono pattuire un compenso orario (*"La pattuizione dei compensi è libera: è ammessa la pattuizione a tempo"*), da commisurare alla durata della prestazione e dell'attività da compiersi in adempimento dell'incarico ricevuto. Il compenso per la prestazione è quindi in base all'orario e per le ore effettivamente impiegate per lo svolgimento della prestazione.

La previgente tariffa forense (l'ultima è quella del dm 127 del 2004) prevedeva un compenso orario commisurato alla durata della prestazione e delle attività accessorie, e comunque non inferiore ad € 65,00 all'ora. Qualora tra la prestazione resa e il compenso orario convenuto fosse apparsa una manifesta sproporzione, per le particolari circostanze del caso, l'urgenza, il valore e la natura della pratica, l'importanza della prestazione, il compenso poteva essere congruamente aumentato previo parere del Consiglio dell'Ordine.

Le tabelle parametriche di cui ai d.m. nn. 140/2012, 55/2014 e 37 del 2018, non prevedono alcuna "quantificazione" per il compenso orario, anche se tale quantificazione potrebbe sembrare superflua in quanto l'avvocato ed il cliente possono pattuire liberamente il compenso. L'esigenza della fissazione di un compenso orario è sempre più avvertita dagli avvocati, soprattutto in un periodo in cui la consulenza on-line è sempre più massiccia, nonché nei casi in cui l'avvocato riceva incarichi da aziende medio-grandi con base all'estero. Peraltro la quantificazione di un compenso "orario" è quella maggiormente utilizzata a livello internazionale ed è in linea con le tariffe dinanzi al Tribunale UE ed alla Corte UE (oltre che con la disciplina dei paesi di Common Law).

Il D.M. n. 147/2022 all'art. 4, comma 6, ha quantificato il compenso orario in una forbice di valori compresa tra un minimo di euro 200,00 ed un massimo di euro 500,00 per ciascuna ora o frazione di ora superiore a trenta minuti, da determinarsi, comunque, tra le parti in base alla loro autonomia negoziale (*"Nel caso di pattuizione dei compensi a tempo, si tiene conto di un parametro indicativo tra un minimo di euro 200,00 ad un massimo di euro 500,00 per ciascuna ora o frazione di ora superiore a trenta minuti"*). Occorre evidenziare, infatti, che occorre una espressa manifestazione di volontà delle parti ("pattuizione"), per cui i valori monetari indicati possono essere applicati solo con un espresso consenso delle parti stesse, che potrebbero trovare conveniente e/o utile avvalersi della tariffa oraria, che resta quindi una opzione e non un obbligo ed andrà sempre concordata tra le parti.

5. Prestazioni con compenso a percentuale

Per le prestazioni in adempimento di un incarico di gestione amministrativa, giudiziario o convenzionale, il compenso, in base all'art. 26 del D.M. n. 55/2014, è liquidato sulla base di una percentuale, fino ad un massimo del 5%, computata sul valore dei beni amministrati, tenendo altresì conto della durata dell'incarico, della sua complessità e dell'impegno profuso.

La riferita disposizione (che ha recepito la proposta del Consiglio nazionale forense sul punto) detta i parametri cui fare riferimento nel caso di prestazioni che non rientrino nel capo tipico dell'attività giudiziaria ma ne sono in qualche modo connesse.

6. Indennità di trasferta

All'avvocato, che per l'esecuzione dell'incarico deve trasferirsi fuori dal luogo ove svolge la professione in modo prevalente, l'art. 27 del D.M. n. 55/2014 statuisce che è liquidato il rimborso delle spese sostenute e un'indennità di trasferta.

Spese rimborsabili

Si tiene conto del costo del soggiorno documentato dal professionista, con il limite di un albergo quattro stelle, unitamente, di regola, a una maggiorazione del 10% quale rimborso delle spese accessorie; per le spese di viaggio, in caso di utilizzo di autoveicolo proprio, è riconosciuta un'indennità chilometrica pari di regola a un quinto del costo del carburante al litro, oltre alle spese documentate di pedaggio autostradale e parcheggio.

Utilizzo mezzo proprio

All'avvocato che, per l'esecuzione dell'incarico ricevuto, debba trasferirsi fuori dal proprio domicilio professionale, sono quindi dovute le spese di viaggio e di soggiorno (pernottamento in albergo 4 stelle e vitto), rimborsate nel loro ammontare documentato.

In caso di utilizzo di autoveicolo proprio, è dovuta un'indennità chilometrica pari ad un quinto del costo del carburante a litro, oltre alle spese documentate per pedaggio autostradale e parcheggio.

Sono in ogni caso dovuti gli onorari relativi alla prestazione effettuata.

Stante la più ampia libertà per le parti nella pattuizione del compenso, le parti nel contratto possono prevedere anche il pagamento di una indennità di trasferta rapportata alla durata.

Autorizzazione per trasferta

Si ritiene, comunque, evidenziare che è stato affermato (Cass. 5 gennaio 1970, n. 13; Cass. 22 maggio 1967, n. 1108) che l'avvocato per poter conseguire il diritto per l'indennità di trasferta non deve essere autorizzato di volta in volta dalla parte ad accedere alla località dove si svolgono le udienze del processo.

Le indennità di trasferta e le relative spese sono poste a carico del soccombente, salvi gli opportuni correttivi in caso di eccessività e superfluità (Cass. 15 maggio 2002, n. 7601; Cass. 23 gennaio 2002, n. 738; Cass. 25 marzo 1999, n. 2820). Contra, per la non ripetibilità dalla parte soccombente, Cass. 23 gennaio 1990, n. 366; Cass. 26 luglio 1983, n. 5145; Cass. 6 febbraio 1982, n. 716.

Trasferta e domicilio

Occorre precisare che per la trasferta, si deve fare riferimento al criterio del domicilio professionale e non più quello della residenza.

7. Criteri per la determinazione del valore della pratica

La norma di cui all'art. 21 del D.M. n. 55/2014 detta i criteri per la determinazione del valore dell'affare per la determinazione del compenso.

A tal fine l'art. 21 statuisce che nella liquidazione dei compensi il valore dell'affare è determinato a norma del codice di procedura civile. In ogni caso si ha riguardo al valore effettivo dell'affare, anche in relazione agli interessi perseguiti dalla parte, quando risulta manifestamente diverso da quello presunto a norma del codice di procedura civile o alla legislazione speciale.

La stessa norma detta poi "indicazioni" specifiche per particolari fattispecie. Ed infatti prevede che:

- per l'assistenza in procedure concorsuali giudiziali e stragiudiziali si ha riguardo al valore del credito del cliente creditore o all'entità del passivo del cliente debitore;
- per l'assistenza in affari di successioni, divisioni e liquidazioni si ha riguardo al valore della quota attribuita al cliente;

– per l'assistenza in affari amministrativi il compenso si determina secondo i criteri previsti nelle norme dettate per le prestazioni giudiziali, tenendo presente l'interesse sostanziale del cliente;
– per l'assistenza in affari in materia tributaria si avrà riguardo al valore delle imposte, tasse, contributi e relativi accessori oggetto di contestazione, con il limite di un quinquennio in caso di oneri poliennali.

Qualora il valore effettivo dell'affare non risulti determinabile mediante l'applicazione dei criteri sopra enunciati la stessa si considera di valore indeterminabile. Ed a tal riguardo, statuisce che:
– gli affari di valore indeterminabile si considerano di regola e a questi fini di valore non inferiore a euro 26.000,00 e non superiore a euro 260.000,00, tenuto conto dell'oggetto e della complessità dell'affare stesso;
– qualora il valore effettivo dell'affare risulti di particolare importanza per l'oggetto, per il numero e la complessità delle questioni giuridiche trattate, per la rilevanza degli effetti e dei risultati utili di qualsiasi natura, anche non patrimoniale, il suo valore si considera di regola e a questi fini entro lo scaglione fino a euro 520.000,00.

Il D.M. n.147/2022, con riferimento alle cause di valore superiore ad € 520.000,00, come già illustrato, ha statuito che *"Per le prestazioni stragiudiziali in relazione ad affari di valore superiore a euro 520.000,00 il compenso è liquidato sulla base di una percentuale progressivamente decrescente del valore dell'affare, secondo quanto previsto dalla allegata tabella n. 25"*.

8. Riferimenti bibliografici

G. Colavitti, *Consulenza legale e tariffe forensi* – Osservazioni in merito alla sollevazione di questione pregiudiziale da parte del tribunale di Roma, in *Rass. forense*, 2004, 763; **R. Danovi**, *La consulenza legale e l'esclusiva della professione forense*, in *Corr. giur.*, 1987, 1115; **D. Donella**, *Come disciplinare la consulenza legale?*, in *Prev. forense*, 2004, fasc. 1, 21; **D. Donella**, *Per la consulenza legale i giudici dovrebbero applicare le norme*, in *Prev. forense*, 2003, 118; **D. Donella**, *A Torino tutti d'accordo: anche la consulenza legale è materia riservata*, in *Prev. forense*, 2003, 112; **C. Janna**, *Dubbi sulla riserva per gli avvocati della consulenza legale*, in *Prev. forense*, 2002, 118; **C. Marcucci**, *Consulenza legale e controversia di lavoro*, in *Giust. civ.*, 1983, I, 675; **A.F. Morone**, *Consulenza legale ed esercizio abusivo della professione*, in *Giur. it.*, 2004, 1708; **E. Sacchettini**, *Avvocati: soffia il vento della deregulation niente stop alla riserva* *sulla consulenza legale*, in *Guida dir.*, 2004, fasc. 8, 12; **G. Sardu**, *Brevi note sul problema dell'ammissibilità dell'esercizio dell'attività di consulenza stragiudiziale da parte di soggetti che non rivestono la qualità di avvocato*, in *Riv. giur. sarda*, 2006, 299; **T.M. Ubertazzi**, *La consulenza legale è davvero riservata?*, in *Foro it.*, 2007, I, 2401; **G. Vinatzer**, *La consulenza legale stragiudiziale in Germania*, in *Prev. forense*, 2004, 204.

Parte V
Patrocinio a spese dello Stato

Il compenso dell'avvocato nel patrocinio a spese dello Stato

1. Patrocinio a spese dello Stato

L'art. 24 Cost. prevede per ogni cittadino **il diritto alla difesa quale diritto inviolabile**, a garanzia del quale sussiste il riconoscimento dell'assistenza legale gratuita in favore delle persone che non hanno i mezzi necessari per sostenere le spese per promuovere un giudizio o per difendersi dinanzi al giudice, usufruendo dell'istituto del patrocinio a spese dello Stato (o gratuito patrocinio). Il diritto al gratuito patrocinio costituisce strumento di garanzia di un esercizio concreto ed effettivo dei diritti di difesa e di accesso alla giustizia. Infatti **il patrocinio a spese dello Stato consente alle persone prive di sufficienti risorse finanziarie di sostenere le spese di un processo o della rappresentanza processuale**.

Il patrocinio a spese dello Stato è essenziale per garantire l'accesso a una giustizia equa, che sia a disposizione di tutti, anche dei meno abbienti. La *ratio* va individuata nella necessità di garantire l'effettività, non solo formale, del diritto di difesa dei non abbienti, imposto dalla Carta Costituzionale e dalla Convenzione per la Salvaguardia dei diritti dell'Uomo e delle Libertà Fondamentali.

Il diritto al patrocinio trova, quindi, fondamento nella Costituzione e riconoscimento, oltre che a livello interno, anche a livello internazionale (art. 6, comma 3, lett. c) della Convenzione Europea per la salvaguardia dei diritti dell'uomo e delle libertà fondamentali, e il Patto internazionale relativo ai diritti civili e politici di New York del 19.12.1966, art. 14, comma 3, lett. d)).

La materia del gratuito patrocinio, non è, però, tra le più semplici, concorrendo una certa ermeticità della normativa e problematiche legate alla diversa disciplina del processo civile rispetto al processo penale, ma anche prassi amministrativa e giurisprudenza spesso in contrasto tra di loro.

Il diritto al patrocinio a spese dello Stato è sancito, quindi, anche a livello di Unione Europea, dall'art. 47.3 della carta dei diritti fondamentali, ai sensi del quale *"A coloro che non dispongono di mezzi sufficienti è concesso il patrocinio a spese dello Stato, qualora ciò sia necessario per assicurare un accesso effettivo alla giustizia".*

Dalla Convenzione Europea dei diritti dell'uomo (CEDU), il cui art. 6 garantisce il diritto al patrocinio a spese dello Stato qualora il convenuto non abbia mezzi sufficienti per retribuire un difensore e di poter essere assistito gratuitamente da un avvocato d'ufficio, quando lo esigono gli interessi della giustizia.

Ratio gratuito patrocinio

Per dare concreta attuazione all'art. 24 Cost., è stato introdotto l'istituto del c.d. gratuito patrocinio, disciplinato dal d.P.R. 30.5.2002 n. 115 (art. 74-145), modificato da ultimo dalla L. 27.12.2013 n. 147, istituto che garantisce ai non abbienti, che non sono in grado di sostenere i costi della propria difesa, il diritto di farsi assistere da un avvocato, il cui onorario è a carico dello Stato.

La materia del patrocinio a spese dello Stato, relativa sia al processo penale che a quello civile, amministrativo e tributario, è regolato dal dPR 30 maggio 2002 n.115. L'istituto del patrocinio a spese dello Stato si differenzia da quello del patrocinio gratuito (la prestazione professionale non è più gratuita ma è retribuita dallo Stato ed il difensore è liberamente designato dalla parte non abbiente).

I requisiti e le condizioni che legittimano l'ammissione al gratuito patrocinio attengono essenzialmente a fattori obiettivi, quali il reddito, il patrimonio o la situazione familiare del soggetto richiedente.

Gratuito patrocinio e giudizi

Si può fare ricorso al **gratuito patrocinio per farsi assistere in sede civile, penale, tributaria, amministrativa, procedure di volontaria giurisdizione**, "scegliendo" l'avvocato in appositi elenchi.

È assicurato, quindi, il patrocinio a spese dello Stato, nel processo penale per la difesa del cittadino non abbiente, indagato, imputato, condannato, persona civile ovvero civilmente obbligata per la pena pecuniaria, nonché nel processo civile, amministrativo, contabile, tributario e negli affari di volontaria giurisdizione, per la difesa del cittadino non abbiente quando le sue ragioni risultino non manifestamente infondate.

La disciplina del gratuito patrocinio si applica, in quanto compatibile, anche nella fase dell'esecuzione, nel processo di revisione, nei processi di revocazione e opposizione di terzo, nonché nei procedimenti relativi all'applicazione di misure di sicurezza, di prevenzione e nei procedimenti di competenza del tribunale di sorveglianza, sempre che l'interessato debba o possa essere assistito da un difensore o da un consulente tecnico.

Non sono previste formalità particolari in quanto la domanda, in carta semplice, può essere presentata (al Consiglio dell'Ordine degli avvocati) personalmente ovvero dal difensore che autenticherà la firma, in ogni stato e grado del processo.

Hanno diritto al gratuito patrocinio sia i cittadini italiani che stranieri (regolarmente soggiornanti al momento del sorgere del rapporto o del fatto oggetto del processo), **gli apolidi,** il cui nucleo familiare sia titolare di un reddito imponibile non superiore ad un determinato importo, aggiornato ogni due anni, e per reati particolari prescindendosi dal reddito.

L'istituto del patrocinio a spese dello Stato consente, quindi, ai cittadini non abbienti, al fine di essere rappresentati in giudizio sia per agire che per difendersi, di poter nominare un avvocato e farsi assistere a spese dello Stato.

Processo civile e penale

L'ambito di applicabilità del gratuito patrocinio nel processo civile è "diverso" da quello nel processo penale, anche in ordine alla procedura per l'ammissione al gratuito patrocinio, come si vedrà più avanti.

La parte ammessa al gratuito patrocinio rimasta soccombente nel giudizio civile non può giovarsi dell'ammissione per proporre impugnazione, salvo che per l'azione di risarcimento del danno nel processo penale.

Occorre evidenziare che l'attività interpretativa della Corte di cassazione si è caratterizzata nel senso di chiarire gli interventi legislativi nella direzione di estendere le garanzie del patrocinio a spese dello Stato a tutte le modulazioni della giurisdizione civile, ordinaria e volontaria, con esclusione della sola materia stragiudiziale (Cass. 4 giugno 2019, n. 15175; Cass. 5 gennaio 2018 n. 164; Cass. 23 novembre 2011 n. 24723).

In ordine al processo penale, il Consiglio Europeo ha adottato la direttiva sull'ammissione al patrocinio a spese dello Stato per indagati o imputati nell'ambito di **procedimenti penali e nell'ambito di procedimenti di esecuzione del mandato d'arresto europeo.** Quindi, chiunque sia sottoposto a un procedimento penale ha diritto alla protezione giuridica e il diritto di avvalersi di un difensore. A chiunque sia indagato o imputato in Europa è garantito un equo processo.

Il patrocinio a spese dello Stato può essere concesso **agli imputati o indagati sin dalle fasi iniziali del procedimento penale.**

Nel processo penale la liquidazione del compenso al difensore è esclusa solo per le impugnazioni che siano dichiarate inammissibili (art. 106 dpr 115/2002).

Fase giudizio per ammissione gratuito patrocinio

L'ammissione al patrocinio a spese dello Stato può essere **richiesta in ogni stato e grado del processo** ed è valida per tutti i successivi gradi del giudizio.

Si è affermato (Trib. Mantova 28 maggio 2020) che l'ammissione al beneficio del patrocinio a spese dello Stato va richiesta in relazione a ciascuna fase processuale come si desume dagli artt. 75 e 83 del dPR n.115/2012, e che la parte ammessa a detto beneficio non può giovarsi dell'ammissione per proporre impugnazione come stabilito dall'art. 120 dPR n.115/2002 (In termini Cass. 30 aprile 2019 n. 11470). Ed infatti la citata sentenza del Tribunale di Mantova precisa che la fase del reclamo nell'ambito del giudizio di cui agli artt. 615, comma 2, 624 e 669 *terdecies* cpc, costituisce una impugnazione, sia pure in senso ampio e, quindi, deve ritenersi autonoma fase processuale tanto che occorre provvedere sulle spese, con la conseguenza che per tale fase processuale occorre specifica richiesta di ammissione al gratuito patrocinio.

Se la parte ammessa risulta soccombente, non può utilizzare il beneficio per l'impugnazione.

Il beneficio non è ammesso nelle cause per cessioni di crediti e per ragioni altrui.

Procedura di ammissione

La procedura di ammissione al gratuito patrocinio è diversa nel processo penale e nel processo civile.

Processo penale

Nel processo penale la competenza a decidere sull'istanza di ammissione al patrocinio a spese dello Stato, spetta al magistrato davanti al quale pende il processo, ovvero al magistrato che ha emesso il provvedimento impugnato se procede la Corte di Cassazione.

Si è infatti specificato che nel giudizio di legittimità spetta alla Corte di Cassazione provvedere, ai sensi dell'art. 541 cpp, alla condanna generica dell'imputato ricorrente al pagamento delle spese processuali sostenute dalla parte civile ammessa al patrocinio a spese dello Stato; spetta al giudice del rinvio o a quello che ha pronunciato la sentenza passata in giudicato la liquidazione di tali spese mediante l'emissione del decreto di pagamento ai sensi degli artt. 82 e 83 dPR n. 115/2002 (Cass., sez. un. pen. 12 febbraio 2020 n. 5464).

Il magistrato ammette l'interessato al patrocinio a spese dello Stato se, alla stregua della dichiarazione sostitutiva prevista dall'art. 79, comma 1, lettera c), ricorrono le condizioni di reddito cui l'ammissione al beneficio è subordinata.

L'ammissione al patrocinio a spese dello Stato nei giudizi penali può essere richiesta in ogni stato e grado del processo e per tutte le eventuali procedure, derivate e incidentali connesse. In base alla giurisprudenza della Corte EDU, il diritto all'assistenza legale nel processo penale deve essere assicurato in ogni fase, a partire dall'avvio delle indagini, atteso che in questo contesto si delinea l'impianto accusatorio sul quale si svolge poi il processo.

Nel processo penale, in base all'art. 111 dpr n. 115/2002 sono recuperate nei confronti dell'imputato le spese di cui all'art. 170 dpr 115/2002 nel solo caso di revoca dell'ammissione al gratuito patrocinio.

La domanda di ammissione si presenta presso l'ufficio del magistrato davanti al quale pende il processo.

Processo civile

Diversa, dal processo penale, è la procedura di ammissione al patrocinio a spese dello Stato nel processo civile, amministrativo contabile e tributario.

Nella materia civile, diversamente da ciò che accade nel processo penale, **competente ad esaminare l'istanza di ammissio-**

ne al patrocinio a spese dello Stato, è il Consiglio dell'Ordine degli avvocati, che decide, trasmettendo poi il provvedimento di accoglimento o di rigetto dell'istanza all'interessato e al magistrato. Il provvedimento viene trasmesso alla Agenzia delle Entrate per il controllo sulle condizioni reddituali del richiedente.

Attività stragiudiziale

Il patrocinio a spese dello Stato non è previsto nei casi in cui le parti procedano in via stragiudiziale nel tentativo di trovare un accordo transattivo. L'attività di natura stragiudiziale non è ammessa o è ricompresa nella successiva attività giudiziaria (Tar Campania Salerno n. 527 del 2014; Cass. n. 13925 del 2014).

Sul tema va segnalata Cass. 5 gennaio 2018 n. 164, che **ritiene il patrocinio a spese dello Stato ammissibile anche quando l'assistenza tecnica del difensore non è prevista come obbligatoria**. E ciò in quanto l'istituto del gratuito patrocinio copre ogni esigenza di accesso alla tutela giurisdizionale, sia quando questa tutela coinvolge necessariamente l'opera di un avvocato, sia quando la parte non abbiente potrebbe, teoricamente, attivare anche personalmente l'istanza giurisdizionale, ma domandi la nomina di un difensore al fine di essere consigliata nel miglior modo sull'esistenza e sulla consistenza dei propri diritti e ritenga di non essere in grado di poter operare da sé (in termini, Cass. n. 164/2017 cit.).

In sede di liquidazione giudiziale dei compensi al difensore d'ufficio, quest'ultimo ha diritto al rimborso dei **compensi relativi all'inutile esperimento della procedura esecutiva volta alla riscossione dell'onorario dall'assistito**, ai sensi del combinato disposto del dPR n.15/2002 (artt. 82 e 116); ciò in quanto tale esperimento costituisce un passaggio obbligato per chiedere la liquidazione del compenso ai sensi delle citate norme, sicché i relativi costi, comprensivi di spese, diritti e onorari, non possono restare a carico del professionista, ma devono rientrare tra quelli rimborsabili dall'erario (Cass. 26 febbraio 2019 n. 5609; Cass, 30487 del 2017).

Volontaria giurisdizione

Il patrocinio a spese dello Stato **è applicabile in ogni giudizio civile, pure di volontaria giurisdizione,** ed anche quando l'**assistenza tecnica** del difensore **non** è prevista come **obbligatoria** (Cass. 5 gennaio 2018 n. 164). La non obbligatorietà dell'assistenza tecnica di un difensore non ha rilevanza, quindi, per l'ammissione al gratuito patrocinio.

Rigetto istanza ammissione

Contro il provvedimento di rigetto del giudice, l'interessato può presentare ricorso al Presidente del tribunale o della Corte di appello entro 20 gg. dal momento in cui ne è venuto a conoscenza.

Casi esclusi dal beneficio

Il beneficio è escluso:

- nei procedimenti penali per reati di evasione di imposte;
- se il richiedente è assistito da più di un difensore;
- per i condannati con sentenza definitiva per i reati di associazione mafiosa o connessi al traffico di tabacchi e stupefacenti.

Soggetti ammessi al beneficio

Sono ammesse al patrocinio a spese dello Stato:

- i cittadini italiani (ai quali sono equiparati i cittadini dell'Unione Europea);
- gli stranieri e gli apolidi residenti nello Stato;
- gli enti ed associazioni che non perseguono scopi di lucro e non esercitano attività economiche;
- gli stranieri non regolarmente soggiornanti che abbiano in corso un procedimento dal quale possa derivare il rilascio del permesso di soggiorno;
- l'indagato, l'imputato, condannato, l'offeso dal reato e il danneggiato che intendano costituirsi parte civile e che intendano esercitare azione civile per il risarcimento del danno o restituzione derivanti dal reato; il responsabile civile o chi è civilmente obbligato all'ammenda.

Il gratuito patrocinio si applica anche alle persone non inizialmente indagate o imputate, ma che ne assumono la qualità nel corso di un interrogatorio da parte della polizia o di altra autorità (decreto legislativo 21.12.2018 di "attuazione della direttiva (Ue) 2016/2019 del Parlamento europeo e del Consiglio del 26.10.2016).

2. Domanda per l'ammissione al gratuito patrocinio nel processo civile

Nel processo civile la **domanda, in carta semplice e sottoscritta dall'interessato, si presenta** (personalmente o tramite il proprio difensore ovvero inviando raccomandata con ricevuta di ritorno) **presso il Consiglio dell'Ordine** degli avvocati del luogo ove:

- ha sede il magistrato presso cui si svolge il processo;
- ha sede il magistrato competente a conoscere il merito se il processo non è iniziato;
- ha sede il giudice che ha emesso il provvedimento nei casi di impugnazione presso la Corte di Cassazione, Consiglio di Stato, Corte dei conti.

La domanda può essere richiesta in ogni stato e grado del processo ed è **valida per tutti i successivi gradi di giudizio (art. 75 dr n. 115/2002).**

In ambito penale, per l'ammissione al gratuito patrocinio, invece, l'istanza deve essere presentata, con le stesse modalità, all'ufficio del magistrato innanzi al quale pende il processo.

Contenuto dell'istanza

L'istanza di ammissione al gratuito patrocinio **deve contenere:**

- la richiesta di ammissione al gratuito patrocinio;
- l'indicazione del processo cui si riferisce l'istanza, ove già pendente;
- le generalità anagrafiche e codice fiscale del richiedente e suo nucleo familiare;
- dichiarazione sostitutiva di certificazione dei redditi, con impegno a comunicare eventuale variazione del reddito;
- copia di un valido documento di identità.

Utilizzare, comunque, i moduli prestampati disponibili presse le segreterie dei Consigli dell'ordine forense.

Esame dell'istanza

Dopo la presentazione dell'istanza di ammissione a gratuito patrocinio, **il Consiglio dell'Ordine forense (o il magistrato), verificata l'ammissibilità dell'istanza, ammette l'interessato in via anticipata e provvisoria al patrocinio a spese dello Stato** se, alla stregua dell'istanza presentata, ricorrono le condizioni di reddito cui l'ammissione al beneficio è subordinata, e se le pretese che l'interessato intende far valere non appaiono manifestamente infondate. Infatti, l'ammissione al patrocinio a spese dello Stato, in materia civile, può essere accordata solo a favore di chi vanti una pretesa *"non manifestamente infondata"*, così come stabilito dall'art. 122 dpr n.115/2002.

La valutazione della non manifesta infondatezza va compiuta dal Consiglio dell'Ordine competente non in astratto ma in concreto, dovendo il Consiglio valutare a tal fine *"le enunciazioni in fatto ed in diritto"* di cui l'istante intende avvalersi, e le *"prove specifiche"* di cui intende chiedere l'ammissione (Cass. 28 giugno 2018 n. 17037). Ne consegue che va revocato il patrocinio a spese dello Stato in caso di manifesta infondatezza della domanda.

I "poteri" del Consiglio dell'Ordine

Il Consiglio dell'Ordine degli Avvocati, in ambito di ammissione al gratuito patrocinio a spese dello Stato, svolge un compito di interesse pubblico, a seguito del quale ha il potere, ai sensi dell'art. 79 del dPR n.115/2002, di chiedere chiarimenti e acquisire documentazione. Può disporre che sia effettuata, anche avvalendosi della collaborazione della Guardia di Finanza, la verifica della posizione fiscale dell'istante e dei conviventi, e se risulta che il beneficio è stato concesso sulla base di prospettazioni dell'istante non veritiere, richiede la revoca dell'ammissione, trasmettendo gli atti acquisiti alla Procura della Repubblica presso il tribunale competente per i reati di cui all'art. 125 dPR n.115/2002. I controlli eseguiti dal Consiglio dell'Ordine in merito alla veridicità delle dichiarazioni dell'istante, anche avvalendosi della consultazione di pubblici registri, come i pubblici registri immobiliare, e la conseguente segnalazione all'autorità giudiziaria, possono essere ricondotti all'esecuzione del compito attribuitogli dalla legge di verificare l'ammissibilità dell'istanza di ammissione al gratuito patrocinio. D'altra parte, l'art. 79 del decreto 115/2002 prevede che il Consiglio dell'Ordine possa richiedere all'istante di produrre, a pena di inammissibilità dell'istanza, la documentazione necessaria ad accertare la veridicità di quanto in essa indicato. La verifica che il Consiglio è chiamato dalla legge ad effettuare, in merito all'ammissibilità dell'istanza, quindi, non è soltanto formale ma anche sostanziale, potendo investire anche la veridicità delle dichiarazioni rese.

A seguito dell'ammissione al gratuito patrocinio, l'interessato può nominare un difensore, scegliendolo dall'apposito elenco approntato dal Consiglio dell'Ordine forense.

L'**istanza di ammissione** al gratuito patrocinio deve essere depositata presso il competente consiglio dell'ordine **prima del de-**

posito dell'atto introduttivo (Circ. Min. giustizia 14 luglio 2015; Cass. 23 novembre 2011 n. 24729).

L'ammissione al gratuito patrocinio determina l'insorgenza di un rapporto che si instaura direttamente tra il difensore e lo Stato (Cass. 27 gennaio 2015 n. 1539) e il diritto di credito che nasce da questo rapporto è sottoposto a prescrizione (rilevabile d'ufficio: Trib. Milano, sez. IX, 2 aprile 2015).

Sottoscrizione istanza

La sottoscrizione dell'**istanza di ammissione** al patrocinio a spese dello Stato **presentata da soggetto detenuto**, non deve essere autenticata dal difensore, atteso che tale requisito è soddisfatto dalla ricezione dell'atto da parte del direttore del carcere (Cass. pen., 2 febbraio 2012 n. 8919).

Decorrenza effetti dell'ammissione

In base all'art. 109 d.lgs. n. 115/2002, la decorrenza degli effetti dell'ammissione al patrocinio a spese dello Stato, **decorre dalla data in cui l'istanza è stata presentata** o pervenuta all'ufficio del magistrato **o dal primo atto in cui interviene il difensore**, se l'interessato fa riserva di presentare l'istanza e questa è presentata entro i venti giorni successivi.

Si è specificato (Cass. n. 20710 del 2017) che se il **giudice accoglie l'istanza** di ammissione al gratuito patrocinio rigettata o dichiarata inammissibile dal Consiglio dell'Ordine degli avvocati, gli **effetti della decisione decorrono dalla data di deposito dell'istanza al Consiglio dell'Ordine**.

Documentazione da allegare

Quanto alla documentazione da presentare e da allegare alla domanda, è necessario allegare ogni documento utile alla valutazione della non manifesta infondatezza della pretesa e della ricorrenza delle condizioni di reddito.

È necessario, quindi, allegare, ad esempio, la documentazione medico legale, atti o provvedimenti impugnati, titoli esecutivi, contratti e così via.

Per la tipologia di azione e qualificazione giuridica, è necessario (ed opportuno) che l'avvocato specifichi sempre l'azione che i loro assistiti vogliono proporre, con l'indicazione dell'organo giudiziario competente.

Autentica firma

Il difensore autentica la firma dell'istante sulla domanda, ma non può certificare la firma delle autocertificazioni eventualmente allegate.

La sottoscrizione apposta dal richiedente il beneficio in calce all'**autocertificazione attestante le proprie condizioni reddituali e patrimoniali** non deve essere autenticata né corredata dalla fotocopia del documento di identità del dichiarante (Cass. pen., 14 marzo 2012 n. 34192).

Dopo il provvedimento di ammissione, l'interessato può nominare un difensore, scegliendolo il nominativo dall'elenco degli avvocati abilitati alle difese per il patrocinio a spese dello Stato appositamente approntati dal Consiglio dell'Ordine.

Effetti dell'ammissione al patrocinio

Gli effetti dell'ammissione al patrocinio a spese dello Stato decorrono dalla data in cui l'istanza è stata presentata (Cass. 4 settembre 2017 n. 20710) o è pervenuta all'ufficio del magistrato o dal primo atto in cui interviene il difensore, se l'interessato fa riserva di presentare l'istanza e questa è presentata entro i venti giorni successivi (art. 84 T.U.S.G.). **Unico soggetto a poter fare riserva di presentare istanza è soltanto il soggetto che intende valersi del patrocinio** (ovvero, l'imputato) e non anche il suo avvocato (Cass. pen. 10 gennaio 2013 n. 183030; Trib. Lamezia Terme 23 settembre 2016). Si è comunque ritenuta efficace la **riserva effettuata dal difensore alla presenza dell'imputato** (Cass. pen., 10 gennaio 2013 n. 183030; Cass. pen. Sez. un. 31 gennaio 2008 n. 9977), atteso che il difensore che, alla presenza del suo assistito, formulasse riserva ai sensi e per gli effetti dell'art. 109 TUSG, altro non sarebbe che un *nuncius* dell'unico soggetto legittimato a fare riserva, il quale, presente ma silente, con il suo silenzio ratificherebbe l'operato del *nuncius*-difensore.

Reiezione domanda ammissione

Qualora la domanda di ammissione al gratuito patrocinio a spese dello Stato non venga accolta, l'interessato può proporre la richiesta di ammissione al giudice competente per il giudizio, che decide con decreto. Infatti, avverso la delibera del Consiglio dell'Ordine che rigetta l'istanza o la dichiara inammissibile non è esperibile alcun rimedio; l'istanza può, però, essere riproposta al giudice competente per il giudizio, che decide con decreto, avverso il quale è esperibile l'opposizione di cui all'art. 170 TUSG (Cass. 4 settembre 2009 n. 19203).

Il **difensore penale**, anche a seguito dell'entrata in vigore del d.lgs. n. 150/2011, è legittimato a pr**oporre** autonomamente, per conto del proprio assistito, **il ricorso/reclamo previsto dall'art. 99** del dPR n. 115 del 2002 (Cass. Pen,1.2/27 marzo 2017 n. 15197; Cass., sez. unite penali n. 30181 del 2004), e ciò anche dopo l'entrata in vigore del d.lgs. n. 150/2011.

Ricorso inammissibile e compenso

Con sentenza 30 gennaio 2018 n. 16 la Corte costituzionale ha confermato la **legittimità costituzionale dell'art. 106 del dPR n. 115/2002 nella parte in cui prevede che il compenso per le impugnazioni coltivate dalla parte non spetta se le stesse sono dichiarate inammissibili**, senza fare alcuna distinzione in merito alla causa di inammissibilità. Ciò non limita il diritto di difesa ma evita di porre costi inutili a carico della collettività, scoraggiando la proposizione di impugnazioni del tutto superflue, meramente dilatorie o improduttive di effetti a favore della parte. Ne consegue che il giudice può liquidare il compenso al difensore se il motivo di inammissibilità non era prevedibile, perché sopravvenuto dopo la presentazione dell'impugnazione.

La norma di cui all'art. 106, comma 1, dpr n.115/2002 **deve essere analogicamente estesa anche al giudizio civile** poiché la *ratio* della disposizione citata deve individuarsi nella volontà del legislatore di scoraggiare la proposizione a spese dello Stato, di domande del tutto superflue (Trib. Treviso 18 marzo 2019).

Con l'ammissione al gratuito patrocinio, la parte è sollevata dalle spese processuali.

Qualora la parte ammessa al patrocinio a spese dello Stato sia rimasta soccombente nel giudizio di primo grado, essa non potrà avvalersi dell'originaria ammissione per proporre impugnazione e sarà tenuta a proporre una nuova istanza di ammissione al patrocinio (Cass. 30 aprile 2019 n. 11470).

3. Limiti di reddito per l'ammissione al gratuito patrocinio

Limite reddituale

Condizione per essere ammessi al patrocinio a spese dello Stato è quella di e**ssere titolari, in linea generale, di un reddito imponibile (quindi, al netto degli oneri deducibili:** Cass. pen. n. 34935 del 2016**)**, secondo l'ultima dichiarazione dei redditi, **non superiore ad un determinato importo** (€ 11.746,68 di cui al D.M. 23.7.2020, in G.U. n. 24 del 30.1.2021).

Si è precisato (Cass. 30 settembre 2019 n. 24378) che ai fini della determinazione dei limiti di reddito per fruire dell'ammissione al patrocinio a spese dello Stato nel processo penale, vanno computati anche i redditi che non sono stati assoggettai ad imposte – vuoi perché non rientranti nella base imponibile, vuoi perché, di fatto, non hanno subito alcuna imposizione – giacché il legislatore, assume, quale indice della condizione dell'interessato, l'elemento del reddito complessivo effettivamente percepito o posseduto nel periodo di imposta (nella fattispecie esaminata dalla Suprema Corte, i redditi derivanti dagli assegni di mantenimento versati dal coniuge in favore dei figli con lei conviventi).

Il reddito di cui tenere conto per l'ammissione ai benefici in parola previsti dal dPR n. 115/2002 è, secondo la testuale espressione degli artt. 9 e 76, il "reddito imponibile" risultante dall'ultima dichiarazione.

Reddito imponibile valutabile

E il reddito imponibile valutabile è il reddito complessivo depurato degli oneri deducibili di cui agli artt. 3 e 10 del dPR n. 917/1986 (Cass. pen.,17 agosto 2016 n. 34935; Cass. 23 marzo 2011 n. 16583; ris. 15/E Agenzia delle Entrate del 21 gennaio 2008. *Contra,* Cass. 21 gennaio 2015 n. 19751; Cass. pen. 16 febbraio 2011 n. 28802; Cass. pen. 15 aprile 2008 n. 22229). Ai fini del calcolo del reddito per l'ammissione al gratuito patrocinio **rileva, quindi, il reddito al netto degli oneri deducibili.**

Gli oneri deducibili non concorrono alla determinazione del reddito rilevante ai sensi dell'art. 76 dPR n. 115/2002. E ciò in quanto, poiché gli oneri deducibili individuano la parte di reddito di cui, per ragioni di politica legislativa, non si deve tener conto per determinare il livello di contribuzione del singolo alle spese della collettività, tanto vale anche nel momento di attivazione dei meccanismi giudiziari, che comportano un costo per la collettività cui devesi far fronte con i prelievi riferibili ai redditi realmente espressivi della capacità contributiva del soggetto interessato (Cass. 17 agosto 2016 n. 34935).

Convivenza e limite reddito

Quanto alle condizioni di reddito, per il patrocinio a spese dello Stato in sede civile e amministrativa, **il limite di reddito è determinato, in caso di convivenza, dalla somma dei redditi conseguiti, nel medesimo periodo, da ogni componente del nucleo stabilmente convivente**, salvo che la causa abbia per oggetto diritti della personalità, ovvero quando gli interessi del richiedente siano in conflitto con quelli degli altri componenti il nucleo, evenienze per le quali si tiene conto solo del reddito dell'interessato.

Nella determinazione del reddito complessivo rilevante ai fini dell'ammissione al patrocinio a spese dello Stato, non può tenersi conto del reddito prodotto dal familiare convivente quando quest'ultimo è persona offesa del reato per il quale si procede (Cass. pen. 15 maggio 2019 n. 20842; Cass, pen. 8 luglio 2016 n. 54484).

Occorre precisare che il reddito rilevante è quello dei familiari conviventi; la **nozione rilevante ai fini dell'ammissione e della conservazione del beneficio del gratuito patrocinio, non è quella di familiare a carico bensì quella di familiare convivente** (Cass. pen. 18 aprile 2018 n. 17426); si tratta di condizioni non coincidenti e non equiparabili ai fini della determinazione del reddito valutabile per l'ammissione o il diniego del beneficio: ai fini dell'ammissione al patrocinio a spese dello Stato, nel reddito complessivo dell'istante, non deve essere computato il reddito del familiare non convivente anche se fiscalmente a carico (Cass. pen.,7 marzo 2014 n. 33428).

Si è precisato (Cass. pen. 21.9.2017 n. 43527) che ai fini della determinazione del reddito familiare complessivo **deve tenersi conto anche del reddito dei familiari conviventi, ma solo con riguardo alla frazione di reddito corrispondente ai periodi di effettiva convivenza.** E ciò in quanto se la convivenza si protrae per un periodo limitato di tempo, ai fini della sua determinazione non può essere preso in considerazione l'intero reddito prodotto nell'anno dal familiare convivente, **ma solo la frazione corrispondente al periodo di effettiva convivenza.**

Ai fini dell'ammissione al patrocinio a spese dello Stato, nel reddito complessivo dell'istante, deve essere computato anche il reddito di qualunque persona che con lui conviva e contribuisca alla vita in comune (Cass. Penale 14 dicembre 2021 n. 46403).

Il reddito da considerare ai fini dell'ammissione al gratuito patrocinio è quello lordo dell'intero n**ucleo familiare convivente con l'istante** (fatta eccezione, come già detto, per l'ipotesi in cui si versi, in un caso di conflittualità tra gli interessi della parte stessa e quelli dei familiari o quando oggetto della causa siano i diritti della personalità: Trib. Potenza 2 novembre 2013), nel quale vanno conteggiati anche i redditi non soggetti a irpef o soggetti a ritenuta alla fonte o a imposta sostitutiva.

La Suprema Corte (Cass. penale, sez. IV, 28 ottobre 2016 n. 45511) ha precisato che **non è sufficiente la formale ed anagrafica situazione di convivenza o di mera coabitazione per includere *tout court*** i redditi dei soggetti coabitanti o conviventi nel coacervo reddituale del soggetto istante. **Giurisprudenza**

Occorre evidenziare che **l'essere fiscalmente a carico dei genitori non impedisce l'ammissione a gratuito patrocinio e la conservazione del beneficio**, atteso che la situazione reddituale da considerare non è quella di familiare a carico bensì quella di familiare convivente (Cass. pen. n. 33428 del 2014).

Con sentenza 20 ottobre 2017 n. 219 la Corte costituzionale, con riferimento al **patrocinio gratuito e familiari conviventi a carico, ha statuito che è irragionevole la determinazione delle soglie reddituali,** affermando che "Ed invero, l'attuale formulazione dell'art. 76, comma 2, del dPR n. 115 del 2002 considera in maniera unilaterale la composizione plurisoggettiva della famiglia, poiché attribuisce rilievo alla convivenza solo quando essa comporti un accrescimento delle capacità economiche del nucleo familiare (dovendosi computare, ai fini della determinazione della soglia di ammissione al beneficio, anche il reddito percetto dai componenti diversi dall'istante), **mentre, senza una logica giustificazione, non viene in considerazione la simmetrica situazione di un reddito familiare destinato al mantenimento di una pluralità di soggetti**. Nel decidere per l'inammissibilità della questione, va **comunque sottolineata l'esigenza di un intervento normativo volto a sanare** l'evidente inadeguatezza dell'attuale disciplina, dando la dovuta rilevanza agli elementi idonei ad incidere sul livello reddituale richiesto per l'ammissione al beneficio del patrocinio a spese dello Stato".

Nozione di convivenza

La nozione di convivenza, rilevante ai fini dell'individuazione dei soggetti il cui reddito deve essere computato con quello dell'interessato all'ammissione al patrocinio a spese dello Stato, implica il rapporto di stretta collaborazione. **Non si ha, pertanto, convivenza nella situazione di fatto da cui possono derivare incrementi patrimoniali per occasionali ed episodici contributi di persone legate all'interessato da un particolare rapporto affettivo, ma non inserite nella sua organizzazione economica familiare** (Cass. pen. 28 ottobre 2016 n. 45511; Cass. pen. 7 aprile 2015 n. 22635)**.** E ciò in quanto, nel valutare il reddito familiare complessivo, occorre fare riferimento non tanto alla famiglia anagrafica, quanto al nucleo familiare di fatto, ovvero a quei legami di stabile convivenza da cui deriva una situazione di mutua e non episodica assistenza. La concessione del gratuito patrocinio è ancorata alla valut**azione della situazione economica "effettiva" del richiedente, desumibile dai dati ulteriori rispetto a quello formale della situazione anagrafica.**

Semplice convivenza

Il termine "familiare" comprende anche chi è legato da relazioni di mera convivenza – e non invece di sangue o di matrimonio – con l'interessato, come ad esempio la **madre della compagna,** coabitante con la figlia e con il convivente-ricorrente (Cass. pen., 20 settembre 2012 n. 44121).

Convivente more uxorio

Per la individuazione del reddito ai fini dell'ammissione al patrocinio a spese dello Stato **occorre tenere conto**, a norma dell'art. 76 dpr n. 115/2002, **della somma dei redditi facenti capo all'interessato e agli altri familiari conviventi, compreso il convivente "*more uxorio*"** e che in quest'ultimo caso, poiché tale convivenza realizza una situazione di fatto e non di diritto, la sua prova non può scaturire solo dalle risultanze anagrafiche, ma può essere tratta da ogni accertata evenienza fattuale che dia contezza della sussistenza del rapporto (Cass. pen., sez. 4, 17 febbraio 2015 n. 19349).

Orfani crimini domestici

I figli minori o i figli maggiorenni economicamente non autosufficienti rimasti orfani di un genitore a seguito di omicidio commesso in danno dello stesso genitore dal coniuge, anche legalmente separato o divorziato, dall'altra parte dell'unione civile, anche se l'unione civile è cessata, o dalla persona che è o è stata legata da relazione affettiva e stabile, hanno diritto, in base alla legge n. 4 del 2018, al gratuito patrocinio a prescindere dal reddito. **Per i figli delle vittime di femminicidio, a decorrere dall'entrata in vigore della legge 11.1.2018 n. 4** (16.2.2018) **vi è il diritto al gratuito patrocinio a prescindere dal reddito.**

Nella determinazione del reddito complessivo rilevante ai fini dell'ammissione al patrocinio a spese dello Stato, non può tenersi conto del reddito prodotto dal familiare convivente quando quest'ultimo è persona offesa del reato per il quale si procede (Cass. pen. 15 maggio 2019 n. 20842; Cass. pen. 8 luglio 2016 n. 54484).

Ai sensi dell'art. 1 della L. n. 4 del 2018, quindi, tutti gli orfani per crimini domestici potranno essere ammessi al patrocino a spese dello Stato, anche in deroga ai limiti di reddito previsti. La disposizione si **applica sia per i procedimenti penali che per quelli civili derivanti dal reato,** compresi quelli di esecuzione forzata.

Straniero extra UE e redditi

Per i redditi prodotti all'estero, il cittadino di Stati non appartenenti all'Unione europea, l'istanza per gratuito patrocinio deve essere corredata con una certificazione dell'autorità consolare competente, che attesti la veridicità di quanto in essa indicato.

Con sentenza 20 luglio 2021 n.157 la Corte costituzionale ha precisato, che anche i cittadini extracomunitari possono accedere al beneficio del patrocinio a spese dello Stato utilizzando gli istituti di semplificazione amministrativa documentale e cioè la dichiarazione sostitutiva di atto notorio, con la quale si dichiara la impossibilità di presentare la obbligatoria dichiarazione consolare relativa alla certificazione della veridicità dei redditi percepiti. Allo straniero extra comunitario è consentito, quindi, autocertificare i redditi prodotti all'estero se, pur attivatosi con la dovuta diligenza, non riesce a produrre l'attestazione dell'autorità consolare: non ammettere tale possibilità significa ledere il diritto dei cittadini extra UE alla tutela giurisdizionale (in precedenza, *Contra,* Corte cost. n. 101 del 2012; Cass. n. 2828 del 2013;Cass. pen. n. 38718 del 2004; Trib. Macerata, sezione GIP/GUP, 10 maggio 2017).

Sopravvenuto superamento limiti reddito

Occorre precisare che deve escludersi che, ai fini della revoca del beneficio per sopravvenuto superamento dei limiti di reddito, possano assumere rilevanza le rilevazioni intervenute dopo la definizione del procedimento in relazione al quale il medesimo beneficio è stato concesso (Cass. pen., 10 gennaio 2013 n. 18195).

Sopravvenuta diminuzione redditi

Ai fini dell'ammissione al gratuito patrocinio possono tenersi in considerazione le variazioni in *peius* dei limiti reddituali intervenute dopo la presentazione dell'ultima dichiarazione dei redditi e prima della presentazione dei redditi per l'anno successivo (Cass. pen. n. 8103 del 2006). La revoca ha effetto dal momento dell'accertamento delle modificazioni reddituali; in tutti gli altri casi ha efficacia retroattiva.

Falsità della dichiarazione dei redditi

La falsità o l'incompletezza della dichiarazione sostitutiva di certificazione prevista dall'art. 79, comma 1, lett. c) dPR n. 115 del 2002, qualora i redditi effettivi non superino il limite di legge, non comporta la revoca dell'ammissione al patrocinio a spese dello Stato, che può essere disposta solo nelle ipotesi espressamente disciplinate dagli artt. 95 e 112 del dPR n.115 del 2002 (Cass. pen. sez. un. 12 maggio 2020 n. 14723). Sulla base del riferito principio di diritto affermato dalle sezioni unite della Cassazione, ne consegue che ammesso il richiedente al patrocinio a spese dello Stato, soltanto nel caso in cui a seguito della verifica dell'esattezza dell'ammontare del reddito attestato e della compatibilità dei dati indicati con le risultanze dell'anagrafe tributaria, risulti che il beneficio è stato erroneamente concesso, l'ufficio finanziario richiederà il provvedimento di revoca, non prevedendo, invece, l'art. 112, alcuna ipotesi di revoca automatica dell'ammissione a fronte di una discrasia tra reddito dichiarato e reddito accertato: la revoca non può, quindi, essere disposta per il solo fatto che l'istante abbia presentato una dichiarazione non veritiera. Le falsità o le omissioni possono comportare la revoca del beneficio solo se risulti provata la mancanza originaria delle condizioni reddituali ed in caso di condanna per il reato previsto dall'art. 95.

Redditi computabili

In ordine ai criteri di valutazione del reddito ai fini dell'ammissione al patrocinio a spese dello Stato, **nel reddito complessivo dell'istante, devono essere, quindi, computati**:

- il reddito di qualunque persona che con lui conviva e contribuisca alla vita in comune (Cass. pen., 20 settembre 2012 n. 44121);
- i redditi esentati dal computo ai fini dell'irpef (es., assegni familiari), i quali, pur non essendo tassati, concorrono a de-

terminare il limite di reddito previsto per l'ammissione al beneficio in questione (Cass. pen., 5 luglio 2012 n. 39067);
- il reddito di cittadinanza si computa ai fini dell'ammissione al beneficio del patrocinio a spese dello Stato. E ciò in quanto ai sensi dell'art. 76 dPR n.115/2002, vanno considerati tutti i redditi effettivamente percepiti e posseduti, compresi quelli eventualmente esenti da imposta fiscale (risposta Agenzia delle Entrate ad interpello n.956-2517/2020 e n.313 del 2021; per connessione Cass. pen. 12 ottobre 2010 n. 36362);
- i redditi per legge esenti dall'irpef o che sono soggetti a ritenuta alla fonte a titolo di imposta, ovvero ad imposta sostitutiva (nella specie, tfr ed indennità di disoccupazione) (Cass. pen., 31 marzo 2011 n. 25194;
- i redditi assoggettati a tassazione separata, quali ad esempio la somma di denaro percepita a titolo di risarcimento di danni (Cass. pen., 5 maggio 2011 n. 24819);
- i redditi di tipo agrario e domenicale connessi alla disponibilità di terreni agricoli (Cass. pen., 3 maggio 2012 n. 21253);
- i redditi provenienti da beni mobili o immobili, anche quelli di origine illecita (Cass. pen. 12 dicembre 2012 n. 5513);
- i redditi provenienti da attività criminosa (Cass. pen, 15 dicembre 2011 n. 6880; per riferimenti, Corte cost. 18 giugno 2012 n. 155).
- i redditi facenti capo al convivente more uxorio (Cass. pen.,19 febbraio 2015 n. 11629);
- i redditi derivanti dagli assegni di mantenimento versati dal coniuge in favore dei figli con lei conviventi (Cass. 30 settembre 2019 n. 24378);
- il reddito di qualunque persona che conviva con l'istante e contribuisca alla vita in comune (Cass. pen.,20 settembre 2012 n. 44121).
- il ricavato dalla vendita di beni ereditati.

Perdita subita nell'esercizio di attività

Ai fini della determinazione del reddito da utilizzare per verificare lo stato di non abbienza di un soggetto interessato al gratuito patrocinio, **non è possibile scomputare dal reddito complessivo l'eventuale perdita subita nell'esercizio di una attività d'impresa svolta da altri componenti il nucleo familiare** (Risoluzione

Direzione Centrale Normativa e Contenzioso dell'Agenzia delle entrate n. 387 del 20 ottobre 2008).

Redditi non computabili

Non si tiene conto, invece, ai fini dell'ammissione al gratuito patrocinio:

- dei redditi facenti capo al coniuge in stato di separazione di fatto, giacché quest'ultimo, pur coabitando, non compie alcuna attività concreta di contribuzione alla vita familiare (Cass. pen., 24 aprile 2014 n. 29302);
- del reddito del familiare non convivente fiscalmente a carico (Cass. pen., 7 marzo 2014 n. 33428);
- dei redditi facenti capo al coniuge e ai figli che solo formalmente compongono il nucleo familiare, qualora si proceda per il reato di violazione degli obblighi assistenziali (Cass. 10 marzo 2016 n. 11902).
- delle somme di denaro versate a titolo di assegno di mantenimento all'ex coniuge, atteso che tali somme non vengono godute dall'obbligato ma da colui che ne beneficia (Cass. pen. 17 agosto 2016 n. 34935).
- delle somme corrisposte per indennità di accompagnamento. E ciò in quanto tale indennità non rientra nella nozione di reddito di cui all'art. 76 del dpr n. 115/2002 in quanto ha natura di sussidio destinato a fare fronte agli impegni di spesa indispensabili per consentire alla persona disabile, condizioni di vita compatibili con la dignità umana (Cass. penale 13 aprile 2018 n. 26302; Cass. penale 4 febbraio 2015 n. 24842).

Giudizi di separazione

Nei **giudizi di separazione tra coniugi**, al fine di valutare le condizioni per l'ammissione dell'istante al patrocinio a spese dello Stato, si deve escludere dal cumulo il solo reddito dell'altro coniuge, mentre **vanno inclusi anche i redditi dei figli conviventi con il genitore richiedente il beneficio** (Cass. 14 dicembre 2017 n. 30068). E ciò in quanto il conflitto di interessi può esservi solo con il coniuge che ha promosso l'azione o che è convenuto, non anche con i figli conviventi, processualmente privi di ogni legittimazione a fronte dell'azione di natura strettamente personale coinvolgente i soli coniugi, a nulla rilevando un eventuale dissenso o consenso dei figli manifestato per l'iniziativa del genitore che ha domandato la separazione (Cass. pen. 29 aprile 2015 n. 18039). Pertanto nelle **cause di separazione personale dei coniugi** va cumulato il reddito dei figli conviventi con il genitore richiedente l'ammissione al patrocinio a spese dello Stato (Cass.29 settembre 2020 n. 20545).

Variazioni reddituali

Sono rilevanti le variazioni di reddito, intervenute successivamente alla presentazione della dichiarazione dei redditi, le quali comportino un ammontare inferiore del reddito già indicato e consentono l'ammissione al beneficio dell'istante, sul quale, comunque, incombe la prova rigorosa del mutamento successivamente intervenuto (Cass. pen., 23 giugno 2011 n. 34456; Cass. pen., 11 novembre 2011 n. 2620).

Si è affermato (Cass. 8 marzo 2017 n. 5839) che è **illegittima la revoca del decreto di ammissione** al patrocinio a spese dello Stato **se viene pronunciata,** non in presenza di una mancanza, originaria o sopravvenuta, delle condizioni di reddito che giustificano l'ammissione o di un accertamento dell'insussistenza dei presupposti per l'ammissione, ma **per la presenza di anomalie ancora in corso di verifica da parte dei competenti uffici.**

Diversità limite reddito nel civile e nel penale

Occorre evidenziare che le norme prevedono un d**iverso è più favorevole limite di reddito per accedere al patrocinio a spese dello Stato nel giudizio penale rispetto agli altri giudizi civile e amministrativo.** Tale "diversità" reddituale è stata ritenuta costituzionalmente legittima da Corte cost. 19 novembre 2015 n. 237, sentenza che ha dichiarato infondata la questione di legittimità costituzionale del combinato disposto degli artt. 76, comma 2, e 92, d.leg. 30.5.2002 n. 113, riprodotti nel dPR n. 115 del 2002, nella parte in cui viene stabilita per il processo penale, la regola in forza della quale, ove l'interessato conviva con il coniuge o con altri familiari, i limiti di reddito annui per l'ammissione al beneficio sono aumentati di euro 1.032,91. E ciò in ragione delle esigenze di tutela della libertà personale connesse all'esercizio della giurisdizione penale; il legislatore ha reputato necessario approntare un sistema di garanzie nel processo penale che ne assicurasse al meglio l'effettività, anche sotto il profilo dei limiti di reddito per poter fruire del patrocinio a spese dello Stato per i non abbienti.

Nel solo caso di procedimenti penali **il reddito si eleva di euro 1.032,91 per ciascun componente il nucleo familiare.**

Prova limite reddito

Spetta al soggetto richiedente l'ammissione al patrocinio a spese dello Stato l'onere di fornire convincente e rigorosa prova contraria, idonea a vincere la presunzione relativa di superamento del limite di reddito ostativo (Trib. Matera 23 aprile 2012).

Falsa attestazione dei redditi

Integra il solo delitto di cui all'art. 95 dPR n. 115/2002, e non anche quello di truffa aggravata in esso assorbito ex art. 15 c.p., la **falsa attestazione o le omissioni anche parziali di fatti riportati nella dichiarazione sostitutiva di certificazione o in ogni altra dichiarazione prevista per l'ammissione al patrocinio a spese dello Stato** (Cass. pen., 2 dicembre 2011 n. 8660).

Dichiarazione reddituale da valutare

La problematica se **l'ammissione** definitiva al patrocinio a spese dello Stato **deve basarsi sulla dichiarazione reddituale dell'anno in cui si è ammessi al beneficio** oppure sulla dichiarazione reddituale dell'anno successivo che fotografa i redditi dell'anno precedente, è stata risolta nel senso che il controllo da parte del giudice sui limiti reddituali per l'ammissione al patrocinio a spese dello Stato deve riguardare il reddito effettivamente percepito nell'anno in cui la persona è ammessa al beneficio, **indipendentemente dal fatto che poi tale reddito venga dichiarato nell'anno successivo** (Trib. Prato 4 marzo 2010).

4. Ambito operatività: "esclusioni" ed "inclusioni"

Soggetti condannati per reati fiscali

Sono esclusi dalla ammissione al gratuito patrocinio ex art. 91, comma 1, lett. a) dPR n. 115/2002, **coloro che siano stati condannati per reati commessi in violazione delle norme per la repressione dell'evasione in materia di imposte sui redditi e sul valore aggiunto**, precludendo al giudice di verificare se detti reati abbiano effettivamente prodotto un reddito tale da superare, per l'anno antecedente alla richiesta, la soglia massima stabilità per l'accesso al beneficio (Corte cost. 18 aprile 2012 n. 95).

Occorre evidenziare che la presunzione di reddito superiore a quello ufficiale non può fondarsi su una condotta delittuosa per la quale sia **intervenuta una sentenza di condanna non ancora irrevocabile** (Cass. pen., 20 novembre 2012 n. 9703).

Si è precisato (Cass. n. 31177 del 2004; Cass. pen. n. 22065 del 2012), quanto ai reati ostativi all'ammissione, che la norma che impedisce di fruire del patrocinio a spese dello Stato per l'indagato, l'imputato o il condannato di reati menzionati, è **riferita ai soli reati oggetto del procedimento per il quale è chiesta l'ammissione e non a quelli in ordine ai quali il richiedente sia stato condannato in passato.**

Cause di separazione consensuale

Il gratuito patrocinio è ammesso anche nelle cause di separazione consensuale. L'accesso dei coniugi al giudizio di omologazione in base ad un accordo consensuale, non si ritiene determinare l'assenza di interessi configgenti (Cass. 29 settembre 2020 n. 20545; Cass. 26 luglio 2019 n. 20385; Cass. 14 dicembre 2017 n. 30068).

Procedura esecutiva

L'esecutato non può essere ammesso al patrocinio a spese dello Stato nella procedura esecutiva, se non (oltre che per le opposizioni esecutive) in quei casi in cui la sua costituzione in giudizio si renda necessaria per avanzare un'istanza che possa essere preventivamente vagliata da parte dell'Ordine degli Avvocati al fine di svolgere il controllo-filtro di cui all'art. 126 dPR n. 115 del 2002 (Trib. Verona 27 novembre 2019).

Spese per il recupero del credito

Il difensore d'ufficio di un imputato in un processo penale che abbia inutilmente esperito la procedura esecutiva volta alla riscossione dell'onorario, ha diritto ad ottenere il rimborso anche delle spese e dei compensi per le procedure di recupero del credito (Cass. 28 maggio 2021 n.15006).Si ha, quindi, diritto al rimborso anche delle spese sostenute nelle procedure di recupero del credito nei confronti dell'ex assistito.

Procedure fallimentari

La procedura fallimentare è ammessa al patrocinio d'ufficio direttamente dalla legge a seguito dell'attestazione di assenza di fondi da parte del giudice delegato e, non già, in via provvisoria, attestazione che deve essere apposta nel decreto con cui il giudice delegato, autorizza il curatore ad avviare lite ovvero a resistere una volta evocato il giudizio. La verifica giudiziale che la lite non viene promossa ovvero si resiste in mala fede o colpa grave risulta già effettuata dal giudice all'uopo individuato dall'ordinamento e non può essere sottoposta ad ulteriore valutazione stante la natura propria della disciplina speciale in tema di fallimento (Cass. 30 novembre 2020 n. 27310).

Procedimenti penali Ue

È prevista l'ammissione al gratuito patrocinio per indagati e imputati in procedimenti penali europei. Infatti, è stato approvato in data 23.12.2018 dal Consiglio dei Ministri il decreto legislativo di attuazione della direttiva (UE) 2016/1919 del Parlamento europeo e del Consiglio, sull'ammissione al patrocinio a spese dello Stato per indagati e imputati nell'ambito di procedimenti penali e per le persone ricercate nell'ambito di procedimenti di esecuzione del mandato d'arresto europeo (sul tema decreto legislativo 7 marzo 2019 n. 24).

Transazione stragiudiziale

La transazione stragiudiziale e la connessa cancellazione della causa dal ruolo non precludono al difensore della parte non abbiente il diritto ad ottenere la liquidazione del proprio compenso per l'attività svolta a favore di tale parte. E ciò in quanto il diritto alla liquidazione dei compensi del difensore sorge per il solo fatto che la parte sia stata ammessa al beneficio e che tale ammissione non sia stata poi revocata; e ciò a prescindere dalle modalità tecniche con sui si è chiusa la controversia in cui il difensore ha svolto la propria attività (Cass. 11 aprile 2019 n. 10187).

La transazione della lite non osta, quindi, alla liquidazione del compenso dovuto al difensore della parte ammessa al patrocinio a spese dello Stato (Cass. 4 giugno 2021 n. 15710).

Tribunale di sorveglianza

La problematica dell'applicabilità o meno della disciplina del gratuito patrocinio anche nei processi di competenza del Tribunale di sorveglianza, è stata ormai risolta in senso positivo.

Originariamente la giurisprudenza di legittimità (Cass. 6.12.1999 n.6852) aveva ritenuto che l'ammissione al gratuito patrocinio disposta per il giudizio di cognizione non operava nel procedimento di esecuzione, in quanto l'art. 1, comma 3, della L.217/90 stabilisce che essa vale per tutti i gradi del procedimento, ma nulla prevede per fasi diverse: quella esecutiva è pacificamente una fase diversa e non un grado diverso.

Successivamente la L.134/2001 ha previsto espressamente che l'ammissione al patrocinio a spese dello Stato è valida per ogni grado e per ogni fase del giudizio e per tutte le eventuali procedure, derivate ed incidentali, comunque connesse ed il secondo comma dell'art. 75 del d.p.r. n.115/2002 ha poi definitivamente sancito che "La disciplina del patrocinio si applica, in quanto compatibile, anche nella fase dell'esecuzione, nel processo di revisione, nei processi di revocazione e opposizione di terzo, nonché nei processi relativi all'applicazione di misure di sicurezza, di prevenzione e nei processi di competenza del tribunale di sorveglianza, sempre che l'interessato debba o possa essere assistito da un difensore o da un consulente".

È necessaria, però, una specifica istanza di ammissione relativa al distinto processo di competenza del Tribunale di sorveglianza, giacchè il giudizio di cognizione e quello dinanzi al Tribunale di sorveglianza sono processi diversi, esigono separate istanze di ammissione al patrocinio a spese dello Stato, ed autonomi provvedimenti di ammissione a detto beneficio.

In sostanza il Tribunale di sorveglianza, in sede di richiesta di una misura alternativa alla detenzione, ove il condannato chieda di essere ammesso al beneficio del patrocinio a spese dello Stato, dovrà vagliare la "nuova" istanza e verificare, nel caso concreto, la compatibilità del beneficio con il procedimento pendente presso di sé (Cass. penale, 19.3/26 marzo 2019 n. 13152).

Procedimento adottabilità del minore

Con sentenza 31 maggio 2019 la Corte costituzionale ha dichiarato l'illegittimità costituzionale dell'art. 143, comma 1, del dPR n.115/2002 nella parte in cui non prevede che siano anticipati dall'erario gli onorari e le spese spettante al difensore d'ufficio di genitore irreperibile nei procedimenti per dichiarazione dello stato di adottabilità del minore.

Attività stragiudiziale. Procedure arbitrali

L'attività professionale di natura stragiudiziale non è ammessa, di regola, al patrocinio a spese dello Stato in quanto esplicantesi fuori del processo (Cass., sez. un., 19 aprile 2013 n. 9529). I benefici connessi al gratuito patrocinio non si estendono alle **procedure arbitrali** (ordinanza Collegio arbitrale di Teramo 19 dicembre 2019).

Controversie transfrontaliere

In base al combinato disposto degli artt. 3,8 e 12 della direttiva 2003//CE del Consiglio, del 27.1.2003, nelle controversie transfrontaliere, il patrocinio a spese dello Stato concesso dallo Stato membro del foro, presso il quale una persona fisica che è domiciliata o dimora abitualmente in un altro Stato membro ha presentato una domanda di patrocinio a spese dello Stato nell'ambito di una controversia transfrontaliera, **include anche le spese anticipate da tale persona per la traduzione dei documenti giustificativi** necessari per il trattamento di tale domanda (Corte Giustizia UE, sez. V, 26 luglio 2017, causa C-670/15).

Straniero soggiornante sul territorio

Poiché il patrocinio a spese dello Stato rappresenta una implicazione necessaria del diritto alla difesa costituzionalmente garantito, il concetto di "**straniero regolarmente soggiornante**" deve essere interpretato in senso estensivo, comprendendovi anche lo straniero che abbia in corso un procedimento (amministrativo) o giurisdizionale dal quale possa derivare il rilascio del permesso di soggiorno (Cons. Stato, sez. III, 14 gennaio 2015 n. 59); **fino al momento in cui è in istruttoria il procedimento amministrativo per il permesso di soggiorno ovvero quello della Commissione territoriale** che può riconoscere la qualità di rifugiato dello straniero, **la tutela giurisdizionale di questo deve garantirsi anche con l'ammissione al gratuito patrocinio**, divenendo irregolare la posizione dello straniero solo con l'espulsione (Cass. 18 novembre 2011 n. 24378). Richiedere il regolare soggiorno sul terreno nazionale come presupposto dell'ammissione al patrocinio, si tradurrebbe in una lesione del principio di effettività della tutela giurisdizionale (Cass. 5 gennaio 2018 n. 164).

Cittadino extracomunitario

Ai fini dell'ammissione al gratuito patrocinio per il cittadino extracomunitario, basta l'autocertificazione sui redditi prodotti all'estero, qualora sia impossibile produrre l'attestazione consolare dello Stato d'origine (Cass. penale n. 8617/2018).

Sanzione ex art. 616 bis c.p.p.

Non è coperta da patrocinio a spese dello Stato la sanzione pecuniaria erogata ai sensi dell'art. 616 bis c.p.p. (Cass., pen., 2 ottobre 2013 n. 42918).

Gratuito patrocinio e spese soccombenza

In tema di gratuito patrocinio va evidenziato che Cass. 19 giugno 2012, n. 10053 ha affermato che **l'ammissione al gratuito patrocinio nel processo civile, non comporta che siano a carico dello Stato le spese che l'assistito del beneficio sia condannato a pagare all'altra parte risultata vittoriosa,** perché gli "onorari e le spese" di cui all'art. 131, D.P.R. n. 115/2002 sono quelli dovuti al difensore della parte ammessa al beneficio, che lo Stato, sostituendosi alla stessa parte – in considerazione delle sue precarie condizioni economiche e della non manifesta infondatezza delle relative pretese – si impegna ad anticipare.

Si è precisato (Trib. Mantova 29 settembre 2016) che **ove l'imputato sia stato condannato alla rifusione delle spese legali di costituzione della parte civile (ammessa al patrocinio a spese**

dello Stato) in favore direttamente della stessa e non dello Stato, come prevede l'art. 110 del dpr n. 115/2002, **il difensore della parte privata non perde il diritto alla liquidazione del compenso a carico dell'erario.**

Gratuito patrocinio e raddoppio cu

Nei procedimenti in cui l'impugnazione, anche incidentale, è proposta dalla parte ammessa al patrocinio a spese dello Stato, **l'ammissione al gratuito patrocinio determina l'insussistenza dei presupposti per il versamento dell'ulteriore importo** a titolo di **contributo unificato** (Cass. 2 settembre 2014 n. 18532).

Gratuito patrocinio e distrazione delle spese

Il rapporto tra l'istituto del patrocinio a spese dello Stato e quello della distrazione delle spese processuali è stato "chiarito" dalle sezioni unite della Corte di Cassazione con sentenza 26 marzo 2021 n. 8561: con tale sentenza ha affermato la compatibilità fra i due istituti ed ha escluso che l'istanza di distrazione delle spese ex art.93 cpc possa costituire rinuncia implicita al beneficio e comportare la revoca del beneficio dell'ammissione al patrocinio a spese dello Stato.

Infatti, un filone giurisprudenziale afferma che l'aver chiesto la distrazione delle spese costituisce esplicita ammissione della insussistenza dello stato di non abbienza e implicita rinuncia al beneficio del patrocinio a spese dello Stato (Cass. 6 marzo 2018 n. 5232; Cass. 20 gennaio 2014 n. 1009; Trib. Paola8 febbraio 2018; Cons. Naz. Forense n. 76 del 2018).

Altro filone giurisprudenziale esclude, invece, che l'istanza di distrazione delle spese possa determinare la revoca del beneficio atteso che l'art. 136 del dPR 115/2002 lo contempla solo con riferimento a tre cause, aventi carattere tassativo (Cass. n. 30418 del 2019).

Le sezioni unite con la citata sentenza n. 8561/2021, hanno risolto il contrasto affermando la compatibilità fra i due istituti ed hanno escluso che l'istanza di distrazione delle spese ex art. 93 cpc possa costituire rinuncia implicita al beneficio e comportare la revoca del beneficio dell'ammissione al patrocinio a spese dello Stato, provvidenza posta a garanzia dell'effettività del diritto di difesa di cui all'art. 24 Cost. per la parte che vi sia ammessa. Per le sezioni unite l'eventuale richiesta di distrazione delle spese, che è esercizio di un diritto proprio del difensore, non può avere effetto paralizzante sul beneficio del patrocinio a spese dello Stato: l'istanza di distrazione non può riferirsi direttamente alla parte, non rientrando nei poteri del difensore ex art.84 cpc quello di disporre del beneficio, con conseguente impossibilità di ritenere sussistente una rinuncia implicita della parte.

Si evidenzia nella citata sentenza delle sezioni unite che le cause individuate dal legislatore per la revoca del beneficio del patrocinio a spese dello Stato sono solo tre, e tipizzate nell'art. 136 dpR n.115/2002: sopravvenute modifiche alla situazione reddituale, alla mala fede o alla colpa grave della parte ammessa che abbia agito o resistito in giudizio ovvero all'insussistenza *ab origine* delle condizioni reddituali.

Opposizione e giudice competente

Occorre evidenziare in ordine al compenso dell'avvocato che difende in gratuito patrocinio, che **sarà sempre il giudice civile a decidere nel caso di opposizione circa l'onorario di un avvocato** che difende un soggetto ammesso al patrocinio a spese dello Stato, sebbene questo venga liquidato in sede penale (Cass. 13 ottobre 2014, n. 21555).

Processo tributario

L'espressa estensione del patrocinio a spese dello Stato anche ai processi contabile e tributario è dovuta al d.leg. n. 113 del 2002, art. 2.

L'art. 137 dPR n. 115/2002 dispone che sino a quando non sono emanate disposizioni particolari, il patrocinio a spese dello Stato nel processo tributario è disciplinato dalle disposizioni della parte terza, titoli primo e quarto, e dalle disposizioni del capo ottavo del titolo quarto – parte terza; l'ammissione al beneficio è stabilita dalla commissione, prevista dall'art. 138 e in caso di diniego deve essere investito il medesimo giudice competente a conoscere l'azione esperita e cioè la commissione tributaria (Cons. giust. Amm. sic., sez. giurisdizionale, 4 ottobre 2011 n. 628).

Mediazione e gratuito patrocinio

La problematica della estensione del patrocinio a spese dello Stato a favore degli avvocati anche per l'assistenza nella fase della mediazione, è stata "attenzionata" dalla Corte di Cassazione con sentenza 31 agosto 2020 n. 18123, che ha confermato l'esclusione del gratuito patrocinio per l'attività stragiudiziale in generale, ed ha precisato che non spetta il "beneficio" del gratuito patrocinio nel caso in cui alla mediazione non segue il giudizio.

La problematica dall'ammissibilità del gratuito patrocinio per mediazione e negoziazione assistita è stata nuovamente "affrontata" dalla Corte costituzionale, che con sentenza 20 gennaio 2022 n.10 ha dichiarato che sono costituzionalmente illegittimi gli artt. 74, comma 2, e 75, comma 1 del dPR n. 115 del 2002, nella parte in cui non prevedono che il patrocinio a spese dello Stato sia applicabile anche all'attività difensiva svolta nell'ambito dei procedimenti di mediazione di cui all'art. 5, comma 1-bis, del d.lgs. 4.3.2010 n. 28, quando nel corso degli stessi è stato raggiunto un accordo, nonché dell'art. 83, comma 2, del medesimo dPR n. 115/2002 nella parte in cui non prevede che, in tali fattispecie, alla liquidazione in favore del difensore provveda l'Autorità giudiziaria che sarebbe stata competente a decidere la controversia.

Occorre evidenziare che la riforma del processo civile del 2022 – e che entrerà in vigore dal 2023 – con riferimento alla mediazione ha inserito un nuovo capo II bis al d.lgs. n.28/2010 dedicato al patrocinio a spese dello Stato nella mediazione obbligatoria, consentendo il gratuito patrocinio, quando è raggiunto l'accordo, per la parte non abbiente che necessiti di assistenza dell'avvocato. La domanda è proposta dall'interessato o dall'avvocato, con raccomandata o a mezzo pec o con servizio elettronico, al consiglio dell'Ordine degli avvocati dove ha sede l'organismo di mediazione competente. Nessuna indennità è dovuta all'organismo dalla parte ammessa al patrocinio a spese dello Stato quando la mediazione è condizione di procedibilità della domanda.

Procedure di sovraindebitamento

La normativa sul gratuito patrocinio è applicabile anche nelle procedure di sovraindebitamento, avendo la stessa carattere generale in applicazione dell'art. 24 della Costituzione e non trovando applicazione le regole sul pagamento dei professionisti proprie delle procedure di concordato preventivo, stante l'autonomia sistematica e funzionale degli istituti contemplati nella legge n. 3 del 2012. La natura concorsuale della procedura prevista dalla L. n. 3 del 2012 non è di ostacolo al beneficio, dovendo prevalere l'esigenza di assicurare il diritto, costituzionalmente protetto dall'art. 24 Cost., all'assistenza tecnica per i non abbienti (Trib. Torino, decreto 16 novembre 2017).

Enti o associazioni

Affinché una associazione possa essere ammessa al beneficio del patrocinio a spese dello Stato, non è sufficiente la duplice condizione negativa dell'assenza dello scopo di lucro e dell'esercizio dell'attività economica, ma **è necessaria anche la concomitante sussistenza delle ulteriori condizioni previste dalla legge, ovvero il rispetto dei limiti reddituali e la non manifesta infondatezza della pretesa** (Corte cost. 1 giugno 2016 n. 128).

La Corte costituzionale con sentenza 6 marzo 2019 n.35 ha dichiarato costituzionalmente legittima la disciplina che esclude dal patrocinio a spese dello Stato enti o associazioni, i quali se pure non perseguono fini di lucro, esercitano una attività economica; questa attività economica, infatti, a prescindere dalla destinazione degli utili, consente accantonamenti in vista, tra l'altro, di eventuali contenziosi giudiziali.

Compenso CTP e CTU

Chi viene **ammesso al gratuito patrocinio può anche nominare un consulente tecnico di parte**, nei casi previsti dalla legge, per le materie di particolari complessità. Al consulente di parte è vietato chied**ere o percepire dall'interessato compensi o rimborsi a qualsiasi titolo.**

Per effetto dell'ammissione al patrocinio a spese dello Stato nel processo civile, **gli onorari dovuti al CTU possono essere prenotati a debito a domanda dello stesso consulente**, ex art. 131, comma 3, dPR n. 115/2002, ma ciò non impedisce al giudice di porre le suddette spese, con la sentenza, a carico della parte ammessa al patrocinio rimasta soccombente (Cass. 5 settembre 2012 n. 14888; Trib. Milano, sez. IX civ., ordinanza 1 luglio 2016). Infatti, il procedimento di liquidazione degli onorari dell'ausiliario prevede la prenotazione a debito (con conseguente pagamento da parte dell'erario) quale rimedio residuale e proprio al fine di evitare che il diritto alla percezione dell'onorario venga pregiudicato dall'impossibile ripetizione dalle parti processuali. **La norma consente, quindi, al CTU di richiedere il pagamento direttamente all'erario** nel caso in cui non è possibile la ripetizione dalle parti a carico della quale sono poste le spese processuali o dalla stessa parte ammessa per vittoria della causa o per revoca dell'ammissione.

In tema, Corte cost.1 ottobre 2019 n. 217 ha dichiarato l'illegittimità costituzionale dell'art. 131, comma 3, del DPR n.115 del 2002 nella parte in cui prevede che gli onorari e le indennità dovuti ai soggetti ivi indicati siano prenotati a debito, a domanda, "se non è possibile la ripetizione, anziché direttamente anticipati dall'erario". In precedenza Corte cost. 10 giugno 2010 n. 203 aveva dichiarato manifestamente infondata la questione di legittimità costituzionale dell'art. 131 dPR n. 115/2002, nella parte in cui non prevede che le spese dei consulenti nominati dal giudice siano anticipate dallo Stato.

Ausiliari del giudice

Sugli importi dovuti all'ausiliario del giudice, Corte cost. 24 settembre 2015 n. 192 è intervenuta dichiarando l'incostituzionalità dell'art. 106 bis dPR n. 115/2002 nella parte in cui **non esclude che la diminuzione di un terzo degli importi spettanti all'ausiliario del magistrato sia operato in caso di applicazione di previsioni tariffarie non adeguate.**

Difensore di genitore irreperibile

Con sentenza 31 maggio 2019 n. 135 la Corte costituzionale ha dichiarato incostituzionale l'art. 143, 1 comma, dpr n. 115/2002, nella parte in cui non prevede che siano anticipati dall'erario gli onorari e le spese spettanti al difensore d'ufficio di genitore irreperibile nei processi di cui alla l.n. 184/1983.

Impugnazione inammissibile e compenso

Novità in materia di gratuito patrocinio sono previste nel decreto sicurezza approvato dal Governo. Infatti, l'art. 15 del d.l. 4.10.2018 n.113 ha inserito al dPR n.115/2002 l'art. 130 *bis,* in cui sono previste limitazioni al ricorso al gratuito patrocinio, statuendo l'esclusione dalla liquidazione del compenso al difensore e al consulente tecnico di parte nel processo civile. In particolare, l'art. 130 bis citato prevede che:

- nel processo civile, quando l'impugnazione anche incidentale, è dichiarata inammissibile, al difensore non è liquidato alcun compenso (1 comma);
- non possono essere liquidate le spese sostenute per le consulenze tecniche di parte che, all'atto del conferimento dell'incarico, apparivano irrilevanti o superflue ai fini della prova (2 comma).

Nel processo civile, in base alla formulazione del comma 1 del citato art.130 bis, viene cancellata la liquidazione del compenso all'avvocato quando l'impugnazione, anche se proposta in via incidentale, viene dichiarata inammissibile. In pratica non viene liquidato alcun compenso al difensore in regime di gratuito patrocinio qualora l'impugnazione sia dichiarata improcedibile o inammissibile.

Per l'esclusione in questione, ritengo che occorra, però, accertare la "causa" dell'inammissibilità, in quanto, come afferma la Corte costituzionale con sentenza 30 gennaio 2018 n.16, il tenore letterale dell'art. 106, 1 comma, dPR n. 115/2002 (norma già in vigore nel processo penale) "non preclude affatto una interpretazione che consenta di distinguere fra le cause che determinano l'inammissibilità dell'impugnazione, tenendo conto della ricordata *ratio legis*"; e ciò si può verificare nel caso in cui la ragione dell'inammissibilità risiede in una carenza d'interesse a ricorrere sopravvenuta per ragioni del tutto imprevedibili al momento della proposizione del ricorso.

DPR n. 115/2002 art. 106

Con la disposizione in commento viene esteso al giudizio civile la misura già prevista nel settore penale: si avrebbe così l'allineamento della disciplina civile a quella penale, mutuando quanto previsto in sede penale dall'art. 106 del dPR n. 115/2002. Tale allineamento sarebbe parziale in quanto vi sarebbe comunque una disparità di trattamento con gli altri processi (tributario, amministrativo e contabile). Senza considerare poi che il "disallineamento" civile/penale trova la sua giustificazione nel fatto che nel processo penale la controparte è lo Stato. mentre la stessa dinamica processuale non si ha negli altri processi (civile, tributario, amministrativo, contabile). Aggiungasi che per le impugnazioni civili l'art. 120 del dPR n. 115/2002 già prevede che la precedente ammissione al patrocinio a spese dello Stato va rinnovata per le impugnazioni non valendo quella ottenuta in precedenza, necessitando di nuovo ed indipendente esame sulla non manifesta infondatezza della questione per la quale si intende porre gravame.

E sul "disallineamento" civile/penale è intervenuta anche la Corte costituzionale, che con sentenza 30.1.2018 n. 16 ha dichiarato infondata la questione di legittimità costituzionale dell'art. 106 d.p.r. 30 maggio 2002 n. 115, nella parte in cui prevede che il compenso al difensore di parte ammessa al beneficio del patrocinio a spese dello Stato non viene liquidato qualora l'impugnazione venga dichiarata inammissibile, senza distinzione in merito alla causa della inammissibilità.

Peraltro, la "disattenzione" del difensore nella materia del gratuito patrocinio è già disciplinata dall'art. 136 del dPR n.115/2002, prevedendo tale articolo. che venga revocata l'ammissione al gratuito patrocinio a spese dello Stato in caso di azione o resistenza in giudizio da parte dell'ammesso con malafede o colpa grave (ed in tal caso con la revoca non si ha alcuna liquidazione del compenso al difensore).

La norma mira a responsabilizzare il difensore escludendo il diritto al compenso (come gratuito patrocinio) nel caso in cui l'impugnazione sia dichiarata inammissibile, "costringendo" così il difensore ad una attenta valutazione delle "ragioni" del cliente nel proporre reclamo, appello o ricorso per cassazione. La *ratio* di tale disposizione è chiaramente quella di evitare ricorsi palesemente infondati o *ex ante* evidentemente privi dei necessari requisiti di ammissibilità; la maggiore oculatezza da parte del difensore è imposta dall'essere a carico dello Stato la spesa per i compensi dovuti al difensore medesimo (Cass. penale, sez. IV, 8 gennaio 2003, Ponzio). Occorre precisare che la norma che esclude il compenso al difensore per le impugnazioni dichiarate inammissibili non si applica nel caso in cui il difensore proponga impugnazione per resistere all'appello del p.m. (Cass. pen., sez. IV, 3 marzo 2004, Bastone).

Ulteriore stretta al gratuito patrocinio è prevista nel 2 comma del citato articolo 130 bis, norma che esclude dalla liquidazione le spese sostenute per le consulenze tecniche di parte, che al momento in cui l'incarico è stato attribuito, apparivano già irrilevanti o superflue ai fini della prova (va evidenziato che l'esclusione è limitata alle spese cd. vive sostenute per l'adempimento dell'incarico ma nulla dispone in ordine all'onorario che dovrebbe essere riconosciuto). Occorre evidenziare come la possibilità di nominare un consulente tecnico di parte costituisca un aspetto essenziale del diritto di difesa.

Compensi consulenti tecnici di parte

In ordine al compenso per i consulenti tecnici di parte, in caso di patrocinio a spese dello Stato, Corte cost. 13 luglio 2017 n.178 ha dichiarato incostituzionale l'art. 106 bis del dpr n.115/2002, come introdotto dell'art..1, comma 606, lett. b), l. n.147/2012, nella parte in cui non escludeva che la diminuzione di un terzo degli importi spettanti al consulente tecnico di parte fosse operata in caso di previsioni tariffarie non adeguate a norma dell'art. 54 del dpr n. 115/2002.

L'art.130 bis citato, sebbene "pubblicizzato" come uno stop al gratuito patrocinio per i migranti, in realtà la formulazione letterale della norma prevede un taglio generale al ricorso al gratuito patrocinio, sia "scoraggiando" le impugnazioni che "limitando" l'esborso per consulenze tecniche di parte. La norma, infatti, va a modificare la disciplina del gratuito patrocinio a spese dello Stato di cui al dpr n.115/2002, e coinvolge tutti i cittadini (anche italiani) in tutti i processi civili e non solo i migranti: il solo scopo è quello di operare una "stretta" sul ricorso al gratuito patrocinio, sia per i migranti che per i "normali" cittadini italiani, "stretta" certamente poco in linea con l'art. 24 Cost. limitando il diritto di difesa dei cittadini.

Difensore con mandato plurisoggettivo

Il difensore che abbia assistito una parte plurisoggettiva, nell'ambito della quale soltanto un soggetto è ammesso al patrocinio a spese dello Stato, ha diritto alla liquidazione a carico dell'erario, garantendo il disposto di cui agli artt. 130.134 dPR n. 115/2002 il compenso dell'attività professionale resa per il soggetto ammesso senza distinguere l'ipotesi in cui il professionista abbia ricevuto mandato anche da un litisconsorte non ammesso (Cass. 29 dicembre 2011 n. 29851).

In tema di patrocinio dei non abbienti, la liquidazione di un unico compenso per la difesa di più parti con la stessa posizione, trova giustificazione a prescindere dall'identità d'imputazione, in tutte le situazioni nelle quali lo studio di un processo consenta, senza particolari difficoltà, di articolare una linea difensiva comune per la pluralità di assistiti (Cass. pen., 6 marzo 2009 n. 23890).

Compenso per istanza gratuito patrocinio

Al difensore del soggetto ammesso alla fruizione del beneficio del gratuito patrocinio è dovuto il compenso anche per la redazione dell'istanza volta ad ottenere detta ammissione nonché per l'esame e lo studio del provvedimento conclusivo del procedimento al quale la stessa si riferisce, indipendentemente dalla circostanza che tale provvedimento sia stato o meno oggetto di impugnazione (Cass., pen., sez. IV,10 aprile 2008). Contra, Cass. pen., sez. II, 16 gennaio 2007, e Cass. pen. Sez. IV, 9 ottobre 2007, in cui si afferma che al difensore non compete alcun compenso per la redazione e per il deposito dell'istanza di ammissione al patrocinio a spese dello Stato.

Gratuito patrocinio e pagamento cliente

La cliente ammessa al gratuito patrocinio non ha l'obbligo di pagare il compenso al suo difensore; **l'avvocato non deve "farsi pagare" dal cliente ammesso al gratuito patrocinio**. Si è affermato (Cass. penale 16 maggio 2016 n. 20186) che risponde di truffa l'avvocato che omette di informare il cliente degli effetti del gratuito patrocinio, facendo credere allo stesso di avere l'obbligo di corrispondere al difensore gli emolumenti.

Procedura recupero beneficiario prestazione

Secondo la giurisprudenza della Suprema Corte (Cass. 10 settembre 2019 n. 22579), l'orientamento secondo cui il difensore d'ufficio, che abbia inutilmente esperito la procedura esecutiva volta alla riscossione dell'onorario, ha diritto al rimborso dei compensi ad essa relativi in sede di liquidazione dei propri compensi da parte del giudice ai sensi del combinato disposto del dpr n.115/2002, artt. 82 e 116, è da preferirsi rispetto a quello che esclude il diritto del difensore alle spese delle procedure di recupero del credito, in quanto appare coerente con la lettera dell'art. 116 citato, il quale subordina la possibilità per il difensore nominato d'ufficio di vedersi corrisposto il compenso professionale dallo Stato all'infruttuoso esperimento delle procedure di recupero del credito nei confronti di chi ha beneficiato della prestazione (Cass. n. 27854/2011).

Ausiliario del magistrato

Con sentenza 1 luglio 2022 n.166 la Corte costituzionale ha dichiarato l'illegittimità dell'art. 130 dPR n.115/2002, nella parte in cui non esclude la riduzione della metà degli importi spettanti all'ausiliario del magistrato sia operata in caso di applicazione di previsioni tariffari non adeguate. In pratica è illegittima la riduzione dell'onorario dell'ausiliario del magistrato, prevista quando la parte è ammessa al patrocinio a spese dello Stato, se l'importo oggetto di decurtazione non è stato adeguato alla variazione del costo della vita.

5. Istanza liquidazione compenso

Obbligo di avvertire il cliente

Il difensore della parte in possesso dei requisiti per l'ammissione al beneficio del patrocinio a spese dello Stato, **non ha diritto a percepire il compenso** per l'attività svolta **se non ha avvertito il cliente** della possibilità di ricorrere a detto beneficio (Trib. Verona 6 febbraio 2017 n. 275).

Istanza liquidazione prima della chiusura causa

Il Ministero della Giustizia, al fine di risolvere la problematica concernente:

- il termine entro il quale l'avvocato deve depositare l'istanza di liquidazione del compenso spettante per l'attività difensiva prestata in favore della parte ammessa al patrocinio a spese dello Stato;
- il termine entro il quale il magistrato deve provvedere a liquidare il compenso del difensore della parte ammessa al beneficio del patrocinio a spese dello Stato, **ha emanato la circolare n. 6162 del 10 gennaio 2018** "nel tentativo di individuare un *modus operandi* che, nell'osservanza delle norme vigenti, consenta di addivenire ad una celere liquidazione dei compensi degli avvocati, senza incidere sull'autonomia interpretativa dell'Autorità giudiziaria destinataria delle istanze di liquidazione".

In ordine al primo problema (lettera a)), nella circolare si afferma che l'art. 83, comma 3-bis, del dPR n. 115/2002, **non ha introdotto un termine di decadenza per la presentazione dell'istanza di liquidazione** dei compensi spettanti all'avvocato per l'attività prestata in favore della parte ammessa al patrocinio a spese dello Stato, con la conseguenza, però, che, in caso di istanza presentata dopo la definizione del procedimento, graveranno sul difensore gli eventuali effetti negativi connessi alla ritardata liquidazione.

In ordine al secondo problema (lettera b)), nella circolare si afferma che l'art. 83, comma 3-bis, del dPR n. 115/2002 **non ha introdotto un *"termine a provvedere"* per il magistrato,** essendo ben possibile che quest'ultimo, in relazione al caso da decidere, ritenga necessario subordinare l'emanazione del provvedimento di liquidazione al deposito di documentazione ulteriore da parte dell'ammesso al patrocinio a spese dello Stato, come pure attendere gli esiti delle verifiche reddituali rimesse all'ufficio finanziario. Detta norma chiarisce, però, che il provvedimento di liquidazione del compenso (decreto di pagamento) deve essere emesso con atto distinto e separato rispetto al provvedimento che definisce il giudizio.

Sulla problematica "risolta" dalla menzionata circolare n. 6162/2018, si erano formati tre diversi orientamenti giurisprudenziali.

La problematica sulla tempistica dell'istanza di liquidazione è stata definitivamente risolta dalla Corte di cassazione che con sentenza 9 settembre 2019 n. 224448 (confermata da Cass. n. 19733 del 2020) ha affermato il seguente principio di diritto: "L'art. 83, comma 3 bis del DPR n. 115 del 2002, che ha previsto che il decreto di pagamento debba essere emesso dal giudice contestualmente alla pronuncia del provvedimento che chiude la fase cui si riferisce la relativa richiesta, relativamente ai compensi richiesti dal difensore della parte ammessa al patrocinio a spese dello Stato, non prevede alcuna decadenza a carico del professionista che abbia depositato la relativa istanza dopo la pronuncia del detto provvedimento, né impedisce al giudice di potersi pronunciare sulla richiesta dopo che si sia pronunciato definitivamente sul merito, avendo in realtà la finalità in chiave acceleratoria, di raccomandare che la pronuncia del decreto di pagamento avvenga contestualmente alla pronuncia del provvedimento che chiude il giudizio".

Occorre evidenziare, comunque, che **il difensore non decade dal diritto al pagamento del proprio onorario e alla refusione delle spese sostenute,** in quanto, definito il procedimento, il diritto al pagamento può essere fatto valere con procedimento ordinario o con ingiunzione di pagamento.

Modalità telematiche invio domanda

Con provvedimento del Direttore Generale dei Sistemi informativi automatizzati del Ministero della Giustizia (*https://pst.giustizia.it/PST/*) sono state dettate le modalità telematiche per il deposito, presso la cancelleria del magistrato competente, delle richieste di liquidazione dei compensi spettanti al difensore della parte ammessa al gratuito patrocinio a spese dello Stato e al difensore d'ufficio ai sensi del testo unico di cui al dPR n. 115 del 2002. In particolare, in ordine al deposito della richiesta, l'art. 5 del menzionato provvedimento statuisce che la richiesta ed i relativi allegati sono trasmessi all'Ufficio giudiziario competente nel momento in cui l'utente utilizza la funzione "download" disponibile al termine della procedura. Viene precisato all'art. 8 che le richieste di liquidazione rivolte ai tribunali ordinari ed alle corti di appello per prestazioni in materia civile possono essere depositate, in alternativa, **tramite le funzionalità del processo civile telematico** (e quindi con utilizzo del processo civile telematico).

Accertamenti fiscali e liquidazione compenso

In ordine alla **prassi adottata da alcuni uffici giudiziari di provvedere sull'istanza di liquidazione degli onorari solo dopo avere ricevuto riscontro da parte degli uffici finanziari circa le condizioni reddituali della parte ammessa** al patrocinio a spese dello Stato, il Ministero della Giustizia, con la circolare n. 6162 del 10.1.2018, precisa che l'art. 83, comma 3-bis, del dpr n. 115/2002 delinea un *modus procedendi* che pare poco compatibile con quelle prassi in virtù delle quali, sistematicamente e senza alcun filtro, a fronte dell'istanza di liquidazione vengono richiesti accertamenti all'ufficio finanziario, rimandando all'esito degli stessi (e dunque anche a distanza di molto tempo) l'adozione del decreto di pagamento. Al contrario, si pongono in linea con questa disposizione quelle prassi virtuose introdotte da alcuni uffici giudiziari in virtù delle quali si richiede ai difensori di depositare, contestualmente all'istanza di pagamento, tutta la documentazione necessaria a consentire al magistrato di verificare la sussistenza dei presupposti per procedere al pagamento.

Fallimento, istanza liquidazione, soggetto legittimato

Fra i soggetti ammessi al gratuito patrocinio vi sono anche le procedure concorsuali. Infatti, la Corte costituzionale con la sentenza 28 aprile 2016 n. 174 ha introdotto il principio per cui tutti i professionisti, che prestano la loro opera nel contesto di una procedura fallimentare priva di fondi, possano comunque percepire il compenso per l'attività prestata.

La questione di rilevanza pratica, spesso ricorrente, nel caso in cui sono coinvolte procedure concorsuali, riguarda le modalità attraverso le quali attivare il meccanismo del patrocinio a spese dello Stato; in particolare la individuazione del soggetto legittimato a chiedere l'ammissione al patrocinio a spese dello Stato nel caso di processo in cui sia parte un fallimento. È una questione non secondaria "documentata" dalla frequenza in cui l'istituto del patrocinio a spese dello Stato trova pratica applicazione e riscontro nelle procedure concorsuali.

In ordine al soggetto legittimato a proporre l'istanza per l'ammissione a gratuito patrocinio, si evidenzia come l'art. 78 del d.lgs n. 205/2002 statuisce che l'interessato che si trova nelle condizioni indicate nell'art. 76 stesso decreto, può chiedere di essere ammesso al patrocinio; l'interessato viene identificato dalla norma nel soggetto destinato a godere in modo diretto del beneficio dell'ammissione, e questo è "il cittadino non abbiente".

E sul soggetto legittimato a presentare istanza di ammissione al gratuito patrocinio in caso di procedura concorsuale, fermo restando comunque il diritto al compenso dell'avvocato incaricato della difesa giudiziale degli interessi del fallimento, la Cassazione con sentenza 19 novembre 2018 n. 29747 è intervenuta statuendo il seguente principio di diritto *"Per il caso in cui il fallimento sia parte di un processo, il curatore ha legittimazione esclusiva a proporre istanza per l'ammissione del medesimo al patrocinio a spese dello Stato, senza che il giudice delegato possa procedere d'ufficio all'attestazione della mancanza di disponibilità del denaro delle spese di cui all'art. 144 d.lgs. n. 115/2002".*

In pratica, stante il riportato principio della Suprema Corte, nei giudizi in cui è parte il fallimento, la legittimazione esclusiva a presentare istanza per il gratuito patrocinio è del curatore fallimentare, non potendo essere disposta d'ufficio da parte del giudice delegato.

Difensore di persona dichiarata irreperibile

In presenza di un provvedimento dell'autorità giudiziaria, nemmeno contestato o posto in discussione nel procedimento principale, **dichiarativo della irreperibilità del condannato** – ed evidentemente già preceduto dalle ricerche infruttuose previste ai fini della relativa dichiarazione – **non può porsi a carico del difensore, il quale ha richiesto la liquidazione dei compensi per l'attività professionale svolta,** quale difensore di ufficio, in favore di condannato irreperibile, l'onere di dare la prova della persistente irreperibilità di quest'ultimo o l'onere di effettuare ricerche del patrocinato. (Cass. 8 settembre 2017 n. 20967; Cass. pen., 22 ottobre-17 dicembre 2008 n. 46392).

Qualora l'irreperibilità non sia stata dichiarata con provvedimento formale, la corresponsione del compenso è sottoposta alla condizione che egli dimostri di avere esperito inutilmente le procedure per il recupero del credito professionale (Cass. pen. 28/1-30 marzo 2009 n. 13816).

Liquidazione per gradi giudizio

La liquidazione è effettuata (art. 83 d.lgs. 115/2002) **al termine di ciascuna fase o grado del processo,** e comunque, all'atto della cessazione dell'incarico, dall'autorità giudiziaria che ha proceduto.

Il giudice competente può, comunque, provvedere alla liquidazione dei compensi dovuti per le fasi o i gradi anteriori del processo, **se il provvedimento di ammissione è intervenuto dopo la loro definizione.**

In caso di gratuito patrocinio, il compenso dell'avvocato va determinato dal giudice del merito anche con riferimento all'**incidente cautelare davanti al tribunale del riesame**; per l'attività svolta in procedimento *de libertade* la competenza a liquidare i compensi non è del tribunale del riesame (Cass. pen. 26 ottobre 2018 n. 49139). Nel senso alla liquidazione dei compensi dovuti al difensore dell'imputato per l'attività svolta in procedimenti *de libertade* davanti al tribunale del riesame deve provvedere detto tribunale e non l'organo giudiziario che ha definito la fase di merito nell'ambito della quale i detti procedimenti hanno avuto collocazione, Cass. 19 marzo 1999 n. 2287; Cass. 20 marzo 2002 n. 14246.

Giudice competente per la liquidazione

La richiesta di liquidazione delle spettanze processuali in questione, **potrà depositarsi solo al giudice innanzi al quale l'attività difensiva è svolta.** La liquidazione del compenso al difensore dell'imputato ammesso al patrocinio a spese dello Stato appartiene alla competenza del giudice della fase o del grado in relazione al quale è stata prestata l'opera del professionista, in quanto quest'ultima è compiutamente apprezzabile solo dal giudice dinanzi al quale l'attività si è svolta (Cass. pen., sez. IV, 27 maggio 2005; Corte App. Venezia 7 ottobre 2004); e ciò anche se il processo è transitato in altra fase o grado (Cass. pen., sez. V, 8 febbraio 2005).

Solo nelle ipotesi di ammissione al patrocinio c.d. sopravvenuta il giudice può provvedere alla liquidazione del compenso anche per le fasi e i gradi anteriori al giudizio (Ministero della Giustizia, Ufficio I, 17.10.2014. 0138763.U).

L'istanza di liquidazione **potrà anche essere depositata in udienza** (tranne che avanti la Corte di Cassazione) prima che l'autorità giudiziaria si ritiri in camera di consiglio o riservi la decisione.

La problematica della possibilità di un provvedimento di revoca dell'ammissione al patrocinio a spese dello Stato, per il giudizio di cassazione, è stata risolta dalla Corte di Cassazione (Cass., sez. un. 20 febbraio 2020 n. 4315) con il seguente principio di diritto. **Revoca gratuito patrocinio giudizio Cassazione**

"In tema di patrocinio a spese dello Stato nel processo civile, la competenza a provvedere sulla revoca del provvedimento di ammissione al detto patrocinio spetta, per il giudizio di cassazione, al giudice di rinvio ovvero – nel caso di mancato rinvio – al giudice che ha pronunciato il provvedimento impugnato.

Salvo il caso in cui la causa sia stata rimessa al giudice di rinvio, il giudice che ha pronunciato il provvedimento impugnato, ricevuta copia della sentenza della Corte di cassazione ai sensi dell'art. 388 cpc, è tenuto a valutare la sussistenza delle condizioni previste dall'art. 136 TUSG per la revoca dell'ammissione al patrocinio a spese dello Stato cui una delle parti sia stata ammessa".

L'autorità giudiziaria provvederà a decidere sull'istanza di liquidazione durante la camera di consiglio per la decisione del giudizio e darà lettura del decreto di liquidazione dopo quella del provvedimento conclusivo del giudizio.

Il compenso spettante alla parte ammessa a gratuito patrocinio **non può essere liquidato in sentenza** dovendo intervenire la liquidazione a mezzo di apposito decreto di pagamento (Cass. 31 marzo 2011 n. 7504): l'art. 83, comma 3 bis, del dPR n. 115 del 2002 dispone che il decreto di pagamento è emesso dal giudice contestualmente alla pronuncia del provvedimento che chiude la fase cui si riferisce a relativa richiesta. E ciò con il chiaro intento di accelerare la procedura di erogazione del compenso da liquidarsi da parte dei magistrati a favore dei difensori. **Liquidazione in sentenza**

Occorre evidenziare che la liquidazione del compenso all'avvocato, anche in caso di attività in materia di gratuito patrocinio, va effettuata in base alla nota presentata e non forfettariamente (Cass. n. 20325 del 2017), e ciò al fine di consentire un controllo sulla correttezza della liquidazione.

È opportuno evidenziare che **in mancanza di una espressa domanda-istanza, il giudice non può liquidare d'ufficio il compenso** che spetta all'avvocato della parte ammessa al patrocinio a spese dello Stato. È necessario, quindi, un atto di impulso **Liquidazione d'ufficio** della parte ammessa al gratuito patrocinio (Cass. 13 maggio 2009 n. 11038).

In mancanza della "richiesta" il giudice non può emettere d'ufficio il decreto di liquidazione dei compensi spettanti all'avvocato per le attività difensive prestate a favore dei non abbienti.

Contributo unificato

In sede di liquidazione del compenso al difensore d'ufficio, **devono essere riconosciuti al difensore gli importi pagati a titolo di contributo unificato per l'instaurazione della procedura di opposizione al decreto di liquidazione**, anche se questa accede ad un procedimento di natura penale (Trib. Milano 29 ottobre 2003), nonché l'importo della tassa richiesta dal consiglio dell'ordine per rilasciare il parere sulla congruità degli onorari professionali (Cass. Pen. 28 gennaio 2004 n. 44059).

Rimborso spese generali d'ufficio

L'orientamento consolidato della giurisprudenza è ormai, nel senso, che spettando "d'ufficio" le spese generali (si rinvia sul punto a quanto illustrato nella parte II del volume). Si è specificato (Ordine di servizio n. 183 del 28.4.2017 del Tribunale di Urbino) che, ove non diversamente stabilito dal giudice, le espressioni **"oltre accessori nella misura di legge"** e simili, si intendono comprensive anche del rimborso forfettario nella misura normale del 15%.

Compenso per sostituto

Al difensore della persona ammessa al patrocinio a spese dello Stato **compete, in ogni caso, il compenso per l'attività difensiva svolta dal sostituto**; occorre evidenziare che il difensore della persona ammessa al patrocinio a spese dello Stato può nominare un sostituto ai sensi dell'art. 102 c.p.p. (Corte cost. 28 giugno 2002 n. 299).

Attività ante provvedimento ammissione

Il difensore della persona ammessa al patrocinio a spese dello Stato **ha diritto alla liquidazione del compenso anche per l'attività processuale svolta anteriormente al provvedimento di ammissione** (Trib. Napoli 11 marzo 2004).

Prescrizione compenso da gratuito patrocinio

L'ammissione al gratuito patrocinio determina l'insorgenza di un rapporto che si instaura direttamente tra il difensore e lo Stato (Cass. 27 gennaio 2015 n. 1539) e il diritto di credito che nasce da questo rapporto è sottoposto a prescrizione.

Nel caso di compenso spettante al difensore della parte ammessa al patrocinio a spese dello Stato, **il giudice richiesto della liquidazione può rilevare d'ufficio la prescrizione** (Trib. Milano, sez. VI,-3, ordinanza 2 aprile 2015). La *ratio* della rilevabilità d'ufficio della prescrizione presuntiva del compenso dell'avvocato della parte ammessa al patrocinio a spese dello Stato, è proprio l'obbligazione pubblica erariale, atteso che la prescrizione non opera d'ufficio. *Contra,* Trib. Mantova 24 febbraio 2017, il quale afferma che **all'onorario spettante al difensore d'ufficio** che abbia inutilmente esperito la procedura esecutiva nei confronti dell'imputato **non può trovare applicazione la norma di cui all'art. 2956 n. 2** cod. civ., per incompatibilità di tale disposizione rispetto alla *ratio* sottesa alla disciplina sulla prescrizione presuntiva, **né l'eccezione di prescrizione è rilevabile d'ufficio**: Trib. Mantova 23 marzo 2017; conforme anche Trib. Taranto 18 luglio 2018 in cui si afferma che è inapplicabile la prescrizione presuntiva triennale ex art.2956, comma 2, cod. civ., ai crediti professionali dell'avvocato da liquidarsi in caso di patrocinio a spese dello Stato, sia per la natura del credito che per la legge speciale regolatrice della materia, contenuta nel testo unico sulle spese di giustizia.

Sia la prescrizione presuntiva che quella ordinaria non operano autonomamente, ma devono essere eccepite dalla parte che vi ha interesse, non potendo il giudice rilevare d'ufficio la prescrizione. In tale sentenza si afferma sia l'assoggettabilità a prescrizione presuntiva del compenso spettante all'avvocato ammesso a patrocinio a spese dello Stato, sia la rilevabilità d'ufficio della prescrizione presuntiva.

Il *dies a quo* della decorrenza della prescrizione del diritto di credito del difensore della parte ammessa al patrocinio a spese dello Stato, viene individuato dalla riferita decisione, nel provvedimento conclusivo del procedimento.

6. Contestazione decreto pagamento

Modalità opposizione

La regola generale in materia di impugnazione è che il provvedimento emesso dal giudice che procede è ricorribile al capo dell'ufficio giudiziario cui appartiene il giudice che lo ha emesso (Presidente del Tribunale e Presidente Corte di appello), e la decisione del capo dell'ufficio è a sua volta soggetta a ricorso per cassazione.

Nel solo processo tributario il diniego all'ammissione al gratuito patrocinio deve essere impugnato davanti al Presidente della Commissione tributaria (Tar Campania Napoli n. 3649 del 2011).

L'opposizione al decreto di pagamento, che **l'avvocato ritenga non congruo in relazione alle caratteristiche e pregio dell'attività difensiva svolta, va impugnato con ricorso ex art. 702 bis c.p.c.** in opposizione al decreto di pagamento. Infatti il decreto di pagamento è sottoposto a un suo regime impugnatorio (art. 70 dpr n. 115/2002; d.lgs. n. 150/2011; art. 702-bis c.p.c.).

Occorre comunque evidenziare che **parte necessaria nei procedimenti di opposizione a liquidazione** regolati dal dPR n. 115/2002, **deve reputarsi ogni titolare passivo del rapporto di debito oggetto del procedimento stesso** (Cass. 28 gennaio 2016 n. 1617).

Opposizione decreto pagamento e foro erariale

L'opposizione al decreto di pagamento delle competenze del difensore di persona ammessa al patrocinio a spese dello Stato, è sottratta alla regola del foro erariale, essendo fissata, in deroga, la competenza territoriale del giudice di prossimità, come risulta dall'art. 15 d.leg. n. 150/2011, per cui il ricorso si propone al capo dell'ufficio giudiziario cui appartiene il magistrato che ha emesso il provvedimento impugnato (Cass. 5 giugno 2014 n. 12668).

Provvedimenti ricorribili in Cassazione

I **provvedimenti emessi dal Tribunale o dalla Corte di appello in sede di reclamo avverso il decreto di liquidazione** del compenso al difensore, **sono ricorribili per cassazione** per violazione di legge, in quanto pur non essendo formalmente qualificati come sentenze, i provvedimenti menzionati hanno carattere decisorio e capacità di incidere in via definitiva su diritti soggettivi (Cass. pen,., sez. IV, 29 settembre 2003; Cass. pen., sez. un., 28 maggio 2003).

Il ricorso per Cassazione avverso i provvedimenti pronunciati sulle opposizioni alla liquidazione di compensi ai difensori nominati al patrocinio a spese dello Stato, deve essere assegnato comunque alle sezioni civili, anche se la decisione gravata venne pronunciata da magistrati addetti al servizio penale (Cass. 3 settembre 2009 n. 19161).

Difensore legittimato alla impugnazione

La legittimazione a ricorrere per cassazione avverso il provvedimento che abbia rigettato o solo parzialmente accolto l'opposizione del difensore avverso il decreto di liquidazione del compenso, **spetta esclusivamente al difensore medesimo**, non anche al patrocinato, che non può considerarsi soccombente nel procedimento, né ha interesse a dolersi dell'esiguità della liquidazione (Cass. 15 maggio 2014 n. 10705). Si é, però, precisato che deve ritenersi, per il combinato disposto degli artt. 84 e 170 dPR n. 115/2002, legittimato all'opposizione avverso il decreto di pagamento del compenso al difensore sia non solo quest'ultimo, ma anche l'imputato che sia stato ammesso al beneficio (Cass. pen., 11 giugno 2008 n. 39515).

Giudizio di opposizione

Il giudizio di opposizione al decreto di liquidazione dei compensi spettanti al difensore della parte ammessa al patrocinio a spese dello Stato, è disciplinato dall'art. 170, dpr n. 115/2002, il cui primo comma rinvia alle regole processuali contenute nell'art. 15, del d.lgs. n. 150/2011, con conseguente applicazione del rito sommario di cui agli artt. 3 e ss.; la disciplina generale della mancata comparizione delle parti di cui agli artt. 181 e 309 cpc non è in contrasto con le ragioni che hanno condotto alla sottoposizione del procedimento di cui all'art. 170 del dPR n. 150/2002 al rito sommario speciale ex art.15 d.lgs. n. 150/2001, atteso che il mero deposito del ricorso è idoneo ad attivare il giudizio e ad investire il giudice del potere-dovere di decidere senza necessità di ulteriori atti di impulso processuale (Cass. 31 ottobre 2018 n. 27915).

Fallimento ammesso a gratuito patrocinio

Nel giudizio di opposizione avverso il decreto di liquidazione degli **onorari al difensore di un procedimento di cui è parte un fallimento ammesso al patrocinio a spese dello Stato**, l'erario è parte necessaria e va identificato nel Ministero della giustizia.

Modifica o revoca provvedimenti liquidazione

I provvedimenti di liquidazione non restano nella disponibilità del giudice che li ha emessi, e **sono emendabili solo in sede di (eventuale) impugnazione**, non potendo il giudice che li ha emessi modificarli o revocarli (Corte cost. 24 settembre 2015 n. 192).

Il difensore di persona ammessa al patrocinio a spese dello Stato che, ai sensi degli artt. 84 e 170 dPR n. 115 del 2002, proponga opposizione avverso il decreto di pagamento dei compensi, contestando l'entità delle somme liquidate, agisce in forza di una propria autonoma legittimazione a tutela di un diritto soggettivo patrimoniale, non rientrante nell'ambito delle "eventuali procedure derivate ed accidentali comunque connesse" di cui all'art. 75 del menzionato dPR n. 115/2002. Ne consegue che il diritto alla liquidazione degli onorari del procedimento medesimo e l'eventuale obbligo del pagamento delle spese sono regolati dalle disposizioni del codice di procedura civile relative alla "responsabilità delle parti per le spese" ex artt. 91 e 92, commi 1 e 2, c.p.c. (Cass., sez. un., 24 aprile 2008 n. 25931; Trib. Potenza 27 dicembre 2014).

7. Revoca ammissione patrocinio a spese dello Stato

Modifiche condizioni reddituali

Nel caso in cui **nel corso del processo sopravvengano modifiche delle condizioni reddituali** della parte ammessa al patrocinio a spese dello Stato, **il provvedimento di** ammissione **adottato provvisoriamente dal Consiglio dell'ordine va revocato** ai sensi dell'art. 136, comma 1, dPR n. 115/2002, con effetto, quindi, dal momento dell'accertamento delle modificazioni reddituali (la revoca vale per il futuro). L'interessato, in tal caso, può comunque presentare una nuova domanda di ammissione al beneficio per gli anni successivi a quelli in cui si è verificata la predetta variazione, qualora il reddito relativo rientri nei limiti di cui all'art. 76 dPR n. 115/2002 (Trib. Verona 18 luglio 2014).

È legittima, quindi, la **revoca dell'originario provvedimento di ammissione al gratuito patrocinio per il superamento *ab origine*** della soglia di reddito prevista dalla legge, inizialmente ritenuta sussistente (Cass. pen., 12 dicembre 2012 n. 5513).

Mala fede o colpa grave

L'organo giudicante **deve revocare l'ammissione al patrocinio a spese dello Stato nel caso in cui,** a seguito del giudizio, risulti provato che **la persona ammessa al beneficio in questione, abbia agito o resistito in giudizio con mala fede o colpa grave** (Corte cost. 17 luglio 2009 n. 220; Cass. pen., sez. V, 20 dicembre 2007; Corte app. Milano 4 marzo 2015).

Domanda manifestamente infondata

L'ammissione al patrocinio a spese dello Stato ammessa in via anticipata e provvisoria dal Consiglio dell'ordine, **deve essere revocata ex tunc**, ai sensi dell'art. 136 dPR n. 115/2002, **nel caso in cui la domanda sia stata rigettata perché manifestamente infondata** (Corte app. Milano, sez. II civ., 4 marzo 2015).

La revoca del beneficio, disciplinata dall'art.,136 dPR n. 115/2002, soccorre solo allorché sussistano in origine o vengano successivamente meno le condizioni per l'ammissione, dovendo con ciò fare riferimento ai presupposti reddituali, o quando la proposizione della domanda possano essere considerate frutto di abuso del diritto, avendo l'interessato agito o resistito con malafede o colpa grave (Cass. 31 luglio 2014 n. 17461; Cass. 30 maggio 2008 n. 14594).

Alla revoca ai sensi dell'art. 112, comma 1, lett. d) del dPR n. 115/2002 del provvedimento di ammissione al patrocinio a spese dello Stato, non consegue altresì la inefficacia del decreto di liquidazione del compenso al difensore che l'autorità giudiziaria abbia emesso ai sensi dell'art. 2 del dPR n. 115/2002 in costanza del provvedimento di ammissione, successivamente revocato (Cass. n. 17668 del 2019). Ne consegue, quindi, che il giudice che procede, chiamato dall'ufficio finanziario a rivalutare la sussistenza delle condizioni che avevano determinato l'ammissione dell'interessato al patrocinio a spese dello Stato, non può elidere anche il provvedimento di liquidazione delle competenze del difensore da questi nominato che ha una propria genesi, un beneficiario diverso da colui che risulta ammesso al patrocinio, un fondamento giurisdizionale e uno specifico strumento di impugnazione che non ammette l'esercizio di forme di autotutela.

Giudice competente per revoca

Il giudice funzionalmente **competente a revocare d'ufficio il decreto di ammissione** al patrocinio a spese dello Stato **va individuato nel magistrato che procede nel momento in cui sono venuti meno i requisiti sostanziali per il godimento del beneficio** (Cass. pen., 7 novembre 2013 n. 49420).

Ai sensi dell'art. 136, comma 1, del dPR n. 115/2002 il giudice competente alla revoca dell'ammissione al patrocinio a spese dello Stato (disposta in via provvisoria dal consiglio dell'ordine) è quello che procede nel momento in cui si realizzi una delle ipotesi che giustifichino tale provvedimento. Nelle ipotesi in cui si accerti l'insussistenza ab origine delle condizioni per l'ammissione al beneficio, competente può essere anche il giudice di appello rispetto alla ammissione relativa al primo grado di giudizio (Trib. Verona 8 aprile 2016).

Ricorso avverso provvedimento revoca

Il **soggetto legittimato**, a norma dell'art. 113 dPR n. 115/2002, **a proporre ricorso per cassazione avverso il provvedimento di revoca dell'ammissione** al patrocinio a spese dello Stato è unicamente l'imputato quale diretto fruitore del beneficio e non anche il difensore, che trae il corrispondente vantaggio economico solo in via mediata (Cass. pen., 22 dicembre 2011 n. 8909).

In materia di gratuito patrocinio, la legittimazione del difensore in proprio è limitata soltanto alla controversia in tema di liquidazione di compensi (Cass., sez. un. n. 26907/2016), ma non è configurabile anche con riferimento all'opposizione avverso il decreto di rigetto dell'istanza di ammissione o di revoca del gratuito patrocinio; in tali casi, infatti, detta legittimazione è riconoscibile al solo interessato, ovvero propriamente alla parte che si vuole avvalere del gratuito patrocinio o che vi è stata ammessa ma il cui beneficio sia stato poi revocato (Cass. 11 settembre 2018 n. 21997).

Quanto allo strumento impugnatorio avverso il provvedimento di revoca della ammissione al patrocinio a spese dello Stato in sede civile, ai sensi dell'art. 136 del dPR n. 115/2002, deve individuarsi, in mancanza di espressa previsione normativa, nell'art. 170 del dPR n. 115/2002 che, pur rivolto a regolare l'opposizione ai decreti di pagamento in favore dell'ausiliario, del custode, deve ritenersi estensibile alle opposizioni ai provvedimenti di revoca dell'ammissione al detto patrocinio deliberati dal giudice civile, configurando tale disposizione un rimedio generale contro tutti i decreti in materia di liquidazione, che non sono provvedimenti definitivi e decisori, ma mere liquidazioni o rifiuti di liquidazione, e quindi, esperibile necessariamente contro un decreto del magistrato del processo che la rifiuti (Cass. 8 marzo 2018 n. 5535; Cass. 23 settembre 2013 n. 21685; Cass. 17 ottobre 2011 n. 13807). **L'impugnazione del decreto di revoca con ricorso diretto per cassazione viene ammessa nel solo caso,** contemplato dall'art. 113 del dPR n. 115/2002, in cui esso sia pronunciato a seguito di richiesta di revoca dell'ufficio finanziario (Cass. 8 febbraio 2018 n. 3028).

Legittimata passiva nel procedimento di opposizione avverso la revoca dell'ammissione al patrocinio, è unicamente l'amministrazione interessata (di regola, il Ministero della giustizia), soggetto passivo del rapporto debitorio scaturente dall'ammissione al beneficio, ovvero l'Agenzia delle Entrate, laddove la revoca dell'ammissione al patrocinio sia richiesta dall'ufficio finanziario ai sensi dell'art. 127, comma 3, dPR n. 115/2002 a seguito della verifica dell'esattezza dell'ammontare dei redditi dichiarati (Cass. 2 novembre 2016 n. 22148; Cass. 26 ottobre 2015 n. 21700).

Revoca d'ufficio provvedimento liquidazione

Il decreto di liquidazione del compenso al difensore non è revocabile, né modificabile, d'ufficio poiché l'autorità giudiziaria che lo emette, salvi i casi espressamente previsti, consuma il suo potere decisionale e non ha il potere di autotutela tipico dell'azione amministrativa (Cass. 6 giugno 2014 n. 12795).

Avverso il decreto di revoca del pagamento dei compensi al difensore di un soggetto ammesso al gratuito patrocinio non è proponibile il ricorso per cassazione bensì l'opposizione disciplinata dagli artt. 84 e 170 del dPR n. 115/2002 (Cass. n. 8182 del 2020).

La revoca del gratuito patrocinio all'imputato non determina però l'inefficacia del decreto di liquidazione del compenso al difensore emesso, ex art. 82 dpr n. 115/2002, in costanza del provvedimento di ammissione successivamente revocato (Cass. n. 17668 del 2019). Alla revoca ai sensi dell'art. 112, comma 1, lett. d) del provvedimento di ammissione al patrocinio a spese dello Stato, quindi, non consegue anche l'inefficacia del decreto di liquidazione del compenso al difensore che l'autorità giudiziaria abbia emesso ai sensi dell'art. 82 dpr n. 115/2002 in costanza del provvedimento di ammissione, successivamente revocato.

La revoca d'ufficio del decreto di ammissione al beneficio è soggetta a ricorso al Presidente dell'ufficio giudiziario cui appartiene il giudice che ha disposto la revoca e non a ricorso per cassazione (Cass. pen., 14 aprile 2011 n. 33012).

Condizioni per revoca ammissione

La revoca del beneficio, disciplinata dall'art.,136 dPR n. 115/2002, **soccorre solo allorché sussistano in origine o vengano successivamente meno le condizioni per l'ammissione**, dovendo con ciò fare riferimento ai presupposti reddituali, o quando la proposizione della domanda possano essere considerate frutto di abuso del diritto, avendo l'interessato agito o resistito con malafede o colpa grave (Cass. 31 luglio 2014 n. 17461; Cass. 30 maggio 2008 n. 14594).

È legittima, quindi, la revoca dell'originario provvedimento di ammissione al gratuito patrocinio per il superamento *ab origine* della soglia di reddito prevista dalla legge, inizialmente ritenuta sussistente (Cass. pen., 12 dicembre 2012 n. 5513).

Opposizione alla revoca e ricorso cassazione

Nel procedimento per l'ammissione al patrocinio a spese dello Stato trovano applicazione le regole procedurali proprie del rito penale, per cui il **ricorso in cassazione avverso l'ordinanza che decide sulla opposizione alla revoca del gratuito patrocinio deve essere presentato mediante deposito presso la cancelleria** del giudice che ha emesso il provvedimento impugnato ai sensi degli artt. 582-583 c.p.p. (Cass. pen., 22 ottobre 2015 n. 3628). Avverso il decreto di revoca del pagamento dei compensi al difensore di un soggetto ammesso al gratuito patrocinio non è proponibile il ricorso per cassazione bensì l'opposizione di cui agli artt. 84 e 170 del dPR n.115/2002 (Cass. n. 8182 del 2020).

8. Compenso per gratuito patrocinio e tariffa penale

Criteri liquidazione compenso giudizi penali

In ordine alle liquidazioni delle prestazioni svolte in favore di soggetti ammessi al patrocinio a spese dello Stato ai sensi del D.P.R. n. 115/2002, connessi a rilevanti ricadute erariali, **l'art. 12, comma 2 (ultima parte) del D.M. n. 55/2014 (tariffa penale) statuisce che nella liquidazione del compenso al difensore, si tiene specifico conto della concreta incidenza degli atti assunti rispetto alla posizione processuale della persona difesa e gli importi sono ridotti, di regola del 30%, riduzione del 30%** confermata dall'art. 1, comma 606, della Legge 27 dicembre 2013, n. 147. Nella versione definitiva del decreto non è stata, invece, prevista la ulteriore riduzione del 30%, e ciò in quanto la norma primaria (legge di stabilità 2014) già prevedeva tale riduzione e vi sarebbe stata una duplicazione delle riduzioni.

Diversità limiti reddituali nel penale

Le norme dell'ordinamento che sanciscono un diverso e più favorevole limite di reddito per accedere al patrocinio a spese dello Stato **nel giudizio penale rispetto agli altri giudizi, civile e amministrativo, sono costituzionalmente legittime** (Corte cost. 19 novembre 2015 n. 237). In particolare è stata confermata la legittimità della norma la quale prevede, soltanto per il processo penale, la regola in forza della quale, **ove l'interessato conviva con il coniuge o con altri familiari, i limiti di reddito annui per l'ammissione al beneficio sono aumentati di € 1.032,91.**

È stata dichiarata infondata (Corte cost. 29 gennaio 2016, n. 13; Corte cost. 24 settembre 2015 n. 192) la questione di legittimità costituzionale degli artt. 106-bis del dPR 30.5.2002 n. 115, come introdotto dall'art. 1, comma 606, L. n. 147/2013 ed art. 1, comma 607, stessa legge, nella parte in cui dispongono che la riduzione di un terzo degli importi dovuti al difensore si applichi anche alla liquidazione degli onorari per prestazioni già interamente compiute prima della sua entrata in vigore.

Si è, altresì, precisato che gli onorari dovuti al difensore della parte ammessa al gratuito patrocinio **non possono essere superiori ai valori medi delle tariffe professionali** (Cass. 21 ottobre 2015 n. 21461).

Limite liquidazione compenso

9. Gratuito patrocinio e riduzione compenso

Liquidazione al di sotto dei parametri

Con riferimento alla disciplina della liquidazione dei compensi al difensore che ha assistito una parte ammessa al patrocinio a spese dello Stato, l'art. 82 del dPR n. 115/2002 specifica che **il giudice deve liquidare l'onorario tenuto conto della natura dell'impegno professionale, in relazione all'incidenza degli atti assunti rispetto alla posizione processuale della persona difesa**. Tale norma consente al giudice di scendere al disotto dei parametri di normale riferimento tutte le volte in cui l'attività in concreto svolta dal difensore sia di grado modesto, avuto riguardo alla sua incidenza sulla posizione processuale del soggetto ammesso al patrocinio a spese dello Stato o all'effettiva consistenza della lite.

La possibilità di operare una riduzione sul compenso quantificato nei minimi tabellari e della riduzione di un terzo sui minimi è ormai riconosciuta dalla giurisprudenza della Suprema Corte (Cass.14 luglio 2022 n. 22257).Infatti sul compenso determinato, anche se nei valori minimi, la successiva applicazione della ulteriore decurtazione di cui all'art. 106-bis dPR n. 115/2002, non costituisce violazione del minimo tariffario: la norma costituisce disposizione speciale, applicabile alle liquidazioni del compenso previsto per il difensore d'ufficio dell'imputato irreperibile, per le quali sussistono le medesime esigenze di contemperamento tra la tutela dell'interesse generale alla difesa del non abbiente ed il diritto dell'avvocato ad un compenso equo. La riduzione del 30% prevista dall'art. 106-bi cit. non riduce il compenso ad un valore meramente simbolico, né viene determinato a prescindere dalla valutazione della natura, contenuto e pregio dell'attività (Cass. 4759 del 2022).

Si è precisato (Cass. 21 ottobre 2015) che al difensore d'ufficio dell'imputato ammesso al gratuito patrocinio **non spetta l'aumento del compenso anche se la causa richiede un impegno**

particolare, e ciò sia perché esiste un espresso divieto (art. 82 dpr n. 115/2002), sia perché la norma già contempla la natura dell'impegno professionale come requisito da prendere in considerazione ai fini della liquidazione dell'onorario.

Cass. n. 10876/2016

Anche se con riferimento al previgente sistema tariffario di cui al D.M. n. 127 del 2004, la Suprema Corte, con la sentenza 25 maggio 2016 n. 10876, fa chiarezza sui margini di discrezionalità del giudice nella liquidazione dei compensi al difensore in caso di patrocinio a spese dello Stato, affermando che **ai fini della liquidazione del compenso al difensore, il criterio del valore della controversia determinato a norma del codice di procedura civile ha** – quanto alla individuazione dello scaglione di tariffa applicabile – **un valore parametrico e di massima, sicché non è esclusa la possibilità per il giudice di discostarsi da quel parametro scendendo al di sotto di esso**, ogni qualvolta ciò sia giustificato dalla natura dell'impegno professionale, in relazione all'incidenza degli atti assunti rispetto alla posizione processuale del soggetto difeso (conf. Cons. Stato, sez. V, 31 ottobre 2012 n. 5548).

La "riduzione" del compenso in parola si applica anche nel processo amministrativo (Cons. Stato, ad.plen, 24 aprile 2012 n. 6).

Il giudice può, quindi, scendere al di sotto dei valori parametrici laddove ciò sia giustificato dalla natura dell'impegno professionale.

Del resto, qualora non venisse applicato il criterio del *decisum*, si rischierebbe un possibile uso distorto dell'istituto del patrocinio a spese dello Stato: l'ordinamento consentirebbe alla parte ammessa al gratuito patrocinio di proporre domande di ingente valore ma per ipotesi destinate a soccombere su questioni processuali, e per ciò solo di vincolare l'organo giudicante a liquidare importi elevatissimi destinati a gravare sull'erario.

In sostanza, in base ad una lettura costituzionalmente orientata, in tema di gratuito patrocinio, **il criterio del *decisum* si pone come generale parametro di quantificazione degli onorari tutte le volte in cui si palesa, alla luce degli esiti del giudizio, una manifesta iniquità e sproporzione tra la liquidazione dell'onorario secondo il parametro del *deductum* e l'opera professionale concretamente svolta.**

In altri termini, in tema di patrocinio a spese dello Stato, ai fini della liquidazione del compenso al difensore, **il criterio del valore della controversia determinato a norma del codice di procedura civile ha** – quanto alla individuazione della scaglione di tariffa applicabile – **un valore parametrico e di massima**, sicché non è esclusa la possibilità per il giudice di discostarsi da quel parametro, scendendo al di sotto di esso, ogni qualvolta ciò sia giustificato dalla natura dell'impegno professionale, in relazione all'incidenza degli assunti rispetto alla posizione processuale del soggetto. In pratica il valore della controversia per il compenso, si determina tenendo conto dell'attività in concreto svolta dal difensore (Cass. 25 maggio 2016 n. 10876).

Valore controversia e gratuito patrocinio

Non contano i danni liquidati dal giudice a carico del convenuto ma quelli richiesti per calcolare il compenso all'avvocato della parte citata in giudizio e patrocinata a spese dello Stato. L'emolumento per l'avvocato ammesso al patrocinio a spese dello Stato va raccordato al *petitum* complessivo (Cass. 1 ottobre 2015 n. 19588); conta il totale dei danni richiesti, e non liquidati, per calcolare il compenso al legale del convenuto. Il criterio del *decisum* si applica invece per la quantificazione del valore della causa che serve alla liquidazione dell'onorario nei rapporti tra la parte vittoriosa e quella soccombente.

Da tutto quanto innanzi riportato, ne consegue che in tema di patrocinio a spese dello Stato nel processo civile, in base al combinato disposto degli artt. 82 e 130 dPR n. 115/2002, i compensi spettanti al difensore sono liquidati in modo che, in ogni caso, non risultino superiori ai valori medi delle tariffe professionali vigenti, e sono ridotti alla metà.

Riduzione compenso

La misura della liquidazione non può superare la metà dei valori medi delle tariffe professionali vigenti.

E la Cassazione con ordinanza 12 dicembre 2011 n. 26643 ha "specificato" che la disposizione di cui all'art. 82 dPR n. 115/2001, che impone di liquidare l'onorario e le spese al difensore in modo che l'importo non risulti superiore ai valori medi delle tariffe professionali vigenti, va interpretato nel senso che la media dei valori tariffari funge da limite massimo, non nel senso che la liquidazione debba avvenire necessariamente secondo la media delle tariffe, potendo il compenso essere liquidato anche in misura inferiore alla media, purché non al di sotto delle tariffe minime (in termini, anche Cass. pen. Sez. IV, 27 settembre 2007).

La previsione di limiti nella determinazione degli onorari in tema di gratuito patrocinio contempera ragionevolmente la necessità di assicurare la difesa tecnica del non abbiente e retribuire l'attività del legale con l'incidenza del relativo costo sulla intera collettività (Cass. 21 ottobre 2015 n. 21461). La riduzione del 30% prevista dall'art. 106-bi cit. non riduce il compenso ad un val,ore meramente simbolico, né viene determinato a prescindere dalla valutazione della natura, contenuto e pregio dell'attività (Cass. 4759 del 2022).

Legittimità normativa riduttiva

La legittimità di detta normativa "riduttiva" del compenso dell'avvocato è stata confermata da Corte cost. 29 luglio 2005 n. 350 (ribadita da Corte cost. 30 maggio 2016 n. 122) che ha dichiarato manifestamente infondata la questione di legittimità costituzionale dell'art. 130 dPR n. 115/2002, nella parte in cui prevede che, nel caso di patrocinio a spese dello Stato, gli importi spettanti al difensore – che devono essere liquidati, ai sensi dell'art. 82 stesso dPR, in modo da non superare i valori medi della tariffa professionale vigente – siano ulteriormente ridotti della metà, ove si tratti di processi civili o amministrativi.

E sempre in tema di riduzione del compenso, Corte cost. 29 gennaio 2016 n. 13 ha dichiarato infondata la questione di legittimità costituzionale degli artt. 106 bis del dPR n. 155/2002 introdotto dall'art. 1, comma 606, L. n. 147/2013, nella parte in cui **dispongono che la riduzione di un terzo degli importi dovuti al difensore si applichi anche alla liquidazione degli onorari per prestazioni già interamente compiute prima della sua entrata in vigore.**

Peraltro si è affermato (Cass. 25 maggio 2016 n. 10876) che in tema di patrocinio a spese dello Stato, **il giudice ha la possibilità di scendere al di sotto dei parametri nel caso in cui l'impegno dell'avvocato sia stato modesto, anche facendo riferimento alla effettiva consistenza della lite**. E sempre la Corte di cassazione (23 marzo 2016 n. 5806) ad affermare che in linea con l'interesse generale perseguito dal legislatore e dell'obiettivo di garantire al non abbiente il diritto di difesa, non può ritenersi che sia stata implicitamente abrogata dall'art. 2, comma 2, del d.l. n. 223/2006 la disposizione dell'art. 130 del dPR n. 115/2002 che stabilisce la riduzione a metà degli importi che spettano al difensore in caso di patrocinio a spese dello Stato nel processo civile.

10. Gratuito patrocinio e compensazione crediti-debiti degli avvocati

Il funzionamento dell'istituto del gratuito patrocinio, in questi ultimi anni è stato inficiato dalla eccessiva lentezza del pagamento degli importi delle parcelle dovute da parte dello Stato a seguito dell'ammissione al patrocinio a spese dello Stato, con ritardo nei pagamenti anche oltre i 24 mesi. L'eccessivo ritardo nel pagamento delle competenze liquidate nell'ambito del patrocinio a spese dello Stato, rischia, però, di depotenziare l'istituto del gratuito patrocinio, preposto a garantire il rispetto dei principi costituzionali del diritto alla difesa e dell'uguaglianza dei cittadini di fronte alla legge.

Ratio della compensazione

Per limitare gli effetti negativi conseguenti ai ritardi dello Stato nei pagamenti dei crediti da gratuito patrocinio, con la legge di stabilità 2016 (art. 1, comma 778, della L. 28.12.2015 n. 208), sono state introdotte norme tese a rafforzare l'effettività e l'efficacia dell'istituto del gratuito patrocinio, prevedendo per gli avvocati che vantano crediti per spese di giustizia nei confronti dello Stato, di porre tali somme in compensazione con quanto dovuto per imposte, tasse e contributi previdenziali, rendendo così più appetibile per i legali il ricorso all'istituto del gratuito patrocinio.

Disciplina della compensazione

Con la pubblicazione della L. 28.12.2015 n. 208 (in Gazzetta Ufficiale n. 302 del 30.12.2015), ed il successivo decreto 15.7.2016 (in G.U. 7.7.2016) con il quale sono state specificate le modalità di compensazione dei crediti vantati dagli avvocati per le attività svolte a seguito di ammissione al patrocinio a spese dello Stato, è stata incentivata la scelta del gratuito patrocinio da parte dell'avvocato, **prevedendo**:

- per l'avvocato, la **possibilità di compensare la propria parcella liquidata tramite il gratuito patrocinio con ogni importo e tassa ovvero a titolo di contributi previdenziali dovuta allo Stato**, pagando così meno tasse;

- per la parte meno abbiente, la possibilità di scegliere in un "bacino" più ampio di avvocati (senza avvocati disponibili ad offrire il loro ministero non vi può essere effettiva giustizia).

L. n. 208/2015 art. 1, co. 778

Infatti, l'art. 1, comma 778, L. n. 208/15, prevede che **a decorrere dall'anno 2016 i soggetti che vantano crediti per spese, diritti e onorari** di avvocato, sorti per assistenza e difesa per gratuito patrocinio di cui al d.P.R. 30.5.2002 n. 115, s**ono ammessi alla compensazione con quanto da essi dovuto per ogni imposta e tassa, sia pure con alcuni limiti "quantitativi"**.

In pratica, per gli avvocati che hanno crediti per spese, diritti e onorario da gratuito patrocinio, viene ammessa la compensazione di questi ultimi con quanto dai soggetti stessi dovuto all'erario per ogni imposta e tassa, compresi l'Iva, nonché al pagamento dei contributi previdenziali per i dipendenti mediante cessione anche parziale dei predetti crediti entro il limite massimo pari all'ammontare dei crediti stessi, aumentato dell'iva e del contributo previdenziale per gli avvocati.

Certamente la riferita normativa rafforzerà l'effettività e l'efficacia dell'istituto del gratuito patrocinio, la cui importanza è cresciuta in questi ultimi tempi a causa della crisi economica che ha costretto persone non abbienti a farvi ricorso. La normativa rappresenta nel contempo anche una "boccata d'ossigeno" per l'Avvocatura, in quanto da una parte i loro redditi in questi ultimi anni si sono notevolmente ridotti, e dall'altra hanno sempre più difficoltà ad "incassare" dallo Stato in tempi ragionevoli quanto loro spettante per compenso da gratuito patrocinio.

Attraverso le nuove disposizioni, quindi, **gli avvocati che vantino crediti per spese, diritti e onorari, maturati e non ancora saldati, e per i quali non sia stata proposta opposizione, potranno, attraverso una piattaforma elettronica di certificazione predisposta dal Ministero dell'economia, esercitare il diritto di utilizzare il credito in compensazione**.

Modalità compensazione

La facoltà di utilizzare i propri crediti in compensazione può essere esercitata dall'avvocato **presentando apposita domanda attraverso la piattaforma elettronica di certificazione** predisposta dal Ministero dell'economia.

La facoltà di utilizzazione della **compensazione potrà essere esercitata dagli avvocati a partire dal 17 ottobre 2016 e fino al 30 novembre 2016 per l'anno 2016, e dal 1 marzo al 30 aprile per gli anni successivi.**

L'autorità preposta alla liquidazione dei crediti è quella giudiziaria e la spesa autorizzata per l'anno 2016 è di 10 milioni di euro.

Circ. 3/10/2016

Con **circolare 3 ottobre 2016** il Ministero della Giustizia ha disciplinato, in tema di gratuito patrocinio, la compensazione dei debiti fiscali con i crediti per spese, diritti e onorari.

Ed infatti, viene precisato, che **i crediti da portare in compensazione devono essere liquidati dall'autorità giudiziaria con decreto di pagamento a norma dell'art. 2 del testo unico, non devono essere oggetto di opposizione e non devono risultare pagati, neanche parzialmente.** Per gli stessi, inoltre, **deve essere stata emessa fattura elettronica, ovvero fattura cartacea registrata sulla piattaforma elettronica di certificazione dei crediti (PCC),** attraverso la quale il creditore deve esercitare l'opzione di utilizzare il credito in compensazione (per l'intero importo della fattura), ed autocertificare, sotto la sua responsabilità, la sussistenza dei requisiti di legge.

Per esercitare l'opzione in compensazione, **l'avvocato deve essere registrato nella piattaforma quale "libero professionista",** accedere alla stessa con le proprie credenziali e seguire il percorso indicato sulla piattaforma.

Le **uniche fatture per le quali l'avvocato può esercitare l'opzione di compensazione sono quelle presenti sulla piattaforma di certificazione dei crediti.**

Mentre le fatture elettroniche vengono trasmesse alla piattaforma tramite il sistema di interscambio (SDI) e sono automaticamente associate ai codici fiscali dei creditori registrati nella piattaforma medesima, le fatture cartacee, ove non presenti, devono essere immesse specificatamente a cura del creditore.

Studio associato e compensazione

Gli studi legali associati possono compensare i debiti fiscali con i crediti vantati per l'attività di gratuito patrocinio (Ministero della giustizia, circolare 4 settembre 2017, prot. Dag. n. 163759). E ciò in quanto altrimenti si determinerebbe una disparità di trattamento tra il professionista individuale e quello associato, anche se entrambi sono chiamati a esercitare la difesa personalmente. Inoltre "risulterebbe irragionevole e ingiustificata una disparità di trattamento tra professionisti che prestano la medesima attività e che maturano lo stesso credito ammesso al meccanismo di compensazione per il solo fatto di avere optato o meno per una organizzazione collettiva della professione".

Il Ministero con la riferita circolare rettifica quanto in precedenza statuito in ordine alla "negativa" (Circolare 3.10.2016, Dipartimento per gli Affari di Giustizia, Direzione Generale della Giustizia Civile). L'esclusione dei crediti risultanti da fatture intestate a studi associati dalla compensazione era stata ampiamente "criticata" in quanto priva di adeguata base normativa. Infatti la lettera del comma 778 della L. n. 208 del 2015, afferma che alla compensazione sono ammessi i "soggetti" che vantano crediti per spese, diritti e onorari di avvocato, ed in tale ampia nozione di "soggetti" rientrano anche le associazioni professionali. Aggiungasi che tale esclusione si risolveva in una grave lesione della libertà professionale dell'avvocato, nonché della libertà – per il cliente – di scegliere il professionista da cui farsi assistere in giudizio (in termini, circolare Cons. Naz. Forense 3 ottobre 2016).

Decorrenza disciplina della compensazione

La nuova disciplina della compensazione dei crediti da gratuito patrocinio con le tasse **decorre dall'anno 2016**, entro il limite di spesa di 10 milioni di euro annui.

Per l'effettività della compensazione, la legge n. 208/2015 (art. 1, comma 778) prevede, però, espressamente che con decreto del Ministro dell'Economia e delle finanze, di concerto con il Ministro della giustizia, da emanare entro 60 giorni, sono stabiliti criteri, priorità e modalità per l'attuazione delle misure (di cui al comma 778) e per garantire il rispetto del limite di spesa dei 10 milioni annui (è l'importo "vicino" a quello che lo Stato ha sopportato negli ultimi anni per coprire le spese del gratuito patrocinio).

Decreto ministeriale su modalità compensazione

Ed, infatti, il **decreto del Ministro dell'economia e delle finanze (di concerto con il Ministro della giustizia) del 15.7.2016 (in G.U. 27.7.2016 n. 174)** ha disciplinato le modalità di compensazione dei crediti vantati dagli avvocati per l'attività svolta a seguito di ammissione al patrocinio a spese dello Stato, con quanto da essi dovuto per ogni imposta o tassa ovvero a titolo di contributo previdenziale per i loro dipendenti (escluso la contribuzione dovuta alla cassa forense).

Gli avvocati, in base a detto decreto, avranno tempo fino al 30 novembre per l'anno 2016, e fino al 30 aprile per gli anni successivi che, vantando crediti per spese, diritti e onorari, maturati e non ancora saldati, vogliano esercitare il diritto a utilizzare il credito in compensazione.

L'Agenzia delle entrate, con la risoluzione 113/E/2016 ha **istituito un codice tributo specifico** ("**6868**") per effettuare la compensazione dei crediti derivanti dal gratuito patrocinio. I crediti possono essere utilizzati in compensazione presentando il modello F24 esclusivamente attraverso i servizi telematici Entratel/Fisconline, nei limiti dell'importo comunicato dalla piattaforma, pena lo scarto del modello stesso.

I crediti compensabili

Sono ammessi a compensazione ex art. 1, comma 778, L. n. 208/2015, **i crediti per spese, diritti e onorari di avvocati da gratuito patrocinio *ex* d.P.R. n. 115 del 2002, in qualsiasi data maturati e non ancora saldati.**

Sono, quindi, ammessi a compensazione **anche i crediti maturati antecedentemente al 2016** (con facoltà da esercitare dal 17 ottobre al 30 novembre per l'anno 2016, e da 1 marzo al 30 aprile per gli anni successivi) e non ancora saldati (e, comunque, non contestati).

La compensazione è prevista con un limite pari all'ammontare dei crediti stessi, aumentato dell'Iva e del contributo previdenziale per la cassa forense.

Condizione per la compensazione

Condizione per la compensazione è che deve trattarsi di crediti maturati e non ancora saldati, e comunque crediti per i quali non è stata proposta opposizione ai sensi dell'art. 170 del d.P.R. n. 115 del 2002 (cioè per quei crediti per i quali non è stata presentata contestazione). Il Ministero della giustizia, con circolare 8 giugno 2018 n. 117052.U, ha chiarito applicazioni e modalità di ammissione della compensazione dei debiti fiscali con i crediti per spese, diritti e onorari degli avvocati evenienti dalle liquidazioni del patrocinio a spese dello Stato. In particolar viene chiarito che non è corretta la prassi di ammettere la compensazione solo nell'ipotesi in cui il difensore dimostra di avere esperito inutilmente le procedure per il recupero dei crediti professionali (art. 116 dpr n.

115/2002) oppure quando l'assistito è persona irreperibile. E ciò in quanto, per il Ministero, qualunque credito maturato ai sensi degli artt. 82 ss. del dpr n.115/2002 deve essere portato a compensazione, e dunque anche quelli che derivino dall'attività del difensore d'ufficio in ogni caso e senza necessità del previo tentativo di recupero, indipendentemente dalla circostanza che il difensore abbia tentato il recupero dei crediti o che l'assistito sia o meno irreperibile.

Compensazione parziale

È ammessa anche la compensazione parziale. Infatti, è espressamente previsto che la compensazione (o la cessione) dei crediti può essere effettuata anche parzialmente ed entro un limite massimo pari all'ammontare dei crediti stessi, aumentato dell'IVA e del contributo previdenziale per gli avvocati.

Occorre evidenziare che in caso di cessione parziale dei crediti da gratuito patrocinio, il compenso residuo va "accreditato" all'avvocato.

I "tributi" ammessi a compensazione

L'avvocato può **compensare il credito da gratuito patrocinio con quanto da lui dovuto per ogni imposta e tassa, compresa l'imposta sul valore aggiunto (IVA), nonché per il pagamento dei contributi previdenziali** per i dipendenti mediante cessione, anche parziale, dei crediti da gratuito patrocinio, entro il limite massimo pari all'ammontare dei crediti stessi, aumentato dell'iva e del contributo previdenziale per gli avvocati.

I contributi della Cassa forense

In ordine alla possibilità per l'avvocato di pagare anche i contributi previdenziali dovuti alla cassa forense con i crediti derivanti dal gratuito patrocinio, nulla "dice" il citato comma 778 dell'art. 1, L. n. 208/15, limitandosi la norma ad affermare che la compensazione è ammessa con quanto dovuto per ogni imposta e tassa... "nonché al pagamento dei contributi previdenziali per i dipendenti mediante cessione, anche parziale, dei predetti crediti....". **La Cassa forense ha precisato che la compensazione non è ammessa con i contributi previdenziali dovuti dai professionisti a Cassa forense.**

Riflessi fiscali della compensazione

Le riferite cessioni, come prevede espressamente, la norma, **sono esenti da ogni imposta di bollo e di registro.**

11. Riferimenti bibliografici

L. Alessandrucci, *Revoca postuma del gratuito patrocinio e interpretazioni distoniche al dettato costituzionale*, in *Giur. it.*, 2005, 1271; **V. Amendolagine**, *Gratuito patrocinio, l'imputato non può opporsi al decreto di liquidazione*, in *Il Quotidiano giuridico* del 3.3.2015; **G. Barbuto**, *Autocertificazione per l'ammissione al gratuito patrocinio: contraddetta la cassazione*, in *Arch. nuova proc. pen.*, 2009, 762; **A. Barca**, *Inquadramento normativo e casistica giurisprudenziale*, in *Rassegna forense*, 2015,1, 47 ss.; **G. Buffone**, *Patrocinio a spese dello Stato, prima lettura del nuovo art. 83 dPR 115 del 2002*; **A. Buzzoni**, *Parte civile ammessa al gratuito patrocinio: necessaria coincidenza tra la liquidazione del compenso al difensore e condanna alle spese di lite*, in *www.diritto.it.*, 2012; **A. Buzzoni**, *Gratuito patrocinio e presunzione di superamento dei limiti di reddito: dubbi applicativi alla luce dei recenti interventi normativi*, in *www.diritto.it*, 2011; **G. Cagliotti**, *Spese anticipate e spese prenotate a debito nel corso del giudizio alla luce della riforma dell'art. 83 dPR 30 maggio 2002 n. 115*, in *Il Caso.it* del 16.10.2017; **G. Cagliotti**, *Gratuito patrocinio: decorrenza degli effetti dell'ammissione nel processo civile e penale*, in *www.diritto.it*, 2012; **G. Cagliotti**, *Gratuito patrocinio e liquidazione onorari e spese consulenti tecnici di parte e ausiliari del magistrato*, in *www.dirittoegiustizia.it*, 2012; **G. Cagliotti**, *Imputato ammesso al patrocinio e obbligo di pagamento delle spese forfetizzate*, in *Il Caso* del 16.2.2018; **M. Canonico**, *Assistenza in giudizio a spese dello Stato nel processo penale e legittimità costituzionale*, in *Rass. Giur. Umbra*, 1994, 243; **L. Carbone**, *Parcelle avvocati e fatturazione elettronica verso la P.A.*, Wolters Kluwer Italia, 2015; **L. Carbone**, *Patrocinio a spese dello Stato: rilevabile d'ufficio la prescrizione del compenso dell'avvocato*, in *Quotidiano Giuridico* del 9.7.2015; **L. Carbone**, *Avvocati: la prescrizione del compenso da gratuito patrocinio*, in *Quotidiano Giuridico* del 11.4.2018; **L. Carbone**, *Decreto Sicurezza: le modifiche alla disciplina sul gratuito patrocinio*, in *Quotidiano Giuridico.it* del 5.10.2018; **F. Carolei**, *Il nuovo art. 130 bis del dPR n. 115/2002 in materia di patrocinio a spese dello Stato: una primissima sconsolata lettura*, in *Il Caso* del 13.10.2018; **S. Chiarloni**, *Patrocinio a spese dello Stato e patrocinio gratuito: violazione del principio di uguaglianza.... tra avvocati?*, in *Giur. it.*, 2001, 492; Circolare Ministero della Giustizia n. 6162 del 10.1.2018; **P. Comoglio,** *Il patrocinio a spese dello Stato si applica anche alla mediazione obbligatoria*, in *Quotidiano*

Giuridico del 19 1.2017; **P. Comoglio**, *Patrocinio a spese dello Stato e mediazione obbligatoria: uno stop inatteso,* in *Quotidiano giuridico* del 1.2.2018; **M. Conigliaro**, *Adeguati i limiti di reddito per il gratuito patrocinio,* in *Il Fisco* 2, 2012, 7131; **S. Corbetta**, *Compenso al difensore e gratuito patrocinio: non è retroattiva la riduzione di un terzo,* in *www.quotidianogiuridico.it.* 2016; **S. Corbetta**, *Gratuito patrocinio per i mafiosi: beffa o ripristino di un diritto costituzionalmente garantito?,* in *Corriere merito,* 2010, 701; **S. Corbetta**, *Gratuito patrocinio anche per i mafiosi: reddito permettendo,* in *www.ilquotidianogiuridico.it.*, 2010; **P. Corso**, *Non è difendibile l'esclusione del patrocinio gratuito per i reati tributari,* in *Corriere trib.*, 2012, 1623; **M. Crisafi**, *Avvocati: ecco il codice tributo per la compensazione con F24,* in Studio Cataldi del 10 dicembre 2016; **G. De Falco**, *Gratuito patrocinio, niente parere dell'ordine,* in *Dir. e giustizia*, 2004, fasc. 40, 104; **T. Di Mauro**, *Patrocinio a spese dello Stato: gli effetti dell'ammissione sulla* potestas iudicandi*,* in *Altalex* del 7.12.2016; **L. Dipaola**, *Difesa d'ufficio e patrocinio dei non abbienti nel processo penale, aggiornato alle nuove parcelle avvocati,* Giuffrè Milano; **R. Diviccaro**, *Gratuito patrocinio guida e fac simile dell'istanza,* in *www.studio Cataldi.it* del 2016; **G. Ebner**, *La revoca del gratuito patrocinio all'epoca della spending revew,* in *Giur. Merito*, 2012, 1995; **V. Esposito**, *Gratuito patrocinio: le novità sulla liquidazione del compenso degli avvocati,* in *Altalex* del 12.9.2016; **G. Fichera**, *Sovraindebitamento: il consumatore ha diritto al gratuito patrocinio,* in *Il Quotidiano giuridico* del 28 dicembre 2017; **N. Ianniello**, *Il non abbiente rischia il fai da te nella mediazione?,* in *Il Caso* del 14.2.2018; **G. Inzerillo**, *Gratuito patrocinio e variazioni di reddito,* in *Giur. it.*, 2004, 1229; **G. Martullo**, *Il patrocinio a spese dello Stato nel processo penale minorile,* in *Minori giustizia*, 1994, fasc. 3, 103; **C. Medinelli**, *Gratuito patrocinio: residenza anagrafica con familiari non prova il cumulo dei redditi,* in *Altalex* del 19 dicembre 2016; **R. Milella**, *Gratuito patrocinio e famiglia di fatto,* in *Dir. e società*, 2008, 475; **P. Pellegrini**, *L'avvocato deve informare il cliente della possibilità di avvalersi del patrocinio gratuito,* in *www.quotidianogiuridico.it*, 2015; **F. Puleo**, *Sulla competenza del gip in tema di ammissione al patrocinio gratuito,* in *Giust. pen.*, 2004, III, 572; **L.M. Quattrocchio**, *La normativa sul gratuito patrocinio trova applicazione anche nelle procedure di sovraindebitamento,* in *Il Caso.it* del 27.11.2017; **M. Rinaldi**, *Gratuito patrocinio: il giudice può ridurre il compenso dell'avvocato,* in *Altalex* dell'8.6.2016;

E. Rocchi, *I rapporti tra il difensore ammesso al gratuito patrocinio e il sostituto processuale*, in *Giur. it.*, 2005, 1267; **E. Sacchettini**, *Protocollo d'intesa Cnf per il patrocinio a carico dello Stato*, in *Guida al Diritto*, 2017, n. 5 del 10 giugno 2017, pag. 14; **A. Scalera**, *Gratuito patrocinio e liquidazione dei compensi agli avvocati nel c.d. "decreto sicurezza*, in *Il Processo civile.it* del 8.10.2018; **G. Scarselli**, *Ultimissime sugli elenchi degli avvocati per il patrocinio a spese dello Stato*, in *Foro it.*, 2003, III, 618; **G. Scarselli**, *L'elenco degli avvocati abilitati al patrocinio a spese dello Stato e i nuovi servizi di informazione e consulenza presso i consigli degli ordini*, in *Foro it.*, 2002, I, 2950; **A. Schiavone**, *Patrocinio a spese dello Stato: legittima la differenza dei limiti di reddito fra giudizio penale e civile*, in *Altalex* del 5.4.2016; **G. Sepe**, *Sui criteri di ammissione al gratuito patrocinio in casi particolari*, in *Gazzetta forense*, 2014, fasc.2, 106; **C. Shammah**, *Ricorso della parte civile in tema di mancata ammissione al gratuito patrocinio*, in *Foro ambrosiano*, 2008, 168; **G. Travaglino**, *Gratuito patrocinio, opposizione alla liquidazione e legittimazione passiva del ministero della giustizia*, in *Corriere merito*, 2012, 903; **C. Tuo**, *Cedu, diritto al processo e gratuito patrocinio: il caso dell'Italia*, in *Rass. Forense*, 2015, 1, 61; **V. Zeppilli**, *Niente gratuito patrocinio se la mediazione va a buon fine*, in *www.Studio Cataldi.it* del 5.8.2016.

Parte VI
Determinazione (e recupero) competenze professionali

Documentazione e fac-simili

Sommario: **1.** Lettera del cliente per conferimento incarico professionale – **2.** Comunicazione al cliente del compenso e informazione sulla prevedibile misura dei costi della prestazione ex art. 13 L. n. 247/2012 – **3.** Scrittura privata avente ad oggetto il conferimento di incarico professionale – **4.** Informativa ai sensi dell'art. 13 del codice in materia di protezione dei dati personali (d.lgs. n. 196/2003) – **5.** Scheda e dichiarazione del cliente in relazione agli obblighi privacy e antiriciclaggio – **6.** Controversia in materia civile: comunicazione in forma semplificata al cliente del compenso e informazione sulla prevedibile misura dei costi della prestazione – **7.** Controversia in materia penale: comunicazione in forma semplificata al cliente del compenso e informazione sulla prevedibile misura dei costi della prestazione – **8.** Controversia in materia stragiudiziale: comunicazione in forma semplificata al cliente del compenso e informazione sulla prevedibile misura dei costi della prestazione – **9.** Contratto con compenso a tariffa oraria – **10.** Contratto con compenso fisso e riconoscimento del palmario – **11.** Contratto con preventivo e conferimento incarico professionale – **12.** Tabella anticipo fondo spese dal cliente – **13.** Lettera richiesta al cliente di pagamento delle competenze professionali.

1. Lettera del cliente per conferimento incarico professionale

Egr. Avv. ....
Via ....
Città ....

Io sottoscritto ...., residente in .... Via .... n. ...., con la presente Le conferisco incarico professionale – con l'impegno a rilasciare la procura alle liti ove risultasse necessaria per le azioni in sede giudiziaria – per tutte le prestazioni necessarie alla trattazione delle seguenti pratiche:

- ....
- ....
- ....

Per lo svolgimento dell'attività professionale mi impegno a corrisponderLe l'onorario di seguito indicato.

1) Pratiche civili e/o amministrative.
Ai sensi dell'art. 2233 c.c. e dei parametri di cui al decreto n. 55/2014, gli onorari, sia giudiziali che stragiudiziali, da corrisponderLe vengono indicati nella misura media prevista dai parametri ministeriali in vigore in caso di esito negativo della vertenza, mentre, in caso di esito favorevole (anche parziale) della vertenza gli onorari saranno determinati nella misura massima prevista dai parametri di cui al medesimo decreto, indipendentemente dalla statuizione fatta dal giudice sulle spese.

2) Pratiche penali.
Per la difesa penale dinanzi a .... l'onorario viene preventivamente concordato nella misura massima prevista dai parametri di cui al decreto n. 55/2014 in caso di esito favorevole, mentre l'importo sarà determinato nella misura media prevista dagli stessi parametri in caso di esito sfavorevole del giudizio.

3) Pratiche risarcimento danni.
L'onorario stragiudiziale, comprensivo di spese, che mi impegno a corrisponderLe è pari al 20% della sorte ottenuta, in esso compreso quanto fosse eventualmente liquidato direttamente da controparte per onorari e spese legali.

4) Prestazioni assistenza (onorario a tempo).
Per le prestazioni di assistenza nella procedura stragiudiziale ...., mi impegno a corrisponderLe un compenso commisurato alla durata della prestazione e delle attività accessorie, nella misura di € 120,00 per ogni ora di prestazione professionale. La durata della prestazione di assistenza sarà da Lei autocertificata e, se possibile, documentata.

Il tutto oltre IVA e CPA come per legge.

.... lì ....
Sig. ....

2. Comunicazione al cliente del compenso e informazione sulla prevedibile misura dei costi della prestazione ex art. 13 L. n. 247/2012

.... lì ....
Egr. Sig. ....
Via ....
Città ....

Oggetto: Preventivo vertenza .... c/ ...., Valore € ....

Gentile Sig. ....
riguardo alla vertenza in oggetto, – tenuto conto della complessità, presumibile durata ed attività da svolgere – posso quantificare il mio compenso in complessivi € ...., oltre spese forfettarie (15%) e spese debitamente documentate, oltre IVA e CPA come per legge.

Tale somma deve intendersi così riferita:
- € .... per l'assistenza stragiudiziale volta alla definizione bonaria della vertenza, compresa la fase della procedura di mediazione;
- € .... per la fase di studio ed assistenza stragiudiziale
- € .... per la fase introduttiva
- € .... per la fase istruttoria
- € .... per la fase decisoria

In caso di incarico per il recupero del credito oggetto della causa, il compenso è di:
- € ... per la fase introduttiva procedimento esecutivo
- € ... per la fase istruttoria e di trattazione procedimento esecutivo

Salvo imprevisti, segnalo le seguenti spese a Suo carico (oltre al compenso professionale):
- € .... per contributo unificato

- € .... per spese notifiche
- € .... per eventuale consulenza tecnica di ufficio e/o di parte
- € .... per registrazione sentenza
- € .... per spese copie atti e per notifica atti
- € .... per spese avvocato domiciliatario.

Gli importi innanzi riportati sono stati quantificati in relazione alla complessità della vertenza. Al riguardo faccio presente che:

a) la causa va instaurata davanti al ...., e che la trattazione della pratica da un primo esame non è facile in quanto:
- la giurisprudenza sia della Corte di Cassazione che di merito è contrastante, per cui l'esito della lite è incerto, anche se vi sono buone probabilità di vittoria sulla base della documentazione fornita e dei dati fattuali riferiti;
- la materia oggetto della controversia è complessa e richiederà una consistente attività difensiva, con varie udienze di trattazione e di discussione dinanzi al giudice; ne consegue che non è possibile prevedere la durata e la concreta attività difensiva da svolgersi sino al compimento dell'incarico, anche perché allo stato non si conosce la linea difensiva e/o documentazione della controparte, o di altri accadimenti non facilmente ipotizzabili;
- l'urgenza della richiesta per il compimento della prestazione professionale comporta un impegno particolare;

oppure: la materia oggetto della controversia non è complessa e non richiede una intensa attività difensiva (es., per richiesta decreto ingiuntivo di precetto, ecc.) ....

b) La costituzione in giudizio deve effettuarsi presso il Giudice di Pace/Tribunale, Corte di Appello/......................... di .... con necessità di eleggere domicilio in .... – domicilio che viene eletto presso lo studio dell'Avv. ...., in .... Via ...., con conseguente onere economico di domiciliazione a suo carico.

Resta inteso che l'intero corrispettivo sopra indicato si riferisce al compimento di tutte le fasi processuali indicate.
L'importo proposto e/o pattuito è dovuto indipendentemente dalla minore liquidazione giudiziale.
Qualora l'importo liquidato giudizialmente fosse superiore a quanto preventivato, la differenza sarà riconosciuta a favore dello studio.
Lo scrivente potrà farsi versare direttamente dalla controparte le spese legali poste a carico di quest'ultima e a trattenerle a titolo di compensazione sino a soddisfazione del proprio credito.
Il compenso è indicato sulla base dei dati fattuali riferiti e potrà essere modificato qualora la controversia risulti più complessa di quanto preventivata o sopraggiungano ulteriori oneri e/o attività (es., domanda riconvenzionale controparte).
Nel caso fosse interessato/a, concorderemo ogni altro aspetto contrattuale.

Con i migliori saluti.

Avv. ....

Il sottoscritto .... accetta quanto sopra proposto e si impegna a rilasciare idonea procura alle liti.

Per accettazione
Sig. ....

3. Scrittura privata avente ad oggetto il conferimento dell'incarico professionale
(bozza elaborata Ufficio Studi Consiglio Nazionale Forense)

L'anno.................., il giorno...............del mese di................ in.............. nello Studio............., sono presenti:

A) Il sig... (in proprio/nella sua qualità di legale rappresentante di ....), nato a.......... il............, C.F............., P. IVA.......... residente in.................., alla via ...., identificato con valido documento di riconoscimento, rilasciato da.........................., in data..............., la cui copia si allega al presente contratto (cfr. allegato 1), nel prosieguo chiamato Cliente;

Ovvero

il sig...................... nella sua qualità di legale rappresentante della ...., con sede in .... alla via.........................., P. IVA ...., come da certificazione della CCIAA e in virtù di delibera assunta dagli organi sociali (cfr. allegato 2), documenti che si allegano alla presente, in proprio/nella sua qualità di datore di lavoro/responsabile civile della società/del sig..............., nel prosieguo chiamato Cliente;

B) l'Avv........................, del foro di..............., con Studio in ...., alla Via........................, email................., pec............, C.F..............., P. IVA........., assicurato per la responsabilità professionale con polizza n.................., massimale ...., emessa dalla.................... Agenzia di..............., nel prosieguo chiamato Avvocato;

Premesso che

- natura stragiudiziale/giudiziale[1] dell'incarico
- oggetto;
- valore;
- il cliente dichiara di aver ricevuto l'informativa di cui all'art. 13, d.lgs. n. 196/2003 e acconsente al trattamento dei dati personali ad opera dei difensori, dei loro domiciliatari, colleghi e collaboratori di studio;
- il cliente dichiara di essere stato informato, ai sensi dell'art. 4, comma 3, d.lgs. 28/2010, della possibilità di ricorrere al procedimento di mediazione ivi previsto e dei benefici fiscali di cui agli artt. 17, 20 del medesimo decreto;
- il cliente dichiara di aver ricevuto l'informativa che, nei limiti di cui all'art. 12, II comma, del d.lgs. 231/2007 in materia di antiriciclaggio, gli avvocati sono obbligati a segnalare le operazioni sospette

Prestato

il consenso al trattamento dei dati personali nei limiti di cui di cui agli artt. 1 e ss. del d.lgs. n. 196/2003

Convengono quanto segue:

Art. 1 Efficacia delle premesse del contratto
La premessa costituisce parte integrante della presente scrittura.

Art. 2 Conferimento e oggetto dell'incarico
Il Cliente conferisce all'avvocato, che accetta, l'incarico di rappresentarlo, di assisterlo e difenderlo nella controversia di cui in premessa.

(1) Nella rappresentazione della natura della controversia vanno indicate anche le parti della stessa.

Il Cliente dichiara di essere stato adeguatamente informato dall'avvocato del grado di complessità della controversia:
- questione ordinaria per i seguenti motivi .....
- questione difficile per i seguenti motivi ......
- questione complessa che richiede alto grado di approfondimento per i seguenti motivi ......
- nonché dei costi prevedibili. Il cliente dichiara di essere stato informato dall'avvocato di tutte le circostanze prevedibili al momento della stipulazione del contratto.

L'avvocato si impegna ad informare per iscritto il cliente di circostanze non prevedibili al momento della stipulazione del contratto che determinano un aumento dei costi, valutando anche l'opportunità della integrazione della difesa con altro collega.

Il Cliente, in relazione all'incarico conferito, si impegna a sottoscrivere in favore dell'avvocato mandato speciale e a fornire al difensore tutti i documenti e le informazioni necessarie per l'espletamento dell'incarico.

Art. 3 Ausiliari. Consulenti e investigatori.
Le parti concordano che l'avvocato possa avvalersi, sotto la propria responsabilità, di sostituti e collaboratori per lo svolgimento della prestazione.
L'avvocato si impegna ad informare il cliente della nomina di consulenti e/o di investigatori(2).

Art. 4 Determinazione del compenso
Il compenso per le prestazioni professionali da svolgersi si quantifica consensualmente come segue:

Attività stragiudiziale
€ ...(...) per l'attività stragiudiziale;
€ ...(...) oneri di segreteria/oneri collaboratori/oneri domiciliatari(3);
€ ...(...) spese per mezzo di trasporto, pernottamento ecc.(4);

Attività giudiziale civile/amministrativa/tributaria
€ ...(...) per l'attività prestata nella procedura di mediazione, prevista dal d.lgs. 28/2010;
€ ...(...) per la fase di studio;
€ ...(...) per la fase cautelare;
€ ...(...) per la fase introduttiva;
€ ...(...) per la fase istruttoria;
€ ...(...) per la fase decisoria;
€ ...(...) per la fase esecutiva;
€ ...(...) contributo unificato, marche atti giudiziari;
€ ...(...) oneri di segreteria/oneri collaboratori/oneri domiciliatari(3);
€ ...(...) spese per mezzo di trasporto, pernottamento ecc.(4)

(2) Non si inserisce una voce "spese di consulenza" ovvero una voce "spese per investigazioni", in quanto esse sono oggetto di un diverso contratto rispetto a quello di incarico professionale, contratto che intercorrerà tra cliente e consulente ovvero tra cliente e investigatore.

(3) L'art. 9, comma 4, d.l. 1/2012 fa riferimento a "spese, oneri, contributi". All'interno del lemma "oneri" si vuole cercare di quantificare le spese vive non documentate.

(4) Queste spese possono essere determinate in modo forfettario ovvero in base alla documentazione che verrà prodotta successivamente, indicando, però, al momento della conclusione del presente contratto di conferimento di incarico professionale, un tetto massimo ovvero dei riferimenti alla tipologia di mezzo di trasporto che sarà utilizzato (es. treno, aereo, autovettura), classe del treno o dell'aereo, categoria alberghiera per il pernottamento.

Attività giudiziale penale
€ ...(...) per la fase di studio;
€ ...(...) per la fase delle indagini preliminari;
€ ...(...) attività correlate all'eventuale applicazione delle misure cautelari;
€ ...(...) per l'udienza preliminare;
€ ...(...) per il giudizio di primo grado/per riti alternativi;
€ ...(...) per il giudizio di appello;
€ ...(...) per il giudizio di legittimità;
€ ...(...) per la fase esecutiva;
€ ...(...) marche atti giudiziari;
€ ...(...) oneri di segreteria/oneri collaboratori/oneri domiciliatari(3);
€ ...(...) spese per mezzo di trasporto, pernottamento ecc.(4)

In alternativa

1. Le parti concordano che il compenso sia calcolato sulla base del tempo dedicato dall'avvocato in base alla tariffa professionale oraria, che nella specie è di €... (...)
2. In caso di accordo transattivo, oltre al compenso per l'attività effettivamente svolta, si concorda una somma pari ad €... (...........)(5).
3. Il compenso, liberamente determinato, come sopra fissato è ritenuto dalle parti adeguato all'importanza dell'opera.

Art. 5 Termini di corresponsione del compenso

1. L'avvocato si impegna ad emettere le richieste di pagamento/fatture secondo le seguenti scadenze:
   a) €............... (............) al momento della sottoscrizione del presente contratto di incarico professionale;
   b) €... (...) per ciascun acconto, che sarà corrisposto periodicamente, su richiesta dell'avvocato, in relazione all'attività svolta;
   c) il saldo a conclusione dell'incarico.
2. Il Cliente verserà detti importi entro quindici giorni dal preavviso di parcella. Il mancato pagamento degli acconti richiesti o la mancata rifusione delle spese anticipate dall'avvocato costituiscono causa di risoluzione del presente contratto(6).
3. Il cliente è tenuto a corrispondere all'avvocato l'intero importo risultante dal presente contratto, indipendentemente dalla minore liquidazione giudiziale e dall'onere di refusione posto a carico della controparte.
4. Ove l'importo liquidato giudizialmente sia superiore a quanto sopra pattuito, la differenza sarà riconosciuta a favore dell'avvocato.
5. L'avvocato potrà farsi versare direttamente dalla controparte le spese legali poste a carico di quest'ultima e a trattenerle a titolo di compensazione sino a soddisfazione del proprio credito.
6. In caso di rinuncia al mandato o di revoca o per altra causa estintiva, il cliente verserà quanto pattuito per l'attività fino a quel momento svolta.

(5) Tanto maggiore sarà il valore da concordare quanto prima, rispetto alla sottoscrizione del presente contratto di conferimento di incarico professionale, sia intervenuta la stipulazione dell'accordo transattivo.

(6) Ai sensi dell'art. 47 cod. deont. *"L'avvocato ha diritto di rinunciare al mandato. In caso di rinuncia al mandato l'avvocato deve dare alla parte assistita un preavviso adeguato alle circostanze, e deve informarla di quanto è necessario fare per non pregiudicare la difesa"*. L'avvocato, quindi, ha sempre diritto di rinunciare al mandato, salvo l'obbligo di preavviso. Per tale ragione non si reputa opportuno prevedere un clausola che consenta all'avvocato di rinunciare la mandato in caso di mancato pagamento.

Allegati:
1) copia documento identificativo del cliente
2) certificazione della CCIAA

Data

Firma del Cliente ....
Firma dell'Avvocato ....

per approvazione espressa delle singole clausole contenute nei seguenti articoli del presente contratto:
- art. 2, comma 2, nella quale il cliente dichiara di essere stato adeguatamente informato dall'avvocato del grado di complessità della controversia e dei costi prevedibili.
- art. 2, comma 3, nella quale il cliente dichiara di essere stato informato dall'avvocato di tutte le circostanze prevedibili al momento della stipulazione del contratto.
- art. 6, comma 2, nella quale si prevede che il mancato pagamento degli acconti richiesti o la mancata rifusione delle spese anticipate dall'avvocato costituiscono causa di risoluzione del presente contratto.
- art. 6, comma 3, nella quale si prevede che il cliente è tenuto a corrispondere all'avvocato l'intero importo risultante dal presente contratto, indipendentemente dalla minore liquidazione giudiziale e dall'onere di refusione posto a carico della controparte.
- art. 6, comma 4, nella quale si prevede che ove l'importo liquidato giudizialmente sia superiore a quanto sopra pattuito, la differenza sarà riconosciuta a favore dell'avvocato.
- Art. 6, comma 5, nella quale si prevede che l'avvocato potrà farsi versare direttamente dalla controparte le spese legali poste a carico di quest'ultima e a trattenerle a titolo di compensazione sino a soddisfazione del proprio credito.
- Art. 6, comma 6, nella quale si prevede che in caso di rinuncia al mandato o di revoca o per altra causa estintiva, il cliente verserà quanto pattuito per l'attività fino a quel momento svolta[7].

Firma del Cliente ....

La presente scrittura redatta in duplice originale è stata sottoscritta dal cliente anche per ricevuta di copia

Firma Cliente ....

(7) Non si reputa opportuno prevedere il riferimento alla disciplina del contratto con il consumatore e, quindi, alla trattativa individuale delle citate clausole, per evitare che la qualificazione di contratto con il consumatore sia lo strumento per l'applicazione al professionista dello "statuto" dell'imprenditore.

4. Informativa ai sensi dell'art. 13 del codice in materia di protezione dei dati personali (d.lgs. n. 196/2003)

(bozza elaborata Ufficio Studi Consiglio Nazionale Forense)

Ai sensi dell'art. 13 del d.lgs. n. 196/2003 (di seguito Codice), ed in relazione ai dati personali di cui lo Studio dell'Avv..., Via... PEC .... Fax......., entrerà in possesso con l'affidamento della Sua pratica, La informiamo di quanto segue:

1. Finalità del trattamento dei dati
Il trattamento è finalizzato unicamente alla corretta e completa esecuzione dell'incarico professionale ricevuto, sia in ambito giudiziale che in ambito stragiudiziale.

2. Modalità del trattamento dei dati
a) Il trattamento può essere svolto con o senza l'ausilio di strumenti elettronici o comunque automatizzati;
b) il trattamento è svolto dal titolare e/o dagli incaricati del trattamento.

3. Conferimento dei dati
Il conferimento di dati personali comuni, sensibili e giudiziari è strettamente necessario ai fini dello svolgimento delle attività di cui al punto 1.

4. Rifiuto di conferimento dei dati
L'eventuale rifiuto da parte dell'interessato di conferire dati personali nel caso di cui al punto 3 comporta l'impossibilità di adempiere alle attività di cui al punto 1.

5. Comunicazione dei dati
I dati personali possono venire a conoscenza degli incaricati del trattamento e possono essere comunicati per le finalità di cui al punto 1 a collaboratori esterni, soggetti operanti nel settore giudiziario, alle controparti e relativi difensori, a collegi di arbitri e, in genere, a tutti quei soggetti pubblici e privati cui la comunicazione sia necessaria per il corretto adempimento delle finalità indicate nel punto 1.
Il Trattamento dei dati avverrà anche per le finalità previste dalla normativa vigente in materia di antiriciclaggio.

6. Diffusione dei dati
I dati personali non sono soggetti a diffusione.

7. Trasferimento dei dati all'estero
I dati personali possono essere trasferiti verso Paesi dell'Unione Europea e verso Paesi terzi nell'ambito delle finalità di cui al punto 1.

8. Diritti dell'interessato
L'art. 7 del Codice conferisce all'interessato l'esercizio di specifici diritti, tra cui quello di ottenere dal titolare la conferma dell'esistenza o meno di propri dati personali e la loro messa a disposizione in forma intelligibile; l'interessato ha diritto di avere conoscenza dell'origine dei dati, della finalità e delle modalità del trattamento, della logica applicata al trattamento, degli estremi identificativi del titolare e dei soggetti cui i dati possono essere comunicati; l'interessato ha inoltre diritto di ottenere l'aggiornamento, la rettificazione e l'integrazione dei dati, la cancellazione, la trasformazione in forma anonima o il blocco dei dati trattati in violazione della legge; il titolare ha il diritto di opporsi, per motivi legittimi, al trattamento dei dati salvi i casi di trattamento obbligatorio dei dati espressamente previsti dalle Leggi vigenti .
Si fa presente che anche ai fini della normativa in materia di antiriciclaggio i dati, relativi alle prestazioni rientranti nella predetta disciplina legislativa, verranno in quanto previsto per Legge conservati per dieci anni dall'ultimazione della prestazione.

9. Consenso al trattamento dei dati
Ai sensi dell'art. 23 del Codice della Privacy con l'apposizione della firma in calce ai presenti moduli manifesta il consenso al trattamento dei dati nell'ambito delle finalità e modalità sopra richiamate nei limiti in cui il consenso della S.V. fosse richiesto per Legge. In particolare esprimo il mio consenso per l'acquisizione dei dati personali; la comunicazione dei dati a terzi così come indicati nella presente informativa. Tale consenso vale fino a revoca scritta da far pervenire tramite raccomandata con ricevuta di ritorno.

10. Titolare del trattamento
Titolare del trattamento è AVV. ... nato ..., CF ..., con STUDIO in ...
Per ricevuta comunicazione rilasciato consenso

SI ALLEGA DOCUMENTO DI IDENTITÀ

luogo.., data .... firma ....

5. Scheda e dichiarazione del cliente in relazione agli obblighi privacy e antiriciclaggio

(bozza elaborata Ufficio Studi Consiglio Nazionale Forense)

Gentile cliente, in ottemperanza alle disposizioni del dlgs 231/2007 e successive modifiche ed integrazioni nonché alle disposizioni dell'Autorità di Vigilanza in materia di antiriciclaggio, Ella, ai sensi dell'art. 22 del d.lgs 231/2007 come modificato dal D. Lgs. 90 del 25.5.2017, assumendosi tutte le responsabilità di natura civile, amministrativa e penale per dichiarazioni false o non veritiere, è tenuta ad identificarsi nei modi e nelle forme previsti dalla predetta normativa, inoltre consapevole delle sanzioni penali previste dall'art 55 del predetto d.lgs in caso di informazioni false o non veritiere, deve fornire per iscritto tutte le informazioni necessarie e aggiornate per consentire di adempiere agli obblighi di adeguata verifica, inoltre consapevole delle sanzioni penali previste dall'art. 55 del dlgs n. 231/2007 nel caso ed in particolare delle generalità del soggetto per conto del quale eventualmente si esegue la prestazione professionale è tenuta altresì a identificare il "Titolare effettivo" di cui all'art. 21 del dlgs 231/2007 e succ. modificazioni. Lo studio la informa che il trattamento dei dati forniti avverrà anche per le finalità previste dalla vigente normativa in materia di antiriciclaggio., (IDENTIFICAZIONE ADEGUATA VERIFICA (ex artt. 17, 18, 19 e 20 del D.L.gs 231/2007, come modificato dal D.L.gs, 90/2017)

Io sottoscritto ....
Luogo e data di nascita
residente in
Codice Fiscale
Professione
Estemi del documento...................................... n. ... .
Rilasciato da... con scadenza il ....
(Per le società)............................ quale rappresentante di ...._
con SEDE in ....
CODICE FISCALE / PARTITA IVA ....
Dichiaro di richiedere la seguente prestazione professionale ....
....
Dichiaro altresì che il TITOLARE EFFETTIVO è
Nome e Cognome
Luogo e data di nascita
Residenza

Codice fiscale
Estremi documento di riconoscimento
Che costituisce/ non costituisce persona politicamente esposta ai sensi del d.lgs 231/2007 e relativo Allegato Tecnico;
Il sottoscritto dichiara di essere stato informato della circostanza che il mancato rilascio in tutto o in parte delle informazioni di cui sopra può pregiudicare la capacità dello Studio Professionale di dare esecuzione alla prestazione professionale richiesta e si impegna a comunicare senza ritardo, a mezzo raccomandata con ricevuta di ritorno da inviare presso lo Studio legale in Livorno, Via Grande 110 anche a mezzo pec, ogni eventuale variazione o integrazione che si dovesse verificare in relazione ai dati forniti con la presente dichiarazione.

6. Controversia in materia civile: comunicazione in forma semplificata al cliente del compenso e informazione sulla prevedibile misura dei costi della prestazione

(bozza elaborata Ufficio Studi Consiglio Nazionale Forense)

Comunicazione in forma semplificata

Art. 13, co.5, L. n. 247/2012 e 27 codice deontologico forense)

Da valere ad ogni effetto di legge tra:

- ……………………… (cod.fisc./p.IVA:………………), nel prosieguo denominato "Cliente"
- ………(COA……………), assicurato per la responsabilità professionale con…………………. (polizza n………………) nel prosieguo denominato "Avvocato"

Relativamente al seguente incarico:

- Controversia: giudiziale
- Descrizione:……………………
- Controparte:………………………
- Autorità giudiziaria:…………………..
- Valore: €……………………

Determinazione del compenso e informazione sulla prevedibile misura dei costi della prestazione

Ai sensi dell'art. 13, comma 5, della legge 31.12.2012 n. 247, l'avvocato dichiara ed il cliente prende atto che la prevedibile misura dei costi della prestazione è determinata come segue.

a) quanto al compenso:
   Descrizione attività professionale–importo
   Fase di studio e introduttiva €………
   Fase istruttoria €…………
   Fase decisoria €…………
   Eventuale attività ulteriori collegate al giudizio (fase esecutiva, cautelare, transattiva) €……….

Gli importi come sopra determinati sono da intendersi al netto degli accessori dovuti per legge (Iva, attualmente al 22%; CPA, attualmente al 4%; rimborso forfetario, attualmente al 15%).

b) quanto agli ulteriori oneri ipotizzabili:
   descrizione del costo importo
   Spese per notifiche €…………
   Contributo unificato €…………
   Copie autentiche €…………
   Trasferte €…………
   Collaboratori e domiciliatari €…………
   Consulenti d'ufficio €…………

Consulenti di parte €............
Ulteriori spese vive. €.........
Altro €........

Clausola di garanzia
Come già rappresentato all'atto di rendere noto il livello della complessità dell'incarico e dell'indicazione di tutte le informazioni utili circa gli oneri ipotizzabili dal momento del conferimento alla conclusione dell'incarico stesso, si ribadisce che, attesa la natura della prestazione oggetto del mandato, costi e/o compensi potranno subire delle variazioni in aumento qualora dovessero rendersi opportune attività ulteriori e/o adempimenti più complessi (rispetto a quanto inizialmente previsto in modo indiativo) e che del realizzarsi di tale eventualità verrà in ogni caso dato tempestivo avviso.

.....lì..................

7. Controversia in materia penale: comunicazione in forma semplificata al cliente del compenso e informazione sulla prevedibile misura dei costi della prestazione

(bozza elaborata Ufficio Studi Consiglio Nazionale Forense)

Comunicazione in forma semplificata
Art. 13, co.5, L. n. 247/2012 e 27 codice deontologico forense)

Da valere ad ogni effetto di legge tra:
- .... (cod.fisc./p.IVA:..................), nel prosieguo denominato "Cliente"
- ....(COA...............), assicurato per la responsabilità professionale con...................... (polizza n..................) nel prosieguo denominato "Avvocato"

Relativamente al seguente incarico:
- Controversia: giudiziale penale
- Descrizione:.......................
- Autorità giudiziaria:......................

Determinazione del compenso e informazione sulla prevedibile misura dei costi della prestazione
Ai sensi dell'art. 13, comma 5, della legge 31.12.2012 n. 247, l'avvocato dichiara ed il cliente prende atto che la prevedibile misura dei costi della prestazione è determinata come segue.

a) quanto al compenso:
   Descrizione attività professionale–importo
   Fase indagini preliminari €.........
   Eventuali misure cautelari €............
   Attività giudiziale nel processo €...........
   Fase esecutiva €...........

Gli importi come sopra determinati sono da intendersi al netto degli accessori dovuti per legge (Iva, attualmente al 22%; CPA, attualmente al 4%; rimborso forfetario, attualmente al 15%).

b) quanto agli ulteriori oneri ipotizzabili:
   Descrizione del costo–importo
   Spese copie €............
   Trasferte €...........
   Indagini difensive (eventuali e da concordare) €...........
   Consulenti di parte (eventuali e da concordare) €............
   Altro €........

Clausola di garanzia
Come già rappresentato all'atto di rendere noto il livello della complessità dell'incarico e dell'indicazione di tutte le informazioni utili circa gli oneri ipotizzabili dal momento del conferimento alla conclusione dell'incarico stesso, si ribadisce che, attesa la natura della prestazione oggetto del mandato, costi e/o compensi potranno subire delle variazioni in aumento qualora dovessero rendersi opportune attività ulteriori e/o adempimenti più complessi (rispetto a quanto inizialmente previsto in modo indiativo) e che del realizzarsi di tale eventualità verrà in ogni caso dato tempestivo avviso.

.....lì..................

8. Controversia in materia stragiudiziale: comunicazione in forma semplificata al cliente del compenso e informazione sulla prevedibile misura dei costi della prestazione

(bozza elaborata Ufficio Studi Consiglio Nazionale Forense)

Comunicazione in forma semplificata

Art. 13, co.5, L. n. 247/2012 e 27 codice deontologico forense)

Da valere ad ogni effetto di legge tra:
- .... (cod.fisc./p.IVA:..................), nel prosieguo denominato "Cliente"
- ....(COA...............), assicurato per la responsabilità professionale con...................... (polizza n..................) nel prosieguo denominato "Avvocato"

Relativamente al seguente incarico:
- Controversia: stragiudiziale
- Descrizione:......................
- Controparte:........................
- Valore: €..........................

Determinazione del compenso e informazione sulla prevedibile misura dei costi della prestazione
Ai sensi dell'art. 13, comma 5, della legge 31.12.2012 n. 247, l'avvocato dichiara ed il cliente prende atto che la prevedibile misura dei costi della prestazione è determinata come segue.

a) quanto al compenso:
Descrizione attività professionale–importo
Fase studio, redazione atti, incontri con cliente (fino a 3) e introduttiva €.........
Compenso ulteriore per l'attività prestata
In caso di transazione della vertenza €........

Gli importi come sopra determinati sono da intendersi al netto degli accessori dovuti per legge (Iva, attualmente al 22%; CPA, attualmente al 4%; rimborso forfetario, attualmente al 15%).

b) quanto agli ulteriori oneri ipotizzabili:
Descrizione del costo–importo
Spese per trasferte €............
Collaboratori, domicilia tari e consulenti €...........

Clausola di garanzia
Come già rappresentato all'atto di rendere noto il livello della complessità dell'incarico e dell'indicazione di tutte le informazioni utili circa gli oneri ipotizzabili dal momento del conferimento alla conclusione dell'incarico stesso, si ribadisce che, attesa la natura della prestazione oggetto del mandato, costi e/o compensi potranno subire delle variazioni in aumento qualora dovessero rendersi opportune attività ulteriori e/o adempimenti più complessi (rispetto a quanto inizialmente previsto in modo indiativo) e che del realizzarsi di tale eventualità verrà in ogni caso dato tempestivo avviso.
.....lì..................

9. Contratto con compenso a tariffa oraria

L'anno .... il giorno ...... del mese di .... in ....

tra

l'Avv. ...., iscritto all'Ordine degli Avvocati di ...., con studio in ....Via .... n. .... (codice fiscale: ...., partita IVA: ...., e polizza assicurativa per responsabilità professionale con la Compagnia assicurativa .... con scadenza al ....)

e

il Sig. ...., nato a .... il ...., CF................, residente in .... Via ...., come da carta identità/patente rilasciata da .... in data, in proprio/quale legale rappresentante della società .... come da visura CCIA, giusta delibera del Cons. Amministrazione del .... (ovvero ......), con sede legale in ...., Via .... n. .... (codice fiscale: ....; partita IVA: ....),

si pattuisce

1) Conferimento ed oggetto dell'incarico professionale
Il sig. .... (di seguito denominato "cliente"), in proprio/quale legale rappresentante della società ...., ricevuta l'informativa e prestato consenso al trattamento dei dati personali ex d.lgs. n. 196/2003 e d.lgs. n. 56/2004, e della opportunità di definire la controversia con la mediazione di cui al d.lgs. n. 28/2010 e dei connessi benefici fiscali con l'utilizzo di tale procedura, conferisce all'Avv. ....(di seguito denominato "avvocato"), che accetta, l'incarico professionale – con l'impegno a rilasciare la procura alle liti ove risultasse necessaria per le azioni in sede giudiziaria e ad eleggere domicilio presso altro difensore del foro competente per la causa – per assisterlo e difenderlo nella controversia giudiziale/stragiudiziale contro .... (il cui valore viene convenzionalmente indicato, allo stato, in € ....).
Il cliente si assume ogni responsabilità circa la ricostruzione del fatto rappresentata all'avvocato e la veridicità di qualsiasi informazione fornita all'avvocato per l'espletamento del mandato.
L'incarico professionale viene conferito dal cliente all'avvocato per lo svolgimento, in particolare, delle seguenti attività:

A) Instaurazione di una causa innanzi al Giudice di Pace/Tribunale/Corte di Appello .... di ...., per (es. azione possessoria contro Tizio .... ecc.) ....

B) Costituzione nel giudizio davanti al Giudice di Pace/Tribunale/Corte di appello/...................... di .... per contrastare la pretesa del sig. ..../della società ...., che chiede la condanna del sig. ....
....

C) Attività stragiudiziale per la definizione bonaria della vertenza, compresa la eventuale fase della procedura di mediazione introdotta dal d.lgs. n. 28/2010 contro .... avente ad oggetto ....

2) Accettazione incarico professionale
L'Avvocato .... accetta l'incarico professionale, ed in relazione all'incarico ricevuto, fa presente che:
a) la causa va instaurata davanti al ...., e che la trattazione della pratica da un primo esame non è facile in quanto:
– la giurisprudenza sia della Corte di Cassazione che di merito è contrastante, per cui l'esito della lite è incerto, anche se vi sono buone probabilità di vittoria sulla base della documentazione fornita e dei dati fattuali riferiti;

- la materia oggetto della controversia è complessa e richiederà una consistente attività difensiva, con varie udienze di trattazione e di discussione dinanzi al giudice (almeno sei udienze istruttorie e/o con deduzioni difensive); ne consegue che non è possibile prevedere la durata e la concreta attività difensiva da svolgere fino al compimento dell'incarico, anche perché allo stato non si conosce la linea difensiva e/o documentazione della controparte, o di altri accadimenti non facilmente ipotizzabili;
- l'urgenza della richiesta per il compimento della prestazione professionale, comporta un impegno particolare;
  oppure: la materia oggetto della controversia non è complessa e non richiede una intensa attività difensiva (es., per richiesta decreto ingiuntivo, precetto, ecc.) ....
- b) La costituzione in giudizio deve effettuarsi presso il Giudice di Pace/Tribunale/Corte di Appello/.......................... di ...., con necessità di eleggere domicilio in ...., domicilio che viene eletto presso lo studio dell'Avv. ...., in .... Via ...., con conseguente onere economico di domiciliazione a carico del cliente.

3) Modalità svolgimento incarico

L'Avvocato comunica al cliente che eseguirà l'incarico professionale ricevuto con la diligenza normalmente richiesta, senza obbligo di risultato; ne consegue che l'avvocato non potrà garantire il conseguimento del risultato voluto, e conseguentemente la prestazione professionale deve essere retribuita in base a quanto pattuito con la presente scrittura a prescindere dall'esito della controversia.

L'Avvocato fa presente al cliente che:

- nello svolgimento dell'incarico professionale è tenuto ad osservare le regole del codice deontologico forense anche quando ciò possa implicare limitazione all'esecuzione dell'incarico.
- nell'esecuzione dell'incarico potrà emergere la necessità di nominare consulenti tecnici di parte o di uno specialista, ed in tal caso il cliente avrà diretto rapporto contrattuale con tali soggetti e ne sopporterà il relativo costo.
- qualora il valore della controversia, come convenzionalmente determinato anche su indicazione del cliente, dovesse aumentare per effetto di eventuali domande riconvenzionali, interventi in causa di terzi, riunione di procedimenti e/o per altre cause, il compenso concordato con il presente atto deve essere convenzionalmente rideterminato; in caso di disaccordo sulla rideterminazione del compenso, l'avvocato ha facoltà di recedere dall'incarico ed il cliente ha l'obbligo di corrispondergli il compenso pattuito per l'attività fino a quel momento espletata.

4) Determinazione compenso professionale

L'Avvocato fa presente che, atteso l'oggetto ed il valore della controversia (che è stato indicato dal cliente in € ....), per l'attività difensiva nella pratica innanzi descritta, per le attività presumibilmente necessarie fino al compimento dell'incarico, tenuto conto del numero e della presumibile durata delle udienze istruttorie (almeno sei) e delle implicazioni tecniche del merito della controversia, delle attività di trattazione e discussione innanzi al giudice, della quantità della corrispondenza da intrattenere con soggetti anche terzi al giudizio, dell'importanza dell'opera, della natura, del valore e della complessità della controversia, il compenso spettante e che richiede, per l'attività professionale svolta, è così concordato.

- per ogni ora (o frazione di ora) di attività svolta dal titolare dello studio (Avv. ....), viene stabilito un compenso di €.................;
- per ogni ora (o frazione di ora) di attività svolta dal praticante o collaboratore dello studio, viene stabilito un compenso di € ....;

La durata della prestazione, ai fini del pagamento, deve risultare da apposita annotazione sulla pratica o altro registro.

In caso di necessità di eleggere domicilio presso un foro diverso da quello dell'avvocato, il cliente è obbligato al pagamento del compenso all'avvocato domiciliatario, compenso indicato in € ....

5) Accettazione da parte del cliente del compenso richiesto dall'avvocato

Il sig. ………………… (cliente), in proprio o quale legale rappresentante della società, prende atto di quanto innanzi comunicato dall'Avvocato, in ordine al grado di complessità dell'incarico (e di avere ricevuto tutte le informazioni utili circa gli oneri ipotizzabili), alla importanza dello stesso, ai tempi tecnici di definizione ed alle difficoltà difensive riferite.

Dichiara di essere stato adeguatamente informato dall'avvocato del grado di complessità che la controversia riveste per la sua natura, per le questioni di fatto e di diritto da affrontare, nonché per gli interessi non solo patrimoniali, così come manifestati dal cliente stesso.

In relazione a quanto sopra il sig. …………………… (cliente) accetta di corrispondere all'Avv. ……………… il compenso indicato dallo stesso legale nel precedente n. 4 ritenendo il compenso congruo e soddisfacente per l'incarico professionale conferito.

In ipotesi di contestazione sul compenso le parti convengono sin d'ora di rimettersi al parere di congruità che verrà richiesto al competente Consiglio dell'Ordine.

6) Modalità e termini di corresponsione del compenso

Il sig. ……………… (la società ………), per l'attività professionale svolta dall'Avvocato si impegna ad effettuare il pagamento del compenso all'avvocato come innanzi concordato, al momento della presentazione della notula indicante l'attività svolta ed il tempo impiegato, e comunque a seguito di preavviso di fattura, entro 15 gg. dal ricevimento della stessa;

Il mancato pagamento nei termini indicati costituisce per l'avvocato giusta causa di recesso ex art. 2237, comma 2, cod. civ., con pagamento delle somme dovute per l'incarico professionale svolto e comunque con espressa rinuncia del cliente a chiedere la restituzione delle somme già versate all'avvocato.

In caso di liquidazione giudiziale di spese legali in favore del cliente e a carico della controparte, in misura superiore al compenso pattuito, il maggior importo liquidato rimane di competenza esclusiva del professionista.

Sugli importi corrisposti dal cliente all'avvocato sono dovuti il contributo alla cassa forense e l'Iva con le aliquote vigenti al momento delle emissioni delle relative fatture da parte dell'avvocato.

L'Avvocato è autorizzato dal cliente a farsi versare direttamente dalla controparte le spese legali poste a carico di quest'ultima nonché a trattenere in compensazione eventuali somme recuperate dalla controparte sino a soddisfazione delle parcelle emesse per tutta l'attività compiuta ai sensi dell'art. 44 cod. deontologico.

In caso di recesso il cliente si obbliga a corrispondere all'Avvocato le spese sostenute ed il compenso dovuto per l'attività già svolta, determinata sulla base dei parametri unitamente alla somma di €……………… quale penale risarcitoria.

In caso di revoca dell'incarico professionale, il cliente espressamente rinuncia a richiedere la restituzione delle somme già versate all'Avvocato dovendosi considerare dette somme come compenso per l'attività svolta ex art. 2237, comma 1, cod. civ., e comunque come penale risarcitoria per l'avvocato.

7) Obblighi del cliente

Il cliente si impegna a comunicare all'avvocato il cambiamento di eventuali suoi recapiti (es., indirizzo, telefono, cellulare, posta elettronica).

Autorizza espressamente l'avvocato al trattamento dei dati personali comuni, sensibili e giudiziari, necessari ai fini dello svolgimento del mandato professionale conferito.

8) Controversie e foro competente

In caso di controversia cliente/avvocato in ordine alle competenze professionali pattuite con il presente contratto, la competenza territoriale è del giudice del luogo dove è stato stipulato il presente contratto.

9) Il sig. .... e l'Avv. .... con la firma del presente contratto, accettano e ritengono il compenso come sopra pattuito congruo e soddisfacente per l'incarico professionale conferito.

10) Per quanto non espressamente convenuto nella presente convenzione le parti fanno espresso rinvio alle norme del codice civile e nelle leggi regolanti la professione forense. Nel caso di nullità di una o più delle presenti disposizioni per contrasto con norme di legge inderogabili (comprese quelle di cui al codice deontologico forense), tali disposizioni si intenderanno di diritto sostituite nei soli limiti del contrasto.

Letto confermato e sottoscritto.
.... lì ....

Il cliente ....
L'Avvocato ....

Per approvazione espressa delle clausole di cui ai nn. 1, 2, 3, 5, 6, 7, 8 nelle quali si dichiara di essere consapevole ed informato del grado di complessità dell'incarico e di avere ricevuto tutte le informazioni utili circa gli oneri ipotizzabili.

Il cliente ....

A norma degli artt. 1341 e 1342 cod. civ. le parti, previa attenta lettura di ogni clausola e rilettura di quelle del presente contratto dichiarano espressamente di approvarle

Il cliente ....

L'Avvocato ....

Si allegano:
- copia informativa ex art. 13 d.lgs. n. 196/2003 e d.lgs. n. 56/2004;
- fotocopia documento identità di identificazione della persona fisica (es., Carta identità, passaporto, patente);
- visura della CCIAA della società rappresentata;
- copia delibera del Cons. Amministrazione società o equipollente fonte del potere rappresentativo dell'incarico conferito.

10. Contratto con compenso fisso e riconoscimento del palmario

L'anno .... il giorno ...... del mese di .... in ....

tra

l'Avv. ...., iscritto all'Ordine degli Avvocati di ...., con studio in .... Via .... n. .... (codice fiscale:........................, partita IVA: ...., e polizza assicurativa per responsabilità professionale con la Compagnia assicurativa .... con scadenza al ....)

e

il Sig. ...., nato a .... Il ...., CF................., residente in .... Via ...., come da carta identità/patente rilasciata da .... in data, in proprio/quale legale rappresentante della società .... come da visura CCIA, giusta delibera del Cons. Amministrazione del .... (ovvero ....), con sede legale in ...., Via .... n. .... (codice fiscale: ....; partita IVA: ....), si pattuisce

1) Conferimento ed oggetto dell'incarico professionale

Il sig. .... (di seguito denominato "cliente"), in proprio/quale legale rappresentante della società................, ricevuta l'informativa e prestato consenso al trattamento dei dati personali ex d.lgs. n. 196/2003 e d.lgs. n. 56/2004, e della opportunità di definire la controversia con la mediazione di cui al d.lgs. n. 28/2010 e dei connessi benefici fiscali con l'utilizzo di tale procedura, conferisce all'Avv................ (di seguito denominato "avvocato"), che accetta, l'incarico professionale – con l'impegno a rilasciare la procura alle liti ove risultasse necessaria per le azioni in sede giudiziaria e ad eleggere domicilio presso altro difensore del foro competente per la causa – per assisterlo e difenderlo nella controversia giudiziale/stragiudiziale contro .... (il cui valore viene convenzionalmente indicato, allo stato, in € ....).

Il cliente si assume ogni responsabilità circa la ricostruzione del fatto rappresentata all'avvocato e la veridicità di qualsiasi informazione fornita all'avvocato per l'espletamento del mandato.

L'incarico professionale viene conferito dal cliente all'avvocato per lo svolgimento, in particolare, delle seguenti attività:

A) Instaurazione di una causa innanzi al Giudice di Pace/Tribunale/Corte di Appello .... di ...., per (es. azione possessoria contro Tizio .... ecc.) ....

B) Costituzione nel giudizio davanti al Giudice di Pace/Tribunale/Corte di appello/....................... di ...., per contrastare la pretesa del sig. ..../della società ...., che chiede la condanna del sig. ....

C) Attività stragiudiziale per la definizione bonaria della vertenza, compresa la eventuale fase della procedura di mediazione introdotta dal d lgs. n. 38/2010 contro .... avente ad oggetto ....

2) Accettazione incarico professionale

L'Avvocato .... accetta l'incarico professionale, ed in relazione all'incarico ricevuto, fa presente che:

a) la causa va instaurata davanti al..........................., e che la trattazione della pratica da un primo esame non è facile in quanto:

– la giurisprudenza sia della Corte di Cassazione che di merito è contrastante, per cui l'esito della lite è incerto, anche se vi sono buone probabilità di vittoria sulla base della documentazione fornita e dei dati fattuali riferiti;

– la materia oggetto della controversia è complessa e richiederà una consistente attività difensiva, con varie udienze di trattazione e di discussione dinanzi al giudice (almeno sei udienze istruttorie e/o con deduzioni difensive); ne consegue che non è possibile prevedere la durata e la concreta attività difensiva da svolgere fino al compimento dell'incarico, anche perché allo stato non si conosce la linea difensiva e/o documentazione della controparte, o di altri accadimenti non facilmente ipotizzabili;

– l'urgenza della richiesta per il compimento della prestazione professionale, comporta un impegno particolare;

oppure: la materia oggetto della controversia non è complessa e non richiede una intensa attività difensiva (es., per richiesta decreto ingiuntivo, precetto, ecc.) ....

b) La costituzione in giudizio deve effettuarsi presso il Giudice di Pace/Tribunale/Corte di Appello/......................... di ...., con necessità di eleggere domicilio in ...., domicilio che viene eletto presso lo studio dell'Avv. ...., in .... Via ...., con conseguente onere economico di domiciliazione a carico del cliente.

3) Modalità svolgimento incarico

L'Avvocato comunica al cliente che eseguirà l'incarico professionale ricevuto con la diligenza normalmente richiesta, senza obbligo di risultato; ne consegue che l'avvocato non potrà garantire il conse-

guimento del risultato voluto, e conseguentemente la prestazione professionale deve essere retribuita in base a quanto pattuito con la presente scrittura a prescindere dall'esito della controversia.
L'Avvocato fa presente al cliente che:
- nello svolgimento dell'incarico professionale è tenuto ad osservare le regole del codice deontologico forense anche quando ciò possa implicare limitazione all'esecuzione dell'incarico.
- nell'esecuzione dell'incarico potrà emergere la necessità di nominare consulenti tecnici di parte o di uno specialista, ed in tal caso il cliente avrà diretto rapporto contrattuale con tali soggetti e ne sopporterà il relativo costo.
- qualora il valore della controversia, come convenzionalmente determinato anche su indicazione del cliente, dovesse aumentare per effetto di eventuali domande riconvenzionali, interventi in causa di terzi, riunione di procedimenti e/o per altre cause, il compenso concordato con il presente atto deve essere convenzionalmente rideterminato; in caso di disaccordo sulla rideterminazione del compenso, l'avvocato ha facoltà di recedere dall'incarico ed il cliente ha l'obbligo di corrispondergli il compenso pattuito per l'attività fino a quel momento espletata.

4) Determinazione compenso professionale
L'Avvocato fa presente che, atteso l'oggetto ed il valore della controversia (che è stato indicato dal cliente in € ....), per l'attività difensiva nella pratica innanzi descritta, per le attività presumibilmente necessarie fino al compimento dell'incarico, tenuto conto del numero e della presumibile durata delle udienze istruttorie (almeno sei) e delle implicazioni tecniche del merito della controversia, delle attività di trattazione e discussione innanzi al giudice, della quantità della corrispondenza da intrattenere con soggetti anche terzi al giudizio, dell'importanza dell'opera, della natura, del valore e della complessità della controversia, il compenso spettante e che richiede, per l'intera attività professionale svolta, è così indicata.
Il compenso professionale viene indicato nella misura complessiva di €...................., oltre le spese vive documentate (es., contributo unificato, registrazione atti, rilascio copie di atti, iva e contributo cassa di previdenza che verranno quantificati in base alle aliquote in vigore al momento della emissione della parcella).
In caso di significative variazioni, durante lo svolgimento dell'incarico, del valore della pratica e/o della sua complessità, o di necessarie ulteriori attività rispetto a quelle prevedibili, che l'avvocato comunicherà al cliente, la somma indicata viene aumentata del 20% (oppure per ogni udienza ulteriore rispetto alle sei preventivate, per ogni udienza viene pattuito un compenso di € ....).
In caso di necessità di eleggere domicilio presso un foro diverso da quello dell'avvocato, il cliente è obbligato al pagamento del compenso all'avvocato domiciliatario, compenso indicato in € ....
Il cliente *riconosce all'avvocato un compenso supplementare (palmario) in caso di esito vittorioso del giudizio, quale compenso di carattere straordinario (oltre quello pattuito ed innanzi indicato)* ammontante ad €............................

5) Accettazione da parte del cliente del compenso richiesto dall'avvocato
Il sig. ....(cliente), in proprio o quale legale rappresentante della società, prende atto di quanto innanzi comunicato dall'Avvocato, in ordine al grado di complessità dell'incarico (e di avere ricevuto tutte le informazioni utili circa gli oneri ipotizzabili), alla importanza dello stesso, ai tempi tecnici di definizione ed alle difficoltà difensive riferite.
Dichiara di essere stato adeguatamente informato dall'avvocato del grado di complessità che la controversia riveste per la sua natura, per le questioni di fatto e di diritto da affrontare, nonché per gli interessi non solo patrimoniali, così come manifestati dal cliente stesso.
In relazione a quanto sopra il sig. .... (cliente) accetta di corrispondere all'Avv. ....
il compenso indicato dallo stesso legale nel precedente n. 4 ritenendo il compenso congruo e soddisfacente per l'incarico professionale conferito.
In caso di mancato accoglimento della domanda nessun compenso è dovuto all'avvocato, ad eccezione delle documentate spese vive.

In ipotesi di contestazione sul compenso le parti convengono sin d'ora di rimettersi al parere di congruità che verrà richiesto al competente Consiglio dell'Ordine.

6) Modalità e termini di corresponsione del compenso

Il sig. .... (la società ....), per l'attività professionale svolta da l'Avvocato si impegna ad effettuare il pagamento del compenso all'avvocato come innanzi concordato, con le seguenti modalità, termini ed importi:

a) la somma di € ...., anche a titolo di fondo spese e quant'altro inerente all'attività professionale, con la firma del presente contratto;
b) la somma di € .... ad istruttoria chiusa, a seguito di preavviso di fattura, entro 15 gg. dal ricevimento della stessa;
c) la somma di € .... a saldo entro 15 gg. dalla ricezione del preavviso di fattura.
d) Sui pagamenti ritardati rispetto al termine di cui alle precedenti lettere a-c sono dovuti all'avvocato gli interessi legali.
e) Il sig...............si impegna a corrispondere all'Avvocato l'importo risultante dai preavvisi di fattura emessi dal professionista indipendentemente dalla liquidazione giudiziale delle spese e dall'onere di rifusione posto a carico di controparte. Il mancato pagamento nei termini indicati costituisce per l'avvocato giusta causa di recesso ex art. 2237, comma 2, cod. civ., con pagamento delle somme dovute per l'incarico professionale svolto e comunque con espressa rinuncia del cliente a chiedere la restituzione delle somme già versate all'avvocato.
f) In caso di liquidazione giudiziale di spese legali in favore del cliente e a carico della controparte, in misura superiore al compenso pattuito, il maggior importo liquidato rimane di competenza esclusiva del professionista.
g) Sugli importi corrisposti come compenso professionale dal cliente all'avvocato e di cui alle precedenti lettere sono dovuti il contributo alla cassa forense e l'Iva, con le percentuali vigenti al momento delle emissioni delle relative fatture da parte dell'avvocato.

L'Avvocato è autorizzato dal cliente a farsi versare direttamente dalla controparte le spese legali poste a carico di quest'ultima nonché a trattenere in compensazione eventuali somme recuperate dalla controparte sino a soddisfazione delle parcelle emesse per tutta l'attività compiuta ai sensi dell'art. 44 cod. deontologico.

h) In caso di recesso il cliente si obbliga a corrispondere all'Avvocato le spese sostenute ed il compenso dovuto per l'attività già svolta.

In caso di revoca dell'incarico professionale, il cliente espressamente rinuncia a richiedere la restituzione delle somme già versate all'Avvocato dovendosi considerare dette somme come compenso per l'attività svolta ex art. 2237, comma 1, cod. civ., e comunque come penale risarcitoria per l'avvocato.

7) Obblighi del cliente

Il cliente si impegna a comunicare all'avvocato il cambiamento di eventuali suoi recapiti (es., indirizzo, telefono, cellulare, posta elettronica).

Autorizza espressamente l'avvocato al trattamento dei dati personali comuni, sensibili e giudiziari, necessari ai fini dello svolgimento del mandato professionale conferito.

8) Controversie e foro competente

In caso di controversia cliente/avvocato in ordine alle competenze professionali pattuite con il presente contratto, la competenza territoriale è del giudice del luogo dove è stato stipulato il presente contratto.

9) Il sig. .... e l'Avv. .... con la firma del presente contratto, accettano e ritengono il compenso come sopra pattuito congruo e soddisfacente per l'incarico professionale conferito.

10) Per quanto non espressamente convenuto nella presente convenzione le parti fanno espresso rinvio alle norme del codice civile e nelle leggi regolanti la professione forense. Nel caso di nullità di una o più delle presenti disposizioni per contrasto con norme di legge inderogabili (comprese quelle di cui al codice deontologico forense), tali disposizioni si intenderanno di diritto sostituite nei soli limiti del contrasto.

Letto confermato e sottoscritto.
.... lì ....

Il cliente ....
L'Avvocato ....

Per approvazione espressa delle clausole di cui ai nn. 1, 2, 3, 5, 6, 7, 8 nelle quali si dichiara di essere consapevole ed informato del grado di complessità dell'incarico e di avere ricevuto tutte le informazioni utili circa gli oneri ipotizzabili.

Il cliente ....

A norma degli artt. 1341 e 1342 cod. civ. le parti, previa attenta lettura di ogni clausola e rilettura di quelle del presente contratto dichiarano espressamente di approvarle

Il cliente ....
L'Avvocato ....

Si allegano:
- copia informativa ex art. 13 d.lgs. n. 196/2003 e d.lgs. n. 56/2004;
- fotocopia documento identità di identificazione della persona fisica (es., Carta identità, passaporto, patente);
- visura della CCIAA della società rappresentata;
- copia delibera del Cons. Amministrazione società o equipollente fonte del potere rappresentativo dell'incarico conferito.

11. Contratto con preventivo e conferimento incarico professionale

Con la presente scrittura il Sig. .... (in seguito cliente), nato a ...., il ...., C.F.: ...., residente in ...., Via ...., identificato dall'Avv. .... del Foro di .... a mezzo documento .... emessa il ..., il quale dichiara aver ricevuto l'allegata l'informativa e prestato il consenso al trattamento dei dati personali ai sensi di legge, con la presente

CONFERISCE

all'Avv. .... (in seguito "avvocato"), l'incarico di assistenza legale e difesa giudiziale, rappresentanza, consulenza nella controversia avente ad oggetto ...., dinanzi al Tribunale.........................., contro la società .... e il cui valore è di €................. A tal fine,

PATTUISCE

A) con il predetto legale, il quale accetta, il compenso per le prestazioni professionali alle seguenti condizioni:
   1. € .... per l'assistenza stragiudiziale volta alla definizione bonaria della controversia, compresa l'eventuale fase della procedura di mediazione introdotta con il D.lgs. 28/2010 e successive modificazioni, il tutto oltre anticipazioni debitamente documentate, IVA e CPA;

2. € .... per l'intera fase giudiziale, il tutto oltre anticipazioni debitamente documentate, CPA e IVA;
3. € .... per la fase giudiziale di primo grado il tutto oltre anticipazioni debitamente documentate, CPA e IVA.

Le somme sopra menzionate debbono intendersi comprensive di ogni ragione di credito del professionista, ogni altra spesa (a titolo esemplificativo e non esaustivo, contributo unificato, spese di CTU o CTP, imposta di registro), sarà a carico esclusivamente del cliente e dallo stesso pagata direttamente o anticipata al professionista a semplice richiesta;

B) il compenso pattuito è ritenuto da ambo le parti congruo, proporzionato e soddisfacente per l'incarico professionale conferito e liberamente determinato; inoltre il cliente dichiara di essere consapevole ed informato del particolare grado di complessità dell'incarico, e di aver ricevuto tutte le informazioni utili circa gli oneri futuri ipotizzabili.
In caso di significative variazioni, durante lo svolgimento dell'incarico, del valore della pratica e/o della sua complessità, o di necessarie ulteriori attività rispetto a quelle prevedibili, che l'avvocato comunicherà al cliente, la somma indicata viene aumentata del 20% (oppure per ogni udienza ulteriore rispetto alle sei preventivate, per ogni udienza viene pattuito un compenso di € ....).
In caso di necessità di eleggere domicilio presso un foro diverso da quello dell'avvocato, il cliente è obbligato al pagamento del compenso all'avvocato domiciliatario, compenso indicato in € ....

C) il cliente si impegna a pagare all'avvocato, tutti i preavvisi di parcella che questi provvederà ad emettere in acconto o a saldo entro e non oltre, 15 giorni dal ricevimento degli stessi.
Il mancato pagamento costituisce causa di scioglimento del presente contratto ed autorizza il legale nominato all'immediata rinuncia al mandato conferitogli con esonero da ogni responsabilità, salvo gli oneri di comunicazione previsti dal Codice di procedura civile sino alla nomina di altro difensore. Inoltre, nell'ipotesi di recesso di cui alla presente clausola, saranno applicate le tariffe professionali massime oggi vigenti, con l'obbligo di saldare le spese sostenute e documentate alla data del recesso;

D) il cliente è obbligato a corrispondere al legale l'importo risultante dal presente contratto a prescindere dalla liquidazione giudiziale della spesa e dall'onere di rifusione posto a carico di controparte, nel caso in cui l'importo liquidato dal Giudice fosse superiore a quanto concordemente pattuito, la differenza sarà riconosciuta a favore dell'avvocato.
Il legale è autorizzato dal cliente a farsi versare direttamente dalla controparte le spese legali poste a carico di quest'ultima nonché, a trattenere in compensazione eventuale somme recuperate dalla controparte sino a soddisfazione del proprio credito;

E) il professionista potrà delegare per lo svolgimento della prestazione propri collaboratori o sostituti sotto la sua responsabilità;

F) in caso di raggiungimento di accordo conciliativo il cliente verserà quanto pattuito per l'intera fase processuale in cui avviene la conciliazione, l'ulteriore compenso di € ..., oltre CPA e IVA;

G) In caso di recesso rimane l'obbligo di corrispondere al professionista, oltre alle spese sostenute, il compenso pattuito per l'intera fase processuale in cui il recesso viene esercitato ed il 12,5% sull'intero compenso risultante dalla sommatoria degli importi sub 1, 2, 3 di cui all'articolo A, del presente contratto;

H) Per quanto non espressamente convenuto nel presente accordo, si farà espresso riferimento alle norme contenute nel Capo II del libro V del codice civile;

I) Tutte le controversie che dovessero sorgere in riferimento al presente accordo, saranno di competenza del Tribunale di ....
Si da atto che il professionista indica di seguito i dati della propria polizza assicurativa ...

Si allegano informativa sulla privacy, informativa sulla mediazione ex D.lgs. 28/2010 e copia documenti identificativi del cliente

Firma cliente ....

Firma Avvocato ....

Per approvazione espressa della clausola sub B) nella quale si dichiara di essere consapevole ed informato del grado di complessità dell'incarico, e di aver ricevuto tutte le informazioni utili circa gli oneri ipotizzabili.

Firma del cliente ....

Clausole vessatorie: il cliente approva espressamente le clausole C, D, E, F, G, I

Firma del cliente ....

12. Tabella anticipo fondo spese dal cliente

Gli anticipi ([1]) da chiedere al cliente al momento dell'assunzione dell'incarico sono stabiliti nei seguenti importi (oltre spese), salvo aumento a seconda dell'importanza e complessità dell'affare e delle spese, registrazione ed eventuali atti cautelativi.

PROCEDIMENTI CIVILI

1)	Per le cause innanzi al Giudice di Pace	€ 1.500,00
2)	Per le cause innanzi al Tribunale	€ 2.000,00
3)	Per le cause innanzi alla Corte di Appello	€ 3.000,00
4)	Per le cause innanzi alla Corte di Cassazione	€ 3.500,00
5)	Per le cause innanzi alla Corte Costituzionale	€ 4.500,00
6)	Per i ricorsi innanzi al Tribunale Amministrativo Reg.le	€ 3.000,00
7)	Per i ricorsi innanzi al Consiglio di Stato	€ 3.500,00
8)	Per le procedure ingiuntive:	
	a) innanzi al Giudice di Pace	€ 1.000,00
	b) innanzi al Tribunale	€ 1.500,00
9)	Per le procedure esecutive:	
	a) mobiliari	€ 1.000,00
	b) immobiliari	€ 2.500,00
10)	Per pratiche di volontaria giurisdizione	€ 1.000,00

PROCEDIMENTI PENALI

1)	innanzi al Giudice di Pace	€ 1.000,00
2)	innanzi al Tribunale	€ 1.500,00
3)	innanzi alla Corte di Appello	€ 2.500,00
4)	innanzi alla Corte di Cassazione	€ 4.000,00

([1]) *Le tabelle anticipo fondi spese da esigersi dal cliente all'atto del conferimento dell'incarico sono di norma deliberate dai Consigli dell'Ordine.*

13. Lettera richiesta al cliente di pagamento delle competenze professionali

Egr. Sig. ....
Via ....
Città ....

Oggetto: richiesta di pagamento delle spese di causa.
Con la presente sono a chiedere il pagamento delle spese di lite della causa promossa da .... e contro ...., definita con sentenza del Tribunale di .... (fascicolo causa n. .... RG ....), come da prospetto di liquidazione che segue:

1) Importo competenze professionali liquidate in sentenza .... € ....
2) CPA *ex art. 11* L. n. 576/1980 .... € ....
3) Spese successive alla sentenza .... € ....
4) Rimborso IVA sugli importi di cui ai nn. 1-2 .... € ....
5) Spese documentate liquidate in sentenza .... € ....
Totale dovuto (1+2+3+4+5+6) .... € ....

MENO
6) Trattenuta del 20% da versare al fisco quale ritenuta di acconto (nei soli casi previsti dalla legge) .... € ....
Totale somma da corrispondere .... € ....

A pagamento avvenuto seguirà fattura ai sensi di legge

.... lì ....
Avv. ....

Parte VII
Formulario: parcelle per prestazioni professionali

CAPITOLO I

Parcelle in materia civile

1. Parcella per causa civile davanti al Giudice di Pace

Criteri di calcolo: parametri civili **tabella 1**

Giudice di Pace di ....

Parcella con nota analitica delle fasi giudiziali per le quali è stata svolta attività professionale, numerata secondo la tabella riportata nei parametri ministeriali.

Per: .... contro ....
Oggetto della causa: ....
Valore della causa: ....

	Compenso	*Spese*
1. Fase di studio della controversia	€..........	€..........
2. Fase introduttiva del giudizio	€..........	€..........
3. Fase istruttoria e/o trattazione	€..........	€..........
4. Fase decisoria	€..........	€..........
Totale	€..........	€..........

Riepilogo:

a) Compenso	€..........
b) Spese forfettarie 15% (su a)	€..........
c) Spese	€..........
Totale	€..........
d) CPA (a)	€..........
Totale	€..........
e) IVA (a+b+d)	€..........
Totale	€..........
Meno trattenuta da versare al fisco quale ritenuta d'acconto (nei soli casi previsti dalla legge)	€..........
Totale somma da corrispondere	€..........

A pagamento avvenuto seguirà fattura ai sensi di legge.

........................lì..............................

Avv.........................

2. Parcella per giudizi ordinari e sommari di cognizione davanti al Tribunale

Criteri di calcolo: parametri civili **tabella 2**

Tribunale di ....

Parcella con nota analitica delle fasi giudiziali per le quali è stata svolta attività professionale, numerata secondo la tabella riportata nei parametri ministeriali.

Per: .... contro ....
Oggetto della causa: ....
Valore della causa: ....

	Compenso	*Spese*
1. Fase di studio della controversia	€...........	€...........
2. Fase introduttiva del giudizio	€...........	€...........
3. Fase istruttoria e/o di trattazione	€...........	€...........
4. Fase decisoria	€...........	€...........
Totale	€...........	€...........

Riepilogo:
a) Compenso €...........
b) Spese forfettarie 15% (su a) €...........
c) Spese €...........
Totale €...........

d) CPA (a+b) €...........
Totale €...........

e) IVA (a+b+d) €...........
Totale €...........

Meno trattenuta da versare al fisco quale ritenuta d'acconto (nei soli casi previsti dalla legge) €...........

Totale somma da corrispondere €...........

A pagamento avvenuto seguirà fattura ai sensi di legge.

........................lì..............................

Avv.........................

3. Parcella per causa di lavoro davanti al Tribunale

Criteri di calcolo: parametri civili **tabella 3**

Tribunale di ....

Parcella con nota analitica delle fasi giudiziali per le quali è stata svolta attività professionale, numerata secondo la tabella riportata nei parametri ministeriali.

Per: .... contro ....
Oggetto della causa: ....
Valore della causa: ....

	Compenso	*Spese*
1. Fase di studio della controversia	€............	€............
2. Fase introduttiva del giudizio	€............	€............
3. Fase istruttoria e/o di trattazione	€............	€............
4. Fase decisoria	€............	€............
Totale	€............	€............

Riepilogo:

a) Compenso	€...........
b) Spese forfettarie 15% (su a)	€...........
c) Spese	€...........
Totale	€...........
d) CPA (a+b)	€...........
Totale	€...........
e) IVA (a+b+d)	€...........
Totale	€...........
Meno trattenuta da versare al fisco quale ritenuta d'acconto (nei soli casi previsti dalla legge)	€...........
Totale somma da corrispondere	€...........

A pagamento avvenuto seguirà fattura ai sensi di legge.

.........................lì..............................

Avv.........................

4. Parcella per causa di previdenza davanti al Tribunale

Criteri di calcolo: parametri civili **tabella 4**

Tribunale di ....

Parcella con nota analitica delle fasi giudiziali per le quali è stata svolta attività professionale, numerata secondo la tabella riportata nei parametri ministeriali.

Per: .... contro ....
Oggetto della causa: ....
Valore della causa: ....

	Compenso	*Spese*
1. Fase di studio della controversia	€..........	€..........
2. Fase introduttiva del giudizio	€..........	€..........
3. Fase istruttoria e/o di trattazione	€..........	€..........
4. Fase decisoria	€..........	€..........
Totale	€..........	€..........

Riepilogo:
a) Compenso €..........
b) Spese forfettarie 15% (su a) €..........
c) Spese €..........
Totale €..........

d) CPA (a+b) €..........
Totale €..........

e) IVA (a+b+d) €..........
Totale €..........

Meno trattenuta da versare al fisco quale ritenuta d'acconto (nei soli casi previsti dalla legge) €..........

Totale somma da corrispondere €..........

A pagamento avvenuto seguirà fattura ai sensi di legge.

......................lì............................

Avv.........................

5. Parcella per procedimenti per convalida locatizia

Criteri di calcolo: parametri civili **tabella 5**

Tribunale di ....

Parcella con nota analitica delle fasi giudiziali per le quali è stata svolta attività professionale, numerata secondo la tabella riportata nei parametri ministeriali.

Per: .... contro ....
Oggetto della causa: ....
Valore della causa: ....

	Compenso	*Spese*
1. Fase di studio della controversia	€...........	€...........
2. Fase introduttiva del giudizio	€...........	€...........
3. Fase istruttoria e/o di trattazione	€...........	€...........
4. Fase decisoria	€...........	€...........
Totale	€...........	€...........

Riepilogo:
a) Compenso €..........
b) Spese forfettarie 15% €..........
c) Spese €..........
Totale €..........

d) CPA (a+b) €..........
Totale €..........

e) IVA (a+b+d) €..........
Totale €..........

Meno trattenuta da versare al fisco quale ritenuta d'acconto (nei soli casi previsti dalla legge) €..........

Totale somma da corrispondere €..........

A pagamento avvenuto seguirà fattura ai sensi di legge.

.........................lì...............................

Avv.........................

6. Parcella per atto di precetto

Criteri di calcolo: parametri civili **tabella 6**

Tribunale di ....

Parcella con nota analitica delle fasi per le quali è stata svolta attività professionale, numerata secondo la tabella riportata nei parametri ministeriali.

Per: .... contro ....
Oggetto della causa: ....
Valore della causa: ....

	Compenso	*Spese*
1. Compenso	€...........	€...........
Totale	€...........	€...........

Riepilogo:

a) Compenso	€...........
b) Spese forfettarie 15%	€...........
c) Spese	€...........
Totale	€...........
d) CPA (a+b)	€...........
Totale	€...........
e) IVA (a+b+d)	€...........
Totale	€...........
Meno trattenuta da versare al fisco quale ritenuta d'acconto (nei soli casi previsti dalla legge)	€...........
Totale somma da corrispondere	€...........

A pagamento avvenuto seguirà fattura ai sensi di legge.

......................lì............................

Avv.........................

7. Parcella per procedimenti di volontaria giurisdizione

Criteri di calcolo: parametri civili **tabella 7**

Tribunale di ....

Parcella con nota analitica delle fasi giudiziali per le quali è stata svolta attività professionale, numerata secondo la tabella riportata nei parametri ministeriali.

Per: .... contro ....
Oggetto della causa: ....
Valore della causa: ....

		Compenso	*Spese*
1. Compenso		€...........	€...........
	Totale	€...........	€...........

Riepilogo:

a) Compenso	€...........
b) Spese forfettarie 15%	€...........
c) Spese	€...........
Totale	€...........
d) CPA (a+b)	€...........
Totale	€...........
e) IVA (a+b+d)	€...........
Totale	€...........
Meno trattenuta da versare al fisco quale ritenuta d'acconto (nei soli casi previsti dalla legge)	€...........
Totale somma da corrispondere	€...........

A pagamento avvenuto seguirà fattura ai sensi di legge.

......................lì..............................

Avv.........................

8. Parcella per procedimenti monitori

Criteri di calcolo: parametri civili **tabella 8**

Tribunale di ....

Parcella con nota analitica delle fasi giudiziali per le quali è stata svolta attività professionale, numerata secondo la tabella riportata nei parametri ministeriali.

Per: .... contro ....

Oggetto della causa: ....

Valore della causa: ....

		Compenso	*Spese*
1. Compenso		€...........	€...........
	Totale	€...........	€...........

Riepilogo:

a) Compenso	€...........
b) Spese forfettarie 15%	€...........
c) Spese	€...........
Totale	€...........
d) CPA (a+b)	€...........
Totale	€...........
e) IVA (a+b+d)	€...........
Totale	€...........
Meno trattenuta da versare al fisco quale ritenuta d'acconto (nei soli casi previsti dalla legge)	€...........
Totale somma da corrispondere	€...........

A pagamento avvenuto seguirà fattura ai sensi di legge.

........................lì..............................

Avv.........................

9. Parcella per procedimenti di istruzione preventiva

Criteri di calcolo: parametri civili **tabella 9**

Tribunale di ....

Parcella con nota analitica delle fasi giudiziali per le quali è stata svolta attività professionale, numerata secondo la tabella riportata nei parametri ministeriali.

Per: .... contro ....
Oggetto della causa: ....
Valore della causa: ....

	Compenso	*Spese*
1. Fase studio della controversia	€...........	€...........
2. Fase introduttiva del giudizio	€...........	€...........
3. Fase istruttoria	€...........	€...........
Totale	€...........	€...........

Riepilogo:
a) Compenso €...........
b) Spese forfettarie 15% €...........
c) Spese €...........
Totale €...........

d) CPA (a+b) €...........
Totale €...........

e) IVA (a+b+d) €...........
Totale €...........

Meno trattenuta da versare al fisco
quale ritenuta d'acconto
(nei soli casi previsti dalla legge) €...........

Totale somma da corrispondere €...........

A pagamento avvenuto seguirà fattura ai sensi di legge.

.........................lì..............................

Avv.........................

10. Parcella per procedimenti cautelari - reclami al collegio

Criteri di calcolo: parametri civili **tabella 10**

Tribunale di ....

Parcella con nota analitica delle fasi giudiziali per le quali è stata svolta attività professionale, numerata secondo la tabella riportata nei parametri ministeriali.

Per: .... contro ....
Oggetto della causa: ....
Valore della causa: ....

	Onorario	*Spese*
1. Fase di studio della controversia	€...........	€...........
2. Fase introduttiva del giudizio	€...........	€...........
3. Fase istruttoria e/o trattazione	€...........	€...........
4. Fase decisionale	€...........	€...........
Totale	€...........	€...........

Riepilogo:

a) Onorario	€...........
b) Spese forfettarie 15%	€...........
c) Spese	€...........
Totale	€...........
d) CPA (a+b)	€...........
Totale	€...........
e) IVA (a+b+d)	€...........
Totale	€...........
Meno trattenuta da versare al fisco quale ritenuta d'acconto (nei soli casi previsti dalla legge)	€...........
Totale somma da corrispondere	€...........

A pagamento avvenuto seguirà fattura ai sensi di legge.

........................lì.............................

Avv.........................

11. Parcella per giudizi innanzi alla Corte dei Conti

Criteri di calcolo: parametri civili **tabella 11**

Corte dei Conti, sez. giur. Regione ....

Parcella con nota analitica delle fasi giudiziali per le quali è stata svolta attività professionale, numerata secondo la tabella riportata nei parametri ministeriali.

Per: .... contro ....
Oggetto della causa: ....
Valore della causa: ....

	Compenso	*Spese*
1. Fase di studio della controversia	€...........	€...........
2. Fase introduttiva del giudizio	€...........	€...........
3. Fase istruttoria e/o di trattazione	€...........	€...........
4. Fase decisionale	€...........	€...........
Totale	€...........	€...........

Riepilogo:

a) Compenso	€...........
b) Spese forfettarie 15%	€...........
c) Spese	€...........
Totale	€...........
d) CPA (a+b)	€...........
Totale	€...........
e) IVA (a+b+d)	€...........
Totale	€...........
Meno trattenuta da versare al fisco quale ritenuta d'acconto (nei soli casi previsti dalla legge)	€...........
Totale somma da corrispondere	€...........

A pagamento avvenuto seguirà fattura ai sensi di legge.

........................lì.............................

Avv.........................

12. Parcella per giudizi innanzi alla Corte di Appello

Criteri di calcolo: parametri civili **tabella 12**

Corte di Appello di ....

Parcella con nota analitica delle fasi giudiziali per le quali è stata svolta attività professionale, numerata secondo la tabella riportata nei parametri ministeriali.

Per: .... contro ....
Oggetto della causa: ....
Valore della causa: ....

	Compenso	*Spese*
1. Fase di studio della controversia	€..........	€..........
2. Fase introduttiva del giudizio	€..........	€..........
3. Fase istruttoria e/o di trattazione	€..........	€..........
4. Fase decisionale	€..........	€..........
Totale	€..........	€..........

Riepilogo:

a) Onorario	€..........
b) Spese forfettarie 15%	€..........
c) Spese	€..........
Totale	€..........
d) CPA (a+b)	€..........
Totale	€..........
e) IVA (a+b+d)	€..........
Totale	€..........
Meno trattenuta da versare al fisco quale ritenuta d'acconto (nei soli casi previsti dalla legge)	€..........
Totale somma da corrispondere	€..........

A pagamento avvenuto seguirà fattura ai sensi di legge.

......................lì............................

Avv.......................

13. Parcella per giudizi innanzi alla Corte di Cassazione e alle Giurisdizioni Superiori

Criteri di calcolo: parametri civili **tabella 13**

Corte di Cassazione ....

Parcella con nota analitica delle fasi giudiziali per le quali è stata svolta attività professionale, numerata secondo la tabella riportata nei parametri ministeriali.

Per: .... contro ....
Oggetto della causa: ....
Valore della causa: ....

	Compenso	*Spese*
1. Fase di studio della controversia	€...........	€...........
2. Fase introduttiva del giudizio	€...........	€...........
3. Fase decisionale	€...........	€...........
Totale	€...........	€...........

Riepilogo:

a) Compenso	€...........
b) Spese forfettarie 15% (su a)	€...........
c) Spese	€...........
Totale	€...........
d) CPA (a+b)	€...........
Totale	€...........
e) IVA (a+b+d)	€...........
Totale	€...........
Meno trattenuta da versare al fisco quale ritenuta d'acconto (nei soli casi previsti dalla legge)	€...........
Totale somma da corrispondere	€...........

A pagamento avvenuto seguirà fattura ai sensi di legge.

.........................lì...............................

Avv.........................

14. Parcella per giudizi innanzi alla Corte Costituzionale, Corte Europea, Corte di Giustizia UE

Criteri di calcolo: parametri civili **tabella 14**

Corte di Cassazione ....

Parcella con nota analitica delle fasi giudiziali per le quali è stata svolta attività professionale, numerata secondo la tabella riportata nei parametri ministeriali.

Per: .... contro ....
Oggetto della causa: ....
Valore della causa: ....

	Compenso	*Spese*
1. Fase di studio della controversia	€...........	€...........
2. Fase introduttiva del giudizio	€...........	€...........
3. Fase istruttoria e/o di trattazione	€...........	€...........
4. Fase decisionale	€...........	€...........
Totale	€...........	€...........

Riepilogo:

a) Compenso	€...........
b) Spese forfettarie 15%	€...........
c) Spese	€...........
Totale	€...........
d) CPA (a+b)	€...........
Totale	€...........
e) IVA (a+b+d)	€...........
Totale	€...........
Meno trattenuta da versare al fisco quale ritenuta d'acconto (nei soli casi previsti dalla legge)	€...........
Totale somma da corrispondere	€...........

A pagamento avvenuto seguirà fattura ai sensi di legge.

........................lì..............................

Avv.........................

15. Parcella per sequestro conservativo e giudizio di convalida

Criteri di calcolo: parametri civili **tabella 10**

Tribunale di ....

Parcella con nota analitica delle fasi giudiziali per le quali è stata svolta attività professionale, numerata secondo la tabella riportata nei parametri ministeriali.

Per: .... contro ....
Oggetto della causa: ....
Valore della causa: ....

	Compenso	*Spese*
1. Fase di studio della controversia	€...........	€...........
2. Fase introduttiva del giudizio	€...........	€...........
3. Fase istruttoria e/o di trattazione	€...........	€...........
4. Fase decisionale	€...........	€...........
Totale	€...........	€...........

Riepilogo:

a) Compenso	€...........
b) Spese forfettarie 15%	€...........
c) Spese	€...........
Totale	€...........
d) CPA (a+b)	€...........
Totale	€...........
e) IVA (a+b+d)	€...........
Totale	€...........
Meno trattenuta da versare al fisco quale ritenuta d'acconto (nei soli casi previsti dalla legge)	€...........
Totale somma da corrispondere	€...........

A pagamento avvenuto seguirà fattura ai sensi di legge.

.........................lì...............................

Avv.........................

16. Parcella per procedure esecutive mobiliari

Criteri di calcolo: parametri civili **tabella 16**

Tribunale di ....

Parcella con nota analitica delle fasi giudiziali per le quali è stata svolta attività professionale, numerata secondo la tabella riportata nei parametri ministeriali.

Per: .... contro ....
Oggetto della causa: ....
Valore della causa: ....

	Compenso	*Spese*
1. Fase di studio della controversia	€............	€............
2. Fase istruttoria e/o di trattazione	€............	€............
Totale	€............	€............

Riepilogo:

a) Compenso	€............
b) Spese forfettarie 15%	€............
c) Spese	€............
Totale	€............
d) CPA (a+b)	€............
Totale	€............
e) IVA (a+b+d)	€............
Totale	€............
Meno trattenuta da versare al fisco quale ritenuta d'acconto (nei soli casi previsti dalla legge)	€............
Totale somma da corrispondere	€............

A pagamento avvenuto seguirà fattura ai sensi di legge.

.........................lì..............................

Avv.........................

17. Parcella per procedure esecutive presso terzi

Criteri di calcolo: parametri civili **tabella 17**

Tribunale di ....

Parcella con nota analitica delle fasi giudiziali per le quali è stata svolta attività professionale, numerata secondo la tabella riportata nei parametri ministeriali.

Per: .... contro ....

Oggetto della causa: ....

Valore della causa: ....

	Compenso	*Spese*
1. Fase introduttiva	€...........	€...........
2. Fase di trattazione e conclusiva	€...........	€...........
Totale	€...........	€...........

Riepilogo:

a) Compenso	€...........
b) Spese forfettarie 15%	€...........
c) Spese	€...........
Totale	€...........
d) CPA (a+b)	€...........
Totale	€...........
e) IVA (a+b+d)	€...........
Totale	€...........
Meno trattenuta da versare al fisco quale ritenuta d'acconto (nei soli casi previsti dalla legge)	€...........
Totale somma da corrispondere	€...........

A pagamento avvenuto seguirà fattura ai sensi di legge.

.........................lì..............................

Avv.........................

18. Parcella per procedure per consegna e rilascio, in forma specifica

Criteri di calcolo: parametri civili **tabella 17**

Tribunale di ....

Parcella con nota analitica delle fasi giudiziali per le quali è stata svolta attività professionale, numerata secondo la tabella riportata nei parametri ministeriali.

Per: .... contro ....
Oggetto della causa: ....
Valore della causa: ....

	Compenso	*Spese*
1. Fase introduttiva	€...........	€...........
2. Fase di trattazione e conclusiva	€...........	€...........
Totale	€...........	€...........

Riepilogo:

a) Compenso	€...........
b) Spese forfettarie 15%	€...........
c) Spese	€...........
Totale	€...........
d) CPA (a+b)	€...........
Totale	€...........
e) IVA (a+b+d)	€...........
Totale	€...........
Meno trattenuta da versare al fisco quale ritenuta d'acconto (nei soli casi previsti dalla legge)	€...........
Totale somma da corrispondere	€...........

A pagamento avvenuto seguirà fattura ai sensi di legge.

........................lì.............................

Avv.........................

19. Parcella per procedure esecutive immobiliari

Criteri di calcolo: parametri civili **tabella 18**

Tribunale di ....

Parcella con nota analitica delle fasi giudiziali per le quali è stata svolta attività professionale, numerata secondo la tabella riportata nei parametri ministeriali.

Per: .... contro ....
Oggetto della causa: ....
Valore della causa: ....

	Compenso	*Spese*
1. Fase di studio della controversia	€..........	€..........
2. Fase istruttoria e/o d trattazione	€..........	€..........
Totale	€..........	€..........

Riepilogo:

a) Compenso	€..........
b) Spese forfettarie 15%	€..........
c) Spese	€..........
Totale	€..........
d) CPA (a+b)	€..........
Totale	€..........
e) IVA (a+b+d)	€..........
Totale	€..........
Meno trattenuta da versare al fisco quale ritenuta d'acconto (nei soli casi previsti dalla legge)	€..........
Totale somma da corrispondere	€..........

A pagamento avvenuto seguirà fattura ai sensi di legge.

.........................lì..............................

Avv.........................

20. Parcella per procedure esecutive in forma specifica

Criteri di calcolo: parametri civili **tabella 17**

Tribunale di ....

Parcella con nota analitica delle fasi giudiziali per le quali è stata svolta attività professionale, numerata secondo la tabella riportata nei parametri ministeriali.

Per: .... contro ....
Oggetto della causa: ....
Valore della causa: ....

	Compenso	*Spese*
1. Fase introduttiva	€...........	€...........
2. Fase di trattazione e conclusiva	€...........	€...........
Totale	€...........	€...........

Riepilogo:

a) Compenso	€...........
b) Spese forfettarie 15%	€...........
c) Spese	€...........
Totale	€...........
d) CPA (a+b)	€...........
Totale	€...........
e) IVA (a+b+d)	€...........
Totale	€...........
Meno trattenuta da versare al fisco quale ritenuta d'acconto (nei soli casi previsti dalla legge)	€...........
Totale somma da corrispondere	€...........

A pagamento avvenuto seguirà fattura ai sensi di legge.

.......................lì...........................

Avv.......................

21. Parcella per iscrizione ipotecaria/affari tavolari

Criteri di calcolo: parametri civili ministeriali **tabella 19**

Tribunale di ....

Parcella con nota analitica delle fasi per le quali è stata svolta attività professionale, numerata secondo la tabella riportata nei parametri ministeriali.

Per: .... contro ....
Oggetto della causa: ....
Valore della causa: ....

	Compenso	*Spese*
1. Compenso	€...........	€...........
Totale	€...........	€...........

Riepilogo:

a) Compenso	€...........
b) Spese forfettarie 15%	€...........
c) Spese	€...........
Totale	€...........
d) CPA (a+b)	€...........
Totale	€...........
e) IVA (a+b+d)	€...........
Totale	€...........
Meno trattenuta da versare al fisco quale ritenuta d'acconto (nei soli casi previsti dalla legge)	€...........
Totale somma da corrispondere	€...........

A pagamento avvenuto seguirà fattura ai sensi di legge.

........................lì.............................

Avv.........................

22. Parcella per procedimenti per dichiarazione di fallimento

Criteri di calcolo: parametri civili **tabella 20**

Tribunale di ....

Parcella con nota della fase per la quale è stata svolta attività professionale, numerata secondo la tabella riportata nei parametri ministeriali.

Per: .... contro ....
Oggetto della causa: ....
Valore della causa: ....

		Compenso	*Spese*
1. Compenso		€...........	€...........
	Totale	€...........	€...........

Riepilogo:

a) Compenso	€...........
b) Spese forfettarie 15%	€...........
c) Spese	€...........
Totale	€...........
d) CPA (a+b)	€...........
Totale	€...........
e) IVA (a+b+d)	€...........
Totale	€...........
Meno trattenuta da versare al fisco quale ritenuta d'acconto (nei soli casi previsti dalla legge)	€...........
Totale somma da corrispondere	€...........

A pagamento avvenuto seguirà fattura ai sensi di legge.

.......................lì............................

Avv.........................

23. Parcella per procedimenti per istanze ammissione al passivo fallimentare

Criteri di calcolo: parametri civili **tabella 20-bis**

Tribunale di ....

Parcella con nota analitica della fase per la quale è stata svolta attività professionale, numerata secondo la tabella riportata nei parametri ministeriali.

Per: .... contro ....
Oggetto della causa: ....
Valore della causa: ....

	Compenso	*Spese*
1. Fase di studio della controversia	€...........	€...........
2. Fase introduttiva del giudizio	€...........	€...........
3. Fase istruttoria e/o di trattazione	€...........	€...........
4. Fase decisionale	€...	€...........
Totale	€...	€...........

Riepilogo:

a) Compenso	€...........
b) Spese forfettarie 15%	€...........
c) Spese	€..........
Totale	€..........
d) CPA (a+b)	€..........
Totale	€..........
e) IVA (a+b+d)	€...........
Totale	€...........
Meno trattenuta da versare al fisco quale ritenuta d'acconto (nei soli casi previsti dalla legge)	€...........
Totale somma da corrispondere	€...........

A pagamento avvenuto seguirà fattura ai sensi di legge.

.......................lì............................

Avv........................

24. Parcella causa di opposizione allo stato passivo fallimentare

Criteri di calcolo: parametri ministeriali **tabella 2**

Tribunale di ....

Parcella con nota analitica delle fasi giudiziali per le quali è stata svolta attività professionale, numerata secondo la tabella riportata nei parametri ministeriali.

Per: .... contro ....
Oggetto della causa: ....
Valore della causa: ....

	Compenso	*Spese*
1. Fase di studio della controversia	€...........	€...........
2. Fase introduttiva del giudizio	€...........	€...........
3. Fase istruttoria e/o di trattazione	€...........	€...........
4. Fase decisionale	€...........	€...........
Totale	€...........	€...........

Riepilogo:

a) Compenso	€...........
b) Spese forfettarie 15%	€...........
c) Spese	€...........
Totale	€...........
d) CPA (a+b)	€...........
Totale	€...........
e) IVA (a+b+d)	€...........
Totale	€...........
Meno trattenuta da versare al fisco quale ritenuta d'acconto (nei soli casi previsti dalla legge)	€...........
Totale somma da corrispondere	€...........

A pagamento avvenuto seguirà fattura ai sensi di legge.

.........................lì..............................

Avv.........................

25. Parcella per reclami in Corte di appello nel fallimento

Criteri di calcolo: parametri civili **tabella 12**

Tribunale di ....

Parcella con nota analitica della fase giudiziale per la quale è stata svolta attività professionale, numerata secondo la tabella riportata nei parametri ministeriali.

Per: .... contro ....
Oggetto della causa: ....
Valore della causa: ....

	Compenso	*Spese*
1. Fase di studio della controversia	€...........	€...........
2. Fase introduttiva del giudizio	€...........	€...........
3. Fase istruttoria e/o di trattazione	€...........	€...........
4. Fase decisionale	€...........	€...........
Totale	€...........	€...........

Riepilogo:

a) Compenso	€...........
b) Spese forfettarie 15%	€...........
c) Spese	€...........
Totale	€...........
d) CPA (a+b)	€...........
Totale	€...........
e) IVA (a+b+d)	€...........
Totale	€...........
Meno trattenuta da versare al fisco quale ritenuta d'acconto (nei soli casi previsti dalla legge)	€...........
Totale somma da corrispondere	€...........

A pagamento avvenuto seguirà fattura ai sensi di legge.

.........................lì.............................

Avv.........................

26. Parcella per giudizi innanzi al Tribunale Amministrativo Regionale

Criteri di calcolo: parametri civili **tabella 21**

Tribunale Amministrativo Regionale ....

Parcella con nota analitica delle fasi giudiziali per le quali è stata svolta attività professionale, numerata secondo la tabella riportata nei parametri ministeriali.

Per: .... contro ....
Oggetto della causa: ....
Valore della causa: ....

	Compenso	*Spese*
1. Fase di studio della controversia	€...........	€...........
2. Fase introduttiva del giudizio	€...........	€...........
3. Fase istruttoria e/o di trattazione	€...........	€...........
4. Fase decisionale	€...........	€...........
5. Fase cautelare collegiale	€...........	€...........
6. Fase cautelare monocratica	€...........	€...........
Totale	€...........	€...........

Riepilogo:

a) Compenso	€...........
b) Spese forfettarie 15%	€...........
c) Spese	€...........
Totale	€...........
d) CPA (a+b)	€...........
Totale	€...........
e) IVA (a+b+d)	€...........
Totale	€...........
Meno trattenuta da versare al fisco quale ritenuta d'acconto (nei soli casi previsti dalla legge)	€...........
Totale somma da corrispondere	€...........

A pagamento avvenuto seguirà fattura ai sensi di legge.

........................lì.............................

Avv.........................

27. Parcella per giudizi innanzi al Consiglio di Stato

Criteri di calcolo: parametri civili **tabella 22**

Consiglio di Stato

Parcella con nota analitica delle fasi giudiziali per le quali è stata svolta attività professionale, numerata secondo la tabella riportata nei parametri ministeriali.

Per: .... contro ....
Oggetto della causa: ....
Valore della causa: ....

	Compenso	*Spese*
1. Fase di studio della controversia	€..........	€..........
2. Fase introduttiva del giudizio	€..........	€..........
3. Fase istruttoria e/o di trattazione	€..........	€..........
4. Fase decisoria	€..........	€..........
5. Fase cautelare collegiale	€..........	€..........
6. Fase cautelare monocratica	€..........	€..........
Totale	€..........	€..........

Riepilogo:

a) Compenso	€..........
b) Spese forfettarie 15%	€..........
c) Spese	€..........
Totale	€..........
d) CPA (a+b)	€..........
Totale	€..........
e) IVA (a+b+d)	€..........
Totale	€..........
Meno trattenuta da versare al fisco quale ritenuta d'acconto (nei soli casi previsti dalla legge)	€..........
Totale somma da corrispondere	€..........

A pagamento avvenuto seguirà fattura ai sensi di legge.

......................lì............................

Avv.......................

28. Parcella per giudizi innanzi alla Commissione Tributaria Provinciale

Criteri di calcolo: parametri civili **tabella 23**

Commissione Tributaria Provinciale

Parcella con nota analitica delle fasi giudiziali per le quali è stata svolta attività professionale, numerata secondo la tabella riportata nei parametri ministeriali.

Per: .... contro ....

Oggetto della causa: ....

Valore della causa: ....

	Compenso	*Spese*
1. Fase di studio della controversia	€...........	€...........
2. Fase introduttiva del giudizio	€...........	€...........
3. Fase istruttoria e/o di trattazione	€...........	€...........
4. Fase decisionale	€...........	€...........
5. Fase cautelare	€...........	€...........
Totale	€...........	€...........

Riepilogo:

a) Compenso	€...........
b) Spese forfettarie 15%	€...........
c) Spese	€...........
Totale	€...........
d) CPA (a+b)	€...........
Totale	€...........
e) IVA (a+b+d)	€...........
Totale	€...........
Meno trattenuta da versare al fisco quale ritenuta d'acconto (nei soli casi previsti dalla legge)	€...........
Totale somma da corrispondere	€...........

A pagamento avvenuto seguirà fattura ai sensi di legge.

.........................lì..............................

Avv........................

29. Parcella per giudizi innanzi alla Commissione Tributaria Regionale

Criteri di calcolo: parametri civili **tabella 24**

Commissione Tributaria Regionale ....

Parcella con nota analitica delle fasi giudiziali per le quali è stata svolta attività professionale, numerata secondo la tabella riportata nei parametri ministeriali.

Per: .... contro ....
Oggetto della causa: ....
Valore della causa: ....

	Compenso	*Spese*
1. Fase di studio della controversia	€...........	€...........
2. Fase introduttiva del giudizio	€...........	€...........
3. Fase istruttoria e/o di trattazione	€...........	€...........
4. Fase decisionale	€...........	€...........
5. Fase cautelare	€...........	€...........
Totale	€...........	€...........

Riepilogo:

a) Compenso	€..........
b) Spese forfettarie 15%	€..........
c) Spese	€..........
Totale	€..........
d) CPA (a+b)	€..........
Totale	€..........
e) IVA (a+b+d)	€..........
Totale	€..........

Meno trattenuta da versare al fisco quale ritenuta d'acconto (nei soli casi previsti dalla legge) €..........

Totale somma da corrispondere €..........

A pagamento avvenuto seguirà fattura ai sensi di legge.

.......................lì.............................

Avv.........................

30. Parcella per procedimento di mediazione e procedura di negoziazione assistita

Criteri di calcolo: parametri civili **tabella 25-bis**

Procedimento di mediazione e procedura di negoziazione assistita

Parcella con nota analitica delle fasi per le quali è stata svolta attività professionale, numerata secondo la tabella riportata nei parametri ministeriali.

Per: .... contro ....
Oggetto della causa: ....
Valore della causa: ....

	Compenso	*Spese*
1. Fase della attivazione	€...........	€...........
2. Fase di negoziazione	€...........	€...........
3. *Conciliazione*	€...........	€...........
Totale	€...........	€...........

Riepilogo:

a) Compenso	€...........
b) Spese forfettarie 15% (su a)	€...........
c) Spese	€...........
Totale	€...........
d) CPA (a+b)	€...........
Totale	€...........
e) IVA (a+b+d)	€...........
Totale	€...........
Meno trattenuta da versare al fisco quale ritenuta d'acconto (nei soli casi previsti dalla legge)	€...........
Totale somma da corrispondere	€...........

A pagamento avvenuto seguirà fattura ai sensi di legge.

.........................lì..............................

Avv.........................

31. Parcella per prestazioni di assistenza stragiudiziale generica

Criteri di calcolo: parametri civili **tabella 25**

Camera di Mediazione e Conciliazione di ....

Parcella con nota analitica delle fasi per le quali è stata svolta attività professionale, numerata secondo la tabella riportata nei parametri ministeriali.

Per: .... contro ....
Oggetto della controversia: ....
Valore della controversia: ....

	Compenso	*Spese*
1. Compenso	€...........	€...........
Totale	€...........	€...........

Riepilogo:

a) Compenso	€...........
b) Spese forfettarie 15%	€...........
c) Spese	€...........
Totale	€...........
d) CPA (a+b)	€...........
Totale	€...........
e) IVA (a+b+d)	€...........
Totale	€...........
Meno trattenuta da versare al fisco quale ritenuta d'acconto (nei soli casi previsti dalla legge)	€...........
Totale somma da corrispondere	€...........

A pagamento avvenuto seguirà fattura ai sensi di legge.

.......................lì.............................

Avv.........................

32. Parcella per prestazioni di consulenza stragiudiziale generica

Criteri di calcolo: parametri civili **tabella 25**

Parcella con nota analitica della fase stragiudiziale per la quale è stata svolta attività professionale, numerata secondo la tabella riportata nei parametri ministeriali.

Per: .... contro ....
Oggetto della causa: ....
Valore della causa: ....

		Compenso	*Spese*
1. Compensi		€..........	€..........
	Totale	€..........	€..........

Riepilogo:

a) Compenso	€..........
b) Spese forfettarie 15%	€..........
c) Spese	€..........
Totale	€..........
d) CPA (a+b)	€..........
Totale	€..........
e) IVA (a+b+d)	€..........
Totale	€..........
Meno trattenuta da versare al fisco quale ritenuta d'acconto (nei soli casi previsti dalla legge)	€..........
Totale somma da corrispondere	€..........

A pagamento avvenuto seguirà fattura ai sensi di legge.

......................lì............................

Avv.........................

33. Parcella per prestazioni di assistenza stragiudiziale in procedure concorsuali

Criteri di calcolo: parametri civili **tabella 25**

Parcella con nota analitica delle fasi stragiudiziali per le quali è stata svolta attività professionale, numerata secondo la tabella riportata nei parametri ministeriali.

Per: .... contro ....

Oggetto della causa: ....

Valore della causa: ....

		Compenso	*Spese*
1. Compenso		€..........	€..........
	Totale	€..........	€..........

Riepilogo:

a) Compenso	€..........
b) Spese forfettarie 15%	€..........
c) Spese	€..........
Totale	€..........
d) CPA (a+b)	€..........
Totale	€..........
e) IVA (a+b+d)	€..........
Totale	€..........
Meno trattenuta da versare al fisco quale ritenuta d'acconto (nei soli casi previsti dalla legge)	€..........
Totale somma da corrispondere	€..........

A pagamento avvenuto seguirà fattura ai sensi di legge.

......................lì............................

Avv.......................

34. Parcella per prestazioni di consulenza stragiudiziale in procedure concorsuali

Criteri di calcolo: parametri civili **tabella 25**

Parcella con nota analitica delle fasi stragiudiziali per le quali è stata svolta attività professionale, numerata secondo la tabella riportata nei parametri ministeriali.

Per: .... contro ....
Oggetto della causa: ....
Valore della causa: ....

		Compenso	*Spese*
1. Compenso		€...........	€...........
	Totale	€...........	€...........

Riepilogo:

a) Compenso	€...........
b) Spese forfettarie 15%	€...........
c) Spese	€...........
Totale	€...........
d) CPA (a+b)	€...........
Totale	€...........
e) IVA (a+b+d)	€...........
Totale	€...........
Meno trattenuta da versare al fisco quale ritenuta d'acconto (nei soli casi previsti dalla legge)	€...........
Totale somma da corrispondere	€...........

A pagamento avvenuto seguirà fattura ai sensi di legge.

........................lì..............................

Avv........................

35. Parcella per prestazioni di assistenza stragiudiziale in materia tributaria

Criteri di calcolo: parametri civili **tabella 25**

Ufficio Tributario di

Parcella con nota analitica delle fasi stragiudiziali per le quali è stata svolta attività professionale, numerata secondo la tabella riportata nei parametri ministeriali.

Per: .... contro ....
Oggetto della causa: ....
Valore della causa: ....

	Compenso	*Spese*
1. Compenso	€..........	€..........
Totale	€..........	€..........

Riepilogo:

a) Compenso	€..........
b) Spese forfettarie 15%	€..........
c) Spese	€..........
Totale	€..........
d) CPA (a+b)	€..........
Totale	€..........
e) IVA (a+b+d)	€..........
Totale	€..........
Meno trattenuta da versare al fisco quale ritenuta d'acconto (nei soli casi previsti dalla legge)	€..........
Totale somma da corrispondere	€..........

A pagamento avvenuto seguirà fattura ai sensi di legge.

......................lì............................

Avv.......................

36. Parcella per arbitro unico

Criteri di calcolo: parametri civili **tabella 26**

Parcella con nota analitica delle fasi giudiziali per le quali è stata svolta attività professionale, numerata secondo la tabella riportata nei parametri ministeriali.

Per: .... contro ....
Oggetto della causa: ....
Valore della causa: ....

		Compenso	*Spese*
1. Compenso		€...........	€...........
	Totale	€...........	€...........

Riepilogo:

a) Compenso	€...........
b) Spese forfettarie 15%	€...........
c) Spese	€...........
Totale	€...........
d) CPA (a+b)	€...........
Totale	€...........
e) IVA (a+b+d)	€...........
Totale	€...........
Meno trattenuta da versare al fisco quale ritenuta d'acconto (nei soli casi previsti dalla legge)	€...........
Totale somma da corrispondere	€...........

A pagamento avvenuto seguirà fattura ai sensi di legge.

........................lì..............................

Avv.........................

37. Parcella per collegio arbitrale

Criteri di calcolo: parametri civili **tabella 26**

Parcella con nota analitica delle fasi giudiziali per le quali è stata svolta attività professionale, numerata secondo la tabella riportata nei parametri ministeriali.

Per: .... contro ....
Oggetto della causa: ....
Valore della causa: ....

		Compenso	*Spese*
1. Compenso		€..........	€..........
	Totale	€..........	€..........

Riepilogo:

a) Compenso	€..........
b) Spese forfettarie 15%	€..........
c) Spese	€..........
Totale	€..........
d) CPA (a+b)	€..........
Totale	€..........
e) IVA (a+b+d)	€..........
Totale	€..........
Meno trattenuta da versare al fisco quale ritenuta d'acconto (nei soli casi previsti dalla legge)	€..........
Totale somma da corrispondere	€..........

A pagamento avvenuto seguirà fattura ai sensi di legge.

......................lì...........................

Avv.........................

Capitolo II

Parcelle in materia penale

1. Parcella per causa penale davanti al Giudice di Pace

Criteri di calcolo: parametri penali **tabella 15**

Giudice di Pace di ....

Parcella con nota analitica delle fasi giudiziali per le quali è stata svolta attività professionale, numerata secondo la tabella riportata nei parametri ministeriali.

Per procedimento penale RG....... a carico di.....................

Oggetto: imputazione ....

	Compenso	*Spese*
1. Fase studio della controversia	€...........	€...........
2. Fase introduttiva del giudizio	€...........	€...........
3. Fase istruttoria e/o dibattimentale	€...........	€...........
4. Fase decisionale	€...........	€...........
Totale	€..	€...........

Riepilogo:

a) Compensi	€...........
b) Spese forfettarie 15%	€...........
c) Spese	€...........
Totale	€...........
d) CPA (a+b)	€...........
Totale	€...........
e) IVA (a+b+d)	€...........
Totale	€...........

Meno trattenuta da versare al fisco
quale ritenuta d'acconto
(nei soli casi previsti dalla legge) €...........

Totale somma da corrispondere €...........
A pagamento avvenuto seguirà fattura ai sensi di legge.

........................lì..............................

Avv.........................

2. Parcella per Indagini Preliminari

Criteri di calcolo: parametri penali **tabella 15**

Tribunale di ....

Parcella con nota analitica delle fasi giudiziali per le quali è stata svolta attività professionale, numerata secondo la tabella riportata nei parametri ministeriali.

Per procedimento penale RG .... a carico di.....................

Oggetto: imputazione ....

	Compenso	*Spese*
1. Fase studio della controversia	€...........	€...........
2. Fase introduttiva del giudizio	€...........	€...........
3. Fase istruttoria e/o dibattimentale	€...........	€...........
4. Fase decisionale	€...........	€...........
Totale	€...........	€...........

Riepilogo:

a) Compenso	€...........
b) Spese forfettarie 15%	€...........
c) Spese	€...........
Totale	€...........
d) CPA (a+b)	€...........
Totale	€...........
e) IVA (a+b+d)	€...........
Totale	€...........

Meno trattenuta da versare al fisco
quale ritenuta d'acconto
(nei soli casi previsti dalla legge) €...........

Totale somma da corrispondere €...........
A pagamento avvenuto seguirà fattura ai sensi di legge.

.......................lì.............................

Avv........................

3. Parcelle per Indagini Difensive

Criteri di calcolo: parametri penali **tabella 15**

Tribunale di ....

Parcella con nota analitica delle fasi giudiziali per le quali è stata svolta attività professionale, numerata secondo la tabella riportata nei parametri ministeriali.

Per procedimento penale RG .... a carico di . ...

Oggetto: imputazione ....

	Compenso	*Spese*
1. Fase di studio della controversia	€...........	€...........
2. Fase istruttoria e/o dibattimentale	€...........	€...........
Totale	€..	€...........

Riepilogo:

a) Compenso	€...........
b) Spese forfettarie 15%	€...........
c) Spese	€...........
Totale	€...........
d) CPA (a+b)	€...........
Totale	€...........
e) IVA (a+b+d)	€...........
Totale	€...........

Meno trattenuta da versare al fisco quale ritenuta d'acconto (nei soli casi previsti dalla legge) €...........

Totale somma da corrispondere €...........
A pagamento avvenuto seguirà fattura ai sensi di legge.

.........................lì..............................

Avv.........................

4. Parcella per convalida dell'arresto

Criteri di calcolo: parametri penali **tabella 15**

Tribunale di ....

Parcella con nota analitica delle fasi giudiziali per le quali è stata svolta attività professionale, numerata secondo la tabella riportata nei parametri ministeriali.

Per procedimento penale RG .... a carico di ....

Oggetto: imputazione ....

	Compenso	*Spese*
1. Fase studio della controversia	€...........	€...........
2. Fase istruttoria e/o dibattimentale	€...........	€...........
3. Fase decisionale	€...........	€...........
Totale	€...........	€...........

Riepilogo:

a) Compenso	€...........
b) Spese forfettarie 15%	€...........
c) Spese	€...........
Totale	€...........
d) CPA (a+b)	€...........
Totale	€...........
e) IVA (a+b+d)	€...........
Totale	€...........

Meno trattenuta da versare al fisco
quale ritenuta d'acconto
(nei soli casi previsti dalla legge) €...........

Totale somma da corrispondere €...........
A pagamento avvenuto seguirà fattura ai sensi di legge.

.........................lì..............................

Avv.........................

5. Parcella per Giudizi cautelari personali

Criteri di calcolo: parametri penali **tabella 15**

Tribunale di ....

Parcella con nota analitica delle fasi giudiziali per le quali è stata svolta attività professionale, numerata secondo la tabella riportata nei parametri ministeriali.

Per procedimento penale RG .... a carico di . ...

Oggetto: imputazione ....

	Compenso	*Spese*
1. Fase studio della controversia	€...........	€...........
2. Fase introduttiva del giudizio	€...........	€...........
3. Fase decisionale	€...........	€...........
Totale	€..	€...........

Riepilogo:

a) Compenso	€...........
b) Spese forfettarie 15%	€...........
c) Spese	€...........
Totale	€...........
d) CPA (a+b)	€...........
Totale	€...........
e) IVA (a+b+d)	€...........
Totale	€...........

Meno trattenuta da versare al fisco
quale ritenuta d'acconto
(nei soli casi previsti dalla legge) €...........

Totale somma da corrispondere €...........
A pagamento avvenuto seguirà fattura ai sensi di legge.

.......................lì.............................

Avv.........................

6. Parcella per Giudizi cautelari reali

Criteri di calcolo: parametri penali **tabella 15**

Tribunale di ....

Parcella con nota analitica delle fasi giudiziali per le quali è stata svolta attività professionale, numerata secondo la tabella riportata nei parametri ministeriali.

Per procedimento penale RG .... a carico di.....................

Oggetto: imputazione ....

	Compenso	*Spese*
1. Fase studio della controversia	€...........	€...........
2. Fase introduttiva del giudizio	€...........	€...........
3. Fase decisionale	€...........	€...........
Totale	€...........	€...........

Riepilogo:

a) Compenso	€...........
b) Spese forfettarie 15%	€...........
c) Spese	€...........
Totale	€...........
d) CPA (a+b)	€...........
Totale	€...........
e) IVA (a+b+d)	€...........
Totale	€...........

Meno trattenuta da versare al fisco
quale ritenuta d'acconto
(nei soli casi previsti dalla legge) €...........

Totale somma da corrispondere €...........
A pagamento avvenuto seguirà fattura ai sensi di legge.

.......................lì.............................

Avv.........................

7. Parcella per GIP e GUP

Criteri di calcolo: parametri penali **tabella 15**

Tribunale di ....

Parcella con nota analitica delle fasi giudiziali per le quali è stata svolta attività professionale, numerata secondo la tabella riportata nei parametri ministeriali.

Per procedimento penale RG .... a carico di ....

Oggetto: imputazione ....

	Compenso	*Spese*
1. Fase studio della controversia	€...........	€...........
2. Fase introduttiva del giudizio	€...........	€...........
3. Fase istruttoria e/o dibattimentale	€...........	€...........
4. Fase decisionale	€...........	€...........
Totale	€...........	€...........

Riepilogo:

a) Compenso	€...........
b) Spese forfettarie 15%	€...........
c) Spese	€...........
Totale	€...........
d) CPA (a+b)	€...........
Totale	€...........
e) IVA (a+b+d)	€...........
Totale	€...........

Meno trattenuta da versare al fisco
quale ritenuta d'acconto
(nei soli casi previsti dalla legge) €...........

Totale somma da corrispondere €...........
A pagamento avvenuto seguirà fattura ai sensi di legge.

.........................lì..............................

Avv.........................

8. Parcella per Tribunale monocratico

Criteri di calcolo: parametri penali **tabella 15**

Tribunale di ....

Parcella con nota analitica delle fasi giudiziali per le quali è stata svolta attività professionale, numerata secondo la tabella riportata nei parametri ministeriali.

Per procedimento penale RG .... a carico di ....

Oggetto: imputazione ....

	Compenso	*Spese*
1. Fase studio della controversia	€...........	€...........
2. Fase introduttiva del giudizio	€...........	€...........
3. Fase istruttoria e/o dibattimentale	€...........	€...........
4. Fase decisionale	€...........	€...........
Totale	€...........	€...........

Riepilogo:

a) Compenso	€...........
b) Spese forfettarie 15%	€...........
c) Spese	€...........
Totale	€...........
d) CPA (a+b)	€...........
Totale	€...........
e) IVA (a+b+d)	€...........
Totale	€...........

Meno trattenuta da versare al fisco quale ritenuta d'acconto (nei soli casi previsti dalla legge) €...........

Totale somma da corrispondere €...........
A pagamento avvenuto seguirà fattura ai sensi di legge.

........................lì.............................

Avv........................

9. Parcella per Tribunale collegiale

Criteri di calcolo: parametri penali **tabella 15**

Tribunale di ....

Parcella con nota analitica delle fasi giudiziali per le quali è stata svolta attività professionale, numerata secondo la tabella riportata nei parametri ministeriali.

Per procedimento penale RG .... a carico di ....

Oggetto: imputazione ....

	Compenso	*Spese*
1. Fase studio della controversia	€...........	€...........
2. Fase introduttiva del giudizio	€...........	€...........
3. Fase istruttoria e/o dibattimentale	€...........	€...........
4. Fase decisionale	€...........	€...........
Totale	€...........	€...........

Riepilogo:
a) Compenso €...........
b) Spese forfettarie 15% €...........
c) Spese €...........
Totale €...........

d) CPA (a+b) €...........
Totale €...........

e) IVA (a+b+d) €...........
Totale €...........

Meno trattenuta da versare al fisco
quale ritenuta d'acconto
(nei soli casi previsti dalla legge) €...........

Totale somma da corrispondere €...........
A pagamento avvenuto seguirà fattura ai sensi di legge.

........................lì..............................

Avv........................

10. Parcella per Corte di Assise

Criteri di calcolo: parametri penali **tabella 15**

Corte di Assise di ....

Parcella con nota analitica delle fasi giudiziali per le quali è stata svolta attività professionale, numerata secondo la tabella riportata nei parametri ministeriali.

Per procedimento penale RG .... a carico di ....

Oggetto: imputazione ....

	Compenso	*Spese*
1. Fase studio della controversia	€...........	€...........
2. Fase introduttiva del giudizio	€...........	€...........
3. Fase istruttoria e/o dibattimentale	€...........	€...........
4. Fase decisionale	€...........	€...........
Totale	€...........	€...........

Riepilogo:

a) Compenso	€...........
b) Spese forfettarie 15%	€...........
c) Spese	€...........
Totale	€...........
d) CPA (a+b)	€...........
Totale	€...........
e) IVA (a+b+d)	€...........
Totale	€...........

Meno trattenuta da versare al fisco
quale ritenuta d'acconto
(nei soli casi previsti dalla legge) €...........

Totale somma da corrispondere €...........
A pagamento avvenuto seguirà fattura ai sensi di legge.

.........................lì..............................

Avv.........................

11. Parcella per Tribunale di Sorveglianza

Criteri di calcolo: parametri penali **tabella 15**

Tribunale di ....

Parcella con nota analitica delle fasi giudiziali per le quali è stata svolta attività professionale, numerata secondo la tabella riportata nei parametri ministeriali.

Per procedimento penale RG .... a carico di ....

Oggetto: imputazione ....

	Compenso	*Spese*
1. Fase studio della controversia	€...........	€...........
2. Fase introduttiva del giudizio	€...........	€...........
3. Fase istruttoria e/o dibattimentale	€...........	€...........
4. Fase decisionale	€...........	€...........
Totale	€...........	€...........

Riepilogo:

a) Compenso	€...........
b) Spese forfettarie 15%	€...........
c) Spese	€...........
Totale	€...........
d) CPA (a+b)	€...........
Totale	€...........
e) IVA (a+b+d)	€...........
Totale	€...........

Meno trattenuta da versare al fisco
quale ritenuta d'acconto
(nei soli casi previsti dalla legge) €...........

Totale somma da corrispondere €...........
A pagamento avvenuto seguirà fattura ai sensi di legge.

.......................lì.............................

Avv.........................

12. Parcella per magistrato di sorveglianza

Criteri di calcolo: parametri penali **tabella 15**

Tribunale di ....

Parcella con nota analitica delle fasi giudiziali per le quali è stata svolta attività professionale, numerata secondo la tabella riportata nei parametri ministeriali.

Per procedimento penale RG .... a carico di ....

Oggetto: imputazione ....

	Compenso	*Spese*
1. Fase studio della controversia	€...........	€...........
2. Fase introduttiva del giudizio	€...........	€...........
3. Fase decisionale	€...........	€...........
Totale	€...........	€...........

Riepilogo:

a) Compenso	€...........
b) Spese forfettarie 15%	€...........
c) Spese	€...........
Totale	€...........
d) CPA (a+b)	€...........
Totale	€...........
e) IVA (a+b+d)	€...........
Totale	€...........

Meno trattenuta da versare al fisco
quale ritenuta d'acconto
(nei soli casi previsti dalla legge) €...........

Totale somma da corrispondere €...........
A pagamento avvenuto seguirà fattura ai sensi di legge.

........................lì..............................

Avv.........................

13. Parcella per Corte di appello

Criteri di calcolo: parametri penali **tabella 15**

Corte di Appello di ....

Parcella con nota analitica delle fasi giudiziali per le quali è stata svolta attività professionale, numerata secondo la tabella riportata nei parametri ministeriali.

Per procedimento penale RG .... a carico di ....

Oggetto: imputazione ....

	Compenso	*Spese*
1. Fase studio della controversia	€...........	€...........
2. Fase introduttiva del giudizio	€...........	€...........
3. Fase istruttoria e/o dibattimentale	€...........	€...........
4. Fase decisionale	€...........	€...........
Totale	€...........	€...........

Riepilogo:

a) Compenso	€...........
b) Spese forfettarie 15%	€...........
c) Spese	€...........
Totale	€...........
d) CPA (a+b)	€...........
Totale	€...........
e) IVA (a+b+d)	€...........
Totale	€...........

Meno trattenuta da versare al fisco
quale ritenuta d'acconto
(nei soli casi previsti dalla legge) €...........

Totale somma da corrispondere €...........
A pagamento avvenuto seguirà fattura ai sensi di legge.

.......................lì.............................

Avv.........................

14. Parcella per Corte di Assise di appello

Criteri di calcolo: parametri penali **tabella 15**

Corte di Assise di appello di ....

Parcella con nota analitica delle fasi giudiziali per le quali è stata svolta attività professionale, numerata secondo la tabella riportata nei parametri ministeriali.

Per procedimento penale RG .... a carico di ....

Oggetto: imputazione ....

	Compenso	*Spese*
1. Fase studio della controversia	€...........	€...........
2. Fase introduttiva del giudizio	€...........	€...........
3. Fase istruttoria e/o dibattimentale	€...........	€...........
4. Fase decisionale	€...........	€...........
Totale	€...........	€...........

Riepilogo:

a) Compenso	€...........
b) Spese forfettarie 15%	€...........
c) Spese	€...........
Totale	€...........
d) CPA (a+b)	€...........
Totale	€...........
e) IVA (a+b+d)	€...........
Totale	€...........

Meno trattenuta da versare al fisco
quale ritenuta d'acconto
(nei soli casi previsti dalla legge) €...........

Totale somma da corrispondere €...........
A pagamento avvenuto seguirà fattura ai sensi di legge.

........................lì..............................

Avv.........................

15. Parcella per Corte di Cassazione e Magistrature Superiori

Criteri di calcolo: parametri penali **tabella 15**

Corte di Cassazione ....

Parcella con nota analitica delle fasi giudiziali per le quali è stata svolta attività professionale, numerata secondo la tabella riportata nei parametri ministeriali.

Per procedimento penale RG .... a carico di ....

Oggetto: imputazione ....

	Compenso	*Spese*
1. Fase studio della controversia	€...........	€...........
2. Fase introduttiva del giudizio	€.....	€...........
3. Fase decisionale	€...........	€...........
Totale	€...........	€...........

Riepilogo:

a) Compenso €...........
b) Spese forfettarie 15% €...........
c) Spese €...........
Totale €...........

d) CPA (a+b) €...........
Totale €...........

e) IVA (a+b+d) €...........
Totale €...........

Meno trattenuta da versare al fisco
quale ritenuta d'acconto
(nei soli casi previsti dalla legge) €...........

Totale somma da corrispondere €...........
A pagamento avvenuto seguirà fattura ai sensi di legge.

.........................lì..............................

Avv.........................

Indice analitico-alfabetico

I numeri romani si riferiscono rispettivamente alle "parti" ed ai capitoli; i numeri arabi si riferiscono al paragrafo.

A

B

C

D

E

F

I

L

M

N

O

P

Q

R

S

T

U

V

Finito di stampare nel mese di ottobre 2022

"LegoDigit" S.r.l., Lavis (TN)